Johannes Bähr

CARL FRIEDRICH VON SIEMENS 1872–1941

Unternehmer in Zeiten des Umbruchs

MIX
Papier | Fördert gute Waldnutzung
FSC® C084279

Penguin Random House Verlagsgruppe FSC® N001967

Bei diesem Buch wurden die durch das verwendete Material und die Produktion entstandenen CO_2-Emissionen ausgeglichen, indem der Siedler Verlag ein Projekt zur Aufforstung in Brasilien unterstützt. Weitere Informationen zu dem Projekt unter:

www.ClimatePartner.com/14044-1912-1001

1. Auflage

Satz: Markus Miller, München
Bildbearbeitung: Regg Media GmbH, München
Umschlaggestaltung: Büro Jorge Schmidt, München
Umschlagabbildung: Siemens Historical Institute, Berlin
Druck und Bindung: Print Consult GmbH, München
Printed in Slovakia
ISBN 978-3-8275-0178-3

www.siedler-verlag.de

Inhalt

4. Die schwierigen Anfänge als „Chef des Hauses Siemens"

5. Die große Zeit

6. Abkehr von Weimar

7. Unter dem Hakenkreuz

8. Die bitteren letzten Jahre

9. Anhang

Einleitung

Unter den bedeutenden Unternehmern, die die Familie von Siemens in einer seltenen Häufung hervorgebracht hat, nimmt Carl Friedrich von Siemens einen besonderen Rang ein. Seine Biografie ist schon deshalb aufschlussreich, weil er den Siemens-Konzern so lange geleitet hat wie kein anderer im 20. Jahrhundert, von 1919 bis 1941. Noch viel mehr gilt dies, wenn man bedenkt, um welche Zeit es sich handelte: die höchste Inflation der deutschen Geschichte, die schwerste Weltwirtschaftskrise, die Entstehung der ersten deutschen Demokratie und deren Zerstörung, die nationalsozialistische Gewaltherrschaft und der Angriffskrieg Hitlers. In der Unternehmergeschichte stehen im Allgemeinen Pioniere und Gründerfiguren im Vordergrund. Doch ist das Handeln von Erben in Zeiten solcher Herausforderungen und Umbrüche in vieler Hinsicht aussagekräftiger.

Als jüngster Sohn des Unternehmensgründers Werner von Siemens wurde Carl Friedrich nach dem Ersten Weltkrieg „Chef des Hauses Siemens" – eine Bezeichnung, die er einführte. Die Siemens-Firmen hatten damals den ersten schweren Rückschlag ihrer Geschichte erlitten. Die hohen Kriegsfolgeschäden, die Mangelwirtschaft der Nachkriegszeit und die stetige Geldentwertung zwangen zu neuen Strategien. Carl Friedrich fand sich zugleich in einer neuen familiären Konstellation wieder. Nach dem Tod seiner sehr viel älteren Halbbrüder Arnold und Wilhelm in den Jahren 1918/19 lastete die Verantwortung für die Unternehmen und das Wohl der Familie erstmals auf den Schultern eines einzigen Mannes. Es lag nun ganz an ihm, den Einfluss der Familie mit dem stark wachsenden Kapitalbedarf ihrer Stammgesellschaft Siemens & Halske zu vereinbaren. Zugleich war Carl Friedrich fest entschlossen, sich für eine liberale Sammlungsbewegung einzusetzen, um dem Bürgertum zu politischem Gewicht in der neuen Demokratie von Weimar zu verhelfen.

Damit sind die drei Themenfelder skizziert, die Schwerpunkte dieser Biografie bilden: das unternehmerische Handeln, die Wahrung des Familienunternehmens und das politische Engagement.

Als Unternehmer hatte sich Carl Friedrich von Siemens auf immer neue Herausforderungen einzustellen. Das Auslandsgeschäft musste neu aufgebaut werden, in der Inflation bot es sich an, starke Partner zu suchen, und danach mussten neue Wege gegangen werden, um an das benötigte Kapital zu gelangen, die Weltwirtschaftskrise zwang dazu, mit festen Prinzipien zu brechen, durch die rasante Entwicklung der Nachrichtentechnik entstanden neue Wettbewerber auf dem Weltmarkt, und die Rüstungskonjunktur des „Dritten Reichs" führte zu einer scheinbar unaufhaltsamen Verschiebung des Geschäfts von zivilen zu militärischen Aufträgen. Carl Friedrichs Zeit glich einer Art Labor für unternehmerisches Handeln, und dies blieb für ihn nicht auf den Siemens-Konzern beschränkt. Nachdem er 1924 das Amt des Präsidenten der Deutschen Reichsbahn-Gesellschaft übernommen hatte, leitete er zwei der fünf größten deutschen Unternehmen mit insgesamt rund 800.000 Beschäftigten.

Dabei war Carl Friedrich während des Kaiserreichs in einem anderen, weil transnational aufgestellten Firmengeflecht seiner Familie herangewachsen. Siemens war damals noch eine europäische Unternehmensgruppe, wie sie die drei Brüder der Gründergeneration errichtet hatten. Carl Friedrich hatte sich seine ersten Sporen sechs Jahre lang in der Leitung der britischen Siemens-Gesellschaften verdient – eine Welt, die durch den Ersten Weltkrieg verloren ging. Umso wichtiger war es, den verbliebenen Besitz in Deutschland und den Zusammenhalt innerhalb der Familie zu sichern. Dabei konnten die Stammgesellschaften Siemens & Halske und Siemens-Schuckertwerke nicht mehr in der früheren Weise von einem Mitglied der Familie geleitet werden. Die Unternehmen waren dafür zu groß und ihre Struktur zu komplex geworden. Wenn er als Oberhaupt der Familie weiterhin oberster Leiter der Geschäfte bleiben wollte, dann musste Carl Friedrich Verantwortung an die Vorstände delegieren, und diese mussten bereit sein, seinen Grundsätzen der Unternehmensführung zu folgen.

Carl Friedrichs ausgeprägte Neigung, auch politisch zu wirken, ist vor dem Hintergrund seiner Erwartungen in die Einführung der Demokratie in Deutschland zu sehen. Er organisierte Parteispenden und ließ sich 1920 für die linksliberale Deutsche Demokratische Partei in den Reichstag wählen. Drei Jahre später wurde er Präsident des – allerdings als „unpolitisch" geltenden – Vorläufigen Reichswirtschaftsrats. Carl Friedrich wollte nie ganz in die Politik wechseln, aber er verstand sich in der Weimarer Republik als ein politisch agierender Vertreter der Wirtschaft. Der Wandel in seiner Wahrnehmung des Politikbetriebs und die damit einhergehende wachsende Distanz sind ein Lehrstück für die Gefährdung einer Demokratie.

Für eine Biografie über Carl Friedrich von Siemens ergibt sich aus den Brüchen in seiner Zeit das Problem, dass die Darstellung immer wieder neu ansetzen muss. Wechselnde Rahmenbedingungen, Problemlagen und Protagonisten lassen keinen kontinuierlichen Fluss zu. Verstärkt wird dies noch dadurch, dass auch Carl Friedrichs Privatleben nicht stetig verlief. Zweimal wurde er geschieden, und enge Freunde hatte er nicht, nur einen alten Studienfreund, mit dem er sporadisch korrespondierte.

Carl Friedrichs geschäftliche Tätigkeit ist dagegen umfassend dokumentiert. Die Biografie kann sich hierzu auf die Bestände des exzellent geführten Siemens-Archivs im Siemens Historical Institute stützen, das zu den ältesten und größten deutschen Wirtschaftsarchiven zählt. Seit wenigen Jahren ist das Archiv wieder an seinem ursprünglichen Standort in Berlin-Siemensstadt untergebracht. Neben dem umfangreichen Nachlass von Carl Friedrich von Siemens konnten dort auch einschlägige Akten aus Nachlässen mehrerer Vorstandsmitglieder – genannt seien hier nur Carl Köttgen und Max Haller – sowie aus der Überlieferung des Aufsichtsrats ausgewertet werden. Für die frühe Zeit Carl Friedrichs ist das archivierte Tagebuch seines Bruders und Vorgängers Wilhelm von Siemens eine außerordentlich ergiebige Quelle.

Aus Gründen, die sich nicht erschließen lassen, bricht die archivische Überlieferung der Korrespondenz innerhalb der Familie Siemens nach Wilhelms Tod im Oktober 1919 ab. Die Korrespondenzen zwischen Carl Friedrich und seinen Kindern gelten als verschollen und werden vermutlich nicht mehr erhalten sein. Gleiches gilt für die Korrespondenz mit seinen Schwestern. Auf Reisen wird er auch mit seiner zweiten und seiner dritten Ehefrau, Augusta („Tutty“) und Margarete, korrespondiert haben, doch offensichtlich ist auch keiner dieser Briefe erhalten geblieben. Die vorliegende Biografie kann deshalb notgedrungen nur kursorisch auf das Privatleben Carl Friedrichs in seiner Zeit als Konzernchef eingehen.

Neben den Beständen des Siemens-Archivs konnten im Bundesarchiv Berlin zahlreiche Akten eingesehen werden, die eine komplementäre Überlieferung zu der des Unternehmens bilden. Aus diesen

Quellen erschließen sich Carl Friedrichs Tätigkeit als Präsident der Reichsbahn und seine Aktivitäten als Repräsentant der deutschen Industrie. Darüber hinaus wurden für die Biografie auch einschlägige Akten aus den Nachlässen der Industriellen Hugo Stinnes und Paul Reusch ausgewertet.

Bei der Bedeutung Carl Friedrichs und der Qualität seines großen Nachlasses im Siemens-Archiv erscheint es ganz unverständlich, dass die historische Forschung mit ihm stiefmütterlich umgegangen ist. Seit seinem Tod ist nur die 1960 vom Zeitzeugen Georg Siemens veröffentlichte, hagiografisch ausgerichtete Biografie über ihn erschienen, die sich auf Vorarbeiten des Siemens-Archivars Friedrich Heintzenberg stützen konnte.[1] Seitdem ist der Kenntnisstand lediglich um zwei Beiträge von Siemens-Archivaren und die von der Carl Friedrich von Siemens Stiftung veröffentlichte Festrede von Günter Schmölders zum 100. Geburtstag ihres Namensgebers bereichert worden.[2] Die Literatur zur Geschichte der Siemens-Unternehmen in der Zeit Carl Friedrichs bietet erhellende Ausführungen zu seinem Wirken.[3] Gemeinsam haben alle genannten Veröffentlichungen, dass sie von Siemensianern und dem Unternehmen oder einer Stiftung der Familie von Siemens verbundenen Autoren verfasst wurden.[4] Möglicherweise gab es bei Siemens Bedenken, die Biografie Carl Friedrichs von unabhängigen Historikerinnen und Historikern untersuchen zu lassen, weil er auch in der NS-Zeit gelebt hatte.

Dabei haben in der Wirtschafts- und Unternehmensgeschichte Biografien von Industriellen aus der Zeit Carl Friedrich von Siemens' seit geraumer Zeit Konjunktur. War die 1998 erschienene gewichtige Stinnes-Biografie von Gerald D. Feldman noch ein Solitär, so folgten in den letzten Jahrzehnten Biografien über Paul Silverberg, Paul Reusch und Carl Duisberg.[5] Auch in der Siemens-Historiografie wurde in den letzten zehn Jahren durch mehrere von Wissenschaftlern verfasste Biografien ein neues Kapitel aufgeschlagen. Diese Reihe war aber ganz der ersten Generation der Siemens-Unternehmer, den Brüdern Carl, Werner und William, gewidmet.[6]

Wie alle archivgestützten Projekte der letzten Jahre hat auch die Arbeit an dieser Biografie unter pandemiebedingten Einschränkungen gelitten. Anders als ursprünglich geplant, konnte das Buch nicht zum 150. Geburtstag von Carl Friedrich von Siemens erscheinen. Dass an dem Projekt dennoch festgehalten wurde, ist den verständnisvollen Auftraggebern zu verdanken. Ganz besonderer Dank gilt der Werner Siemens-Stiftung für die Förderung dieser Biografie. Die Recherchen für das Projekt sowie die Drucklegung wurden vom Siemens Historical Institute ermöglicht und gefördert, wofür ihm ebenfalls großer Dank gebührt. Für die fachkundige Bildauswahl aus den Schätzen des Siemens-Archivs danke ich vielmals Christoph Frank, für die hervorragende Unterstützung bei der Sichtung der Archivbestände Dr. Frank Wittendorfer und Dr. Ewald Blocher. In den Dank mit einbezogen seien die früheren Werkstudenten Christopher Heise und Sebastian Stahn. Die Entstehung dieses Buchs konnte sehr davon profitieren, dass sie beim Siedler Verlag in guten Händen lag. Jasmin Jonietz und Elke Posselt haben das Werk auf dem langen Weg vom Schreibtisch zum Büchertisch vorbildlich betreut, Fabian Bergmann hat das Manuskript ebenso sorgsam wie gründlich lektoriert.

1.
„Carly": Herkunft, Jugend und Orientierungssuche

Behütete Kindheit in Charlottenburg

„Der kleine – wie ich annehme – letzte Spross ist ein kräftiges, wie es scheint recht gut organisiertes Exemplar, wiegt 3½ kg, hat prächtigen Appetit und gesunde Lunge, lässt also einstweilen nichts zu wünschen übrig."[1] So begeistert beschrieb der – damals noch nicht nobilitierte – Berliner Unternehmer Werner Siemens seinen jüngsten Sohn wenige Tage nach dessen Geburt am 5. September 1872. Die Mutter des Kindes, Antonie Siemens, erholte sich währenddessen nur langsam von der Entbindung. Es war nicht sicher, ob sie an den bevorstehenden Feiern zum 25-jährigen Jubiläum des von Werner Siemens geleiteten und mitgegründeten Unternehmens Siemens & Halske (im Folgenden S&H) teilnehmen konnte. Da der Firmenchef das Jubiläum nicht ohne seine Frau begehen wollte, verschob er kurzerhand die Feier vom 1. auf den 12. Oktober.[2] Seitdem wird bei Siemens der Gründungstag am 12. Oktober begangen – eine Tradition, die zu den festen Bestandteilen der Unternehmenskultur gehört, auch wenn ihre Entstehung bald in Vergessenheit geriet.

Carl Friedrich von Siemens, 1873

Einen Tag nach dem Jubiläum wurde der jüngste Spross der Familie getauft.[3]

Das Datum wurde wohl gewählt, weil die große Verwandtschaft bereits zur Firmenfeier nach Berlin eingeladen war. Gleich sechs Verwandte traten als „Taufzeugen" auf: der Großvater mütterlicherseits, Professor Carl Georg von Siemens aus Hohenheim bei Stuttgart, Werners Bruder Carl, der damals die britische Siemens-Firma mitleitete, Wilhelm Siemens, der 17 Jahre alte Halbbruder des Täuflings, Anne Siemens geb. Gordon, die Gattin von Werners in England lebendem Bruder William, und Elise Siemens geb. Witthauer, die Gattin von Werners Bruder Friedrich, einem Fabrikanten in Dresden.[4] Als Rufnamen erhielt der Junge den Vornamen der beiden erstgenannten Taufpaten. Jahrzehnte später erweiterte er den Rufnamen Carl um seinen zweiten Vornamen Friedrich, vermutlich um sich im Unternehmen von seinem Onkel Carl abzuheben.

Das Aufgebot an Taufpaten vermittelt einen Eindruck von der Größe und Zusammensetzung der Familie Siemens. Werner hatte zahlreiche Geschwister, von denen bei Carl Friedrichs Geburt noch

Werner von Siemens (2. v. rechts, stehend) mit seinen Brüdern Walter, Carl, Otto (v. links) und William mit dessen Frau Anne, um 1860

sieben lebten, und zeichnete sich durch einen starken Familiensinn aus. Die Brüder Carl und William hatten wesentlich zum Aufstieg der Siemens-Unternehmen beigetragen. Carl durch den Aufbau des Russlandgeschäfts von S&H, William als Mitgründer und Leiter der britischen Firma Siemens Brothers.[5] Zwischenzeitlich hatte Werner die Vision entwickelt, dass die Unternehmen der drei Brüder später einmal „unter der Leitung unserer Jungens eine Weltfirma à la Rothschild" werden könnten.[6] Doch William blieb kinderlos, und Carl hatte nur einen Sohn als möglichen Nachfolger. Umso glücklicher schätzte sich Werner, dass ihm mehrere Söhne vergönnt waren. Aus seiner ersten Ehe mit Mathilde geb. Drumann, einer entfernten Verwandten aus Königsberg, gingen vier Kinder hervor: Arnold (geb. 1853), Wilhelm (geb. 1855), Anna (geb. 1858) und Käthe (geb. 1861). Vier Jahre nach dem frühen Tod Mathildes, die im Alter von 40 Jahren an Tuberkulose starb, ging Werner 1869 eine zweite Ehe ein. Wieder heiratete er eine Verwandte, die damals 29-jährige Antonie Siemens („Toni") aus Hohenheim bei Stuttgart. Trotz des Altersunterschieds war die Ehe ausgesprochen glücklich. Antonie belebte den Familiensinn ihres Mannes neu, und Werner akzeptierte, dass sich seine Frau ihrer Heimat weiterhin eng verbunden fühlte. Nach der Hochzeit ließ er für sie ein Landhaus im Stuttgarter Vorort Degerloch bauen.[7]

Ein Jahr nach der Hochzeit wurde das erste Kind von Antonie und Werner geboren, die Tochter Hertha. Da in Berlin gerade eine große Begeisterung über die Erfolge im Krieg gegen Frankreich herrschte, wurde das Mädchen nach einem Kriegsschiff benannt.[8] Bei aller Freude über die Geburt der dritten Tochter trieb Werner weiterhin die Sorge um, dass die Familie zu wenig Söhne haben könnte. Sein Bruder Carl hatte zwei Töchter und einen Sohn, der Bruder Ferdinand war Vater von vier Töchtern, der früh verstorbene Bruder Hans hatte drei Töchter und einen Sohn hinterlassen. Mit der Geburt von Carl Friedrich war diese Befürchtung des Familienunternehmers verflogen. Beglückt schrieb Werner seinem Bruder William, „dass die behauptete Degeneration der Familie Siemens – darin bestehend, dass keine ausreichende Jungens-Remonte mehr stattfände – eine Wendung zum Besseren genommen hat".[9] Carl Friedrichs Bruder Wilhelm sah dies aus seiner Perspektive ähnlich: „Ich bin besonders vergnügt, dass es endlich einmal ein Junge ist. Hoffentlich kommen noch mehr von dieser Sorte."[10]

Villa Siemens in der Berliner Straße 36, Charlottenburg, 1862

Carl Friedrich wuchs als behütetes Nesthäkchen in einem idyllischen Umfeld auf. Der Vater war nicht mehr der rastlose Pionierunternehmer früherer Jahre, sondern ein angesehener, vermögender Industrieller. Er ließ sein Landhaus in Charlottenburg zu einer repräsentativen Villa ausbauen. Dieses Haus in der Berliner Straße 36 (heute Otto-Suhr-Allee 10–16) hatte er einst für seine erkrankte erste Frau erworben. Es war damals nur ein Sommerhaus in einem noch ländlich geprägten Vorort, doch für die älteren Kinder war der große Garten mit einem Teich, einer Spielwiese und einem Pferdestall ein wahres Paradies.[11] Antonie bestand nach der Heirat darauf, dass die Familie aus der im Zentrum Berlins, neben dem S&H-Werk in der Markgrafenstraße gelegenen Wohnung vollständig nach Charlottenburg umzog. Der Vorort war inzwischen durch eine Pferdebahn mit der Innenstadt verbunden und hatte sich zu einem beliebten Wohnsitz des Berliner Honoratiorentums entwickelt. Zu den Nachbarn der Familie Siemens gehörten hier inzwischen der Bankier Robert Warschauer und der Historiker Theodor Mommsen.[12]

Nach dem Umbau in den Jahren 1874 bis 1876 wurde die Siemens-Villa in Charlottenburg zu einem gesellschaftlichen Treffpunkt. Werner und Antonie gaben große Diners und festliche Bälle mit viel Prominenz aus Wirtschaft, Wissenschaft und Politik. Regelmäßig waren mit dem Hausherrn befreundete Professoren der Berliner Universität, die zu den bedeutendsten Naturwissenschaftlern ihrer Zeit zählten, zu Gast. Auch eine graue Eminenz der Politik ging in der Villa ein und aus. Die Tochter Käthe berichtete davon später:

> *„Abgesehen von den vielen Pflichtgesellschaften, die die Stellung meines Vaters mit sich brachten, war unser Haus der Mittelpunkt eines interessanten Freundeskreises, zu denen [sic] besonders Helmholtz, du Bois-Reymond, Kirchhoff, Gustav Hansemann u. a. gehörten; auch Lothar Bucher, die rechte Hand Bismarcks, möchte ich hier erwähnen, der ein ständiges Sommerquartier bei uns hatte.“*[13]

Die Brüder Carl Friedrichs hatten inzwischen das Elternhaus verlassen. Wilhelm („Willy“) war nur wenige Wochen nach der Geburt des kleinen Bruders auf ein Gymnasium in Straßburg gewechselt. Da er häufig kränkelte, glaubten der Vater und die Ärzte, dass ihm das mildere Klima in dem ein Jahr zuvor von Deutschland annektierten Elsass helfen würde.[14] Angesichts des tragischen Schicksals seiner Mutter ist die Sorge um Wilhelm verständlich. Auch Arnold, Werners ältester Sohn, hatte schon unter einigen gesundheitlichen Proble-

Werner und Antonie von Siemens mit ihren Kindern Arnold, Käthe, Wilhelm, Hertha, Anna und Carl Friedrich (v. links), 1876

men gelitten. Er besuchte zunächst die städtische Gewerbeschule, begann dann eine Mechanikerlehre bei S&H, entschloss sich aber schon nach sechs Monaten, die Lehre abzubrechen und bei einem Ulanenregiment in Stuttgart den Militärdienst abzuleisten.[15] Anna, die ältere Halbschwester Carl Friedrichs, zog ein Jahr später ebenfalls an den Neckar, in ein Mädchenpensionat in Cannstatt bei Stuttgart.[16] Wie ihr Bruder Arnold suchte sie die Nähe zu Antonies schwäbischer Verwandtschaft.

Carl Friedrich, der damals von allen „Carly“ genannt wurde, verbrachte zusammen mit seiner Schwester Hertha die gesamte Kindheit in Charlottenburg. Zu ihren Spielgefährten gehörten die Kinder der benachbarten Industriellenfamilie March, einige der 16 Kinder Mommsens und manche Sprösslinge aus der großen Verwandtschaft Werners. Die bereits zitierten Erinnerungen Käthes vermitteln auch einen Eindruck von dem familiären Leben in der Siemens-Villa:

> *„Vor allem aber war unser Haus ein Sammelpunkt für alle nähere und fernere Verwandtschaft. Besonders Sonntags fand sich oft ein großer Kreis von Vettern und Kusinen zusammen, auch Freunde meiner Brüder kamen ins Haus, so dass es meist sehr vergnügt bei uns zuging.“*[17]

Adelheid Mommsen, das zehnte Kind des Gelehrten, erinnerte sich später an die Kinderfeste in der Nachbarschaft und wie Carly sich bei einer dieser Feiern eine ganze Schüssel Süßspeise mit roter Sauce sicherte.[18] Zu den Höhepunkten des Jahres gehörte das Winzerfest, das Werner Siemens im Garten seiner Villa veranstaltete. Beliebt waren auch die Kartoffelfeuer, bei denen Siemens und Mommsen gemeinsam mit anderen Nachbarn Würstchen brieten.[19]

Aus Carlys Kindheit sind nur wenige Episoden überliefert. Sicher ist, dass er im Unterschied zu seinen häufig kränkelnden und zur Melancholie neigenden Brüdern ein lebhafter, putzmunterer Junge war. Als Antonie den Sommer 1874 mit den beiden jüngsten Kindern bei ihren Eltern verbrachte, während das Heim in Charlottenburg umgebaut wurde, schrieb sie ihrem Mann:

> *„Gefreut habe ich mich übrigens über den Jungen [Carl Friedrich], mit dem sich Hertha viel rumbalgte, dass er ihr, als sie ihn schlug, eins ins Gesicht versetzte, dass sie gewiss für immer genug hatte, – der wartet nicht lange mit der Revanche.“*[20]

Einige für Carly eindrucksvolle Ereignisse lassen sich aus der Biografie des Vaters und der Geschichte des Unternehmens erschließen. So wird er erlebt haben, wie die Siemens-Villa am 1. März 1879 als erstes Privathaus in Deutschland elektrisch beleuchtet wurde. Werner Siemens führte diese technische Sensation mithilfe eines mobilen Generators aus dem Unternehmen bei einem Ball mit 250 Gästen vor.[21] Drei Monate später präsentierte S&H auf der Berliner Gewerbeausstellung am Lehrter Bahnhof die erste elektrische Bahn. Die Fahrt mit der kleinen Schmalspurbahn war ein Spektakel, das viele Berliner anzog. Die Siemens-Kinder werden mit die Ersten gewesen sein, die sich auf die Wagen setzen durften.[22] Wie sehr sie ihren Vater verehrten, der solche Wunder vollbrachte, kann man nur erahnen.

Auch für Carl Friedrich war der Vater ein großes Vorbild, aber anders als seine älteren Brüder empfand er dies nicht als Belastung und es hielt ihn nicht davon ab, so manchen Streich zu spielen. Nachdem die Siemens-Villa dauerhaft mit elektrischem Licht ausgestattet worden war, machte er sich einmal an den Drähten eines Kronleuchters zu schaffen und verursachte dadurch einen Kurzschluss, den ein Monteur aus dem Unternehmen beheben sollte. Um sich den Zorn des Vaters zu ersparen, brachte Carly den Monteur dazu, den Kurzschluss als Folge eines Blitzschlags auszugeben. Werner fand die wahre Ursache schnell heraus, doch mit einer harten Strafe musste sein Jüngster nicht rechnen.[23] Der Unternehmer war ein nachsichtiger, fast übersorgter Vater. Als Carly im Alter von acht Jahren an einer Nierenerkrankung litt, kam es über seine Behandlung

Antonie von Siemens mit ihren Kindern Hertha und Carl Friedrich, 1881

fast zu einem Zerwürfnis zwischen dem Vater und dem Hausarzt.[24] Bei einer anderen Erkrankung des jüngsten Sohns zog Werner gleich den angesehensten Mediziner des Landes, Rudolf Virchow, zurate.[25]

Der leidige „Schulkram"

In der Schule wurde es für Carly ernst. Auf der Vorbereitungsschule für das Gymnasium erhielt er im Sommer 1881 zwar ein insgesamt gutes Zeugnis, wurde aber auch ermahnt, weil er „zu flüchtig und unaufmerksam" sei. Der Vater gab dem Lehrer die Schuld, doch der Wechsel auf das Gymnasium musste verschoben werden.[26] Erst im Frühjahr 1884, im Alter von elfeinhalb Jahren, kam Carl Friedrich auf das humanistische Joachimsthalsche Gymnasium in Wilmersdorf. Warum er nicht auf das in der Nähe des Elternhauses gelegene Charlottenburger Gymnasium (ab 1874 Kaiserin-Augusta-Gymnasium) geschickt wurde, das sein Bruder Wilhelm vor dem Wechsel nach Straßburg besucht hatte, lässt sich nur vermuten.[27] Das Joachimsthalsche Gymnasium hatte einen erstklassigen Ruf und eine große Tradition, die bis zur Gründung im Jahr 1607 als Fürstenschule der Hohenzollern zurückreichte. Erst wenige Jahre vor Carl Friedrichs Eintritt war die Lehranstalt aus der Burgstraße im Zentrum Berlins in ein neues, repräsentatives Gebäude an der Kaiserallee (heute Bundesallee) im Vorort Wilmersdorf umgezogen, das heute von der Universität der Künste genutzt wird. Möglicherweise wählte Werner Siemens das Joachimsthalsche Gymnasium aus, weil ihm von den pädagogischen Fähigkeiten des Direktors Karl Schaper berichtet worden war. Vielleicht war aber auch ausschlaggebend, dass Carly dort zeitweise ins Internat („Alumnat") gegeben werden konnte – wie es etwa Ende Juni 1884 wegen eines Krankheitsfalls im Elternhaus geschah. Der Vater erwartete sich davon einen pädagogischen Nutzen: „Es wird dem Jungen sehr gut tun, mal ganz unter Jungens und Männern zu leben. Er wird zu waschlappig in der steten Weiberwirtschaft."[28] Erfreut erfuhr Werner damals, dass der Direktor mit den schulischen Leistungen des Sohns recht zufrieden war. Sie wurden insgesamt mit „gut" bewertet, nur in Latein hatte Carly ein „Genügend".[29] Das Leben in den Alumnatsräumen muss für den Elfjährigen aus der Siemens-Villa ein Schock gewesen sein. Der Kunsthistoriker Alfred Krücke, der als Schüler vier Jahre nach Carl Friedrich auf das Joachimsthalsche Gymnasium kam, erinnerte sich daran, dass die Stockwerke des Alumnatsflügels „im Innern aufs Haar einer Kaserne“ glichen und dort jeweils zehn bis zwölf Schüler „in kahlen und unbehaglichen Wohn- und Schlafräumen hausten“.[30]

Carl Friedrich von Siemens, 1886

Carlys Begeisterung galt dem Sport, was ihm eine Ermahnung des Direktors einbrachte. Wie er später einmal mitteilte, wurde er darauf hingewiesen, dass „diese brotlosen Künste sicherlich nicht im Sinne meines Vaters lägen“.[31] Seine schulischen Leistungen ließen in der Pubertät nach, bald konnte seine Versetzung nur noch mit zusätzlichem Unterricht bei einem Hauslehrer gesichert werden. In der Untertertia (8. Klasse) reichten allerdings auch dessen Bemühungen nicht mehr aus, um den mittlerweile 15-Jährigen auf dem Gymnasium zu halten. Im Mai 1887 gab der Klassenlehrer Carly eine Mitteilung an die Eltern mit, die ein Alarmsignal war:

> *„C. sitzt im Lateinischen Letzter und ist weitaus der schlechteste Schüler der Klasse. An Aufmerksamkeit, Ordnung und Fleiß läßt er es gänzlich fehlen. Auch im Griechischen ist er einer der Letzten.“*[32]

Die Mitteilung wurde offenbar nicht vom Vater unterschrieben zurückgebracht. Da sie sich später noch im Besitz der Familie Siemens befand, hat Carly die Nachricht des Klassenlehrers vermutlich einbehalten.[33] Werner Siemens machte sich über die schulischen Leistungen seines Jüngsten aber auch so keine Illusionen. Für die schlechten Noten in Latein und Griechisch dürfte er aus eigener Erfahrung Verständnis aufgebracht haben, aber ohne Ordnung und Fleiß war dieser Sohn für die Unternehmensnachfolge ungeeignet. Im Juli 1887 schrieb Werner seinem Bruder Carl: „England, Rußland und Wien bilden doch dumme Zukunftsfragezeichen wegen nicht ausreichenden Nachwuchses! Ob mein Carly einschlagen wird, ist noch sehr fraglich.“[34]

Aus einem Brief von Carl Friedrichs Schwester Hertha an die Halbschwester Anna vom 7. Oktober 1887 geht hervor, dass er nicht versetzt worden war und das Gymnasium verlassen sollte. Die besorgte Hertha hoffte, „dass so schnell wie möglich etwas anderes mit ihm beschlossen wird“.[35] Wenige Wochen später schrieb sie an Anna:

> *„Carli ist seit einer Woche in Pension in Berlin, Du weißt doch, dass er in das Falk-Realgymnasium gekommen ist, u[nd] bei dessen Direktor in Pension. Hoffentlich nimmt er sich nun endlich ein bischen zusammen, der dumme Junge!“*[36]

Ein Jahr später konnte sich „der dumme Junge“ immerhin mit einem Adelstitel schmücken. Aus Carl Friedrich Siemens wurde im Mai 1888 Carl Friedrich von Siemens, da Kaiser Friedrich III. dem Vater den erblichen Adelstitel verlieh.[37]

Die Hoffnung, dass Carly das Lernen auf dem neusprachlich-naturwissenschaftlich ausgerichteten Realgymnasium leichter fallen würde, wurde enttäuscht. Zwar wurde er versetzt, aber ob er das „Einjährige“, wie die Mittlere Reife damals hieß, erreichen würde, war ungewiss.[38] Der Vater engagierte einen Privatlehrer, der ihn als externen Schüler im Elternhaus unterrichtete. Im Mai 1889 teilte Hertha Anna mit, „dass Carly jetzt hier zu Hause Privatstunden hat“. Seine Schwester war von den Vorteilen dieser Lösung überzeugt:

> *„Denn in der Schule kommt er einfach nicht vom Fleck u[nd] verbummelt somit dort seine Zeit, u[nd] hier muss er ordentlich arbeiten u[nd] hat, wie ich mich ja selbst überzeugen kann, einen sehr guten Lehrer, der ihn famos zu nehmen weiß u[nd] ihm seine Faseligkeit am ersten abgewöhnen kann.“*[39]

Carly konnte nun größere Freiheiten genießen als im Pensionat. Gemeinsam mit Hertha und Kindern der Nachbarn March fuhr er morgens zum Schwimmunterricht.[40] Der Vater ließ sich das pädagogische Talent des Privatlehrers Dr. Doorup einiges kosten. Er zahlte ihm 45 Mark pro Woche – mehr, als ein junger Oberlehrer verdiente – und stellte eine Extragratifikation in Aussicht, falls der Sohn das Realschulexamen bestehen würde.[41] Dem Pädagogen gelang es, sich die Belohnung zu verdienen. Im Frühjahr 1890 bestand Carl Friedrich die Untersekunda (10. Klasse) und damit das „Einjährige“.[42] Allerdings war er mit 17 ½ Jahren inzwischen in einem Alter, in dem sich andere Gymnasiasten auf das Abitur vorbereiteten.

Der erfolgreiche Abschluss der Mittleren Reife motivierte Carly, den Rückstand gegenüber gleichaltrigen Gymnasiasten durch Überspringen einer Klasse zu verkürzen. Er meldete sich am Königlichen Kaiser-Wilhelm-Realgymnasium, einer renommierten Lehranstalt in Berlin-Mitte, zur Aufnahmeprüfung für die Unterprima (12. Klasse) an. Obwohl er sich – vermutlich wieder mithilfe eines Privatlehrers – intensiv vorbereitete, fiel er durch die Prüfung.[43] Doch Carl Friedrich gab nicht auf und steckte sich ein noch höheres Ziel. Nun wollte er an diesem Gymnasium nach zweijähriger Vorbereitung durch Privatlehrer als Externer das Abitur bestehen. An Fleiß fehlte es ihm jetzt nicht. Die Büffelei habe ihn „viel Mühe und Überwindung gekostet“, schrieb er später.[44] Als im September 1892 die Abiturprüfungen begannen, schien der Lohn der Mühen zum Greifen nahe. Die schriftlichen Prüfungen verliefen in Mathematik, Physik und Französisch recht gut, in Englisch nicht ganz schlecht; in den mündlichen Prüfungen in Latein und Französisch erreichte Carly zumindest ein „Genügend“. Doch sein Aufsatz im Fach Deutsch wurde mit „nicht genügend“ bewertet, und mit dieser Note in Deutsch konnte das Abitur nicht bestanden werden.[45] Zu Carl Friedrichs Unglück war der deutsche Abituraufsatz erst acht Monate zuvor in einer neuen Prüfungsordnung für die höheren Schulen in Preußen so aufgewertet worden, dass er als Prüfungsleistung im Abitur nicht mehr kompensiert werden konnte. Die Änderung ging auf eine persönliche Intervention Kaiser Wilhelms II. zurück, der eine stärkere national-pädagogische Ausrichtung der Prüfungen gefordert und den bis dahin vorgeschriebenen lateinischen Abituraufsatz für nutzlos erklärt hatte.[46]

Als Carl Friedrich am 19. September das niederschmetternde Ergebnis seiner Abiturprüfung erhielt, befanden sich die Eltern gerade in München und am Starnberger See zu Besuch bei dem befreundeten Bildhauer Adolf von Hildebrand.[47] Carly musste den Misserfolg daher seinem Vater in einem Brief beichten. Die Formulierungen, die er wählte, sagen einiges über das Selbstverständnis des 20-Jährigen aus:

> *„Lieber Papa! Du sagtest gestern Abend, man müsste stets den Misserfolg in Betracht ziehen, wenn man eine Sache erreichen will. Dieser Misserfolg ist leider eingetreten. Wie, ist mir selber kaum klar, denn ich war nach dem Ausfall der schriftlichen Arbeiten meiner Sache sehr sicher.“*[48]

Die Schuld gab Carl Friedrich dem Deutschlehrer, der ihn „scheinbar nicht besonders leiden“ könne. Möglicherweise sei die Bewertung auch davon beeinflusst worden, dass er beim Ministerium um eine vorzeitige Prüfung nachgesucht habe. Zugleich ließ er durchblicken, dass er nicht beabsichtigte, das Abitur zu wiederholen:

> *„Ich bin nun vor die Frage gestellt, ob ich es noch einmal versuchen soll oder nicht. Ich habe ja absolut keine Begabung für dergleichen Schulkram und es hat mir viel Mühe und Überwindung gekostet, mich darauf zu concentriren. In Deutschland hat es ja viel Werth, im Ausland ist es belanglos das Examen gemacht zu haben. [...] Die Sache ist zwar sehr unangenehm, man muss sich aber in das Unabänderliche fügen.“*[49]

Nachdem der Vater diesen Brief gelesen hatte, war er offenbar fassungslos. Er ließ, was selten vorkam, seine Frau antworten. Antonie bat den Sohn, umgehend nach München zu kommen und sich mit den Eltern zu beraten. Carl Friedrich hatte bereits beschlossen, mit einem Freund zwei Wochen in der Schweiz zu wandern, um sich von den Strapazen des Lernens zu erholen. Als Kompromiss fuhr er nun erst nach München und von dort aus weiter in die Schweiz.[50]

Auf den ersten Blick erscheint es recht überheblich, dem Vater nach dem Nichtbestehen des Abiturs mitzuteilen, dass dieser Abschluss international überschätzt werde. Carl Friedrich bediente sich dabei aber nur eines Arguments, das schon seinem ältesten Bruder nützlich gewesen war. Arnold hatte 1873 im Alter von 19 Jahren die Gewerbeschule ohne Abschluss verlassen. Er schrieb damals seinem Bruder Wilhelm:

> *„Der Gedanke wurde mir immer schrecklicher, noch ein halbes Jahr länger auf der Schule zu bleiben und ich überredete Papa, dass es für mich doch keinen Vorteil weiter haben würde, da unser Examen eigentlich zu nichts berechtete und ich auch ohne dasselbe auf allen Universitäten pp. immatrikuliert werde.“*[51]

Wilhelm wiederum musste dem Vater zwei Jahre später mitteilen, dass er das Gymnasium ohne Abitur verließ. Er fiel im Juli 1874 in Straßburg durch die Prüfung und scheiterte im Februar 1875 erneut, dieses Mal als Externer am Köllnischen Gymnasium in Berlin.[52]

Als Carl Friedrich das Abitur nicht bestand, wusste er also, dass dies für den Vater nicht die erste derartige Enttäuschung war und die Folgen nicht allzu schwerwiegend sein würden. Wilhelm hatte auch ohne Abitur an mehreren Universitäten studiert, Arnold eine Zeit lang das Polytechnikum in Stuttgart besucht. Nach den damaligen Bestimmungen war es möglich, sich ohne Abitur zu immatrikulieren. Das Studium konnte dann allerdings nicht mit einem Examen abgeschlossen werden. Ein Sohn von Werner von Siemens musste jedoch auch keines nachweisen, um ins väterliche Unternehmen eintreten zu können. Werner war daran gelegen, dass die Söhne sich so bald wie möglich auf die Nachfolge vorbereiten konnten. Als Carl Friedrich für das Abitur büffelte, hatten seine älteren Brüder bereits die Leitung von S&H übernommen.

Georg Siemens hat in seiner Biografie Carl Friedrichs dessen schlechte schulische Leistungen darauf zurückgeführt, dass der jüngste Sohn des prominenten Industriellen im Elternhaus verwöhnt worden sei („zu viel Humus, zu wenig Steine").[53] Doch eher sind die Gründe wohl bei Carl Friedrich selbst zu suchen. So verwies der langjährige Siemens-Archivar Lothar Schoen darauf, dass Carly ein „sehr temperamentvoller Mensch" gewesen sei, dem die Zwänge der Schule und stures Auswendiglernen nicht behagt hätten.[54] Für den Jugendlichen spielte wohl auch die Motivation eine wichtige Rolle. Ein begabter Pädagoge wie der Hauslehrer Doorup konnte ihn zu guten Leistungen beflügeln. Stures Lernen war für ihn dagegen „Schulkram". Im Unterschied zu seinem älteren Bruder Wilhelm lagen Carl Friedrich trotz der Rückschläge Selbstzweifel fern. Aus seiner Sicht hatte er nicht versagt, sondern war fürs Pauken eben nicht begabt. Sein Selbstbewusstsein litt auch nicht unter den Erwartungen des übermächtigen Vaters. Wilhelm hatte als 18-Jähriger in einer depressiven Phase seinem Tagebuch anvertraut, dass ihn die Furcht quäle, „einmal untüchtig und großen Vaters kleiner Sohn zu sein".[55] Einige Jahre später riet der Vater Wilhelm, sich „immer einfach zu geben, wie Du bist und nicht wie Du glaubst, dass Du sein müsstest".[56] Carly benötigte diesen Rat nicht. Er gab sich so, wie er war.

Der Bruder Wilhelm als Vaterersatz

Gut zwei Monate nach dem Scheitern Carl Friedrichs im Abitur starb Werner von Siemens am 6. Dezember 1892 an einer Lungenentzündung. Den Sohn traf dieser Verlust in einer Zeit, in der er stärker als je zuvor auf Rat angewiesen war. Es lag nun an Arnold und Wilhelm, ihrem Bruder den Rückhalt zu geben, den er beim Vater nicht mehr finden konnte. Werner hatte damit schon bei der Geburt des 55 Jahre jüngeren dritten Sohns gerechnet. Seinem Bruder William, dem er einst selbst den Vater ersetzt hatte, schrieb er damals:

> *„Seine Triumphe im Leben werde ich schwerlich noch erleben, doch ich vertraue, dass seine älteren Brüder, der Familientradition entsprechend, Vaterstelle an ihm vertreten werden, wenn ich es nicht mehr kann, mache mir also deshalb keine weiteren Sorgen.“*[57]

Arnold und Wilhelm waren sich dieses väterlichen Auftrags sehr bewusst. Sie wurden zum wichtigsten Halt ihres jungen Bruders, allerdings in sehr unterschiedlicher Weise. Arnold unterstützte Carl Friedrich, wahrte aber eine gewisse Distanz. Wilhelm wurde hingegen zu einem echten Ersatzvater. Dieser Unterschied entsprach dem Naturell der Brüder und auch ihrer Rolle in der Leitung des Unternehmens. Arnold, über den wenig bekannt ist, führte ein eher zurückgezogenes Leben an der Seite seiner geselligen Frau Ellen geb. Helmholtz, einer Tochter des berühmten Physikers. Werner von Siemens hielt seinen ältesten Sohn für „zu bescheiden und gutmütig“.[58] Georg Siemens nennt Arnold in seiner Carl-Friedrich-Biografie weniger feinfühlend einen „Phlegmatiker“.[59] Wilhelm legte dagegen seine jugendlichen Selbstzweifel nach und nach ab, auch wenn er melancholisch veranlagt blieb. Er studierte einige Jahre lang Physik, Chemie und Mathematik. Anschließend trat er 1879 bei S&H in das noch recht neue Forschungslabor ein und bewies dort zur Freude des Vaters ein beachtliches Talent für Technik.[60] Als dieser sich 1890 im Alter von 74 Jahren aus dem Unternehmen zurückzog, wurden die beiden so unterschiedlich veranlagten Brüder zu gleichen Teilen Gesellschafter von S&H. In seinem Testament verpflichtete Werner von Siemens Arnold und Wilhelm, später Carl Friedrich als weiteren Gesellschafter aufzunehmen.[61]

Schon bald nach der Trauerfeier für den Vater beratschlagten die Brüder und die Mutter mit Carl Friedrich, ob er einen weiteren Anlauf für das Abitur wagen sollte. Wilhelm riet zunächst dazu.[62] Am Jahreswechsel 1892/93 war sich die Familie aber einig, dass der 20-Jährige nicht noch länger Schüler bleiben sollte. Dafür gab es auch gesundheitliche Gründe. Carl Friedrichs Augen hatten unter den Anstrengungen des Lernens auf das Abitur gelitten. Er war darüber in größter Sorge und konsultierte den renommierten Leiter der

Göttinger Augenklinik, Ermann Schmidt-Rimpler, einen früheren Stabsarzt der Charité und Schüler des Augenheilkundlers Friedrich von Graefe, bei dem Arnold als Kind in Behandlung gewesen war.[63]

Die Augenerkrankung scheint Carl Friedrich allerdings rasch überwunden zu haben, da er sich wenige Wochen später zum Militärdienst meldete und bei der Musterung für tauglich befunden wurde.[64] Wilhelm wollte dem angeschlagenen Bruder noch andere Perspektiven eröffnen. Er schlug ihm vor, die Zeit bis zum Dienstantritt im Herbst 1893 bei der britischen Siemens-Gesellschaft in London zu verbringen und an einer Seekabelexpedition dieses Unternehmens teilzunehmen.[65] Wilhelm ging dann sogar noch weiter und bot Carl Friedrich an, ihn im Frühjahr auf einer Reise in die USA zu begleiten.[66] Das war das richtige Rezept, um den jungen Bruder wiederaufzurichten.

Ende März 1893 reiste Carl Friedrich nach London. Das dortige Zweigunternehmen Siemens Brothers & Co. Ltd. war 1858 von Werner und seinem in England lebenden Bruder William als Spezialunternehmen für das Seekabelgeschäft gegründet worden.[67] Geleitet wurde Siemens Brothers jetzt von Alexander („Ali“) Siemens, einem Adoptivsohn des mittlerweile verstorbenen William. Carl Friedrich konnte gleich nach seiner Ankunft an einer Seekabelverlegung durch die Irische See teilnehmen. Wie sehr ihn diese Erfah-

Wilhelm (links) und Arnold von Siemens, 1895/undatiert

rung begeisterte, geht aus einem Brief Antonies an ihre Stieftochter Anna hervor:

> *„Karly's Aufenthalt in England scheint ihn sehr zu befriedigen und die acht Tage auf dem Schiff ohne jede Gelegenheit deutsch zu sprechen war herrlich für ihn. In Belfast hat er noch etwas Home Rule Agitation mitgemacht u[nd] gesehen wie der Sekret[är] Balfour gefeiert [...]“.*[68]

Drei Wochen nach Carl Friedrich traf auch Wilhelm in London ein. Beide gingen am 21. April in Southampton an Bord des Schnelldampfers *Fürst Bismarck*, der regelmäßig die Route Hamburg–Southampton–New York befuhr. Begleitet wurden sie von ihrer Schwester Anna und deren Mann, dem Papierfabrikanten Richard Zanders aus Bergisch-Gladbach. Die *Fürst Bismarck* war damals der neueste Schnelldampfer der HAPAG und zeitweise das größte deutsche Passagierschiff. Wilhelm beschrieb die Überfahrt in seinem Tagebuch: „Die Reise war im allgemeinen kalt und nass. Wir begegneten Eisbergen, hatten zum Teil rauhes Wetter, auch einen Sturm, dann zuletzt Nebel und landeten am 28. früh in Hoboken.“[69]

Noch am Tag ihrer Ankunft konnten sich die Reisenden eine Parade auf der Fifth Avenue ansehen. Die USA feierten den 400. Jahrestag der Ankunft Kolumbus' in Amerika. Aus diesem Anlass fand eine Weltausstellung, die World's Columbian Exposition, in Chicago statt, an deren Eröffnung Wilhelm wenige Tage später teilnahm. Carl Friedrich und das Ehepaar Zanders hatten es nicht so eilig und waren an den Sehenswürdigkeiten New Yorks stärker interessiert. Sie blieben erst einmal dort und reisten Wilhelm dann nach Chicago hinterher.

Wilhelm hatte auf der Weltausstellung nicht nur den von langer Hand vorbereiteten Stand von S&H zu eröffnen. Er musste auch die ein Jahr zuvor in Chicago gegründete Tochtergesellschaft Siemens & Halske Electric Co. of America inspizieren. Dieser Gründung, die von seinem Bruder Arnold und dem Direktor des Charlottenburger Werks durchgesetzt worden war, hatte er von Anfang an skeptisch gegenübergestanden. Beim Besuch in Chicago fand er seine Befürchtungen bestätigt. Missmutig reiste Wilhelm Ende Mai über New York nach Europa zurück.[70]

Für Carl Friedrich war der Besuch in Chicago weniger einprägsam, er wollte von dort aus auch nicht die Heimreise antreten. Der Aufenthalt in den USA war für ihn kein Geschäftstermin, sondern eine Chance, das „Land der unbegrenzten Möglichkeiten“ kennenzulernen. So trennte er sich von seinen Mitreisenden und fuhr Richtung Westen, zum Yellowstone-Nationalpark, der ein Jahr zuvor das weltweit erste Schutzgebiet dieser Art geworden war, und weiter nach San Francisco. Nach rund zwei Monaten traf er Ende Juli wieder in Chicago ein.[71] Es sind keine Reiseberichte von ihm überliefert, doch hatte die Tour durch die USA zweifellos eine starke Wirkung auf ihn. Bis dahin hatte der 20-Jährige noch nicht viel von der Welt gesehen. Während seine Schwester Hertha mit den Eltern in den Kaukasus und durch Italien hatte reisen können, da sie als Mädchen kein Gymnasium besuchen durfte, hatte er die Schulbank gedrückt.[72]

Wie aus einem Brief der Mutter hervorgeht, kam Carl Friedrich recht selbstbewusst und guter Dinge aus den USA zurück, doch Antonie war skeptisch: „von dem *much improved* merke ich nicht viel; hoffentlich ist die Veränderung nach dem Militärjahr fruchtbarer".[73] Zum 1. Oktober 1893 trat Carl Friedrich den Militärdienst an. Da er im Gymnasium den Abschluss der 10. Klasse, das „Einjährige", bestanden hatte, dauerte der Dienst für ihn nur ein Jahr, während Wehrpflichtige mit einem niedrigeren Schulabschluss drei Jahre lang dienen mussten. Als „Einjähriger", der sich freiwillig gemeldet hatte, konnte er sich zudem den Truppenteil aussuchen. Carl Friedrich entschied sich für ein Ulanenregiment. Bei diesen Kavallerieverbänden waren Einjährig-Freiwillige aus vermögenden Familien weitgehend unter sich, da sie nicht nur für ihre Ausstattung, sondern auch für die Kosten des Pferdes aufzukommen hatten. Für Carl Friedrich dürfte es naheliegend gewesen sein, sich für die Ulanen zu entscheiden, da er gerne ritt und seine Brüder bereits bei einer derartigen Einheit gedient hatten.[74] Auf Wunsch seiner Mutter hatte er sich das Schleswig-Holsteinische Ulanen-Regiment Nr. 15 ausgewählt, das seit 1871 in Straßburg – und damit nicht allzu weit von ihrem Haus bei Stuttgart – stationiert war.[75] Seinen Vorschlag, mit ihm dorthin zu ziehen, lehnte Antonie empört ab. Sie sah es nicht als ihre Aufgabe an, den Sohn auch noch als Soldaten zu verhätscheln.[76]

Aus Carl Friedrichs Zeit beim Militär liegen keine Schilderungen vor. Den Briefen Antonies an Anna lässt sich zumindest entnehmen, dass er unter dem Drill nicht besonders litt. Schon Ende November kam die Mutter zu Besuch nach Straßburg.[77] Wenige Wochen später war Carl Friedrich über Weihnachten in Charlottenburg. Antonie konnte feststellen, dass er sich bei den Ulanen „ganz wohl im Grunde" fühlen würde.[78] Im Februar schrieb sie: „Die militärischen

Chicanen geniren mich für ihn gar nicht, ich gönne sie ihm, so wie sie ihm körperlich gut bekommen.“[79] Dies war wohl auch der Fall. Carl Friedrich dürfte sportlicher geworden sein. Er konnte sich nun ganz dem Reiten widmen, das er vorher als Hobby, auch gemeinsam mit seiner Schwester Hertha, betrieben hatte.[80]

Ein Bummelstudium und zwei Heiraten

Antonie hatte beschlossen, im Anschluss an Carl Friedrichs Militärdienst mit ihren beiden Kindern nach München zu ziehen. Sie litt schwer unter dem Tod ihres Mannes und wollte nicht mehr in der Villa in Charlottenburg bleiben, wo sie alles an ihn erinnerte. Ende Oktober 1894 bezog die Familie in München eine repräsentative Wohnung im Palais Eichthal in der Brienner Straße 52 (seit 1956 Brienner Str. 12) – nicht weit von der heutigen Siemens-Konzernzentrale.[81] München bot sich nicht nur wegen des kulturellen Angebots als zeitweiser Wohnsitz an. Carl Friedrichs Eltern waren hier in den letzten Jahren immer wieder zu Besuch gewesen, da Werner den in München und Florenz arbeitenden Bildhauer Adolf von Hildebrand beauftragt hatte, verschiedene Porträtbüsten von ihm anzufertigen. Dabei war nicht nur zwischen den beiden Männern, sondern auch ihren Familien eine tiefe Freundschaft entstanden. Werner hatte Hildebrand durch den Zoologen Anton Dohrn kennengelernt, der mit dem Bildhauer seit Langem eng befreundet war und 1872 die Zoologische Station in Neapel, eines der ältesten außeruniversitären Forschungsinstitute, gegründet hatte. Von dieser Pioniertat beeindruckt, hatte Werner damals Dohrn mit einem Kredit in Höhe von 30.000 Mark unterstützt und sich dafür eingesetzt, dass die Zoologische Station eine Förderung durch das Auswärtige Amt erhielt.[82] Im Februar 1892 waren Werner, Antonie und Hertha in Neapel von Dohrn wärmstens empfangen worden. Die befreundeten Familien Dohrn und Hildebrand pflegten eine mediterrane Geselligkeit, die das Ehepaar Siemens sehr genoss und die Tochter Hertha begeisterte. Im September 1892 berichtete sie ihrer Schwester Anna von einem Treffen mit den Dohrns und Hildebrands in Starnberg:

> *„So viel Harmlosigkeit bei so viel Bildung, so viel Vornehmheit bei so viel Urwüchsigkeit – fast möchte ich sagen Volkstümlichkeit, so viel gute Form in der angenehmsten Ungebundenheit u[nd] Form-*

losigkeit. [...] Was mich so freut ist d[a]ss P[apa] u[nd] M[ama] sich auch sehr wohl in dieser Gesellschaft fühlen."[83]

Es war eine Geselligkeit ohne Standesdünkel und Eitelkeit, obwohl jeder der Männer auf seinem Gebiet zur Prominenz gehörte. Doch bestand ein großer Altersunterschied. Als Werner starb, waren Hildebrand 45 und Dohrn 52 Jahre alt. Antonie passte ihrem Alter nach also gut in den Münchner Freundeskreis. Doch konnte sie nach dem Umzug nicht so unbeschwert in der bayerischen Metropole leben wie bei den früheren Besuchen mit ihrem Mann. Hildebrand war inzwischen stark durch die Arbeit an seinem bekanntesten Werk, dem monumentalen Wittelsbacher Brunnen, beansprucht, während Dohrn nur gelegentlich nach München kam – und ohne die beiden blieb Antonie in der dortigen Gesellschaft außen vor. Ende November 1894 schrieb sie an Anna:

„Wir leben äußerst häuslich, waren einmal im Theater und Concert; bei uns sehen wir manchmal Hildebrand u[nd] Tochter Abends zum Essen, auch heute erwarten wir sie. Ein wenig mehr Verkehr wäre mir persönlich gar nicht unangenehm, nur kann ich mich nicht entschließen Menschen zu besuchen die ich gar nicht kenne."[84]

Noch stärker belastete die Mutter, dass sich ihre Kinder nicht so verhielten, wie sie es erwartete. Carl Friedrich hatte sich an der Technischen Hochschule eingeschrieben, besuchte zwei Stunden am Tag Vorlesungen, war aber nach Antonies Eindruck „noch sehr wenig drin im ernsten Studium" und widmete sich mehr seiner Leidenschaft für das Reiten.[85] Hertha wiederum begann, Interessen zu entwickeln, die nicht den Rollenerwartungen an eine junge Frau aus den höheren Kreisen der Gesellschaft entsprachen. Bisher hatte sie dieses Klischee erfüllt, hatte nach der Konfirmation ein Jahr in Mädchenpensionaten in Montreux und Stuttgart verbracht, sich der Malerei gewidmet und ihre Eltern auf Reisen begleitet. Für bildende Kunst begeisterte sie sich weiterhin, aber Hertha wollte jetzt ebenso die Universität besuchen wie ihr Bruder. Für eine Frau war der Besuch von Vorlesungen damals aber nur möglich, wenn sich ein Hochschullehrer bereit erklärte, sie als Gasthörerin aufzunehmen. Durch die Unterstützung Dohrns gelang es Hertha, eine Zusage des Münchner Physiologen Johannes Ranke zu erhalten.[86] Sie ging das Studium mit größerem Eifer an als ihr Bruder und gab sich auch äußerlich als eine moderne junge Frau, indem sie sich das Rauchen angewöhnte, das Carl Friedrich wohl schon beim Militär begonnen hatte.[87]

Für Antonie war es schwer, sich damit abzufinden, dass ihr Alltag von zwei Zigaretten rauchenden Studierenden bestimmt wurde und nicht von geselligen Treffen mit Freunden und Bekannten. Dass Carl Friedrich sich nicht auf sein Studium konzentrierte, war schon bedenklich genug, aber Herthas Drang zu studieren fand die Mutter geradezu schockierend. Antonie war überzeugt, dass sich ihre Tochter damit ins Verderben stürzte.[88] Als Dohrn Hertha in den Semesterferien nach Neapel einlud, hoffte die Mutter, dass sie dort auf andere Gedanken kommen würde.[89] Doch das Gegenteil war der Fall. Durch die Eindrücke in der Zoologischen Forschungsstation begeisterte sich Hertha noch mehr für Naturwissenschaften. Im anschließenden Sommersemester studierte sie in München bei einem der führenden deutschen Chemiker, dem späteren Nobelpreisträger Adolf von Baeyer.[90]

Carl Friedrich war nur ein Semester in München vergönnt. Auf Drängen Wilhelms kehrte er im Frühjahr 1895 nach Berlin zurück und schrieb sich an der Technischen Hochschule Charlottenburg ein. Wilhelm war nicht unbemerkt geblieben, dass sein junger Bruder im Münchner Umfeld das Studium vernachlässigte. Um dies zu ändern, wollte er ihn wohl unter persönliche Beobachtung stellen.[91] Es sollte anders kommen. Nach seiner Rückkehr lernte Carl Friedrich in Berlin Sophie Passeckel kennen, eine fünf bis sechs Jahre ältere Frau, die angeblich eine Ausbildung zur Theatersängerin absolvierte.[92] Er verliebte sich heftig in sie und geriet ganz in ihren Bann. Im Laufe

Hertha und Carl Friedrich von Siemens, 1895

des Sommers entschloss sich das Paar zu heiraten. Eine Hochzeit im Kreis der Familien wollte Sophie unbedingt vermeiden. Angeblich würde ihr Onkel in Hamburg, bei dem sie nach dem Tod ihrer Eltern aufgewachsen sei, niemals einer Heirat zustimmen. Um die Verwandtschaft vor vollendete Tatsachen zu stellen, reiste das Paar heimlich nach London und gab sich dort am 15. September 1895 das Jawort.[93]

Erst als die Jungvermählten eine Woche später in Carl Friedrichs Berliner Wohnung einzogen, erfuhren seine Mutter und die Brüder von der Heirat. Die Familie war schwer schockiert. Antonie, die wenige Wochen zuvor nach Charlottenburg zurückgezogen war, wollte ihren Sohn nicht mehr sehen und schrieb ihm einen Trennungsbrief; Carl Friedrichs Schwägerinnen Elly und Ellen lehnten es ab, Sophie in ihr Haus zu lassen; seine Brüder legten dem Paar nahe, Berlin zu verlassen und nach London überzusiedeln.[94] Um dem Konflikt mit der Familie zu entgehen, zogen die jungen Eheleute dorthin. Carl Friedrich meldete sich wieder bei Siemens Brothers. Alexander Siemens, der Direktor der britischen Siemens-Gesellschaft, lud das Paar ein, ihn auf einer Kabelexpedition ins Amazonasgebiet zu begleiten. Anfang Dezember traten die beiden diese ungewöhnliche Hochzeitsreise an.[95]

Die Ehe Carl Friedrichs mit einer unbekannten Nachwuchskünstlerin löste in der Familie auch deshalb so heftige Reaktionen aus, weil es bei den Siemens eine Tradition gab, innerhalb der Verwandtschaft oder des engeren Umfelds zu heiraten.[96] Verwandtschaftsehen waren im Bürgertum lange Zeit recht verbreitet, sie trugen dazu bei, das Milieu zu stabilisieren. Angeheiratete aus der Verwandtschaft wussten, wie sie sich zu verhalten hatten, und das Vermögen blieb bei einem frühzeitigen Tod des Ehemanns in der Familie. Werner hatte in erster wie in zweiter Ehe eine entfernte Verwandte geheiratet, Wilhelm war mit seiner Kusine Elly, einer Tochter seines Onkels Ferdinand, verheiratet, Arnold mit der Tochter des Physikers Hermann von Helmholtz, eines engen Freundes seines Vaters. Vor diesem Hintergrund musste Carl Friedrichs Ehe mit Sophie auch als Absage an die Prinzipien der Familie verstanden werden.

Wilhelm hatte den Verdacht, dass sein junger, in der Liebe noch recht unerfahrener Bruder einer Frau auf den Leim gegangen war, die es nur auf sein Vermögen abgesehen hatte. Er ging davon aus, „dass auf seiner Seite nur Ungeduld und Schwäche, auf ihrer Seite

Berechnung angenommen werden muss“.[97] Sophie hatte wohl durchaus Gefühle für Carl Friedrich, doch dieser war eben auch eine sehr gute Partie. Als Miterbe seines Vaters galt er als einer der reichsten Junggesellen Berlins. Schon bald erfuhr die Familie Siemens von Gerüchten über Sophies Vorleben. Wilhelm beauftragte daraufhin zwei Anwälte, Erkundigungen einzuholen.[98] Die Nachforschungen bestätigten die schlimmsten Befürchtungen. Ein Offizier aus Wien und eine Berliner Friseuse gaben schriftliche Erklärungen ab, in denen sie sich recht eindeutig zu früheren Beziehungen Sophies äußerten. Auch stand nun fest, dass die junge Frau von Siemens weder an einem Theater ausgebildet wurde noch aus Hamburg stammte, sondern sich mit einer erfundenen Lebensgeschichte einen vermögenden Junggesellen aus einer prominenten Familie geangelt hatte.[99]

Als Carl Friedrich und Sophie an Pfingsten 1896 zu Besuch nach Berlin kamen, präsentierte Wilhelm seinem Bruder die Ergebnisse der Ermittlungen. Carl Friedrich wollte zunächst nicht glauben, einer Hochstaplerin aufgesessen zu sein. Dann zog er die Konsequenzen, trennte sich von Sophie und erteilte einem Berliner Anwalt Vollmacht für eine Scheidungsklage. In seiner Verzweiflung wollte er zunächst nach Guatemala entfliehen, wo sich sein Freund Adolf Mohr aufhielt.[100] Schließlich blieb er doch noch einige Zeit in London. Während Carl Friedrich die Scheidung wollte, bestand Wilhelm darauf, die Ehe für ungültig erklären zu lassen, damit Sophie den Namen von Siemens abgeben musste und keinen Anteil am Vermögen Carl Friedrichs erhielt.[101]

Das Verfahren zog sich hin, da Sophie in Brüssel untergetaucht war und alle Versuche scheiterten, ihr die Klage auf Ungültigkeitserklärung dort zuzustellen. Nachdem auch noch ein Zeuge seine Aussage widerrufen hatte, entschlossen sich die Brüder Siemens auf Rat des Anwalts, das Problem mit Geld zu lösen.[102] Sophie ging darauf ein und verpflichtete sich, wieder den Namen Passeckel anzunehmen. Am 6. April 1897 wurde die Ehe geschieden.[103] Für ihren Verzicht auf den Namen von Siemens wurde Sophie reich entlohnt. Wilhelms Tagebuch zufolge erhielt sie eine jährliche Pension von 6.000 Mark – ein Betrag, der dem Gehalt eines Regierungsrats entsprach.[104] Carl Friedrich gab gegenüber der Einkommensteuer-Veranlagungskommission noch sehr viel höhere Summen an. Demnach hat seine geschiedene Gattin eine lebenslange Rente erhalten, die sich in den ersten beiden Jahren auf 24.000 Mark, in den drei folgenden Jahren auf 18.000 Mark und danach auf 12.000 Mark belief.[105]

Antonie hatte sich schon bald mit Carl Friedrich ausgesöhnt, beide reisten zusammen nach Paris und Rom, wo Hertha den Winter 1896/97 verbrachte.[106] Die Briefe der Mutter aus dieser Zeit zeigen, wie sehr Carl Friedrich unter dem Ehedebakel litt. Kurz vor Weihnachten schrieb Antonie an Anna: „Er ist schwer u[nd] schwierig zu fassen, wenn man [ihn] nicht nochmals brechen will u[nd] dann seinem Schicksal überlassen: es sind böse Tage."[107] Carl Friedrich löste die Wohnung in London auf, scheint aber erst im Sommer 1897 das Studium fortgesetzt zu haben.[108] In Wilhelms Tagebuch werden zwei Studienfreunde Carl Friedrichs aus dieser Zeit erwähnt: Adolf Mohr (Spitzname „Amor") und Charles Gorrissen.[109] Beide waren für Carl Friedrich wohl ein wichtiger Rückhalt. In erster Linie gelang es ihm aber aus eigener Initiative, die deprimierende Erfahrung seiner ersten Ehe zu überwinden. Nach der Trennung von Sophie begann er, sich für das Segeln zu begeistern, und gab den Bau einer Rennjacht in Auftrag. Die formschöne, schnelle Jacht wurde auf den Namen seiner Schwägerin Elly getauft.[110]

Carl Friedrich begnügte sich nicht damit, die Havelseen bei Berlin zu durchkreuzen. Als erste in Deutschland gebaute Rennjacht nahm die *Elly* im Herbst 1896 an Regatten in England teil.[111] Der sportliche Ehrgeiz ihres Besitzers war damit noch nicht gestillt – im Juni 1897 gewann Carl Friedrich bei einer Regatta der Kieler Woche den ersten Preis.[112] Dieser Leistung zollten auch die Brüder Respekt, zumal die Kieler Woche durch die Anwesenheit des Kaisers ein gesellschaftliches Ereignis ersten Ranges war. Wilhelm II. und sein Bruder Prinz Heinrich nahmen mit ihren Jachten persönlich an den Wettbewerben teil. Beide standen an der Spitze des elitären Kaiserlichen Yacht-Clubs, in dem sich während der Kieler Woche eine Hautevolee aus Politik, Militär und Wirtschaft traf. Unter ihrem Einfluss wurde der Segelsport auch zu Schauveranstaltungen der Marine und zur Propaganda für die aggressive Flottenpolitik des Kaisers genutzt.[113] Carl Friedrich ging es um den Sport, aber ein Sieg bei einer Regatta in Kiel stärkte nicht nur sein angegriffenes Selbstbewusstsein, sondern brachte ihm auch gesellschaftliches Ansehen ein. Dass er mit fast 25 Jahren keine anderen Leistungen vorzuweisen hatte, interessierte bei einem erfolgreichen Sportler nicht.

Während dieser Kieler Woche wurde in Berlin am 18. Juni 1897 die Siemens & Halske Aktiengesellschaft gegründet. Carl Friedrichs Patenonkel Carl und der Deutsche-Bank-Vorstand Georg von Siemens – ein Vetter zweiten Grades – hatten schon lange auf die überfällige Umwandlung der Kommanditgesellschaft gedrängt, doch Werner von Siemens hatte sich bis zu seinem Tod dagegen gesperrt.[114] Inzwischen war Carl von St. Petersburg nach Berlin gezogen, um Arnold und Wilhelm mit seiner geschäftlichen Erfahrung zu unterstützen. Neben den Zwängen des Kapitalmarkts und des Wettbewerbs mit der stark expandierenden AEG war es vor allem seinem Einfluss zu verdanken, dass sich Carl Friedrichs Brüder entschlossen, das Unternehmen anlässlich des 50-jährigen Firmenjubiläums in eine Aktiengesellschaft umzuwandeln.[115]

Anders als von Werner befürchtet, blieb das Unternehmen auch mit dieser Rechtsform in der Hand der Familie. Das Aktienkapital in Höhe von 35 Mio. Mark wurde zunächst vollständig von Mitgliedern der Familie Siemens übernommen.[116] Doch war abzusehen, dass die im Aufsichtsrat vertretene Deutsche Bank und ihre Konsortialpartner in Zukunft an Einfluss gewinnen würden. Die Umwandlung erleichterte es S&H, große Anleihen aufzunehmen, und in den beiden folgenden Jahren mussten bereits zwei Kapitalerhöhungen durchgeführt werden. Während Arnold und Wilhelm in den neuen, von ihrem Onkel Carl geleiteten Aufsichtsrat wechselten, wurde mit Tonio Bödiker ein Vorstandsvorsitzender bestellt, der nicht der Familie Siemens angehörte und auch nicht aus dem Unternehmen kam. Als ehemaliger Präsident des Reichsversicherungsamts, der keine Kenntnisse in der Elektrotechnik besaß, stellte er keine Bedrohung für die dominante Stellung Wilhelms innerhalb des Unternehmens dar.[117]

Das 50-jährige Firmenjubiläum wurde wenig später, am 12. Oktober 1897, pompös gefeiert. Für die Belegschaft wurde ein „Arbeiterfest" im Berliner Zoo veranstaltet. Der Aufsichtsratsvorsitzende Carl von Siemens, der zwei Jahre zuvor vom Zaren nobilitiert worden war, brachte vor den 12.000 Festgästen einen Toast auf den Kaiser aus. Als Festredner rühmte der Vorstandsvorsitzende Bödiker vor einer aufgestellten Büste des Unternehmensgründers dessen Erfolge. Am Tag darauf fand im Nobelhotel Kaiserhof ein Bankett mit 600 hochrangigen Gästen aus Politik, Wirtschaft und Wissenschaft sowie zahlreichen Mitgliedern der weitverzweigten Familie Siemens statt. Die Teilnehmenden erhielten eine Medaille mit dem Porträt Werner von Siemens'.[118]

Als 25-jähriger Student, der eine Scheidung hinter sich hatte und bislang nur im Segelsport erfolgreich gewesen war, stand Carl Friedrich bei diesen Feiern am Rand, doch schon bald sollten für ihn bessere Zeiten anbrechen. Beim Tennis lernte er Augusta Maria Mercedes („Tutty") Bötzow kennen, eine Tochter des Berliner Brauereibesitzers Julius Bötzow. Die 19-jährige Tutty war eine gute Reiterin und bewunderte die Segelkünste Carl Friedrichs. Rasch bahnte sich zwischen beiden eine feste Beziehung an, und nachdem Tutty ihre Verlobung mit einem Offizier gelöst hatte, stand einer Heirat nichts mehr im Weg.[119] Wilhelm gewann bereits im Februar 1898 den Eindruck, dass sein junger Bruder erneut eine Ehe eingehen wollte.[120]

Inzwischen hatte auch Carl Friedrichs ehemalige Gattin Sophie von seinem neuen Liebesglück erfahren. Trotz der großzügigen Abfindung hatte sie immer noch Gefühle für ihn und war nun rasend eifersüchtig. Vor seiner Wohnung in der Königgrätzer Straße 2 (heute Stresemannstraße) machte sie ihm eine filmreife Szene. Was sich damals abspielte, beschrieb Wilhelm in einem Tagebucheintrag vom 6. Februar 1898:

> *„Seit einiger Zeit hält sich die Pusseckel [sic] wieder in Berlin (22 Hohenzollernstr.) auf und bedrängt Carl anscheinend aus Eifersucht, nachdem sie erfahren, dass er Frl. Bötzow die Kur macht. Gestern früh hat sie vor seiner Tür 4 Revolverschüsse abgegeben. Ein Schuss ging durch den Briefkasten an der Tür, hinter welcher Carl stand, und hätte ihn verletzen können. Carl verließ die Wohnung, und gelang es ihr [sic], hinein zu kommen, und einen Brief an Mohr mitzunehmen. In demselben sprach er sich sehr abfällig über die Pusseckel aus und machte einige unpassende Bemerkungen über Frau Bötzow. Die Zeitungen brachten eine*

Augusta Maria Mercedes („Tutty") Bötzow, undatiert

milde Notiz ohne vollen Namen. Carl ist gestern nach London abgereist. Es scheint, dass Carly in die Stimmung kommen kann, Frl. Bötzow zu heiraten.“[121]

Wenige Monate später, am 14. Juni 1898, fand die Hochzeit statt. Die Trauung nahm Carl Friedrichs Schwager Karl Pietschker, der Ehemann seiner Schwester Käthe, in der Siemens-Villa vor. Die anschließenden Flitterwochen verbrachten die Frischvermählten bei den Segelregatten der Kieler Woche und deren Vorbild in England, der Cowes Week.[122] Es war eine Liebesheirat zweier sportbegeisterter junger Menschen, aber auch eine standesgemäße Hochzeit reicher Unternehmerkinder und somit für beide Familien eine gute Partie. Tutty war mit den Gepflogenheiten der gesellschaftlichen Eliten vertraut. Ihrem Vater gehörte nicht nur die größte Privatbrauerei Berlins, er galt auch als größter privater Grundbesitzer der Stadt.[123]

Für Charlottenburger wie die Familie von Siemens war die Bötzow-Brauerei an der Prenzlauer Allee eine fremde Welt, doch im Nordosten Berlins gehörte die Familie Bötzow zur alteingesessenen Prominenz. Julius (II), der Sohn des Gutsbesitzers und Ratsherrn Julius (I), hatte die Brauerei gegründet und zum Großbetrieb ausgebaut. 1886 war er zum Hoflieferanten des Königs von Preußen ernannt worden, wenige Monate vor der Hochzeit seiner Tochter Tutty hatte er den Titel Kommerzienrat verliehen bekommen.[124] Als eine in Berlin seit dem 18. Jahrhundert angesehene Familie hatten die Bötzows einen eigenen Stolz, der zu hohen Ansprüchen an Eingeheiratete führte. Jahrzehnte nach der Hochzeit von Tutty und Carl Friedrich nahm eine Kolumne in der *Morgenpost* darauf Bezug: „Wer in die Familie hineinheiraten wollte und bloß Doktor oder Bezirksamtmann oder Oberleutnant war, der wurde über die Achsel angesehen und höchstens als Prinzgemahl geduldet, der nichts zu sagen hatte.“[125] Für Bötzow war Carl Friedrich wohl der ideale Schwiegersohn. Tuttys ältere Schwester Amata hatte ebenfalls standesgemäß geheiratet. Ihr Ehemann, der Branntweinfabrikant Joseph Gilka, stammte aus einer Familie, von der bereits ein anderer Zweig mit den Bötzows verwandt war.[126]

Bei Carl Friedrichs Schwestern lässt sich ein derartiges Heiratsschema nicht erkennen. Sie entschieden sich für Männer aus unterschiedlichen Kreisen des Bürgertums. Anna hatte 1887 den Papierfabrikanten Richard Zanders geheiratet. Als Wohnsitz ließ das Ehepaar in Bergisch-Gladbach das Haus Lerbach errichten, ein schlossartiges Herrenhaus mit rund 50 Räumen und einem englischen Landschaftspark.[127] Drei Jahre vor Anna hatte sich ihre jüngere Schwester Käthe mit dem Pfarrer von Potsdam-Bornstedt, Karl Pietschker, verehelicht. Dass in der Charlottenburger Hautevolee über die Heirat einer Siemens-Tochter mit einem „Dorfpfarrer" gelästert wurde, nahm sie in Kauf.[128]

Für Hertha kam wiederum nur ein Naturwissenschaftler als Ehemann in Betracht. Sie hatte sich in Italien bereits gut eingerichtet und ein stattliches Anwesen am Golf von Neapel, die Villa Pavoni, erworben. Doch ihr wissenschaftlicher Drang ließ ihr dort keine Ruhe. Um ihre Kenntnisse zu vertiefen, zog es sie an die Berliner Universität.[129] Auf Empfehlung ihres Förderers Dohrn wurde sie dort vom Ordinarius für organische Chemie, dem späteren Nobelpreisträger Emil Fischer, als Praktikantin aufgenommen. Im Wintersemester 1898/99 durfte sie als erste Frau im Privatlaboratorium des Gelehrten Analysen ausführen.[130] Wie Fischer in seinen Erinnerungen schrieb, nahm sie nicht nur „die Sache recht ernst", sondern verstand es auch, die Männergesellschaft am Institut außerwissenschaftlich zu inspirieren: „Ihren Dank für den genossenen Unterricht brachte sie dadurch zum Ausdruck, dass sie mehrere jüngere, unverheiratete Assistenten wiederholt in die von ihr und ihrer Mutter bewohnte prächtige Villa zu Charlottenburg einlud."[131] Einen Hoffnungsträger des Fischer-Instituts, den 32-jährigen Privatdozenten Carl Dietrich Harries, lernte Hertha bald näher kennen. Beide hatten gemeinsame Neigungen, da Harries nicht nur ein hervorragender Chemiker war, sondern auch zunächst Zoologie studiert hatte und in Künstlerkreisen verkehrte. Schon am 30. September 1899 heiratete das Paar, die Flitterwochen wurden in Herthas Villa am Golf von Neapel verbracht.[132]

Carl Friedrich und Tutty bezogen nach ihren Flitterwochen bei den beiden großen Segelregatten eine repräsentative Wohnung am Tiergarten, im späteren Diplomatenviertel.[133] Angeblich mieteten die sportbegeisterten Eheleute zugleich noch zwei Bögen unter der Berliner Stadtbahn in der Nähe des Bahnhofs Tiergarten, um dort rund ein Dutzend Reit- und Zugpferde unterzubringen. Carl Friedrich hatte inzwischen auch eine weitere Rennjacht, die *Mercedes*, erworben.[134]

Trotz aller sportlichen Aktivitäten scheint der junge Ehemann sein Studium nun ernsthafter angegangen zu sein. Welche Fächer er studierte, ist weder aus dieser Zeit noch aus früheren Semestern bekannt. Anders als seine Geschwister Hertha und Wilhelm konnte er sich nicht für Naturwissenschaften begeistern. Er besuchte auch keine Universität, sondern studierte an Technischen Hochschulen, an denen vor allem Praktiker ausgebildet wurden. An der Technischen Hochschule Charlottenburg dominierten die Maschinenbauer. Möglicherweise besuchte Carl Friedrich die recht beliebten Vorlesungen von Adolf Slaby, dem einzigen fest angestellten Dozenten für Elektrotechnik.[135] Er entwickelte aber auch zu den technischen Fächern keine Neigung. Ein Jahr nach der Hochzeit war er das „Büffeln“ leid. Student zu sein passte nicht mehr zu seinem Standing als wohlsituierter Ehemann, und zum Examen konnte er wegen des fehlenden Abiturs ohnehin nicht zugelassen werden.

Im Juni 1899 teilte er Wilhelm den Wunsch mit, in das Unternehmen der Familie einzutreten. Wilhelm notierte dazu in seinem Tagebuch: „Mit Carly besprochen, dass er von August geschäftlich tätig wird.“[136]

Gut ein Jahr nach seinem Eintritt bei S&H schrieb Carl Friedrich seinem Schwager Julius (III) Bötzow:

> *„Ich habe auch längere Zeit nichts getan – verschiedene Umstände kamen bei mir zusammen –, allerdings nie oder selten absolut nichts; etwas gearbeitet habe ich meistenteils, oder ich habe Reisen gemacht, aber etwas Vernünftiges war es auch nicht. Ich spreche ganz offen und ehrlich zu Dir, wenn ich Dir mitteile, dass ich mich dabei nie wohl gefühlt habe und dass ich gerade in dieser Zeit die Menschen am meisten verurteilt habe, die auch nichts taten: ich hatte so einen gewissen Degout vor mir selbst. Da sagte mir Mohr einmal: ‚Wissen Sie, Sie taugen nicht einmal zum Bummeln‘, und recht hat er damit gehabt.“*[137]

2.
Der Aufstieg in den Siemens-Unternehmen

Bewährungsjahre in England

Am 21. August 1899 begann Carl Friedrich von Siemens eine kaufmännische Ausbildung bei S&H.[1] Der Eintritt in das vom Vater mitgegründete Unternehmen war ihm gewissermaßen in die Wiege gelegt worden. Gleichwohl handelte es sich nicht um eine zwangsläufige Folge der Herkunft. Er hätte sich durchaus für eine andere berufliche Tätigkeit entscheiden können, erwog Derartiges aber zu keinem Zeitpunkt, nicht einmal scherzhaft. Abgesehen vom Sport gab es für ihn keine andere Perspektive, die ihn gereizt hätte. Für die Arbeit im Familienunternehmen fehlte ihm allerdings eine Neigung für Naturwissenschaften und Technik. Darin unterschied er sich von seinem Vater, der sich als Wissenschaftler und Techniker verstanden hatte, aber auch von seinem Bruder Wilhelm, der bei S&H im Forschungslaboratorium begonnen hatte und schon bald durch eigene Erfindungen aufgefallen war. Als erster Siemens stieg Carl Friedrich mit einer kaufmännischen Ausbildung in das Familienunternehmen ein. Obwohl die Lehrzeit nicht lange dauerte, sollte ihn diese Ausrichtung prägen. Als Unternehmer orientierte er sich später stärker an ökonomischen und betriebswirtschaftlichen Zusammenhängen als seine Vorgänger.

Über Carl Friedrichs rund zwanzig Monate dauernde Lehrzeit in der Zentralabteilung von S&H sind keine Berichte überliefert. Sicher ist jedoch, dass er die Ausbildung sehr ernst nahm und sich mit Eifer auf die gestellten Aufgaben stürzte. Wilhelm notierte zufrieden in seinem Tagebuch: „Carly arbeitet fleißig und pünktlich in der Markgrafenstraße."[2] In dem bereits erwähnten Brief an seinen Schwager Julius (III) Bötzow teilte Carl Friedrich drei Monate nach seinem beruflichen Einstieg mit, er fühle sich „umso wohler, je mehr ich zu tun habe".[3] Bei den Geschwistern seiner Frau genoss er inzwischen eine Vertrauensstellung mit bemerkenswerter Autorität. Er drängte seinen Schwager in altväterlichem Ton dazu, ein Studium aufzunehmen, und mischte sich in die Partnerwahl seiner jüngsten Schwägerin Eva Bötzow ein.[4]

Auch nach außen hin trat Carl Friedrich von Siemens recht selbstbewusst auf. Ins Berliner Adressbuch des Jahres 1899 ließ er sich, obwohl noch in der Ausbildung, als „Ingenieur und Fabrikbesitzer" aufnehmen.[5] Dieser Eintrag ist noch aus einem anderen Grund aufschlussreich. Er zeigt, dass Carl Friedrich seinen Rufnamen nun um den zweiten Vornamen erweiterte. Bis dahin war er stets Carl von Siemens gewesen. Vermutlich erfolgte die Erweiterung nach dem Eintritt in das Unternehmen, um Verwechslungen mit seinem Onkel Carl, dem damaligen Aufsichtsratsvorsitzenden von S&H, zu vermeiden. Bei S&H wurde er allerdings noch nach dem Ausscheiden des Onkels im Geschäftsbericht für 1904/05 als neues Aufsichtsratsmitglied „Carl von Siemens jr." genannt.[6] Und für die Familie blieb er weiterhin Carly.

Das erste Jahr des neuen Jahrhunderts wurde für die Familie Siemens zu einem „annus horribilis". Im Juli starb Carl Friedrichs Vetter Werner Hermann, der Sohn von Carl von Siemens, im Alter von nur 43 Jahren. Im Herbst erkrankte Hertha an einer Blinddarmentzündung. Obwohl sie im sechsten Monat schwanger war, musste sie operiert werden. Das Kind, ein Mädchen, starb einen Tag nach der Geburt. Antonie betreute ihre Tochter in dieser Zeit, war aber selbst geschwächt und hatte bereits einen leichten Schlaganfall erlitten. Am 22. Dezember fiel sie in der Charlottenburger Villa tot zu Boden, nachdem sie erfahren hatte, dass es Hertha besser ging.[7] In den acht Jahren als Witwe hatte Antonie den Tod ihres Mannes nie verwunden. Dass sie sich für ihre bereits erwachsenen Kinder verantwortlich fühlte, hatte ihr geholfen, diesen Verlust wenigstens zu ertragen.

Wenige Tage nach dem Tod der geliebten Mutter traf sich Carl Friedrich mit dem gerade in Berlin weilenden Managing Director der britischen Siemens-Gesellschaft, Georg von Chauvin. Dieser schlug ihm vor, nach London zu wechseln und eine leitende Tätigkeit bei Siemens Brothers zu übernehmen. Carl Friedrich erbat sich Bedenkzeit. Am 6. Januar 1901 antwortete er: „Ich habe mir Ihren Vorschlag, nach London zu kommen, gehörig durch den Kopf gehen lassen und bin zu dem Entschluss gekommen, denselben auszuführen. Die Idee selbst habe ich, wie Sie wissen, schon lange gehabt."[8] Er bat Chauvin lediglich darum, ihm seinen Freund Charles Gorrissen, der inzwischen für S&H in Südafrika arbeitete, zur Seite zu stellen. Dass es Carl Friedrich nach London zog, ist angesichts seiner Vorliebe für England nicht verwunderlich, auch hatte er ja schon einige Zeit dort gewohnt. Doch was veranlasste Chauvin, einem 28-Jährigen ohne Berufserfahrung und Studienabschluss eine Position im Board of Directors anzubieten? Um dies zu erklären, bedarf es eines Blicks auf die damalige Situation bei Siemens Brothers.

Die britische Siemens-Gesellschaft war seit ihrer Gründung im Jahr 1858 auf die Verlegung von Seekabeln spezialisiert. Sie besaß in Woolwich, einem heutigen Stadtteil Londons, ein großes Werk für die Kabelfertigung. Mit der neuen, zukunftsträchtigen Starkstromtechnik, die heute als elektrische Energietechnik bezeichnet wird, tat sich das Unternehmen jedoch schwer.[9] Das Management hatte an der Verlegung von Telegraphenkabeln durch den Atlantik größeres Interesse als am Betrieb von Kraftwerken. Eine wichtige Rolle spielten dabei auch die prohibitiven Bestimmungen des Electric Lighting Act von 1882.[10]

Die schon länger bestehenden Spannungen zwischen Siemens Brothers und S&H nahmen zu, als Wilhelm von Siemens in London

Kabelfabrik der Siemens Brothers & Co., Woolwich, 1889

auf einen Kurswechsel drängte. Er gehörte dem Board von Siemens Brothers an, das – dem britischen Modell entsprechend – Aufgaben der Geschäftsleitung und der Überwachung wahrnahm. Wilhelm wollte Siemens Brothers enger an S&H binden und durch den Bau eines Werks für Starkstromtechnik nach dem Vorbild des Charlottenburger Werks, in dem Kabel, Dynamomaschinen und Bogenlampen hergestellt wurden, auf eine neue Grundlage stellen. Nur so, glaubte er, ein weiteres Vordringen der US-Konzerne auf dem britischen Markt für Kraftwerke und Beleuchtungen verhindern zu können. General Electric und Westinghouse hatten im Vereinigten Königreich bereits Zweigniederlassungen gegründet.[11]

Zur Finanzierung der geplanten Investitionen setzte Wilhelm bei Siemens Brothers eine Kapitalerhöhung durch. Für die beteiligten Banken wurden 1899 Arthur von Gwinner (Deutsche Bank) und F. W. Lawrence (für J. P. Morgan) in den Board berufen. Bald darauf folgten Veränderungen in der Geschäftsleitung. Der bisherige leitende Direktor Alexander Siemens blieb, musste sich aber dem neuen Managing Director Chauvin unterordnen, der ebenfalls aus Deutschland stammte und früher einmal bei S&H gearbeitet hatte.[12] Wilhelm hatte Alexander nie gemocht und gab dem entfernten Verwandten die Schuld an der schlechten Bilanz des Electric Light und Power Department, das der Starkstromabteilung von S&H („Abteilung Beleuchtung und Kraft") nachgebildet worden war. Auch hatte sich Alexander den Bestrebungen Wilhelms widersetzt, die Siemens-Werke in Berlin, London, St. Petersburg und Wien durch die Errichtung einer technischen Zentralstelle stärker aneinanderzubinden.[13]

Für den Bau des geplanten Werks für Starkstromtechnik hatte Chauvin nach längerer Standortsuche ein Gelände bei Stafford, einer Kreisstadt rund 230 Kilometer nordwestlich von London, erworben.[14] Nun musste noch ein neuer Leiter für das bisher von Alexander Siemens geleitete Electric Light and Power Department gefunden werden. Es lässt sich nicht mehr feststellen, ob die Idee, Carl Friedrich dafür nach London zu holen, von seinem Bruder Wilhelm oder von Chauvin stammte. Sicher ist nur, dass beide strategische Interessen an dieser Lösung hatten. Wilhelm konnte sich über Carl Friedrich einen unmittelbaren Zugriff auf das Stafford-Projekt sichern und Siemens Brothers stärker an Berlin binden. Chauvin wiederum konnte sich ausrechnen, dass Wilhelms Bruder aus Berlin jede Unterstützung erhalten würde, die er für die Durchführung dieses Großprojekts benötigte. Zweifel an der Qualifikation Carl Friedrichs ließ man gar nicht erst aufkommen. Dass er kaum Kenntnisse in der Starkstromtechnik und keine Erfahrung mit der Leitung eines derartigen Projekts hatte, wurde geflissentlich übersehen. So verzichtete man darauf, ihm einen erfahrenen Techniker zur Seite zu stellen.

Am 10. Mai 1901 zogen Carl Friedrich und Tutty nach England um.[15] Er gehörte nun anstelle von Wilhelm dem Board of Directors an und arbeitete im Londoner Head-Office von Siemens Brothers.[16] Als privates Domizil suchte sich das Ehepaar einen standesgemäßen Landsitz im Umland. Die Wahl fiel auf das Coombe House bei Kingston upon Thames. Eine wichtige Rolle dürfte dabei gespielt haben, dass Carl Friedrich und Tutty von dort aus besonders gut ihren Lieblingssportarten nachgehen konnten. Wimbledon, das „Mekka des Tennissports", lag nur wenige Meilen entfernt; an der Themse zwischen Kingston und Surbiton befand sich zudem der Thames Sailing Club, der älteste Binnengewässer-Segelclub des Vereinigten Königreichs, und zum Reiten bot sich in den nahe gelegenen Landschaftsparks Bushy Park und Richmond Park reichlich Gelegenheit. Für eine Rennjacht gab es hier allerdings keine Verwendung. Die *Elly* wurde nach dem Umzug verkauft.[17] Nach dem Einzug in das Coombe House erfuhr Carl Friedrich Schauerliches aus der Geschichte dieses im 18. Jahrhundert errichteten Gebäudes. Er berichtete davon in einem Brief an Wilhelm: „Wie festgestellt, war Coombe House zur Zeit eines Königs George eine sehr berüchtigte Spielhölle für die Hofgesellschaft, dito ein Kgl. Hurenhaus. Obendrein solls unglaublich spuken."[18] Carl Friedrich und Tutty störten sich jedoch nicht daran, sie fühlten sich im Coombe House wohl.

Knapp zwei Jahre nach dem Einzug wurde am 9. April 1903 ihr erstes Kind, der Sohn Ernst, geboren, benannt nach Carl Friedrichs Vater, dessen Taufname Ernst Werner Siemens gewesen war. Zur Taufe am 14. Juli reisten Wilhelm und Elly mit ihren Kindern Werner Ferdinand und Mathilde („Tilda"), Tuttys Eltern, ihre Schwester Eva, das Ehepaar Gilka und auch Carl Friedrichs Freund Adolf Mohr an.[19] Drei Jahre später, am 25. August 1906, kam das zweite Kind, die Tochter Ursula, auf die Welt. Über das Familienleben in diesen Jahren sind keine Berichte überliefert. Dagegen ist die geschäftliche Tätigkeit Carl Friedrichs in England recht gut dokumentiert, hauptsächlich durch seine Briefe an Wilhelm und dessen Tagebucheinträge.

Carl Friedrich von Siemens mit seinem Sohn Ernst an der Nordsee, 1906

Als Carl Friedrich die Leitung des Electric Light and Power Department von Siemens Brothers übernahm, war das geplante Werk in Stafford noch nicht entstanden. Im Juli 1901 wurden erst die Aufträge zur Legung des Fundaments vergeben.[20] Als eine besondere Herausforderung erwies sich die technische Ausrüstung des Werks. Alle Maschinen und Zubehörteile mussten neu konstruiert werden.[21] Nachdem der Bau Mitte 1903 fertiggestellt und die starkstromtechnische Fertigung von Siemens Brothers aus Woolwich nach Stafford verlagert worden war, kam es zu einer Fülle technischer Probleme. Nun zeigte sich, wie riskant es war, ein neues Werk mit einer anspruchsvollen Technik abseits der Industriezentren zu errichten. Stafford hatte zwar eine gute Verkehrsanbindung, aber es fehlte dort an qualifizierten Fachkräften, und die Ingenieure des Werks in Woolwich zeigten wenig Neigung, aus London wegzuziehen.[22]

Carl Friedrich von Siemens stand den sich häufenden Problemen recht hilflos gegenüber. Als im Herbst die Gleichstrommotoren ausfielen, schickte er einen Bericht nach Berlin, der einem Hilferuf gleichkam und dem Wilhelm entnehmen konnte, dass „großes Chaos" herrschte.[23] Daraufhin wurde der Chefelektriker des Wiener S&H-Werks, Karl Pichelmayer, zur Begutachtung nach Stafford entsandt. Pichelmayer war entsetzt, stellte Fehler in der Konstruktion der Motoren und der Lüftungssysteme, aber auch mangelnde Sorgfalt im Umgang mit den Maschinen fest.[24] Über die Konsequenzen war man sich in London und Berlin nicht einig. Während Carl Friedrich erst die Probleme des Werks lösen wollte, drängte Wilhelm darauf, möglichst rasch Umsatz zu generieren, um der Konkurrenz Paroli zu bieten.[25] Im Vereinigten Königreich waren inzwischen nicht nur die US-Konzerne Westinghouse und General Electric am Markt, auch die AEG war mit mehreren Tochtergesellschaften vertreten und hatte mit dem Auftrag für den Bau eines neuen Kraftwerks der Stadt Manchester einen Erfolg erzielt, dem Siemens Brothers nichts entgegenzusetzen hatte.[26]

Innerhalb der deutschen Elektroindustrie hatten inzwischen bedeutende Veränderungen stattgefunden, die sich auch auf Siemens Brothers auswirken sollten. Nach der Jahrhundertwende zeichnete sich nach dem dynamischen Wachstum der starkstromtechnischen Sparte eine Marktsättigung ab. Die Branche geriet dann in den Jahren 1901/02 in ihre erste schwere Krise, von der das sogenannte Unternehmergeschäft der Kraftwerkshersteller besonders hart getroffen wurde. Bei diesem riskanten, aber bis dahin sehr erfolgreichen Modell waren die Elektrounternehmen zugleich Hersteller und Finanzier. Sie sicherten sich durch die Beteilung an Konzessionsgesellschaften für den Betrieb von Kraftwerken und Straßenbahnen Aufträge, versorgten diese Gesellschaften mit Krediten und setzten darauf, die Anteile mit Gewinn verkaufen zu können. In der Krise blieben die Kraftwerkshersteller nun auf den Krediten sitzen und konnten die Kapazitäten nicht mehr auslasten, während zugleich die Kosten wegen des Auftragsrückgangs stiegen und die Preise dem scharfen Wettbewerb um die wenigen Aufträge angepasst werden mussten. Die Folge war ein tiefgreifender Konzentrationsprozess. Die AEG übernahm die Union Elektricitäts-Gesellschaft, das bis dahin viertgrößte deutsche Elektrounternehmen; S&H verschmolz seine Starkstromfertigung mit der des Konkurrenten Elektrizitäts-AG vormals Schuckert & Co. (im Folgenden EAG Schuckert), dem drittgrößten Unternehmen der Branche. Von deren sieben führenden Unternehmen blieben nach der Krise nur drei übrig: S&H, die AEG und die Felten-Guilleaume-Lahmeyer-Werke.[27]

Das fusionierte Starkstromgeschäft von S&H und Schuckert wurde in ein neues Unternehmen, die am 1. April 1903 gegründete Siemens-Schuckertwerke GmbH (im Folgenden SSW), eingebracht. Diese Gründung war wohl der größte unternehmerische Erfolg von Wilhelm von Siemens. Der Konzern konnte dadurch mit der AEG im Starkstromgeschäft gleichziehen und war nun als einzige deutsche Firmengruppe in beiden Sparten der Elektroindustrie gleichermaßen gut aufgestellt. Die in Nürnberg ansässige EAG Schuckert brachte in die Fusion auch ihr Renommee als innovative Ingenieurschmiede und die Verbindungen zu den beiden größten Unternehmen Süddeutschlands, MAN und J. A. Maffei, ein.[28]

Während S&H mit der Gründung der SSW seine Position in der Starkstromtechnik auszubauen verstand, konnte sich die britische Siemens-Gesellschaft in London nicht mehr genügend Kapital beschaffen. Im Januar 1904 wurde daher eine Zusammenarbeit mit den SSW vereinbart, ein Joint Managing Committee sollte die Kooperation abstimmen. Dafür waren die SSW bereit, auf dem deutschen Kapitalmarkt für Siemens Brothers zu bürgen.[29] Der Vertrag mit den SSW ermöglichte es Carl Friedrich, einen dringend benötigten Fachmann für die Leitung des Werks in Stafford zu erhalten. Durch einen Bittgang nach Berlin erreichte er, dass der erfahrene Oberingenieur Böhmländer aus dem früheren Schuckert-Werk in Nürnberg zu regelmäßigen Besuchen nach Stafford kam. Zwar gelang es Böhmländer, einige Mängel abzustellen, doch eine tragfähige Lösung für das Leitungsproblem war nicht in Sicht.[30]

Carl Friedrich hielt dies nicht davon ab, Ende August 1904 gemeinsam mit seiner Frau, seinem Bruder Wilhelm und seinem Vetter Werner – einem Sohn seines wenige Monate zuvor verstorbenen Onkels Friedrich – die Weltausstellung in St. Louis zu besuchen. Die Gruppe hatte fünf Wochen lang ein dichtes Programm zu absolvieren, da Wilhelm die seltenen USA-Reisen stets zu einer mehrwöchigen Rundtour nutzte, bei der er Geschäftsbeziehungen pflegte und sich einen Eindruck vom Stand der Elektrotechnik in den Vereinigten Staaten verschaffte. Besuche bei Westinghouse und in der Edison-Zentrale gehörten ebenso dazu wie ein Dinner des American Institute of Electrical Engineers, eine Besichtigung der Niagarafälle und kanadischer Kraftwerke sowie weitere Termine in Buffalo, Pittsburgh und Philadelphia.[31] Einen nennenswerten Umsatz hatte die Siemens-Gruppe in den USA nicht – die 1873 gegründete Tochtergesellschaft in Chicago wurde von Wilhelm bei dieser Reise aufgelöst –, doch bestanden enge Verbindungen zu General Electric, Westinghouse und den amerikanischen Fachverbänden. Die US-Elektrokonzerne waren weltweit die einzigen, an denen sich Siemens und die AEG messen lassen mussten. Für Carl Friedrich war die Reise zweifellos eine willkommene Abwechslung. Hier blieb er von schlechten

Nachrichten verschont und wurde von der elektrotechnischen Community der Neuen Welt hofiert.

Nach der Rückkehr holten ihn die Probleme des Werks in Stafford jedoch ein. Chauvin war darüber aufgebracht, dass Carl Friedrich wochenlang verreiste, während das Electric Light and Power Department immer höhere Defizite erwirtschaftete. Als die Bilanz für 1904 Verluste von 46.000 Pfund im Bereich der Starkstromtechnik auswies, während das Kabelgeschäft einen Gewinn von 65.000 Pfund einbrachte, war seine Geduld am Ende. Der Managing Director machte Carl Friedrich schwere Vorwürfe und sah das Unternehmen durch dessen angebliche Unfähigkeit in Gefahr.[32] Chauvin reiste nach Berlin, um sich bei Wilhelm über Carl Friedrich zu beklagen, woraufhin dieser wenige Wochen später seinen Bruder ebenfalls besuchte und sich seinerseits über Chauvin beschwerte. Wilhelm beschrieb den Konflikt eingehend in seinem Tagebuch:

> *„Das Verhältnis zwischen beiden in ihrer Tätigkeit bei Siemens Brothers funktioniert nicht mehr. Mit begründet liegt die Differenz in dem Verlustresultat der Electric Light und [sic] Power Dep., welches Carly seit Jahren leitet. Chauvin sagt, dass Carly ungeschäftlich und unordentlich disponiere, keine Konsequenz habe und seinen Anweisungen nicht folge. Allerdings sei er intelligent und fleissig. Carly sagt, dass Chauvin das Geschäft nicht verstände, seinen Leuten direkte Ordres gebe und durch die Verzögerung des Baues der Fabrik viel Schuld habe. Chauvin sei ihm gegenüber raffiniert und nicht aufrichtig. Inzwischen ist das Verhältnis nicht gebessert worden. Die Gründe liegen in den Charakteren, und der Misserfolg in der isolierten Lage des Geschäftes in London.“*[33]

Sich selbst machte Wilhelm keine Vorwürfe, obwohl er eine nicht geringe Mitschuld an dem Desaster trug. Schließlich hatte er die verfehlte Standortentscheidung abgesegnet und aus konzernstrategischen Gründen seinen in technischen Fragen unerfahrenen Bruder dorthin entsandt. Trotz des Konflikts zwischen Carl Friedrich und Chauvin zeichnete sich bald ein konstruktiver Vorschlag ab: Das Electric Light and Power Department sollte nicht länger die Bilanz von Siemens Brothers belasten, sondern in eine zu gründende Tochtergesellschaft überführt und für die Dauer von zehn Jahren an die SSW verpachtet werden. John D. Scott schreibt diesen Vorschlag in seiner Unternehmensgeschichte von Siemens Brothers

Carl Friedrich von Siemens (2. Reihe, 6. v. links) mit Mitarbeitern bei den Siemens Brothers Dynamo Works, 1907

Carl Friedrich zu.[34] Georg Siemens hingegen führt ihn in seiner Carl-Friedrich-von-Siemens-Biografie auf gemeinsame Überlegungen von Chauvin und Carl Friedrich zurück.[35]

Wilhelm machte sich den Vorschlag rasch zu eigen, da er sich gut in seine Strategie einfügte, einen „besseren organischen Zusammenschluss" zwischen den Siemens-Firmen in London und Berlin herzustellen.[36] Das Electric Light and Power Department wurde zum 1. Januar 1906 in die Siemens Brothers Dynamo Works umgewandelt, die eine Tochtergesellschaft von Siemens Brothers waren, aber auf die Dauer von zehn Jahren an die SSW verpachtet wurden. Carl Friedrich wurde Direktor der Siemens Brothers Dynamo Works und erhielt einen Sitz im Aufsichtsrat der SSW. Auf deren tatkräftige Unterstützung musste er freilich warten. In Stafford änderte sich zunächst wenig, und Carl Friedrich beklagte sich weiterhin vergeblich in Berlin über das geringe Interesse an seinen Verbesserungsvorschlägen. Dem SSW-Vorstandsvorsitzenden Alfred Berliner schrieb er Ende 1906: „Woran es dem Stafforder Werk mangelt, ist jedem hier klar. Es fehlt eben der erfahrene Fabrikant."[37]

Dabei hatte er den SSW-Oberingenieur Böhmländer im Blick, der ihn bei wiederholten Besuchen in Stafford beeindruckt hatte. Um ihn für den Posten des Werkleiters zu gewinnen, bot er ihm ein hohes Gehalt. Schließlich sagte der Oberingenieur zu. Doch war ihm nur eine kurze Tätigkeit in der neuen Position vergönnt. Im Februar 1907 kam Böhmländer bei einer Schiffskatastrophe im Ärmelkanal ums Leben.[38] Nach diesem Verlust war der Vorstand der SSW bereit, seinen Ingenieur Emil Otto Kieffer für längere Zeit zu den Siemens Brothers Dynamo Works zu entsenden. Zum neuen Works-Manager wurde Lee Murray bestellt, der bisher für Siemens Brothers in Südafrika tätig gewesen war. Diese Position wollte man bewusst mit einem Briten besetzen.[39]

Bald darauf begann sich ein Wechsel an der Spitze der Siemens Brothers Dynamo Works abzuzeichnen. Carl Friedrich setzte sich noch im Mai 1907 bei Wilhelm für die Errichtung einer Fabrik im Norden Londons für die Fertigung der bei S&H entwickelten Metallfaden-Glühlampe (Tantallampe) ein. Er konnte nach Berlin auch mitteilen, dass die Verluste zurückgegangen seien und „Licht in dem Chaos" zu erkennen sei.[40] Wilhelm hatte inzwischen für seinen jüngeren Bru-

Winden von Drei-Phasen-Elektromotoren in den Dynamo Works in Stafford, 1904

der neue Pläne: Er bewog Carl Friedrich, nach Berlin zurückzukehren und in den Vorstand der SSW einzutreten. Die Entscheidung darüber dürfte im Juni 1907 gefallen sein. Wilhelms Motive für diesen Entschluss lassen sich seinem Tagebuch entnehmen:

> *„Carly hat sich auf meine Anregung entschlossen, nach Deutschland zurückzukommen, damit er nicht zu spät seine Position bei S&H und den SSW findet. Meinerseits möchte ich mich nicht zu spät aus dem eigentlich aktuellen Geschäftsleben zurückziehen, nachdem aber die junge Generation der Familie installiert ist. Ich bedarf mehr Muße für die Verfolgung technischer und allgemeiner Fragen und auch aus gesundheitlichen Gründen. Für die Firma ist es wahrscheinlich nützlich, und jedes Ding hat seine Zeit."*[41]

Als Wilhelm dies schrieb, war er 52 Jahre alt und damit noch jünger als sein Vater bei der zweiten Heirat. Jedoch hatte er zeit seines Lebens depressive Züge und einen gewissen Hang zur Hypochondrie. Beides dürfte dazu beigetragen haben, dass er so frühzeitig seine Nachfolge regeln wollte. Tatsächlich war zu diesem Zeitpunkt noch gar nicht abzusehen, ob eine „junge Generation" der Familie in das Unternehmen hineinwachsen würde. Außer Carl Friedrich konnte Wilhelm damit nur seinen Sohn Werner Ferdinand und seinen Neffen Hermann, den ältesten Sohn Arnolds, gemeint haben, die beide erst 22 Jahre alt waren. Hermann studierte Chemie, Werner Ferdinand Elektrotechnik, doch begeisterte er sich zum Leidwesen seines Vaters mehr für die Musik.

Zum Nachfolger Carl Friedrichs bei den Siemens Brothers Dynamo Works wurde Carl Köttgen, ein stellvertretendes Vorstandsmitglied der SSW, bestimmt. Anders als Carl Friedrich verfügte Köttgen als versierter Starkstromfachmann mit Leitungserfahrung über beste Voraussetzungen für die Position des Managing Director der Siemens Brothers Dynamo Works. In der britischen Fachwelt wurden nun Klagen über eine „Verdeutschung" von Siemens Brothers laut, die Carl Friedrich für ganz unberechtigt hielt. In Stafford habe sich keineswegs eine deutsche und eine englische Clique gebildet. Früher habe Siemens Brothers allerdings als „rein englisch" gegolten, weil das Unternehmen im Ruf gestanden habe, die „Schule der Elektrotechniker" des Vereinigten Königreichs zu sein.[42]

Trotz der schlechten Betriebsergebnisse konnte Carl Friedrich Siemens Brothers Dynamo Works mit einer positiven persönlichen

Bilanz verlassen. Sein unermüdlicher Einsatz hatte ihm viel Anerkennung eingebracht. Scott bescheinigt ihm in seinem, auf britische Quellen gestützten Werk, bei der Eroberung des britischen Starkstrommarkts große Energie bewiesen zu haben. Allerdings habe seine Kampagne nicht sofort gewirkt und in der deutschen Konzernzentrale mehr Anerkennung gefunden als in London: „it was upon the Berlin directors that Carl Friedrich's methods made their deepest impressions".[43] Wilhelm war in der Tat beeindruckt, an Weihnachten 1907 schrieb er in sein Tagebuch: „Carly hat sich gut bewährt und zu einem tüchtigen Geschäftsmann entwickelt. Der schwierige Punkt lag bei der Werkstatt in Stafford. Die Lage der Fabrik ist ohne Zweifel verfehlt."[44] Carl Friedrich konnte die Probleme dieses Werks nicht lösen, aber die ihm zugedachte Rolle in Wilhelms Strategie hatte er gut erfüllt. Durch die Gründung der Siemens Brothers Dynamo Works war Siemens Brothers stärker mit den Berliner Siemens-Firmen verbunden worden.

Noch mehr als die Anerkennung des Bruders dürfte für Carl Friedrich von Siemens der ganz persönliche Ertrag der Jahre in London und Kingston upon Thames gezählt haben. Das Land, für das er schon vorher ein Faible gehabt hatte, war zu einer Heimat geworden, und die Familie hatte im Coombe House einen einheimischen Lebensstil gepflegt. Von ihm selbst sind aus dieser Zeit zwar keine Berichte über die britischen Gepflogenheiten und die Regierungsform des Vereinigten Königreichs überliefert. Spätere Äußerungen lassen aber keinen Zweifel daran, dass ihn die damaligen Eindrücke stark geprägt haben. Carl Friedrich verfügte damit über eine Erfahrung, die seine älteren Brüder nicht hatten.

Wilhelm hatte entschieden, dass Carl Friedrich nach der Rückkehr aus England in den Vorstand der SSW eintreten und bei den SSW die Leitung der neuen Central-Verwaltung Übersee übernehmen sollte. Für diese Position waren Insiderkenntnisse der britischen Siemens-Gesellschaften äußerst nützlich. Um Carl Friedrich auch einen Einblick in die Praxis des Überseegeschäfts zu vermitteln, schlug Wilhelm ihm eine Reise nach Indien und Ostasien vor. Carl Friedrich war dazu gern bereit, seine Frau offenbar ebenfalls. So blieb wenig Zeit, um Köttgen, der am 4. November 1907 in London eintraf, bei den Siemens Brothers Dynamo Works einzuarbeiten. Der Haushalt im Coombe House wurde aufgelöst, die Kinder wurden bei Carl Friedrichs Schwester Anna in Bergisch-Gladbach untergebracht. Anfang Dezember ging das Ehepaar in Marseille an Bord eines Dampfers nach Indien.[45]

Von der Asienreise sind keine Berichte überliefert, man kann nur vermuten, welche Eindrücke Carl Friedrich und Tutty damals gewannen. Indien und Japan waren für die Familie Siemens noch recht exotische Länder, bislang hatte es für keinen Siemens-Unternehmer einen geschäftlichen Grund gegeben, nach Süd- und Ostasien zu reisen. Der Anteil dieser Weltregion am Auslandsgeschäft der Siemens-Firmen war nicht allzu groß, doch hatte man Japan und Indien als zukunftsträchtige Märkte im Blick. Mit Carl Friedrichs Reise ließ sich eine Ausweitung des dortigen Geschäfts natürlich nicht erreichen, dafür waren die Vertreter in den jeweiligen Ländern zuständig. In erster Linie ging es bei dieser Reise um die neue Organisation des Überseegeschäfts und damit auch um das Verhältnis zwischen den britischen und den deutschen Siemens-Unternehmen.

Nach den ursprünglichen Abmachungen zwischen S&H und Siemens Brothers sollte vermieden werden, dass sich beide Unternehmen auf Drittmärkten Konkurrenz machten. Daher überließ S&H Siemens Brothers den Markt im Vereinigten Königreich und den britischen Kolonien, während Siemens Brothers auf Geschäfte in Deutschland und Russland verzichtete. Mit der Zunahme des Überseegeschäfts gab es einen längeren Streit um die Zuständigkeit für diese Märkte. Schließlich musste Siemens Brothers 1889 vertraglich zusichern, dass S&H seine Geschäfte auf britische Kolonien ausweiten durfte.[46] Die SSW waren dann über eine Handelsgesellschaft in Indien vertreten und machten sich dort nach Gründung der Siemens Brothers Dynamo Works quasi mit sich selbst Konkurrenz, da das von ihnen gepachtete britische Unternehmen bereits ein Außenbüro in Kalkutta besaß. Bei einer Besprechung in London einigte man sich unter der Regie von Carl Friedrich darauf, in Kalkutta ein gemeinsames Technical Office für das Indiengeschäft der Siemens-Gesellschaften in London und Berlin zu errichten.[47] Die Eröffnung dieses Büros erfolgte 1907 und dürfte den Anlass für Carl Friedrichs Reise nach Indien gebildet haben.

Auch in Japan hatte S&H längere Zeit Siemens Brothers den Vortritt gelassen. Dies änderte sich 1887 mit der Entsendung des Ingenieurs Hermann Kessler, der in Tokio eine Agentur errichtete. Sechs Jahre später wurde die Agentur zur S&H, Japan Agency ausgebaut. Da die Agency vor allem an starkstromtechnischen Großprojekten betei-

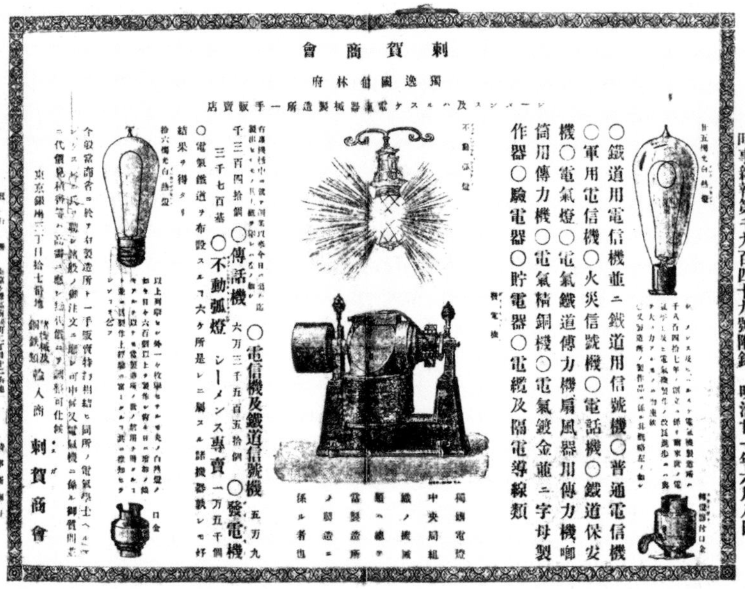

Japanische Siemens-Werbung, 1888

ligt war, wurde sie nach der Gründung der SSW zum Technischen Büro Tokio dieses Unternehmens. 1905 folgte die Umwandlung in eine Tochtergesellschaft, die Siemens-Schuckert Denki Kabushiki Kaisha.[48] Kessler und der Vorstandsvorsitzende der SSW, Alfred Berliner, waren mit jeweils 20 Prozent des Kapitals beteiligt.[49] Als 1907 schwierige Verhandlungen über ein vom Furukawa-Konzern vorgeschlagenes Joint Venture anstanden, reiste Berliner nach Japan und verband dies mit einer Weltumseglung.[50] Dass Carl Friedrich ein Jahr später nach Japan kam, stand unter einem anderen Vorzeichen. Kessler ging 1908 nach Deutschland zurück und arbeitete nun bei der Central-Verwaltung Übersee als Experte für das Ostasiengeschäft.[51] Carl Friedrich konnte in Tokio bereits die neuen Geschäftsführer, Hermann Wolff und Max Wolff, kennenlernen. Später bedankte er sich bei ihnen für den Empfang in Japan als den „Glanzpunkt unserer Reise".[52]

Am 6. Mai 1908 trafen Carl Friedrich und Tutty in Berlin ein. Aus Ostasien waren sie mit der erst seit wenigen Jahren fertiggestellten Transsibirischen Eisenbahn zurückgereist. Über die Fahrt durch Russland schrieb Carl Friedrich später, sie sei „durchaus nicht anstrengend, nur etwas langweilig, was der Gesundheit bekanntlich am zuträglichsten ist".[53]

Neues Heim und Familienbande

Nach der Ankunft in Berlin bezog Carl Friedrich mit seiner Familie erst eine Wohnung in Neubabelsberg bei Potsdam.[54] Schon vor der Asienreise hatte er sich entschlossen, als zukünftigen Wohnsitz eine Villa an den Havelseen um Potsdam zu erwerben oder bauen zu lassen.[55] Das Heim der Familie sollte naturnah am Wasser liegen, großzügig bemessen und für höchste repräsentative Zwecke geeignet sein. Ideal erschien ihm dafür ein Gelände, das er bei Neu Fahrland im Norden von Potsdam auf einer Landzunge zwischen dem Krampnitzsee und dem Lehnitzsee entdeckte. Die Kaufverhandlungen mit der königlich-preußischen Domänenverwaltung gestalteten sich mühsam. Der Preis wurde erhöht, Nachbarn erhoben Einspruch. Durch die Zusage, eine öffentliche Zufahrtsstraße bauen zu lassen, konnte Carl Friedrich schließlich erreichen, dass der Kaufvertrag Mitte 1909 unterschrieben wurde.[56]

Mit der Planung und Durchführung des Bauvorhabens wurde der Architekt Otto March beauftragt, dessen Familie Carl Friedrich seit seiner Kindheit kannte. Als Charlottenburger Nachbarn hatten sich die Familien March und Siemens damals angefreundet. March hatte sich nach dem Studium und der Ernennung zum Regierungsbaumeister intensiv mit der englischen Landhaus-Architektur beschäftigt. Nach seinen Plänen waren bereits Unternehmervillen in mehreren Städten gebaut worden, aber auch das Hofmann-Haus der Deutschen Chemischen Gesellschaft im Berliner Tiergartenviertel und ein Verwaltungsgebäude der Papierfabrik von Carl Friedrichs Schwager Richard Zanders in Bergisch-Gladbach.[57] Die ingenieurtechnische Bauleitung einschließlich der Erschließung der Landzunge übernahm der Hausarchitekt von S&H, Karl Janisch.[58] March plante einen großzügigen Komplex mit Wirtschaftsgebäuden, Bootshaus, Tennisplätzen und Pferdestall. Die repräsentative Immobilie, die schließlich mehr einem preußischen Landschloss als einem englischen Landsitz glich, erhielt den Namen „Heinenhof". Im Frühjahr 1910 konnte die Familie dort einziehen.[59]

Der Heinenhof war zwar kein Schloss mit eigenem Gut wie der Wohnsitz Wilhelms in Biesdorf, aber erheblich großzügiger als Arnolds Villa am Kleinen Wannsee und im Vergleich mit der Siemens-Villa in der Charlottenburger Berliner Straße geradezu ein

Luftaufnahme des Heinenhof-Anwesens, 1911

Heinenhof in Neu Fahrland bei Potsdam, um 1915

Palast. Die Botschaft, die davon ausging, war eindeutig: Hier wohnte nicht irgendein Mitglied der Familie Siemens, sondern der zukünftige Konzernchef. Anders als seine Brüder verzichtete Carl Friedrich darauf, sich für die Wintermonate zusätzlich noch ein Haus oder eine Wohnung in der Stadt zu halten. In der Villa in Charlottenburg hatten nach Antonies Tod Carl Friedrichs Schwester Hertha und ihr Ehemann Carl Dietrich gewohnt, aber nachdem dieser 1904 einen Ruf auf eine Professur in Kiel erhalten hatte, war das Ehepaar dorthin umgezogen.[60] Seither wurde die Villa von Wilhelm und seiner Frau Elly als Stadtwohnung genutzt.

Während Wilhelm am gesellschaftlichen Leben der Hauptstadt teilnahm, auch Bälle am kaiserlichen Hof mitmachte und Stammgast bei den Bayreuther Festspielen war, wollte Carl Friedrich sein Privatleben zurückgezogen führen.[61] Dies beschränkte sich aber nicht auf den Heinenhof. Auf Wilhelms Initiative hin pachtete er im Juli 1909 gemeinsam mit dem Bruder ein staatliches Jagdrevier bei Ruhpolding im Chiemgau. Von einem Münchner Architekten ließen die Brüder auf der dortigen Haaralm eine Jagdhütte errichten, und Wilhelm suchte in dieser Gegend auch noch ein Haus, das er als Zweitwohnsitz im Alter nutzen konnte. Im März 1910 erwarb er im nahe gelegenen Urschlau einen Hof, den er zu einem Jagdhaus umbauen ließ.[62] Carl Friedrich wollte ebenfalls ein Haus in der Nähe des Reviers besitzen und sah sich nach einem Grundstück für den Bau eines „Jagd- und Sporthauses“ um.[63] Er entschied sich für einen Standort in den Bergen, am westlichen Ende der Längauer Alm oberhalb von Urschlau. Wie der Heinenhof lag das 1911 fertiggestellte Jagdhaus Längau mitten in der Natur. Carl Friedrich war kein so leidenschaftlicher Jäger wie Wilhelm und musste damals auch noch keine Überlegungen für einen Alterswohnsitz anstellen. Für ihn war das Feriendomizil bei Ruhpolding in erster Linie ein Rückzugsort, der es ihm ermöglichte, mit Wilhelm gemeinsame Tage fern von der Hektik des Geschäftsbetriebs zu verbringen.

Mit Hertha und Carl Dietrich konnte Carl Friedrich weiterhin seinem geliebten Segelsport nachgehen. 1910 durften er und Tutty das Ehepaar Harries auf einem Segeltörn durch die Ostsee begleiten, drei Jahre später segelte Carl Friedrich mit den beiden vor der norwegischen Küste durch das Nordmeer.[64] Hertha und Carl Dietrich waren einige Jahre nach ihrem Umzug nach Kiel begeisterte Segler geworden.[65] Das Ehepaar erwarb die ausgemusterte Jacht

Jagdhaus auf der Längauer Alm bei Ruhpolding, 1935

Kaiser Wilhelms II. und gehörte zur Prominenz des Kaiserlichen Yacht-Clubs. Mit dessen „Protektor" Prinz Heinrich, einem jüngeren Bruder Wilhelms II., traf man sich regelmäßig. Einmal gehörte das Ehepaar sogar zu den auserwählten Gästen, die der Kaiser auf seine Jacht einlud.[66] Hertha und Carl Dietrich zog es aber nach wie vor auch in den Süden. Um den Freunden Dohrn und Hildebrand nachzuziehen, hatte Hertha ihre Villa in Neapel verkauft und ein Landgut in dem mondänen toskanischen Badeort Forte dei Marmi erworben, wo sie auch noch eine am Strand gelegene Villa bauen ließ. So konnte das Ehepaar Harries unbeschwerte Tage im Kreis der illustren Gesellschaft genießen, die sich dort zusammengefunden hatte.[67]

Carl Friedrichs ältere Schwestern Anna und Käthe führten einen anderen Lebensstil. Beide waren inzwischen verwitwet. Annas Ehemann, der Papierfabrikant Richard Zanders, war im März 1906 beim Erproben eines neuen Revolvers ums Leben gekommen.[68] Drei Monate später war Käthes Ehemann, der Pfarrer Karl Pietschker, im Alter von 60 Jahren gestorben. Während Annas Ehe kinderlos geblieben war und sie fortan allein das repräsentative Anwesen Schloss Lerbach bei Bergisch-Gladbach bewohnte, wuchsen in der Pietschker'schen Villa in Potsdam sechs Kinder heran, von denen das jüngste beim Tod des Vaters erst zwölf Jahre alt war.[69]

Carl Friedrich (stehend, 3. v. links) und Wilhelm von Siemens (vorne links, sitzend) auf Kaukasusreise, 1911

Im Frühjahr 1911 wurde Carl Friedrich von seinem Bruder Wilhelm in den entlegensten Besitz der Familie, das Kupferbergwerk Kedabeg im Kaukasus, eingeführt. Die Reisen dorthin gehörten zu den festen Ritualen der Siemens-Unternehmer. Carl Friedrich hatte zu seinem Leidwesen bislang aus unterschiedlichen Gründen nicht teilnehmen können.[70] Im Frühjahr 1911 gab es erstmals kein Hindernis. Wilhelm reiste am 26. April gemeinsam mit seiner Tochter Tilda und dem früheren Kedabeger Hüttendirektor Gustav Kölle[71] von Berlin ab, Carl Friedrich und Ludwig von Winterfeld,[72] ein Schwiegersohn seiner Schwester Käthe, schlossen sich in Budapest an. Gemeinsam reiste man nach Konstantinopel (Istanbul) weiter und von dort aus mit dem Schiff über das Schwarze Meer nach Batumi.

Das Kupferbergwerk in dem heute zu Aserbaidschan gehörenden Kedabeg hatten Werner und Carl Siemens 1864 über ihren früh verstorbenen Bruder Walter als „Privatgeschäft" erworben.[73] Bei Carl Friedrichs erster Reise nach Kedabeg ging es um eine von Carl erworbene Erzgrube bei Kvarzchana, in der Nähe von Batumi, bei der ein Hüttenwerk errichtet werden sollte. Von dort reiste die Gruppe, zum Teil in mühsamen Ritten, über Tiflis nach Kedabeg weiter. Die Rückreise über den nördlichen Kaukasus ans Schwarze Meer bei Noworossiysk gestaltete sich nicht weniger abenteuerlich. Carl Friedrich fuhr von der Krim aus nach Berlin zurück, während die anderen noch einen Umweg über Moskau einlegten.[74]

Vom Überseegeschäft an die Spitze der Siemens-Schuckertwerke

Nach dem Tod seines Onkels Carl, der im März 1906 als letzter der vielen Brüder Werners starb, war Wilhelm in der Familie wie im Unternehmen der „Seniorchef". Schon im Dezember 1904 hatte Carl den Aufsichtsratsvorsitz an seinen Neffen Arnold abgegeben. Nach seinem Tod ging auch der Vorsitz im Board von Siemens Brothers an diesen über. Gleichwohl stand Arnold stets im Schatten Wilhelms, der dem Aufsichtsrat von S&H und dem Board von Siemens Brothers angehörte, aber nur bei den SSW Aufsichtsratsvorsitzender war. Der Aufsichtsrat von S&H konnte als wichtigstes Leitungsgremium des Konzerns gelten, daher war es für Carl Friedrich eine Art Ritterschlag, dass er 1904 Mitglied wurde. Alle drei Söhne Werners gehörten nun dem Aufsichtsrat an.

Im Frühjahr 1907 kam Wilhelm seinem Ziel näher, ein „zwischen allen Häusern einheitliches Zusammenarbeiten" zu erreichen.[75] Der Vorstand von S&H beschloss, den Anteilseignern von Siemens Brothers einen Tausch gegen Aktien der S&H anzubieten. Damit wurde das britische Unternehmen, das sich mehrheitlich in der Hand der Familie Siemens befunden hatte, eine Tochtergesellschaft von S&H.[76] Auch mit der Russischen Elektrotechnischen Werke Siemens & Halske AG in St. Petersburg wurde ein entsprechender Aktientausch vereinbart.[77] Schon 1900 war dafür eine Erhöhung des Aktienkapitals von S&H um 9,5 Mio. Mark beschlossen worden.[78] Acht Jahre später folgte eine Kapitalerhöhung um 8,5 Mio. Mark zum Eintausch der Aktien des St. Petersburger S&H-Unternehmens und der Österreichischen Siemens-Schuckert-Werke.[79] So war, wie der langjährige Leiter des Siemens-Archivs Sigfrid von Weiher schrieb, „unter der Leitung von Werners Söhnen das ‚Gesamthaus Siemens' wieder in sehr hoffnungsvoller Weise erneuert".[80]

Parallel dazu wurde eine neue Organisation für das Auslandsgeschäft der Siemens-Gesellschaften konzipiert. Im Mittelpunkt stand dabei das Überseegeschäft, in dem die früheren Marktabgrenzungen zwischen Siemens Brothers und S&H nicht mehr strikt bestanden.

Auch war das Auslandsgeschäft in London und Berlin unterschiedlich organisiert. Robert Maaß, ein bewährter Mitarbeiter der Siemens-Verwaltung, der bereits in Korea Erfahrungen im Überseegeschäft gemacht hatte, erhielt den Auftrag, ein einheitliches Modell auszuarbeiten. So entstanden insgesamt vier Überseeabteilungen, zwei bei den deutschen und zwei bei den britischen Unternehmen, und die Central-Verwaltung Übersee (CVU), die für die Verbindung mit den Überseestützpunkten zuständig war. Eine eigene Fertigung hatte die Siemens-Gruppe außerhalb Europas noch nicht.[81] In Übersee sollten wie im gesamten Auslandsgeschäft die Vertretungen und Technischen Büros von SSW und S&H zusammengelegt werden, damit die Stützpunkte einheitlich unter dem Namen „Siemens" firmierten.

Die Leitung der CVU, die Carl Friedrich im Mai 1908 übernahm, war keine leichte Aufgabe, da zwischen Berlin und London auf diesem Gebiet auch weiterhin Rivalitäten bestanden. Zudem mussten sich die Zentralen weitgehend auf Berichte der eigenständig operierenden Vertreter in Südamerika, Ostasien und Südafrika verlassen. Carl Friedrichs erste Aufgabe war es, bei der neu errichteten CVU die Abteilung aufzubauen. Sie war provisorisch in den Büros des SSW-Vorstands im Siemens-Verwaltungsgebäude an dem vor dem Anhalter Bahnhof gelegenen Askanischen Platz untergebracht und musste von ihm wohl in Bürogemeinschaft mit seinen anderen Aufgaben als Vorstand geleitet werden.[82] Aufgrund seiner bisherigen beruflichen Erfahrungen waren die Aufgaben bei der CVU wie auf ihn zugeschnitten. Er kannte sich mit den Befindlichkeiten bei den britischen Siemens-Gesellschaften wie kein anderer in Berlin aus. Auch brachte er reichlich Erfahrung in Personalfragen für die Aufgabe der CVU mit, die leitenden Positionen in Übersee zu besetzen.[83]

Wie Carl Friedrich dabei vorging, lässt sich den Erinnerungen von Richard Diercks entnehmen, der 1910 die Leitung der SSW-Vertretung für die La-Plata-Staaten (Argentinien, Uruguay und Paraguay) übernahm und sich in dieser Position zwölf Jahre lang bewährte. Carl Friedrich hatte den Oberingenieur in einem langen Gespräch „geprüft", ohne ihn dabei herablassend zu behandeln. Diercks erinnerte sich später an einen „etwa 2-stündigen Spaziergang im Büro des Herrn v. Siemens, Arm in Arm, jeder bewaffnet mit einer Zigarre". Im Laufe des Gesprächs erhielt Diercks die Leitung des Büros in Buenos Aires angeboten. Als er geltend machte, über keine Leitungserfahrung zu verfügen, antwortete ihm Carl Friedrich, „dass auch er immer wie ein junger Hund ins Wasser geworfen worden wäre. Es sei eine Sache des Vertrauens und das habe er eben zu mir."[84]

1913 bestritten S&H und SSW rund 31 Prozent des deutschen Elektroexports nach Übersee und rund 35 Prozent der gesamten deutschen Elektroausfuhr. Dabei lag der Umfang des Exports bei den SSW erheblich höher als bei S&H.[85] Kraftwerke und Beleuchtungsanlagen waren längst zum Schwerpunkt der Elektroindustrie geworden. Im Überseegeschäft war Lateinamerika der wichtigste und zugleich der am stärksten umkämpfte Markt der Elektrokonzerne. In Argentinien konnte Siemens gegenüber der AEG und den stark vertretenen britischen Wettbewerbern aufholen, in Brasilien blieben dagegen die US-Konzerne uneinholbar führend.[86] In Ostasien galt es, die Position auf dem japanischen Markt gegenüber der wachsenden inländischen Konkurrenz auszubauen. Trotz Revolutionen in Mexiko (1911) und China (1911/12) erfuhr das Überseegeschäft der Siemens-Firmen eine starke Expansion. In den Geschäftsjahren 1909/10 bis 1912/13 nahm der Umsatz der CVU unter der Leitung von Carl Friedrich und seinem Nachfolger Hermann Reyss um mehr als 80 Prozent zu.[87]

Carl Friedrichs Tätigkeit bei der CVU wurde schon bald von Aufgaben in der Unternehmensleitung der SSW überlagert, die er anstelle des kränkelnden Wilhelm wahrnahm. Damit rückte er in die Schaltstelle der Unternehmenspolitik, da sich sein Bruder als Aufsichtsratsvorsitzender keineswegs auf die übliche Kontrolle der Geschäftsführung beschränkte, sondern sich als deren oberster Leiter verstand. Wilhelm handhabte dies in einer Weise, die immer wieder zu Konflikten mit dem Vorstandsvorsitzenden Alfred Berliner führte, der für sich die Befugnis beanspruchte, den Vorstand eigenverantwortlich zu leiten. Dagegen verlangte Wilhelm von ihm, in grundsätzlichen Fragen seine Zustimmung einzuholen, und lehnte es ab, ihm den Status eines Generaldirektors zuzubilligen.[88]

Weitere Konflikte ergaben sich aus Spannungen zwischen S&H und der EAG Schuckert, den beiden Gesellschaftern der SSW. Bei deren Gründung war vereinbart worden, dass S&H am Stammkapital einen Anteil von 50,05 Prozent übernahm, die EAG Schuckert einen Anteil von 49,95 Prozent. Anders als S&H blieb die EAG Schuckert nur noch als Holdinggesellschaft bestehen, da sie ihre gesamte Starkstromproduktion an die SSW abgegeben hatte und über keine Schwachstromfertigung verfügte. Dementsprechend war man hier stärker als bei S&H an Gewinnausschüttungen der SSW interessiert. Viele Vorstands- und Aufsichtsratsmitglieder der in Nürnberg ansässigen EAG Schuckert waren überzeugt, dass sie von S&H übervorteilt wurden. Die Siemens-Seite stellte immerhin den Aufsichtsratsvorsitzenden, den Vorstandsvorsitzenden und die meisten anderen Vorstandsmitglieder. Auch befand sich der Sitz der SSW-Zentrale im Verwaltungsgebäude von Siemens, und der Vorstandsvorsitzende Berliner hatte durchgesetzt, dass zwischen S&H und SSW mehrere Gemeinschaftsabteilungen errichtet wurden. Die von S&H an die SSW abgegebenen Bereiche – das Charlottenburger Werk, das Kabelwerk, die Beleuchtungs- und Bahnabteilung – erwirtschafteten einen sehr viel größeren Umsatz als die beiden von der EAG Schuckert eingebrachten Werke in Nürnberg. Mit dem Umzug in die neuen, größeren Werke in Siemensstadt nahm der Anteil des Berliner Standorts bei den SSW dann noch weiter zu.

In Nürnberg war man nicht darüber erfreut, dass S&H und SSW allgemein als Siemens-Konzern bezeichnet wurden und niemand vom Siemens-Schuckert-Konzern sprach.[89] Den Aufsichtsratsmitgliedern der EAG Schuckert ging es darum, die Interessen der süddeutschen Industrie zu verteidigen und eine völlige Vereinnahmung der

Werk der EAG Schuckert, späteres Nürnberger Werk der SSW, um 1900

Nürnberger Werke durch Siemens zu verhindern. Zu diesem Kreis gehörten führende Repräsentanten der bayerischen Industrie: der Münchner Magnat Hugo von Maffei, der Aufsichtsratsvorsitzende der Bayerischen Hypotheken- und Wechsel-Bank Adolf von Auer und der MAN-Vorstandsvorsitzende Anton von Rieppel.[90] Die einflussreiche „Schuckert-Gruppe" hielt sich auch nicht mit Ressentiments gegen Preußen und Berlin zurück. In der deutschen Industrie galt der Main damals immer noch als eine Trennlinie. Zwei Vorstandsmitglieder der EAG Schuckert, Oskar von Petri und Hugo Natalis, gehörten zugleich dem Vorstand der SSW an, sie mussten im Zweifelsfall zwischen Berlin und Nürnberg vermitteln. Beide arbeiteten eng mit Carl Friedrich zusammen, der für die Befindlichkeiten bei der EAG Schuckert mehr Verständnis hatte als der Vorstandsvorsitzende Berliner.

Wie bereits erwähnt, wurde die deutsche Elektroindustrie nach der Fusionswelle der Jahre 1903 bis 1905 von drei Konzernen dominiert (Siemens, AEG, Felten-Guilleaume-Lahmeyer). Diese Unternehmensgruppen standen nur begrenzt miteinander im Wettbewerb. Sie waren durch ein Preiskartell („Vertrauliche Convention") miteinander verbunden und gegenüber anderen Herstellern abgeschirmt.[91] Als die Felten-Guilleaume-Lahmeyer-Gruppe 1910 in finanzielle Schwierigkeiten geriet, nutzte die AEG die Gelegenheit zu einer weiteren Expansion. Gemeinsam mit einer ihrer Finanzierungsgesellschaften, der in der Schweiz ansässigen Bank für Elektrische Unternehmungen, übernahm sie die Majorität. In der Leitung des Siemens-Konzerns befürchtete man nun, gegenüber der AEG zurückzufallen. Der SSW-Vorstandsvorsitzende Berliner begann, seinerseits Übernahmemöglichkeiten zu sondieren. Dabei rückte die in Berlin ansässige Bergmann Elektricitäts-Werke AG in den Blick, ein unbequemer Wettbewerber, den man lange unterschätzt hatte.[92]

Der Gründer und Leiter der Bergmann Elektricitäts-Werke, Sigmund Bergmann, hatte durch die systematische Unterbietung der Kartellpreise beträchtliche Umsatzsteigerungen erzielen können und sein Unternehmen durch die Errichtung mehrerer neuer Werke stark erweitert. Da er trotz schmaler Rücklagen stets hohe Dividenden ausschütten ließ, war das Unternehmen immer stärker auf Kredite der Banken angewiesen. Ein von der Deutschen Bank geführtes Konsortium stellte die Kredite bereit, obwohl die Strategie Bergmanns in der Presse bereits kritisch beurteilt wurde. 1910 war die Verschuldung schließlich so angestiegen, dass er eine Anlehnung an

Alfred Berliner, undatiert

einen Konzern erwog. Am 19. August 1910 trafen sich Bergmann und ein Aufsichtsratsmitglied seines Unternehmens mit Wilhelm, Carl Friedrich und Berliner. Da sich alle Teilnehmer zur Sommerfrische in Bayern aufhielten, kam man in München zusammen. Die Besprechung endete in einem Eklat. Bergmann stellte Forderungen, die für Siemens nicht verhandelbar waren, und Berliner, der schon länger eine Aversion gegen Bergmann entwickelt hatte, warf dem Unternehmer dilettantische Geschäftspraktiken vor.[93] Wilhelm befürchtete nun, dass sich Bergmann mit der AEG verständigen könnte, und beauftragte seinen jüngeren Bruder, dies zu verhindern. Nach Prüfung aller Varianten rieten Carl Friedrich und Berliner von einer Übernahme der Bergmann Elektricitäts-Werke ab, da ihnen der benötigte Kapitaleinsatz als zu hoch erschien.[94] Carl Friedrich war insbesondere besorgt, dass ein Aktientausch mit Bergmann die Position der Familie Siemens als Mehrheitsaktionär von S&H bedrohen könnte. Die Familie würde in diesem Fall ihren „Majoritäts-Spielraum auf das äußerste ausnützen“.[95]

Bei der AEG gab es dieses Problem nicht. Sie begnügte sich in der Regel nicht mit Beteiligungen, sondern war dafür bekannt, kleinere Wettbewerber durch eine feindliche Übernahme oder systematische Preisunterbietungen vom Markt zu entfernen.[96] Als die Bergmann Elektricitäts-Werke 1911 eine bedeutende Kapitalerhöhung vornehmen wollten, musste man bei Siemens mit einem derartigen Angebot der AEG rechnen. Daher setzte Wilhelm die Deutsche Bank unter Druck, die zu seinem Verdruss als Hausbank von S&H zugleich die Hausbank der Bergmann Elektricitäts-Werke war. Wilhelm verlangte von ihr, die Konsortialführerschaft bei Bergmann aufzugeben und keine weiteren Anleihen des Wettbewerbers zu emittieren. Die Leitung der Bank sagte nach längerem Zögern zu, doch nun drohte Bergmann, die fragwürdigen Methoden von Siemens an die Öffentlichkeit zu bringen. Bei Siemens lenkte man daraufhin ein und fand sich mit der geplanten Kapitalerhöhung durch die Deutsche Bank ab.[97]

Die AEG bot nun an, die jungen Aktien vollständig zu übernehmen, und knüpfte daran die Bedingung, dass Bergmann ausscheiden solle. Das kam, wie Carl Friedrich später schrieb, dem „Verschwinden der Bergmann-Gesellschaft" gleich.[98] Die Deutsche Bank konnte kein Interesse daran haben, einen großen Kunden zu verlieren, und da Siemens unbedingt verhindern wollte, dass „Bergmann der AEG in den Rachen fällt", aber vorhatte, die Bergmann Elektricitäts-Werke bestehen zu lassen, einigte sich die Deutsche Bank mit Siemens.[99] Man kam überein, dass die SSW bei der Kapitalerhöhung um 23 Mio. Mark Aktien im Nominalwert von 8,5 Mio. Mark übernahmen. Carl Friedrich und der Vorstandsvorsitzende Berliner hatten den Erhalt der Bergmann Elektricitäts-Werke allerdings an die Bedingung geknüpft, weitreichenden Einfluss auf die Geschäftsführung zu erhalten. Dadurch konnte das Unternehmen auch ohne eine Majorität an den Siemens-Konzern angebunden werden.[100]

Wilhelm von Siemens konnte an diesen Verhandlungen nicht teilnehmen. Er hatte Anfang November 1911 einen Zusammenbruch erlitten, als er gemeinsam mit Carl Friedrich und Ludwig von Winterfeld im Forst des Hauses Lerbach seiner Schwester Anna zur Jagd gewesen war. Die Diagnose lautete Autointoxination – die Selbstvergiftung des Körpers durch Stoffwechselprodukte oder eine Infektion – sowie „geistige Überanstrengung".[101] In den nächsten Monaten erholte sich Wilhelm in Meran und war nicht mehr in der Lage, die Leitung des Konzerns auszuüben. Carl Friedrich und Berliner konnten aber in strategischen Fragen nicht ohne seine Zustimmung entscheiden, daher reisten sie im Februar 1912 nach Meran, um ihn von der ausgehandelten Lösung zu überzeugen.[102] Erstmals blieb Wilhelm in einer wichtigen Entscheidung nur übrig, Carl Friedrich zu folgen.

Sigmund Bergmann, um 1900

Nachdem Bergmann den „Knebelvertrag" mit Siemens unterschrieben hatte, konnte Carl Friedrich Anfang April 1912 seinem Bruder, der sich mittlerweile auf Herthas Landgut in der Toskana erholte, den erfolgreichen Abschluss mitteilen:

> *„Als Osterei kann ich Dir die Bergmann-Angelegenheit in den Schoß legen, die jetzt bis auf die Bestätigung der Generalversammlung perfekt ist. Es waren schwierige Zeiten und manchmal hat man geschwankt wie ein Rohr, ob man es tun soll oder nicht. Ich glaube aber, dass der jetzt vorliegende Entschluss doch das Richtige getroffen hat.“*[103]

Das klang nicht nach der Umsetzung einer zielstrebig verfolgten Strategie. Entscheidend war für Carl Friedrich, die AEG ausgebremst zu haben. Darauf war er stolz.[104] Starke Beachtung fand, dass die Banken bei dieser Transaktion Siemens und nicht die AEG unterstützten.

Bei Wilhelm hielt sich die Begeisterung über den Vertrag mit Bergmann in Grenzen. Er litt darunter, nicht mehr an den entscheidenden Verhandlungen beteiligt gewesen zu sein. Schon länger hatte er Berliner vorgeworfen, eigenmächtig zu handeln und ihn als obersten Leiter der Geschäfte ablösen zu wollen.[105] Auch der Vorstand und der Aufsichtsrat der EAG Schuckert waren verärgert. Die Schuckert-Gruppe warf Berliner vor, dass er sie von den Verhandlungen mit Bergmann ausgeschlossen hatte.[106] Für Berliner wiederum waren die Anfeindungen schließlich zu viel. Carl Friedrich musste Wilhelm am 29. April 1912 mitteilen, „dass Dr. Berliner Deinem Beispiel gefolgt ist und einen Nervenzusammenbruch erlitten hat“.[107]

Wenige Wochen später trafen sich die Brüder in Badenweiler, wo Wilhelm inzwischen in Behandlung war.[108] Sie einigten sich darauf, dass Carl Friedrich zunächst vertretungsweise den Vorstandsvorsitz der SSW übernahm. Damit waren die Weichen für den Wechsel an der Spitze des Unternehmens gestellt. Als Berliner im September zurückkam, reichte er umgehend seinen Rücktritt ein. Zur Begründung verwiesen die Siemens-Firmen auf gesundheitliche Gründe und darauf, dass der Wechsel angeblich schon länger geplant gewesen sei.[109] Letztlich war der Rücktritt des Vorstandsvorsitzenden aber durch die ständigen Konflikte an der Spitze der SSW bedingt, da Berliner sich nicht mit der Rolle eines Handlungsbevollmächtigten des Aufsichtsratsvorsitzenden begnügen wollte. Bei der Schuckert-Gruppe war er geradezu verhasst, weil er sich über deren Interessen hinweggesetzt hatte und zudem noch so schnoddrig aufgetreten war, wie man es in Bayern von einem Träger dieses Namens erwartete. Bei seinem Nachfolger war mit solchen Problemen nicht zu rechnen. In der Presse wurde im Wechsel bei den SSW auch ein „Erfassen der geschäftlichen Zügel durch die Familie v. Siemens" (*Frankfurter Zeitung*) gesehen.[110]

Die Entscheidung von Siemens gegenüber Bergmann, wie schon im Falle der EAG Schuckert von einer Übernahme abzusehen und sich mit der Sicherung des geschäftlichen Einflusses zu begnügen, erwies sich als sehr erfolgreich. Eine langfristige Strategie stand dahinter offenbar nicht, es war mehr das übergeordnete Interesse, die Majorität der Familie bei S&H nicht durch Kapitalerhöhungen oder Aktienaustausch zu gefährden. Carl Friedrich war vor dem Abschluss des Vertrags mit Bergmann aber auch zu der Einsicht gelangt, dass Übernahmen nach dem AEG-Muster aus kaufmännischer Sicht nicht mehr von Vorteil waren. Im Januar 1912 schrieb er an Wilhelm: „Was hat Lahmeyer aber AEG genutzt uns gegenüber? Nichts, im Gegenteil, sie haben die Kosten und Arbeit und wir einen großen Teil der Aufträge."[111]

Der Fall Bergmann ist auch deshalb so aufschlussreich, weil er ein differenziertes Bild von der Konzentration der deutschen Elektroindustrie vor dem Ersten Weltkrieg zeigt. Die Deutsche Bank nahm hier eine Schlüsselrolle ein, was dem starken Einfluss der Banken in der Elektroindustrie entsprach.[112] Eine „Herrschaft der Banken", wie sie bereits in der zeitgenössischen Abhandlung Rudolf Hilferdings konstatiert wurde, lässt sich jedoch nicht erkennen.[113] Die Entscheidungen von Siemens konnte die Deutsche Bank nicht bestimmen. Schwerer wogen die Interessen der Familie, die nicht mit einer weitreichenden Konzentration zu vereinbaren waren.[114] Auch die Vorstellung, die Banken hätten durchweg die Übernahme von Wettbewerbern durch die Elektrogroßkonzerne herbeigeführt, trifft auf den Fall Bergmann nicht zu.[115] Die Deutsche Bank hatte Bergmann großzügig mit Krediten versorgt und war am Fortbestand dieses Unternehmens interessiert. Schließlich wurden die Bergmann Elektricitäts-Werke nicht zum Übernahmekandidaten, weil sie den führenden Konzernen unbequem waren, sondern weil das Unternehmen nicht genügend Eigenkapital gebildet hatte.[116]

Carl Friedrich von Siemens wurde durch den Rücktritt Berliners ziemlich genau an seinem 40. Geburtstag Vorstandsvorsitzender eines Großunternehmens. Die SSW waren das größte Unternehmen der Siemens-Gruppe. Mit rund 36.000 Arbeiterinnen, Arbeitern

Carl Friedrich von Siemens, 1912

und Angestellten im Inland lag die Beschäftigtenzahl 1912 mehr als doppelt so hoch wie bei S&H (16.000), auch mit einem Umsatz von 247 Mio. Mark übertrafen die SSW bei Weitem S&H (97 Mio. Mark).[117] Unter dem neuen Vorstandsvorsitzenden konnte die überfällige Reform der Unternehmensorganisation angegangen werden. Wilhelm hatte die bestehenden Strukturen der Verwaltung und das Finanzmanagement schon öfter beanstandet, was Carl Friedrich als unberechtigt ansah.[118] Die Reform führte nun zur Errichtung einer Zentralwerksverwaltung, einer Zentralverkehrsverwaltung und einer Zentralfinanzverwaltung, der Vertrieb wurde in sechs Abteilungen gegliedert.[119] Wenige Monate nach Inkrafttreten der Reform zogen die Büros der SSW im Dezember 1913 aus dem Siemens-Haus in der Schöneberger Straße am Askanischen Platz in das neue Verwaltungsgebäude von Siemens an der Nonnendammallee in Siemensstadt um.[120]

Da die Auslandsstützpunkte von Siemens durchweg bei Auslandsgeschäftsstellen und -gesellschaften der SSW angesiedelt waren, hatte sich Carl Friedrich sehr viel stärker mit dem Auslandsgeschäft zu beschäftigen als die Vorstände von S&H, wo man in dieser Zeit ohne Vorstandsvorsitzenden auskam. Während das Überseegeschäft vom neuen Leiter der CVU, Hermann Reyss, betreut wurde, hatte der Vorstandsvorsitzende der SSW Mandate bei insgesamt 18 europäischen Auslands- und Tochtergesellschaften wahrzunehmen. Einen Eindruck von Carl Friedrichs Terminkalender vermittelt ein Brief an den Direktor der spanischen Siemens-Schuckert-Gesellschaft aus dem Frühjahr 1913: „Da ich gerade für die jetzige Zeit schon verschiedene Sitzungen in Wien und Paris anberaumt hatte, so würde es mir außerordentlich schwerfallen, die eine Reise nach Madrid dazwischenzuschieben."[121]

Späteren Ausführungen nach trat Carl Friedrich von Siemens schon damals dafür ein, dass S&H und SSW keine branchenfremden Fertigungen aufnehmen sollten.[122] Wilhelm sah dies anders. Unter seiner Regie hatten die SSW 1908 einen renommierten Berliner Automobilhersteller, die Motorenfabrik Protos, übernommen. Damit folgte Wilhelm dem AEG-Vorstandsvorsitzenden Emil Rathenau, der 1901 ein Automobilunternehmen gegründet hatte. Eine Rolle dürfte dabei auch gespielt haben, dass Wilhelm schon damals ein Kraftfahrzeug besessen hatte und seinem Tagebuch zufolge – ebenso wie Rathenau – ein „Autonarr" war.[123] Nicht weniger begeistert war er von Innovationen für das Militär. Mit der neuen Kriegs- und Schiffbautechnischen Abteilung bei den SSW etablierte sich Siemens in der Marinegerätefertigung. Im Auftrag der Marine wurden sehr erfolgreich lenkbare Torpedos und Lenkboote konstruiert.[124] 1909 nahmen die SSW auf Ersuchen des preußischen Generalstabs die Entwicklung von unstarren Motorluftschiffen („Motorballons") auf, bei der sich Wilhelm stark engagierte.[125] Auf einem Teil seines Guts in Biesdorf stellte er ein Grundstück für den Bau einer Luftschiffhalle zur Verfügung. Viel kam bei dem aufwendigen Bau von Luftschiffen allerdings nicht heraus. Nachdem 1911 mit Versuchsflügen begonnen worden war, erwiesen sich die starren bzw. halbstarren Luftschiffe von Zeppelin und Schütte-Lanz überlegen. Das Militär setzte nicht länger auf die SSW-Luftschiffe, und nachdem das Versuchsschiff bei einer Landung beschädigt worden war, wurde bei Siemens

Verwaltungsgebäude in Siemensstadt, 1913

kein weiteres Modell gebaut. Wilhelm konnte sich in dieser Frage nicht gegen die Schuckert-Gruppe durchsetzen.[126]

Die Marineaufträge waren dagegen ein Wachstumsgeschäft. Vom deutsch-britischen Flottenwettrüsten begünstigt, galt dies für die SSW ebenso wie für die Siemens Brothers Dynamo Works. Während die Werke in Berlin und Nürnberg die deutsche Marine belieferten, versorgte das Werk in Stafford die britische Admiralität. Als der deutsche Managing Director Carl Köttgen das Admiralitätsgeschäft einschränken wollte, lehnte Carl Friedrich dies ab, da aus Ländern wie Japan fast nur Marinegeräte bestellt würden, die auch die britische Marine von Siemens beziehe.[127]

3.

Liberaler Reformer zwischen Krieg und Revolution

Hinter der Front

Als der Erste Weltkrieg begann, meldete sich Carl Friedrich von Siemens freiwillig zum Militär. Dass ein 41-jähriger Vorstandsvorsitzender und Konzernerbe aus eigenem Entschluss in den Krieg zieht, ist auf den ersten Blick verwunderlich. Carl Friedrich hatte sich nie besonders für das Militär begeistert und im Unterschied zu vielen Standesgenossen nicht die Beförderung zum Reserveoffizier angestrebt. Offensichtlich war er im August 1914 von der Kriegsbegeisterung erfasst worden, die in Berlin nach Bekanntgabe der Mobilmachung vor allem im Bürgertum aufkam. Für Carl Friedrich gab es aber noch ein weiteres Motiv, da er sich für den Einsatz bei einer speziellen Einheit, dem Kaiserlichen Freiwilligen Automobilkorps, meldete. Ihn reizte wohl die Vorstellung, mit Sportsgeist in einer Limousine hinter der Front am Krieg teilzunehmen. Allgemein rechnete man damit, dass die Kampfhandlungen nur wenige Wochen dauern würden.

Das Kaiserliche Freiwillige Automobilkorps bestand vor dem Krieg aus rund 100 Mitgliedern des Kaiserlichen Automobilclubs. Da das Automobil noch als ein Luxusgut galt, war der Club ein Treffpunkt der Hautevolee. Unter der Schirmherrschaft Kaiser Wilhelms II. kamen hier vermögende Automobilenthusiasten aus dem Adel, der Wirtschaft und dem Militär zusammen.[1] Die Mitglieder des Automobilkorps stellten sich mit ihren Fahrzeugen, Mechanikern und Chauffeuren bei Bedarf der Heeresverwaltung zur Verfügung. Als „Benzinhusaren“ wurden sie bei größeren Manövern des praktisch noch nicht motorisierten Heeres eingesetzt, um Nachrichten zu überbringen und Ordonanzdienste für hohe Offiziere zu verrichten. Bei Kriegsbeginn erlebte das Automobilkorps einen Ansturm von Freiwilligen, es wurde auf 400 Angehörige aufgestockt.[2] Unter ihnen befanden sich neben Carl Friedrich weitere namhafte Industrielle wie Fritz und Wilhelm von Opel und Ernst Büssing. Selbst ein bedeutender Naturwissenschaftler wie der spätere Chemienobelpreisträger Walther Nernst meldete sich bei Kriegsbeginn zu dieser Einheit.[3]

Carl Friedrich von Siemens hatte zunächst Fahrten vom Großen Hauptquartier in Koblenz und Luxemburg zu Oberkommandos an der Westfront durchzuführen.[4] In Belgien, das als neutrales Land vom deutschen Militär überfallen worden war, gewann er dann bald einen Eindruck vom Horror des Kriegs. In einem Brief an seine Frau berichtete er von einer Fahrt durch das zerstörte Löwen (Leuven):

> *„Stell Dir vor die schöne alte Stadt in hellen Flammen und ein großer Trümmerhaufen. Wir fuhren ein und konnten vor Pferdeleichen und herabhängenden Drähten kaum vorwärts. [...] Das ist ein furchtbar deprimierendes Gefühl diese armen flüchtenden Geschöpfe zu Tode verängstigt und ermattet zu sehen mit dem bisschen Hab, was ihnen geblieben, das Weite suchend. Großmütter, die ihre kleinen Enkel tragen, vereinzelte Kinder, kurze Worte können das*

Kriegszerstörungen in Löwen (Leuven), 1914

Elend nicht beschreiben und manchmal steht einem das Herz vor Mitleid still. […] Ekelhaft war die Fahrt wieder heraus, Civilisten-leichen lagen auf den Bürgersteigen, ein Paar Kinder, die weinend an einer Ecke saßen, waren die einzigen Lebewesen außer unseren Soldaten.“[5]

Die deutschen Besatzer hatten Löwen einige Tage zuvor niedergebrannt und rund zweihundert Zivilisten ermordet. Die weltberühmte Bibliothek der flämischen Universitätsstadt mit ihrem Schatz von Handschriften und Inkunabeln war gezielt angezündet worden – eine Barbarei, die auch in den neutralen Ländern als vandalischer Akt der „Hunnen“ angeprangert wurde. Die deutsche Seite erklärte, es habe sich um Vergeltung für einen Überfall belgischer Freischärler (*franc-tireurs*) gehandelt. Carl Friedrich glaubte dieser falschen Darstellung.[6]

Nach der Bildung eines Kaiserlich Deutschen Generalgouvernements im besetzten Belgien wurde er dem Generalgouverneur Colmar Freiherr von der Goltz für Fahrdienste zugewiesen. Da von der Goltz öfters die Front an der Yser besichtigte, lernte er nun den Krieg aus nächster Nähe kennen.[7] In den Briefen an Tutty beschrieb er diese Touren wie Abenteuerreisen:

Kaiserliches Freiwilliges Automobilkorps, undatiert

> *„Gestern hatte ich den interessantesten Schlachttag, seitdem ich draußen bin und mittendrin waren wir bis vorne in den ersten Schützengräben. Keinem von uns ist etwas passiert, was für mich ein Rätsel ist, denn so etwas von Granat-, Schrapnell- und Gewehrfeuer habe ich nicht für möglich gehalten."*[8]

Ende November 1914 bat von der Goltz um seine Ablösung und wurde Militärberater im verbündeten Osmanischen Reich.[9] Sein Nachfolger in Brüssel, Generaloberst Moritz von Bissing, ging mit äußerster Brutalität gegen den belgischen Widerstand vor und strebte eine Annexion des flämischen Landesteils an. Da der neue Generalgouverneur nichts von Frontbesichtigungen hielt, kam Carl Friedrich kaum noch aus Brüssel hinaus.[10] Bei seiner Familie nahm gleichwohl die Besorgnis zu. Die Nachrichten von der Westfront zeigten, dass die Einsätze des Kaiserlichen Automobilcorps keineswegs ungefährlich waren. So wurde der Berliner Chemiker Erwin Cassirer, ein Neffe des Industriellen Max Cassirer, bei einer Autofahrt zur Überbringung einer Meldung erschossen.[11] Schon im November wurde Carl Friedrich von der Familie gedrängt, die Freistellung vom Militär zu beantragen, aber darauf wollte er sich zunächst nicht einlassen, um nicht im Automobilcorps als „Drückeberger" zu gelten. Er ließ sich jedoch dazu bewegen, Urlaub zu nehmen und nach Berlin zu kommen. Dort redete sein Schwager Carl Dietrich Harries auf ihn ein. Er wusste eine Lösung, die es Carl Friedrich ermöglichen würde auszumustern, ohne an Ansehen zu verlieren. Wie dies dem Schwager gelang, beschrieb Carl Friedrich wenig später in einem Brief an seinen Vorstandskollegen Otto Henrich:

Carl Dietrich Harries, 1916

> *„Mein Schwager schlug mir nun vor, den Prinzen Heinrich, den er in Kiel öfters sähe, und der Chef des Corps ist, darüber aufzuklären, ihm zu sagen, dass es durch-*

aus nicht mein persönlicher Wunsch sei, sondern im Interesse der Sache läge, da ich ja zuhause viel mehr für den Staat leisten könnte als in meiner Kriegschauffeur-Laufbahn. Dem stimmte ich zu und gab ihm meine Zustimmung, dass er gelegentlich mit dem Pr. H. darüber spräche, gewissermaßen um mich dem Autocorps gegenüber zu rechtfertigen. Nun erkrankte mein Schwager aber und schrieb an den Prinzen, welcher das Schreiben empfehlend an seinen Sohn, den Kommandeur des Autocorps, weitergab, der seinerseits es wieder an den Gen.-Gouverneur empfehlend sandte. Und so war ich, ehe ich es mich versah, bis zum 15. Februar beurlaubt […].“[12]

Harries verdankte diese erstklassigen Verbindungen seinen Aktivitäten im Kaiserlichen Yacht-Club in Kiel, durch die er einen guten Draht zu Prinz Heinrich von Preußen hatte.[13] Dieser Bruder des Kaisers war nicht nur Generalinspekteur der Marine und Schirmherr des Kaiserlichen Yacht-Clubs, sondern auch Chef des Kaiserlichen Freiwilligen Automobilkorps, das von seinem Sohn Prinz Waldemar kommandiert wurde. Carl Friedrichs Beurlaubung war zunächst befristet. Doch stand außer Zweifel, dass die dauerhafte Freistellung nur eine Formsache war.

Unternehmer in der Kriegswirtschaft

Für die Unternehmen der Familie Siemens hatte der Kriegsbeginn dramatische Folgen. Innerhalb weniger Tage verlor das von den Gründern errichtete „Gesamtgeschäft“ zwischen den Werken in Berlin, London und St. Petersburg den Zusammenhalt. Die Berliner Siemens-Firmen wurden von ihren wichtigsten Exportmärkten in Europa verdrängt, ihr Überseegeschäft kam durch die britische Seeblockade weitgehend zum Erliegen. Es blieben noch die Märkte in den verbündeten Ländern, vor allem in Österreich-Ungarn, und in den neutralen europäischen Staaten.[14] Für Carl Friedrich zerbrach damit schlagartig die Welt des Siemens-Netzes zwischen Berlin und London, der er so eng verhaftet war. Allerdings ging man zunächst davon aus, dass die Unterbrechung der Verbindungen durch den Krieg nicht von langer Dauer sein würde.

Die beiden Siemens-Unternehmen in St. Petersburg wurden nach Kriegsbeginn nicht konfisziert, da ein großer Teil der Aktien rechtzeitig auf die Töchter Carl von Siemens’, Charlotte von Buxhoeveden und Marie von Graevenitz, übertragen worden waren. Beide besaßen die russische Staatsangehörigkeit. Die Geschäfte wurden von Direktoren mit russischer Staatsbürgerschaft, Alfred Schwartz und Leonid B. Krasin, geleitet. Unter der Aufsicht staatlicher Inspektoren fertigten die Unternehmen für das russische Militär.[15] Im Vereinigten Königreich wurden Siemens Brothers und den Siemens Brothers Dynamo Works Geschäfte mit den deutschen Siemens-Firmen untersagt, und unter dieser Auflage konnten beide Unternehmen weiterarbeiten. Die deutschen Angestellten wurden im Herbst interniert, darunter auch der Leiter der Siemens Brothers Dynamo Works, Carl Köttgen.[16] Im Board von Siemens Brothers blieben Alexander Siemens, der seit Langem die britische Staatsbürgerschaft besaß, und Georg von Chauvin, der die britische Staatsbürgerschaft annahm. Beide Unternehmen erhielten vom britischen Militär umfangreiche Aufträge.[17]

Durch die Einberufungen ging die Zahl der Inlandsbeschäftigten von S&H und SSW zunächst um fast ein Viertel zurück, von 56.000 auf 43.000. Die entstandenen Lücken konnten zum großen Teil durch befristet eingestellte Hilfskräfte und dienstverpflichtete Frauen geschlossen werden. Das Beschäftigungsniveau von 1913 wurde allerdings erst im letzten Kriegsjahr wieder erreicht.[18] Bei Kriegsbeginn wurde die Fertigung auf den militärischen Bedarf umgestellt, bereits im August 1914 entfielen mehr als 80 Prozent des Auftragsvolumens auf „Kriegsaufträge".[19] Das Heer wurde aus Siemensstadt mit Feldfernsprechern und Kabeln beliefert, die Marine mit Scheinwerfern und elektrischen Ausrüstungen. Auf Drängen des Militärs nahm Siemens die Massenfertigung von Zündern, Granaten, Maschinengewehrteilen, U-Boot-Motoren und anderen branchenfremden Rüstungsgütern auf.[20]

Zu den rüstungstechnischen Vorzeigeprodukten von S&H gehörten elektrische Steuerungen für U-Boote, vor allem aber die vom talentierten Chefkonstrukteur und Vorstandsmitglied August Raps entwickelten Feuerleitanlagen für die Kriegsmarine. Gerne wurde bei Siemens später daran erinnert, dass der Marineminister im Auftrag des Kaisers dem Unternehmen höchste Anerkennung für die Leistungen der Feuerleitanlagen in der Skakerragschlacht ausgesprochen hatte.[21] Ein Großprojekt war der 1914 bei den SSW begonnene Bau von Riesenflugzeugen, die als Langstreckenbomber eingesetzt werden sollten. Den SSW gelang es, die weltweit größten Flugzeuge zu bauen, doch erlangten diese Giganten keine nennenswerte militärische Bedeutung.[22] In der Forschung verlor Siemens dagegen auf vielen Gebieten den Anschluss. Der beschlossene Neubau für das Physikalisch-Chemische Laboratorium, ein Lieblingsprojekt Wilhelm von Siemens', konnte erst nach dem Krieg fertiggestellt werden. Mehr noch als für Wilhelm war dies für Carl Dietrich Harries ein Rückschlag. Er wollte nicht mehr länger in der Wissenschaft bleiben, nachdem er bei zwei Berufungen auf renommiertere Lehrstühle nicht berücksichtigt worden war. Als ihm Wilhelm daraufhin die Leitung des neuen Laboratoriums bei Siemens anbot, gab er seine Professur in Kiel auf.[23]

Nach der Rückkehr vom Militär kamen auf Carl Friedrich von Siemens bald weitere Leitungsaufgaben zu. Da Wilhelm immer wieder erkrankt war und Arnold sich aus den geschäftlichen Angelegenheiten weitgehend zurückgezogen hatte, rückte er faktisch an die Spitze des Konzerns auf. Wahrscheinlich lag die Leitung der Siemens-Stammgesellschaften seit der zweiten Hälfte des Jahres 1915 bei Carl Friedrich.[24] Erstmals ging er nun auch eigene Wege gegenüber seinem „Ersatzvater". Die Halbbrüder hatten zur Kriegspolitik des Kaiserreichs eine sehr unterschiedliche Einstellung. Während sich Wilhelm für die Propaganda begeisterte, stand für Carl Friedrich die effiziente Organisation im Vordergrund. Die extremen Kriegszielforderungen der industriellen Spitzenverbände, die Wilhelm unterstützte, lehnte er ab.

Ein Unterausschuss des Kriegsausschusses hatte schon im Dezember 1914 ein expansionistisches Maximalprogramm aufgestellt und bei Reichskanzler Theobald von Bethmann Hollweg auf diese „Kriegszielforderungen der deutschen Industrie" gedrängt. Das Programm sah im Westen die Annexion Belgiens, des Gebiets um Calais und des Erzbeckens von Briey vor, im Osten sollte das Reich um Kongresspolen und große Teile des Baltikums erweitert werden.[25] In einem Brief an seinen Vorstandskollegen Natalis kritisierte Carl Friedrich solche Forderungen schon wenige Wochen nach seiner Freistellung vom Militär als einen „Blödsinn", der den Schwerindustriellen anzulasten sei.[26] Im Februar 1915 gehörte er als einer der wenigen Industriellen zu den rund 70 Unterzeichnern des Aufrufs zur Gründung der Freien Vaterländischen Vereinigung, die den gemäßigteren Reichskanzler Bethmann Hollweg unterstützte.[27]

Trotz seiner Sympathien für England hielt Carl Friedrich von Siemens den Krieg für gerechtfertigt. Die Kampfhandlungen sollten jedoch nach Regeln geführt werden und gezielte Tötungen von Zivilisten vermeiden. So lehnte er die Angriffe deutscher Luftschiffe auf die britische Zivilbevölkerung ab: „Durch solche Überfälle auf militärisch unwichtige Punkte wird aber das Volk aufgerüttelt und der Erfolg ist das Umgekehrte von dem, was gewünscht wird."[28] Wilhelm billigte dagegen vorbehaltlos alle Angriffe des deutschen Militärs und nutzte sein Ingenieurtalent, um zu Verbesserungen der Kriegstechnik beizutragen. Mit Unterstützung eines Verwandten, des Obersten Heinrich Schwedler, arbeitete er an der Entwicklung neuer Geräte. Zugleich beteiligte er sich publizistisch an der Kriegspropaganda.[29] Dabei war Wilhelm nicht unkritisch, so hielt er es für einen schweren Fehler, dass das Kaiserreich für den Krieg nicht genügend gerüstet war. Trotz Wilhelms Kriegsbegeisterung stand der Siemens-Konzern nicht in der besonderen Gunst des Kaisers und der Heeresleitung. An der Gedenkfeier zum 100. Geburtstag von Werner von Siemens am 13. Dezember 1916 nahmen drei Staatssekretäre und drei Staatsminister, ein Generalleutnant und ein Admiral, aber kein Mitglied der kaiserlichen Familie teil.[30] In den kriegswirtschaftlichen Organisationen gehörte die elektrotechnische Industrie nicht zu den vorrangig vertretenen Branchen. Obwohl der AEG-Aufsichtsratsvorsitzende Walther Rathenau in den ersten Kriegsmonaten die neu geschaffene Kriegsrohstoffabteilung leitete, hatte die Elektroindustrie insgesamt weniger Einfluss als die Schwerindustrie und die Chemische Industrie.

In den letzten Kriegsjahren nahmen die Differenzen zwischen Carl Friedrich und Wilhelm zu, ohne dass dies der engen Verbundenheit zwischen beiden abträglich gewesen wäre. Carl Friedrich stand der Fertigung von Eindecker-Jagdflugzeugen bei den SSW, die mit Wilhelms Unterstützung aufgenommen wurde, kritisch gegenüber. Im Juni 1916 schrieb er an Natalis: „Die Flugzeugsache macht mir viel Ärger. Auch nicht einen Schritt weiter! Auch der große Patriotismus hört auf, wenn man nicht sieht, dass mit ihm mehr erreicht wird als unnütz Geld loswerden."[31] Den Kriegseintritt der Vereinigten Staaten hielt Carl Friedrich für eine ziemliche Katastrophe. Er befürchtete, dass nach dem Krieg nicht mehr eine größere Anleihe in den USA aufgenommen werden könnte.[32] Dagegen war Wilhelm in zwei weiteren Veröffentlichungen für den uneingeschränkten U-Boot-Krieg eingetreten, der zur Kriegserklärung der USA geführt hatte.[33] Im September 1917 hatte er eine Denkschrift an Reichskanz-

Flugzeugfertigung im SSW-Werk Nürnberg, 1916

ler Georg Michaelis über „Sicherungsmittel der deutschen Zukunft gegen die englische Suprematie“ verfasst.[34] Wenig später war er in die damals gegründete Deutsche Vaterlandspartei, eine völkisch-rechtsradikale Bewegung, eingetreten. Dieser von Großadmiral Tirpitz geleiteten Partei gehörten Unternehmer unterschiedlicher Couleur an, genannt seien hier nur Carl Duisberg, Louis Hagen, Alfred Hugenberg und Hugo Stinnes.[35]

Carl Friedrich von Siemens beschäftigte sich schon Anfang 1917 verstärkt mit Nachkriegsfragen. In einem Vortrag plädierte er für den Bau von Arbeitersiedlungen durch die Unternehmen.[36] Als der aufbrandende Massenprotest gegen Not und Hunger nach dem „Steckrübenwinter“ von 1916/17 auch in Berlin zu Streiks führte, erwog er, Flugblätter verteilen zu lassen, die von Industriellen und „Führern der Sozis und Gewerkschaften, wie Scheidemann und Legien“ gemeinsam unterzeichnet waren.[37] Dies war durchaus im Sinne des Hilfsdienstgesetzes vom Dezember 1916, das die Errichtung von Arbeiter- und Angestelltenausschüssen vorgeschrieben hatte, um die Unterstützung der Rüstungsproduktion durch die Gewerkschaften zu sichern. Wilhelm war jedoch über ein gemeinsam mit Sozialdemokraten unterzeichnetes Flugblatt entsetzt. Er hielt dem Bruder vor, dass der Streik durch die Agitation der Sozialdemokraten zustande gekommen sei, was Carl Friedrich wiederum bestritt.[38] Eine gemeinsame Aktion mit Sozialdemokraten und Gewerkschaftsführern war für Wilhelm unvorstellbar. Schließlich hatte die Unternehmensleitung zur Bekämpfung des sozialdemokratischen Einflusses in den Betrieben mit einigem Erfolg einen „gelben" wirtschaftsfriedlichen Werkverein aufgebaut, dessen Mitglieder sich verpflichtet hatten, auf Streiks zu verzichten und keiner Gewerkschaft anzugehören. Während des Krieges ging der Anteil der im Werkverein organisierten Arbeiter zurück, 1916 gehörten aber immer noch mehr als 50 Prozent der Belegschaft dem „gelben" Verein an.[39]

Mit den Materialschlachten an der Westfront nahmen auch bei Siemens die Aufträge für die Fertigung von Rüstungsgütern zu. Das Ende August 1916 verkündete Hindenburg-Programm sah eine Verdoppelung der Munitionsproduktion vor. Der Anteil nicht elektrischer Erzeugnisse am Umsatz der Siemens-Firmen stieg daraufhin auf 30 Prozent, die Werke sahen sich Anforderungen gegenüber, die für Carl Friedrich „ans Fabelhafte" grenzten.[40] Dabei waren die Mängel der kriegswirtschaftlichen Organisation unübersehbar. Carl Friedrich war überzeugt, dass es sich um ein Versagen der Führung handelte. Von einer Sitzung bei der Feldmeisterei berichtete er Wilhelm: „Bei uns sind es zu viele Stellen, die die Arbeiten vergeben und nicht Hand in Hand arbeiten. Es fällt einem doch auf, dass der Feind es anders macht. In England ist der energischste und fähigste Mann [*gemeint war Lloyd George, J. B.*] zum Munitionsminister mit großen Vollmachten ernannt worden."[41] Das von der Obersten Heeresleitung initiierte Hindenburg-Programm vom Spätsommer 1916 führte durch die Errichtung des Waffen- und Munitionsbeschaffungsamts und des Kriegsamts zu einer Zentralisierung des Beschaffungswesens und des Bewirtschaftungssystems, doch einen „Munitionsminister" gab es in Deutschland weiterhin nicht. Eine effiziente Koordination zwischen dem Kriegsamt, den zivilen Behörden und der Industrie kam nicht zustande.[42] Wie Carl Friedrich von Siemens befürchtet hatte, war die neue Organisation der Kriegswirtschaftsbehörden „wieder eine halbe Sache".[43]

„Einigkeit macht stark" – der Zusammenschluss zum Branchenverband

Bei Siemens empfand man es als schweren Nachteil, dass die elektrotechnische Industrie innerhalb der deutschen Kriegswirtschaft nicht den Einfluss hatte, der ihrer Bedeutung entsprach.[44] Die schwache Position der Branche ergab sich auch daraus, dass die Firmen in mehreren Verbänden mit jeweils unterschiedlichen Interessen organisiert waren. Der älteste Elektroverband, der 1893 gegründete Verband Deutscher Elektrotechniker (VDE), war auch auf Drängen von Wilhelm von Siemens ganz im Sinne seines Vaters als eine Art Forschungsvereinigung ausgerichtet worden.[45] Da wirtschaftspolitische Interessen vom VDE nicht vertreten werden konnten, bildeten Teile der Branche nach der Jahrhundertwende eigene Verbände. Die Großfirmen der Starkstromtechnik schlossen sich in der Vereinigung deutscher Elektrizitätsfirmen zusammen. Diese sogenannte Frühstücksvereinigung fungierte zugleich als Plattform für Kartellabsprachen zwischen den Konzernen. Die als „Spezialfirmen" bezeichneten kleinen und mittleren Unternehmen reagierten darauf mit der Gründung des Vereins zur Wahrung gemeinsamer Wirtschaftsinteressen der deutschen Elektrotechnik (VzW) und des Vereins elektrischer Specialfirmen. Die Elektrizitätswerke und die Elektroinstallationsbetriebe organisierten sich ihrerseits in eigenen Verbänden.[46] Zwischen Siemens und der AEG gab es wiederum unterschiedliche Auffassungen über die Haltung gegenüber dem Centralverband deutscher Industrieller (CDI), dem größten Dachverband der deutschen Industrie. Die AEG-Führung strebte die Bildung einer Gegenmacht der „Fertigindustrie" zu dem konservativen, von der Schwerindustrie dominierten und eng mit der Ministerialbürokratie vernetzten CDI an. Siemens trat dagegen 1907 dem CDI bei. Wilhelm fühlte sich dieser einflussreichsten Industrielobby des Kaiserreichs verbunden und glaubte, dass die Interessen der Elektroindustrie nur innerhalb des Centralverbands erfolgreich vertreten werden konnten. Der mit dem CDI rivalisierende Bund deutscher Industrieller (BdI) war den Elektrokonzernen zu mittelständisch ausgerichtet.[47]

Nach Kriegsbeginn bildeten CDI und BdI einen gemeinsamen Kriegsausschuss der deutschen Industrie. Obwohl dieser paritätisch besetzt war, zeigte sich bald, dass die CDI-Führung um die Schwerindustriellen Max Rötger und Alfred Hugenberg das Sagen hatte. Die Elektroindustrie sah sich zurückgesetzt, konnte aber die Gegensätze innerhalb der Branche auch jetzt nicht überwinden. Dies änderte sich erst, als Carl Friedrich anstelle Wilhelms die Verbandspolitik von Siemens bestimmte. Ihm gelang es, den mittelständischen VzW und die Vereinigung der Schwachstromindustriellen mit dem Verband der Großfirmen zusammenzubringen.[48] Unter seiner Regie gründeten die Verbände am 21. Februar 1916 den Kriegsausschuss der deutschen elektrischen Industrie, mit dem nun erstmals ein Sprachrohr der Branche bestand. Da die Verbände der Spezialfirmen weiterhin starke Vorbehalte gegen die AEG hatten, bestanden sie darauf, dass Carl Friedrich von Siemens den Vorsitz übernahm, was er nach eigenen Angaben nicht geplant hatte.[49] Geschäftsführendes Ausschussmitglied wurde der Leiter des mittelständischen VzW, Friedrich Fasolt.

Im letzten Kriegsjahr gelang es Carl Friedrich schließlich, auch die nicht dem Kriegsausschuss angehörenden Elektroverbände für den Zusammenschluss zu einem Branchenverband zu gewinnen. Für die Anforderungen der Nachkriegszeit wollten auch diese Gruppierungen nun dem Zusammenschluss angehören. Im Dezember 1917 wurde eine Kommission wiederum unter Carl Friedrichs Vorsitz berufen, die eine Satzung ausarbeiten sollte.[50] Drei Monate später konnte er zu einer Sitzung in Berlin einladen, auf deren Tagungsordnung der Punkt „gegebenenfalls Gründungsversammlung für den neuzugründenden eingetragenen Verein“ stand.[51] Diese am 5. März 1918 stattfindende Sitzung wurde zur Geburtsstunde des Zentralverbands der deutschen elektrotechnischen Industrie (ZVEI). Die versammelten Elektroindustriellen einigten sich erstmals auf die Errichtung einer Organisation, die die Interessen der gesamten Branche vertreten sollte und daher die Bezeichnung „Zentralverband“ erhielt.[52] Es war geradezu selbstverständlich, dass Carl Friedrich von Siemens als Vater der Verbandsgründung zum Vorsitzenden gewählt wurde. Er leitete den Verband bis zu dessen Auflösung im Herbst 1933.

Sein verbandspolitisches Ziel beschrieb Carl Friedrich im März 1917 anlässlich einer Vertrauenskrise im Kriegsausschuss der Elektroindustrie in einem Brief an den VzW-Vorsitzenden Paul Meyer in geradezu klassischer Form:

> *„Meine Bestrebungen gehen ja nur dahin, dass der Kriegsausschuss für die Gesamtelektrotechnik nützliche Arbeit leisten möge und dadurch ein Band geschaffen wird, welches wir zwischen den Gruppen der Elektrotechnik sehr notwendig haben. Ich bin ein so überzeugter Anhänger des Wortes: ‚Einigkeit macht stark', dass ich gegen alles, was zur Zersplitterung führen könnte, Stellung nehmen muss".*[53]

In dem Motto „Einigkeit macht stark" kann man ein Leitmotiv sehen, das ihn von anderen Größen der Branche unterschied. Anders als der bei Kriegsbeginn im Kaiserreich verkündete „Burgfrieden" in Politik und Gesellschaft beruhte diese Einigkeit auf einem ausgehandelten Interessenausgleich. An der Spitze eines Industrieverbands müsse ein „Kompromissmann" stehen, schrieb Carl Friedrich wenige Tage nach Gründung des ZVEI seinem Bruder. Damals befürchtete er das „Unglück", dass Hugenberg nach seinem Ausscheiden aus dem Krupp-Direktorium Vorsitzender des CDI werden könnte.[54] Der Gegensatz zwischen ihm und Hugenberg, einem extrem nationalistischen Scharfmacher aus der Schwerindustrie, hätte kaum größer sein können.

Weniger Begeisterung als für die Arbeit im Branchenverband vermochte Carl Friedrich von Siemens für seine Tätigkeit im Vorstand der Berliner Handelskammer zu entwickeln, dem er seit 1916 angehörte. Sein Vermittlungsgeschick war hier auch weniger gefragt, da der Handel die Industrie dominierte und die Großindustrie nur schwach vertreten war. Gleichwohl übernahm er im Oktober 1917 den Vorsitz des neuen Industrieausschusses der Handelskammer, offenbar konnte er sich hier der Wahl nicht entziehen. Nach eigener Darstellung wurde er „zum Vorsitzenden gepresst"[55] – ein Los, das ihm später noch öfters beschieden war.

Das Kriegsende und das Abkommen mit den Gewerkschaften

In den letzten Kriegsjahren zeichnete sich ab, dass S&H seine bedeutenden Unternehmen in England und Russland auf Dauer verlieren würde. Siemens Brothers und die Siemens Brothers Dynamo Works wurden im Januar 1916 enteignet, beide standen nun unter staatlicher Treuhänderschaft. Ein Jahr später wurde Siemens Brothers an die C.B. Crisp & Co. verkauft. Die Siemens Brothers Dynamo Works wurden von ihrer Muttergesellschaft getrennt und 1919 an den neu gebildeten Konzern The English Electric Co. Ltd. abgegeben.[56] Als Folge der Enteignungen kühlte sich Carl Friedrichs Vorliebe für England ab. Das Verhalten des Managements der britischen Siemens-Firmen wurde in Siemensstadt als Verrat an den früheren Bindungen angesehen. Nach Kriegsende soll es Carl Friedrich von Siemens abgelehnt haben, mit Siemens Brothers in Kontakt zu treten.[57] Er empfand auch nicht mehr das Bedürfnis, in das ehemals so geschätzte London zu reisen. Es dauerte zehn Jahre, bis das zerrüttete Verhältnis wischen S&H und Siemens Brothers gekittet werden konnte.

Die beiden Siemens-Unternehmen in St. Petersburg, die Russischen Elektrotechnischen Werke Siemens & Halske AG und die Russische AG Siemens-Schuckert, sollten durch einen Beschluss des Ministerrats vom Dezember 1916 in ein russisches Unternehmen überführt werden. Die formale Enteignung kam damals nicht zustande, doch wurde die Geschäftsführung von einer staatlichen Kommission übernommen.[58] Die Oktoberrevolution 1917 schien dann zu einer unerwarteten Wende zu führen, da Lenin wegen des Bürgerkriegs und der katastrophalen wirtschaftlichen Lage des Landes darauf drängte, bedingungslos Friedensverhandlungen mit dem Deutschen Reich aufzunehmen. Nach dem Waffenstillstand im Osten kam bei Siemens die Hoffnung auf, die Werke in St. Petersburg zurückzuerhalten. Als Vorsitzender des Kriegsausschusses der deutschen Elektroindustrie wandte sich Carl Friedrich von Siemens im Dezember 1917 an den Staatssekretär des neu entstandenen Reichswirtschaftsamts und ersuchte ihn, bei den Friedensverhandlungen die Interessen der Branche zu berücksichtigen. Er wies darauf hin, dass Russland vor dem Krieg der größte Exportmarkt der deutschen Elektroindustrie gewesen war und auch „für die Zukunft bedeutende Absatzmöglichkeiten“ bieten würde. Für das von der Branche in Russland investierte Kapital in Höhe von rund 250 Mio. Mark sollte „der ursprüngliche Rechtszustand“ wiederhergestellt werden.“[59] In diesem Schreiben zeigte Carl Friedrich aber auch eine in der damaligen Zeit selten anzutreffende Rücksichtnahme auf den früheren Kriegsgegner: „Wir verstehen sehr wohl, daß selbst wenn man den Frieden diktieren könnte, nichts gefordert werden sollte, was dauernd der Nationalwirtschaft des feindlichen Landes Schaden bringt.“[60]

Doch schon Anfang 1918 gab man bei Siemens den Versuch auf, die russischen Werke zurückzubekommen, und verlegte sich auf Entschädigungsforderungen.[61] Der Friedensvertrag von Brest-Litowsk, den die Oberste Heeresleitung diktieren konnte, sah denn auch Entschädigungen, aber keine Freigabe des in Russland konfiszierten deutschen Vermögens vor. Im Juni 1918 wurden die russischen Gesellschaften endgültig in Staatseigentum überführt. Nur das Kupferbergwerk Kedabeg blieb aufgrund der territorialen Veränderungen im Kaukasusgebiet noch eine Zeit lang im Besitz der Familie Siemens.[62] Entschädigungsansprüche konnte Siemens für die konfiszierten Werke nicht mehr geltend machen, da diese Regelungen nach dem Waffenstillstand im Westen für nichtig erklärt wurden. Gleichwohl bestanden nach Russland informell engere Beziehungen als nach England.[63]

Im Juli 1918 glaubte Carl Friedrich von Siemens noch nicht an die bevorstehende deutsche Niederlage.[64] Ende August erfuhr er, dass die Stimmung im Heer gesunken war: Die Zahl der Überläufer werde zunehmen, mit weiteren Großangriffen des Gegners sei zu rechnen.[65] Vier Wochen später begann die Front zusammenzubrechen. Generalquartiermeister Erich Ludendorff, der neben Paul von Hindenburg führende Kopf der Obersten Heeresleitung, drängte am 29. September 1918 panikartig auf die Einleitung von Waffenstillstandsverhandlungen und den Übergang zu einer parlamentarischen Regierung unter Beteiligung von Sozialdemokraten, die die Verantwortung für die Niederlage übernehmen sollten. Am 2. Oktober wurde eine von der Reichstagsmehrheit gestützte Regierung unter Prinz Max von Baden ernannt, der die Sozialdemokraten Gustav Bauer und Philipp Scheidemann angehörten. Einen Tag später erging ein Waffenstillstandsgesuch an den amerikanischen Präsidenten Woodrow Wilson mit Bezug auf dessen im Januar verkündetes Friedensprogramm.

Carl Friedrich war inzwischen erkrankt und befand sich in einem Sanatorium in Cannstatt bei Stuttgart (heute Stuttgart-Bad Cannstatt). In Berlin wurde er von Otto Henrich vertreten, der bei den SSW faktisch zum stellvertretenden Vorstandsvorsitzenden aufgestiegen war und Carl Friedrich näherstand als die anderen Direktoren. Den Briefen Henrichs lässt sich entnehmen, dass Carl Friedrich am 15. oder 16. September 1918 in Cannstatt eingetroffen war.[66] Wegen welcher Krankheit er dort behandelt wurde, ist nicht belegt.

Es dürfte sich um eine Hautkrankheit gehandelt haben, da das Cannstatter Sanatorium Dr. Veiel, in dem er sich befand, die älteste Hautklinik Deutschlands war.[67] Allzu schlecht scheint sein Gesundheitszustand nicht gewesen zu sein, er musste jedenfalls nicht auf die schon lange leidenschaftlich konsumierten Zigarren verzichten, mit denen ihn Henrich von Berlin aus versorgte.[68]

Am 30. September teilte Henrich nach Cannstatt mit, dass in Berlin wilde Gerüchte kursierten und allgemeine Ratlosigkeit herrschen würde. Über die Stimmung schrieb er: „Die Demoralisierung greift im Osten in einer Weise um sich, wie ich es nicht für möglich gehalten hätte." Auch über Wilhelms Zustand angesichts der sich abzeichnenden Niederlage wusste er zu berichten:

> *„Ihr Herr Bruder ist gestern auf 14 Tage nach Ruhpolding abgereist. Er war, wahrscheinlich durch die Politik veranlasst, nicht gerade sehr rosiger Stimmung, und als ich ihm zum Schluss ‚Waidmannsheil' wünschte, meinte er, dass ihm die Hirsche vollkommen gleichgültig wären, es sei ekelhaft und damit verschwand er."*[69]

In Berlin hatte Hans von Raumer, das geschäftsführende Vorstandsmitglied des ZVEI, bereits Vorkehrungen für den bevorstehenden Zusammenbruch getroffen. Raumer war während des Krieges Vorsitzender des Bundes der Elektrizitätsversorgungs-Unternehmen geworden und hatte dann als Kriegsreferent ins Reichsschatzamt gewechselt. Carl Friedrich dürfte er als erfahrener Verwaltungsjurist und politisch gut vernetzter Liberaler aufgefallen sein – unter anderem hatte Raumer versucht, die Liquidation von zwei französischen Werkskomplexen in Lothringen zu verhindern. Im Juli 1918 hatte ihn Carl Friedrich beim ZVEI eingestellt.[70] Anders als er war Raumer zu diesem Zeitpunkt davon überzeugt, dass Deutschland den Krieg verlieren würde.[71]

Hans von Raumer, undatiert

In einer Aktennotiz vom 24. Oktober 1918 hielt Carl Friedrich von Siemens fest, er habe sich im Frühjahr mit Raumer über „Fragen der Übergangswirtschaft" unterhalten. Dabei ging es um die Verteilung von Rohmaterial und kriegsbedingte Verschiebungen innerhalb der Industrie, im Grunde aber um Vorbereitungen auf die bevorstehende Umwälzung. Der Aktennotiz zufolge waren sich er und Raumer einig, „dass dieses Punkte sind, die die Industrie und Arbeiterschaft gemeinsam betreffen und in denen sie gemeinsam vorgehen sollten, denn falls diese beiden Gruppen einheitliche Vorschläge der Regierung unterbreiten würden, so könnte diese nicht anders als sie zu acceptieren".[72] Raumer hatte Verbindungen zu Unterstaatssekretär August Müller, der 1916 als erster Sozialdemokrat in ein so hohes Amt berufen worden war. Er berichtete Carl Friedrich, mit Müller bereits über diese Fragen gesprochen zu haben. Dieser hätte schon vergeblich versucht, ein Gespräch zwischen Schwerindustriellen und Gewerkschaftsführern zustande zu bringen. Raumer schlug nun vor, eine derartige Initiative in der Fertigindustrie, mit Vertretern der Elektroindustrie und des Maschinenbaus, anzugehen. Carl Friedrich stimmte zu und nannte auch gleich Namen: Anton von Rieppel, Ernst von Borsig, Felix Deutsch und er selbst sollten sich zunächst mit Müller treffen.[73]

Rückblickend mag Carl Friedrich dieses Gespräch in der im Oktober verfassten Aktennotiz etwas ausgemalt haben, doch Raumer schilderte den Vorgang Jahrzehnte später recht ähnlich:

> *„Die Anregung, mit der ich im Juli 1918 an einige mir bekannte Führer der Fertigindustrie herantrat, eine organische Zusammenarbeit mit den Gewerkschaften zu finden, bevor die Flut der Ereignisse über uns alle hinwegging, fand Zustimmung, und ich übernahm mit aller Einverständnis die vorbereitenden Verhandlungen."*[74]

Wie wichtig Carl Friedrich für diese Initiative war, zeigt sich daran, dass die geplanten Treffen wegen seiner Erkrankung verschoben werden mussten. „Durch Krankheit und andere Behinderung" sei eine Verzögerung eingetreten, schrieb Raumer in seinem Rückblick.[75] Am 2. Oktober traf er sich aber schließlich im Haus August Müllers mit dem Vorsitzenden der Generalkommission der Gewerkschaften Carl Legien, dessen Stellvertreter Gustav Bauer und August Schlicke, dem Vorsitzenden des Deutschen Metallarbeiterverbands.[76]

Inzwischen hatten sich in Berlin die Ereignisse überschlagen. Erstmals wurde an diesem 2. Oktober eine Regierung gebildet, die sich auf eine Mehrheit im Reichstag stützte. Raumers Gesprächspartner Bauer wurde Arbeitsminister. Die Führung der SPD und der Freien Gewerkschaften beteiligte sich an der Regierung ebenso bereitwillig wie an der Initiative Raumers. Hier wollte man unbedingt verhindern, dass die Probleme der bevorstehenden Demobilmachung zu einem Chaos führten und die zu erwartenden Unruhen von der radikalen Linken zu einer Revolution nach russischem Vorbild genutzt werden konnten. Man war überzeugt, dass dies nur in Zusammenarbeit mit dem Unternehmertum gelingen konnte. Auch im Ruhrgebiet kam es nun zu Gesprächen zwischen Industriellen und Gewerkschaftsführern. Selbst die Schwerindustriellen hatten erkannt, dass sich die Zeiten änderten, und benannten den Konzernchef Hugo Stinnes zu ihrem Verhandlungsführer. Die Initiative zu einem Gespräch ging hier von Seiten der Gewerkschaften aus.[77]

In Berlin war bei dem Gespräch am 2. Oktober vereinbart worden, am 22. Oktober in Raumers Haus zu Verhandlungen zwischen Unternehmern und Gewerkschaftsführern zusammenzukommen. Auf Drängen Raumers brach Carl Friedrich seinen Sanatoriumsaufenthalt in Cannstatt ab, um an dem Treffen teilzunehmen.[78] Zu den Teilnehmern gehörten nach Raumers Angaben seitens der Gewerkschaften Carl Legien, Gustav Bauer, Theodor Leipart und August Schlicke, seitens der Unternehmer Ernst von Borsig (A. Borsig GmbH), Felix Deutsch (AEG), Walther Rathenau (AEG), Anton von Rieppel (MAN) und Carl Friedrich von Siemens.[79] Bei den Unternehmern handelte es sich um prominente Vertreter der Elektroindustrie und des Maschinenbaus, von denen drei an der Spitze einflussreicher Verbände standen: Borsig als Vorsitzender des Verbandes Berliner Metallindustrieller, Rieppel als Vorsitzender des Gesamtverbandes Deutscher Metallindustrieller und Siemens als Vorsitzender des ZVEI.

Die Unternehmer trauten der Regierung und dem Militär nicht mehr zu, eine Katastrophe verhindern zu können. Die Befürchtungen der Wirtschaft fasste Henrich in einer Denkschrift zusammen: „Eine schlecht vorbereitete Demobilisierung bringt die Revolution und damit die Zerstörung der Industrie und unseres Wirtschaftslebens durch unsere eigenen Leute."[80] Vor diesem Hintergrund blieb den Industriellen wenig anderes übrig, als auf die Forderungen einzugehen, die die Gewerkschaften vor dem Krieg zum Teil jahrzehntelang vergeblich vorgebracht hatten: Anerkennung der Gewerkschaften als alleinige Vertreter der Arbeitnehmerschaft, unbeschränktes Koalitionsrecht, Einführung des Tarifvertragsprinzips, paritätischer Arbeitsnachweise und paritätischer Schlichtungsinstanzen. Im Gegenzug waren die Gewerkschaftsführer zu einer engen Zusammenarbeit bereit. Gemeinsam wollte man den Zusammenbruch des alten Systems und den Übergang zur Friedenswirtschaft in geordneten Bahnen halten. Beide Seiten sahen darin eine Absicherung gegen ein Chaos und die Gefahr einer sozialen Revolution, doch davon konnten die Unternehmer in der damaligen Lage erheblich mehr profitieren als die Gewerkschaften.

Ende Oktober begannen bei S&H und den SSW die Vorbereitungen für die „Umstellung auf den Friedensbetrieb". In diesem Zusammenhang berichtete Henrich in der Vorstandssitzung der SSW am 29. Oktober von den Kontakten mit den Gewerkschaften und erklärte, der Gewerkschaftsvorsitzende Legien nehme „einen sehr vernünftigen Standpunkt" ein:

> *„Auch er wäre der Ansicht, dass die Gewerkschaften, ebenso wie die Industrie, gemeinschaftlich ein Hauptinteresse daran haben, dass bolschewistische Bestrebungen, die bei dem Zurückfluten der im Felde Stehenden mit Sicherheit zu erwarten sind, überwunden werden, ohne dass sie zum Ausdruck kommen."*[81]

Raumer nutzte nun seine Verbindungen zu Stinnes – er war mit dessen Bruder befreundet –, um den Sprecher der rheinisch-westfälischen Schwerindustrie an den Verhandlungen in Berlin zu beteiligen.[82] Stinnes traf wenige Tage später ein und wurde auch hier durch sein Charisma sofort zu einer dominanten Figur. Gemeinsam mit Legien trieb er die Verhandlungen voran. Nachdem auch noch Vertreter der christlichen und der liberalen Gewerkschaften hinzugekommen waren, beschloss man am 2. November die Errichtung einer paritätisch besetzten Demobilmachungsbehörde mit weitgehenden Befugnissen. Wie Carl Friedrich von Siemens in seiner erwähnten Aktennotiz prophezeit hatte, blieb der Regierung nur übrig, die Vereinbarung umzusetzen. Raumer überbrachte den Beschluss in der Reichskanzlei und erklärte dort selbstbewusst, er handele „im Auftrag der einzigen Macht, die heute noch in Deutschland existiert, der vereinigten Unternehmer und Arbeitnehmer Deutschlands".[83] Dabei war es keineswegs eine gewählte Vertretung der Wirtschaft, sondern eine Gruppe von Großindustriellen, die zu diesem Zeitpunkt gemeinsam mit der Gewerkschaftsführung ohne formale Legitimation Weichen für die Zukunft stellte.

Raumer und Henrich arbeiteten zusammen mit Leipart einen Entwurf für ein Abkommen zwischen Arbeitgebern und Gewerkschaften aus.[84] Sie handelten unter hohem Druck, da in Berlin am 9. November die Revolution ausbrach, der Rücktritt des Kaisers verkündet und die Republik ausgerufen wurde. Carl Friedrich schrieb später, man habe an diesem 9. November im Hotel Continental „beim Geknatter von Gewehrschüssen" verhandelt, doch ganz so dramatisch ging es wohl nicht zu.[85] Nach Raumers Erinnerungsbericht wurden die Arbeiten am 9./10. November unterbrochen.[86] Obwohl sich die Machtverhältnisse nun grundlegend verändert hatten, hielten die Gewerkschaftsführer an einer Zusammenarbeit mit den Unternehmern fest. Legien nutzte seine gewachsene Verhandlungsmacht lediglich noch, um die Einführung des Achtstundentags als Regelarbeitszeit durchzusetzen. Die Unternehmerseite musste sich zu diesem Zugeständnis durchringen, zumal die neue Regierung, der Rat der Volksbeauftragten, am 12. November eine entsprechende Verordnung ankündigte. Ihre Verhandlungsführer erreichten aber noch, dass diese Vereinbarung in einem Zusatzabkommen von der internationalen Einführung des Achtstundentags abhängig gemacht wurde.

Nachdem die Gewerkschaftsverbände zugestimmt hatten, wurde am 15. November 1918 das Abkommen über die Zentralarbeitsgemeinschaft (ZAG-Abkommen) unterzeichnet, das auch als „Stinnes-Legien-Abkommen" bekannt wurde. Der neuen Regierung der Volksbeauftragten blieb nur die Aufgabe, die Vereinbarung im Reichsarbeitsblatt zu veröffentlichen und die Bestimmungen in Verordnungen umzusetzen.[87] Das Abkommen sah die Errichtung einer „Arbeitsgemeinschaft der industriellen und gewerblichen Arbeitgeber und Arbeitnehmer in Deutschland" mit einem Zentralausschuss und einem Zentralvorstand vor. Die Unternehmer erkannten die Gewerkschaften als alleinige Vertretung der Arbeiterschaft an und ließen die „gelben" Werkvereine fallen. Vereinbart wurden ferner die Einführung des obligatorischen Tarifvertragsprinzips, die Herabsetzung der täglichen Regelarbeitszeit auf acht Stunden, die Errichtung obligatorischer Arbeiterausschüsse und paritätisch besetzter Einigungsämter.[88] Das Abkommen, das wegen dieser sozialen Errungenschaften mitunter als „Magna Charta der Gewerkschaften" bezeichnet wurde,[89] knüpfte an Veränderungen an, die sich bereits in den letzten Kriegsjahren abgezeichnet hatten. Doch war es zugleich eine entschiedene Absage an den „Kriegssozialismus". Die Arbeitsbedingungen sollten nicht vom Staat vorgegeben, sondern von den Arbeitsparteien autonom ausgehandelt werden.

Carl Friedrich von Siemens gehörte zu den Unternehmern, die das ZAG-Abkommen zusammen mit sechs Gewerkschaftsführern handschriftlich unterzeichneten. Auch Henrich und Raumer unterschrieben. Von den 25 Unterzeichnern aus der Wirtschaft, die die beteiligten Arbeitgeber- und Wirtschaftsverbände vertraten, mussten sich manche dabei vollständig verbiegen. So unterschrieb Stinnes das Abkommen auch im Namen der Schwerindustriellen Alfred Hugenberg und Fritz Springorum, die dem Alldeutschen Verband angehörten. Siemens zählte nicht zu den Opportunisten. Das ZAG-Abkommen entsprach der Einstellung, die er schon im April 1917 mit seiner Bereitschaft gezeigt hatte, gemeinsam mit sozialdemokratischen Gewerkschaftern ein Flugblatt gegen den damaligen Streik zu unterzeichnen. Schon damals war es ihm nicht schwergefallen, sich über den „gelben" Werkverein bei Siemens hinwegzusetzen.

Nach der Unterzeichnung des ZAG-Abkommens entwickelten Raumer, Siemens und Stinnes weitergehende Pläne für einen Umbau der Wirtschaftsverbände, wobei Raumer offensichtlich die treibende Kraft war. In einem programmatischen Vortrag vor dem Vorstand des ZVEI rechnete er mit den Spitzenverbänden der Industrie ab. Sie seien während der Revolution untätig geblieben und für die jetzt notwendige Zusammenarbeit mit den Gewerkschaften ungeeignet.[90] Der ZVEI sollte aus dem CDI austreten und gemeinsam mit dem Maschinenbau, der rheinisch-westfälischen Industrie und weiteren Gruppen eine neue Spitzenorganisation bilden. Ferner sollten für die einzelnen Branchen paritätisch von Arbeitgebern und Arbeitnehmern besetzte Organe errichtet werden. Siemens und Raumer wurden vom ZVEI-Vorstand beauftragt, den Austritt des ZVEI aus dem CDI zu erklären.[91] Stinnes wiederum war entschlossen, seine Unternehmen aus dem Deutschen Industrierat herauszulösen, den die Spitzenverbände während des Krieges gebildet hatten.[92]

Doch die Reformer unterschätzten den Widerstand in weiten Kreisen der Industrie. Die Vorsitzenden des CDI und des BdI beschwerten sich beim Reichswirtschaftsamt über die ZAG und sprachen der Gruppe um Stinnes die Legitimation ab, für das Unternehmertum zu handeln. Scharfe Kritik kam auch aus der mittelständischen Industrie. Die ZAG wurde hier als ein Kartell der Großindustrie und der Gewerkschaften gesehen. Schließlich setzten die Spitzenverbände

2

Die grossen Arbeitgeberverbände vereinbaren mit den Gewerkschaften der Arbeitnehmer das Folgende :

1.) Die Gewerkschaften werden als berufene Vertretung der Arbeiterschaft anerkannt.

2.) Eine Beschränkung der Koalitionsfreiheit der Arbeiter und Arbeiterinnen ist unzulässig.

3.) Die Arbeitgeber und Arbeitgeberverbände werden die Werkvereine (die sogen. Wirtschaftsfriedlichen Vereine) fortab vollkommen sich selbst überlassen und sie weder mittelbar noch unmittelbar unterstützen.

4.) Sämtliche aus dem Heeresdienst zurückkehrenden Arbeitnehmer haben Anspruch darauf, in die Arbeitsstelle sofort nach Meldung wieder einzutreten, die sie vor dem Kriege inne hatten. Die beteiligten Arbeitgeber- und Arbeitnehmerverbände werden dahin wirken, dass durch Beschaffung von Rohstoffen und Arbeitsaufträgen diese Verpflichtung in vollem Umfange durchgeführt werden kann.

5.) Gemeinsame Regelung und paritätische Verwaltung des Arbeitsnachweises.

6.) Die Arbeitsbedingungen für alle Arbeiter und Arbeiterinnen sind entsprechend den Verhältnissen des betreffenden Gewerbes durch Kollektivvereinbarungen mit den Berufsvereinigungen der Arbeitnehmer festzusetzen. Die Verhandlungen hierüber sind ohne Verzug aufzunehmen und schleunigst

Auszüge aus dem „Stinnes-Legien-Abkommen", 1918

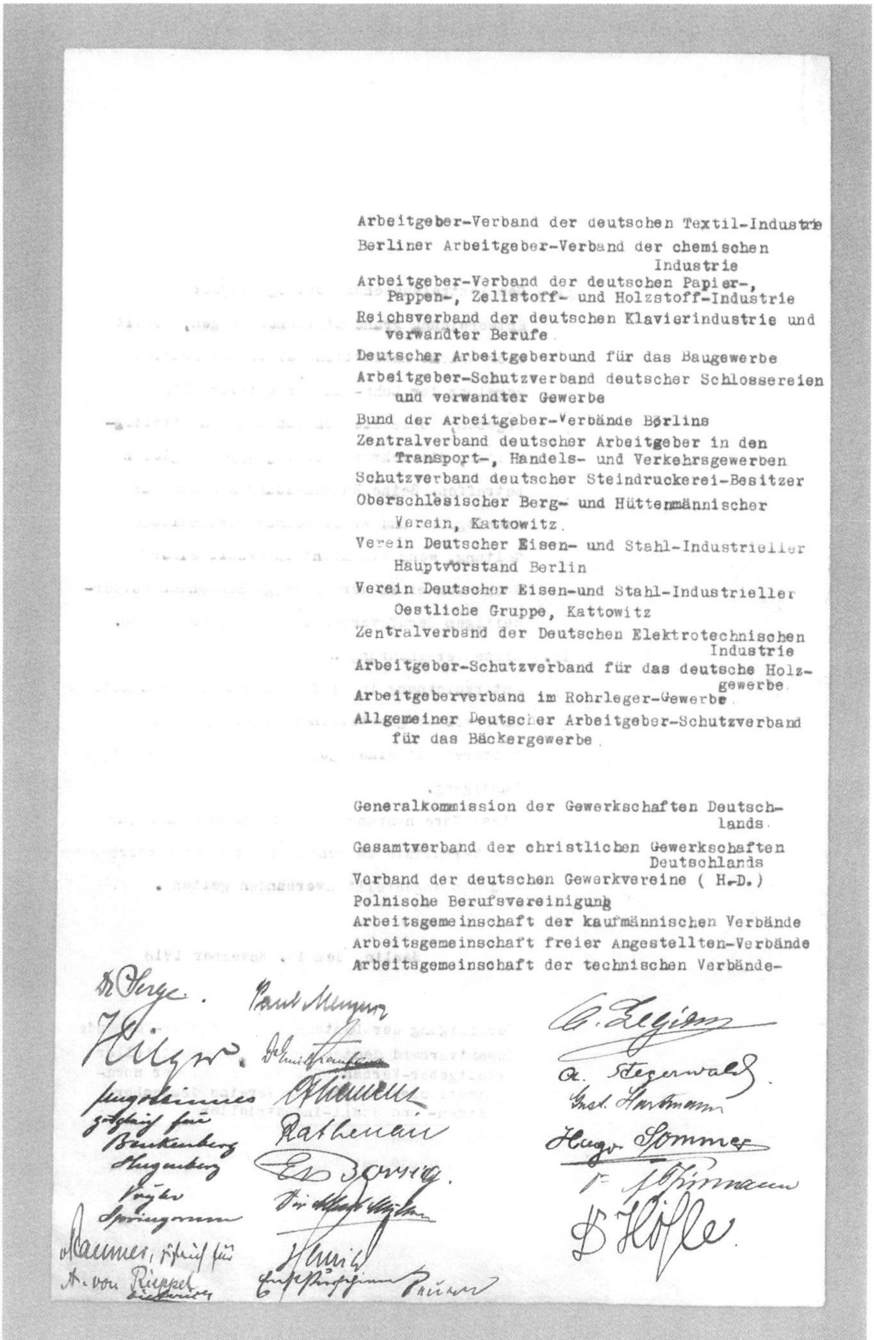

Arbeitgeber-Verband der deutschen Textil-Industrie
Berliner Arbeitgeber-Verband der chemischen Industrie
Arbeitgeber-Verband der deutschen Papier-, Pappen-, Zellstoff- und Holzstoff-Industrie
Reichsverband der deutschen Klavierindustrie und verwandter Berufe
Deutscher Arbeitgeberbund für das Baugewerbe
Arbeitgeber-Schutzverband deutscher Schlossereien und verwandter Gewerbe
Bund der Arbeitgeber-Verbände Berlins
Zentralverband deutscher Arbeitgeber in den Transport-, Handels- und Verkehrsgewerben
Schutzverband deutscher Steindruckerei-Besitzer
Oberschlesischer Berg- und Hüttenmännischer Verein, Kattowitz.
Verein Deutscher Eisen- und Stahl-Industrieller Hauptvorstand Berlin
Verein Deutscher Eisen-und Stahl-Industrieller Oestliche Gruppe, Kattowitz
Zentralverband der Deutschen Elektrotechnischen Industrie
Arbeitgeber-Schutzverband für das deutsche Holzgewerbe.
Arbeitgeberverband im Rohrleger-Gewerbe.
Allgemeiner Deutscher Arbeitgeber-Schutzverband für das Bäckergewerbe.

Generalkommission der Gewerkschaften Deutschlands.
Gesamtverband der christlichen Gewerkschaften Deutschlands
Verband der deutschen Gewerkvereine (H.-D.)
Polnische Berufsvereinigung
Arbeitsgemeinschaft der kaufmännischen Verbände
Arbeitsgemeinschaft freier Angestellten-Verbände
Arbeitsgemeinschaft der technischen Verbände-

ihren Machtanspruch durch, indem sie sich im Frühjahr 1919 zum Reichsverband der Deutschen Industrie zusammenschlossen. Damit waren Pläne, die ZAG zu einem Gestaltungsprinzip für die Organisationen der Wirtschaft auszubauen, gescheitert.

In den folgenden Jahren zerbrach die Zentralarbeitsgemeinschaft in erbitterten Konflikten um den Achtstundentag und das Tarifvertragssystem. Die Industrie rückte von den in der Revolution zugestandenen sozialen Errungenschaften ab, und in den Gewerkschaften wuchs die Opposition gegen den „Klassenverrat" vom November 1918. Der Austritt des Dachverbands der Freien Gewerkschaften führte 1924 schließlich zur Auflösung der ZAG. Gleichwohl gab es wiederholt Versuche, dieses Modell wiederzubeleben. Heute wird das ZAG-Abkommen als „der sozialpolitische Gründungskompromiss der ersten deutschen Demokratie" (Joachim Gauck) und als Vorläufer der Sozialpartnerschaft gewürdigt.[93]

Das Trauma einer zweiten Revolution

Die Unterzeichnung des Stinnes-Legien-Abkommens löste bei Carl Friedrich von Siemens keine Euphorie aus. Zu unsicher erschien die weitere Entwicklung. „Die Gefahr des Übergreifens des russischen Bolschewismus auf Deutschland war zweifellos eine große", schrieb er rückblickend.[94] In Wirklichkeit hatten die radikalen Kräfte keine Chance, an die Macht zu gelangen. Ein spontan gebildeter Vollzugsausschuss der Arbeiter- und Soldatenräte hatte am 8. November vergeblich versucht, eine Räteregierung zu installieren.[95] Als sich die seit 1917 gespaltenen Sozialdemokraten am 10. November auf die Bildung einer gemeinsamen Regierung einigten, war die Machtfrage entschieden. Die Exekutive lag uneingeschränkt beim Rat der Volksbeauftragten, dem jeweils drei Repräsentanten der gemäßigten Mehrheitssozialdemokratischen Partei (MSPD) und der linkssozialistischen, recht disparat zusammengesetzten Unabhängigen Sozialdemokratischen Partei (USPD) angehörten. Formal gab es keinen Regierungschef, faktisch nahm aber der MSPD-Vorsitzende Friedrich Ebert diese Position ein und damit ein Sozialdemokrat, der ein erklärter Gegner einer sozialen Revolution war.[96]

Ebenfalls am 10. November fand eine Versammlung von rund 3.000 Repräsentanten der spontan gebildeten Berliner Arbeiter- und Soldatenräte statt. Nach tumultartigen Szenen wurden Aktionskomi-

Demonstration für die Arbeiter- und Soldatenräte auf der Berliner Siegesallee, 1918

tees gewählt, die einen Vollzugsrat bildeten, der diktatorische Befugnisse beanspruchte.[97] Davon unbeirrt, besetzte der Rat der Volksbeauftragten die Spitzen der Reichsämter überwiegend mit bewährten Beamten aus der Ministerialbürokratie. Ebert verständigte sich mit dem neuen Generalquartiermeister der Obersten Heeresleitung, Wilhelm Groener, der ihm angeboten hatte, Unruhen niederzuschlagen. Endgültig begraben wurde die Vision von einer Räterepublik im Dezember 1918 vom Ersten Reichskongress der Arbeiter- und Soldatenräte. Anders als in Berlin hatte die MSPD hier eine klare Mehrheit, die radikalsten Anhänger einer Räterepublik, die Spartakus-Gruppe um Karl Liebknecht und Rosa Luxemburg, stellten nur wenige Delegierte. Der Kongress übertrug dem Rat der Volksbeauftragten die Legislative und die Exekutive. Rund 88 Prozent der Delegierten stimmten dafür, am 19. Januar Wahlen zu einer verfassungsgebenden Nationalversammlung durchzuführen, und sprachen sich damit für ein parlamentarisches System aus.[98]

Auch in den Siemens-Werken hatten sich Arbeiterräte und ein Arbeiterausschuss gebildet. Der Arbeiterrat des Glühlampenwerks verkündete in Verkennung seines Einflusses neue Machtverhältnisse bei Siemens und erklärte, die Direktion habe sich den Wünschen der Arbeiter zu fügen.[99] Einen Tag vor Unterzeichnung des ZAG-Abkommens teilte Carl Friedrich von Siemens dem SSW-Vorstandsmitglied Oskar von Petri mit, er sehe „die ganze Lage nicht etwa sehr optimistisch an“. In den Betrieben sei „ein ziemliches Chaos eingetreten“, auf den Straßen werde geschossen: „Hier tobt ein Streit zwischen den Gemäßigten, den U-Sozialisten und der Spartakus-Gruppe. Dank des Verhaltens und energischen Einschreitens der Soldaten ist bis jetzt größerer Unfug verhindert worden [...] die Opfer werden auf ca. 150 Menschen geschätzt.“[100] Diese Zahl war wohl übertrieben, aber mit einer derartigen Eskalation musste gerechnet werden.

Zwei Wochen später begann Siemens an der Tragfähigkeit des ZAG-Abkommens zu zweifeln. Während die Arbeiter zu einer Betriebsversammlung ausrückten, traten die Angestellten aus Solidarität in „passive Resistenz“.[101] Siemens schrieb nun an Petri: „Der einzige Rettungsanker, den wir haben, ist das Generalabkommen, welches zwischen den Arbeitnehmer- und Arbeitgeber-Organisationen zum Abschluß gekommen ist, aber leider haben die Gewerkschaften doch die Führung verloren und ob sie sie wieder erreichen werden in absehbarer Zeit erscheint mir fraglich.“[102] Diese Einschätzung schien sich in den folgenden Wochen zu bestätigen.

Am 9. Dezember wurde auf einer Kundgebung des Arbeiterausschusses im Hallenhof des Verwaltungsgebäudes in Siemensstadt erklärt, „dass die Gewerkschaften über die Köpfe der Arbeiter hinweggeschritten seien und dass die Arbeiter infolgedessen auch über die Köpfe der Gewerkschaften verhandeln müssen“. Der Leiter der SSW-Zentralwerkverwaltung Carl Dihlmann hielt in einem vertraulichen Bericht einige Anträge fest, über die jedoch wegen des chaotischen Verlaufs der Versammlung nicht abgestimmt werden konnte. Ein Arbeiter des Dynamowerks stellte den Antrag, „die Direktion zu verhaften und wegen gegenrevolutionärer Umtriebe unter Anklage zu stellen“. In einem anderen Antrag wurde gefordert, die Büros der Direktion so lange zu besetzen, bis alle Forderungen bewilligt seien.[103]

Drei Tage zuvor hatten Soldaten ein Blutbad unter Spartakusanhängern und unbeteiligten Passanten angerichtet. In der Familie Siemens setzte man gleichwohl große Hoffnungen auf das Militär. So berichtete Hertha ihrer Schwester Anna: „Es ist jetzt sehr viel Militär in Berlin, wir haben allein im Haus 16 Mann einquartiert. Da geht es den Spartakusleuten am Ende doch an den Kragen.“[104] Die Weihnachtstage wurden in Berlin von Kämpfen zwischen Einheiten des regulären Militärs und der Volksmarinedivision, die die Regierung der Volksbeauftragten vorübergehend festgesetzt hatte, überschattet. Die erste Regierung der Republik hätte diese Tage ohne militärische Unterstützung wohl kaum überstanden.

Anfang Januar bildete sich ein Revolutionsausschuss aus Vertretern der revolutionären Obleute, der USPD, die inzwischen aus dem Rat der Volksbeauftragten ausgetreten war, und der neuen, aus dem Spartakusbund hervorgegangenen Kommunistischen Partei Deutschlands (KPD). Der Ausschuss rief zum Generalstreik und zum Sturz der Regierung auf, was großen Anklang fand. In Massendemonstrationen entlud sich nun die Enttäuschung vieler über den Verlauf der Revolution. Einige Tage später rief der Ausschuss zum bewaffneten Kampf auf. Das Militär schlug den sogenannten Spartakusaufstand – bei dem es sich mehr um eine spontane, unkoordinierte Massenbewegung handelte – brutal nieder. Reguläre Einheiten und rechtsextreme Freikorps erschossen mehr als hundert Aufständische, Liebknecht und Luxemburg wurden heimtückisch ermordet.[105]

Nach den Wahlen zur Nationalversammlung verstummten die Rufe nach einer zweiten Revolution zunächst. Doch die Empörung eines großen Teils der Arbeiterschaft über die Zusammenarbeit der

Demonstranten und Zuschauer während des „Spartakusaufstands" in der Wilhelmstraße, Ecke Zimmerstraße, 1919

Regierung mit den alten Eliten blieb. Als sich abzeichnete, dass die in Aussicht gestellte Sozialisierung von Teilen der Industrie ausblieb, neue Freikorps aufgestellt wurden und die Arbeiter- und Soldatenräte aufgelöst werden sollten, beschloss die Vollversammlung der Berliner Arbeiter- und Soldatenräte Anfang März 1919 mit breiter Mehrheit den Generalstreik. Obwohl die Regierung und die Führung der MSPD den Beschluss scharf verurteilten, reihten sich die mehrheitssozialdemokratischen Arbeiterräte in die Streikfront ein, damit ihnen nicht die Basis wegbrach. Wie in den meisten Berliner Großunternehmen trat bei S&H die Arbeiterschaft in den Ausstand, die Stadt drohte ins Chaos zu stürzen. Wegen der um sich greifenden Plünderungen verhängte die preußische Regierung den Ausnahmezustand. Nachdem die Reichsregierung die Erfüllung der wichtigsten Forderungen, ein Sozialisierungsgesetz und den Erhalt der Arbeiter- und Soldatenräte, zugesagt hatte, beschlossen die beiden sozialdemokratischen Parteien den Abbruch des Streiks. Doch auf den Straßen wurde weitergekämpft, das Militär erhielt den Schießbefehl und machte davon reichlich Gebrauch. Rund 1.200 Todesopfer waren zu beklagen.[106]

Für Carl Friedrich von Siemens waren diese Vorgänge eine prägende Erfahrung, bestätigten sie ihm doch, dass das Abkommen mit den Gewerkschaften nicht vor politisch aufgeladenen Streiks schützte. Die Gefahr einer zweiten Revolution war zwar seit der Konstituierung der Nationalversammlung auch aus seiner Sicht gebannt, doch blieb die Enttäuschung über die Tragfähigkeit des im November 1918 unterschriebenen Abkommens. Es konnte für ihn keinen Sinn mehr machen, gemeinsam mit gemäßigten Sozialdemokraten Streiks eindämmen zu wollen und sich mit den Gewerkschaften abzustimmen. Die Unternehmer waren nun auch wieder in einer stärkeren Position und in der Lage, eine weitere Verschiebung der Macht durchzusetzen. Anders als vielen Industriellen lag Siemens jedoch eine Aufkündigung des Gründungskompromisses von 1918 fern. An der gewonnenen „Erkenntnis der Verbundenheit zwischen Kapital und Arbeit" hielt er zeit seines Lebens fest.[107]

Im Juli 1919 ging die Siemens-Direktion dazu über, rigide gegen den Arbeiterausschuss durchzugreifen. Nachdem drei Ausschussmitglieder eine Bekanntmachung der Direktion abgerissen hatten, wurden 42 Vertrauensleute, Arbeiterräte und Ausschussmitglieder entlassen. Diese Provokation wollte die Belegschaft allerdings nicht hinnehmen: In Siemensstadt legten ab dem 25. Juli schätzungsweise 25.000 bis 30.000 Arbeiter die Arbeit nieder. Die Direktion wurde schließlich durch einen Schiedsspruch des Reichsarbeitsministeriums gezwungen, die Entlassungen zurückzunehmen.[108]

Als zwei Monate später in der Berliner Metallindustrie erneut ein politisch aufgeladener Arbeitskampf ausbrach, gehörte Carl Friedrich von Siemens zu den Wortführern des Industriellenverbands. Die Generalversammlung der Metallarbeiter hatte sich mit dem Streikbeschluss über den Schiedsspruch eines Schlichtungsausschusses hinweggesetzt und damit den sozialdemokratischen Reichsarbeitsminister Alexander Schlicke düpiert, der bis vor Kurzem Vorsitzender des Deutschen Metallarbeiterverbands gewesen war.[109] Mit Genugtuung konnte Carl Friedrich seinem Bruder am 24. September berichten, dass der Streik bei Siemens „bisher keine sehr große Ausdehnung genommen hat".[110] Er war entschlossen, ein Exempel an den „Drahtziehern" zu statuieren. Zu diesen zählten die Heizer.[111] Durch einen Solidaritätsstreik im Kraftwerk gelang es ihnen, die Arbeitgeber zu neuen Verhandlungen zu zwingen. Als der Arbeitskampf Anfang November schließlich durch einen weiteren Schiedsspruch beigelegt werden konnte, wurden die „Unruhestifter" bei Siemens entlassen. Ein daraufhin erlassener Aufruf zum Generalstreik erhielt in der Berliner Gewerkschaftskommission keine Mehrheit. Anschließend rechnete Siemens aus einer gestärkten Position heraus mit dem Streik ab. In der *Vossischen Zeitung* legte er dar, dass der Arbeitskampf zu einem Produktionsausfall von über einer halben Mrd. Mark geführt hatte. Als Konsequenz daraus forderte er eine gesetzliche Regelung des Streikrechts. Eine soziale Revolution befürchtete er inzwischen nicht mehr, seine Kritik war ökonomisch begründet und sollte vor dem „wirtschaftlichen Untergang" warnen.[112] Sie richtete sich auch nicht mehr nur gegen die radikale Linke, sondern gegen die gesamte Sozialdemokratie, für die das freie Streikrecht eine unantastbare Errungenschaft darstellte.

Erste Schritte in die Politik

Carl Friedrich von Siemens trauerte dem Kaiserreich nicht nach. Rückblickend beschrieb er den wilhelminischen Staat als ein entmündigendes System, das er in scharfem Kontrast zu seinen Erfahrungen in England erlebt habe. Auch bekannte er, im Kaiserreich zum Antimonarchisten geworden zu sein.[113] An anderer Stelle erklärte er die Revolution von 1918 zu einer Folge der „Nichtevolution" vor dem Krieg.[114] Seinen Standesgenossen warf er vor, sich im Kaiserreich „zu ihrem eigenen Nachteil von jeder politischen Betätigung abseits gestellt und zu einseitig ihren reinen Berufsinteressen gelebt" zu haben.[115] Er war überzeugt, dass sich die Unternehmer ein derartiges Verhalten nicht mehr leisten konnten. In einer Demokratie würden ihre Interessen nicht mehr selbstverständlich von der Obrigkeit wahrgenommen.

Nach Ausrufung der Republik wollte Siemens an der Gestaltung des neuen Staats mitwirken und schloss sich einer der neuen politischen Organisationen, dem Demokratischen Volksbund, an. Der vom AEG-Präsidenten Walther Rathenau und dem politisch engagierten Theologen Ernst Troeltsch gegründete Volksbund wollte als überparteiliche Sammlungsbewegung des Bürgertums gemeinsam mit gemäßigten Sozialdemokraten ein Gegengewicht zu den radikalen Kräften bilden.[116] In seiner ersten Erklärung forderte er die unverzügliche Einberufung einer Nationalversammlung auf der Grundlage des allgemeinen, gleichen, geheimen und direkten Wahlrechts für Männer und Frauen.[117] Es war offensichtlich die einzige Forderung, auf die sich Vertreter aus einem breiteren Spektrum des Bürgertums einigen konnten. Zu den 108 Unterzeichnern des am 18. November 1918 veröffentlichten Aufrufs gehörten neben Rathenau und Troeltsch Lujo Brentano, Robert Bosch, Albert Einstein, Friedrich Meinecke, Gerhart Hauptmann, Max Liebermann, Friedrich Naumann, Hugo Stinnes und Alfred Weber. Carl Friedrich von Siemens war als „F. von Siemens" vertreten. Aus den Siemens-Unternehmen hatten auch Otto Henrich und Carl Dietrich Harries unterzeichnet.[118]

Es dauerte allerdings nur zehn Tage, bis sich der Demokratische Volksbund auflöste – und Siemens war maßgeblich daran beteiligt. Die Hintergründe lassen sich nur annäherungsweise aus seiner Korrespondenz mit Rathenau erschließen. Demnach war dieser aus den Reihen der Linken scharf kritisiert worden, weil er im Volksbund mit „Reaktionären" zusammenarbeiten würde. Daraufhin wollte er die Organisation verlassen und bot Carl Friedrich von Siemens und Ernst von Borsig an, die Leitung des Volksbunds zu übernehmen. Doch dazu war keiner der beiden bereit, ja, Siemens trat nun seinerseits aus. Rathenau hatte ihm angeblich erklärt, dass er nicht mehr die Beschlüsse einer Nationalversammlung abwarten wolle, da eine sozialistische Republik unaufhaltsam kommen werde. Siemens sah darin eine Abwendung von dem gemeinsamen Gründungskonsens.[119] Rathenau antwortete verständnisvoll, wies darauf hin, dass in der Gründungsversammlung einige nicht bereit gewesen wären, die Revolution – wie es im Gründungsaufruf hieß – gutzuheißen, und stellte angesichts dieser verfahrenen Situation schließlich den Auflösungsantrag.[120]

Das schnelle Scheitern des Volksbunds machte deutlich, dass sich die politische Spaltung des Bürgertums durch die Ausrufung der Republik nicht geändert hatte. Schon gar nicht konnte es politisch wenig erfahrenen Prominenten gelingen, die bestehenden Gegensätze zu überbrücken. Rathenau wies in seinem Schreiben an Siemens auch darauf hin, dass der kleinste gemeinsame Nenner, die Forderung nach baldiger Einberufung einer Nationalversammlung, nicht ausreichte. Diese Forderung wurde von allen neuen bürgerlichen Gruppierungen vertreten, besonders von der fast parallel zum Demokratischen Volksbund gegründeten linksliberalen Deutschen Demokratischen Partei (DDP). Bei der Ausrichtung und den Unterzeichnern beider Neugründungen gab es große Überschneidungen, so hatten zum Beispiel Einstein und Naumann beide Gründungsaufrufe unterschrieben.

Den am 16. November veröffentlichten Aufruf zur Gründung der DDP hatten zwar nicht ganz so viele Prominente unterzeichnet wie beim Volksbund, doch wurde die Entstehung dieser Partei unter dem Vorsitz des erfahrenen Politikers Naumann professioneller gemanagt. In der Gründungsversammlung konnte er Linksliberale aus der früheren Fortschrittlichen Vereinigung mit Rechtsliberalen aus der früheren Nationalliberalen Partei zusammenbringen. Noch stärker als beim Volksbund dominierte hier das Bildungsbürgertum mit Persönlichkeiten wie Hugo Preuß, dem Staatssekretär des Innern, dem Nationalökonomen Alfred Weber und dem Chefredakteur des *Berliner Tageblatts*, Theodor Wolff. Zu den Gründungsmitgliedern dieser Partei des urbanen Bürgertums gehörten auch die Frauenrechtlerinnen Gertrud Bäumer und Marie-Elisabeth Lüders.

Wolff verstand es, diesem Schritt große Beachtung zu sichern, indem er den von ihm verfassten Gründungsaufruf großflächig auf der ersten Seite einer Samstagsausgabe des *Berliner Tageblatts* platzierte.[121] Der Aufruf bot auch programmatisch mehr als der des

Volksbunds. Als erster Grundsatz wurde dargelegt, „dass wir uns auf den Boden der republikanischen Staatsform stellen". Liberale Prinzipien wie die „Freiheit für den Aufstieg der Tüchtigen" wurden mit zeitgeistkonformen Forderungen, der Sozialisierung wirtschaftlicher Monopole und der Einschränkung des Großgrundbesitzes, verbunden.[122] Nachdem sich der Demokratische Volksbund aufgelöst hatte, wechselten viele seiner Anhänger zur DDP. Carl Friedrich von Siemens soll bereits Anfang Dezember 1918 dort eingetreten sein, und auch Troeltsch wechselte zur DDP. Gegen Rathenau hingegen gab es in der Partei Vorbehalte, viele hielten seine wirtschaftspolitischen Äußerungen für untragbar, doch im Dezember 1920 trat er schließlich auch ein.[123]

Eine straff organisierte Formation wie die sozialdemokratischen Parteien wurde die DDP nicht. Das recht disparate politische Spektrum im linksliberalen Bürgertum konnte nur in lockerer Form unter einem Dach zusammenfinden. Ihrer sozialen Struktur nach wurde die DDP von den höheren Kreisen des Berliner Bürgertums dominiert, rund 85 Prozent der Mitgliederbeiträge kamen aus Berlin, das *Berliner Tageblatt* konnte geradezu als Sprachrohr der Partei gelten.[124] Die Arbeiterschaft wurde von der DDP nicht erreicht, und auch in ländlich geprägten Provinzen war sie nur sehr schwach vertreten.

Der Rat der Volksbeauftragten hatte schon frühzeitig erklärt, Wahlen zu einer Nationalversammlung anzustreben, die über die zukünftige Staatsform entscheiden sollte. Damit war abzusehen, dass sich die politische Landschaft bald ändern würde. Die beiden sozialdemokratischen Parteien rechneten sich bei den Wahlen, die für den 19. Januar 1919

Wahlplakat der DDP, 1919

angesetzt wurden, eine Mehrheit aus, doch sicher war das nicht. Bei der letzten Reichstagswahl vor dem Krieg hatten die bürgerlichen Parteien mehr Stimmen erhalten als die SPD. Vor dem Hintergrund der bevorstehenden Wahlen war Carl Friedrich von Siemens entschlossen, einen Beitrag zu einem guten Ergebnis der bürgerlichen Parteien zu leisten. Die Industrie konnte nicht mit viel Stimmen dienen, aber mit Geld. Im Dezember 1918 gründete er eine Lobbyorganisation zur Sammlung von Wahlkampfspenden, die bezeichnenderweise den Namen „Kuratorium für den Wiederaufbau des deutschen Wirtschaftslebens" erhielt. In der knappen Zeit bis zu den Wahlen konnte das Kuratorium fast nur in Berlin Spenden einwerben. S&H gab eine Million Mark, die AEG ebenso, der von Borsig geleitete Verein Berliner Metallindustrieller 850.000 Mark. Hinzu kamen mindestens 14 weitere Firmen mit einer Beteiligung von 100.000 Mark, die meisten mit Beiträgen zwischen 1.000 und 20.000 Mark.[125] Auch die Kuratoriumsmitglieder waren überwiegend bewährte Berliner Mitstreiter wie Eduard Arnhold, Ernst von Borsig, Hugo Cassirer und Felix Deutsch.[126] Gefördert wurden mit diesen Geldern keineswegs nur die DDP, sondern auch andere neue Parteien des Bürgertums: die rechtsliberale Deutsche Volkspartei (DVP) und die rechtskonservative Deutschnationale Volkspartei (DNVP). Den größten Anteil erhielt die DDP in Höhe von einer Million Mark, der DVP und der DNVP flossen jeweils 500.000 Mark zu. Als einzige nicht sozialistische Partei ging die katholisch geprägte Zentrumspartei leer aus.[127] Dass von der DVP und der DNVP Kandidaten aufgestellt wurden, die die Republik ablehnten, störte Siemens nicht. Anders als Rathenau hatte er keine Berührungsängste gegenüber den bürgerlichen Rechtsparteien. Schließlich hatten diese den größeren Teil des Unternehmertums auf ihrer Seite. Für ihn zählte, dass die sozialdemokratischen Parteien bei der Wahl geschwächt wurden.

Einige Wochen nach dem Kuratorium entstand der „Antibolschewistenfonds" der deutschen Wirtschaft, der später vor allem durch die Lebenserinnerungen des rechtsradikalen Gründers der Antibolschewistischen Liga, Eduard Stadtler, bekannt wurde. Stadtler zufolge hätten führende Industrielle und Bankiers, darunter Siemens, nach einer seiner Agitationsreden beschlossen, 500 Mio. Mark zur Bekämpfung des Bolschewismus aufzubringen.[128] Diese Zahl ist maßlos übertrieben und den vielen Prahlereien in Stadtlers Lebenserinnerungen zuzurechnen.[129] Ein realistisches Bild

DDP-Anhänger im Wahlkampf, 1919

geben die Beträge, die einem am 14. Februar 1919 verfassten Brief Carl Friedrich von Siemens' an den SSW-Aufsichtsrat Anton von Rieppel zu entnehmen sind. Demnach verfügte der Fonds „für den Kampf gegen den Bolschewismus und zur Aufrechterhaltung der Ordnung" über rund 25 Mio. Mark.[130] Siemens und die AEG beteiligten sich mit je einer Million. Verwaltet wurden die Mittel von dem Rechtsanwalt Maximilian Kempner, dem langjährigen Vorsitzenden des Reichskalirates, und Karl Fehrmann, dem Leiter der Russland-Abteilung von Stinnes. Mit den Geldern des Fonds konnte die Antibolschewistische Liga zur Aufstellung weiterer Freikorps beitragen und eine „Überwachung" bolschewistischer Propaganda finanzieren.[131] Schon im Herbst 1919 löste sich die Antibolschewistische Liga auf. Nach Konstituierung der Nationalversammlung und der blutigen Niederschlagung der Münchner Räterepublik hatte sich die Begeisterung des Großkapitals für Stadtler abgekühlt, zumal der Agitator nun wirtschaftspolitische Ansichten vertrat, die bei seinen Förderern keinen Anklang mehr fanden.[132]

Das Ergebnis der Wahlen zur Nationalversammlung vom 19. Januar 1919 konnte Carl Friedrich von Siemens als Erfolg verbuchen. Die DDP lag mit 18,6 Prozent hinter der MSPD und dem Zentrum an dritter Stelle und weit vor der USPD, für die die Wahlen ein Desaster waren. Auf die DNVP entfielen 10,3 Prozent der Stimmen, auf die DVP 4,4 Prozent. Die MSPD gewann mit einem Anteil von 37,9 Prozent zwar mehr Mandate als jede andere Partei, konnte aber nicht mehr ohne eine bürgerliche Partei regieren.[133] Aus Carl Friedrichs Sicht war damit „die Gefahr der reinen sozialistischen Mehrheit glücklich überwunden".[134] Die Wahlkampfspenden seines Kuratoriums hatten dazu aber wohl nicht viel beigetragen. In Berlin, wo die meisten dieser Mittel eingesetzt worden waren, blieb die DDP mit rund 16 Prozent unter dem Reichsdurchschnitt. Die beiden sozialdemokratischen Parteien hatten in der Hauptstadt eine Mehrheit, während die DDP in Württemberg und Sachsen am erfolgreichsten war.[135]

Nach den Wahlen zur Nationalversammlung warb Carl Friedrich von Siemens in einem Vortrag vor der Berliner Handelskammer um neue Spenden für das Kuratorium, da er damit rechnete, dass im Herbst 1919 Reichstagswahlen stattfinden würden. Bei der nächsten Wahl sollte die Zahl der Abgeordneten aus der Wirtschaft gesteigert werden. Er beklagte, dass nur 20 der 410 Mitglieder der Nationalversammlung aus der Wirtschaft stammten: „Ist es dann nicht zu verwundern, wenn Gesetze geschaffen werden, die der deutschen Wirtschaft Fesseln anlegen, die einen Aufschwung unmöglich machen?"[136] Zwar wandte er sich weiterhin gegen „die neue östliche Pest", aber es konnte nicht mehr darum gehen, den „Bolschewismus" abzuwehren.[137] Das Ziel war nun, eine möglichst starke Vertretung wirtschaftlicher Interessen im Parlament zu erreichen.

4.
Die schwierigen Anfänge als „Chef des Hauses Siemens"

Nachfolger der Brüder

Am 29. April 1918 starb Carl Friedrichs älterer Halbbruder Arnold im Alter von 64 Jahren. Er hatte als Aufsichtsratsvorsitzender von S&H an der Spitze des Konzerns gestanden, sich aber kaum noch unternehmerisch betätigt. Lange kränkelnd, hatte er sich auf repräsentative Verpflichtungen, soziale Projekte und mäzenatische Wohltaten verlegt. Er sei „bescheiden und anspruchslos" gewesen, habe sich auch um „das Schicksal der Einfachsten und Niedrigsten gekümmert, hieß es in der Gedenkrede.[1] In der Berliner Gesellschaft war er auch als feste Größe des Salons bekannt, den seine Frau Ellen in der prächtigen Villa der Familie am Kleinen Wannsee führte.[2] Mit einem Vermögen von 18 Mio. Mark (1912) galt Arnold als einer der reichsten Männer Berlins.[3] Nach seinem Tod stellten sich die finanziellen Verhältnisse allerdings ganz anders dar. Aus Gründen, die sich nicht mehr ermitteln lassen, hinterließ er Schulden in Höhe von 13,5 Mio. Mark. Die Villa erwies sich als unverkäuflich, Wilhelm und Carl Friedrich mussten der verwitweten Schwägerin eine Jahresrente aussetzen. „Ein trauriges Ende all des verflossenen Glanzes!", bemerkte Hertha dazu.[4]

Nach Arnolds Tod übernahm Wilhelm bei S&H den Aufsichtsratsvorsitz, nachdem er bislang als Stellvertreter bereits die bestimmende Persönlichkeit in diesem Gremium gewesen war. Als Aufsichtsratsvorsitzender der beiden großen Siemens-Unternehmen konnte er nur wenige Monate lang wirken. Als die Revolution ausbrach und der Krieg mit der aus seiner Sicht so schmachvollen Niederlage endete, versank er in Depressionen. In der neuen Zeit war Wilhelm als ein Konzernchef aus der rechtskonservativen Elite des

Kaiserreichs nicht mehr vermittelbar. Er trat hinter Carl Friedrich zurück, der nun stellvertretender Aufsichtsratsvorsitzender von S&H wurde.[5] In der Familie bangte man um Wilhelm, Hertha schrieb im Dezember 1918 ihrer Schwester Anna: „Um Willy sind wir überhaupt in großer Sorge. Er leidet natürlich außerordentlich unter der gegenwärtigen tragischen Situation, für ihn bricht eigentlich alles zusammen an was er sein Leben lang gebaut hat."[6] Wilhelm und seine Frau Elly waren auch durch Unterernährung geschwächt, da beide in den letzten Kriegsjahren aus Solidarität mit der hungernden Bevölkerung nur die amtlich zugeteilten Lebensmittelrationen zu sich genommen hatten.[7]

Am 26. Juli 1919 starb Elly nach längerem Leiden an Tuberkulose. Nach dem Tod seiner Frau, mit der er 37 Jahre lang glücklich verheiratet gewesen war, verschlechterte sich Wilhelms gesundheitlicher Zustand noch weiter. Auf Drängen der Ärzte willigte er Ende August ein, sich längere Zeit in einem Sanatorium im schweizerischen Arosa behandeln zu lassen.[8] Anfang Oktober erhielt Carl Friedrich eine alarmierende Nachricht, bei Wilhelm war eine lebensbedrohliche Magenblutung eingetreten. Carl Friedrich befand sich gerade in München und reiste von dort aus zu seinem Bruder.[9] In Arosa machte ein hinzugezogener Arzt Wilhelm inzwischen Hoffnung, doch sollten es die letzten gemeinsamen Tage der beiden, so eng miteinander verbundenen Brüder sein. Wilhelm erlitt einen Rückfall und starb am 14. Oktober.[10]

Carl Friedrich von Siemens, um 1921

Wenige Wochen später übernahm Carl Friedrich den Aufsichtsratsvorsitz von S&H und den Aufsichtsratsvorsitz der SSW.[11] Mit 47 Jahren war er nun alleiniger Chef des Konzerns. Er konnte dafür nicht besser vorbereitet sein, da er faktisch schon während des Krieges an die Spitze aufgerückt war. Dass der Übergang so glatt verlief, war gewissermaßen eine glückliche Folge der von Werner und Antonie von Siemens geschaffenen Familienkonstellation. Da Wilhelm und Arnold nur 64 Jahre alt wurden, wäre die nächste Generation noch zu jung gewesen, der älteste Enkel des Unternehmensgründers, Arnolds Sohn Hermann, war gerade erst im Alter von 34 Jahren bei S&H eingetreten. Nur durch Arnold und Wilhelms jüngeren Halbbruder konnte die Leitung der Siemens-Unternehmen in den Händen der Familie bleiben.

Carl Friedrich entschied sich, S&H und die SSW als Aufsichtsratsvorsitzender und nicht als Vorstandsvorsitzender zu leiten, um das von seinen Brüdern begründete Modell der Unternehmensführung fortzusetzen. Bei Siemens sollte der Aufsichtsratsvorsitzende aus der Familie auch weiterhin der oberste Leiter der Geschäfte sein. In einem Brief an Carl Köttgen legte er im Juli 1920 diese außergewöhnliche Stellung eines Aufsichtsratsvorsitzenden in den Unternehmen der Familie Siemens eindrücklich dar:

„Aufgrund der historischen Entwicklung ist die Stellung des Vorsitzenden des Aufsichtsrates in unserem Hause eine besondere, von den üblichen Gebräuchen abweichende. Die Öffentlichkeit sieht in ihm nicht nur den Vorsitzenden eines Kontrollorganes, sondern den obersten Leiter der geschäftlichen Unternehmungen. Rein aus traditionellen Gründen habe ich nach dem Tode meines Bruders das Amt als vorsitzender Geschäftsführer der Siemens-Schuckertwerke niedergelegt und nicht den formellen Vorsitz im Vorstand der Siemens & Halske A.-G. übernommen, da ich es für unrichtig hielt, den Gebrauch zu ändern, dass der Vorsitz im Aufsichtsrat mit dem Namen Siemens verknüpft ist.“[12]

Da die Aufgaben des Aufsichtsrats damals noch nicht gesetzlich strikt vorgegeben waren, stand eine derartige Auslegung im Ermessen von Familienunternehmern. Siemens war mit dieser Regelung kein Einzelfall. So war es beispielsweise auch bei Krupp Tradition, dass das Unternehmen von einem Mitglied der Eigentümerfamilie als Aufsichtsratsvorsitzender geleitet wurde. Insgesamt hatte sich bei Aktiengesellschaften freilich längst eine Beschränkung des Aufsichtsrats auf die Aufgaben eines Kontrollorgans durchgesetzt.

Anders als Wilhelm brachte Carl Friedrich den durchweg nicht zur Familie Siemens gehörenden Vorständen ein hohes Maß an Vertrauen entgegen. Er sah in ihnen nicht Handlungsbevollmächtigte, sondern eigenständige Leiter des Geschäfts. Dies galt besonders für Henrich, der sein Nachfolger im Vorstandsvorsitz der SSW wurde. Auch Köttgen wäre für diese Position in Betracht gekommen, doch Henrich war mit dem Unternehmen besser vertraut, da Köttgen längere Zeit in England gewesen war, und stand Carl Friedrich von Siemens auch persönlich näher. Neben Henrich und Köttgen wurde Max Haller zu einer Schlüsselfigur. Obwohl Haller Ingenieur war, hatte ihm Carl Friedrich 1918 die Leitung der neuen Zentralfinanzverwaltung übertragen. Bei S&H wurde 1921 die Position eines Vorstandsvorsitzenden geschaffen und mit dem langjährigen Vorstandsmitglied Adolf Franke, einem ausgezeichneten Nachrichtentechniker, besetzt.

Um den Zusammenhalt zwischen S&H und den SSW zu stärken, führte Carl Friedrich von Siemens die Bezeichnung „Haus Siemens" ein. Diese Formel wurde in der internen Kommunikation geradezu verpflichtend und erwies sich als eine überaus erfolgreiche Neuerung: Sie wurde zu einem Synonym für den Konzern. Vor dem Krieg hatten Siemens-Unternehmer gerne von „unseren Häusern" gesprochen, womit die Werke in Berlin, London und St. Petersburg gemeint waren.[13] So gesehen gab das Bild vom „Haus" auch den veränderten Rahmen wieder. Die neue Formel vermittelte zugleich ein Ordnungsmodell – ein Haus war eben etwas anderes als ein Konzern. Die Parteien hatten ein gemeinsames Dach und sollten sich als gute Nachbarn erweisen. Für seine besondere Stellung als geschäftsleitender Repräsentant der Eigentümerfamilie führte Carl Friedrich eine ebenso einprägsame Bezeichnung ein: „Chef des Hauses Siemens".

In der Organisation des Konzerns erfolgten einige Veränderungen. Carl Friedrich von Siemens ging es dabei erkennbar um eine effiziente Formation der zentralen Abteilungen und eine Stärkung der Bindung zwischen den Stammgesellschaften. Bei S&H wurde die Fertigung in Berlin-Siemensstadt in zwei Bereiche, das Wernerwerk F (Fernsprech- und Telegrafentechnik) und das Wernerwerk M (Meßgeräte), aufgeteilt. Die Zentralverwaltung bildete unter der Bezeichnung Wernerwerk Z eine dritte Untergliederung der Wernerwerke, die wiederum gleichrangig mit der Finanzabteilung dem Vorstand unterstellt waren. Ein besonderes Anliegen war Carl Friedrich die im September 1919 durchgeführte Errichtung einer Sozialpolitischen Abteilung in der Zentralverwaltung. Er trug damit den seit dem Krieg eingetretenen Veränderungen Rechnung. Da die Volkswirtschaftliche Abteilung die Belange der Belegschaft nicht abdecken

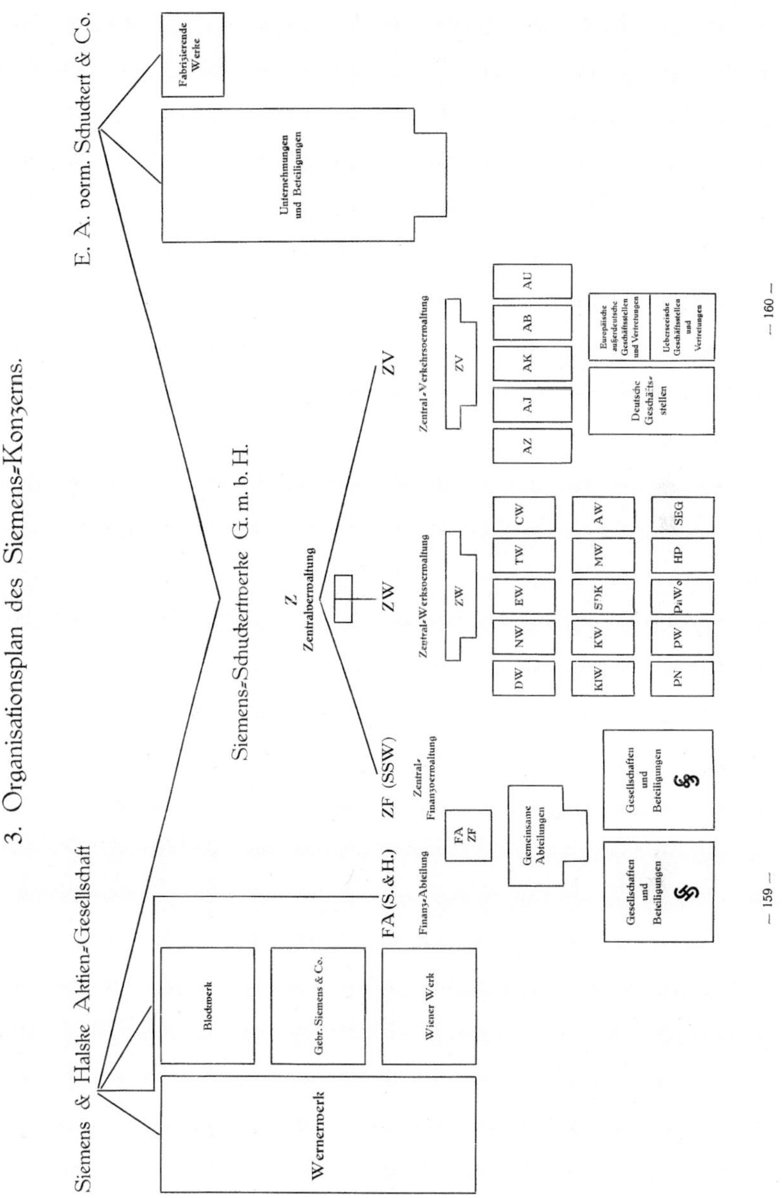

Organigramm von Siemens & Halske und der Siemens-Schuckertwerke, 1921

konnte, wurde sie in eine Sozialpolitische und eine Wirtschaftspolitische Abteilung aufgeteilt. Die Leitung der Sozialpolitischen Abteilung wurde Karl Burhenne übertragen, dem bisherigen Leiter des Siemens-Archivs. Die seit dem Krieg gewachsene Bedeutung von Personalfragen hatte bereits im März 1919 zur Errichtung einer zentralen Personalverwaltung der beiden Siemens-Unternehmen unter der Leitung von Hermann Görz, dem früheren Leiter des Petersburger S&H-Werks, geführt. Carl Friedrich von Siemens stärkte im Herbst 1919 die Stellung von Görz, indem er ihn zum Personalreferenten im Vorstand ernannte. Görz, der nun einheitliche Richtlinien für die Personalverwaltung, die Rekrutierung und Beförderung des Managements erstellte, war dem „Chef des Hauses" direkt unterstellt.[14]

Innerhalb des Konzerns führten auch die Kriegsfolgen zu einigen Veränderungen. So wurde die Fertigung von Marinegeräten 1920 bei einer dafür umbenannten S&H-Tochter, der Gesellschaft für elektrische Apparate (Gelap), zusammengefasst. An dem lukrativen Geschäft mit den im Krieg bewährten Feuerleitanlagen wollte man bei Siemens trotz der von den Siegermächten verordneten Rüstungsbeschränkungen festhalten.[15] Um diese Bestimmungen zu umgehen, betrieb Siemens über eine getarnte Firma in den Niederlanden den Handel mit Marinegeräten. Im holländischen Hengelo wurde 1922 ein auf Feuerleitanlagen für die Marine spezialisiertes Unternehmen gegründet, die N.V. Hazemeyer's Fabriek van Signaalapparaten.[16]

Die Umwandlung der Elektrischen Bahnabteilung von S&H in die im September 1921 gegründete Siemens-Bauunion GmbH hatte dagegen organisatorische Gründe. Tiefbauprojekte konnten bei Siemens nun aus einer Hand durchgeführt werden. Die mit rund 1.600 Beschäftigten beginnende Bauunion wuchs in den folgenden Jahren rasch, wobei sich die geschäftliche Ausrichtung verschob. Während die Bahnabteilung früher vor allem im U-Bahn-Bau gearbeitet hatte, lag der Schwerpunkt bei der Bauunion auf der Errichtung von Wasserkraftwerken.[17]

Eine größere Veränderung war die Ausgliederung des Glühlampenwerks von S&H, das an die gemeinsam mit der AEG und der Deutschen Gasglühlicht AG (Auer-Gesellschaft) gegründete Osram GmbH überging. Dies bedeutete immerhin, wie es in einem Bericht an den S&H-Aufsichtsrat heißt, dass „zum ersten Mal ein wesentliches Glied des Siemens-Konzerns herausgeschält und einem anderen Unternehmen, in dem wir allein nicht die Majorität haben, angegliedert wird".[18] Der Zusammenschluss der führenden deutschen Glühlampenwerke war nicht von Carl Friedrich von Siemens initiiert worden, entsprach aber seinen Vorstellungen, Kosten zu sparen und „einen festen deutschen Block den Amerikanern gegenüberzusetzen".[19] Erste Überlegungen für eine Fusion der drei großen Glühlampenwerke waren bereits im Sommer 1918 entstanden, da die Hersteller befürchteten, andernfalls nach dem Krieg von starken Wettbewerbern wie Philips und General Electric vom Markt verdrängt zu werden.[20] Wie in keinem anderen Bereich hatten sich Siemens, die AEG und andere Hersteller auf dem Glühlampenmarkt schon lange abgestimmt. Wegen der geringen Gewinnspanne bei Glühlampen war der Wettbewerb vor dem Ersten Weltkrieg durch Preisabsprachen, eine Patentgemeinschaft und ein europäisches Kartell ausgeschaltet worden.[21] Osram – ein aus Osmium und Wolfram gebildetes Kofferwort – war als Markenzeichen für die Wolframfadenlampe der Auer-Gesellschaft entstanden, die dann im Herbst 1918 ihre Glühlampenfertigung in eine neue Gesellschaft mit dem Namen Osram Werke GmbH ausgliederte. Ein Jahr später gründete die AEG zusammen mit dem Großaktionär der Auer-Gesellschaft, dem bedeutenden Industriellen und Bankier Leopold Koppel, eine neue Osram-Gesellschaft, an die sie ihre Glühlampenfabrik abgab.[22] Die AEG hielt bei der neuen Osram GmbH KG die Majorität, bot aber S&H an, als weiterer Kommanditist mit einer gleichrangigen Beteiligung einzutreten. Einen Wettbewerb zwischen den beiden deutschen Elektrokonzernen auf dem Glühlampenmarkt wollte man vermeiden.

Das Angebot der AEG wurde dem S&H-Vorstand Haller Ende September 1919 mit höchster Dringlichkeit übermittelt.[23] Die Vorstände von S&H und SSW waren sich rasch einig, dass ein Zusammenschluss der Glühlampenwerke angesichts der desolaten Lage nach dem Krieg wesentlich vorteilhafter war als der Wettbewerb mit den fusionierten Fabriken von Osram und der AEG. Sie kamen fast einhellig zu der Auffassung, „dass geschäftlich praktische Rücksichten gebieterisch forderten das Anerbieten anzunehmen".[24] Den von der AEG vorgeschlagenen Schlüssel einer jeweils 40-prozentigen Beteiligung von AEG und S&H und einer 20-prozentigen Beteiligung der Auer-Gesellschaft hielt Carl Friedrich für „sehr fair".[25] S&H nahm das Angebot der AEG an und trat am 5. Februar 1920 der Osram GmbH KG als Kommanditist bei.[26]

Fertigung in einem Osram-Werk (ehem. Glühlampenwerk von S&H), um 1920

Die Aktenvermerke über die Ausgliederung des Glühlampenwerks und die Beteiligung an Osram vermitteln auch einen Einblick in die Entscheidungsprozesse bei den Siemens-Stammfirmen. Carl Friedrich war damals noch nicht Konzernchef, aber formal benötigte er für die Entscheidung nur die Zustimmung seines bereits schwer erkrankten Bruders Wilhelm. Dennoch besprach er sich in kollegialer Form mit anderen Vorständen beider Stammfirmen über das Angebot der AEG. In dieser Sitzung wurden eingehend die Gründe dargelegt, die für bzw. gegen den Beitritt zu Osram sprachen. Als Berichterstatter spielte Finanzvorstand Haller eine wichtige Rolle. S&H-Vorstand Franke befürwortete den Zusammenschluss der Glühlampenwerke, obwohl er befürchtete, dass dies einen ersten Schritt zu einer Fusion mit der AEG bedeutete. Sein Kollege Otto Feuerlein, der Leiter des Glühlampenwerks, bedauerte dagegen eine Ausgliederung dieser Fertigung „vom persönlichen Standpunkt aus“.[27]

Die Kriegsfolgen und die Interessengemeinschaft mit Stinnes

Noch kein Siemens hatte unter so schwierigen Bedingungen die Leitung eines Unternehmens angetreten wie Carl Friedrich, der zudem noch als erster Siemens-Unternehmer ohne die Unterstützung von Brüdern auskommen musste. Er empfand diese Rolle als eine schwere, ja fast erdrückende Last. An einen Geschäftsfreund schrieb er nach Wilhelms Tod:

> *„Die Erbschaft, die er [Wilhelm] mir hinterlassen, ist durch die Zeitverhältnisse eine außerordentlich schwierige und nicht sehr dankbare. Anstatt aufzubauen auf dem von ihm und unserm Vater aufgezeichneten Wege, muss ich versuchen, die Zerstörung zu verhindern und die Reste, die übrig bleiben, wieder zu neuer Arbeit und neuem Aufblühen zusammenzufassen."*[28]

Eine Kumulation von Verlusten und Ungewissheiten machte die Leitung der Siemens-Firmen in diesen Jahren zu einer völlig neuen Herausforderung. Durch den Krieg war der größte Teil des Auslandsvermögens verloren gegangen. Nach Angaben Carl Friedrichs beliefen sich die Verluste durch die Enteignungen in Russland auf mindestens 45 Mio. Mark, in Großbritannien auf 34 Mio. Mark, in Frankreich auf 7 Mio. Mark.[29] Insgesamt lagen die Verluste allein in diesen Ländern somit höher als das Aktienkapital von S&H. Die unsicheren Rahmenbedingungen der Revolutionszeit gingen mit drückenden Versorgungsproblemen, hohen Kostensteigerungen und einer anhaltenden Inflation einher. Durch die Abtrennung wichtiger Erz- und Kohlenreviere von Deutschland entstand ein akuter Rohstoffmangel, der durch die Krise der Transportsysteme noch zunahm. Wegen der „Kohlennot" konnte Siemens mitunter nur drei Tage in der Woche produzieren, im Januar 1920 musste die Fertigung sogar vorübergehend stillgelegt werden.[30] Der Wegfall der militärischen Nachfrage und der Anstieg der Beschäftigtenzahl durch die Rückkehr der vom Militär ausgemusterten Mitarbeiter führten zu hohen Unkosten. Zugleich stiegen die Arbeitskosten durch die Verkürzung der täglichen Arbeitszeit auf acht Stunden, die Einführung des Tarifvertragsprinzips und andere sozialpolitische Errungenschaften der Revolution. Die Höhe der an die Siegermächte zu leistenden Reparationen war noch nicht abzusehen, da sie erst im Mai 1921 festgelegt wurde. Bei Siemens trug dies aber zu einem verbreiteten Gefühl wirtschaftlicher Unsicherheit bei. Im Geschäftsbericht von S&H war von den „unübersehbaren Folgen des aufgedrungenen Friedensvertrages" die Rede.[31]

Durch die Kriegsfinanzierung lag die Staatsverschuldung bereits Ende 1918 doppelt so hoch wie das Sozialprodukt.[32] Die im Krieg zurückgestaute Inflation führte zu hohen Preissteigerungen, die durch die Konflikte der Revolutionszeit noch zusätzlich angeheizt wurden. Arbeitskonflikte endeten in der Regel mit beträchtlichen Lohnerhöhungen, die von den Unternehmen unschwer auf die Preise umgelegt werden konnten. Da die Inflation auf Deutschland und die Nachfolgestaaten Österreich-Ungarns beschränkt war, verlor die Mark gegenüber den meisten Währungen stark an Wert. Der Kurs des US-Dollars hatte vor dem Krieg bei 4,2 Mark gelegen, im Dezember 1919 entsprach ein Dollar 46,7 Mark.[33] „Die völlige Unklarheit der Grundlagen" war für Carl Friedrich das Hauptmerkmal dieser Zeit.[34] Die desaströse Lage der deutschen Wirtschaft führte er nicht nur auf externe Faktoren wie den „unerfüllbaren Friedensvertrag" zurück, sondern auch auf die politischen Verhältnisse im Land, „durch das Festhalten an Theorien, die nicht durchführbar sind".[35] Nach diesem im Unternehmertum verbreiteten Erklärungsmuster konnte die Krise erst überwunden werden, wenn sich die Verhältnisse im Land geändert hatten.

Bei Siemens nahm der Kapitalbedarf rasch zu. Finanzvorstand Haller beschrieb die finanzielle Situation noch im September 1919 als sehr zufriedenstellend.[36] Doch war abzusehen, dass die Siemens-Unternehmen bei weiteren Kosten- und Preissteigerungen nur durch eine Kapitalerhöhung liquide bleiben konnten. Im Juli 1920 berichteten die SSW: „Wir mussten Unsummen in die Werke stecken, um den Betrieb auch nur für wenige Monate zu sichern."[37] Vier Monate später kursierten in der Presse Schätzungen, wonach bei Siemens ein Geldbedarf von 500 bis 700 Mio. Mark bestehen würde.[38] Haller hatte bereits im Februar 1920 in einer Denkschrift Vorschläge entwickelt, wie der Konzern unter diesen Bedingungen stabil aufgestellt werden könnte. Er ging davon aus, dass die Ausgaben für Löhne, Gehälter und Rohmaterialien bei nominal 1.750 Mio. Mark liegen würden, das war etwa das Sechsfache des Vorkriegsstands. Ohne ausländisches Kapital würde Siemens solche Beträge nicht lange aufbringen können, doch bestand dann die Gefahr, dass ausländische Investoren maßgebenden Einfluss gewinnen würden. Haller rechnete vor, dass die Majorität des Aktienkapitals von S&H inzwischen für 800.000 US-Dollar erworben werden könnte.[39]

Vor diesem Hintergrund wuchs bei Siemens die Furcht vor einer „Überfremdung". Zwar gelangten bislang nur kleinere Aktienpakete in die USA, doch dabei musste es nicht bleiben.[40] Im Mai 1920 zeigte sich die New Yorker Investmentbank Goldman Sachs bereits an einer Minderheitsbeteiligung interessiert.[41] Haller schlug vor, einer „Überfremdung" durch die schrittweise Erhöhung des Aktien- und Obligationskapitals um 600 Mio. Mark vorzubeugen. Da die Familie Siemens in diesem Fall die Majorität verlieren würde, weil sie sich an derartigen Kapitalerhöhungen nicht anteilig beteiligen konnte, sollte ihr Einfluss durch die Einführung eines Mehrstimmrechts gesichert werden. Die von der Siemens'schen Familienbesitzverwaltung gehaltenen Aktien mit den Nummern 1 bis 9.500 sollten in Namensaktien umgewandelt werden können und in grundsätzlichen Fragen ein 30-faches Stimmrecht erhalten.[42]

Carl Friedrich von Siemens übernahm Hallers Vorschlag mit geringfügigen Änderungen. Das Aktienkapital von S&H sollte in Verbindung mit der Einführung eines Mehrstimmrechts für 9.500 Aktien der Familie auf 126 Mio. Mark verdoppelt werden.[43] Am 18. Mai 1920 stimmte eine außerordentliche Generalversammlung diesem Antrag zu. Carl Friedrich hatte in der Begründung auf den Bedarf an ausländischem Kapital hingewiesen. Vorstand und Aufsichtsrat seien entschlossen, „den heute einzig gangbaren Weg zu gehen, der eine Überfremdung verhütet".[44] Ausgeübt wurde das Mehrstimmrecht zunächst nicht, wodurch die Familie nun die Majorität in der Generalversammlung verlor. Dieses Mal entfielen noch 75,94 Prozent der Stimmen auf die Familie, bei der nächsten Generalversammlung am 29. Dezember 1920 waren es nur noch 48,94 Prozent.[45]

Neben dem Kapitalmangel galten bei Siemens damals die Engpässe bei der Rohstoffbeschaffung als das größte Hindernis. Davon waren vor allem die SSW betroffen, da sie in stärkerem Maße von Lieferungen aus der Eisen- und Stahlindustrie abhingen als S&H. Für Otto Henrich, den neuen Vorstandsvorsitzenden der SSW, war die Rohstoffversorgung „die wichtigste aller Fragen".[46] Er befürchtete speziell, dass der bedeutendste Lieferant von Dynamoblechen, die

Hugo Stinnes vor dem Reichstagsgebäude, 1924

in Oberschlesien gelegene Bismarckhütte, in Bälde ausfallen würde. Es war damit zu rechnen, dass dieses Gebiet bei der vorgesehenen Teilung Oberschlesiens an Polen abgetreten werden musste. Auf der Suche nach einem Ersatz wandte sich Henrich an Hugo Stinnes und schlug vor, das zu dessen Konzern gehörende Stahlwerk Weber der Deutsch-Luxemburgischen Bergwerks- und Hüttenwerks AG (im Folgenden Deutsch-Lux) in der Stadt Brandenburg für die Fertigung von Dynamoblechen auszubauen.[47] Henrich einigte sich dann mit dem Vorstandsvorsitzenden von Deutsch-Lux, Albert Vögler, rasch auf die Modalitäten. Die SSW und Deutsch-Lux sollten in Brandenburg ein neues, mit dem Stahlwerk Weber verbundenes Walzwerk bauen und gemeinsam betreiben. Dieses Projekt deckte sich mit Überlegungen, die Vögler bereits in einem Memorandum für Stinnes angestellt hatte, der als überzeugter Anhänger der vertikalen Konzentration gelten konnte. Wegen der eingetretenen „Eisennot" sollte sich die Schwerindustrie um Unternehmen der weiterverarbeitenden Industrie mit exportfähigen Erzeugnissen erweitern.[48]

Deutsch-Lux gehörte zu den wichtigsten Pfeilern eines beispiellosen Mischkonzerns, den Stinnes aufgebaut hatte. Ausgehend von der Handels- und Schifffahrtsgesellschaft Hugo Stinnes GmbH, brachte er Versorger, Montanunternehmen, Brauereien, Chemieunternehmen, Hotels, Druckereien und Verlagsanstalten unter seine Kontrolle. Dabei expandierte er mit relativ geringen eigenen Kapitalbeteiligungen. Während der Inflation ging er frühzeitig dazu über, mit Krediten zu investieren. Wie kein anderer Unternehmer dieser Zeit verstand er sich darauf, „fremdes Kapital mit vor seinen Wagen zu spannen" (*Frankfurter Zeitung*).[49] Für die Linke war Stinnes die Personifizierung des Klassenfeinds, mit der Parole „Stinnesdiktatur oder Diktatur des Proletariats?" zog die KPD 1920 in den Reichstagswahlkampf.[50]

Vögler war sich sicher, dass Stinnes dem mit Henrich vereinbarten Joint Venture zustimmen würde. Doch der Konzernchef hatte andere Vorstellungen. Um eine Lösung zu finden, trafen sich Stinnes und Henrich am 5. Januar 1920 zu einem Abendessen im Nobelhotel Adlon. Offenbar entstand damals der Plan, eine Interessengemeinschaft zwischen Deutsch-Lux, Siemens und der MAN zu vereinbaren. In einer Zusammenfassung des Gesprächs führte Henrich die Idee zu gleichen Teilen auf Stinnes und sich zurück: „Rede und Gegenrede verdichteten sich schließlich zu einem Projekt, eine Interessengemeinschaft zu schließen [...]."[51]

Vereinbart wurde, eine solche Interessengemeinschaft selbstständiger Unternehmen unter dem Dach einer gemeinsamen Gesellschaft zu bilden. Für Siemens wäre dadurch die Rohstoffversorgung gesichert, und Deutsch-Lux würde exportstarke Partner gewinnen.[52] Carl Friedrich von Siemens war an den Verhandlungen zunächst nicht beteiligt. Erst im Februar 1920 nahm er an einer Besprechung teil. Man kam überein, „sich absolut für die nächste Zukunft aneinandergebunden zu betrachten".[53] Henrich drängte nun darauf, rasch zu handeln. Nachdem Carl Friedrich in den Winterurlaub nach St. Moritz abgereist war, schickte er ihm einen Brandbrief hinterher:

> *„Die Situation auf dem Eisenmarkt wird immer katastrophaler. Unsere Erzdecke ist zu dünn geworden, und ich sehe die Dinge so kommen, dass ein grosser Teil der Fertigindustrie in Deutschland die Fabriktore schliessen muss. Nur die kräftigen [sic], die vorgesorgt haben nach der Seite der Rohstoffversorgung hin, werden ihr Leben fristen."*[54]

Gleichwohl zogen sich die Verhandlungen hin, auch weil Stinnes bald einen weiteren Giganten der Ruhrindustrie, die Gelsenkirchener Bergwerks AG (im Folgenden GBAG), neben Deutsch-Lux als gleichrangigen Partner in die Interessengemeinschaft einbringen wollte. Die GBAG war vom Stinnes-Konzern übernommen und mit der Deutsch-Lux zu einer horizontalen Interessengemeinschaft, der Rhein-Elbe-Union GmbH, zusammengefasst worden. Carl Friedrich von Siemens wollte sich aber nicht mit einem Übergewicht der Montanindustrie in der zukünftigen Verbindung abfinden. Er beanspruchte nun für die süddeutsche Gruppe aus der MAN und der EAG Schuckert eine Stellung als gleichrangiger Partner in der Interessengemeinschaft. Doch dafür entfielen die Grundlagen, als die MAN Anfang Juli 1920 Stinnes eine Absage erteilte.[55]

Carl Friedrich von Siemens hielt dennoch an der Bindung zu Stinnes fest. Die süddeutsche Komponente wollte er wenigstens noch im Namen der Interessengemeinschaft deutlich zum Ausdruck bringen. „Rhein-Elbe-Siemens-Bayern-Union" konnte er sich vorstellen.[56] Nach längeren Verhandlungen unter der Regie des Leiters der GBAG-Hausbank Disconto-Gesellschaft, Arthur Salomonsohn, und der Siemens zur Seite stehenden Deutschen Bank konnte die Interessengemeinschaft schließlich am 30. Dezember 1920 gegründet werden. Unter dem Namen Siemens-Rheinelbe-Schuckert-Union (im Folgenden SRSU) errichteten die vier vertragschließenden Unternehmen – S&H, Deutsch-Lux, GBAG und EAG Schuckert – eine Interessengemeinschaft mit einer gleichnamigen Lenkungsgesellschaft unter der Leitung eines paritätisch besetzten Gemeinschaftsrats. Die SRSU-Gesellschaft, die abwechselnd von den Aufsichtsratsvorsitzenden der Gründungsunternehmen geleitet wurde, hatte nicht die Befugnisse, in das operative Geschäft einzugreifen. Die Partner vereinbarten jedoch einen Gewinnausgleich. Die Gewinne der Gesellschafter sollten zusammengelegt und dann nach dem Schlüssel 100 (Deutsch-Lux) : 100 (GBAG) : 100 (S&H) : 45 (EAG Schuckert) aufgeteilt werden. Die Gründer der SRSU kamen zudem überein, ihr Aktienkapital durch die Ausgabe von Vorzugsaktien zu verdoppeln und die neuen Anteilscheine paritätisch an die Partner abzugeben.[57]

Einen Tag vor der Gründung der SRSU hatte bei S&H eine außerordentliche Generalversammlung dem Vertrag zugestimmt. Carl Friedrich hatte in seiner Rede vor den Aktionären nicht verhehlt, dass Siemens mit der Bildung der Interessengemeinschaft einen Teil seiner Selbstständigkeit aufgab und mit dem bisherigen Prinzip, sich auf die Elektrotechnik zu beschränken, brach. Doch die Vorteile, die sich für die Kapitalbeschaffung und die Rohstoffversorgung eröffneten, würden schwerer wiegen: „Wir sind aber jetzt in ein neues wirtschaftliches Zeitalter getreten. Wir können uns nicht mehr beschränken auf die Fortschritte, die im Rahmen unseres eigensten Arbeitsgebietes erzielbar sind [...].“[58]

Das Aktienkapital von S&H wurde zunächst durch eine Erhöhung von 126 auf 130 Mio. Mark mit dem der Deutsch-Lux und der GBAG gleichgestellt. Anschließend verdoppelten die Gründer der SRSU ihr Aktienkapital. Die neuen Aktien wurden als Vorzugsaktien ausgegeben und proportional von den Partnerunternehmen übernommen. Durch den Aktientausch sicherten sich die vier Unternehmen untereinander ab. Zugleich diente die Kapitalerhöhung dem Schutz vor einer „Überfremdung“. Zusammen brachten es die Gesellschafter der SRSU auf ein Aktienkapital von 460 Mio. Mark Stammaktien und 460 Mio. Mark Vorzugsaktien.[59] Die bisherigen Aktionäre konnten an dieser Kapitalerhöhung nicht teilnehmen. Bei S&H ging der Einfluss der Familie Siemens dadurch gleichwohl nicht zurück, da einem großen Teil ihrer Aktien inzwischen das 30-fache Mehrstimmrecht zustand, während die Vorzugsaktien mit einfachem Stimmrecht ausgestattet waren.[60]

Warum Carl Friedrich von Siemens damals einen Teil der Eigenständigkeit seines Familienunternehmens aufgab, ist durch die besonderen Verhältnisse dieser Zeit zu erklären. Darüber wurden die Probleme einer vertikal aufgebauten Interessengemeinschaft aus Montan- und Elektrounternehmen nicht erkannt. Als die SRSU, die auch als „Elektro-Stahl-Union“ und „Elektromontantrust“ bekannt wurde, nach wenigen Jahren faktisch aufgelöst werden musste, machte sich Carl Friedrich schwere Vorwürfe: „Hier sind ganz grobe Fehler durch nicht genügende Gründlichkeit in der Ueberlegung vorgekommen, für die ich mich persönlich in erster Linie verantwortlich fühle und die mich ausserordentlich bedrücken.“[61] Tatsächlich ist es rätselhaft, warum man damals glaubte, Montan- und Elektrounternehmen mit einem Gewinnausgleich ohne einheitliche Leitung aneinanderbinden zu können. Die Geschäftsmodelle beider Branchen waren naturgemäß so unterschiedlich, dass ein Zusammenschluss allenfalls in Form einer Fusion, aber nicht zwischen selbstständigen Konzerngebilden tragfähig sein konnte. Dass die SRSU nicht in kurzer Zeit auseinanderbrach, hing wohl nur damit zusammen, dass die Inflation keine verlässliche Kalkulation zuließ.

Bei Siemens wurden die mit dem SRSU-Vertrag eingegangenen Fehler später gerne Henrich und Stinnes angelastet. So schreibt

Ernst Waller in seiner unveröffentlichten Studie zur Siemens-Finanzgeschichte, Henrich wäre dem „Stinnes-Bann" erlegen und hätte Carl Friedrich, der sich damals in einer schwierigen Situation befunden habe, überzeugt.[62] Dessen Sohn Ernst war sich später sicher, dass sein Vater die Interessengemeinschaft eingegangen sei, weil er von Stinnes eine „außerordentlich hohe Meinung" gehabt habe.[63] Solche Einflüsse spielten wohl eine gewisse Rolle. Henrich war wegen der „Rohstoffnot" geradezu in Panik und fühlte sich der Montanindustrie ohnehin verbunden, da er als Sohn eines Bergmanns in Essen aufgewachsen war. Stinnes wiederum hatte ein Charisma, dem sich Henrich und Siemens nicht entziehen konnten. Rückblickend schrieb Carl Friedrich, von Stinnes sei auf fast alle, die mit ihm zusammengearbeitet hätten, „ein fast hypnotischer Einfluss" ausgegangen.[64]

Doch wäre es falsch, Carl Friedrichs Entscheidung für die Interessengemeinschaft allein dadurch zu erklären. In den Jahren 1919/20 gab es aus seiner Sicht sehr plausible Gründe. Die SRSU schien nicht nur eine optimale Absicherung gegen die Kapitalnot und den Rohstoffmangel zu bieten. In der deutschen Wirtschaft war auch die Auffassung verbreitet, dass die veränderten Verhältnisse große Zusammenschlüsse erforderten.[65] Zumeist dachte man dabei an vertikal aufgestellte Formationen. Die AEG strebte eine Zusammenarbeit mit Krupp an, was freilich nicht über Vertragsentwürfe hinauskam, der Maschinen- und Lokomotivbauer Linke-Hofmann-Lauchhammer fusionierte 1922 mit mehreren Eisen- und Stahlwerken.[66]

Für Carl Friedrich von Siemens gab es noch einen weiteren schwerwiegenden Grund, von dem er rückblickend in einem Brief an Vögler berichtete:

> *„Mitentscheidend war für mich, daß dadurch auch für diejenigen, die ihr Vertrauen in einer Industrie resp. einem Hause gelegt hatten, eine größere Sicherheit gegeben war. Persönlich berührte mich dies nicht, aber die künstlich gesteigerte Ängstlichkeit vieler Familienmitglieder zwangen mich, diesen Punkt stärker zu berücksichtigen."*[67]

Der Stinnes-Konzern schien damals auch wegen des vereinbarten Gewinnausgleichs mehr Sicherheit zu bieten als eine uneingeschränkte Unabhängigkeit der Siemens-Firmen. Carl Friedrich sah in der SRSU keineswegs nur eine konzernstrategische Allianz, er verstand den Vertrag mit Stinnes auch als einen „finanziellen Rückver-

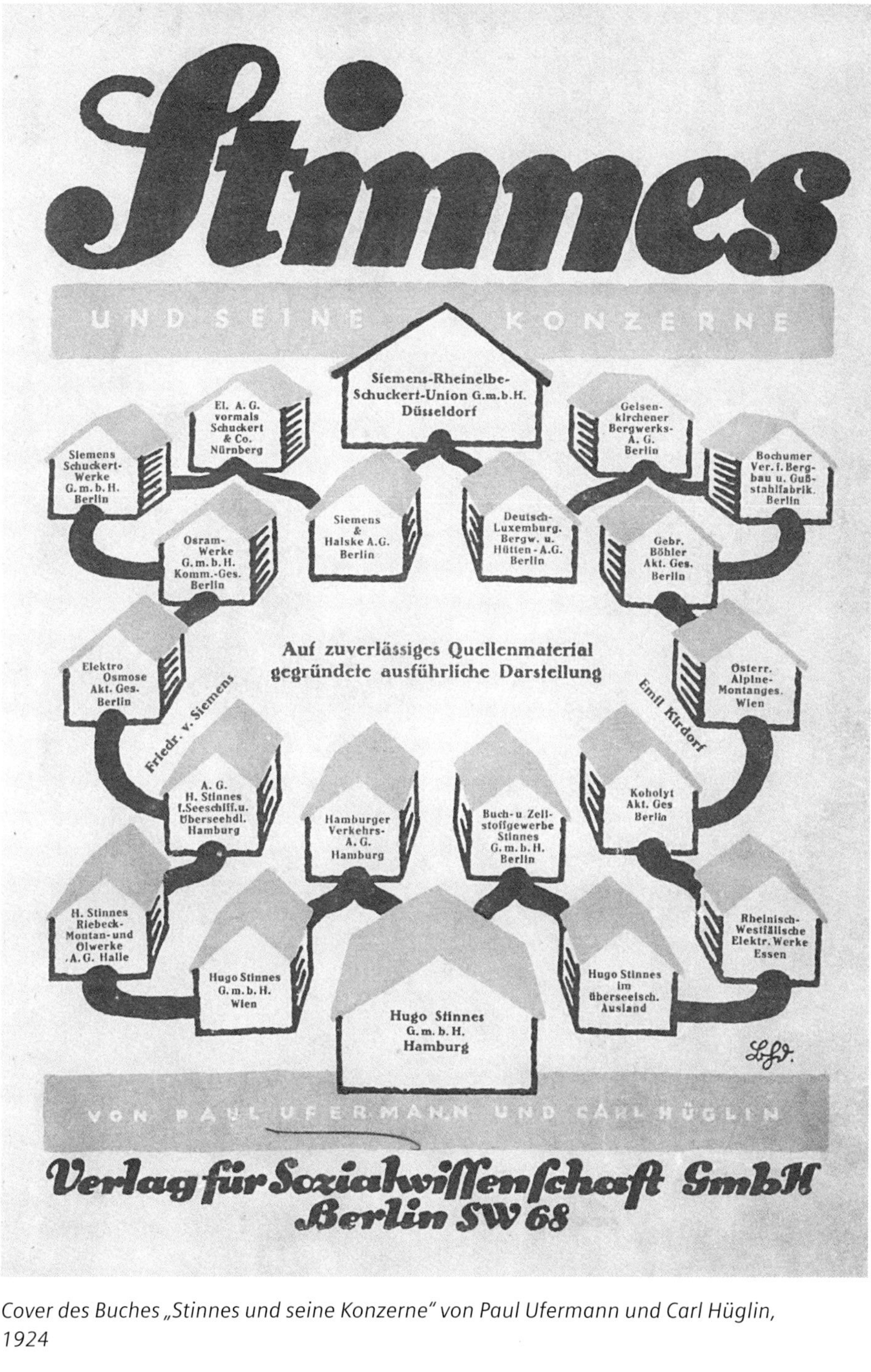

Cover des Buches „Stinnes und seine Konzerne" von Paul Ufermann und Carl Hüglin, 1924

sicherungsvertrag".[68] Die Zechen und Hüttenwerke an der Ruhr verdienten an der Kohlen- und Eisenknappheit nach dem Krieg prächtig. Die GBAG wies Ende 1919 einen Reingewinn von rund 23 Mio. Mark aus, während S&H das Geschäftsjahr 1918/19 mit einem Reingewinn von rund 11,4 Mio. Mark abschloss.[69] Der Gewinnausgleich kam zwar nie zustande, da sich die Geldentwertung wie ein Schleier über die Bilanzen legte. Wie noch zu zeigen sein wird, ging das Rückversicherungskalkül jedoch in ganz anderer Form auf, als S&H während der rasant steigenden Inflation vorübergehend in Bedrängnis geriet.[70]

Konflikte um die Wirtschafts- und Betriebsverfassung

Als Vorsitzender des ZVEI und Mitinitiator der ZAG zählte Carl Friedrich von Siemens schon bei der Entstehung der Weimarer Demokratie zu den führenden Repräsentanten der deutschen Industrie. Als einer der wenigen Industriellen mit großem Namen, die nicht durch ihre Rolle im Kaiserreich belastet waren und sich zum neuen Staat bekannten, galt er gewissermaßen als Mann der Stunde. Im April 1919 wurde er bereits als Kandidat für den Vorsitz des neuen Reichsverbandes der Deutschen Industrie (RDI) gehandelt. Die Vertreter der Schwerindustrie in der Wahlkommission hatten Kurt Sorge nominiert, der seit 1917 Vorsitzender der Vereinigung Deutscher Arbeitgeberverbände (VDA) war und früher das Krupp-Grusonwerk geleitet hatte. Doch die Vertreter der Elektroindustrie und der Chemischen Industrie wollten sich nicht auf diesen farblosen Schwerindustriellen einlassen und stellten Siemens als Gegenkandidaten auf. Eine Kampfabstimmung wurde dann aber vermieden, die Gründungsversammlung wählte einvernehmlich Sorge zum Vorsitzenden, den Textilindustriellen Abraham Frowein zum ersten stellvertretenden und Siemens zum zweiten stellvertretenden Vorsitzenden.[71]

Als sich die Industrie nach dem Ende der revolutionären Unruhen wieder in einer stärkeren Position befand und in die Offensive ging, gewann er durch die harte Haltung in dem langen Arbeitskampf in der Berliner Metallindustrie an Profil.[72] Damit wurde er wohl auch den Erwartungen gerecht, die an ihn als neuen Chef des Siemens-Konzerns gerichtet wurden. In dieser Position konnte er nicht mehr wie früher gegenüber seinem Bruder Wilhelm ein ausgleichendes Pendant bilden.

Bald darauf stand Siemens im Konflikt um das geplante Betriebsrätegesetz an vorderster Front.[73] Das neue Reichsarbeitsministerium hatte im Frühjahr 1919 als Zugeständnis an die Streikbewegung mit der Ausarbeitung dieses Gesetzes begonnen. Die Errichtung von Betriebsräten wurde dann im berühmten Artikel 165 der Weimarer Reichsverfassung, der eine bis heute in dieser Form einmalige Wirtschaftsverfassung begründete, verankert. Über die Befugnisse der Betriebsräte konnte jedoch keine Einigung erzielt werden. Das Ministerium setzte eine von den Arbeitsparteien paritätisch besetzte Sachverständigenkommission ein, in der monatelang um den Gesetzentwurf gerungen wurde.[74] Siemens gehörte ihr seit Mai 1919 als einer der von der ZAG benannten Arbeitgebervertreter der Sachverständigenkommission an.[75] Nach eigener Darstellung nahm er an den „Dauerverhandlungen" im Reichsarbeitsministerium regelmäßig teil, weil nicht viele Vertreter der Wirtschaft dazu bereit gewesen seien.[76]

Nachdem der Gesetzentwurf der Nationalversammlung zugegangen war, machten die Spitzenverbände der Wirtschaft gegen die Vorlage mobil. Am 11. Dezember 1919 fand erstmals eine große Protestkundgebung von Industriellen statt. Die Wirtschaft bediente sich nun originärer Protestformen der Arbeiterbewegung, Derartiges wäre im Kaiserreich unvorstellbar gewesen. Der Protest der Industriellen richtete sich nicht gegen die obligatorische Etablierung von Betriebsräten – was schon wegen des „Räteartikels" der Verfassung ganz aussichtslos gewesen wäre –, sondern gegen die vorgesehene Befugnis der Betriebsräte, Bilanzunterlagen einzusehen, gegen die Entsendung von Betriebsräten in den Aufsichtsrat und gegen ein Mitbestimmungsrecht der Betriebsräte bei Einstellungen und Entlassungen. Auf der Kundgebung am 11. Dezember wurden diese Forderungen in dramatischer Form vorgebracht. Von einem „Ausnahmegesetz gegen die Industrie" war die Rede, und es fehlte auch nicht die Drohung, Betriebe stillzulegen.[77] Schließlich wurde ein Aktionsausschuss eingesetzt, der die Interessen der Unternehmer „mit allen gesetzlichen Mitteln rücksichtslos wahren" sollte.[78]

Carl Friedrich von Siemens gehörte diesem Ausschuss an. Als Vorstand des Kuratoriums für den Wiederaufbau des deutschen Wirtschaftslebens und durch seinen Einfluss in der DDP zählte er inzwischen zu den führenden Vertretern der Industrielobby. Die DDP war nach ihrem Wahlerfolg im Januar 1919 zur Regierungspartei geworden, gemeinsam mit der MSPD und dem Zentrum bildete sie die „Weimarer Koalition“. Diese drei Parteien standen hinter der Verfassung der Republik, die gegen die Stimmen der DVP, der DNVP und der USPD verabschiedet wurde. Das geplante Betriebsrätegesetz wurde für die Koalition zu einer Belastungsprobe, führte aber auch innerhalb der DDP zu Konflikten. Deren Wirtschaftsflügel drängte darauf, die Gesetzesvorlage abzulehnen. Siemens übte Druck auf seine Partei aus, indem er drohte, die Zahlungen des Kuratoriums an die DDP einzustellen.[79] Auf der anderen Seite drohte der sozialdemokratische Reichskanzler Gustav Bauer mit seinem Rücktritt, falls die DDP gegen das Betriebsrätegesetz stimmen würde. Die MSPD stand ihrerseits unter starkem Druck der linken Opposition, die das Gesetz als Verrat an der Revolution bekämpfte. Während der zweiten Lesung des Gesetzes am 13. Januar fand vor dem Reichstag eine Großdemonstration der USPD und der KPD statt. Da die Polizei wegen einiger Handgreiflichkeiten das Feuer eröffnete, endete die Veranstaltung in einem Blutbad.[80] Fünf Tage später wurde das Betriebsrätegesetz im Reichstag mit großer Mehrheit verabschiedet, auch die DDP stimmte zu. Die Führung der Partei hielt das Gesetz für einen Fortschritt und war nicht bereit, die Koalition aufs Spiel zu setzen. Da die Abgeordneten des Wirtschaftsflügels wiederum die Einheit der Partei nicht

Demonstration vor dem Reichstag gegen die Verabschiedung des Betriebsrätegesetzes, 1920

gefährden wollten, nahmen sie an der Abstimmung nicht teil.[81] Für Siemens war es eine bittere Niederlage, zeigte sie doch, wie gering der Einfluss der Wirtschaft im Parlament war und dass die von ihm initiierten Parteispenden nicht viel bewirkt hatten.

Mit den Bestimmungen des Betriebsrätegesetzes konnte er gleichwohl gut auskommen. Die Einführung von Betriebsräten hatte er ja nie abgelehnt, und deren Mitbestimmungsbefugnisse, gegen die er sich gewandt hatte, waren bei den Beratungen des Gesetzes abgeschwächt worden. Auch wurden die Betriebsräte durch das Gesetz nicht nur zur Vertretung der Arbeitnehmerinteressen, sondern ebenso zur Unterstützung der Arbeitgeber bei der „Erfüllung der Betriebszwecke" verpflichtet.[82] Nachdem das Gesetz verabschiedet worden war, konnte Siemens der Errichtung von Betriebsräten Vorteile abgewinnen: „Ich bin der Überzeugung, dass bei richtiger Auffassung und Behandlung und unter der Voraussetzung, dass nicht nur wüste Agitatoren Mitglieder des Betriebsrates werden, derselbe zu Gunsten der Produktion genutzt werden kann."[83]

Die Siemens-Direktion schloss schon im November 1920 mit dem Gesamtbetriebsratsvorsitzenden der Berliner Werke, Erich Lübbe, eine Betriebsvereinbarung über einige soziale Regelungen und die Form der Zusammenarbeit, die von der Metallarbeiter-Gewerkschaft als vorbildlich bezeichnet wurde.[84] Lübbe, ein gelernter Maschinenschlosser des SSW-Dynamowerks, gehörte der USPD an, erwies sich aber nicht als „wüster Agitator". Nachdem die USPD mit der Vereinigung der beiden sozialdemokratischen Parteien im September 1922 von der politischen Bühne verschwunden war, gehörte Lübbe der SPD an. Später behauptete er von sich, der von den Kommunisten am meisten gehasste Betriebsrat des Konzerns zu sein.[85]

Als rechtsradikale Freikorps und Militärangehörige am 13. März 1920 beim sogenannten Kapp-Putsch das Regierungsviertel besetzten, trug Siemens im RDI-Präsidium die fragwürdige Haltung des industriellen Spitzenverbands gegenüber dem Staatsstreich mit: Der RDI konnte sich nicht zu einem Protest durchringen. Die Gewerkschaften riefen dagegen einen Generalstreik aus und brachten dadurch den Putsch innerhalb weniger Tage zum Scheitern. Dass der RDI „neutral" geblieben war und sich nicht mit den Gewerkschaften solidarisiert hatte, wurde für die ZAG zu einer schweren Belastung.[86] Den Gewerkschaften gelang es anschließend nur mit großer Mühe, den Proteststurm wieder einzufangen. Im Ruhrgebiet ging der Generalstreik in einen Arbeiteraufstand über, der von der Reichswehr blutig niedergeschlagen wurde. Vor diesem Hintergrund lebte die Forderung nach einer Sozialisierung von Teilen der Industrie neu auf. Die Reichsregierung sagte den Gewerkschaften in einem Abkommen vom 20. März 1920 zu, erneut eine Sozialisierungskommission einzusetzen.[87] Eine erste war im November 1918 vom Rat der Volksbeauftragten berufen worden und hatte nach fünf Monaten ihre Arbeit aus Protest eingestellt.[88]

Wie die erste war auch die zweite Sozialisierungskommission ein politisch besetztes Gremium. Da die DDP inzwischen zu den Regierungsparteien gehörte, konnte sie die Berufung einer Reihe von Unternehmern durchsetzen. Aus der Wirtschaft gehörten ihr fünf Persönlichkeiten an, die fast alle Mitglieder der DDP waren oder ihr nahestanden: Hans Kraemer aus der Druck- und Papierindustrie, die Bankiers Carl Melchior und Theodor Vogelstein, Walther Rathenau und Carl Friedrich von Siemens. Zu den insgesamt 23 Mitgliedern der Kommission zählten auch Politiker, Gewerkschafter und namhafte Ökonomen, die dem USPD-Lager angehörten, da eine Reihe von Mitgliedern der ersten, USPD-lastigen Sozialisierungskommission aus den Jahren 1918/19 wiederberufen wurde.[89]

Im Mittelpunkt der Beratungen stand der Kohlenbergbau, dessen Neuordnung wegen der herausragenden Bedeutung der Zechen als Energielieferant und der hochgradigen Organisation dieser Branche in Syndikaten für vorrangig gehalten wurde. Die Kommission konnte sich aber nicht auf eine gemeinsame Empfehlung einigen. Ihr Abschlussbericht, der Ende Juli 1920 abgeschlossen war und erst im September veröffentlicht wurde, enthielt zwei Vorschläge. Der erste, für den der Ökonom Emil Lederer (USPD) verantwortlich zeichnete, empfahl die sofortige Sozialisierung des gesamten Kohlenbergbaus. Der zweite Vorschlag stammte von Rathenau und sah eine schrittweise, auf bis zu 30 Jahre angelegte Überführung des Kohlenbergbaus in einen gemeinwirtschaftlichen Rahmen vor.[90] Siemens und Vogelstein gaben ein Sondervotum ab. Auch sie hielten eine Neuordnung der Kohlenwirtschaft für notwendig, doch verstanden sie darunter eine Art Preisdeckel, verbunden mit Anreizen zur Steigerung der Produktivität. Angesichts des bestehenden Kohlenmangels könnte die Preisbildung nicht dem Markt überlassen werden. Die Zechen sollten aus reinem Profitinteresse keine höheren Preise verlangen können, wohl aber, wenn sie in neue Betriebsanlagen investierten.[91]

Walther Rathenau, um 1920

Die Vorschläge der Sozialisierungskommission gerieten schon bald in die Mühlen der Regierungspolitik und gingen unter, da sich die Mehrheitsverhältnisse im Juni 1920 grundlegend geändert hatten: Die Sozialdemokratie war nicht mehr an der Regierung beteiligt. Hans von Raumer, Siemens' Mitstreiter als geschäftsführendes Vorstandsmitglied des ZVEI, gehörte für die DVP als Reichsschatzminister dem neuen Kabinett an und setzte sich dort mit der Auffassung durch, dass das Reichswirtschaftsministerium nicht an den Bericht der Kommission gebunden sei. Im Frühjahr 1921 wurden die Vorschläge der Kommission schließlich ganz zu den Akten gelegt.[92]

Die Verhandlungen in der Sozialisierungskommission hatten deutlich gemacht, dass zwischen den beiden prominentesten Kommissionsmitgliedern aus der Industrie, Rathenau und Siemens, in dieser Frage unüberbrückbare Gegensätze bestanden. Zwischen beiden gab es manches Verbindende, zählten sie innerhalb der Wirtschaft doch gemeinsam zu der Gruppe demokratisch gesinnter Großunternehmer aus dem als fortschrittlich geltenden Flügel der Elektro- und Chemischen Industrie. Wie schon beim Demokratischen Volksbund kam es aber auch jetzt zwischen beiden zu einem Konflikt grundsätzlicher Art. Carl Friedrich von Siemens gab offen zu, dass er sich mit der intellektuellen und rhetorischen Brillanz Rathenaus nicht messen konnte. Von „dem hohen Gedankenflug und auch von der Schönheit und Klarheit seines Vortrages“ zeigte er sich beeindruckt, doch Visionen, wie sie Rathenau faszinierend entwickeln konnte, lagen ihm fern.[93] Als Unternehmer richtete er sich an der wirtschaftlichen Praktikabilität aus und traf damit einen Schwachpunkt Rathenaus. Auf dem zweiten Parteitag der DDP zerpflückte er die Ausführungen seines prominenten Parteifreunds zur Sozialisierung, indem er der Frage nachging, inwieweit sie „nun tatsächlich in die Praxis überführt werden können“. Unter großer Zustimmung der Delegierten warf er Rathenau vor, dass dessen Vorschläge „das Schlamassel das wir im Wirtschaftsleben schon haben nicht verbessern, sondern verschlechtern“.[94]

Auch in der Wirtschaft wurde es Siemens gedankt, dass er gemeinsam mit Vogelstein in der Sozialisierungskommission gegen eine Änderung der Eigentumsverhältnisse votiert hatte. Rathenau, der knapp zwei Jahre später, nachdem er Außenminister geworden war, von Rechtsradikalen ermordet wurde, schlug nun aus der Industrie geradezu blanker Hass entgegen. In der Industrie und bei den Banken wurden Boykottaktionen gegen die AEG erwogen, obwohl es auch dort Vorbehalte gegen Rathenau gab, der nach wie vor den Aufsichtsratsvorsitz innehatte. Henrich schrieb Siemens am 4. Oktober 1920:

„Die Stellungnahme Rathenaus in der Sozialisierungs-Kommission bringt für die AEG das schmerzliche Resultat, dass sie industrielle Aufträge nur in geringem Masse erhält. Ganz Rheinland und Westfalen, ganz Oberschlesien hasst den Mann. So lauten übereinstimmend die Urteile, die wir von unseren Herren und anderen aus den beiden Industriezentren Deutschlands erhalten. Man könnte eigentlich nichts besseres tun, als unseren Acquisiteuren die Rathenau'sche Schrift zum Vertrieb in unserer Kundschaft zu übergeben.“[95]

Die Inflationskrise und das Wohl der Familie

Als Ende Januar 1921 in den Pariser Beschlüssen der Siegermächte erstmals die Reparationsforderungen beziffert wurden, setzte in Deutschland ein Proteststurm ein. Auch Carl Friedrich von Siemens war empört. Die zunächst vorgesehene Summe von 226 Mrd. Mark, aufzubringen in Devisen, hielt er für „eine wahnsinnige Zahl". Deutschland sei dazu nicht in der Lage, da man – wie er anmerkte – keine Goldbergwerke besitze. Die Reparationslast würde entweder ein Absenken der Lebenshaltung oder eine Steigerung der Produktion erfordern.[96] Gerne berief er sich dabei auf die Warnungen vor den ökonomischen Folgen des Versailler Vertrags, mit denen der britische Wirtschaftswissenschaftler John Maynard Keynes – für Siemens der „bekannte englische Finanzschriftsteller" – ein Star geworden war.[97] Als sich die Reparationsgläubiger im Londoner Zahlungsplan auf eine Summe von insgesamt 123 Mrd. Mark einigten, änderte sich seine Haltung nicht. Eine Annahme des Zahlungsplans, den die Reichsregierung schließlich unter der Androhung einer alliierten Besetzung des Ruhrgebiets unterschreiben musste, lehnte Siemens wie fast alle Industrielle ab.[98]

Währenddessen führte die beschleunigte Inflation zu immer höheren Wertverlusten der deutschen Währung. Ende August 1920 war der Dollarkurs bereits auf mehr als das Zehnfache der Vorkriegszeit gestiegen. Carl Friedrich kritisierte, dass die Reichsregierung durch hohe Ausgabensteigerungen zur Inflation beitrug und die Reichsbank ihre Aufgabe darin sah, den schier unbegrenzten Geldbedarf des Reichs zu decken. Das eigentliche Übel sah er aber in der geringen Produktivität der deutschen Wirtschaft, die auf 60 Prozent des Vorkriegsstandes gesunken sei und durch die Inflation lediglich überdeckt werde.[99] Nur durch eine deutliche Steigerung der Leistungsfähigkeit könne die Reparationslast getragen und die Inflation überwunden werden. Eine Voraussetzung dafür sei die Beseitigung der die „Produktion hinderlichen Gesetze", zu denen er vor allem den obligatorischen Achtstundentag und einige Demobilmachungsvorschriften zählte.[100] Doch anders als für viele Industrielle waren für ihn die Reparationen und die Inflation nicht ein willkommenes Argument zum Abbau der sozialen Errungenschaften. Vielmehr sah er eine Aufhebung des Achtstundentags und anderer gesetzlicher Vorgaben als zwingend an, weil sich soziale und politische Belange den wirtschaftlichen Erfordernissen unterzuordnen hätten, wenn es die Lage erforderte („Wir müssen uns nach der eigenen Decke strecken und können nur durch eigene Arbeit diese Decke vergrößern").[101] Allerdings wies er nicht in gleicher Weise darauf hin, dass das geringe Produktivitätsniveau zu einem großen Teil dem hohen, inflationsbedingten Beschäftigtenstand und der Überalterung der Ausrüstungen geschuldet war. Doch dafür konnte man nicht der Politik und den Gewerkschaften die Schuld geben.

Der mit dem Siemens-Konzern in der SRSU verbundene Stinnes machte keinen Hehl daraus, die Reparationsbelastung des Reichs für die Interessen der Industrie nutzen zu wollen. Als sich der RDI im Herbst 1921 bereit erklärte, das Reich bei den Reparationszahlungen mit einen Auslandskredit der Industrie zu unterstützen, stellte sich Stinnes quer. Er setzte durch, dass die Industrie die Kredithilfe von der Privatisierung von Staatsbetrieben, besonders der Reichsbahn, abhängig machte. Carl Friedrich von Siemens trug dies mit. Als Mitglied einer Delegation des RDI, der auch Stinnes und der RDI-Vorsitzende Sorge angehörten, bestand er im November 1921 gegenüber Reichskanzler Joseph Wirth (Zentrum) darauf, dass die Kredithilfe der Industrie einen „wirtschaftlichen Fortschritt" erforderte.[102] Doch damit hatte die Industrie ihren Einfluss überschätzt – dass sie die Notlage des Reichs ausnutzen wollte, führte zu einem Proteststurm, in dem die Aktion unterging.[103]

Für den „Inflationskonsens" zwischen Reichsregierung, Reichsbank, Gewerkschaften und großen Teilen der Wirtschaft gab es aus damaliger Sicht zunächst gute Gründe, zumal man keine Erfahrungen mit einer Geldentwertung hatte. Die hohe Staatsverschuldung hätte anders nicht getragen werden können, die sozialen Verteilungskonflikte, die politischer Sprengstoff für die junge Weimarer Republik waren, konnten auf diese Weise entschärft werden. Eine Wirtschaftskrise mit hoher Arbeitslosigkeit, wie es sie 1920/21 in den USA und in Großbritannien gab, wurde vermieden. Selbst Stinnes hielt die Inflation für notwendig, da nach dem Krieg Millionen vom Militär ausgemusterter Männer in Arbeit gebracht werden mussten. Andernfalls „wäre der Bolschewismus die sichere Folge gewesen".[104]

Auch dem Siemens-Konzern boten sich Vorteile. Die steigenden Kosten konnten zu einem erheblichen Teil auf die Preise umgewälzt werden, durch den drastisch sinkenden Außenwert der deutschen Währung nahmen die Exporte zu. Die *Wirtschaftlichen Mitteilungen aus dem Siemens-Konzern* berichteten im August 1920: „Die schon im Herbst 1918 von den Unternehmern erwartete Wirtschaftskatastrophe ist zunächst nicht eingetroffen. Die fallende Valuta brachte uns zusammen mit der steigenden Inflation im Gegenteil eine beängstigende Hausse."[105] Schon wenige Wochen nach der Unterzeichnung des Versailler Vertrages hatte es bei Siemens Überlegungen gegeben, die Reparationssachlieferungen zur Wiederherstellung früherer Geschäftsbeziehungen in verloren gegangenen Exportmärkten, besonders in Frankreich, zu nutzen. Solche Geschäfte kamen dann aber wegen des Widerstands der französischen Industrie nicht zustande.[106]

Ein realistisches Bild von der exportgetriebenen Scheinkonjunktur vermitteln Statistiken der SSW, die in inflationsbereinigter „Grundmark" geführt wurden. Der Umsatz erreichte demnach in der Inflationszeit nicht den Vorkriegsstand, doch der Anteil des Exports stieg von 24,5 Prozent (1919/20) auf 39,6 Prozent (1922/23). Köttgen vermutete später, dass in den Inflationsjahren insgesamt nur durch das Auslandsgeschäft Überschüsse erzielt worden waren.[107] Im Inlandsgeschäft arbeitete Siemens wie die gesamte Elektroindustrie mit Teuerungszuschlägen, die vom ZVEI zunächst monatlich und später täglich festgesetzt wurden. Nachdem die Preissteigerungen 1922 das Stadium der Hyperinflation erreicht hatten, wurden die Zuschläge durch Multiplikatoren ersetzt. Als Investitionsgüterhersteller erlitten besonders die SSW im Inlandsgeschäft „Entwertungsverluste", da bei langfristigen Geschäften in der Regel nur 30 Prozent des Preises angezahlt wurden. Siemens konnte diese Verluste nicht durch Verzögerungen der Zahlungen gegenüber den Lieferanten ausgleichen. Rückblickend wurden die inflationsbedingten Verluste bei den SSW auf rund 116 Mio. Goldmark (eine der goldgedeckten Vorkriegswährung entsprechenden Recheneinheit) geschätzt.[108]

Um den Folgen der Inflation gegenzusteuern, beschloss der Gemeinschaftsrat der SRSU am 22. Juli 1921, ein Drittel der flüssigen Mittel in Devisen anzulegen.[109] Dies entsprach der Strategie des Stinnes-Konzerns, der einen beträchtlichen Teil seiner Geschäfte bereits in Devisen abwickelte und sich dabei auf Holdinggesellschaften in der Schweiz und in den Niederlanden stützen konnte. Deutsch-Lux hatte schon im Frühjahr 1921 sämtliche Guthaben auf Devisen umgestellt.[110] Die Siemens-Firmen verfolgten einen anderen Kurs. Die Geschäfte mit ihren größten Kunden, den Staatsunternehmen Reichspost und Reichsbahn, mussten in Mark abgeschlossen werden. Wegen des bedeutenden Behördengeschäfts wollte man bei Siemens nicht die Vorschrift umgehen, dass im Export eingenommene Devisen in Deutschland an das Reich abgeführt werden mussten. Man befürchtete, andernfalls beim Reichsfinanzministerium und der Reichsbank wegen „Devisenhamsterei" in Ungnade zu fallen.[111] Bei S&H und den SSW waren daher Anfang 1922 lediglich 18 bzw. 25 Prozent der flüssigen Mittel in Devisen angelegt.[112]

Die zurückhaltende Devisenpolitik bei Siemens beruhte auch auf der Strategie des Finanzchefs Max Haller, der eine eigene Theorie des Geldes entwickelt hatte. Er folgte dem Grundsatz, „bei fallender Mark möglichst viel Devisen und wenig Mark, womöglich Markschulden zu haben und bei steigender Mark nach dem umgekehrten Prinzip zu verfahren“.[113] So kam es vor, dass er im Glauben an steigende Mark-Kurse Devisen verkaufte, während die Montangruppe der SRSU Devisen kaufte und damit besser fuhr.[114] Im Übrigen setzte Haller darauf, die Entwertungsverluste durch die Hortung von Materialbeständen ausgleichen zu können.[115] Vögler machte keinen Hehl daraus, dass er diese Strategie für untauglich hielt, und empfahl, statt des wachsenden Materialbestands einen Devisenvorrat anzulegen.[116] Die Montangruppe verstand es nach einer von Stinnes entwickelten Strategie, Entwertungsverluste laufend durch Termingeschäfte mit Devisen auszugleichen.[117] Dadurch war die Liquidität gesichert, während bei Siemens die flüssigen Mittel durch die Entwertungsverluste und die Materialhortung knapp wurden. Im Juni 1922 hatten die SSW einen Kapitalbedarf von 700 bis 1.000 Mio. Mark, den sie nur mit Bankkrediten decken konnten. Deutsch-Lux und die GBAG benötigten dagegen keine Fremdmittel.[118] Haller korrigierte nun seine Devisenpolitik. Im Juli wurden die flüssigen Gelder bereits zu 97 (S&H) bis 100 (SSW) Prozent in Devisen gehalten.[119] Doch einen Devisenhort hatte man nicht. Als die Banken im Herbst 1922 nicht mehr bereit oder nicht mehr in der Lage waren, weitere Kredite auszureichen, geriet Siemens in „Kreditnot“[120] und als Folge davon in Liquiditätsprobleme. Da nützte es wenig, dass S&H durch eine konservative Finanzpolitik seit der Vorkriegszeit stille Reserven in legendärer Höhe angehäuft hatte.

Eine Kapitalerhöhung wollte Haller so lange wie möglich vermeiden, um die Aktien nicht zu „verwässern“. Inflationsbereinigt in Goldmark umgerechnet, hätten neu emittierte Aktien auch mit einem hohen Ausgabekurs bei Weitem nicht dem Wert der alten Aktien entsprochen.[121] Da das Aktienkapital in Mark gehalten werden musste, verlor es unaufhaltsam an Wert. Gleiches galt für die Dividenden. Sie brachten den Aktionären von S&H nur noch geringe Erträge, obwohl für das Geschäftsjahr 1920/21 eine Dividende von 20 Prozent und für das Geschäftsjahr 1921/22 eine Dividende von 80

Prozent auf die Aktien ausgeschüttet wurde – gegenüber 12 Prozent vor dem Krieg.[122] Was das bedeutete, wird im Geschäftsbericht 1921/22 anschaulich beschrieben: Ein Inhaber von 50 Aktien erhielt nun eine Dividende mit dem Gegenwert eines Telefonhörers mit Schnur. Vor dem Krieg hatte die Dividende den Gegenwert einer Telefonzentrale mit 50 Anschlüssen einschließlich Induktorstationen, Leitungen und Montage.[123] Für das Unternehmen ergab sich durch die mittlerweile erreichte Höhe der Dividende eine ganz andere Rechnung. S&H wies für das Geschäftsjahr 1921/22 einen Reingewinn von rund 158 Mio. Mark aus. Davon wurden 104 Mio. Mark für die Ausschüttung der Dividende benötigt.[124]

Max Haller, undatiert

Der Wertverlust der Dividenden und die unsicheren Perspektiven führten zu Unruhe unter den Aktionären. Auch Mitglieder der Familie Siemens fürchteten nun um die Sicherheit ihrer S&H-Aktien und wollten ihr Vermögen nicht mehr in „Papiermark" angelegt sehen. Ein großer Teil der von Familienmitgliedern gehaltenen S&H-Aktien unterlag jedoch einer seit 1897 bestehenden Bindung. Diese Pakete wurden von der Siemens'schen Familienbesitzverwaltung einheitlich vertreten und konnten nur nach einem in § 24 des Bindungsvertrags festgelegten Reglement veräußert werden. Zunächst mussten sie der Familienbesitzverwaltung zum Erwerbspreis angeboten werden, was bei den Preissteigerungen der Inflationsjahre mit hohen Verlusten verbunden war.[125] Der Bindungsvertrag hatte sich bisher bewährt. Er sicherte dem Unternehmen einen festen Rückhalt, schirmte es gegen Konflikte innerhalb der Familie ab, ermöglichte eine langfristig angelegte Unternehmenspolitik und stärkte das Vertrauen anderer Aktionäre. Für die gebundenen Aktionäre aus der Familie drohte diese Regelung nun aber zu einer Falle zu werden. Einige von ihnen wollten wegen der unsicheren Situation zusätzliche Garantien erhalten und forderten, ihre Pakete andernfalls frei veräußern zu dürfen. Zu diesen zählten die „russischen Beteiligten", Carl von Siemens' Töchter Charlotte von Buxhoeveden und Marie von Graevenitz.[126] Aus anderen Gründen wollte Carl Friedrichs Vetter Günther, der jüngste Sohn Arnolds, seine Anteile versilbern. Er benötigte dringend Mittel für eine der vielen Spekulationsgründungen dieser Zeit.[127]

Auf der Suche nach einer Lösung wandte sich Carl Friedrich von Siemens an Stinnes' Büroleiter und juristischen Berater Hermann Thomas. Dieses Schreiben ist nicht überliefert, doch lässt sich dem weiteren Vorgang entnehmen, dass er darin die Gefahr eines Ausverkaufs von Aktienpaketen ins Ausland anführte. Stinnes musste die Aussicht auf ausländischen Einfluss bei einem SRSU-Partner alarmieren, und Thomas arbeitete nun eine Vereinbarung aus, die dies verhindern sollte. Sein Plan sah vor, den Bindungsvertrag durch den Eintritt von Stinnes und der Fundus AG, einer Stinnes-Holdinggesellschaft im schweizerischen Zug, vertrauenswürdig abzusichern. Als Anreiz für den erweiterten Bindungsvertrag müsste sichergestellt werden, „daß kein Familienmitglied zu kurz kommt". Verklausuliert schlug Thomas vor, diese Sicherheit durch einen Geheimvertrag zwischen der Fundus AG und einer in Liechtenstein zu gründenden Gesellschaft oder durch eine Vereinbarung mit Stinnes herzustellen.[128] Was damit gemeint war, geht aus späteren Äußerungen hervor: eine garantierte Golddividende in Höhe von zwei Prozent.[129] Zusätzlich sollte den Familienmitgliedern die Möglichkeit zugesichert werden, Aktien zu einem angemessenen Preis an Nichtgesellschafter verkaufen zu können.[130]

Am 9. Juni 1922 unterzeichneten die gebundenen S&H-Aktionäre aus der Familie Siemens gemeinsam mit Stinnes einen auf Thomas' Vorschlag basierenden Vertrag mit der Bezeichnung „Im Interesse der Erstarkung des deutschen Wirtschaftslebens und zum Zwecke der Fernhaltung undeutschen Einflusses auf die Unternehmungen der Siemens & Halske Aktiengesellschaft".[131] Die Familienmitglieder unterwarfen darin Stammaktien im Nominalwert von 40,5 Mio. Mark und die zum Mehrstimmrecht qualifizierten Vorzugsaktien von 9,5 Mio. Mark den Bindungsbestimmungen des neuen Vertrags – das war deutlich mehr als das dem Bindungsvertrag von 1897 unterliegende Paket von 21 Mio. Mark. Stinnes trat mit einer Beteiligung von fünf Mio. Mark für sich und drei seiner Unternehmen – darunter die Fundus AG – bei. Die dem Vertrag unterliegenden Aktien im Gesamtwert von nominell 55 Mio. Mark sollten bei einer neu zu gründenden Gesellschaft verwaltet werden, zu der sich im Vertrag keine näheren Ausführungen finden.[132] Entscheidend war letztlich die Beteiligung des „Inflationskönigs" Stinnes, die einer Garantie des mächtigsten deutschen Konzernchefs für die Siemens'schen Finanzen gleichkam.

Schon vier Monate später, im Oktober 1922, war S&H nicht mehr in der Lage, die Devisen für die Golddividenden der Familie aufzubringen. Ausgerechnet zum 75-jährigen Firmenjubiläum befand sich das Unternehmen in einer Liquiditätsklemme.[133] Carl Friedrich von Siemens musste hoffen, dass Stinnes trotz dieser misslichen Lage zu den Vereinbarungen stand. Er ließ keinen Zweifel daran, andernfalls das dem Vertrag vom 9. Juni unterliegende Aktienpaket von 55 Mio. Mark ins Ausland verkaufen zu müssen. Ein Angebot an General Electric wurde offenbar schon ausgearbeitet. In einem langen, sehr persönlich geführten Gespräch sagte Stinnes zu, sich an die eingegangenen Verpflichtungen zu halten. Er stellte die benötigten Mittel für die Golddividenden bereit und verzichtete darauf, die Dividende auf seine im Vertrag vom 9. Juni festgelegte Beteiligung in Gold ausbezahlt zu bekommen. Wie erleichtert Carl Friedrich darüber war, geht aus einem Brief von Stinnes an Vögler hervor:

> *„Herr v. Siemens erklärte mir, dass er sich sehr freue und immer damit gerechnet hätte, dass meinerseits an dem Abkommen festgehalten werde, dann darüber dürfte er keinen Zweifel lassen, dass seine Familie schliesslich für ihn auch vor der Firma käme. Er könne seine Familie nicht ruinieren lassen und andererseits sei natürlich auch nicht der geringste Zweifel, dass ein Block von 55 Millionen Aktien nominal, der der General Electric Co. angeboten würde, für die Familie viel viel mehr als eine 2 %ige Goldverzinsung ergäbe, da es sich ja in Wirklichkeit um lauter Goldwerte handle."*[134]

Stinnes handelte dabei nicht ganz uneigennützig, doch entscheidend dürften für ihn Loyalität und Familiensinn gewesen sein. Beides hatte für ihn einen hohen Stellenwert. Seine Stammfirma, die Hugo Stinnes GmbH, sollte später einmal als Familienunternehmen weitergeführt werden. Auch hatte sein Sohn Edmund ihm eindringlich nahegelegt, zu Siemens zu halten und sich über Bedenken Völgers gegen die Zahlung einer derart großen Summe hinwegzusetzen. Edmund Stinnes schrieb damals seinem Vater: „Neben der Zusammenarbeit der Familien und Frauen steht hier Deine persönliche Zusicherung und ihr Kredit auf dem Spiele, und Geld spielt auch eine Rolle: Wenn die eine Familie so verdient, wird sie die andere gerne am Handel der betreffenden Werke verdienen lassen."[135]

Bei Siemens wurde der Vorgang später abgestritten, da er im Archiv des Unternehmens nicht dokumentiert ist.[136] Carl Friedrich vergaß dagegen nicht, was er Stinnes verdankte. Nach dessen frühem Tod im April 1924 verfasste er einen Nachruf mit dem Titel „Warum ich Hugo Stinnes verehrte".[137] In einem Brief an Edmund Stinnes gestand er anschließend, dass er einen entscheidenden Punkt nicht öffentlich mitteilen wollte: „Das ist sein großer Familiensinn, die innere Überzeugung, dass die Familie die Urzelle allen Staatenlebens sein und bleiben muss, dass aus ihr das Herz seine Kraft schöpfen muss."[138] Man kann diesen Satz so deuten, dass Carl Friedrich damit auch seine eigene Einstellung beschrieb.

Doch noch einmal zurück in den Herbst 1922: Stinnes gelang es damals, die Versorgung der SRSU mit Liquidität zu sichern, indem er von Reichsbankpräsident Rudolf Havenstein die Zusage erwirkte, Wechsel zu rediskontieren, die von den Unternehmen der Interessengemeinschaft für zukünftige Lieferungen aufeinander ausgestellt wurden. Dieser Kredit war zunächst auf vier Mrd. Mark begrenzt, wurde später auf sechs Mrd. erhöht, reichte aber auch in dieser Höhe nicht aus: Bis Februar 1923 wurde die Kreditlinie um zwei Mrd. überzogen. Die Siemens-Gruppe war an dem gesamten Kredit mit einer Mrd. Mark beteiligt.[139]

Von dem Anfang 1923 eskalierenden Konflikt um die Reparationen war Siemens als Berliner Konzern weniger betroffen als die Ruhrindustrie. Französische und belgische Truppen besetzten Anfang 1923 das Ruhrgebiet, nachdem Deutschland mit den Reparationslieferungen in Verzug geraten war. Die Reichsregierung und die Gewerkschaften riefen daraufhin zum passiven Widerstand im Ruhrgebiet auf. Die Löhne und Gehälter der Arbeitnehmer wurden vom Reich übernommen und über die Reichsbank mit einer unbegrenzten Erhöhung der Geldmenge finanziert. Der Kurs des US-Dollars stieg daraufhin zwischen Januar und August 1923 von 18.000 auf 14,6 Mio. Mark.[140] Siemens sicherte sich über seine Auslandsorganisationen mit Devisenkrediten ab und rechnete im Inland nach Preisen ab, die am Tag der Zahlung gültig waren (Wiederbeschaffungspreise). Im Juli 1923

Geldboten vor der Reichsbank, 1923

wurde dieses Verfahren durch die „Goldrechnung“ in wertbeständigen Preisen ersetzt. Wie die meisten Großunternehmen wirtschaftete Siemens nun fast ausschließlich in Devisen bzw. Goldmark.[141]

Im August 1923 reichten die Einnahmen nicht mehr aus, um die Gehälter und Löhne zu zahlen, die sich bei den SSW bereits auf zwei Billionen Mark beliefen.[142] Dabei litten immer mehr Arbeiter unter bitterer Not. Im Oktober waren sie, wie Carl Friedrich von Siemens feststellen musste, trotz der Abschlags- und Vorauszahlungen nicht mehr in der Lage, „das notwendigste tägliche Brot zu kaufen“.[143] Ein Kilogramm Roggenbrot kostete inzwischen mehr als eine Mrd. Mark, Mitte November dann schon mehr als 200 Mrd.[144] Die Arbeitgeberverbände sperrten sich dennoch gegen die Einführung wertbeständiger Löhne („Goldentlohnung“). Damit wollte sich Siemens nicht abfinden. In einem Schreiben an den VDA-Vorsitzenden Ernst von Borsig drängte er auf eine baldige Auszahlung von Goldlöhnen, allerdings bei einer Verlängerung der Arbeitszeit.[145] „Die Massen sind müde“, ließ er Borsig wissen, „aber wenn sie kein Entgegenkommen, keine Besserung sehen, dann werden sie revoltieren, denn sie können so nicht weiterleben.“[146] Die Inflationskrise war längst auch zu einer Staatskrise geworden. Der neue Reichskanzler Gustav Stresemann (DVP) hatte den ruinösen „Ruhrkampf“ abgebrochen, doch die politische Radikalisierung nahm mit den explodierenden

Preisen weiter zu. Die KPD rief in Sachsen und in Hamburg Arbeiteraufstände aus, im Rheinland wollten sich starke Kräfte vom Reich abspalten, und am 9. November unternahm Hitler in München einen Putschversuch, zu dem sich Siemens auch in einem Artikel im *Berliner Tageblatt* äußerte: „Dadurch, dass die Putschisten in München rechtzeitig niedergeworfen worden sind, ist Deutschland einer großen Gefahr entronnen."[147]

Im Arbeitgeberlager glaubten jedoch viele auch, die Krise nutzen zu können, um die Gewerkschaften in die Knie zu zwingen und die sozialpolitischen Errungenschaften von 1918 zu beseitigen. Stinnes setzte seine Hoffnungen gar auf eine Rechtsdiktatur und rechnete damit, einen kommunistischen Aufstand dafür nutzen zu können.[148] Dagegen wollte Siemens ähnlich wie im Herbst 1918 mit den Gewerkschaften zusammenarbeiten, um ein vollständiges Chaos zu verhindern:

> *„Wir haben also zu entscheiden, ob wir die Gewerkschaften stützen wollen, oder ob es besser vom Arbeitgeberstandpunkt ist, die Macht und den Einfluss derselben zu untergraben. Ich halte an unserer alten Auffassung fest, sie zu stützen."*[149]

Die „Stützung" der Gewerkschaften knüpfte er freilich an die Voraussetzung, dass eine Arbeitszeitverlängerung eingeführt wurde. Um dies zu erreichen, sollten den Gewerkschaften als „Köder" Goldlöhne zugesagt werden.[150]

Aus dem Regierungsviertel wusste Carl Friedrich von Siemens Anfang Oktober zu berichten, dass die Verhältnisse „völlig verworren" seien.[151] Stresemann, der im August 1923 eine Regierung der Großen Koalition aus DVP, DDP, Zentrum und SPD gebildet hatte, benötigte für die Stabilisierung der Währung ein Ermächtigungsgesetz. Die DVP war dazu nur bei einer Beseitigung des Achtstundentags bereit, was die SPD kategorisch ablehnte. Stresemann trat zurück und wurde mit der Bildung einer neuen Koalition beauftragt. Nun einigte man sich darauf, dass Arbeitszeitverlängerungen nicht vorgeschrieben wurden, aber möglich seien. Faktisch war der Achtstundentag damit beseitigt. Carl Friedrich befürwortete die diktatorischen Vollmachten der Regierung, war aber fest überzeugt, dass eine Währungsstabilisierung nur gelingen konnte, wenn die Produktion erhöht würde.[152] Eine Besserung würde erst nach einer schweren Reinigungskrise eintreten.[153]

Am 15. November gelang es schließlich, eine neue Währung, die Rentenmark, in Umlauf zu bringen, sie entsprach einer Billion „Papiermark“, ihr Kurs war nach der Vorkriegsparität der Goldmark zum US-Dollar festgelegt worden. Einige Tage zuvor hatten in Berlin Siemens und die AEG im Auftrag des Reichsfinanzministeriums bereits wertbeständiges Notgeld zu diesem Kurs ausgegeben.[154] Da die Rentenmark durch eine Grundschuld auf Immobilen, Industrieanlagen und landwirtschaftliche Grundstücke gedeckt war und Sachwerte nicht wie Papier vermehrt werden konnten, wurde sie als wertbeständig angenommen. Für Carl Friedrich war die Talsohle der Krise damit allerdings nicht durchschritten. Im *Berliner Tageblatt* wiederholte er nach der Währungsumstellung seine Kritik an den Verhältnissen: „Zu geringe Produktion ist unsere Krankheit, der Verfall der Währung das Symptom.“ Über diese Krankheit würde das Land erst hinwegkommen, wenn „die Wirtschaft von den Fesseln befreit wird“.[155]

Als später die Verluste der Inflationsjahre bilanziert wurden, zeigte sich, dass S&H und SSW durch die konservative Finanzpolitik und die hohen stillen Reserven, aber auch durch die Materialhortung und den Ausbau des Maschinenbestands besser über die Geldentwertung hinweggekommen waren als die meisten anderen Unternehmen.[156] Aufsichtsrat und Vorstand von S&H konnten dar-

Notgeldschein der AEG und von S&H, 1923

auf verweisen, dass die Verluste durch die Inflation erheblich hinter denen zurückblieben, die das Unternehmen durch den Krieg und die Konfiskationen der Kriegsgegner erlitten hatte.[157]

Als Unternehmer in der Politik

Da die Nationalversammlung ihren Auftrag erfüllt hatte, standen im Juni 1920 die ersten Reichstagswahlen nach dem Krieg an. Das Kuratorium für den Wiederaufbau der deutschen Wirtschaft verteilte für den Wahlkampf abermals Parteispenden. Auf die DDP entfiel auch dieses Mal mit einer Mio. Mark der größte Betrag. Die DVP und die DNVP erhielten jeweils 775.000 Mark, das Zentrum wurde mit 250.000 Mark erstmals bedacht.[158] Als Lehre aus den Wahlen zur Nationalversammlung hatte das Kuratorium seine Strategie geändert. Gezielt wurden nun Kandidaturen von Persönlichkeiten aus der Wirtschaft gefördert, um deren Anteil im Parlament zu steigern.[159]

Die Berliner DDP musste einen neuen Kandidaten suchen, da ihr zuletzt im Wahlkreis 2 gewählter Abgeordneter, der allseits hoch angesehene Parteivorsitzende Friedrich Naumann, im August 1919 gestorben war und der neue Parteivorsitzende Carl Petersen als Hamburger Senator nicht zur Verfügung stand. So lief die Kandidatur auf Carl Friedrich von Siemens hinaus, der als Chef des größten Berliner Unternehmens mit einem prominenten Namen besonders zugkräftig erschien. Er sträubte sich auch nicht lange, bewarb sich im Februar 1920 auf dem Parteitag der Berliner DDP um die Kandidatur und wurde gewählt. Die Bezirksorganisationen bekräftigten den Beschluss mit einer „überwältigenden Mehrheit".[160]

Man mag sich fragen, warum er als viel beschäftigter Großindustrieller, stellvertretender Vorsitzender des RDI und Vorsitzender des ZVEI auch noch Reichstagsabgeordneter werden wollte. Er empfand es als Ehre, als Nachfolger Naumanns aufgestellt zu werden, aber entscheidend war für ihn die Überzeugung, dass die Wirtschaft gebührend im Parlament vertreten sein musste.[161] Unternehmer waren aus seiner Sicht zum Wohl des Gemeinwesens angehalten, ihre Kenntnisse und Erfahrungen im Parlament einzubringen. Dabei ging es ihm keineswegs nur um die Vertretung wirtschaftspolitischer Interessen, sondern mehr noch um die Aufklärung über wirtschaftliche Erfordernisse. Anschaulich legte er dies im Februar 1920 vor der Vertrauensmännerversammlung der Berliner DDP dar:

> *„Wenn [...] es meiner Ansicht nach in der Zukunft nicht möglich sein wird, das wirtschaftspolitische und das reinpolitische Leben voneinander zu trennen, so bin ich zu der Ansicht gekommen, dass es eben notwendig ist, dass Männer des Wirtschaftslebens sich auch diesen Aufgaben in der Zukunft mehr widmen, damit auch den Kreisen, die dem Wirtschaftsleben ferner stehen, die Bedeutung desselben für den Staat klarer gemacht und verhindert wird, dass politische Maßnahmen getroffen werden, die zum Unheil des Wirtschaftslebens ausschlagen können."*[162]

Vor einer Parteiversammlung in Dresden erklärte er im selben Jahr: „Wirtschaft ist heute das ausschlaggebende Wort in unserem Vaterlande geworden."[163] Ein Satz, der dem viel zitierten Diktum Rathenaus aus dessen Rede auf einer Tagung des RDI im September 1921 ähnelt: „Die Wirtschaft ist das Schicksal. Schon in wenigen Jahren wird die Politik erkennen, dass die Politik nicht das Letzte entscheidet."[164] Die veränderte Bedeutung der Wirtschaft entsprach den Erfahrungen dieser Zeit, die von Wirtschaftskrisen und vom Ringen um die Wirtschaftsordnung geprägt war.

Die Vorstellung, dass Unternehmer die Interessen der Wirtschaft auch als Abgeordnete vertreten sollten, war schon damals eigentlich nicht mehr zeitgemäß. Die zunehmende Professionalisierung des Politikbetriebs erforderte von den Abgeordneten einen Zeitaufwand, den ein Unternehmer nicht aufbringen konnte. Zunehmend wurde die Wirtschaft in den Parlamenten von Verbandsgeschäftsführern oder Politikern, die sich als Lobbyisten verdingten, vertreten.[165] Doch die waren eben nicht so zugkräftige Kandidaten wie ein Großindustrieller, und sie konnten nicht, wie Siemens es sich vornahm, als Praktiker „wirtschaftsfremde" Kreise von ökonomischen Notwendigkeiten überzeugen.

Mit der Kandidatur geriet er prompt in die Niederungen des Wahlkampfs, mit denen er sich wohl kaum auseinandersetzen wollte. Angegriffen wurde er vor allem von der rechtsnationalen Presse. Die *Deutsche Zeitung*, das Sprachrohr des antisemitischen Alldeutschen Verbands, warnte die Berliner Wähler, „sich etwa durch den sonst hoch in Ehren stehenden Namen ‚von Siemens' blenden zu lassen", und gab zu bedenken, dass „Winde aus Palästina nicht nur die Person des Herrn Karl Friedrich von Siemens allein umwehen".[166] Die Presse konnte sich auch keine Seitenhiebe darauf verkneifen, dass der ZVEI-Hauptgeschäftsführer Raumer im selben Wahlkreis für die DVP kandidierte. Siemens dürfte in Raumers Kandidatur nicht eine unliebsame Konkurrenz, sondern eine willkommene Bereicherung der Politik gesehen haben. Wenn in Berlin noch ein weiterer erfahrener Praktiker aus der Wirtschaft in den Reichstag gewählt würde, entspräche dies ganz dem Programm des Kuratoriums.

Bei der Reichstagswahl am 6. Juni 1920 wurde Siemens gewählt. Trotz des knappen Ergebnisses konnte er darin einen persönlichen Erfolg sehen. Auf die DDP entfielen im Berliner Wahlkreis 2 rund 75.000 Stimmen, das entsprach einem Anteil von rund 14 Prozent.[167] Nach dem damaligen Wahlrecht erhielt eine Partei für 60.000 Stimmen einen Sitz im Reichstag zugeteilt. Das errungene Mandat konnte Siemens aber nicht über den für seine Partei insgesamt desaströsen Ausgang der Wahl hinwegtrösten. Im Reich war der Anteil der DDP von 18,6 Prozent bei den Wahlen zur Nationalversammlung auf 8,3 Prozent zurückgegangen. Damit lag sie nur noch an fünfter Stelle und war auch von den beiden anderen Parteien des Bürgertums, der DNVP (15,0 Prozent) und der DVP (13,9 Prozent) überholt worden.[168]

„Die Niederlage der Demokraten ist eine Katastrophe", schrieb Georg Bernhard in der *Vossischen Zeitung*, die der DDP wohlgesinnt war.[169] Für die Weimarer Demokratie war die Wahl auch aus einem anderen Grund ein Desaster. Die MSPD hatte noch mehr verloren als die DDP, ihr Anteil an den Stimmen war von 37,9 auf 21,6 Prozent geschrumpft. Damit hatte die Weimarer Koalition der staatstragenden Parteien keine Mehrheit mehr. Wahlsieger waren die USPD und die DVP, die USPD war in Berlin sogar zur stärksten Partei geworden.[170] In dieser Polarisierung des politischen Spektrums spiegelten sich die unterschiedlichen Erfahrungen der Arbeiterschaft und des Bürgertums wider. Die Erbitterung über den Kapp-Putsch und die blutige Niederschlagung des anschließenden Arbeiteraufstands im Ruhrgebiet veranlasste viele Arbeiter, von den gemäßigten zu den radikaleren Sozialisten zu wechseln. Das Bürgertum war wiederum durch die Straßenkämpfe verunsichert und über die neuen Steuergesetze empört. Die nationalistischen Rechtsparteien profitierten zudem ganz erheblich vom Protest gegen den im Juni 1919 unterzeichneten Versailler Vertrag. In großen Scharen hatte das liberale Bürgertum von der DDP zur DVP gewechselt. Auch die DNVP konnte ansehnliche Gewinne verzeichnen, die KPD kam nicht über zwei Prozent hinaus.[171]

Wir streben nach Frieden und Einigkeit im Innern.

Darum sind wir scharfe Gegner des Klassenkampfes, der die Sozialdemokratie zur Unfruchtbarkeit verurteilt und die Deutsch-Völkischen mit ihren nationalistischen Phrasen und ihrem Kraftmeiertum zu gefährlichen Feinden des inneren Friedens und damit des Vaterlandes stempelt.

Es gilt in dem bevorstehenden Wahlkampf die demagogischen und reichszerstörenden Kräfte von rechts und links zu überwinden durch wahrhaft nationale Gesinnung.

National sein heißt nicht,

in verbrecherischem Leichtsinn die deutsche Jugend in einen aussichtslosen Kampf vor die Kanonenschlünde der Franzosen führen –

National sein heißt,

durch Arbeit und Opfer Kräfte sammeln für die Befreiung unserer Brüder an Rhein und Ruhr und für den neuen Aufstieg des deutschen Volkes, der kommen muß und wird.

Männer und Frauen Berlins!

Laßt euch nicht von Heißspornen, unreifen Schwärmern oder bösartigen Volksverhetzern auf einen falschen Weg locken!

Geht mit uns den geraden Weg, den Vernunft und Vaterlandsliebe uns führen zum glücklichen Ziele, zur

Rettung Deutschlands vor Vernichtung und Untergang.

Wählt die Liste der Deutschen Demokratischen Partei!

Dr. Carl Friedrich von Siemens
Frau Dr. Lüders
Malermeister Könke
Oberregierungsrat Albrecht

Achtung! Auszufüllen und abzusenden an die **Deutsche Demokratische Partei**, SW 68, Zimmerstraße 7/8. **Achtung!**

Ich erkläre meinen Beitritt zur **Deutschen Demokratischen Partei**

Vor- und Zuname: .... **Beruf:** ....

Wohnung: .... **Jahresbeitrag:** ....

Druck von Hempel & Co. G. m. b. H., Berlin SW. 68.

Wahlplakat der DDP, 1920

Mit Carl Friedrich von Siemens zog eine Reihe weiterer Persönlichkeiten aus der Wirtschaft in den Reichstag ein. Zu ihnen gehörten Hugo Stinnes und der ZVEI-Hauptgeschäftsführer Hans von Raumer (beide DVP). Die Interessen der Wirtschaft schienen im Parlament nun besser vertreten zu sein – doch davon war dann in den Sitzungen des Reichstags wenig zu spüren. Siemens hielt kein einziges Mal eine Rede, Stinnes ebenfalls nicht, und Raumer, der in dieser Legislaturperiode zweimal zum Minister berufen wurde, ergriff erst später als Abgeordneter das Wort.[172] Ob Siemens in den Ausschüssen des Reichstags mehr Aktivitäten entfaltete, ist nicht dokumentiert. Seine überlieferten politischen Reden wurden vor allem in DDP-Versammlungen gehalten. In Berlin, Leipzig, Dresden und andernorts brachte er Parteifreunden mit Vorträgen über Themen wie die „Zur Wirtschaftslage", „Die wichtigsten Vorbedingungen über die Gesundung der deutschen Wirtschaft" und „Die Entwicklung der deutschen Wirtschaft seit dem Weltkriege" seine wirtschaftspolitischen Auffassungen nahe.[173]

Ein angemesseneres Forum als der Reichstag war für Siemens der Vorläufige Reichswirtschaftsrat, in den er bei dessen Gründung im Mai 1920 berufen wurde. Der als eine Art Wirtschaftsparlament konzipierte Rat, der stets ein „vorläufiger" blieb, war berufsständisch geprägt. Auf Vertreter der Industrie entfielen 68 der insgesamt 326 Sitze. Hier zählte Expertise mehr als im Reichstag. Allerdings wurde der Vorläufige Reichswirtschaftsrat wenig beachtet, weil er keine Gesetzgebungsbefugnis besaß. Siemens fiel auch hier in den ersten Jahren kaum auf, zu seinen wenigen Beiträgen gehörte eine kritische Rede über die Reparationsforderungen.[174] In den Ministerien und in der Reichskanzlei war er nicht als Abgeordneter, sondern als Konzernchef oder als stellvertretender Vorsitzender des RDI gefragt.

Innerhalb seiner Fraktion hatte er als entschiedener Vertreter seiner Überzeugungen einen schweren Stand. Deutlich zeigte sich dies am 10. Mai 1921 bei der Abstimmung über die Annahme des Londoner Ultimatums der Reparationsgläubiger. Zwei Jahre zuvor hatte die DDP-Fraktion nach heftigen Auseinandersetzungen mehrheitlich gemeinsam mit den Abgeordneten der Rechtsparteien gegen die Ratifizierung des Versailler Vertrags gestimmt.[175] Als nun unter dem Druck des Ultimatums der Reparationsgläubiger über die Annahme des Londoner Zahlungsplans entschieden werden musste, der Reparationen in Höhe von 123 Mrd. Mark vorsah, war die DDP erneut gespalten. Die Parteiführung um Carl Petersen stimmte aus Staatsräson und Koalitionskalkül für die Annahme, Siemens stimmte mit einer Minderheit dagegen, obwohl sich selbst der ihm nahestehende Raumer als DVP-Abgeordneter dafür entschied.[176] Möglicherweise stand er dabei unter dem Einfluss von Industriellen wie Stinnes, der gegen das Ultimatum mobilmachte. Vielleicht wollte er aber auch seiner Überzeugung treu bleiben. Die Reparationsforderungen hatte er stets für unerfüllbar gehalten und als schweren Schaden für die deutsche Wirtschaft kritisiert. Dennoch für die Annahme zu stimmen hätte gegen seine Prinzipien verstoßen. Schon bei seiner Kandidatur zum Reichstag hatte er vor der Vertrauensmännerversammlung der Berliner DDP erklärt: „Dem Worte des Mannes, der zuerst ‚Niemals' sagt und dann, nach einer Weile ‚Vielleicht', um schließlich in ‚Ja' zu endigen, traut man nicht."[177]

Dass Carl Friedrich von Siemens sich als Abgeordneter im Reichstag zurückhielt, hing zweifellos mit seiner geschäftlichen Beanspruchung zusammen. Er war aber auch kein guter Redner, seine Rhetorik war etwas holprig. Dafür setzte er auf die Überzeugungskraft von Zahlen, womit er allerdings nicht begeistern konnte. Nach seinem Einzug in den Reichstag musste er bald erkennen, dass er mit seinen Mahnungen an wirtschaftliche Erfordernisse nichts bewirkte. Selbst die Führung seiner Partei richtete sich im Zweifelsfall an der Koalitionsräson aus. Im August 1921 schrieb Siemens desillusioniert an einen Parteifreund aus Mannheim: „Es ist kein Wunder bei den schweren wirtschaftlichen Fehlern, an denen die Demokratische Partei wenigstens im Reich sich beteiligt hat, dass nur noch vereinzelt Wirtschaftler ihr treu geblieben sind.[178] Ein Jahr später war er zu der Überzeugung gekommen, dass er nicht in die Politik passte. An Emil Kirdorf, den Vorstandsvorsitzenden der GBAG, schrieb er nun: „Meine ganze Natur eignet sich nicht zum Politiker, ich wünsche den Tag herbei, an dem ich einer aktiven Beteiligung Valet sagen kann, aber es jetzt zu tun würde mir wie Fahnenflucht aus egoistischen Gründen erscheinen."[179]

Carl Friedrich von Siemens war eben Unternehmer, kein Politiker. Mit seinen ständigen Appellen an die wirtschaftliche Vernunft eckte er in der eigenen Partei an, die noch mehr wie ein Honoratiorenclub geführt wurde und notorisch zerstritten war. Besonders deutlich hatte sich dies auch bei der Abstimmung über das Betriebsrätegesetz gezeigt. Die Realpolitiker um den Parteivorsitzenden Petersen trugen die Politik der jeweiligen Koalition mit, der rechte Flügel strebte wiederum einen Schulterschluss mit der DVP an. Als Vertreter der Wirtschaft in einer linksliberalen Partei ließ sich nicht viel erreichen. Wähler, die seine wirtschaftspolitischen Vorstellungen und seine Opposition gegen die Annahme des Reparationsultimatums teilten, sahen sich bei den rechtsbürgerlichen Parteien besser aufgehoben. Unter den überzeugten Demokraten gab es wiederum nicht viel Verständnis für die Forderungen der Wirtschaft. In dieser Konstellation stand Siemens zunehmend auf verlorenem Posten, obwohl er seine politischen Ämter nicht zuletzt seinem Ruf als Vermittler verdankte. Anschaulich schilderte er dies im Sommer 1921 in einem Brief, in dem er bitter über sein Los in der Politik klagte:

> *„Da ich nun früher garnicht politisch hervorgetreten war, so war ich ‚neutral', wurde nicht von der einen oder anderen Seite mit Misstrauen angesehen und konnte oft eine vermittelnde Rolle übernehmen. Aber nach dem alten Sprichwort: ‚Gibst Du den kleinen Finger, so nehmen sie die ganze Hand' hat diese Arbeit weit mehr als 50 % meiner Zeit in Anspruch genommen, und ich sitze jetzt im Reichswirtschaftsrat, unserem neuen wirtschaftlichen Parlament, sowie im Reichstag. Diese Arbeit ist aber garnicht nach meinem Geschmack."*[180]

Die Last der Ehrenämter

Schon bald wurde es für Carl Friedrich von Siemens auch zum Problem, die Vielzahl seiner Ehrenämter und Verbandsmitgliedschaften noch bewältigen zu können. Nach biografischen Listen, die im Siemens-Archiv überliefert sind, gehörte er im Laufe seines Lebens acht fach- und wirtschaftspolitischen Vereinen, sieben öffentlichen Körperschaften, 35 Akademien und wissenschaftlichen Vereinen sowie 38 sonstigen Vereinen an.[181] Obwohl es sich nur in wenigen Fällen um eine aktive Mitgliedschaft handelte, wurden die Ehrenämter neben der Beanspruchung durch die Leitung des Konzerns und die politischen Mandate zur Belastung. Leitungsaufgaben vermochte er hier im Grunde nur auszufüllen, wenn er von einem Mitarbeiter unterstützt wurde. So konnte ihn beim ZVEI das geschäftsführende Vorstandsmitglied Raumer bei der Arbeit entlasten. Beim RDI trat er dagegen nach einigen Jahren nur noch selten als stellvertretender Vorsitzender hervor. Als Vorstandsmitglied der VDA (ab 1922) fiel er kaum auf, aus dem Vorstand des Verbands Berliner Metallindustrieller schied er 1927 aus. Derartige leitende Positionen in Wirtschaftsverbänden waren für seine Vernetzung innerhalb der Industrie außerordentlich wichtig. In gewisser Weise boten sie eine Kompensation für die relativ geringe Zahl bedeutender Aufsichtsratsmandate außerhalb des Siemens-Konzerns.

Von den 27 Aufsichtsratsmandaten, die Carl Friedrich von Siemens im Laufe seines Lebens innehatte, entfielen zehn auf Siemens-Gesellschaften. Aufsichtsratsvorsitzender war er nur innerhalb des Konzerns, bei S&H, den SSW, der Siemens-Planiawerke AG und den Schuckert-Gesellschaften in Wien, Oslo, Kopenhagen und Madrid. Unter seinen Mandaten außerhalb der Siemens-Gruppe stand die Mitgliedschaft im Aufsichtsrat der Deutschen Bank an erster Stelle. Weitere schwergewichtige Mandate hatte er bei der Mannesmannröhren-Werke AG, der GBAG und der Deutschen Luft Hansa AG.[182]

Die Mitgliedschaften in Vereinen waren größtenteils nur formal. Aktiv betätigte er sich am ehesten in solchen, die den Siemens-Unternehmern stets ein besonderes Anliegen waren. Dazu zählten der Verein Deutscher Ingenieure und der Verband Deutscher Elektrotechniker. Eine besondere Stellung nahm das Reichskuratorium für Wirtschaftlichkeit in Industrie und Handwerk ein (RKW, heute RKW Rationalisierungs- und Innovationszentrum der Deutschen Wirtschaft e.V.). Siemens übernahm bei der Gründung dieses vom Reichswirtschaftsministerium und vom Deutschen Verband technisch-wissenschaftlicher Vereine initiierten Vereins im Juni 1921 den Vorsitz.[183] Neun Jahre lang leitete er das RKW mit Unterstützung von Carl Köttgen, der dann sein Nachfolger wurde. Diese Aufgabe war ihm ein besonderes Anliegen, betonte er doch bei jeder Gelegenheit, dass die deutsche Industrie nur durch eine signifikante Steigerung der Produktivität vorankommen könne („Produktivwerden ist das Gebot der Stunde").[184]

Weniger Engagement entwickelte Siemens für Ehrenämter, die aus seiner Sicht nicht zu den Pflichtaufgaben gehörten. Eine mäzenatische Tätigkeit lag ihm fern. Im Gegensatz zu seiner Schwester Hertha hatte er auch keinen Sinn für Kunst und Musik. Selbst für Initiativen der deutschen Industrie zur Forschungsförderung konnte er nur mühsam gewonnen werden. Eine Ausnahme bildete eine Stiftung für das von Theodor von Kármán geleitete Aerodynamische Institut an der Technischen Hochschule Aachen.[185]

Im Herbst 1920 kam der Name Siemens rasch ins Gespräch, als ein Vorsitzender für den Stifterverband der kurz zuvor gegründeten Notgemeinschaft der Deutschen Wissenschaft gesucht wurde. Die vom früheren preußischen Kultusminister Friedrich Schmidt-Ott geführte Notgemeinschaft sollte die inflationsbedingte Finanznot der Wissenschaft lindern. Für diese Aufgabe wurden auch private Fördermittel benötigt. Der RDI entschloss sich daher, bei der Notgemeinschaft einen Stifterverband zum Einwerben von Geldern aus der Wirtschaft zu bilden. Treibende Kraft war der Generaldirektor der Farbenfabriken vorm. Friedrich Bayer & Co., Carl Duisberg, bald unterstützt von Albert Vögler und Schmidt-Ott.[186] Da Duisberg den Vorsitz wegen seiner vielen Verpflichtungen nicht übernehmen wollte, wurden Stinnes und Siemens als Kandidaten für diese Position gehandelt.[187] Stinnes zog bald zurück und Siemens konnte sich nicht entscheiden. Er war mit Verpflichtungen nicht weniger überlastet als Duisberg und fühlte sich auch mehr der Helmholtz-Gesellschaft zur Förderung angewandter naturwissenschaftlicher Forschung verbunden, in die er bei deren Gründung im Oktober 1920 eingetreten war.[188] Siemens und Helmholtz – das hatte aus seiner Sicht Sinn, hatte doch sein Vater einst gemeinsam mit dem berühmten Physiker die Gründung der Physikalisch-Technischen Reichsanstalt durchgesetzt. Duisberg und Schmidt-Ott kostete es viel Mühe, Siemens davon zu überzeugen, dass es sich beim Stifterverband nicht um eine Konkurrenz zur Helmholtz-Gesellschaft handelte. Nachdem ihm Stinnes zugesagt hatte, ihn beim Fundraising des Stifterverbands zu unterstützen, erklärte er sich schließlich bereit, den Vorsitz zu übernehmen.[189] Im Dezember 1920 konnte der Verband daraufhin gegründet werden. Stellvertretende Vorsitzende wurden Stinnes und der Berliner Unternehmer Eduard Arnhold, ein bedeutender Mäzen.[190]

Zum Verdruss von Duisberg und Schmidt-Ott entwickelte die Führung des Stifterverbands keine Initiativen. Duisberg machte Siemens bittere Vorwürfe, dass er „so wenig Interesse und Tatkraft" zeigen würde.[191] Dabei war er ebenso wie Duisberg mit Arbeit überlastet, nur hatte er sich im Unterschied zu diesem als Vorstand des Stifterverbands einspannen lassen. Stinnes ging es nicht anders. Die von ihm zugesagte Unterstützung blieb aus. Daher beauftragte Duisberg Schmidt-Ott mit der Einrichtung eines Sekretariats, das ursprünglich bei Stinnes angesiedelt sein sollte.[192] Für Siemens war die Tätigkeit für den Stifterverband aber auch kein besonderes Anliegen.

Anders als der Chemiker Duisberg sah er die Förderung der für seine Unternehmen wichtigen physikalisch-technischen Forschung als ausreichend an. Dass er 1926 bereitwillig Senator der Kaiser-Wilhelm-Gesellschaft zur Förderung der Wissenschaften wurde, steht dazu in keinem Gegensatz. Dieses Ehrenamt war nicht mit größerem Aufwand verbunden.

In der Weimarer Republik der frühen Zwanzigerjahre konnte sich Carl Friedrich von Siemens schließlich kaum noch vor Berufungen und Ernennungen retten. Als Konzernchef und Reichstagsabgeordneter mit einem prominenten Namen kam er regelmäßig ins Gespräch, wenn ein vorzeigbarer Repräsentant gesucht wurde. Im Sommer 1921 bot ihm Reichsaußenminister Friedrich Rosen gar an, für ein Jahr als Botschafter nach Washington zu gehen.[193]

Es gab auch willkommene Ehrungen. Die Technische Hochschule München verlieh Siemens 1921 die Würde eines Ehrendoktors. Die Ehrung durch die Hochschule, an der er nur ein Semester lang ohne großen Eifer studiert hatte, dürfte für ihn eine persönliche Genugtuung gewesen sein. Ohne Abitur und Studienabschluss konnte er sich nur „Dr. -Ing. e. h. von Siemens" nennen. Sechs Jahre später wurde er von der Universität Halle auch noch zum Ehrendoktor der Naturwissenschaften ernannt.

Privates Drama und persönliche Krise

Anfang März 1921 trennten sich Carl Friedrich und Tutty. Georg Siemens gibt an, dass Tutty damals aus dem Heinenhof auszog und ihr Mann ihr ein Haus in Berlin-Dahlem zur Verfügung stellte.[194] Der Grund ließ sich nicht lange verheimlichen. Tutty war eine Beziehung mit Otto Henrich, dem Vorstandsvorsitzenden der SSW, eingegangen. In der Berliner Gesellschaft dürfte man darin einen Skandal gesehen und den Ehemann bemitleidet haben, dem ausgerechnet der engste Vertraute im Konzern die Frau ausgespannt hatte. Bei Siemens war man auch später noch überzeugt, dass die Ehe zerstört wurde, „ohne dass auf Carl Friedrich auch nur der leiseste Makel fiel".[195] Ein vor Kurzem im Siemens-Archiv erschlossener zeitgenössischer Brief von Carl Friedrichs Schwester Anna an Wilhelms Sohn Werner Ferdinand ergibt ein anderes Bild. Demnach ging das Ehepaar recht einvernehmlich auseinander, und Carl Friedrich hatte auch wenig Grund, seiner Frau moralische Vorhaltungen zu machen.

Ursula, Ernst und ihre Mutter Tutty von Siemens, 1916

Margarete Siemens geb. Heck, undatiert

Offenbar hatte er seinerseits mit Margarete Siemens geb. Heck, der Frau seines Vetters Wilhelm Otto Siemens, angebandelt. Werner Ferdinand war darüber aufgebracht, zumal er von Margaretes Schwester Katrin geschieden worden war und Carl Friedrich dabei zu Katrin gehalten hatte.[196] Margarete und Katrin sollen in der Berliner Gesellschaft als die „schönen Schwestern Heck" bekannt gewesen sein.[197] Sie waren Töchter des prominenten Zoodirektors Ludwig Heck, dessen Familie seit der Heirat Katrins und Werner Ferdinands im Jahr 1910 mit den Siemens in eigentümlich wechselnder Weise verbunden war.[198]

Wie Anna schreibt, hatte es Henrich auch nach Carl Friedrichs Ansicht nicht darauf angelegt, ein Verhältnis mit Tutty einzugehen. Er habe in den Eheproblemen schlichten wollen und sei „unbewußt in die Situation hinein geglitten: Erst Vermittler, dann Tröster".[199] Es bedurfte wohl gar keiner Annäherungsversuche, damit sich Tutty in Henrichs Arme flüchtete, sie wird sich auf dem entlegenen Heinenhof einsam und von ihrem viel beschäftigten Ehemann vernachlässigt gefühlt haben. Zudem hatte er für ihre künstlerischen Interessen wenig Verständnis und warf ihr vor, sich zu wenig um die Kinder zu kümmern.[200] Hinsichtlich ihrer Affäre begann Carl Friedrich Verdacht zu schöpfen, als er bei einem Klinikaufenthalt Tuttys ständig Henrich bei ihr antraf.[201] Unsicher geworden, zog er sich in sein Jagdhaus Längau bei Ruhpolding zurück, ging dort in sich und beschloss, sich nicht mehr mit Margarete zu treffen, um seine Ehe zu retten. Doch nach seiner Rückkehr offenbarte sich Tutty ihm. Sie wollte sich ihrerseits nicht von Henrich trennen und war entschlossen, die Scheidung einzureichen. Man vereinbarte, erst einmal getrennt zu leben.[202] Der Sohn Ernst und die Tochter Ursula blieben beim Vater, wobei Ernst bereits ein Jahr darauf auszog, um an der Technischen Hochschule München Physik zu studieren.[203] Carl Friedrich lebte fortan abwechselnd auf dem Heinenhof und in seinem Elternhaus, der Siemens-Villa in Charlottenburg.[204]

Eine Scheidung hätte Tutty zunächst auch wenig geholfen, da Henrich seinerseits verheiratet war und offenbar nicht vorhatte, sich scheiden zu lassen. Doch nachdem seine Frau Grete gestorben war, gab es kein Halten mehr. Tutty und Carl Friedrich wurden im November 1922 geschieden.[205] Bald darauf heiratete sie Henrich, während Margarete und Carl Friedrich getrennt blieben. Erst einige Jahre später sollte sich dies ändern.

Bei den SSW wurde durch die Liaison des Vorstandsvorsitzenden mit der Frau des Aufsichtsratsvorsitzenden ein Wechsel in der Führung unvermeidlich. Henrich musste ausscheiden. Um den Grund zu verheimlichen, wurde seine Abwesenheit im Unternehmen zunächst mit einer vorgetäuschten Reise in die USA erklärt.[206] Carl Friedrich von Siemens verlor mit Henrich den wichtigsten Manager, der ihm besonders verbunden gewesen war und auch außerhalb des Unternehmens, etwa beim Demokratischen Volksbund und bei der ZAG, immer wieder an seiner Seite gestanden hatte. Auch für die SRSU war Henrichs Ausscheiden ein Verlust, verfügte er doch über beste Verbindungen zu Vögler und gehörte zum ausgewählten Kreis des Gemeinschaftsrats. Er musste sich nun einen neuen Tätigkeitsbereich suchen und wurde Generaldirektor der reichseigenen Deutsche Werke AG, zu der mehrere ehemalige Rüstungsbetriebe gehörten.[207]

Zu seinem Nachfolger als Vorstandsvorsitzender der SSW wurde Carl Köttgen bestellt, der schon 1919 als Kandidat für diesen Posten gehandelt worden war. Mit ihm verfügten die SSW über einen

Otto Henrich, undatiert

gleichwertigen Ersatz. Der studierte Maschinenbauer war 1894 bei S&H in das Büro für Kraftübertragung eingetreten und durch seine Leistungen innerhalb von elf Jahren bis in den Vorstand aufgestiegen. Carl Friedrich von Siemens war mit ihm verbunden, seit Köttgen seine Nachfolge bei den Siemens Brothers Dynamo Works angetreten hatte. Nach der Internierung während des Krieges hatte er bei den SSW die Leitung der Zentralwerkverwaltung übernommen, nun wurde er als ihr Vorstandsvorsitzender zur wichtigsten Stütze des Konzernchefs. „Einen hervorragenden Mitarbeiter" sah Carl Friedrich in ihm, „dessen klarer Verstand, verbunden mit einem angenehmen Wesen, eine außerordentliche Hilfe ist."[208]

Der Konflikt zwischen den Vettern Werner Ferdinand und Carl Friedrich schwelte auch im Unternehmen weiter. Werner Ferdinand arbeitete seit 1910 bei S&H und war 1919 in den Vorstand aufgestiegen. Er fühlte sich Henrich verbunden und warf Carl Friedrich vor, die Affäre provoziert zu haben, um einen Rivalen in der Konzernleitung loszuwerden. Zuvor hatte er ihm bereits nicht verziehen, dass er nicht in den Gemeinschaftsrat der SRSU berufen worden war.[209] 1923 wechselte Werner Ferdinand in den Aufsichtsrat und widmete sich fortan seiner Leidenschaft, der Musik. Er erwarb eine Villa in Berlin-Lankwitz, das Herrenhaus Correns, und ließ dort später einen Konzertsaal anbauen.[210]

Die Trennung von Tutty belastete Carl Friedrich. Später führte er Fehler bei der Ausarbeitung des SRSU auch auf schwere persönliche Sorgen zurück.[211] Als noch wirtschaftliche und politische Rückschläge hinzukamen, erlebte er die schwerste persönliche Krise seines Lebens. S&H geriet in Zahlungsschwierigkeiten, aus der Familie kamen Vorwürfe wegen des Wertverlusts der Dividenden, die Ignoranz der Politiker ließ ihn verzweifeln, und das Land war einer sich dramatisch beschleunigenden Inflation ausgeliefert. Im August 1921 zog sich Carl Friedrich zu einem Urlaub mit seinem Sohn Ernst nach Tirol zurück. Dort machte er in einem Brief an einen früheren Mitarbeiter von Siemens Brothers seinem Herzen Luft:

> *„In den Bergen fühlt man sich freier und dem Unverstand der Menschen entrückter. Wenn ich könnte, würde ich gerne hier alles hinter mich lassen und herausziehen auf ein Stückchen schöne Gotteserde, um dort als vernünftiger Mensch leben zu können. Aber das sind Träume, die nie zur Verwirklichung kommen werden. Jeder Tag bindet einen fester, und in schweren Zeiten darf man erst recht keine Fahnenflucht begehen. So sitze ich denn mittendrin im geschäftlichen und leider auch im öffentlichen Leben."*[212]

Es ist schwer zu beurteilen, wie ernst sein Wunsch war, Aussteiger zu werden. Sicher ist nur, dass er sich auf einem persönlichen Tiefpunkt befand, ein „Chef des Hauses Siemens" sich aber nicht einfach aus dem Staub machen konnte. Einen weiteren Schlag bedeutete der Tod seines Schwagers Carl Dietrich Harries, der am 3. November 1923 im besten Alter von 57 Jahren starb.[213] Nach dem Tod Wilhelms hatte er zu Carl Friedrichs wichtigsten Stützen gehört und sich neben der Leitung des neuen Siemens-Laboratoriums auch um familiäre Angelegenheiten gekümmert. Aus diesem Verlust erwuchs immerhin eine Lösung, die Carl Friedrich das Leben als Single erträglicher machte. Seine nunmehr zur Witwe gewordene Schwester Hertha verkaufte ihr Anwesen in Berlin-Grunewald, zog zu ihm und führte seinen Haushalt.[214] In dieser wechselweise in der Charlottenburger Villa und auf dem Heinenhof geführten Hausgemeinschaft gaben sich die Geschwister gegenseitig Halt.

5.
Die große Zeit

Going alone: Abwendung von der Interessengemeinschaft und Absage an die AEG

Durch die schwere Krise der deutschen Hyperinflation hatte sich bei den Siegermächten des Ersten Weltkriegs die Einsicht durchgesetzt, dass die Reparationsleistungen neu geregelt werden mussten. Die alliierte Reparationskommission beauftragte ein Sachverständigenkomitee unter der Leitung des amerikanischen Finanzexperten Charles Dawes, ein Gutachten zu erstellen. In ihrem am 9. April 1924 veröffentlichten Bericht empfahl die Dawes-Kommission, Deutschland durch eine internationale Anleihe in Höhe von 800 Mio. Goldmark (Mark zu Vorkriegsparität) zu stützen, die jährlichen Reparationszahlungen auf eine Mrd. Goldmark abzusenken und später schrittweise auf den früheren Stand zu erhöhen. Die Zahlungen sollten von einem Reparationsagenten überwacht werden. Ferner wurde vorgeschlagen, die Reichsbank in eine unabhängige Institution umzuwandeln und die Reichsbahn für die Reparationsleistungen heranzuziehen. Im Gegenzug sollten die Besetzung des Ruhrgebiets beendet und die wirtschaftliche Souveränität Deutschlands wiederhergestellt werden.

Auf dieser Grundlage beruhte das als „Dawes-Plan“ berühmt gewordene Abkommen, das die Reparationskommission und die Reichsregierung am 16. August 1924 in London unterschrieben. Die Dawes-Plan-Gesetze wurden im Reichstag von einer breiten Mehrheit angenommen. Mit ihrem Inkrafttreten am 1. September 1924 wurde die Rentenmark schrittweise von der Reichsmark (im Folgenden RM) im Kurs 1:1 abgelöst. Die neue Währung musste zu 40 Prozent durch Gold oder wertbeständige Devisen gedeckt sein („Goldkernwährung“).

Die Unternehmen hatten daraufhin sogenannte Goldmarkeröffnungsbilanzen (Reichsmarkeröffnungsbilanzen) zu erstellen, in denen das Gesellschaftskapital unter Berücksichtigung der eingetretenen Vermögensverluste umgestellt wurde. Bei S&H wurde das Aktienkapital Ende 1924 rückwirkend zum 1. Oktober 1923 von 260 Mio. Mark auf 97,5 Mio. RM zusammengelegt, wobei die Vorzugsaktien im Verhältnis von 130:6,5 umgewandelt wurden, die Stammaktien im Verhältnis 130:91.[1] Da die Vorzugsaktien von den SRSU-Partnern gehalten worden waren, mussten diese für den größten Teil der Kapitalverluste aufkommen. Da die von der S&H gehaltenen Vorzugsaktien der anderen SRSU-Gesellschafter im selben Verhältnis umgestellt wurden, entfielen auf die S&H Verluste in korrespondierender Höhe.[2] Alle anderen Aktionäre von S&H, auch die Aktionäre aus der Familie Siemens, hielten Stammaktien. Durch die günstigere Quote bei der Umstellung hatten sie einen sehr viel kleineren Teil der Verluste zu tragen. Verglichen mit anderen Unternehmen war der Kapitalschnitt insgesamt moderat, was bei S&H auf die Zurückhaltung mit Kapitalerhöhungen zurückgeführt wurde.[3] Bei Unternehmen, die sich stärker durch Fremdkapital finanzierten und das Aktienkapital in der Inflationszeit um ein Mehrfaches in „Papiermark" erhöht hatten, fiel der Schnitt härter aus. So musste das Aktienkapital der AEG von 1,7 Mrd. Mark auf 156,25 Mio. RM zusammengelegt werden.[4] Durch die unterschiedlichen Folgen der Inflation verschob sich das Gewicht zwischen den beiden deutschen Elektrokonzernen deutlich zugunsten von Siemens. Rückblickend wurde bei der AEG bedauert, den Maschinenbestand während der Inflation nicht systematisch mit entwerteter Papiermark erweitert zu haben.[5]

Die Siemens-Firmen erfuhren nach der Währungsumstellung einen kräftigen Aufschwung. Die während der Inflation zurückgestaute Nachfrage nach Kapitalgütern sicherte dem Konzern hohe Auftragssteigerungen. Gefragt war bei S&H vor allem die automatische Telefontechnik, die SSW profitierten von einer weiteren Welle der Elektrifizierung. Durch die erlittenen Kapitalverluste fehlten der deutschen Industrie allerdings Mittel für die überfällige Modernisierung und Rationalisierung des Produktionsapparats. Der Kapitalmarkt war ausgetrocknet und litt unter der Hochzinspolitik, mit der die Reichsbank unter ihrem neuen Präsidenten Hjalmar Schacht die Stabilität der neuen Währung sicherte. Für Großunternehmen bot sich bald ein Ausweg. Nach der erfolgreichen Platzierung der im Dawes-Plan vorgesehenen Reparationsanleihe des Reichs am internationalen Finanzmarkt konnten Auslandsanleihen für deutsche Unternehmen und Kommunen aufgelegt werden. Durch das hohe Zinsniveau waren diese Anleihen für Anleger, vor allem in den prosperierenden USA, attraktiv.

Nach Krupp, Thyssen und der AEG wurde Ende Januar 1925 auch für Siemens eine Auslandsanleihe begeben. Eingefädelt wurde das Geschäft von dem Deutschamerikaner Ferdinand Eberstadt, der für das New Yorker Bankhaus Dillon, Read & Co. in Europa Großkunden akquirierte.[6] Ein Konsortium unter Führung von Dillon, Read & Co. emittierte zwei Siemens-Anleihen mit einem Nennbetrag von jeweils fünf Mio. US-Dollar, der zu gleichen Teilen auf S&H und die SSW entfiel. Während die erste der beiden Anleihen eine Laufzeit von drei Jahren hatte, wurde die zweite bereits mit einer zehnjährigen Laufzeit aufgelegt. Zu 85 Prozent wurden die Anleihen von Dillon, Read & Co. in den USA begeben, zu 15 Prozent vom Bankhaus Mendelssohn in den Niederlanden.[7]

Bei Siemens wurden nun auch die Verbindungen zu den amerikanischen Elektrokonzernen neu belebt. Hermann Reyss, der Leiter des Überseegeschäfts, hatte schon 1922 Westinghouse besucht, um eine Erneuerung der vor dem Krieg begründeten Zusammenarbeit vorzuschlagen. Nun kam es zu Verhandlungen, die am 17. Oktober 1924 mit einem Kooperationsvertrag abgeschlossen werden konnten.

Anleihe von Siemens & Halske und der Siemens-Schuckertwerke in den USA, 1925

Westinghouse und die SSW vereinbarten darin, gegenseitig Lizenzen auf Patente und technologische Entwicklungen zu vergeben.[8] Einen ähnlichen Vertrag hatte die AEG Anfang 1923 mit General Electric abgeschlossen.

Die Interessengemeinschaft mit den Montanunternehmen der Stinnes-Gruppe verlor für Siemens nun aus mehreren Gründen ihren Sinn. Nachdem Hugo Stinnes am 10. April 1924 völlig unerwartet im Alter von nur 54 Jahren gestorben war, fehlte der SRSU eine überragende Persönlichkeit, die die „Elektro-Stahl-Union" zusammenhalten konnte. Auch entwickelten sich die beteiligten Gruppen nach der Inflation sehr unterschiedlich. Hatte Carl Friedrich von Siemens bei der Gründung der SRSU Ende 1920 darin eine finanzielle Absicherung gesehen, so drohte nun das Gegenteil einzutreten. Die GBAG und Deutsch-Lux litten unter einem Preisverfall und Überkapazitäten, die Siemens-Firmen befanden sich dagegen im Aufschwung und mussten befürchten, dass die in der SRSU vereinbarte Gewinnverteilung einseitig zu ihren Lasten ausfallen würde.[9] Den Anstoß zur Änderung des SRSU-Vertrags gab schließlich die Gründung der Vereinigten Stahlwerke, die sich im Sommer 1925 abzuzeichnen begann. Vögler gehörte zu den Initiatoren dieses Zusammenschlusses an der Ruhr, in dem die Rheinelbe-Gruppe, die Montangesellschaften des Thyssen-Konzerns, der Phoenix/van der Zypen-Konzern und die Rheinischen Stahlwerke aufgingen. Vor dem Hintergrund des Preisverfalls in der Eisen- und Stahlindustrie erwarteten sich die Gründungsunternehmen davon Kostenvorteile und einen Abbau der Überkapazitäten. Als horizontale Konzentration in Form einer Vollfusion war der „Stahltrust" ein Gegenmodell zu der vertikal aufgestellten Interessengemeinschaft SRSU.[10]

Bei einem Fortbestand der SRSU wäre S&H über Rheinelbe zum Anhängsel des neuen Ruhr-Giganten geworden, worauf sich Carl Friedrich von Siemens nicht einlassen wollte. Wenige Wochen vor Gründung der Vereinigten Stahlwerke verfasste er am 27. Dezember 1925 einen ausführlichen Brief an Vögler, der einem Kündigungsschreiben gleichkam. Er schrieb ihn handschriftlich in seinem oberbayerischen Jagdhaus, wo er an Weihnachten lange über die Argumentation nachgedacht hatte.[11] Das Ergebnis war ein Schriftstück, das nach der Transkription in Maschinenschrift durch das Berliner Büro rund 18 Seiten umfasste. Um möglichst rasch eine Änderung des SRSU-Vertrags durchzusetzen, rechnete Siemens darin schonungslos mit der Interessengemeinschaft ab: „Um es offen auszusprechen, bisher ist doch so gut wie nichts dabei herausgekommen.“[12] Der SRSU-Vertrag enthalte schwere Mängel und sei auch unabhängig von der Gründung des „Stahltrusts“ nicht durchführbar. Überhaupt könne eine vertikal aufgebaute Interessengemeinschaft in keiner Hinsicht nützlich sein. Dagegen bescheinigte er einer horizontalen Vollfusion wie beim „Stahltrust“ Vorteile. Dieses Modell sei eine „zwangsläufige Lösung der bestehenden Schwierigkeiten“. Auch würden so die Fehler der SRSU vermieden, es gäbe eine einheitliche Leitung und einheitliche Berechnungsgrundlagen.[13]

Albert Vögler, undatiert

Carl Friedrich von Siemens bestand auf einer Aufhebung des Gewinnausgleichs und der Zusage, dass S&H und die EAG Schuckert einseitig ausscheiden könnten. Nur unter diesen Bedingungen war er bereit, in der SRSU zu bleiben. Von der Generalversammlung von S&H ließ er sich am 16. März 1926 ermächtigen, entsprechende Änderungen des Interessengemeinschaftsvertrags auszuhandeln.[14] Mit Vögler einigte er sich darauf, den Vertrag zu suspendieren.[15] Beiden war daran gelegen, eine Auflösung möglichst zu vermeiden. Eine Zusammenarbeit in lockerer Form bot Vorteile, auf die man nicht verzichten wollte. Vögler blieb im Aufsichtsrat von S&H, Siemens gehörte inzwischen dem Aufsichtsrat der Vereinigten Stahlwerke an. Beide tauschten sich laufend über Entwicklungen in ihren Konzernen aus. Im November 1927 wurde die Verbindung in einem Freundschaftsvertrag besiegelt. Die SRSU blieb bis Anfang Dezember 1933 bestehen, dann wurden die noch verbliebenen Vorzugsaktien gegenseitig zurückgegeben.[16]

Nach den Erfahrungen mit der SRSU war auch Carl Friedrich von Siemens inzwischen von den Vorteilen eines horizontalen Zusammenschlusses überzeugt. Hatte man Anfang der 1920er-Jahre vertikal aufgestellte Interessengemeinschaften wie die SRSU geradezu als Notwendigkeit angesehen, so galt dies jetzt für groß dimensionierte horizontale Fusionen. Der im November 1925 besiegelte Zusammenschluss von acht Chemieunternehmen – darunter den Marktführern BASF, Bayer und Hoechst – zur IG Farben setzte Maßstäbe. Zwei Monate später gingen vier bedeutende Montankonglomerate in den Vereinigten Stahlwerken auf. Die Elektrokonzerne wollten dabei nicht beiseitestehen. Auch hier waren viele der Ansicht, dass – wie der AEG-Vorstandsvorsitzende Deutsch an Siemens schrieb – „im Interesse der gesamten deutschen Industrie ein horizontaler Zusammenschluß in allen größeren Industrien erforderlich ist".[17] Die betriebswirtschaftlichen Vorteile lagen auf der Hand: steigende Skalenerträge und Kostensenkungen bei der Fertigung sowie Einsparungen im Vertrieb. Deutsch war überzeugt, dass dadurch auch neue Käuferschichten gewonnen und die hohen Zölle vieler Länder überbrückt werden könnten.[18]

Schon Anfang 1924 hatte Carl Friedrich von Siemens eine Kombination aus den SSW und der AEG angedacht. Er hatte Deutsch vorgeschlagen, die Fertigung und den Vertrieb der beiden Starkstromgiganten nach dem Modell von Osram in einer gemeinsamen Beteiligungsgesellschaft zusammenzufassen.[19] Dabei hatte er den Wettbewerb mit den US-Konzernen im Blick, die kostengünstiger fertigen konnten als die SSW und die AEG.[20] Anders als in der Chemischen Industrie und in der Montanindustrie kam in der Elektroindustrie eine Fusion zwischen Konzernen nicht in Betracht. Die spezifische Struktur der Branche stand dem entgegen. Die deutsche Elektroindustrie wurde von zwei Konzernen dominiert, die ganz unterschiedlich verfasst waren. Während die AEG als Musterbeispiel einer auf Fremdfinanzierung ausgerichteten Publikumsaktiengesellschaft gelten konnte, hatte bei Siemens eine Unternehmerfamilie einen beherrschenden Einfluss, den sie bei einer Fusion verlieren würde. Doch hätte Carl Friedrich nie das Erbe seines Vaters aus der Hand gegeben, er ließ keinen Zweifel daran, dass er „sich nicht berechtigt fühle, die Selbständigkeit unseres Hauses aufzugeben".[21] Abgesehen davon gab es auch gravierende Unterschiede zwischen den Finanzierungsformen, den Technikstilen und der Unternehmenskultur beider Konzerne. Eine horizontale Vollfusion schien daher in der deutschen Elektroindustrie nicht zwischen Unternehmen, sondern auf der Ebene von Produktionszweigen sinnvoll zu sein. Die SSW waren ja selbst so entstanden, durch einen Zusammenschluss der Starkstromfertigungen von S&H und EAG Schuckert.

Auch bei Osram hatte sich dieses Modell bewährt, zuvor auch schon bei Telefunken. Die Überlegungen zu einem Zusammenschluss zwischen den SSW und der AEG zielten denn auch nicht auf eine Fusion zwischen beiden Unternehmen, sondern auf die Zusammenlegung der Fertigungs- und Vertriebsbereiche in einer gemeinsam zu gründenden Gesellschaft. Als Sprachregelung wurde das Projekt als „Kombination" bezeichnet. Bei Siemens konnte man sich vorstellen, dass daraus ein Unternehmen mit dem Namen „Allgemeine Siemens-Schuckert-Elektrizitätsgesellschaft" würde.[22]

Nach den ersten Gesprächen über eine Starkstrom-„Kombination" wurde William Meinhardt, der Vorstandsvorsitzende der Osram GmbH, beauftragt, einen Vertragsentwurf auszuarbeiten. Osram war das Modell, an dem man sich orientierte. Die AEG und Siemens sollten wie bei Osram paritätisch beteiligt werden.[23] Nachdem Meinhardt im Juni 1925 den Vertragsentwurf vorgelegt hatte, wurde bei Siemens in den folgenden Monaten intensiv über das Projekt „K" (Kombination) beraten. Carl Friedrich von Siemens stand vor der schwierigen Entscheidung, für die wirtschaftlichen Vorteile des Zusammenschlusses die Kontrolle über die SSW-Werke in Siemensstadt und Nürnberg fortan mit der AEG zu teilen. Er war wohl bereit, sich darauf einzulassen, wenn es wirtschaftliche Gründe unbedingt erforderten. Dann hätten die Interessen des Unternehmens über denen der Familie zu stehen.[24] Zunächst besprach er sich mit dem Justiziar Fritz Springer und dem Personalchef Hermann Görz. Anfang Oktober 1925 folgten zwei Beratungen mit den Vorstandsmitgliedern von S&H und SSW.[25] Die Entscheidung fiel am 20. Oktober in einer Aufsichtsratssitzung, an der auch fünf Vorstandsmitglieder teilnahmen.[26]

Die Vorstandsvorsitzenden Adolf Franke und Carl Köttgen argumentierten gegen die geplante Kombination. Franke befürchtete, dass die Ausgliederung der SSW-Herzstücke zu einer Zerreißung des Siemens-Konzerns führen würde; Köttgen gab zu bedenken, dass die Beschaffung des benötigten Kapitals für die Gründung der Aktiengesellschaft Probleme bereiten würde. Besonderen Eindruck muss hinterlassen haben, dass sich Vögler, der zur gleichen Zeit die Gründung des „Stahltrusts" vorantrieb, gegen einen Starkstrom-Zusammenschluss aussprach. „Neue Formen liegen im Zug der Zeit", räumte er ein, doch lägen die Verhältnisse in der Elektroindustrie anders als in der Stahlindustrie. Für Siemens und die AEG gebe es keine Notwendigkeit, sie würden nicht wie die Ruhrkonzerne unter Leerlauf leiden. Noch stärker als wirtschaftliche Überlegungen müsse im Übrigen wiegen, dass es hier nicht möglich wäre, „die Menschen auf ein Gleis zu bringen“.[27] Carl Friedrich entschied sich schließlich gegen die Starkstrom-Kombination, da von einer wirtschaftlichen Notwendigkeit offenbar nicht die Rede sein konnte. Die Sitzung schloss er mit einem Bekenntnis, das wie eine Rechtfertigung klingt:

> *„Es sei aber Pflicht der Familie unter Umständen ihre Zustimmung zu einem Weg zu geben, der ihr contre coeur aber wirtschaftlich notwendig sei. [...] Er müsse aber ausdrücklich betonen, dass er niemals einer Schwächung des Einflusses der Familie bei S&H und von S&H gegenüber dem Starkstromgebiet zustimmen würde.“*[28]

Ausbau zur „technischen Holding"

Ein Jahr nach der Absage an den Starkstrom-Zusammenschluss beschäftigte sich die Siemens-Führung wieder einmal mit Überlegungen zur Umwandlung der SSW in eine Aktiengesellschaft. Derartige Pläne hatte es seit deren Gründung wiederholt gegeben, schon vor dem Ersten Weltkrieg und dann wieder Anfang der 1920er-Jahre, da sich das Unternehmen als Aktiengesellschaft leichter Kapital beschaffen könnte.[29] Als GmbH blieben die SSW auf eine Einlage ihrer Gesellschafter angewiesen. Bislang hatte sich die Besteuerung stets als unüberbrückbares Hindernis einer Umwandlung erwiesen.[30] Für Carl Friedrich von Siemens gab es aber auch einen konzernstrategischen Grund, von einer Umwandlung abzusehen. Bei einem Börsengang der SSW war damit zu rechnen, dass S&H die knappe Majorität des Kapitals verlieren würde. Aus demselben Grund hatte die EAG Schuckert immer wieder darauf gedrängt, die SSW an die Börse zu bringen. Der Minderheitsgesellschafter hätte es dann nicht länger mit einem Mehrheitsgesellschafter zu tun gehabt. Darauf wollte sich Carl Friedrich nicht einlassen. Im März 1918 hatte er – noch als Vorstandsvorsitzender der SSW – gegen eine Umwandlung eingewandt, dass S&H „kommandierende Besitzerin“ bleiben sollte.[31] Zwei Jahre später stellte er gegenüber dem auf eine Umwandlung drängenden Vorstandsvorsitzenden der EAG Schuckert, Max Berthold – der auch dem SSW-Vorstand angehörte –, die Machtverhältnisse unmissverständlich klar: „Siemens-Schuckert gehört zum Siemens & Halske-

Bau des Wasserkraftwerks Ardnacrusha am Shannon/Irland durch die Siemens-Schuckertwerke und die Siemens-Bauunion, 1928

Konzern und ist gewissermaßen ein Teil desselben, trotzdem S&H nur ungefähr den halben Besitz in ihr hat."[32]

Anfang 1926 kam die Umwandlung der SSW wieder auf die Tagesordnung, nachdem die New Yorker Investmentbank Dillon, Read & Co. Siemens die Emission einer Auslandsanleihe über 24 Mio. US-Dollar mit einer Laufzeit von 15 Jahren angeboten hatte. Auch war die Deutsche Bank bereit, sich mit einer deutschen Tranche von 25 Mio. RM an der Anleihe zu beteiligen.[33] Bedenkt man, dass sich die Konjunktur zu diesem Zeitpunkt in einem als „Zwischenkrise" bekannt gewordenen Abschwung befand, war dies ein starker Vertrauensbeweis der Finanzwelt für Siemens. Nur die Vereinigten Stahlwerke wurden mit einer noch höheren Auslandsanleihe bedacht.[34] Finanzchef Haller handelte mit Dillon, Read & Co. einen Zinssatz von 6,5 Prozent aus. Zuzüglich sollte ein Bonus gewährt werden, der sich aus dem Mittelwert der Dividenden von S&H und SSW berechnete. Damit war die Rechtsform der SSW zum Gegenstand der Verhandlungen geworden. Bei Dillon, Read & Co. wusste man natürlich, dass die SSW als GmbH keine Dividenden ausschütteten. Die Bank wollte den Bonus nicht von der intransparenten Bilanz einer GmbH abhängig machen und drängte auf eine Umwandlung der SSW, zumal die Rechtsform GmbH amerikanischen Anlegern völlig unbekannt war.[35]

Carl Friedrich von Siemens war bereit, dem nachzukommen, zumal das Steuermilderungsgesetz vom 31. März 1926 die fiskalischen Hürden für eine Umwandlung beseitigt hatte, um Fusionen zu erleichtern. Über die Form der Umwandlung entstand prompt ein Konflikt zwischen den beiden Gesellschaftern der SSW. Die EAG Schuckert schlug vor, das Aktienkapital möglichst hoch anzusetzen und die Börsenzulassung zu beantragen. Daraufhin drohte Carl Friedrich von Siemens, die Anleihe platzen zu lassen, und schließlich lenkte die EAG Schuckert ein.[36] Im März 1927 konnte er auf der Generalversammlung von S&H verkünden, dass die Eigentumsverhältnisse bei den SSW unverändert blieben und beide Gesellschafter ihre Aktien nicht verkaufen würden.[37]

Da Carl Friedrich von Siemens an dem Einfluss der Familie bei S&H und der Majorität von S&H bei den SSW festhielt, konnte die horizontale Konzentration in der deutschen Elektroindustrie nur auf Nebengebieten stattfinden. Dabei knüpfte man unverkennbar an das Osram-Modell an. Diese Strategie verfolgte der Siemens-Konzern so erfolgreich, dass daraus geradezu ein Merkmal der Branche wurde. Auf den engen Märkten der elektrotechnischen Nebengebiete machten Zusammenschlüsse Sinn. Hier konnte nur durch steigende Skalenerträge das Kapital erwirtschaftet werden, das für die Rationalisierung und einen Ausbau des Auslandsgeschäfts benötigt wurde. Mitunter waren auch konzernstrategische Interessen ausschlaggebend.[38]

In der elektrischen Medizintechnik gründete S&H Ende 1924 mit dem Reiniger, Gebbert & Schall-Konzern eine gemeinsame Vertriebsgesellschaft, die Siemens-Reiniger-Veifa Gesellschaft für medizinische Technik mbH. Siemens übernahm dann auch die Aktienmehrheit der in Erlangen ansässigen Reiniger, Gebbert & Schall AG und schloss das Unternehmen 1932 mit seiner medizintechnischen Fertigung zur Siemens-Reiniger-Werke AG zusammen.[39] 1928 gründete S&H zusammen mit der AEG und den Eisenbahnsignal-Bauanstalten Max Jüdel, Stahmer, Bruchsal AG die Vereinigte Eisenbahn-Signalwerke GmbH. Wie bei Osram brachten die führenden Hersteller auf diesem Gebiet ihre Fertigung in das neue Unternehmen ein.[40] Im selben Jahr wurde der Bereich Tonfilmtechnik von S&H mit dem der AEG in einer neuen Gemeinschaftsgesellschaft, der Klangfilm GmbH, zusammengelegt. Neben den beiden Konzernen beteiligte sich an dieser Gesellschaft auch die Polyphonwerke AG, zu der die Deutsche Grammophon AG gehörte.[41] Im Mai 1928 entstand durch eine Verschmelzung des Kohlenstiftherstellers Gebr. Siemens & Co. mit den Planiawerken der Rütgerswerke AG die Siemens-Planiawerke AG.[42]

Die meisten Gemeinschaftsgründungen entsprachen nicht exakt dem Osram-Modell, genau genommen war dies nur bei der Klangfilm GmbH der Fall. Bei der Siemens-Reiniger-Veifa Gesellschaft und der Siemens-Planiawerke AG handelte es sich um Zusammenschlüsse einzelner Bereiche des Siemens-Konzerns mit einem Wettbewerber. Da S&H in beiden Fällen die Mehrheit des Stammkapitals übernahm, zählten diese Unternehmen zur Siemens-Gruppe.

SIEMENS & HALSKE AG

- Siemens-Schuckertwerke AG
- Siemens-Reiniger-Werke AG
- Siemens-Bauunion GmbH KG
- Siemens-Planiawerke AG
- Siemens Apparate und Maschinen GmbH
- Telephonapparatefabrik E. Zwietusch & Co. GmbH
- Telefunken GmbH
- OSRAM GmbH KG
- Vereinigte Eisenbahn-Signalwerke GmbH
- Klangfilm GmbH
- Heraeus Vacuumschmelze AG
- Deutsche Fernkabel GmbH
- Norddeutsche Seekabelwerke AG

sowie zahlreiche weitere kleinere Beteiligungs-, Betreiber- und Auslandsgesellschaften

Tochter- und Beteiligungsgesellschaften der Siemens & Halske AG, 1933

Im Laufe des Jahres 1927 ging Carl Friedrich von Siemens dazu über, stärker als zuvor das alte Siemens-Prinzip zu betonen, sich auf die Elektrotechnik zu beschränken, dort aber alle Gebiete abzudecken.[43] Dieses Leitbild gewann nun als erfolgreiches Gegenmodell zu den gescheiterten Ansätzen für eine vertikale Integration im Rahmen der SRSU an Gewicht. Programmatisch brachte Siemens dies in seiner Rede bei der Generalversammlung von S&H am 11. März 1927 auf den Punkt:

> *„Unser Haus hat während der Kriegs- und Inflationszeit keine Politik der Ausdehnung und Erweiterung seines Arbeitsgebietes betrieben, sich nicht an außerhalb der Elektrotechnik stehenden Industrien beteiligt. Wir glauben, daß das Gesamtgebiet der Elektrotechnik, dessen Zweige, in ihrer Mehrzahl, in unserem Hause ihren Ausgangspunkt genommen haben, ein so umfangreiches und entwicklungsfähiges ist, dass die Leitung mehr als genug zu tun hat, um es zu meistern und weiter zu entwickeln. Dieser Zurückhaltung verdanken wir auch, dass wir neben dem schweren Schaden, den Krieg und Inflation uns wie jedem industriellen Unternehmen gebracht haben, von außergewöhnlichen Verlusten verschont geblieben sind.“*[44]

Tatsächlich hatte S&H sich zwar mit einer Montangruppe in eine Interessengemeinschaft begeben. Anders als die AEG hatte man aber kein Stahlwerk gebaut und keine Eisengießerei übernommen.[45] Vor dem Ersten Weltkrieg waren allerdings unter Wilhelms Regie auch bei Siemens branchenfremde Fertigungen aufgenommen worden: Automobil-, Flugzeug- und Flugmotorenbau. Der Flugzeugbau wurde nach dem Krieg nicht weitergeführt, am Flugmotorenbau hielt Siemens wegen der militärischen Bedeutung fest, und die zu den SSW gehörende Protos Automobile GmbH fertigte weiterhin Personenkraftwagen und Nutzfahrzeuge. 1926 gab Siemens die Automobilschmiede an die AEG ab, die sie mit ihrer Tochter Nationale Automobil-Gesellschaft (NAG) fusionierte. Dieser Verkauf passte in das von Carl Friedrich betonte Leitbild vom reinen Elektrokonzern, doch der Anstoß dazu hatte auch andere Gründe.

Protos fertigte wie fast alle der damals mehr als 60 deutschen Kraftfahrzeughersteller technische Meisterwerke, die nur in geringer Stückzahl hergestellt werden konnten und für ein breiteres Publikum zu teuer waren. Als nach der Inflation die US-Konzerne Ford und

General Motors mit preisgünstigeren, auf Fließbändern hergestellten Modellen auf den deutschen Markt drängten, gerieten die Hersteller in eine schwere Krise. Bei Protos rechnete man mit einem jährlichen Verlust in Höhe von drei bis vier Mio. RM.[46] Die SSW mussten nun entweder hohe Investitionen in eine Rationalisierung des Automobilwerks tätigen oder diesen defizitären Bereich abstoßen. Aufsichtsrat und Vorstand hielten eine Weiterführung des Werks unter diesen Bedingungen für zu riskant. Dafür gab es gute betriebswirtschaftliche Gründe, aber vielleicht konnte man sich zu den benötigten Investitionen auch nicht entschließen, weil es sich um eine branchenfremde Fertigung handelte. Protos wurde von Siemens als Marke behalten und fortan für den Vertrieb von Haushaltsgeräten genutzt.

Im März 1927 übernahmen die SSW den Dampfturbinen- und Elektromaschinenbau des Demag-Werks in Mülheim – ein Standort, der für Siemens später einmal von größter Bedeutung werden sollte. Da diese Fertigung nicht zur Elektrotechnik zählte, hatte sich Wilhelm von Siemens einst gegen die Errichtung einer Turbinenfabrik entschieden. Die SSW blieben auf eine Zusammenarbeit mit Maschinenbauunternehmen, besonders mit der MAN, angewiesen, während die AEG, BBC und die Bergmann-Werke über einen eigenen Turbinenbau verfügten. In diesem Fall erwies sich der Verzicht auf eine branchenfremde Fertigung als Nachteil, Siemens konnte im Dampfmaschinengeschäft nicht mithalten. Als sich die Chance zu dem Kauf in Mülheim bot, entschloss sich Carl Friedrich daher, die SSW entgegen seiner Prinzipien um einen Dampfturbinen- und Elektromaschinenbau zu erweitern.[47]

Dass sich der Siemens-Konzern einen Turbinenbau zulegte, führte bei der MAN zu Irritationen. Ihr Aufsichtsratsvorsitzender Paul Reusch forderte eine Erklärung. Carl Friedrich von Siemens rechtfertigte sich daraufhin in einem Schreiben an den Vorstandsvorsitzenden der Gutehoffnungshütte, den er aus dem RDI gut kannte. Er versicherte Reusch, dass an ein Zusammengehen mit der Demag nicht gedacht sei. Die Übernahme der Fertigungen in Mülheim sei ausschließlich erfolgt, um Nachteile im Wettbewerb zu überwinden und über einen Stützpunkt im Ruhrgebiet zu verfügen. Auch dieser Brief zeigt, wie sehr er branchenfremde Erweiterungen ablehnte: „Persönlich bedaure ich diesen Schritt, den ich nun seit 20 Jahren versucht habe zu vermeiden, da ich unser Haus auf das rein elektrische Gebiet beschränkt sehen möchte."[48]

Die zunehmende Zahl von Gemeinschaftsunternehmen erforderte eine neue Auslegung des Siemens-Prinzips „nur Elektrotechnik, aber die ganze Elektrotechnik". Bei Firmen wie Osram, Klangfilm und den Vereinigten Eisenbahn-Signalwerken hatte Siemens keine Majorität. Carl Friedrich konnte sie gleichwohl dem Siemens-Konzern zurechnen, indem er S&H zu einer „technischen Holding" erklärte. In der Aufsichtsratssitzung vom 22. Juni 1928 legte er dieses Modell dar:

> *„Wir halten es aber für vorteilhaft, Konkurrenzgesellschaften auf demselben Gebiete zum Zusammenschluss zu bewegen, um die Fabrikation rationeller zu gestalten. Auch wenn wir nicht über 100 % der Gesellschaften verfügen, so haben wir doch den überwiegenden Einfluss und die technische Verantwortung. Damit wird S&H allmählich mehr zur Holding-Gesellschaft. Wir legen aber den größten Nachdruck darauf, dass S&H keine Holding-Gesellschaft im finanziellen Sinne, sondern mehr eine technische Holding-Gesellschaft wird, die die großen technischen Erfahrungen unseres Hauses nach bewährten Grundsätzen fortführt und sie den angeschlossenen Tochtergesellschaften zugute kommen lässt."*[49]

Ähnliches galt in Bezug auf produzierende Auslandsgesellschaften. Die Werke der österreichischen Tochtergesellschaften waren die bedeutendsten der nach dem Ersten Weltkrieg verbliebenen Fertigungen im Ausland. Die Österreichischen Siemens-Schuckert-Werke und die S&H-Gesellschaft in Wien waren zugleich die größten Elektrounternehmen Österreichs.[50] Eine weitere SSW-Tochtergesellschaft mit eigener Fertigung bestand in Madrid. In Tokio hatte das 1923 mit der Furukawa Electric Company Ltd. gegründete Joint Venture Fusi Denko Seizo K.K. eine starkstromtechnische Fertigung, in Buenos Aires besaß S&H eine Tochtergesellschaft mit einer Telefonfabrik.[51]

Auf den westeuropäischen Exportmärkten profitierte Siemens nach 1925 von der Entspannungspolitik des vormaligen Reichskanzlers und nun amtierenden Außenministers Gustav Stresemann. Wenige Monate vor Abschluss eines deutsch-französischen Handelsvertrages konnte im März 1927 in Paris Siemens France als gemeinsame Konzerngesellschaft von S&H und SSW gegründet werden. Ein Jahr später erhielt S&H einen Großauftrag über die Errichtung einer Fernkabellinie zwischen Paris und Bordeaux, den die französische Regierung als Reparationssachlieferung bestellte.[52] 1929 konnte

Siemens-Werk Cornellà, Spanien, 1925

dann das zerrüttete Verhältnis zu Siemens Brothers neu belebt werden, wobei die Initiative von dem britischen Unternehmen ausgegangen war. Siemens Brothers konnte bei den Forschungs- und Entwicklungsausgaben nicht mehr mit den Großen der Branche mithalten und war daher stark am Transfer technischen Wissens interessiert.[53] Carl Friedrich von Siemens bekannte im Aufsichtsrat von S&H, dass es ihm „mit Rücksicht auf die früheren Erfahrungen auch nicht leicht gefallen sei, diesem Gedanken näher zu treten".[54] Möglich wurde die Verständigung wohl nur, weil der langjährige, aus deutscher Sicht durch seine Rolle während des Krieges belastete Managing Director Georg von Chauvin 1925 in den Ruhestand gegangen war. Über Chauvins Nachfolger Henry Wright konnte man bei S&H nichts Nachteiliges sagen. Die neue Kooperation wurde 1929 in einem Freundschaftsvertrag besiegelt. S&H und Siemens Brothers vereinbarten einen gegenseitigen Aktientausch. S&H erhöhte sein Aktienkapital um 9,1 Mio. RM, um sich mit 18,37 Prozent am Stammkapital von Siemens Brothers zu beteiligen.[55]

Familienunternehmen im Übergang: Führungsstil, Traditionssinn und soziale Leistungen

In der Zeit Carl Friedrichs war S&H weiterhin ein Familienunternehmen, obwohl die Familie Siemens seit der Kapitalerhöhung vom Mai 1920 nicht mehr die Mehrheit des Aktienkapitals hielt. Bei Kapitalgesellschaften dieser Größenordnung gilt die Majorität nicht als entscheidendes Kriterium für den Einfluss einer Gesellschafterfamilie. Vielmehr kann von einem familienkontrollierten Unternehmen gesprochen werden, wenn die Familie eine maßgebende Beteiligung hält und eine dominante Stellung im Management einnimmt.[56] Nach einer anderen Definition reicht es aus, wenn Mitglieder einer Familie oder miteinander verbundener Familien eine Kapitalbeteiligung von 25 Prozent halten.[57] In der Generalversammlung (Hauptversammlung) von S&H entfielen 1930 knapp 29 Prozent des vertretenen Aktienkapitals auf Mitglieder der Familie Siemens. Dieser Anteil war seit der Vorkriegszeit deutlich zurückgegangen, 1914 hatte die Kapitalbeteiligung der Familie noch bei 64 Prozent gelegen.[58] Doch hielt die Familie in den 1920er- und 1930er-Jahren weiterhin eine größere Beteiligung als jeder andere Gesellschafter.[59] Die Stimmrechte dieser Anteile waren einheitlich auszuüben. Da die Banken mit ihrem Depotstimmrecht in der Regel die Vorschläge des Aufsichtsrats unterstützten, war der Familie eine Mehrheit auch ohne das 1920 eingeführte Mehrstimmrecht sicher. Von ihrer Option auf ein 30-faches Mehrstimmrecht wurde nicht Gebrauch gemacht, doch war diese Regelung schon als Drohkulisse wirksam. Interessierte Investoren hatten keine Chance, bei S&H entscheidenden Einfluss zu erhalten.

Die Mitglieder der Familie waren gewiss nicht in allen Fragen einer Meinung. Durch den Bindungsvertrag von 1897 war allerdings sichergestellt, dass sie sich in der Aktionärsversammlung nicht gegenseitig blockieren konnten. Die der Bindung unterliegenden Aktien, die einen großen Teil des familiären Firmenbesitzes ausmachten, wurden in einem Pool der Siemens'schen Familienbesitzverwaltung gehalten. Die Stimmrechte wurden einheitlich von einem Beauftragten aus der Familie wahrgenommen. So konnte es dazu kommen, dass Carl Friedrich von Siemens bei der Generalversammlung im Jahr 1900, ein Jahr nach seinem Eintritt bei S&H, 81 Prozent der Stimmen vertrat.[60]

Carl Friedrich von Siemens, 1924

Nach der 1897 bei der Umwandlung von S&H in eine Aktiengesellschaft begründeten Corporate Governance war nicht der Vorstandsvorsitzende, sondern der Aufsichtsratsvorsitzende der oberste Leiter der Geschäfte. Den Merkmalen eines Familienunternehmens entsprechend, war dies daran gebunden, dass die Familie den Aufsichtsratsvorsitzenden stellte. Diese Position gab sie bis 1981 nicht aus der Hand. Im Vorstand von S&H übernahm dagegen erst 1949 ein Mitglied der Familie – Carl Friedrichs Sohn Ernst – den Vorsitz. Carl Friedrich selbst ließ nach seiner Wahl zum Aufsichtsratsvorsitzenden keinen Zweifel daran, dass er sich in der Nachfolge seines Vaters und seiner Brüder als Leiter des Konzerns sah. Mit der Einführung des Titels „Chef des Hauses" verstand er es, die Personalunion von Familienoberhaupt und Firmenoberhaupt symbolträchtig zu verdeutlichen.

Im Aufsichtsrat von S&H war die Familie seit den 1920er-Jahren stärker vertreten, als es ihrer Kapitalbeteiligung entsprochen hätte. Im Geschäftsjahr 1918/19 stellte sie drei von zehn, im Geschäftsjahr 1930/31 fünf von zwölf Aufsichtsratsmitgliedern (ohne Arbeitnehmervertreter).[61] Die meisten familiären Mandatsträger hatten keine Position im Unternehmen. Von ihnen war außer Carl Friedrich nur sein Schwager Carl Dietrich Harries bei S&H tätig, als Forschungskoordinator und Leiter des Zentrallaboratoriums. Die anderen waren S&H nur als Aktionäre verbunden. Bis 1946 galt dies auch für Friedrich Carl Siemens, einen Vetter Carl Friedrichs, der die Firma Friedrich Siemens Industrieofenbau leitete und dem Aufsichtsrat rund 30 Jahre lang angehörte. Nach dem Zweiten Weltkrieg musste er für zwei Jahre als Aufsichtsratsvorsitzender einspringen.

Frauen konnten damals nicht in einen Aufsichtsrat berufen werden, das galt auch für die Aktionärinnen aus der Familie Siemens. Dafür konnten Ehemänner von Siemens-Erbinnen zur Verstärkung des familiären Kontingents in den Aufsichtsrat gewählt werden, obwohl sie selbst keinen Bezug zum Unternehmen hatten. So kam im Herbst 1920 Baron Georg Ludwig von Graevenitz als Gatte von Carls Tochter Marie in den Aufsichtsrat, ein ehemaliger russischer Diplomat, der mit seiner Familie durch die Oktoberrevolution vertrieben worden war und inzwischen in Rom lebte.[62] 1928 kam der Rittergutsbesitzer Oscar Caminneci hinzu, der Ehemann von Wilhelms Tochter Tilda, ein international renommierter Reitsportler und Pferdezüchter.[63]

Zu den festen Größen des Aufsichtsrats gehörten ferner der Privatbankier Hermann Münchmeyer, der Industrielle Oscar Hentschel und der Rittergutsbesitzer Graf Edwin Henckel von Donnersmarck. Die Deutsche Bank war als Hausbank mit zwei Vorstandsmitgliedern im Aufsichtsrat von S&H vertreten. Als engem Geschäftspartner stand den Vereinigten Stahlwerken ein Mandat zu, das von Albert Vögler wahrgenommen wurde. Zuvor hatte er im Rahmen der SRSU gemeinsam mit dem GBAG-Vorstandsvorsitzenden Emil Kirdorf dem Vorstand von S&H angehört. Nach der 1929 eingegangenen Überkreuzverflechtung mit Siemens Brothers trat der General Manager des britischen Unternehmens, Henry Wright, in den Aufsichtsrat von S&H ein. Bemerkenswerterweise blieb er über den Kriegsbeginn hinaus bis 1941 in diesem Gremium.[64] Seit Oktober 1921 gehörten dem Aufsichtsrat auch zwei Vertreter des Betriebsrats an, als Erste Fritz Lehrling und Gottlob Münsinger.[65]

Anders war der kleinere Aufsichtsrat der SSW besetzt, die zwar als Siemens-Stammgesellschaft galten, aber nicht unmittelbar ein Familienunternehmen waren. Außer dem Vorsitzenden Carl Friedrich war die Familie Siemens im Aufsichtsrat der SSW nur einige Jahre lang durch Harries vertreten. Die Hälfte der Mandate stand der EAG Schuckert zu, die sie mit ihren eigenen Aufsichtsratsmitgliedern, hochkarätigen Industriellen und Bankiers aus Bayern, besetzte. Wie im S&H-Aufsichtsrat stand der Deutschen Bank auch bei den SSW ein Mandat zu. Vertreten waren zudem die Bayerische Vereinsbank und die Commerz- und Privat-Bank.[66]

Im Vorstand von S&H war die Familie bei Weitem nicht so stark vertreten wie im Aufsichtsrat. Nur wenige Familienmitglieder arbeiteten im Unternehmen als angestellte Manager. Dauerhaft traf dies in der Zeit Carl Friedrichs nur auf Ludwig von Winterfeld zu, der 1919 stellvertretendes Vorstandsmitglied von S&H und SSW wurde, dann zum ordentlichen Vorstandsmitglied aufstieg. Werner Ferdinand von Siemens, der älteste Sohn Wilhelms, machte von 1919 bis

1923 eine unglückliche Figur im Vorstand, um anschließend in den Aufsichtsrat zu wechseln. Für männliche Nachfahren Werner von Siemens', die zu Höherem berufen erschienen, war eine vorübergehende Tätigkeit im Vorstand obligatorisch. Carl Friedrich bereitete sich als Vorstandsvorsitzender der SSW von 1912 bis 1919 auf die Leitung des Konzerns vor, gehörte allerdings schon seit 1904 dem Aufsichtsrat von S&H an. Sein Neffe Hermann von Siemens, der älteste Sohn Arnolds, wurde 1928 in den Vorstand von S&H berufen, zunächst als stellvertretendes Mitglied. Er bewährte sich als Leiter des Zentrallaboratoriums und wechselte 1937 in den Aufsichtsrat, wo ihn Carl Friedrich zum Nachfolger einarbeitete.[67]

Auch das ausgeprägte dynastische Motiv weist Carl Friedrich als Familienunternehmer aus. Als Nachfolger kam für ihn nur ein Siemens in Betracht. Doch verpflichtete er Hermann nicht dazu und zwang auch seinen Sohn Ernst nicht zu einer Karriere im Unternehmen, solche Methoden hatten auch seinem eigenen Vater ferngelegen. Vielmehr war es für Hermann und Ernst wie zuvor für Carl Friedrich selbstverständlich, bei S&H einzutreten, um dort später einmal eine Führungsposition einzunehmen. Hermann hatte Chemie studiert und begann nach der Promotion 1918 bei S&H, Ernst absolvierte auf Anraten seines Vaters ein Physikstudium und trat dann 1929 im Alter von 26 Jahren bei S&H ein, wo er sich zunächst in der Sozialpolitischen Abteilung bewährte.[68] Aber nicht alle Nachfahren Werner von Siemens', die für eine Karriere im Unternehmen in Betracht kamen, sahen darin die Erfüllung ihres Lebens. Carl Friedrichs Neffe Werner Ferdinand zog es nach einigen Jahren im S&H-Vorstand vor, sich der Musik zu widmen und Orchester zu dirigieren. Und der sehr viel ältere Vetter Werner Hermann hatte sich einst entschieden, Landwirt zu werden. In beiden Fällen ergab sich daraus aufgrund der dynastischen Formation kein Problem für die Nachfolge im Familienunternehmen. Wäre dagegen – kaum vorstellbar – Carl Friedrich Landwirt oder Dirigent geworden, hätte der Einfluss der Familie bei S&H darunter schwer gelitten.

Für Carl Friedrich von Siemens waren die von seinem Vater begründeten Traditionen uneingeschränkt verbindlich. Dazu gehörte auch der „liberale Patriarchalismus", wie die von Werner von Siemens praktizierte Form der Unternehmensleitung treffend charakterisiert wurde.[69] Ein autoritärer Patriarchalismus, wie er von Schwerindustriellen des Kaiserreichs repräsentiert wurde, lag einem Siemens fern. Doch gab es in der Handhabung der Leitung durch die Siemens-Unternehmer erhebliche Unterschiede. Carl Friedrich führte einen neuen, kooperativeren Führungsstil ein. Im Gegensatz zu seinem Bruder Wilhelm sah er in Vorstandsvorsitzenden nicht lästige Gegenspieler, sondern unverzichtbare Stützen. Offiziell begründete er diesen Wandel mit der gewachsenen Größe der Siemens-Stammgesellschaften. Es sei ihm deshalb „nicht mehr möglich, mich jederzeit über alle wichtigen geschäftlichen Vorgänge durch die Mitglieder der Vorstände unmittelbar in Kenntnis setzen zu lassen".[70] Nach der Ernennung Adolf Frankes zum Vorstandsvorsitzenden von S&H bestimmte eine im Juli 1922 erlassene Instruktion für den Vorstand das Kollegialprinzip und wies dem Vorstandsvorsitzenden die Befugnis zu, das Gremium nach außen und gegenüber dem Aufsichtsrat zu vertreten. Als wichtigste Aufgabe wurde ihm die „Sorge für die Einheitlichkeit in der Gesamtleitung der Gesellschaft" übertragen.[71]

Dass der „Chef des Hauses Siemens" dem Management gegenüber eine dominante Stellung einnahm, steht außer Zweifel. Es war auch ganz selbstverständlich, dass er regelmäßig an den Vorstandssitzungen teilnahm, und in besonders wichtigen Angelegenheiten erteilte er in Schreiben an die Vorstandsvorsitzenden Weisungen. Umgekehrt waren die Vorstandsvorsitzenden für ihn nicht nur nachgeordnete Koordinatoren, sondern auch wichtige Berater. Da sie durchweg lange Hauskarrieren hinter sich hatten und zumeist lange im Amt blieben – Adolf Franke elf Jahre, Carl Köttgen sogar 18 Jahre –, konnte Carl Friedrich bei ihnen ein intuitives Verständnis voraussetzen. Zu den „maßgebenden Herren", mit denen er sich im kleinen Kreis besprach, gehörten auch andere Vorstandsmitglieder, besonders der jeweilige Finanzvorstand (erst Max Haller, dann Fritz Jessen) und der ihm direkt unterstellte Leiter des Personalreferats (erst Hermann Görz, dann Wolf-Dietrich von Witzleben). Diese Besprechungen waren bis zu einem gewissen Grad ergebnisoffen. Ein anschauliches Beispiel dafür sind die bereits erwähnten Beratungen über die Gründung einer gemeinsamen Starkstromgesellschaft von AEG und SSW im Oktober 1925. Carl Friedrich ließ sich zuletzt von einer Runde ausgewählter Aufsichtsrats- und Vorstandsmitglieder überzeugen, von diesem Vorhaben abzurücken.[72]

Einen besonderen Stellenwert hatten für ihn die Leiter des persönlichen Büros. Bei einem Konzernchef ist dies nicht ungewöhnlich, der Büroleiter ist schließlich ständig präsent und nimmt an Besprechungen auf allen Ebenen teil. Auffällig ist jedoch, dass diese Position bei zwei früheren Berufsoffizieren zum Sprungbrett für eine Karriere im Konzern wurde. Hanns Henning von Pentz wechselte 1927 in den Vorstand der Siemens-Planiawerke und wirkte dort bis in die Nachkriegszeit hinein.[73] Sein Nachfolger Witzleben brachte es zum Vorstandsmitglied von S&H und wurde nach dem Krieg Vorstandsvorsitzender. Rückblickend schrieb er, dass ihn ein „seltenes Vertrauensverhältnis" mit Carl Friedrich verbunden habe.[74]

Ein paternalistischer Führungsstil ist bei Carl Friedrich von Siemens nicht festzustellen, doch sind Relikte eines Paternalismus in der damaligen Unternehmenskultur von S&H unübersehbar. Die Wirtschaftsgeschichte zählt zu derartigen Merkmalen rituale Traditionen, ein symbolisches Instrumentarium und eine sozialpaternalistische Fürsorge.[75] An Symbolik war die von Carl Friedrich eingeführte Kennzeichnung eines Konzernleiters aus der Gründerfamilie als „Chef des Hauses Siemens" kaum zu übertreffen. Das Oberhaupt der Familie und das Oberhaupt des Unternehmens verschmolzen in diesem Begriff zu einer natürlichen Einheit. Zugleich wurde das Unternehmen mit der Metapher vom Haus als eine vertraute

Carl Friedrich von Siemens (2. v. links) mit Lehrling, 1934

Heimstätte vermittelt, in der man bleiben wollte, sich aber auch in ein Regelwerk fügen musste. Zu den Ritualen der Siemens-Kultur gehörte die jährliche Jubilarfeier am Gründungstag, dem 12. Oktober. Bei diesem Anlass sprach Carl Friedrich Mitarbeitern, die ein 25-jähriges oder gar 50-jähriges Betriebsjubiläum begehen konnten, den Dank des Hauses aus. Anschließend wurden ausgewählte Auszubildende mit einem Diplom ausgezeichnet. Bei solchen Feiern kam das Unternehmen gewissermaßen zu sich selbst. Die große Zahl der Teilnehmenden – 1932 wurde mit 1.175 Jubilaren eine neue Höchstzahl erreicht – sagt viel über die Betriebsverbundenheit der Siemensianer aus.[76]

Die Verehrung Werner von Siemens' als sinnstiftende Leitfigur des Unternehmens hatte schon zu Wilhelms Zeit Züge eines Kults angenommen. Kaum eine Rede kam bei Siemens ohne ein geflügeltes Wort aus dem vom Unternehmensgründer in reichem Maße hinterlassenen Zitatenschatz aus, seine Autobiografie galt als Pflichtlektüre. Auch in der Unternehmenspolitik berief sich Carl Friedrich, wann immer es passte, auf die Prinzipien seines Vaters. Der bereits erwähnte Grundsatz „nur die Elektrotechnik, aber die ganze Elektrotechnik“ gehörte dazu. Ebenso die Mahnung, dass Siemens ein Technologieunternehmen zu sein habe und keine Finanzholding

Jubilarfeier in der Mosaikhalle des Verwaltungsgebäudes in Siemensstadt, 1929

werden dürfe, sowie das Prinzip der Verbundenheit zwischen fürsorgender Unternehmensleitung und ihr vertrauender Belegschaft. Für Carl Friedrich war dieses Erbe eine Bürde, aber auch entlastend. Er konnte Fehler zugeben, musste nicht als fehlerfrei wahrgenommen werden wie sein Vater.

Die sozialen Leistungen waren bei Siemens im Stil eines liberalen Patriarchalismus begründet worden. Mit der Gründung der Pensionskasse wurde schon 1872 eine betriebliche Altersversorgung geschaffen, doch Werkswohnungen wurden lange Zeit nicht errichtet. Werner von Siemens hielt ein Wirtschaftsunternehmen als dafür ungeeignet, er sah es als Aufgabe des Staats und der Kommunen an, Wohnungen für die Arbeiterschaft zu bauen.[77] Mit der bereits um die Jahrhundertwende begonnenen Errichtung der am Rand Berlins gelegenen Siemensstadt änderten sich die Rahmenbedingungen. Der Siemens-Konzern kam nicht umhin, durch eine Bodengesellschaft eine Siedlung in der Nähe der neuen Werke bauen zu lassen (Siedlung Nonnendamm).[78] Die zunehmende Wohnungsnot während des Ersten Weltkriegs brachte Carl Friedrich dazu, sich mit der „Bedeutung der Wohnungsfrage für die Industrie“ zu beschäftigen.[79] Er dürfte maßgebend dazu beigetragen haben, dass Siemens 1919 die gemeinnützige Wohnungsbaugesellschaft Siemensstadt

Siedlung Heimat in Siemensstadt, 1931

GmbH gründete.[80] Unter Beteiligung anderer Bau- und Wohnungsgesellschaften entstanden in Siemensstadt große Siedlungen mit Werkswohnungen und Einfamilienhäusern, die mustergültig im fortschrittlichen Stil des Neuen Bauens konzipiert waren. Anfang der 1930er-Jahre folgten Siedlungen mit den für den Wohnungsbau in der Weltwirtschaftskrise charakteristischen Kleinsiedlerstellen.[81]

Soziale Leistungen verbanden sich hier mit Investitionen in die Infrastruktur, die Siemens mit der Eröffnung der Siemensstadt-Bahn am 13. Dezember 1929 krönte. Trotz des Siedlungsbaus wohnten damals nur etwa fünf Prozent der Belegschaft in der Nähe der Werke.[82] Die meisten Arbeiter und Angestellten mussten mit der Straßenbahn nach Siemensstadt fahren, was im Berufsverkehr zu unhaltbaren Zuständen führte. Um die Werke an ein leistungsfähigeres Verkehrsmittel anzubinden, wurde eine Stichbahn von dem am Berliner S-Bahn-Ring liegenden Bahnhof Jungfernheide über Siemensstadt nach Gartenfeld gebaut. Siemens finanzierte das Projekt, die Bauaufsicht lag bei der Reichsbahn.[83] Dass der „Chef des Hauses Siemens" damals – wie im folgenden Abschnitt beschrieben – auch Präsident der Reichsbahn war, dürfte dem Projekt förderlich gewesen sein, um eine „Kungelei" handelte es sich aber nicht.

In der betrieblichen Sozialpolitik fand Carl Friedrich ein ausgebautes Netz vor. Unter seiner Regie nahmen die freiwilligen sozialen Leistungen der Stammgesellschaft signifikant zu, von rund 5,382 Mio. RM im Geschäftsjahr 1924/25 auf 16,794 Mio. RM im Geschäftsjahr 1931/32 und 26,747 Mio. RM im Geschäftsjahr 1938/39.[84] Nicht ganz so imposant war die Steigerung, wenn man das Umsatz- und Beschäftigtenwachstum dieser Zeit berücksichtigt. Aber auch gemessen am Umsatz erhöhten sich die Leistungen, von 0,89 Prozent (1924/25) auf 1,15 Prozent (1928/29). Im Geschäftsjahr 1938/39 lag der Anteil bereits bei rund zwei Prozent.[85] Dass die freiwilligen sozialen Leistungen während der Weltwirtschaftskrise nicht nur in Anteilen des rückläufigen Umsatzes, sondern auch absolut gesehen ganz erheblich zunahmen – von 10,834 Mio. RM im Geschäftsjahr 1928/29 auf 16,794 Mio. RM im Geschäftsjahr 1931/32 –, dürfte vor allem auf vorzeitige Pensionierungen und Unterstützungszahlungen für entlassene Mitarbeiterinnen und Mitarbeiter zurückzuführen sein.[86]

Im März 1928 hatte Carl Friedrich noch eine neue Leistung eingeführt, die allerdings nicht als soziale Leistung gelten konnte. Die Arbeiter und Angestellten der Stammgesellschaften wurden nun mit einer Abschlussprämie am Gewinn ihres Unternehmens beteiligt. Er knüpfte dabei bewusst an die von seinem Vater 1855 eingeführten Inventurprämien an. Voraussetzung war zunächst ein Dienstalter von zehn Jahren, später reichten acht und ab 1935 schon sechs Dienstjahre.[87] Auf diese Weise wurde die Stammbelegschaft für ein gutes Betriebsergebnis belohnt und zugleich noch stärker für die Ertragslage des Unternehmens interessiert. Es entsprach Carl Friedrichs Verständnis, Prämien an Leistungen zu koppeln. Eine Wiedereinführung der Weihnachtsgratifikationen, die früher bei den Angestellten acht Prozent der Jahreseinkünfte ausgemacht hatten, lehnte er entschieden ab und kritisierte, dass die Arbeiter damals leer ausgegangen waren.[88]

Im Geschäftsjahr 1929/30 beliefen sich die freiwilligen sozialen Leistungen auf 12,382 Mio. RM. Davon entfielen 7,20 Mio. RM (58 Prozent) auf die Altersfürsorge, 1,71 Mio. RM (14 Prozent) auf die Ernährungsfürsorge (Kasino- und Speisebetriebe, Speisung Jugendlicher), 1,27 Mio. RM (10 Prozent) auf Unterstützungen für Siemensianer und Hinterbliebene verstorbener Mitarbeiter (einschließlich Übergangshilfen und Zuweisungen an die Fürsorgestiftung), 665.000 RM (5 Prozent) auf die Wohnungs- und Gesundheitsfürsorge (einschließlich Sportförderung). Ein nicht unbeträchtlicher Posten waren die

Lohnbüro im Wernerwerk für Fernsprechwesen in Siemensstadt, um 1929

Aufwendungen für Jubiläumsgeschenke in Höhe von 574.000 RM (4,6 Prozent).[89] In der Weltwirtschaftskrise stieg der Anteil der Altersfürsorge auf 66 Prozent (1930/31). Die freiwilligen sozialen Leistungen lagen nun in etwa ebenso hoch wie die – damals rückläufigen – gesetzlichen sozialen Leistungen der Stammgesellschaften.[90]

Als sozialpaternalistische Fürsorge kann dieses Netz sozialer Leistungen nicht angesehen werden. Zum überwiegenden Anteil handelte es sich um verbriefte Leistungen der Pensionskasse und der Werkskantinen. Auch die 1928 eingeführten Abschlussprämien wurden im Unterschied zu den von Werner von Siemens nach 1855 eine Zeit lang gezahlten Inventurprämien nicht willkürlich gewährt. Sie wurden in einem bürokratisch festgelegten Verfahren errechnet und begründeten für jeden Arbeiter einen Anspruch, wenn die Voraussetzungen erfüllt waren.[91] S&H war längst aus dem Patriarchalismus der frühen Jahre herausgewachsen und ein modernes Großunternehmen geworden. Dies galt für die Organisation wie für die sozialen Leistungen und auch für das neue Anreizsystem der Abschlussprämie. Carl Friedrich konnte damals darauf hinweisen, dass bei General Electric die Arbeiter fünf Prozent ihrer Jahreseinkünfte als Gewinnbeteiligung erhielten.[92] Auch an Werner von Siemens' Prinzipien wurde nicht aus Traditionspflege festgehalten, sondern weil das Unternehmen damit bislang gut gefahren war. Wenn sie einmal nicht zu passen schienen, scheute sich Carl Friedrich nicht, sich darüber hinwegzusetzen, wie mit dem SRSU-Vertrag von 1920 oder dem Einstieg in den Turbinenbau. So blieben vom früheren Patriarchalismus lediglich noch Relikte in der Unternehmenskultur, und die dürften von der Belegschaft inzwischen auch anders wahrgenommen worden sein, nicht als Entmündigung, sondern als willkommene Sinnstiftung in einem gigantischen Werkkomplex mit anonym wirkenden Fabrikhallen und immer mehr Arbeitsplätzen an Fließbändern.

Erfolg mit Hindernissen: Die Neuausrichtung der Reichsbahn

Ende September 1924 wurde bekannt, dass Carl Friedrich von Siemens in den Verwaltungsrat der Deutschen Reichsbahn-Gesellschaft (im Folgenden DRG) berufen und zum Präsidenten dieses Gremiums gewählt worden war. Auf den ersten Blick erscheint es schwer nachvollziehbar, warum er sich neben den bereits übernommenen Ämtern auch noch dieses Mandat aufbürdete. Der Verwaltungsrat der DRG war mit Aufgaben verbunden, die weit über die üblichen Befugnisse eines Aufsichtsrats hinausgingen. Das Gremium hatte nicht nur die Generaldirektion der Reichsbahn, des größten deutschen Arbeitgebers mit mehr als 700.000 Beschäftigten, zu kontrollieren, sondern auch einen großen Teil der deutschen Reparationszahlungen zu verantworten. Die Gratulationen an Siemens klangen entsprechend verhalten. Der RDI-Vorsitzende Kurt Sorge schrieb ihm: „Ob Sie einen Glückwunsch annehmen, weiß ich nicht, denn Sie haben zweifellos ein sehr ehrenvolles, aber auch sehr schwieriges Amt damit erhalten, das Ihnen mindestens in der ersten Zeit manche sorgenvolle Stunde bereiten und viel Arbeit bringen wird."[93] Warum er diese Herausforderung annahm, erklärt sich erst durch einen Blick auf die besondere Verfasstheit der DRG.

Durch das Londoner Abkommen über den Dawes-Plan war die Reichsbahn zu einem Reparationspfand geworden. Im Rahmen dieser Regelungen wurde durch das Reichsbahngesetz vom 30. August 1924 die DRG als eine unter internationaler Kontrolle stehende, politisch unabhängige Aktiengesellschaft gegründet. Sie erhielt die Betriebsrechte für die Reichsbahn übertragen, während das Eisenbahnvermögen getrennt davon beim Staat blieb. Da die Stammaktien überwiegend vom Reich gehalten wurden, war die DRG formal ein öffentliches Unternehmen, doch durfte das Reich keinen Einfluss auf sie ausüben.[94]

Die DRG hatte dem Treuhänder der Reparationsgläubiger Schuldverschreibungen in Höhe von elf Mrd. RM auszustellen und musste die Verzinsung aufbringen. Damit knüpfte das Reichsbahngesetz an einen Vorschlag an, den die Reichsregierung bereits im Juni 1923 den Alliierten übermittelt hatte.[95] Der Schuldendienst war in den ersten Jahren auf 200 Mio. RM ermäßigt und erhöhte sich schrittweise bis zum vierten Jahr auf eine Verzinsung von fünf Prozent. Einschließlich einer einprozentigen Tilgung ergab sich daraus ein Betrag von 660 Mio. RM, was 38 Prozent der gesamten jährlichen Reparationslast Deutschlands entsprach, aber auch in etwa dem Betrag, den die Preußische Staatsbahn vor 1914 an den Preußischen Staat ausgeschüttet hatte.[96] Um solche Ergebnisse erbringen zu können, schrieb das Reichsbahngesetz in § 2 eine wirtschaftliche Ausrichtung der Geschäftsführung vor: „Die Gesellschaft hat ihren

Betrieb unter Wahrung der Interessen der deutschen Volkswirtschaft nach kaufmännischen Grundsätzen zu führen."[97] Dies entsprach den Vorgaben des alliierten Treuhänders Léon Delacroix und des Eisenbahnsachverständigen in der Dawes-Kommission, Gaston Leverve.[98]

Organe der DRG waren der Verwaltungsrat und der Vorstand. Die 18 Mitglieder des Verwaltungsrats wurden zu gleichen Teilen von der Reichsregierung und dem alliierten Treuhänder bestellt. Mitglieder der Reichsregierung und des Reichstags durften dem Gremium nicht angehören.[99] Der Verwaltungsrat stand unter der Aufsicht eines alliierten Reparationskommissars für die Reichsbahn, der an den Sitzungen teilnehmen konnte. Dieses Amt wurde Leverve übertragen.

Um die kaufmännisch ausgerichtete Betriebsführung und die politische Unabhängigkeit der DRG zu sichern, galt es für die Position des Präsidenten (Vorsitzender des Verwaltungsrats) eine Persönlichkeit aus der Wirtschaft zu finden. Zunächst war der Präsident des Schweizerischen Bankvereins, Léopold Dubois, dafür im Gespräch.[100] Da die Nominierung eines Ausländers einen Proteststurm in der deutschen Presse auslöste und der Präsident der DRG nach dem Reichsbahngesetz ein Deutscher sein sollte, einigten sich die Reichsregierung und der Treuhänder auf Siemens. Er brachte ideale Voraussetzungen mit, nicht nur als Konzernchef mit einem bekannten Namen, internationaler Erfahrung und dem Ruf eines Vermittlers. Die Reparationsgläubiger hielten ihn auch für gut geeignet, weil er schon oft an die deutsche Politik appelliert hatte, wirtschaftliche Erfordernisse zu berücksichtigen.[101] Für die Reichsregierung zählte wiederum, dass er zu diesem Zeitpunkt noch als Mitglied einer Regierungspartei galt.

Für Siemens gab es nicht weniger gute Gründe, die Berufung zum Präsidenten der DRG anzunehmen. Schon 1920 hatte er Parteifreunden die Reichsbahn als Musterbeispiel eines maroden Staatsbetriebs vor Augen gehalten. An ihrem Defizit müsse „der Staat zugrunde gehen".[102] Im Herbst 1921 gehörte er im RDI zu dem Flügel um Stinnes, der ein Kreditangebot der Industrie an die Reichsregierung von einer Privatisierung der Reichsbahn abhängig machte.[103] Vor der DDP-Fraktion hatte er schon damals für die „Entstaatlichung der Eisenbahn" plädiert.[104] Im Mai 1923 hatte der RDI einen ähnlichen Vorstoß unternommen, als der parteilose Reichskanzler Wilhelm Cuno für ein Angebot an die Reparationsgläubiger Garantien der Industrie benötigte. Siemens gehörte zu den Unterzeichnern eines Schreibens des RDI an Cuno, in dem die Industrie Garantien in Aussicht stellte, wenn Staatsbetriebe „nach privatwirtschaftlichen Grundsätzen regeneriert" würden.[105] Mit der Ernennung zum Präsidenten der DRG eröffnete sich für ihn die Chance, erstmals wirtschaftspolitische Vorstellungen umsetzen zu können. Nachdem er in der Politik vier Jahre lang weitgehend erfolglos geblieben war, konnte er nun gestalten. Bei der DRG war er gesetzlich verpflichtet, ein öffentliches Unternehmen in politischer Unabhängigkeit nach privatwirtschaftlichen Prinzipien auszurichten – eine Aussicht, die für ihn faszinierend gewesen sein muss.

Da die Mitglieder des Verwaltungsrats der DRG nicht dem Reichstag angehören durften, musste Carl Friedrich von Siemens sein Abgeordnetenmandat niederlegen. Trotz seiner Kritik an der Politik der eigenen Partei und seiner Klagen, nicht zum Politiker geeignet zu sein, hatte er, wohl aus Pflichtbewusstsein, bislang an dem Mandat festgehalten. Er hatte bei der Reichstagswahl vom Juni 1924 erneut kandidiert und war wiedergewählt worden. Nun konnte er mit einer Begründung ausscheiden, die nicht zu beanstanden war. In einem Brief an einen Berliner Parteifreund schilderte er die Motive für den Rückzug aus dem Reichstag, wobei er mit Blick auf den Adressaten wohl übertrieben beteuerte, wie schwer ihm dieser Entschluss gefallen sei:

> *„Die Entscheidung darüber, ob ich die Mitgliedschaft des Verwaltungsrates der Deutschen Reichsbahn-Gesellschaft annehmen oder ob ich weiter Mitglied des Reichstages bleiben soll, ist mir außerordentlich schwer geworden. Ich habe mich schließlich entschieden, die Wahl zur ersteren Körperschaft unter Verzicht auf mein Reichstagsmandat anzunehmen, da ich nach reiflicher Überlegung glaube, in ersterer Eigenschaft meinem Vaterlande nützliche Dienste leisten zu können. [...] Die Betätigung auf diesem wirtschaftlichen Gebiete entspricht auch in höherem Maße meiner Ausbildung, meinen Erfahrungen, und ich glaube, auch meiner Befähigung, als den Anforderungen, die heutzutage an einen Reichstagsabgeordneten gestellt werden."*[106]

Siemens trat in den Verwaltungsrat der DRG als eines der neun von der Reichsregierung nominierten Mitglieder ein. Der Treuhänder hatte ebenfalls neun Mitglieder benannt, darunter fünf ausländische Experten. Zu dieser Gruppe zählten der württembergische Eisenbahnexperte und frühere Staatssekretär im Reichsverkehrsministerium Karl von Stieler, der zum ersten Vizepräsidenten gewählt wurde, und der international erfahrene britische Eisenbahnfachmann William Acworth, der zweiter Vizepräsident wurde. Insgesamt handelte es sich um eine bunt zusammengesetzte Gruppe honoriger Persönlichkeiten. Deutsche Beamte und Unternehmer – darunter mehrere mit DDP-Mitgliedschaft – kamen hier mit einem britischen Indienfachmann, einem belgischen Chinakenner und einem Mailänder Bankier aus der Finanzkommission des Völkerbundes zusammen.[107]

War es schon eine Herausforderung, dieses Gremium zu dirigieren, so kam erschwerend hinzu, dass sich der Verwaltungsrat einem anders gesinnten Vorstand gegenübersah. Die Reichsregierung hatte die Ernennung des früheren Reichsverkehrsministers Rudolf Oeser (DDP) zum Generaldirektor durchgesetzt. Über ihn wollte sie entgegen den Bestimmungen des Reichsbahngesetzes politischen Einfluss auf die DRG ausüben. Nach den Vorstellungen des Verkehrsministeriums sollte die DRG zugleich die Reparationsschuldverschreibun-

Carl Friedrich von Siemens (sitzend, Bildmitte) in einer Verwaltungsratssitzung der Deutschen Reichsbahn-Gesellschaft, 1924

gen bedienen und das Netz der Bahn verbessern, ohne die Tarife zu erhöhen. Auch die Reichstagsmehrheit und die Gewerkschaften lehnten eine Gewinnorientierung der DRG entschieden ab. Die Bahn müsse dem öffentlichen Interesse verpflichtet sein, als eine „der Volkswohlfahrt dienende Verkehrsanstalt“.[108]

Schließlich bot die Ernennung Carl Friedrich von Siemens’ zum Präsidenten der DRG reichlich Stoff für Kritik an einer angeblichen Interessenüberschneidung, da der Siemens-Konzern, und hier vor allem die SSW, der größte Lieferant der Reichsbahn war. Würde der Chef dieses Konzerns bei der Elektrifizierung der Reichsbahn zwischen seinen Ämtern trennen können? Würde die Reichsbahn noch Aufträge an Wettbewerber von Siemens vergeben? In der Öffentlichkeit litt das Bild des Konzerns ohnehin schon unter dem Vorwurf der Monopolbildung. Die Personalunion zwischen den höchsten Ämtern der Siemens-Stammgesellschaften und der Reichsbahn schien dazu nur zu gut zu passen. Im Reichstag wetterte der KPD-Abgeordnete Max Schütz: „Was sind das für Zustände, wenn an der Spitze des Verwaltungsrats der Reichsbahn ein Dr. v. Siemens steht, derselbe Siemens, der zur gleichen Zeit Aufsichtsrat zweier Gesellschaften ist, die die Monopollieferung an die Reichsbahn haben.“[109]

Carl Friedrich von Siemens machte rasch deutlich, dass er entschlossen war, die DRG nach kaufmännischen Grundsätzen neu auszurichten. Nachdem im April 1925 eine Nachprüfung ein Defizit von 213 Mio. RM ergeben hatte, beschloss der Verwaltungsrat auf seinen Antrag hin, die Personentarife um zehn Prozent zu erhöhen. An die für die Wirtschaft so wichtigen Tarife für den Güterverkehr rührte man nicht.[110] Kaum weniger unpopulär war eine weitere Maßnahme, die Siemens der Reichsbahn verordnete. Um im Rahmen der „Ökonomisierung“ Anreize zu schaffen, die man im öffentlichen Dienst nicht kannte, führte er Leistungszulagen für höhere Beamte ein. Er machte sich dabei zunutze, dass die DRG nicht der Reichshaushaltsordnung unterlag. Die Gewerkschaften protestierten vergeblich. Auch sie konnten keinen Einfluss auf die DRG ausüben und hatten bereits hinnehmen müssen, dass die reguläre Arbeitszeit bei der Reichsbahn nach der Arbeitszeitverordnung vom Dezember 1923 auf 54 Stunden/Woche verlängert worden war.[111] Siemens hielt die Reichsbahn für personell überbesetzt. Weitere Entlassungen waren nach den vor Gründung der DRG erfolgten Schnitten aber kaum noch möglich, ohne Störungen im Betrieb zu riskieren. In den ersten Nachkriegsjahren hatte die Bahn zur Entlastung des Arbeitsmarkts gedient und viele aufgenommen, die sonst durch die Demobilmachung arbeitslos geworden wären. Steigende Personalkosten hatte der Staatsbetrieb in den Inflationsjahren noch in Kauf nehmen können. Mit der Währungsumstellung war dann ein massiver Abbau von Arbeitsplätzen erfolgt. Die Zahl der Beschäftigten war von über einer Million im Jahr 1923 auf rund 713.000 im Dezember 1925 zurückgegangen.[112] Damit lag sie immer noch um drei Prozent über dem Stand von 1913, obwohl das deutsche Schienennetz in der Zwischenzeit durch die Gebietsverluste geschrumpft war.[113]

Die Neuausrichtung der Reichsbahn stieß bei der Direktion nicht auf Widerstand, da der von der Reichsregierung als politisches Gegengewicht zum Verwaltungsrat eingesetzte Generaldirektor Oeser schwer erkrankte. Im Juni 1925 wurde der Eisenbahnfachmann Julius Dorpmüller zum Ständigen Vertreter Oesers ernannt. Dorpmüller war von Siemens' ambitioniertem Programm beeindruckt und unterstützte den Kurs des Verwaltungsrats. Reichsverkehrsminister Rudolf Krohne (DVP) wäre gern dazwischengegangen und wollte an den Sitzungen des Verwaltungsrats teilnehmen, aber darauf ließ sich Siemens nicht ein. Er hielt Krohne außen vor, indem er auf die Statuten der DRG verwies.[114]

Nachdem Oeser am 3. Juni 1926 gestorben war, nutzte Carl Friedrich von Siemens diesen traurigen Anlass, um mit einem Coup die Reichsregierung bei der Wahl des Nachfolgers zu übergehen. Die Gelegenheit dazu ergab sich, weil der Verwaltungsrat gerade an diesen Tagen zu einer routinemäßigen Sitzung in Berlin zusammengekommen war.[115] Schon am 4. Juni setzte Siemens eine vertrauliche Sitzung zur Wahl des neuen Generaldirektors an und schlug Dorpmüller vor, der daraufhin einstimmig gewählt wurde.[116] In der Öffentlichkeit gab die eilige Wahl ein schlechtes Bild ab. In der Presse stand zu lesen, es sei als „sehr peinlich empfunden

Julius Dorpmüller, um 1932

worden“, dass der Verwaltungsrat zur Wahl geschritten sei, bevor Oeser unter der Erde lag.[117] Angekreidet wurde der Coup Siemens, der den Kandidaten der Großindustrie an der Reichsregierung vorbei durchgesetzt habe. Im Kabinett war der frühere, erst im Mai 1926 gestürzte Reichskanzler Hans Luther für die Nachfolge Oesers favorisiert worden. Verkehrsminister Krohne hatte intern auch schon seinen Hut in den Ring geworfen.[118] Karl von Stieler, Siemens' Stellvertreter an der Spitze des Verwaltungsrats, berichtete später, man habe „am Sarge Oesers“ erfahren, dass ein Politiker an die Spitze der DRG gehören würde. Um dies zu verhindern, habe der Verwaltungsrat daraufhin sofort Dorpmüller zum Generaldirektor gewählt.[119]

Es war ein Erfolg Carl Friedrich von Siemens', dass es ihm gelungen war, den so disparat besetzten Verwaltungsrat geschlossen hinter sich zu bringen. Alle hatten für Dorpmüller gestimmt, obwohl die Hälfte der Mitglieder von der Reichsregierung benannt worden war. Nun musste die Wahl noch vom Reichspräsidenten bestätigt und vom Reichskanzler gegengezeichnet werden. Darüber entbrannte ein mit Haken und Ösen geführter Machtkampf zwischen dem Verwaltungsrat und der Reichsregierung. Reichskanzler Wilhelm Marx (Zentrumspartei) und Verkehrsminister Krohne fühlten sich von Siemens hintergangen. Dorpmüller war nämlich unter der Bedingung zum Ständigen Vertreter Oesers ernannt worden, später nicht dessen Nachfolger zu werden. Auch hatte die Wahl Dorpmüllers am 4. Juni entgegen einer Absprache mit Marx schon vor der anberaumten Kabinettssitzung stattgefunden. Siemens soll sich im Verwaltungsrat auf die Zustimmung des Kanzlers berufen haben, Marx hatte aber nicht zugestimmt, sondern lediglich keine Einwendung vorgebracht.[120]

Das Kabinett missbilligte deshalb ausdrücklich das Vorgehen des Verwaltungsrats. Die Chancen für Dorpmüller sanken, zumal Siemens zur Kur nach Karlsbad fuhr und sich nun auch Reichsfinanzminister Peter Reinhold (DDP) und Reichsaußenminister Gustav Stresemann (DVP) gegen eine Bestätigung der Wahl Dorpmüllers aussprachen.[121] Derart bedrängt, zog der Verwaltungsrat die Asse, die ihm das Londoner Abkommen und das Reichsbahngesetz in die Hand gegeben hatten. Karl von Stieler stellte der Reichsregierung den Rücktritt der vier vom alliierten Treuhänder ernannten deutschen Mitglieder, zu denen er zählte, in Aussicht, falls die Wahl nicht bestätigt würde. Der Treuhänder hätte dann die Möglichkeit, diese deutschen Mitglieder durch Ausländer zu ersetzen.[122] Eine nationale Schmach wollte die Reichsregierung nicht riskieren und erklärte sich bereit, einer Bestätigung Dorpmüllers unter der Bedingung zuzustimmen, dass der Verkehrsminister in Zukunft an den Sitzungen des Verwaltungsrats teilnehmen würde.[123] Doch daraufhin schaltete sich der alliierte Treuhänder Léon Delacroix ein und erklärte eine derartige Regelung für unzulässig.[124]

Als sich nach drei Monaten immer noch keine Lösung abzeichnete, drängte Reichspräsident Paul von Hindenburg auf eine Einigung. Der Verwaltungsrat sagte zu, bei der Wahl des Generaldirektors künftig der Reichsregierung Gelegenheit zur Stellungnahme zu geben und mit dem Verkehrsminister die Tagesordnungspunkte der Sitzungen zu besprechen. Daraufhin bestätigte Hindenburg am 19. Oktober 1926 die Wahl.[125] Dorpmüller verstand es, sich gebührend zu bedanken. Als ein Jahr später das Vorzeigeprojekt der Reichsbahn, der Eisenbahndamm zwischen Sylt und dem Festland, in Betrieb genommen werden konnte, begrüßte er Hindenburg bei der feierlichen Eröffnung und taufte den Damm auf seinen Namen.[126]

Als DRG-Präsident hatte Carl Friedrich von Siemens auch weiterhin keinen leichten Stand. Die Gewerkschaften liefen gegen das angebliche Diktat der Industrie bei der Reichsbahn Sturm, die Rechte beschimpfte den Verwaltungsrat als Erfüllungsgehilfen der Siegermächte. Schlimmer war, dass eine Reihe schwerer Eisenbahnunglücke der DRG angelastet wurde.[127] Dass Siemens, der als Präsident der DRG auch in Besoldungsfragen zu entscheiden hatte und nicht an die Reichsbesoldungsordnung gebunden war, an den Leistungszulagen für „leitende Beamte" festhielt, wurde ebenfalls kritisiert. Dazu trug noch bei, dass die DRG unter Berufung auf ihre Unabhängigkeit nicht darlegte, wie viele Beamte zu dieser Kategorie gehörten und wie hoch die Zulagen ausfielen.[128] Im Reichstag konnte der Vorsitzende des Verkehrsausschusses, Johannes Giesberts (Zentrumspartei), im Februar 1926 unwidersprochen feststellen, „dass fast die gesamte öffentliche Meinung Deutschlands heute gegen die Reichsbahn-Gesellschaft eingenommen ist".[129]

Vergebens versuchte die Reichsregierung im Frühjahr 1928, eine weitere, von der DRG beantragte Tariferhöhung zu verhindern. Die DRG zog vor das Reichsbahngericht, und wieder endete der Streit mit einer Niederlage der Regierung.[130] Im Oktober 1928 verordnete Dorpmüller noch eine indirekte Erhöhung für die ärmeren Passagiere, indem er die vierte Wagenklasse abschaffte.[131] Die Entlassungen hielten sich dagegen in Grenzen. Insgesamt ging die Beschäftigtenzahl bei der Reichsbahn zwischen 1925 und 1929 um rund drei Prozent zurück, von 733.000 auf 713.000.[132]

Überaus erfolgreich war der Generaldirektor mit einer rigoros umgesetzten Rationalisierung. Das Beschaffungswesen und die Personalwirtschaft wurden neu organisiert, der Werkstättendienst durch Zusammenlegungen umgestellt, die Ausbesserungszeiten wesentlich verkürzt. Legendär wurde die durchgehende Einführung der Druckluftbremse (Kunze-Knorr-Bremse) bei Güterzügen, die eine Beschleunigung des Verkehrs ermöglichte. Die freigesetzten Bremsschaffner wurden zum größten Teil in andere Tätigkeiten bei der Reichsbahn umgesetzt.[133] Durch die konsequente Rationalisierung konnte die DRG Betriebsergebnisse präsentieren, die auch Kritikern der Bahn Anerkennung abnötigten. Die Einnahmen stiegen zwischen 1925 und 1929 um rund 15 Prozent an, der Überschuss wurde 1926 um 24 Prozent gegenüber dem Vorjahr gesteigert. In den Jahren 1926 bis 1929 lag er stets zwischen 860 und 880 Mio. RM. Die DRG konnte so den Reparationsschuldendienst bedienen, der im Jahr 1929 auf 660 Mio. RM stieg, und darüber hinaus noch Reserven bilden.[134]

Carl Friedrich von Siemens und Julius Dorpmüller (v. links) bei der Eröffnung der Siemens-Bahn, 1929

Die gute Bilanz der DRG ging zulasten des Streckenneubaus, das Streckennetz wurde nicht nennenswert ausgebaut. Dorpmüller musste sich auch vorwerfen lassen, dass Deutschland bei der Elektrifizierung der Eisenbahn zurückblieb. Der Generaldirektor war dieser Neuerung gegenüber skeptisch, er hielt es für einen Nachteil, dass elektrische Lokomotiven von Kraftwerken abhängig waren, die ausfallen konnten. Die Dampflokomotive, „die ihr Kraftwerk mit sich führt", sei unabhängiger.[135] Doch konnte die DRG bei der Elektrifizierung auch einen beeindruckenden Erfolg erzielen. Innerhalb von nur drei Jahren wurde zwischen 1926 und 1929 die Elektrifizierung der Berliner Stadt-, Ring- und Vorortbahnen durchgeführt. Dorpmüller hatte dafür einen schlagkräftigen Stab „Oberste Leitung für die Stadtbahnelektrisierung" gebildet.[136] Natürlich kam auch jetzt wieder die Personalunion an der Spitze der Reichsbahn und des Siemens-Konzerns ins Gerede. Die überlieferten Akten zeigen jedoch, dass Carl Friedrich von Siemens zwischen seinen Ämtern zu trennen verstand. Nachdem das Berliner Großprojekt beschlossen worden war, schrieb er am 19. Juli 1926 an Dorpmüller: „Aus bestimmten Gründen möchte ich mich nicht mehr mit dem Projekt beschäftigen, als ich in meiner Stellung als Vorsitzender des Verwaltungsrats gezwungen bin, es zu tun, da mein Haus an seiner Durchführung ein lebhaftes Interesse hat."[137]

Zeitthemen

Im Niedergang des Liberalismus

Bei der Reichstagswahl im Mai 1924 stellte sich Carl Friedrich von Siemens zur Wiederwahl. Das Kuratorium für den Wiederaufbau des deutschen Wirtschaftslebens sammelte auch vor dieser Wahl Spenden an die bürgerlichen Parteien, allerdings war man nicht mehr so erfolgreich wie im letzten Wahlkampf, obwohl dem Kuratorium inzwischen hochkarätige Großbanker wie Eduard Mosler (Deutsche Bank) und Henry Nathan (Dresdner Bank) angehörten.[138] Von den eingeworbenen Geldern flossen rund 40 Prozent in die Wahlkampfkasse der DVP. Auf die DNVP entfiel mit 26 Prozent der zweitgrößte Anteil, die DDP musste sich mit knapp einem Viertel begnügen, die Zentrumspartei mit elf Prozent. Von den an die DDP ausgezahlten Geldern in Höhe von 220.000 RM dienten 117.500 RM der Finanzierung des Wahlkampfs von Siemens.[139] Dabei ist zu berücksichtigen, dass damals keine Erstattung der Wahlkampfkosten aus staatlichen Mitteln erfolgte.

Der Einsatz machte sich für Siemens bezahlt. Er wurde wiedergewählt, doch seine Partei musste erneut Federn lassen. Ähnlich wie bei der ersten Reichstagswahl von 1920 reagierten die Wähler auf erfahrene Erschütterungen mit politischer Radikalisierung. Der Schock der Hyperinflationskrise und die Auseinandersetzungen um die Annahme des Dawes-Plans trieben die bürgerlichen Wähler der rechtsnationalen DNVP zu, während in der Arbeiterschaft viele Wähler von der SPD zur KPD abwanderten. Die DNVP wurde im bürgerlichen Lager die stärkste Partei und hätte auch die SPD überflügelt, wenn ihr nicht die rechtsextremistische Nationalsozialistische Freiheitspartei recht erfolgreich Konkurrenz gemacht hätte. Die DDP schrumpfte mit einem Anteil von 5,7 Prozent der Stimmen zur siebtgrößten Partei. Die Parteien der früheren Weimarer Koalition, die sich zur Verfassung bekannten, erhielten insgesamt 42 Prozent der Stimmen (einschließlich Bayerische Volkspartei), die rechts- und linksradikalen Gegner der Republik vereinten auf sich 39,8 Prozent. Dazwischen lag eine schwankende DVP mit einem Anteil von 9,2 Prozent.[140] Obwohl sie vom Kuratorium reichlicher bedacht worden war als andere Parteien, war sie die größte Verliererin der Wahl.

Das Kabinett von Reichskanzler Wilhelm Marx (Zentrumspartei) blieb im Amt, gestützt auf eine parlamentarische Minderheit aus DDP, DVP und Zentrum. Unter dem Eindruck des Wahlergebnisses nahmen in beiden liberalen Parteien die Bestrebungen zu, sich neu aufzustellen. Der DVP-Vorsitzende Stresemann wollte die DNVP einbinden, um seine Entspannungspolitik als Reichsaußenminister abzusichern. Als Erfolg konnte er verbuchen, dass das Londoner Abkommen über den Dawes-Plan Ende August 1924 mit der erforderlichen Zweidrittelmehrheit angenommen wurde. In der DDP wurde heftig darüber gestritten, ob die Partei sich der DVP annähern und einem Eintritt der DNVP in die Regierung zustimmen oder eine neue Weimarer Koalition mit der SPD eingehen sollte. Der neue Parteivorsitzende Erich Koch-Weser tendierte zu einer Koalition mit der SPD, übte offen Kritik an der Einstellung der Wirtschaft und lehnte eine Regierungsbeteiligung der DNVP strikt ab. Der rechte Parteiflügel um Reichswehrminister Otto Geßler und den früheren Reichsfinanz- und Reichsjustizminister Eugen Schiffer trug diesen Kurs nicht mit und drohte mit einer Spaltung der Partei.[141]

Carl Friedrich von Siemens schloss in dieser Zeit mit der DDP ab. Eine Partei, die lieber mit der SPD zusammenging, als die Interessen der Wirtschaft zu vertreten, konnte nicht mehr seine politische Heimat sein. Die Trennung fiel ihm leicht, nachdem er sich im September 1924 entschieden hatte, den Verwaltungsratsvorsitz der DRG zu übernehmen. Aufgrund des Reichsbahngesetzes war er nun gezwungen, sein Reichstagsmandat niederzulegen. Dieser Rücktritt war politisch unverfänglich. Den Vorsitz im Kuratorium für den Wiederaufbau der deutschen Wirtschaft gab er an den Bankier und DVP-Politiker Jakob Riesser ab.[142] Wenige Wochen später trennte er sich stillschweigend förmlich von der DDP, um am 28. Oktober mit einigen liberalen Mitstreitern ein Aktionsbündnis mit dem Namen Liberale Vereinigung zu gründen.[143]

Die Initiatoren der Liberalen Vereinigung, zu denen neben Siemens und Schiffer unter anderen der Industrielle Hans Kraemer und der Berliner Stadtrat Bruno Eisenführ gehörten, strebten eine Annäherung der beiden liberalen Parteien an. Langfristig sollte ein Zusammenschluss der DDP mit der DVP erreicht werden. Die Liberale Vereinigung war keine Partei, sie verstand sich als eine Sammlungsbewegung von Mitgliedern der DDP, der DVP und solcher Liberalen, die – wie es in einem Aufruf vom 27. November 1924 hieß – „vom Parteigetriebe abgestoßen" keiner Partei angehörten.[144] Siemens wird sich der letztgenannten Gruppe zugeordnet haben. Auch Schiffer, der erster Vorsitzender der Liberalen Vereinigung wurde, war aus der DDP ausgetreten.[145]

Während sich die Unterzeichner des erwähnten Aufrufs das Ziel ausgaben, „dem deutschen Liberalismus wieder zu seinem Recht zu verhelfen",[146] stand in dem vier Wochen zuvor erschienenen Gründungsaufruf die Abgrenzung von der angeblich nach links abdriftenden DDP im Vordergrund:

> *„Will die Partei […] bei einer Scheidung zwischen rechts und links unbedingt nach links an die Seite der Sozialdemokratie gehen, dann hat sie damit den Charakter einer Mittelpartei aufgegeben, die sich die Freiheit wahren muss, je nach der politischen Konstellation auf die rechte Seite einer Linkskoalition oder auf die linke Seite einer Rechtskoalition treten zu können. Bei dieser einseitigen Bindung nach links sehen wir zu unserem schmerzlichen Bedauern keinen Raum mehr für die Arbeit des Liberalismus."*[147]

Unmittelbar vor der nächsten, schon im Dezember 1924 anstehenden Reichstagswahl war damit das Zerwürfnis besiegelt. Von der DDP wurden die Gründer der Liberalen Vereinigung als Renegaten gemieden. Die Presse des rechtsnationalen Hugenberg-Konzerns jubelte: „Auch Herr von Siemens ist aus der demokratischen Partei ausgetreten."[148] Später kamen sich die Liberale Vereinigung und die DDP näher, die DDP koalierte mehrere Jahre lang mit dem Zentrum, der DVP und der DNVP in einem sogenannten Bürgerblock, die SPD blieb bis 1928 in der Opposition. Vor diesem Hintergrund wirkte das Gründungsanliegen der Liberalen Vereinigung nicht mehr glaubwürdig. Der ambitionierte Versuch, die seit 1866 bestehende Spaltung des politischen Liberalismus zu überwinden, scheiterte kläglich. Die Vorsitzenden der beiden liberalen Parteien ließen sich zu Ehrenvorsitzenden der Liberalen Vereinigung küren, lehnten aber eine Zusammenführung entschieden ab.

Carl Friedrich von Siemens gehörte dem geschäftsführenden Ausschuss der Liberalen Vereinigung an und finanzierte deren Zeitschrift *Weg und Wille*.[149] Die Vereinigung hatte für ihn auch als Forum eine gewisse Bedeutung. Nach dem Austritt aus der DDP konnte er hier seine wirtschaftspolitischen Mahnrufe vortragen.[150] Aber bei dem

Wahlplakat der DDP, 1924

Publikum handelte es sich jetzt nur noch um eine Splittergruppe, die Liberale Vereinigung hatte praktisch keinen organisatorischen Rückhalt. In der Öffentlichkeit fiel sie nur durch Gepflogenheiten eines Honoratiorenclubs auf: Veranstaltungen in repräsentativem Rahmen mit prominenten Festrednern. Einen Höhepunkt stellte das Bankett in den Räumen der Deutschen Gesellschaft von 1914 dar, das die Liberale Vereinigung am 1. Februar 1926 ausrichtete. Zu den Gästen zählten der Reichskanzler und die Parteivorsitzenden der beiden liberalen Parteien.[151] Einen Monat zuvor war Eugen Schiffer aus Altersgründen vom Vorsitz der Liberalen Vereinigung zurückgetreten. Die Nachfolge trat eine Doppelspitze aus dem DDP-Politiker Otto Fischbeck und dem DVP-Politiker Hermann von Richter an.[152] Doch auch der neue Anlauf konnte den Niedergang der Liberalen Vereinigung nicht aufhalten, ein Teil der Mitglieder wanderte zur Wirtschaftspartei ab, und Carl Friedrich von Siemens gab im Januar 1927 die finanzielle Unterstützung auf.[153] Im Juni 1928 übernahm der frühere DDP-Abgeordnete August Weber den Vorsitz. Vergeblich versuchte er, die Liberale Vereinigung mit einer Kundgebung im Reichstag („Liberaler Tag") zu beleben. Im Laufe des Jahres 1929 stellte die Liberale Vereinigung ihre Tätigkeit vollends ein. Ihr erster Vorsitzender Schiffer erklärte rückblickend, er und seine Mitstreiter seien „Offiziere ohne Soldaten" geblieben.[154]

So endete Siemens' Engagement bei der Liberalen Vereinigung mit einer weiteren politischen Enttäuschung. Er wandte sich nun vollends von der Politik ab. Vielen Liberalen erging es ähnlich. Der zunehmende Bedeutungsverlust der DDP stand symptomatisch für den Wandel der Republik, war sie doch die einzige bürgerliche Partei, die sich vorbehaltlos zur Weimarer Reichsverfassung bekannte. Ein großer Teil dieses Lagers wanderte zu den rechtsbürgerlichen Parteien ab, andere zogen sich wie Siemens enttäuscht zurück. Die Hoffnung der DDP-Gründer, die Demokratie im Bürgertum verankern zu können, war schon vor dem Aufstieg Hitlers verflogen. Auch der DVP-Vorsitzende Gustav Stresemann, der bis zu seinem frühen Tod im Oktober 1929 seine Partei noch stabilisieren konnte, vermochte das liberale Bürgertum nicht zu integrieren. Das disparat zusammengesetzte, durch Honoratiorennetzwerke locker verknüpfte Bürgertum brachte immer neue Splitterparteien hervor und wurde in den Krisen der Weimarer Republik zu einer politischen Wanderdüne, die sich kontinuierlich nach rechts verschob. Die am linken Spektrum des Bürgertums verortete DDP bekam dies als erste der drei bürgerlichen Parteien zu spüren. Bei den Reichstagswahlen vom 20. Mai 1928 entfielen auf die DDP noch 4,9 Prozent, auf die DVP 8,7 Prozent. Zwei Jahre später erreichten die beiden liberalen Parteien zusammen lediglich 8,5 Prozent.[155]

Wider die „Zwangswirtschaft"

Nach den Enttäuschungen als Reichstagsabgeordneter setzte Carl Friedrich von Siemens einige Hoffnungen auf die Tätigkeit des Vorläufigen Reichswirtschaftsrats, in dem er am 29. Juni 1923 zu einem der beiden Präsidenten gewählt worden war.[156] Als berufsständisch aufgebautes Organ war der Vorläufige Reichswirtschaftsrat nach Wirtschaftsgruppen zusammengesetzt, deren Vertreter paritätisch von den Arbeitgeberverbänden und den Gewerkschaften benannt wurden. Dementsprechend bestand eine Doppelspitze aus einem Präsidenten der Arbeitgeberseite und einem aus den Gewerkschaften. Siemens war als Nachfolger des verstorbenen Friedrich Edler von Braun als Vertreter der Arbeitgeber gewählt worden. Er leitete den Vorläufigen Reichswirtschaftsrat bis zu dessen Auflösung zehn Jahre lang gemeinsam mit Theodor Leipart, dem Vorsitzenden des Allgemeinen Deutschen Gewerkschaftsbunds (ADGB). Beide hatten bereits im Herbst 1918 in den Verhandlungen zur Bildung der ZAG konstruktiv zusammengearbeitet.

In seiner Festrede zum zehnjährigen Jubiläum des Vorläufigen Reichswirtschaftsrats beschrieb Carl Friedrich von Siemens die Aufgabe dieses Verfassungsorgans, das als ein Zwitter zwischen berufsständischem Parlament und Beratungsrat konzipiert worden war:

> *„Durch die Schaffung des Reichswirtschaftsrats sollte der Versuch unternommen werden, die Vorbereitungen für die Lösung wirtschaftlicher Probleme zu treffen durch Feststellung der sachlichen Grundlagen unter möglichster Ausschaltung politischer Überlegungen."*[157]

Dies kam den Erwartungen nahe, die Siemens einmal an den Reichstag gehabt hatte, dort aber im parlamentarischen Betrieb untergegangen waren. Es wäre naheliegend gewesen, sich umso engagierter im Vorläufigen Reichswirtschaftsrat einzubringen. Doch dies war nicht der Fall. Seit dem Wechsel von Braun zu Siemens fand die Arbeit des Rats nur noch in den Ausschüssen statt, nicht mehr im Plenum. Carl Friedrich von Siemens gehörte keinem Ausschuss an, und als Präsident des Vorläufigen Reichswirtschaftsrats trat er kaum öffentlich in Erscheinung.[158] Die Arbeit an dem großen Projekt des Rats, einem Gesetzentwurf für die Umwandlung in einen endgültigen Reichswirtschaftsrat, überließ er seinem Co-Präsidenten Leipart und dem renommierten Wirtschaftsjuristen Max Hachenburg. Eine wichtige Rolle spielte auch der Industrielle Hans Kraemer als Vorsitzender des Wirtschaftspolitischen Ausschusses.[159] In der Öffentlichkeit war Siemens als Unternehmer und Präsident der Reichsbahn bekannt, kaum dagegen als Präsident des Vorläufigen Reichswirtschaftsrats. Dies hing auch damit zusammen, dass der Rat insgesamt wenig Beachtung fand, weil er nicht mit einer Gesetzgebungsbefugnis ausgestattet war. Zudem konnte Siemens schon wegen der Belastung durch die Leitung der DRG nicht viel Zeit für dieses Ehrenamt erübrigen.

Auch beim RDI hielt er sich als stellvertretender Vorsitzender zurück. Im September 1924 hatte ihn der RDI-Vorsitzende Kurt Sorge als einen von drei möglichen Nachfolgern im Blick. Schon 1919 war er aus der engeren Wahl für dieses Amt ausgeschieden, und jetzt kam er nach seiner Zusage bei der Reichsbahn nicht mehr in Betracht. Nachdem die beiden anderen Favoriten Sorges, Ernst von Borsig und Albert Vögler, abgesagt hatten, fiel die Wahl auf Carl Duisberg.[160] Da Duisberg durch den Aufsichtsratsvorsitz der IG Farben beansprucht war, hätte er beim RDI die stellvertretenden Vorsitzenden gerne stärker eingespannt. In dieser Hinsicht war Siemens eine Enttäuschung, wie sie Duisberg von ihm schon beim Stifterverband erlebt hatte. Er hielt sich völlig aus der Verbandsarbeit heraus.[161] Ihm war klar, dass er als Präsident der Reichsbahn für den RDI nicht viel Zeit aufbringen konnte. Zweimal bat er Duisberg vergeblich, den stellvertretenden Vorsitz niederlegen zu dürfen, aber auf einen Siemens wollte man in der RDI-Führung nicht verzichten.[162] Duisberg konnte sich dies auch leisten, weil inzwischen zwölf Beiräte gebildet worden waren und ihn der neue tatkräftige Hauptgeschäftsführer Ludwig Kastl in der Verbandsarbeit weitgehend entlastete.[163]

Auf Kastl ist es wohl zurückzuführen, dass der RDI im Dezember 1925 erstmals eine programmatische Denkschrift vorlegte, die einer Generalabrechnung mit der Finanz- und Sozialpolitik gleichkam. Darin wurde vorgerechnet, dass die Steuern und Sozialabgaben auf 25 bis 30 Prozent des Volkseinkommens gestiegen waren, gegenüber 14 Prozent vor dem Krieg. Die Denkschrift „Deutsche Wirtschafts- und Finanzpolitik" forderte einen Abbau der öffentlichen Ausgaben um mindestens 20 Prozent, einen Abbau der Zölle und flexible Arbeitszeitregelungen.[164] Eine ähnliche Steigerung der Steuerlast ließ sich im Siemens-Konzern feststellen. 1912/13 hatten S&H 1,2 Prozent des Umsatzes für Steuern aufbringen müssen, im Geschäftsjahr 1924/25 bereits drei Prozent. Bei den SSW stieg die Steuerlast im selben Zeitraum sogar von 0,4 auf 3,8 Prozent des Umsatzes.[165] Nicht erwähnt wurde bei diesen Vergleichen, dass der Vorkriegsstand eine höchst problematische Referenzgröße darstellte. Das Kaiserreich war nicht in der Lage gewesen, ein modernes Steuersystem zu errichten, mit der Erzberger'schen Finanzreform wurde dies in den Jahren 1919/20 nachgeholt und prompt der Weimarer Republik als Steuertreiberei angelastet.

Carl Friedrich von Siemens gehörte nicht der zehnköpfigen Delegation des RDI an, die dem neuen Reichspräsidenten Paul von Hindenburg die Forderungen der Denkschrift vortrug.[166] Doch kritisierte er nicht weniger scharf die Belastung der Wirtschaft durch Steuern und Sozialabgaben. In einem Vortrag vor der Liberalen Vereinigung wartete er im Mai 1925 mit ähnlichen Zahlen auf wie die RDI-Denkschrift: „Ein Drittel der gesamten deutschen Produktion ist kostenlos an den Staat für seine Erhaltung abzugeben." Vor dem Krieg habe dieser Anteil noch bei 15 Prozent gelegen, zudem hätten die Sozialabgaben von 1,1 Mrd. Mark auf 1,8 bis 2,0 Mrd. RM zugenommen.[167]

Wie die gesamte Industrie hielt Siemens die von den Gewerkschaften propagierte Kaufkrafttheorie für fatal, wonach die Nachfrage durch Lohnerhöhungen preisbereinigt gesteigert werden könnte. Als die Arbeitslosenzahl im Winter 1925/26 durch die sogenannte Zwischenkrise vorübergehend auf über zwei Millionen stieg, wurde dies im Geschäftsbericht von S&H der Einstellung der Gewerkschaften und der Schlichtungsbehörden angelastet:

> *„Der Glaube an die Möglichkeit, die Kaufkraft in einem kapitalarmen Lande durch Steigerung des Lohnniveaus zu erhöhen, erweist sich immer deutlicher als irrig. Unrentable Wirtschaft, weitere Verminderung des inländischen Kapitals und schwere Arbeitslosigkeit sind die Folgen. Der Vorteil der erhöhten Bezüge, welche die Arbeitnehmer mit Unterstützung der Staatsgewalt durchgesetzt haben, ist ihnen größtenteils durch Steigerung der Lebenskosten verlorengegangen."*[168]

Die Kritik an der Belastung der Wirtschaft durch Löhne und Gehälter hielt an, als auf die Zwischenkrise ein kräftiger Aufschwung folgte.[169] In dem im Februar 1928 vorgelegten Geschäftsbericht für das Geschäftsjahr 1926/27 wurde dargelegt, dass die durchschnittlichen Stundenverdienste der Arbeiter bei S&H und den SSW um durchschnittlich zehn, bei den Arbeiterinnen sogar um zwölf Prozent/Jahr gestiegen waren. Allein 1927 hätte sich eine Erhöhung von zwölf Prozent ergeben – so viel wie im gesamten Zeitraum zwischen Anfang 1908 und Mitte 1914, einer konjunkturell ebenfalls günstigen Phase. Die Personalkosten seien „unter wesentlicher Mitwirkung der Regierung" gesteigert worden.[170] Gemessen an der Position des Arbeitgeberverbandes in der nordwestdeutschen Eisen- und Stahlindustrie (Arbeit Nordwest), der sich im Herbst 1928 unter dem Vorsitz von Paul Reusch im „Ruhreisenstreit" mit einer Aussperrung von rund 200.000 Metallarbeitern über einen geltenden Schiedsspruch hinwegsetzte, fielen die kritischen Töne bei Siemens freilich moderat aus.[171]

Dafür gab es gute Gründe. Carl Friedrich von Siemens musste sich vorhalten lassen, dass die Klagen über die Personalkosten im Geschäftsbericht 1926/27 nicht glaubwürdig seien, da er gleichzeitig Abschlussprämien für die Belegschaft eingeführt hatte. In der Aufsichtsratssitzung vom 23. Februar 1928 verwahrte er sich gegen diesen Vorwurf: „Wir hätten uns gegen die allgemeine Belastung der Wirtschaft durch Löhne und Gehälter ausgesprochen, denn wir wären in unserem Verbande auch mit vielen kleinen Firmen zusammen, die eine solche Belastung nicht tragen könnten."[172] Im Umkehrschluss hieß dies, dass der Siemens-Konzern die Lohnerhöhungen tragen konnte. Vor allem die SSW konnten die Kostensteigerungen aufgrund ihrer Marktmacht auf die Preise umlegen. Nur im Auslandsgeschäft konnten sich Nachteile für die Wettbewerbsfähigkeit ergeben.[173] Die hohen Löhne konnten in der Berliner Metallindustrie auch nicht glaubwürdig der staatlichen Schlichtung angelastet werden. Hier lagen die Effektivlöhne ganz erheblich über den Tariflöhnen. Für die Facharbeiter bestand zwischen 1924 und Juli 1928 gar kein Tarifvertrag. Ihre Löhne waren gleichwohl stark gestiegen, da die Arbeitgeber Leistungszulagen zahlten, um die Facharbeiterschaft zu halten. Hinzu kam allerdings noch, dass das sogenannte Arbeitszeitnotgesetz vom 14. April 1927 die Überstundenzuschläge einheitlich auf 25 Prozent heraufsetzte.[174]

Obwohl die Siemens-Unternehmen trotz der hohen Löhne glänzend verdienten und nicht unmittelbar von staatlichen „Lohndiktaten" betroffen waren, hielt Carl Friedrich von Siemens die staatliche Zwangsschlichtung für einen schädlichen Eingriff in die Wirtschaft.[175] Als überzeugtem Liberalen war für ihn das deutsche Schlichtungswesen wegen des Zwangscharakters inakzeptabel. Anders als den radikalen Gegnern der Weimarer Arbeitsverfassung in der Schwerindustrie und in mittelständischen Wirtschaftsverbänden ging es ihm nicht um eine Beseitigung des Tarifvertragsprinzips. Für ihn waren zwangsweise verordnete Tarifverträge aber ebenso wie hohe Zölle und Subventionen Relikte einer „Zwangswirtschaft", die es zu überwinden galt. Dass die allermeisten Tarifverträge ohne solchen Zwang zustande kamen, wurde auch von ihm gerne übersehen.

Sein wirtschaftspolitisches Credo gegen die „Zwangswirtschaft" brachte er zusammengefasst auf der Weltwirtschaftskonferenz vor, die vom 4. bis 27. Mai 1927 in Genf stattfand. Siemens wurde vom Auswärtigen Amt als Chef der deutschen Delegation dorthin entsandt.[176] Diese Ehre verdankte er wohl seinem Amt als Präsident des Vorläufigen Reichswirtschaftsrats, der einen Teil der Mitglieder des im April 1926 einberufenen Ausschusses zur Untersuchung der Erzeugungs- und Absatzbedingungen der deutschen Wirtschaft stellte. Der Ausschuss sollte auch zur Vorbereitung auf die Weltwirtschaftskonferenz dienen.[177] Hinzu kam, dass die Elektroindustrie bei der Genfer Konferenz eine wichtige Rolle spielte, die internationalen Vertreter der Branche hatten sich auf einer Vorkonferenz in Lausanne-Ouchy abgestimmt. Von deutscher Seite nahmen der ZVEI-Hauptgeschäftsführer Hans von Raumer und der SSW-Auslandsvorstand Hermann Reyss teil.[178]

Auf der Weltwirtschaftskonferenz stand Siemens in der Plenarsitzung vom 5. Mai 1927 mit einem Vortrag über „Die Funktionen der Industrie in der wirtschaftlichen Weltsituation und in den nationalen Beziehungen" auf dem Programm. Näher beschäftigte er sich dabei mit der „Zwangswirtschaft", worunter er die „gewaltsamen Eingriffe in das natürliche Funktionieren der Wirtschaftsmaschine" verstand. Sie könne in der Kriegswirtschaft und in Übergangsphasen wie bei der Demobilmachung nach dem Weltkrieg Sinn machen. In Deutschland bestehe sie aber immer noch im Wohnungsbau und „aus politischen Gründen auf dem Gebiet der Löhne". Diese würden „zwangsweise und willkürlich von Beamten des Arbeitsminis-

Carl Friedrich von Siemens auf der Weltwirtschaftskonferenz in Genf, 1927

teriums mit gesetzlich bindender Kraft für den Unternehmer festgelegt.“ Durch ein derart „einseitiges Starren auf die Kriegszeit“ werde der Bevölkerung schwerer Schaden in der Lebenshaltung zugefügt.[179]

In der Genfer Rede wandte Siemens sich anschließend mit ähnlichen Begründungen gegen hohe Subventionen und Zölle. Ausführlicher ging er auch auf das „Produktionsgesetz“ ein, das er der Kaufkrafttheorie entgegenstellte. Er war zutiefst überzeugt, „daß kein Staat, also keine in sich geschlossene Volkswirtschaft, mehr verbrauchen kann als ihre Produktion beträgt, daß keinem Menschen mehr als sein Anteil an der Produktion zusteht“.[180] Für ein Land wie Deutschland, in dem nicht mehr so viel produziert wurde wie vor dem Krieg, konnte das nur Selbstbescheidung und Konzentration auf Erhöhung der Fertigung bedeuten. Schließlich legte er den versammelten Delegierten aus aller Welt auch noch eine aufklärerische Maxime nahe:

> *„Wir müssen in der Wirtschaft daher stets dafür sorgen, dass der einzelne Mensch, der die Fähigkeiten und das Vertrauen zu sich selbst besitzt, auf eigene Verantwortung mit Aussicht auf Erfolg tätig sein kann.“*[181]

Amerika ist anders

Es war naheliegend, dass Carl Friedrich von Siemens bei seinen wirtschaftspolitischen Ausführungen auch auf die Bedingungen in den USA verwies. Wie nie zuvor wurden die Vereinigten Staaten in den 1920er-Jahren in Deutschland zu einer Referenzgröße. Nach der Inflationszeit brach geradezu eine Amerikaeuphorie aus. Beflügelt von Automobilen, Konsumgütern und Filmen aus dem Land der unbegrenzten Möglichkeiten, wurde Amerika zum Symbol für Wohlstand und Moderne. In der Industrie wurde die Rationalisierung der Fertigung nach dem Vorbild Henry Fords zum Maßstab, in der Finanzwelt kam die Absatzfinanzierung durch Teilzahlung auf. Unternehmer und Gewerkschafter pilgerten nach Amerika. Alle fanden dort, was nach ihrem Eindruck Deutschland fehlte. Für die Gewerkschaften waren es das hohe Lohnniveau und die günstige Güter liefernde Massenfertigung, für die Unternehmen die hohe Produktivität und die geringe Reglementierung der Arbeitsverhältnisse. Die Berichte dieser Reisenden sind keine zuverlässige Quelle für Untersuchungen über die damalige Entwicklung in den USA, sie sagen aber viel über die Sicht der Verfasser aus.[182]

Als Vorsitzender des Reichskuratoriums für Wirtschaftlichkeit war Siemens mit der deutschen Diskussion über das amerikanische Modell gut vertraut. Er begann sich dazu aber erst selbst zu äußern, nachdem ihm der SSW-Vorstandsvorsitzende Carl Köttgen mit dem im Frühjahr 1925 veröffentlichten Buch „Das wirtschaftliche Amerika“ eine Vorlage gegeben hatte.[183] Es ist daher wichtig, zunächst auf Köttgens Thesen einzugehen. Im Herbst 1924 war er zur Unterzeichnung des Abkommens mit Westinghouse in die USA gereist.[184] Im Auftrag des Reichskuratoriums für Wirtschaftlichkeit, bei dem er stellvertretender Vorsitzender war, verband er diesen Anlass mit einer Studienreise. In Unternehmen und Instituten informierte er sich über die US-Wirtschaft, um nach der Rückkehr eine empirisch gesättigte Untersuchung zu veröffentlichen. Mitte Dezember kam Köttgen nach Berlin zurück, schon wenige Tage später berichtete er in einer gemeinsamen Aufsichtsratssitzung von S&H und SSW über seine Reise.[185] Im Frühjahr 1925 erschien dann im VDI-Verlag sein Buch. Es erfuhr mehrere Auflagen, wurde zur Pflichtlektüre für alle, die sich in Deutschland für das amerikanische Modell interessierten, und hatte nicht nur auf Siemens großen Einfluss, sondern auch auf das Amerikabild des gesamten Reichskuratoriums.

Als Kern seiner Befunde stellte Köttgen heraus, dass die Produktion in den USA um 70 Prozent höher lag als in Deutschland und das „Realeinkommen“ deshalb auch das deutsche Niveau um 70 Prozent übertraf.[186] Das Gefälle führte er zur Hälfte auf den größeren Markt, die Mechanisierung in der Landwirtschaft und den Rohstoffreichtum der Vereinigten Staaten, zur anderen Hälfte auf die

Carl Köttgen, um 1925

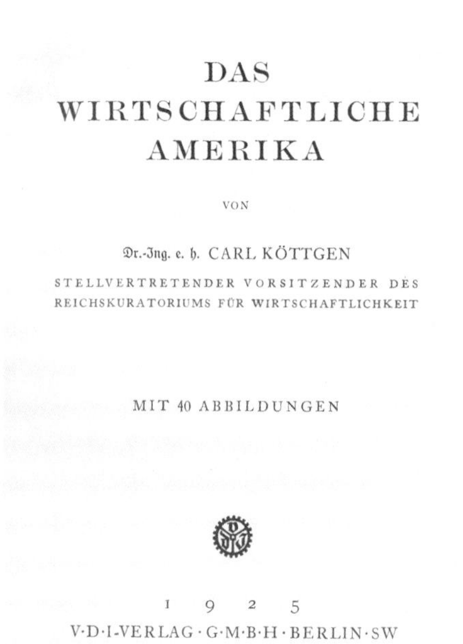

DAS
WIRTSCHAFTLICHE
AMERIKA

VON

Dr.-Jng. e. h. CARL KÖTTGEN
STELLVERTRETENDER VORSITZENDER DES
REICHSKURATORIUMS FÜR WIRTSCHAFTLICHKEIT

MIT 40 ABBILDUNGEN

1925
V·D·I-VERLAG·G·M·B·H·BERLIN·SW

Carl Köttgens Studie über die Wirtschaft der USA, 1925

überlegene Organisation, die stärkere Mechanisierung, die größere „Arbeitsintensität“ und längere Arbeitszeit des Einzelnen in der US-Industrie zurück.[187] Wie er zu dieser Aufschlüsselung kam, ist dem Buch nicht zu entnehmen. An einer Quantifizierung der einzelnen Faktoren versuchte er sich offenbar gar nicht erst. Es muss angenommen werden, dass er die Relation freihändig so bestimmte, wie sie passend erschien. In seinen abschließenden Folgerungen empfiehlt Köttgen, in Deutschland die Möglichkeiten der Rationalisierung nicht zu überschätzen und mehr auf Selbstdisziplin, das „Gebot der Arbeitsamkeit“, zu setzen.[188]

Dieses Ergebnis passte – nicht verwunderlich – nahtlos zur Argumentation der deutschen Industrie, die nicht wieder zum Achtstundentag zurückkehren wollte und sich gegen die Kritik verwahrte, durch eine zu zögerliche Rationalisierung zum Rückstand gegenüber den USA beigetragen zu haben. Wie in Deutschland damals üblich, bemaß sich die Produktivität nicht am Ergebnis der Fertigung, sondern an der Arbeitsintensität („Arbeitsamkeit“). Eine Verkürzung der Arbeitszeit musste nach diesem Schema zwangsläufig zu einem Rückgang der Produktion führen.[189] Die von Köttgen präsentierten Daten stützen seine Thesen allerdings keineswegs eindeutig. Er ging für Deutschland von einer durchschnittlichen Arbeitszeit von 46,2 Stunden aus. In den von ihm aufgelisteten 23 Branchen der US-Industrie lag die Arbeitszeit nach „Sollstunden“ zwar nur in einem einzigen Industriezweig, nach „Iststunden“ aber in 14 Industriezweigen unter der für Deutschland veranschlagten Dauer.[190]

Carl Friedrich von Siemens griff Köttgens Ergebnisse bereits im Mai 1925 in einem Vortrag über Staat und Wirtschaft vor der Liberalen Vereinigung auf: „Es ist zur Zeit bei uns Mode, in wirtschaftlichen Dingen Amerika als nachahmenswertes Beispiel hinzustellen. Ich würde es begrüßen, wenn diese Kritiker sich auch ihrerseits auf die Grundlage einstellen würden, auf denen die amerikanische Wirtschaft aufgebaut ist.“ Eine Prüfung der amerikanischen Verhältnisse beweise, „dass das wirtschaftliche Gedeihen allein von der Produktion abhängig ist“. Fords Rezept könne in Deutschland nicht nachgemacht werden, weil eine derartige Massenfertigung in einem kleiner und ärmer gewordenen Land nicht rentabel wäre. Auch die natürlichen Ressourcen würden es nicht zulassen, das amerikanische Modell erfolgreich zu kopieren: „So schmerzlich dies für uns Deutsche nun sein mag, der Amerikaner wird auf viele, viele Jahre hinaus besser leben können als der Deutsche, weil er eben in Amerika lebt, dessen Naturbedingungen günstigere sind.“[191]

Siemens argumentierte dabei mit der von Köttgen verwendeten Einheit „Produktion pro Mann“. Zu verstehen war darunter nach der Erläuterung in Köttgens Buch die Arbeitsintensität:

> *„Der amerikanische Arbeiter begreift, dass jeder Einzelne dazu beitragen muss, die Erzeugung des ganzen Landes zu steigern. Auf diese Produktion pro Mann kommt es an. Und wenn es der Arbeitende nicht einsieht, wird er durch den Arbeitgeber belehrt. Oder er mag dorthin gehen, wo es ihm besser passt.“*[192]

1925 ging Siemens davon aus, man habe in Deutschland die „Produktion pro Kopf auf wenigstens 70 Prozent der Vorkriegszeit zurücksinken lassen“.[193] Heute ist davon auszugehen, dass sowohl die Industrieproduktion als auch die Arbeitszeit in Deutschland Mitte der 1920er-Jahre in etwa bei 80 Prozent des Vorkriegsstands lag.[194] In einer Zeit, in der der moderne Produktivitätsbegriff in Deutschland noch unbekannt war, sahen die Industriellen in dieser Koinzidenz einen monokausalen Zusammenhang.[195] Ein zugkräftigeres Argument für die Verlängerung der Arbeitszeit hätte sich kaum finden lassen.

Mit Köttgens „Berechnungen“ konnte Carl Friedrich von Siemens sein „ehernes Produktionsgesetz“ untermauern, wonach nicht mehr konsumiert werden konnte, als produziert wurde. Wenn die „Produktion pro Kopf“ in Amerika so viel höher war, konnte dort auch mehr konsumiert werden als in Deutschland. Über den Konsum die Nachfrage anzukurbeln, wie die Anhänger der Kaufkrafttheorie forderten, würde die ökonomischen Gesetze auf den Kopf stellen und das Land vollends ins Elend stürzen. Einem so zurückgefallenen Land wie Deutschland bleibe nur Genügsamkeit und „Arbeitsamkeit“. Um dies zu verdeutlichen, bediente er sich auch eines im damaligen Stil gehaltenen Vergleichs mit Afrika. Selbst dortige Stämme wüssten besser als die Deutschen, dass man sich nach einer schlechten Ernte nicht satt essen dürfe, um bis zur nächsten Ernte durchzuhalten.[196]

Während die Gewerkschaften unter Berufung auf Henry Fords innovative Prinzipien und die Kaufkrafttheorie Amerika zum Vorbild erklärten, konnte Siemens mit den Befunden Köttgens dagegenhalten. Zu groß seien die Unterschiede bei den Bodenschätzen, der Größe des Wirtschaftsraums, aber auch bei der Arbeitsintensität und der Einstellung zu Arbeit. Seiner Überzeugung nach konn-

Fließfertigung von Staubsaugern im Berliner Elektromotorenwerk, 1930

ten die Deutschen jedoch in den Arbeitsbeziehungen von den USA lernen. In der Generalversammlung von S&H am 26. März 1926 trat er dafür mit einer verklärten Sicht auf die amerikanischen Verhältnisse ein:

„Der Unternehmer wird heute von der Gewerkschaftsseite dauernd auf Amerika hingewiesen als Muster für die Rettung unserer Wirtschaft. – Darf ich vorschlagen, diesen Hinweis auch auszudehnen auf das Bestreben jedes amerikanischen Unternehmers, ein möglichst großes Solidaritätsgefühl zwischen sich und seinen Mitarbeitern zu schaffen. [...] Wir glauben nicht, dass beste Qualität erzielt wird, wenn der Mensch seelenlos wie die Maschine arbeitet“.[197]

In Bezug auf Europa war Siemens skeptischer als Köttgen, der in seinem Buch Hoffnungen auf die damals recht bekannte Paneuropa-Kampagne des Publizisten Richard Nikolaus Coudenhove-Kalergi setzte. Ein politischer Zusammenschluss sei zwar eine Utopie, aber mit einem gemeinsamen Wirtschaftsraum könnte Europa einen der großen Nachteile gegenüber den USA wettmachen und ein höheres Wachstum erzielen.[198] Siemens hielt dem nüchtern entgegen: Selbst eine europäische Zollunion sei „ein schöner Traum, dessen Verwirklichung wir nicht mehr erleben werden“.[199]

Die „Überfremdung“ der deutschen Elektroindustrie

„Eine sensationelle Angriffsrede“ nannte das *Berliner Tageblatt* am 15. Oktober 1929 die Ansprache, die Carl Friedrich von Siemens drei Tage zuvor bei der Jubilarfeier in Siemensstadt gehalten hatte. Die *Frankfurter Zeitung* berichtete einen Tag später von der „Fanfare des Herrn von Siemens“.[200] Es war ungewöhnlich, dass Worte, die er an Senioren und Lehrlinge richtete, in der Presse erschienen. Um eine große Wirkung zu erzielen, hätte er sich ein anderes Forum aussuchen können, etwa die Jahrestagung des RDI, die wenige Wochen zuvor in Düsseldorf stattgefunden hatte. Offenbar brannte ihm das Thema unter den Nägeln, und es ist davon auszugehen, dass er den Text der Rede oder eine zusammenfassende Mitteilung an die Presse gegeben hatte.

Die Jubilarfeier hatte er genutzt, um die „Überfremdung“ der deutschen Industrie, den Verkauf von Firmen und Kapitalbeteiligungen an amerikanische Konzerne, zu kritisieren:

> *„Manche Führer der einst so stolzen Elektroindustrie haben – so scheint es mir – zu früh das Steuer aus der Hand gegeben und den fremden Lotsen an Bord gerufen, weil sie nicht glaubten, den Sturm selbst meistern zu können. [...] Wie erst, wenn der Lotse nicht nur Lotse ist, sondern als Unternehmer eigene Schiffe unter der Flagge seines Landes in Konkurrenz zu deutscher Arbeit fahren ließ. Er wird seine deutschen Kapitäne als Handlanger benutzen für den Willen des Auslandes."*[201]

Auch wenn Siemens den Namen nicht nannte, war ganz offensichtlich, auf welches Unternehmen er sich bezog: Die AEG hatte zwei Wochen zuvor General Electric eine 15-prozentige Kapitalbeteiligung und fünf Sitze in ihrem Aufsichtsrat eingeräumt. Es war auch kein Geheimnis, dass die AEG bereits mit dem US-Konzern International Telephone & Telegraph Corporation (ITT) über die Errichtung einer Holdinggesellschaft verhandelte, in der sie die Majorität bei ihrer Schwachstromtochter Mix & Genest einbringen würde. Nachdem die AEG von der Rede bei der Jubilarfeier erfahren hatte, musste man dort befürchten, vom Siemens-Konzern mit einer national gefärbten Kampagne überzogen zu werden. Die AEG sah sich zu einer öffentlichen Erklärung genötigt, in der sie klarstellte, „nicht überfremdet, sondern ein deutsches Unternehmen" zu sein.[202]

Aufgrund seiner Jubilarrede stand Carl Friedrich nun im Ruf eines Wortführers gegen die „Überfremdung", nicht nur in der deutschen Presse, sondern auch international. Die *Herald Tribune* widmete der „von Siemens speech" eine halbe Seite unter dem Titel „Reich Fears Control of Industries here".[203] Der „Ausverkauf" der deutschen Industrie war damals ein wichtiges Thema. Im März 1928 hatte die Familie von Opel ihr traditionsreiches Automobilunternehmen zu 80 Prozent an General Motors verkauft. Die Adam Opel AG war der mit Abstand größte und modernste deutsche Automobilhersteller. Der Verkauf führte daher in der Presse zu einer Welle nationaler Empörung, wurde als „Todesstoß für die deutsche Automobilindustrie" und „Zeichen der deutschen Notlage" gedeutet.[204] In dieser Branche waren die deutschen Hersteller den US-Konzernen derart unterlegen, dass sie nicht als Konkurrenz angesehen wurden. General Motors übernahm Opel, weil der Markt in den USA gesättigt erschien und in Deutschland die Einfuhrzölle für Automobilteile drastisch erhöht worden waren. In der Elektroindustrie war die Überlegenheit

Amerikas hingegen nicht so eindeutig. Hier hatte lange ein Gleichgewicht zwischen den amerikanischen und den deutschen Konzernen bestanden. Als Folge des Ersten Weltkriegs war die deutsche Elektroindustrie zurückgefallen, Siemens hatte den Rückstand weitgehend aufgeholt, die AEG war mit General Electric zwar nicht ebenbürtig, andererseits aber auch kein Übernahmekandidat.

Wie Siemens kam die AEG nicht ohne amerikanisches Kapital aus. Während Siemens sich ausschließlich über große Auslandsanleihen versorgte, geschah dies bei der AEG ab 1929 durch die Beteiligung von General Electric. Die beiden deutschen Konzerne verfolgten damit unterschiedliche Strategien. Bei Siemens legte Carl Friedrich größten Wert darauf, dass kein anderer Elektrokonzern Einfluss erlangte. Diesen Standpunkt konnte er sich leisten, da Siemens bei den amerikanischen Banken aufgrund seiner guten Bilanzen schier unbegrenzten Kredit genoss. Im Oktober 1929, während sich General Electric gerade an der AEG beteiligte, wurde Siemens von einem New Yorker Bankhaus angeboten, eine Anleihe über 400 Mio. US-Dollar aufzulegen.[205] Im März 1930 emittierte eine andere US-Bank eine Siemens-Anleihe über 14 Mio. US-Dollar mit faktisch unbegrenzter Laufzeit.[206] Die AEG konnte sich dagegen 1929 wohl nur durch eine amerikanische Beteiligung das benötigte Kapital verschaffen. General Electric ging es dabei nicht darum, die AEG zu schlucken. Konzernchef Gerard Swope wollte sie als Partner halten und hatte ein großes Interesse an einer Koordination zwischen den führenden amerikanischen und deutschen Elektrokonzernen. Im Rahmen der internationalen Abstimmung innerhalb der Branche hatten Siemens und die AEG vor noch nicht allzu langer Zeit einvernehmlich aus ihren Beteiligungen bei Osram eine 16-prozentige Beteiligung an die ITT abgegeben.

So gesehen war die AEG der falsche Adressat für Warnungen vor den zunehmenden amerikanischen Direktinvestitionen in Deutschland, weshalb man dort Carl Friedrich von Siemens vorwarf, die nationale Empörung über den „Ausverkauf" deutscher Firmen zu Vorteilen gegenüber einem Wettbewerber auszunützen.[207] Er stritt dies entschieden ab. In einem Interview mit dem *Berliner Börsen-Courier* erklärte er, seine Rede bei der Jubilarfeier habe sich nicht gegen ein bestimmtes Unternehmen gerichtet, sondern nur der beunruhigten Belegschaft versichern sollen, dass kein ausländischer Konzern einsteigen würde.[208]

In der Jubilarrede hatte er auch darauf hingewiesen, dass bereits mehrere kleine Firmen der Branche in ausländische Hände übergegangen waren. Als Vorsitzender des ZVEI wird er diese Entwicklung genau beobachtet haben. Vermutlich war dies auch der Hintergrund seiner Rede, die als Angriff auf die Verbindung der AEG mit General Electric verstanden werden musste. Vor allem die kleineren Telefonhersteller konnten ohne hohe Investitionen nicht mit dem technischen Fortschritt auf ihrem Gebiet mithalten. Zugleich fuhr die Reichspost wegen der schwierigen Haushaltslage ihre Bestellungen zurück, diese Unternehmen hatten praktisch nur noch die Wahl, sich in die Hände der Banken zu begeben oder unter das Dach eines Konzerns zu flüchten. Angebote aus dem Ausland konnten sie nicht ablehnen.

Schon bald nach Carl Friedrich von Siemens' Rede bei der Jubilarfeier wurde die „Überfremdung“ in der deutschen Schwachstromindustrie zur Realität. In der Weltwirtschaftskrise gelang es dem ITT-Konzern, namhafte Telefonhersteller mit einem Anteil an dem nach Quoten vergebenen Postgeschäft einzusammeln. Damit verband sich nun ein Name: Standard Elektrizitäts-Gesellschaft (SEG), die Anfang 1930 vom ITT-Konzern gemeinsam mit der AEG und Felten & Guilleaume als Holding für Beteiligungen am Telefongeschäft in Deutschland gegründet wurde. Zum Beteiligungsverhältnis der Gesellschafter wurden keine Angaben bekannt, doch ist davon auszugehen, dass die Auslandsgesellschaft der ITT die Majorität hielt, darauf deutet schon der Name der Holding hin.[209] Die AEG brachte ihre angeschlagene Schwachstromgesellschaft Mix & Genest in die SEG ein, Felten & Guilleaume die Süddeutsche Apparatefabrik GmbH und Philips den Telefonhersteller C. Lorenz AG. Hinzu kamen die Ferdinand Schuchardt AG und die Berliner Fernsprech- und Telegraphenwerk AG. Mitte 1930 war die SEG bereits mit 28,5 Prozent am Postgeschäft beteiligt, auf den Siemens-Konzern entfielen 71,5 Prozent. Konzernunabhängige „freie“ Hersteller gab es in diesem Geschäft nicht mehr.[210]

Carl Friedrich von Siemens konnte dem auch Vorteile abgewinnen. Als er sich im Oktober 1931 in New York mit ITT-Chef Sosthenes Behn traf, äußerte er sich zum „Ausverkauf“ deutscher Elektrounternehmen ganz anders als in der Jubilarrede. In einer von seinem Büro erstellten Zusammenfassung dieses Gesprächs heißt es dazu: „Gegen den Aufkauf der drei deutschen Firmen durch Mr. Behn hätten wir nichts einzuwenden, denn es sei uns lieber, einen kapitalkräftigen Konkurrenten zu haben, der auf die Erzielung angemessener Preise ebenfalls Wert lege, als drei notleidende Firmen, die, um überhaupt Aufträge zu erhalten, ständig mit den Preisen schleudern müssten."[211] Ein Jahr später kam Behn auf den Heinenhof. Bei diesem Treffen sagte ihm Siemens eine höhere Quote im Reichspostgeschäft zu, um einen „starken Preiskampf" zu vermeiden.[212]

6.
Abkehr von Weimar

Neuer Glanz auf dem Heinenhof

Im Herbst 1929 nahm Carl Friedrichs Privatleben eine glückliche Wendung. Am 19. November konnte er seine frühere Freundin Margarete Siemens geb. Heck heiraten, die kurz zuvor von seinem Vetter Wilhelm Otto Siemens geschieden worden war. Er selbst war inzwischen schon seit sieben Jahren geschieden.[1] In dieser Zeit hatte seine verwitwete Schwester Hertha Harries den Haushalt auf dem Heinenhof geleitet. Nun segelten Carl Friedrich, Margarete und Hertha gemeinsam als „Hochzeitsreise" nach Griechenland. Für Margarete soll es kein Vergnügen gewesen sein, weil sie stark unter Seekrankheit litt.[2]

Hertha hatte in den vorangegangenen Jahren als Hausherrin des Heinenhofs vielseitige Aufgaben zu erfüllen. Das Anwesen war durch die große Zahl des Personals praktisch ein eigener Betrieb, der geleitet werden musste. Eine Hausherrin hatte zudem repräsentative Verpflichtungen. Gäste aus aller Welt waren zu empfangen.[3] Trotzdem zog sich Hertha nie wie ihr Bruder in den Heinenhof zurück. Mit Veranstaltungen in ihrem Elternhaus in Charlottenburg, das 1926 von S&H erworben worden

Margarete von Siemens, 1930

war, förderte sie die Künstlerhilfe. Sie engagierte sich bei der Inneren Mission, einer Hilfsorganisation der evangelischen Kirche, und kümmerte sich um die von ihr gegründeten Erholungsheime für Mitarbeiterinnen und Mitarbeiter des Siemens-Konzerns. Als Hertha nach der Hochzeit von Carl Friedrich und Margarete den Heinenhof verließ, blieben ihr immer noch drei Wohnsitze: die Siemens-Villa in der Berliner Straße 36 in Charlottenburg, ihr Landgut Bienenwerder in Müncheberg am Rande der Märkischen Schweiz und ihre Villa in der Toskana.[4]

Carl Friedrichs Sohn Ernst kehrte im selben Jahr nach Berlin zurück. Wie sein Vater war er als junger Mann ein begeisterter Sportler, seine Leidenschaft galt dem Bergsteigen, für das er sich schon früh während der Urlaube im Jagdhaus Carl Friedrichs bei Ruhpolding begeistert hatte. Während des Physikstudiums in München wurde Ernst aktives Mitglied des dortigen Alpenvereins. Anders als sein Vater bewies er im Studium viel Talent und wurde von dem

Ernst von Siemens beim Wandern bei Längau, 1928

Physiknobelpreisträger Wilhelm Wien als Doktorand angenommen. Während der Arbeit an seiner Dissertation über Spektralmessungen erkrankte er im Alter von 24 Jahren an spinaler Kinderlähmung, und nur mit größten Anstrengungen konnte er verhindern, dass daraus eine dauerhafte Lähmung wurde. Das Bergsteigen musste er jedoch aufgeben. Als dann auch noch sein Doktorvater gestorben war, brach er die Dissertation ab und zog nach Berlin zurück, um bei S&H einzutreten. Halbwegs genesen, begann er seine Karriere 1929 in der Sozialpolitischen Abteilung.[5] Als unverheirateter Siemens-Erbe zählte er in der Presse bald „zu den wenigen noch großen Partien der Reichshauptstadt".[6]

Ursula von Siemens, 1926

Ernsts Schwester Ursula war drei Jahre jünger als er und dürfte länger auf dem Heinenhof gelebt haben. Sie besuchte die höhere Töchterschule in Potsdam und anschließend ein Internat in der Schweiz.[7] Ein Studium ziemte sich für junge Frauen aus der Familie von Siemens auch in dieser Generation noch nicht. Im Alter von 25 Jahren heiratete Ursula am 19. August 1931 auf dem Heinenhof Hubert Graf Blücher von Wahlstatt, einen Urenkel des berühmten preußischen Generalfeldmarschalls.[8] Hubert war Landwirt und verwaltete ein Gut seiner Familie in Oberägypten. Im Juli 1932 wurde in München Carl Friedrichs erster Enkel Nikolaus geboren.[9] Die Blüchers wohnten aber auch im oberägyptischen Edfu. Dort lebten sie, wie Carl Friedrich einmal schrieb, „abseits von jeder Zivilisation als praktisch einzige Europäer dicht an der Wüste".[10]

Margarete musste sich nach der Heirat mit Carl Friedrich in ihre neue Rolle als Hausherrin auf dem Heinenhof einleben. Anders als Hertha richtete sie sich auf dem Anwesen fest ein. Die Leitung des Betriebs und die repräsentativen Verpflichtungen dürften ihr gelegen haben. Als Tochter des hoch angesehenen Berliner Zoodirektors Ludwig Heck war sie in einem Umfeld aufgewachsen, in dem Festivitäten aller Größenordnungen, darunter glänzende Gartenfeste

Gäste auf dem Gartenfest auf dem Heinenhof während der Weltkraftkonferenz, 1930

der Prominenz, stattfanden. Carl Friedrich unternahm mit Margarete wieder mehr Reisen, sie begleitete ihn auch auf größeren Reisen mit geschäftlichem oder offiziellem Anlass. So dürfte er auf einer weiteren Griechenlandreise im Mai 1931 geschäftliche Termine mit Besichtigungen verbunden haben.[11] Ein halbes Jahr später fuhr sie bei einer Einladung zu Vorträgen in New York ebenfalls mit.[12]

Den Höhepunkt gesellschaftlichen Glanzes auf dem Heinenhof bildete ein Gartenfest, das Carl Friedrich im Juni 1930 anlässlich der zweiten Weltkraftkonferenz (World Power Conference) gab. Dass diese bedeutende internationale Großkonferenz in Berlin stattfand, war zwölf Jahre nach dem Krieg eine Hommage an die deutsche „Elektropolis" und ganz wesentlich den Bemühungen Carl Köttgens zu verdanken. Als Vorsitzender des deutschen nationalen Komitees des Weltenergierats war er auch Tagungsleiter. Rund 4.000 Teilnehmer aus aller Welt kamen zu diesem Kongress vom 16. bis 25. Juni 1930 nach Berlin. Es bedurfte dazu eines hochprofessionellen Veranstaltungsmanagements, wie es die Berliner Messegesellschaft für die Automobilausstellungen und die Deutschen Funkausstellungen entwickelt hatte. Als Konferenzzentrum konnten die Festsäle der

Krolloper am Tiergarten genutzt werden, dort war in den 1920er-Jahren ein Festsaal für 5.000 Personen errichtet worden.

Berlin konnte den Teilnehmern auch im Tagungsprogramm viel bieten. Den ersten Hauptvortrag hielt Albert Einstein, der damals das Kaiser-Wilhelm-Institut für Physik leitete, über „Das physikalische Raum- und Ätherproblem".[13] Es gab zahlreiche Fachsitzungen, auch zu Fragen der Ausbildung, Normierung und Statistik, dazu profanere Programmpunkte wie Besichtigungen des Gaswerks Tegel und des Kraftwerks West der Bewag. DRG-Generaldirektor Dorpmüller ließ in der Lokhalle des Verschiebebahnhofs Tempelhof 43 neu entwickelte Schienenfahrzeuge ausstellen, darunter als Weltpremiere die neueste Hochdrucklokomotive von Schwartzkopff.[14]

In diesem Rahmen erlebte auch der Heinenhof einen Superlativ. Carl Friedrich lud rund 400 Gäste zu einem Gartenfest in sein repräsentatives Anwesen ein. Dieses Ereignis wird aufwendige Vorbereitungen und logistische Großleistungen erfordert haben, für die Bedienung soll ein Personal von 250 Kräften benötigt worden sein.[15]

Margarete von Siemens (2. v. links) mit Melanie und Carl Köttgen (stehend) auf dem Gartenfest während der Weltkraftkonferenz, 1930

Unternehmensführung in der Weltwirtschaftskrise

Der Beginn der Weltwirtschaftskrise in Deutschland überraschte Carl Friedrich von Siemens nicht. Er hatte schon länger mit einer Krise gerechnet, die zur „Reinigung“ der deutschen Wirtschaft unvermeidlich sei. Von „bangen Sorgen für die Zukunft“ hatte er im Januar 1929 vor der Generalversammlung von S&H gesprochen und dargelegt, dass die „künstlich forcierte“ Konjunktur nicht gesund sein könne.[16] Als ihm Mortimer L. Schiff, ein Teilhaber des New Yorker Bankhauses Kuhn, Loeb & Co. Anfang Oktober 1929, wenige Wochen vor dem großen Crash an der Wall Street, anbot, für die Siemens-Stammgesellschaften eine Anleihe über 40 Mio. US-Dollar aufzulegen, lehnte er mit einer aufschlussreichen Begründung ab: „Durch die schweren Zeiten, die wir in Deutschland durchzumachen hatten, sind wir vielleicht besonders ängstlich geworden.“[17] Wenige Tage später wies er in einem Interview mit dem *Berliner Börsen-Courier* ein weiteres Mal auf die „Überlastung“ der deutschen Wirtschaft hin und fügte hinzu: „Bei Rückgang der Weltkonjunktur wird Deutschland daher am stärksten betroffen werden.“[18] Diese Wahrnehmung vieler Zeitgenossen spiegelt sich in wirtschaftshistorischen Untersuchungen zur „Krise vor der Krise“ wider, wobei die Ursachen und die Bewertung der Krisensymptome umstritten sind.[19]

Den Abschwung in Deutschland werteten Siemens und seine Mitstreiter im RDI dann als die erwartete hausgemachte Krise.[20] Auch das führende deutsche Wirtschaftsinstitut, das Institut für Konjunkturforschung, diagnostizierte „eine Beschleunigung des Konjunkturrückgangs, in dem sich die deutsche Wirtschaft seit Ende 1927 befindet“.[21] Der vorhergehende Crash an der Wall Street und seine Folgen galten als „Börsendepression“, nicht als der Beginn einer Weltwirtschaftskrise.[22] Als diese ab dem Frühjahr 1930 immer mehr Industrieländer erfasste, änderte sich die Sicht. Siemens hielt an seinem Erklärungsmuster fest, er passte es nur an und vertrat nun den Standpunkt, dass auch in den USA nach dem Weltkrieg eine „künstliche Nachfrage“ geschaffen worden sei. Man habe es versäumt, die Löhne der „veränderten Kaufkraft des Goldes“ anzupassen.[23] In der Krise würden die Illusionen der Nachkriegszeit zerplatzen, weltweit könnten die Folgen des Krieges nicht länger verdrängt werden. Anschaulich lässt sich diese Deutung seinem Grundsatzreferat in der Hauptausschusssitzung des RDI vom 19. Juni 1931 entnehmen:

> *„Es ist der größte Fehler, den die ganze Welt gemacht hat, die einsetzenden Krisen als normale Wirtschaftskrisen zu betrachten, wie sie stets im Wirtschaftsleben vorgekommen sind und weiter vorkommen werden; wir sind jetzt endgültig in der Zeit der Anpassung an die durch den Krieg und seine Folgen geschaffenen neuen wirtschaftlichen Verhältnisse eingetreten, ein hartes Erwachen aus dem Traum, der durch künstliche Mittel leider zu lange aufrecht erhalten wurde."*[24]

Später machte Carl Friedrich von Siemens nie einen Hehl daraus, dass er trotz seiner pessimistischen Erwartungen die Depression unterschätzt hatte. Zwar nahm die Beschäftigtenzahl bei den SSW schon 1929 um rund sechs Prozent ab, doch konnte er bei der Generalversammlung von S&H im Januar 1930 verkünden, dass im Siemens-Konzern 137.000 Arbeiter und Angestellte beschäftigt waren – was einen neuen Höchststand bedeutete.[25] Zwei Monate später berief er eine außerordentliche Generalversammlung ein, um die Zustimmung zu einer 14-Mio.-US-Dollar-Anleihe einzuholen, die das Bankhaus Dillon, Read & Co. als „Participating Debentures" mit einer Laufzeit von 1.000 Jahren auflegte. Die teilnehmende Schuldverschreibung, damals eine finanztechnische Innovation, kam einer Aktie ohne Stimmrecht sehr nahe. Die Verzinsung war jährlich an die Dividende von S&H anzupassen, wobei das Unternehmen eine Mindestverzinsung von sechs Prozent garantierte. Die Participating Debentures sollten ein dauerhaftes Investment bilden. Da nach amerikanischem Recht ein Fälligkeitsdatum angegeben werden musste, wurden sie mit einer 1.000-jährigen Laufzeit aufgelegt.[26] Eine derartige „ewige Anleihe" zeugte von dem Vertrauen, das der Siemens-Konzern in den USA genoss, aber auch von dem Selbstvertrauen bei dem Konzern. Trotz der beginnenden Depression muss man sich recht sicher gewesen sein, in den kommenden Jahren Dividenden in Höhe von mindestens sechs Prozent ausschütten zu können.

Im Unterschied zu dem abgelehnten Angebot einer neuen 40-Mio.-US-Dollar-Anleihe hielt Carl Friedrich von Siemens dieses Risiko aus strategischen Gründen für vertretbar. Mit der Auflegung der Participating Debentures, die praktisch einer Kapitalerhöhung gleichkam, wollte sich Siemens nicht für die Krise rüsten – dafür verfügte der Konzern über hohe stille Reserven –, sondern für die Herausforderung durch die US-amerikanische ITT. Vor der außerordentlichen Generalversammlung von S&H, die im März 1930 der neuen Anleihe zustimmte, begründete Carl Friedrich den zusätzlichen Kapitalbedarf mit dem Trend, im Telefongeschäft Produktion und Betrieb zu verbinden. Mehrere Staaten hatten bereits die Konzession für ihr Telefonnetz an Betriebsgesellschaften des ITT-Konzerns verkauft, deren Konzessionsgebiet dann nur noch von Telefonherstellern beliefert werden durften, die ITT gegründet oder übernommen hatte. Umgekehrt begannen Telefonhersteller – auch S&H – Betriebsgesellschaften zu errichten, deren Konzessionsgebiet sie exklusiv mit Apparaten beliefern konnten.[27] „Kampf gegen ausländische Schwachstrommonopole", betitelte die *Deutsche Allgemeine Zeitung* ihren Bericht über diese Aktionärsversammlung von S&H.[28]

Schon bald mischte ein weiterer Großkonzern mit. General Electric kaufte Participating Debentures im Nominalwert von 10 Mio. US-Dollar, also mehr als 70 Prozent der ausgegebenen Schuldverschreibungen. Vor dem Kauf hatte General Electric das Einverständnis von Carl Friedrich von Siemens eingeholt, Konzernchef Swope hatte sich bei einem Besuch in Berlin darüber persönlich mit ihm abgestimmt. Wie dieser anschließend den Vorständen von S&H und SSW berichtete, hatte Swope ihm versichert, „dass General Electric die Papiere ja nicht nur als Finanzlage zu erwerben wünsche, sondern hoffe, damit auch freundschaftliche Beziehungen zwischen uns und ihr anzuknüpfen".[29] Bedenkt man, wie scharf Carl Friedrich wenige Monate zuvor die Beteiligung von General Electric an der AEG kritisiert hatte, mag seine Zustimmung zu diesem Geschäft verwundern. Aber es handelte sich eben um eine Anleihe, nicht um Aktien. General Electric konnte darüber keinen Einfluss bei Siemens ausüben und ein besseres Verhältnis zwischen beiden Konzernen konnte angesichts der drohenden Abwehrschlacht gegen ITT nicht schaden. Swope wiederum verfolgte damit sein Ziel, zu einer „viereckigen Verständigung" zwischen den amerikanischen und deutschen Giganten der Elektroindustrie zu gelangen.[30] Mit Westinghouse hatte er bereits ein Abkommen geschlossen, an der AEG war General Electric inzwischen maßgeblich beteiligt. Nun musste noch Siemens in diese Formation eingebunden und zu einer Kooperation mit der AEG gebracht werden. Dass die beiden deutschen Großfirmen miteinander konkurrierten, obwohl sie mit einem gemeinsamen Monopol höhere Profite erzielen könnten, blieb Swope ein Rätsel.[31] Im Herbst 1928 hatte er immerhin bewirken können, dass sich die Führungsspitzen von Siemens und AEG trafen, um über eine Verständigung zu sprechen.[32]

Trotz der Wirtschaftskrise schüttete S&H für das Geschäftsjahr 1929/30 (1. Oktober 1929 bis 30. September 1930) eine Dividende von 14 Prozent aus, was zweifellos mit den Participating Debentures zusammenhing. Die Käufer sollten gehalten und nicht enttäuscht werden. Von der hohen Dividende profitierte natürlich auch die Familie Siemens als Großaktionär von S&H. Da der Umsatz von S&H im Geschäftsjahr 1929/30 auf einem hohen Niveau geblieben war und gegenüber dem Vorjahr sogar noch leicht zugenommen hatte, scheint es auf den ersten Blick nicht verwunderlich zu sein, dass die Dividende ebenfalls auf dem Vorjahresstand blieb. Tatsächlich waren aber auch bei S&H wegen des Auftragsrückgangs bereits Massenentlassungen erfolgt.[33] Am Ende des Geschäftsjahres lag die Beschäftigtenzahl um 24 Prozent unter dem Vorjahresstand. Bedenkt man noch, dass der Gewinn von S&H zu einem nicht unbeträchtlichen Teil vom Betriebsergebnis der SSW abhing und deren Umsatz stark zurückging, stellt sich die Frage, wie die hohe Dividende zustande kam. S&H könnte stille Reserven aktiviert haben, die in den vergangenen Jahren massiv aufgestockt worden waren. Es drängt sich aber auch der Verdacht auf, dass ein Gewinn in dieser Höhe nur durch eine drastische Kostensenkung ausgewiesen werden konnte. Dann wären für die Participating Debentures Entlassungen in Kauf genommen worden. Dass ein derartiger Zusammenhang nicht unwahrscheinlich ist, zeigt Carl Friedrich von Siemens' Ermahnung an die Vorstandsmitglieder von S&H und SSW in der bereits erwähnten Sitzung vom 1. Februar 1931, in der er von der Besprechung mit Swope berichtete:

> *„Wir haben bereits 2000 Arbeiter entlassen müssen. Ich kann Ihnen, meine Herren, nicht dringend genug ans Herz legen, Ihre ganze Kraft darauf zu konzentrieren, dass das finanzielle Ergebnis nicht noch stärker absinkt. Das ist aber nur durch eine Verringerung der Unkosten zu erreichen."*[34]

Wie Siemens Ende Juli 1930 Reichskanzler Heinrich Brüning mitteilte, war die Zahl der in den Berliner Werken beschäftigten Arbeiter bei S&H gegenüber dem Höchststand vor der Krise bereits um 37 Prozent zurückgegangen, bei den SSW um 32 Prozent.[35] Dies bedeutete einen Abbau von rund 17.500 Arbeitsplätzen. Die Zahl der Angestellten lag dagegen bei S&H nur um 3,6 Prozent und bei den SSW um 4,9 Prozent unter dem Höchststand. Die Angestellten waren bislang von weitergehenden Entlassungen verschont geblieben, weil ein großer Teil von ihnen im Vertrieb arbeitete und Einschränkungen in diesem Bereich vermieden werden sollten.[36] Im Juli 1930 waren die Angestellten von einer Entlassungswelle betroffen, aber immer noch fiel der Abbau bei diesen Beschäftigten nicht so drakonisch aus wie bei den Arbeitern.[37]

Carl Friedrich von Siemens betonte immer wieder, dass ihm die Entlassungen nicht leichtfielen und ihn das Schicksal der Betroffenen bedrückte. Diese Beteuerungen sind durchaus glaubwürdig, da die Entlassungen auch einen Bruch mit der Siemens-Kultur bedeuteten und an das Image der Siemens-Unternehmen rührten. Wer bei Siemens arbeitete, konnte bisher davon ausgehen, dass sein Arbeitsplatz fast so sicher war wie im öffentlichen Dienst. Der „Chef des Hauses Siemens" war sich sehr wohl bewusst, dass die Betriebsbindung der Siemensianer nicht zuletzt auf dieser Gewissheit gründete, doch Vorrang hatte für ihn auch in diesem Fall die Zukunft des Unternehmens. Dafür mussten in einer Krise die Kosten an die Auftragslage angepasst und Weichen für die spätere Zeit gestellt werden. In dem bereits erwähnten Schreiben an Reichskanzler Brüning vom 31. Juli 1930 legte er diese Priorität dar:

> *„Es ist das erste Mal, dass unser Haus, ich glaube seit seinem über 80-jährigen Bestehen, sicher seit meinem Gedenken von über 30 Jahren, zu so großen Entlassungen schreiten musste; wir waren bisher stolz darauf, dass jeder Mitarbeiter, der tüchtig war und sich einige Jahre bewährt hatte, das Gefühl haben konnte, eine gesicherte Lebensstellung zu besitzen. Darin lag auch eine der Stärken unseres Hauses. Wir haben aber nicht nur die augenblicklichen Schwierigkeiten zu bedenken, sondern müssen die Zukunft im Auge behalten."*[38]

So gesehen sollten Entlassungen die anderen Arbeitsplätze sichern. Carl Friedrich von Siemens war sich natürlich bewusst, dass dadurch wertvolle Fachkräfte verloren gingen, die für spätere Erfolge benötigt würden. Daher wurde versucht, weitergehende Entlassungen durch vorzeitigere Pensionierungen und Kurzarbeit zu vermeiden. Die Zahl der geleisteten Arbeitsstunden pro Beschäftigten gingen laufend zurück, bei den SSW bis zum Herbst 1932 um insge-

Arbeitslose vor dem Arbeitsamt in Berlin-Neukölln, 1931

samt 27 Prozent.[39] Auch der unter Brüning durchgesetzte Abbau der Tariflöhne – in der Berliner Metallindustrie wurden die Löhne durch einen Schiedsspruch zum Januar 1931 um bis zu acht Prozent gekürzt – trug zur Kostensenkung bei.[40] Doch änderte dies nichts an der grundsätzlichen Ausrichtung der Unternehmenspolitik, zu der sich Carl Friedrich von Siemens auch im Februar 1932, auf dem Höhepunkt der Weltwirtschaftskrise in Deutschland, in der Generalversammlung von S&H unverändert bekannte:

> *„Die uns obliegende Pflicht, Ausgaben und Einnahmen möglichst in Übereinstimmung zu bringen, die Hoffnung, das Unternehmen ohne zu große Schwächung und unter Aufrechterhaltung seines Kredites durch die Krise zu bringen, damit es auch in Zeiten des Wiederaufstiegs an der Schaffung neuen deutschen Wohlstandes als Grundlage für die Hebung des Lebensstandards der Bevölkerung mitarbeiten kann, zwingt uns daher zu Maßnahmen, die, wie wir wissen, tiefe Enttäuschung und Elend bereiten müssen, Maßnahmen, die seit dem Bestehen des Hauses anzuwenden, niemals notwendig war.“*[41]

In den ersten Jahren verlief die Krise bei S&H und den SSW sehr unterschiedlich. Als Starkstromunternehmen wurden die SSW härter getroffen, da sie stärker von öffentlichen Aufträgen abhingen.

Das Behördengeschäft ging wegen der desolaten Lage der öffentlichen Haushalte schon vor der Weltwirtschaftskrise zurück und brach dann immer weiter ein. Die SSW bekamen dabei zu spüren, dass sich die Energiewirtschaft inzwischen zu einem großen Teil in öffentlicher Hand befand. Am besten schnitt bei den SSW noch der kleine Konsumgüterbereich der Protos-Produkte ab.[42] In der Schwachstromindustrie wurden solche Unternehmen besonders hart von der Krise getroffen, die vollständig vom Reichspostgeschäft abhingen wie die kleineren Telefonhersteller. S&H erwies sich als resilienter, weil die Fertigung breiter aufgestellt war und beispielsweise auch Messinstrumente umfasste.[43] Aufgrund dieses asymmetrischen Krisenverlaufs zwischen den beiden großen Bereichen der Elektroindustrie fiel die AEG weiter hinter dem Siemens-Konzern zurück. Bei ihr entfiel nach wie vor der weitaus größte Teil des Umsatzes auf Starkstromfertigungen, die Krise traf daher den gesamten Konzern ähnlich hart wie die SSW.

Die Siemens-Stammgesellschaften in der Weltwirtschaftskrise 1928/29 bis 1931/32[44]

		1928/29	1929/30	1930/31	1931/32
S&H	Umsatz in Mio. RM	300,0	302,0	285,0	186,0
	Auslandsanteil	29,0 %	32,6 %	42,0 %	45,0 %
	Beschäftigte Inland*	36.419	27.761	26.070	19.849
	Dividende	14 %	14 %	9 %	7 %
SSW	Umsatz in Mio. RM	520,0	497,0	346,0	224,0
	Auslandsanteil	41,0 %	47,0 %	51,7 %	53,8 %
	Beschäftigte Inland*	55.735	45.626	36.908	28.802
	Dividende	10 %	7,5 %	0	0

*Stand 30.9. (Ende des Geschäftsjahres)

Der Rückgang des Umsatzes im Inland konnte zunächst noch in gewissem Umfang durch einen Ausbau des Exportgeschäfts kompensiert werden. Wie in der gesamten Exportindustrie stieg bei Siemens der Umsatzanteil des Auslandsgeschäfts in bislang nicht erreichte Größenordnungen, bei den SSW sogar auf über 50 Prozent. Ein Teil der Exportmärkte, vor allem Frankreich, wurde erst später von der Weltwirtschaftskrise erfasst. Die Sowjetunion wurde für viele deutsche Unternehmen zum Hoffnungsträger, da das Reich Stalins vom Weltmarkt abgekoppelt war und einen großen Bedarf an Kapitalgütern hatte. Gegen die Risiken des Geschäfts mit der Sowjetunion konnten sich die deutschen Exporteure mit staatlichen Ausfallbürgschaften absichern. Carl Friedrich von Siemens schätzte das Potenzial des „Russlandgeschäfts" günstiger ein als manch anderer deutscher Großindustrieller und war überzeugt, dass die Lieferungen bezahlt würden.[45] Beim sogenannten Technischen Büro Ost der Siemens-Firmen verdoppelte sich der Umsatz in den Jahren 1930 bis 1932, der Anteil der Lieferungen in die Sowjetunion am Gesamtumsatz stieg auf 6,5 Prozent.[46]

Die hohen Verluste der SSW stellten den Aufsichtsratsvorsitzenden und den Vorstand bei der Erstellung der Bilanz für das Geschäftsjahr 1930/31 vor Probleme. Man war sich einig, dass der bilanzmäßige Verlust von 30 Mio. RM nicht ausgewiesen werden sollte. Da die Amortisation wegen der Krise die Neuanschaffungen überstieg, könnte der Verlust mit 20 Mio. RM in Vortrag gebracht werden. In der Vorstandssitzung der SSW vom 23. Januar 1932 gab Carl Friedrich von Siemens zu bedenken, dass dadurch in der Öffentlichkeit ein ungünstiger Eindruck entstehen könnte. Wenn nur ein Verlust von einigen Millionen RM ausgewiesen würde, könnte wiederum gefragt werden, warum dieser Betrag nicht aus den Reserven gedeckt wurde. Wie Witzleben notierte, führte er anschließend aus:

> *„Man könne seines Erachtens nur einen Verlust über 10' [d. h. 10 Millionen] zeigen, aber das sei auch wieder nicht korrekt. Im übrigen muss man auch daran denken, dass wir in späteren Jahren vielleicht wieder neues Geld benötigen. Wenn der Kreditgeber sich dann die Bilanzergebnisse ansähe, gebe ein ausgewiesener Bilanzverlust immer ein schlechtes Bild, während ein entsprechender Hinweis im Geschäftsbericht, aus dem natürlich klar und deutlich hervorgehen müsse, dass wir mit Verlust gearbeitet hätten, in späteren Jahren nicht weiter beachtet würde."*[47]

Daran hielt man sich. Die SSW wiesen für das Geschäftsjahr 1930/31 keinen Verlust aus, stellten aber im Geschäftsbericht klar, dass der Verlust mit stillen Reserven abgedeckt worden war.[48] Siemens konnte mit der vom Aufsichtsratsvorsitzenden vorgeschlagenen Bilanzkosmetik die beabsichtigte Wirkung erzielen. Der in Hamburg erscheinende *Wirtschaftsdienst* wusste am 12. Februar 1932 zu berichten, dass die Abschlüsse des Siemens-Konzerns in der Öffentlichkeit und bei den Banken „eine angenehme Überraschung“ hervorgerufen hätten.[49] Dass Siemens über genügend stille Reserven verfügte, war beruhigend. Man konnte sich durch einen Vergleich mit der AEG in etwa ausrechnen, wie hoch die Verluste bei den SSW ausgefallen waren. Die AEG wies für das Geschäftsjahr 1930/31 zwar ebenfalls keinen Verlust aus, aber eine Entnahme von 20 Mio. RM aus dem Reservefonds.[50] Bei S&H stand damals ein Reingewinn von rund 8,6 Mio. RM in der Bilanz. Das Unternehmen konnte eine Dividende von neun Prozent ausschütten.[51]

Carl Friedrich von Siemens ahnte, dass S&H nicht lange besser durch die Weltwirtschaftskrise kommen würde als die SSW, weil das Behördengeschäft als Frühindikator angesehen werden konnte. Es musste damit gerechnet werden, dass die Depression zeitversetzt die Schwachstromindustrie ebenso hart treffen würde. Als die Krise im Herbst 1931 an Schärfe gewann, war dieser Punkt erreicht. In der Generalversammlung vom 29. Februar 1932 konnte Siemens das Time Lag mit Zahlen belegen. Der Auftragseingang war bei den SSW in den ersten vier Monaten des Geschäftsjahres 1930/31 gegenüber dem Stand von 1928/29 um 40 Prozent zurückgegangen, bei S&H trat ein Jahr später, in den ersten vier Monaten des Geschäftsjahres 1931/32, ein Rückgang von 40 Prozent ein.[52]

Für den Siemens-Konzern war das keine gute Nachricht. Wenn der Umsatz bei S&H ebenso stark einbrach wie bei den SSW, konnte die katastrophale Entwicklung in der Starkstromindustrie nicht mehr aufgefangen werden. Bei den SSW wurde schon für das Geschäftsjahr 1930/31 keine Dividende ausgeschüttet. Nun könnte es ein Problem geben, bei S&H die Dividende über der mit sechs Prozent garantierten Verzinsung der Participating Debentures zu halten. Im Geschäftsjahr 1931/32 ging der Umsatz bei S&H um 34,8 Prozent zurück, bei den SSW noch einmal um 35,3 Prozent. Carl Friedrich von Siemens war nun zu massiven Einschnitten entschlossen. In der Vorstandssitzung der SSW vom 21. Juni 1932 hielt er fest, „dass es unmöglich bei den SSW so wie bisher weitergehen könne“. Von einem „Zurückschrauben des gesamten Verwaltungsapparates“ war die Rede. Man müsse sich dauerhaft auf einen Bestelleingang in Höhe von 50 Prozent des früheren Niveaus einrichten.[53] Einen Verlust wiesen die SSW auch für das katastrophale Geschäftsjahr 1931/32 nicht aus. Wieder stand im Geschäftsbericht zu lesen, dass der Verlust durch Rücklagen gedeckt worden war. So wiederholte es sich ein Jahr später, im Geschäftsbericht 1932/33, während S&H durchgehend Gewinne auswies und Dividenden in Höhe von mehr als sechs Prozent ausschüttete, die für das Geschäftsjahr 1932/33 wohl nur aus stillen Reserven aufgebracht werden konnten.[54]

Die von Swope angestoßenen Gespräche zwischen Siemens und der AEG hatten im August 1930 durch ein Memorandum Carl Friedrichs eine Wendung erfahren. Er hatte eine „Globalverständigung" vorgeschlagen, worunter er eine gegenseitige Garantie von festgelegten Umsatzquoten im Starkstromgeschäft verstand. In einem weiteren Schritt legte die AEG im Juli 1931 einen Entwurf für ein „Austausch-Abkommen" vor, das eine Art Produktionskartell begründen sollte. Carl Friedrich wollte sich dann aber nur noch auf eine Preisverständigung einlassen.[55] In der gemeinsamen Aufsichtsratssitzung von S&H und SSW erklärte er, es sei „kein wahres Wort" an den inzwischen kursierenden Gerüchten über eine Fusion. Verhandelt werde lediglich über eine Globalverständigung zwischen den SSW, der AEG und BBC mit dem Ziel, ein weiteres Einbrechen der Preise und eine „übertriebene wirtschaftliche Akquisitionstätigkeit" zu verhindern.[56] Auf dem Tiefpunkt der Depression im August 1932 brachte Swope eine neue Variante einer „viereckigen Verständigung" ins Spiel. Er schlug Siemens eine Mitbeteiligung an der AEG vor, doch Carl Friedrich war dazu nur bereit, wenn Siemens eine Sperrminorität von über 25 Prozent erhielte. Swope konnte sich eine derartige Lösung durchaus vorstellen. Als sich die Konjunktur bald darauf belebte, wurden diese Überlegungen aber nicht weiterverfolgt.

Im dritten Quartal 1932 begann sich abzuzeichnen, dass die Auftragseingänge bei Siemens nicht mehr weiter zurückgingen.[57] In den nächsten Monaten zeigten Frühindikatoren wie die Inlandsaufträge des Maschinenbaus, dass Deutschland die Talsohle der Weltwirtschaftskrise durchschritten hatte.[58] Carl Friedrich von Siemens sah es im Rückblick auf das Geschäftsjahr etwas anders. In der Generalversammlung vom 28.2.1933 teilte er mit:

> *„Die letzten Monate des verflossenen Geschäftsjahres zeigten eine kleine Besserung nicht nur im Auftragseingang, sondern auch in der Zahl der ernsten Anfragen, die dann einsetzende politische Unruhe zerstörte aber die sich zeigende Besserung mit Ausnahme solcher Fabrikate, die Saisoncharakter besitzen."*[59]

Bei S&H war der Umsatz inzwischen auf 62 Prozent des Stands von 1928/29 gesunken, bei den SSW sogar auf 43 Prozent. Dass gleichwohl keine Gewinn- und Verlustrechnung der Siemens-Stammgesellschaften in der Weltwirtschaftskrise einen Verlust auswies, war ein starker Beleg für die Finanzkraft und die vorsichtige Bilanzierungspolitik des Konzerns. Carl Friedrich von Siemens hatte die stillen Reserven zur Deckung der Verluste bei den SSW herangezogen, um die Siemens-Firmen in ihrer bestehenden Form zu erhalten und ihnen eine gute Ausgangsbasis für die Zeit nach der Krise zu sichern. Der Kredit des Hauses Siemens blieb unbeschädigt. Er war sich aber auch bewusst, dass der Konzern nicht in der Lage war, „auf die Dauer derartige Substanzverluste hinzunehmen".[60]

Für Arbeiter, Arbeiterinnen und Angestellte sah die Bilanz anders aus. Ende September 1932 war die Beschäftigtenzahl bei S&H auf 54,5 Prozent des Stands vom Herbst 1929 zurückgegangen, bei den SSW auf 51,7, bei der AEG auf 45,7 und in der gesamten Berliner Elektroindustrie auf 49,7 Prozent.[61] Diese katastrophalen Zahlen bedeuteten auch, dass ein Arbeitsplatz bei Siemens in einer solchen Krise kaum größere Sicherheit bot als in anderen Unternehmen der Branche.

Zeitenwende im Reich und Konflikte um die Reichsbahn

Der am 7. Juni 1929 in Paris unterzeichnete Young-Plan sah für Deutschland einige finanzielle Erleichterungen vor. Die gesamte Reparationsschuld wurde auf 112 Mrd. RM festgelegt und sollte in Jahresraten von zunächst 1,7 und später 2,1 Mrd. RM abgeleistet werden. Gegenüber der 1928 aufgebrachten Zahlung bedeutete dies eine nicht unwesentliche Absenkung. Auch entfielen mit der neuen Reparationsregelung die alliierten Kontrollinstanzen. Politisch noch bedeutsamer war die anschließend im Haager Abkommen vereinbarte Räumung des von Siegermächten besetzten Rheinlands. Am 12. März 1930 wurden die Young-Plan-Gesetze im Reichstag mit der Mehrheit der regierenden Großen Koalition aus SPD, DDP, Zentrum und DVP angenommen. Zuvor hatte eine Sammlungsbewegung um die DNVP und die NSDAP ein Volksbegehren gegen den Young-Plan betrieben, das zwar scheiterte, aber zu einer fatalen Mobilisierung des rechtsradikalen Lagers führte.[62]

Für den Verwaltungsrat der DRG waren der Young-Plan und das Haager Abkommen kein Fortschritt. Schon am 13. März wurde eine Neufassung des Reichsbahngesetzes ausgefertigt, die in einigen Punkten der Reichsregierung entgegenkam. Die Reparationsschuldverschreibungen wurden durch eine Besteuerung in Höhe von 660 Mio. RM ersetzt, das Amt des alliierten Eisenbahnkommissars entfiel, der Verwaltungsrat war fortan nur noch mit deutschen Mitgliedern zu besetzen, und sein Präsident musste jährlich gewählt und vom Reichspräsidenten bestätigt werden. Hart traf Carl Friedrich von Siemens, dass nun ein von der Reichsregierung bestellter ständiger Vertreter an den Sitzungen des Verwaltungsrats teilnehmen konnte.[63] Die DRG blieb zwar eine unabhängige, auf kaufmännische Grundsätze ausgerichtete Aktiengesellschaft, konnte aber nicht mehr so eindeutig wie bisher auf Distanz zur Regierung bleiben und musste ohne den Schutz durch alliierte Kommissare auskommen.

Einen Vorgeschmack auf die neuen Verhältnisse bekam Siemens schon während der Verhandlungen um die Gesetzesänderung. Die Reichsregierung hatte neben ihren Vertretern auch vier Vertreter der Eisenbahngewerkschaften zu den Verhandlungen der Sachverständigenkonferenz nach Paris entsandt. Der RDI protestierte dagegen, was wiederum in der Presse Empörung hervorrief. Als Siemens dann auch nach Paris fuhr, wurde ihm vorgeworfen, dort im Zusammenspiel mit dem französischen Delegationschef Gaston Leverve, dem bisherigen Eisenbahnkommissar in Berlin, die Gewerkschaftsvertreter auszubremsen.[64] Das stimmte nicht, aber richtig war, dass die beiden gut miteinander konnten. Der Kommissar und die ausländischen Mitglieder des Verwaltungsrats waren für Siemens keine Satrapen der Siegermächte, sondern Partner bei der Reform gewesen. Ihnen vertraute er mehr als der deutschen Politik.[65]

Im Dezember 1929 prophezeite der RDI in einer Denkschrift mit dem Titel „Aufstieg oder Niedergang?“ Deutschland eine düstere Zukunft, wenn nicht rasch eine grundlegende Umkehr in der Finanz-, Wirtschafts- und Sozialpolitik erfolgen würde.[66] Siemens war an der Ausarbeitung der von Ludwig Kastl und Paul Silverberg verfassten Schrift nicht beteiligt. Das Memorandum entsprach aber recht genau seiner Sicht. Der Politik des Regierungslagers stand er so kritisch gegenüber, dass er sich nicht für eine Annahme des Young-Plans engagieren wollte. Als ihn Reichsinnenminister Carl Severing (SPD) bat, einen Aufruf gegen das Volksbegehren der Rechten zu unterschreiben, lehnte er ab. Die Absenkung der „Tributzahlungen" käme nicht der deutschen Wirtschaft zugute, ließ er Severing wissen. Die größeren Spielräume der deutschen Finanzpolitik würden nur zu noch höherer Verschuldung führen.[67]

Zwei Wochen nach Annahme des Young-Plans scheiterte am 27. März 1930 die seit Juni 1928 bestehende Große Koalition unter Hermann Müller (SPD), da sich die Fraktionen der beiden Flügelparteien SPD und DVP nicht auf eine Deckungsvorlage für die gebeutelte Arbeitslosenversicherung einigen wollten.[68] Mit dem Kabinett Müller trat an diesem schwarzen Tag für die Demokratie die letzte auf eine Mehrheit im Parlament gestützte Regierung der Weimarer Republik zurück. In einer bemerkenswerten Koinzidenz scheiterten wenige Wochen später Bemühungen des ZVEI-Hauptgeschäftsführers Hans von Raumer, wie im Herbst 1918 eine Zusammenarbeit zwischen der Industrie und den Gewerkschaften zu vermitteln.[69]

Zum Nachfolger Müllers ernannte Reichspräsident von Hindenburg den Zentrumspolitiker Heinrich Brüning. Der neue Kanzler hatte keine Mehrheit im Reichstag und war ganz im Sinne Hindenburgs bereit, ein Präsidialkabinett zu bilden und unter Ausschaltung des Parlaments mit Notverordnungen des Reichspräsidenten nach Artikel 48 Abs. 2 Weimarer Reichsverfassung zu regieren. Schon im Juli 1930 erließ Hindenburg eine Notverordnung zur Deckung des Haushaltsdefizits, da sich im Reichstag dafür keine Mehrheit fand. Nachdem das Parlament mit den Stimmen der SPD, KPD, DNVP und NSDAP von seinem Recht Gebrauch gemacht hatte, eine Notverordnung abzulehnen, löste der Reichspräsident den Reichstag auf und setzte für den 14. September Neuwahlen an.

Noch vor der Wahl stellte das Kuratorium für den Wiederaufbau der deutschen Wirtschaft seine Tätigkeit ein. Der Vorstand um Carl Friedrich von Siemens beschloss am 28. August, nur noch die bereits eingesammelten Gelder zu verteilen. Witzleben begründete die Entscheidung nach außen hin damit, dass der Kreis der Mitglieder immer kleiner geworden sei und die Spenden nicht mehr so üppig ausfielen.[70] Der Hintergrund könnte gewesen sein, dass ein von Paul Reusch gegründeter Zirkel von Ruhrindustriellen einen politischen Fonds errichtet hatte, aus dem sehr viel höhere Parteispenden ausgereicht wurden.[71] Das Kuratorium verteilte bei der Liquidation seines Fonds die Mittel wie bisher auf die bürgerlichen Parteien.[72] Auf ausdrücklichen Wunsch von Siemens wurde die Bayerische Volkspartei (BVP) mit einer Spende von 15.000 bis 20.000 RM berücksichtigt.[73] Dass die DNVP weiterhin gefördert wurde, obwohl sie seit 1928 unter dem Vorsitz von Alfred Hugenberg offen die Demokratie bekämpfte und beim Volksbegehren gegen den Young-Plan mit der NSDAP zusammengegangen war, verstieß gegen die Position des RDI. In einem Aufruf des Reichsverbands waren die Industriellen zuvor aufgefordert worden, Parteien zu wählen, „die auf dem Boden der Verfassung stehen und unzweideutig für die Erhaltung und Entwicklung der Privatwirtschaft sowie für das Privateigentum eintreten".[74]

Die Reichstagswahl vom 14. September 1930 ging als erdrutschartiger Sieg der NSDAP in die Geschichte ein. Hitlers Partei wurde mit einem Stimmenanteil von 18,3 Prozent zweitstärkste Kraft und konnte die Zahl ihrer Mandate von 12 auf 107 steigern. Wie schon im Mai 1924 hatte ein ökonomischer Schock auch jetzt zu einer politischen Radikalisierung geführt. War es damals die Hyperinflation gewesen, so trieb jetzt die Weltwirtschaftskrise rechts- und linksextremen Parteien Wähler zu. Die DNVP erlitt schwere Verluste, ein großer Teil ihrer Wähler war zur NSDAP abgewandert, andere zu der Konservativen Volkspartei, die sich im Juni 1930 von der DNVP aus Protest gegen deren antidemokratische Hetze unter dem neuen Parteivorsitzenden Alfred Hugenberg abgespalten hatte. Auch die SPD und die DVP, deren Vorsitzender, Reichsaußenminister Stresemann, ein Jahr zuvor gestorben war, hatten schwere Verluste zu verzeichnen, der Stimmenanteil der aus der DDP hervorgegangenen Deutschen Staatspartei lag gerade noch bei 3,8 Prozent. Es hatte Carl Friedrich von Siemens' ehemaliger Partei nichts genützt, dass sie sich vor der Wahl mit einer nationalistischen Splittergruppe, der Volksnationalen Reichsvereinigung, zusammengeschlossen und umbenannt hatte. Gemeinsam brachten es die beiden liberalen Parteien noch auf 8,3 Prozent. Über dem spektakulären Erfolg der Nationalsozialisten wurde wenig beachtet, dass auf der Linken die KPD zugelegt hatte. In Berlin wurde sie mit einem Anteil von 33 Prozent gar zur stärksten Partei.[75] „Sieg des Radikalismus", titelte die *Vossische Zeitung* am Tag nach dieser Wahl.[76]

Unter dem Eindruck des Wahlergebnisses entschloss sich die SPD-Fraktion, Notverordnungen hinzunehmen und eine weitere Neuwahl zu vermeiden. Da sie die Regierung Brüning künftig tolerierte, kam im Parlament anders als im Juli 1930 längere Zeit keine Mehrheit zur Aufhebung einer Notverordnung mehr zustande. Die Industrie stand hinter dem Kanzler, der nun rigorose Einsparungen im Haushalt anging, Sozialausgaben kürzte und Lohnsenkungen durchsetzte. In der Berliner Metallindustrie führte im Oktober 1930 ein Schiedsspruch, der eine Senkung der Tariflöhne um sechs bis acht Prozent vorsah, zum Streik von 130.000 Arbeitern. Die Lohnsenkungen traten schließlich doch in Kraft, weil die Gewerkschaften derartige Machtproben nicht mehr durchstehen konnten.[77] Für die Industrie schien endlich die jahrelang eingeforderte Wende einzutreten. Es sei „der erste Anfang einer Umkehr nach einer Zeit von zehn Jahren verfehlter Wirtschafts- und Finanzpolitik", erklärte RDI-Hauptgeschäftsführer Kastl in Anwesenheit Brünings bei der Hauptausschusssitzung des Reichsverbands am 27. November 1930.[78] Dabei gehörte Kastl keineswegs zu den Scharfmachern aus der Schwerindustrie, sondern zu der gemäßigten Mehrheit im RDI-Präsidium um den Vorsitzenden Duisberg, die noch im Sommer zur Wahl verfassungstreuer Parteien aufgerufen hatte.

Carl Friedrich von Siemens kann man diesem Lager zurechnen, doch er hatte das Präsidium des RDI bereits verlassen. Nachdem er 1924 aus der Politik ausgestiegen war, gab er jetzt auch Ehrenämter ab, um sich stärker darauf zu konzentrieren, den Konzern durch die Weltwirtschaftskrise zu steuern. Neben dieser Aufgabe, die einen Unternehmer eigentlich schon voll gefordert hätte, wollte er nur noch an seinen Präsidentenämtern bei der Reichsbahn und beim Vorläufigen Reichswirtschaftsrat festhalten. Im Mai 1930 bat er in einem Schreiben an Duisberg darum, als zweiter stellvertretender Vorsitzender des RDI ausscheiden zu dürfen. Dieses Anliegen hatte er auch schon 1925 und 1926 vorgebracht, doch Duisberg hatte abgelehnt.[79] Dieses Mal hatte der RDI-Vorsitzende ein Einsehen, Siemens konnte aus dem Präsidium ausscheiden, aber man wollte trotzdem nicht auf ihn verzichten. Duisberg berief ihn in den Senat, ein eigens für solche Fälle gebildetes Beratungsgremium.[80] Dass man ihn nicht gehen ließ, erlebte Siemens nun öfter. Als er im März 1932 den Aufsichtsrat der Deutschen Bank verlassen wollte, teilte ihm der Aufsichtsratsvorsitzende Franz Urbig mit, dass dies als „Demonstration" verstanden werden und der Bank schaden könnte. Das wollte Siemens dann auch nicht. Obwohl er beteuerte, der Deutschen Bank im Aufsichtsrat nicht nützlich sein zu können, übte er dieses Mandat noch weitere sechs Jahre lang aus.[81]

Heinrich Brüning, um 1930

Bei der DRG machte die Reichsregierung schon bald von den Einflussmöglichkeiten Gebrauch, die ihr das geänderte Reichsbahngesetz eröffnet hatte. Kanzler Brüning und Verkehrsminister Rudolf Krohne drängten den Verwaltungsrat, ein mit 1,5 Mrd. RM veranschlagtes Arbeitsbeschaffungsprogramm der Regierung mitzutragen, das im Grunde ein Beschäftigungsprogramm für Arbeitslose war.[82] Eine Finanzierung durch das Reich kam nicht in Betracht. Die Haushaltseinnahmen gingen zurück, und Kredite der Reichsbank an den Staat ließ das Reichsbankgesetz wegen der Erfahrungen aus der Inflationszeit nicht zu. Brüning setzte deshalb auf private Kredite und Anleihen der Bahn und der Post, die sich aus der Sicht der Regierung als Träger der Arbeitsbeschaffung anboten.[83] Brüning stellte sich vor, die Reichsbahn mit einem 500-Mio.-RM-Programm für die Arbeitsbeschaffung einzuspannen, und erwartete, dass sich die DRG mit Begeisterung in den Dienst dieser nationalen Sache stellte. Doch damit stieß er bei deren Verwaltungsrat auf Ablehnung. Carl Friedrich von Siemens hielt es für unverantwortlich, die DRG mit weiteren Schulden zu belasten oder – wie der Verkehrsminister vorschlug – die Aktien der DRG zu verkaufen. Unter massivem Druck der Regierung willigten er und Dorpmüller aber schließlich ein, die DRG mit 350 Mio. RM an der Arbeitsbeschaffung zu beteiligen. Der Verwaltungsrat hatte zur Bedingung gemacht, dass die Schuldenlast der DRG um 133 Mio. RM abgesenkt wurde. 250 Mio. RM sollten durch die Ausgabe von Obligationen aufgebracht werden.[84]

Siemens kam der Reichsregierung dann noch mit der Zusage entgegen, die Leistungszulagen für die höheren Beamten zu kürzen. Doch das Verhältnis zur Regierung blieb gestört, zu unterschiedlich waren die Ansichten über die Ausrichtung der DRG. Brüning und Krohne pochten auf die im § 2 des Reichsbahngesetzes vorgegebene Betriebsführung „unter Wahrung der Interessen der deutschen Volkswirtschaft“ und verstanden darunter die Interessen des

Staats. Siemens und Dorpmüller pochten auf die im selben Paragrafen vorgeschriebene „kaufmännische Ausrichtung“.

Im Februar 1931 mündeten die ständigen Reibereien zwischen dem Verwaltungsrat und der Reichsregierung wieder in schwere Konflikte. Der neue Reichsverkehrsminister Theodor von Guérard (Zentrum) warf Siemens „ein beabsichtigtes Vorgehen gegen die Autorität der Reichsregierung“ vor, weil er es einem Direktor der Reichsbahn überlassen hatte, dem Ministerium seine Wiederwahl mitzuteilen.[85] In der Kabinettssitzung vom 17. Februar wurde auch beanstandet, dass er eine Aufforderung des Haushaltsausschusses, die Gehälter und Leistungszulagen der höheren Beamten herabzusetzen, unbeantwortet gelassen hatte. Der Reichsarbeitsminister erklärte, mit Siemens könne man nicht auf Dauer zusammenarbeiten, der Reichspostminister fügte hinzu, „es sei unerträglich, dass ein Lieferant der Reichsbahn Vorsitzender ihres Verwaltungsrats sei“.[86] Da der Reichspräsident bereits die Wiederwahl bestätigt hatte, konnte sich die Regierung nicht mehr querstellen. Der Kanzler und die Minister waren sich aber einig, dass Siemens kein weiteres Mal eine Verlängerung erhalten dürfe.[87]

Im Hintergrund bahnte sich bereits eine Affäre an, die sowohl die DRG als auch das Verkehrsministerium in größte Probleme brachte und – wie Brüning in seinen Memoiren schrieb – zweimal fast zum Sturz der Regierung geführt hätte.[88] Am 5. Februar hatte der Fraktionsvorsitzende der Wirtschaftspartei, Jakob Mollath, dem Verkehrsminister eine Abschrift des von der DRG geheim gehaltenen „Rollspeditionsvertrags“ mit der Deutschen Bahnspedition Schenker & Co. GmbH übergeben. Da die Eisenbahn durch den zunehmenden Lkw-Verkehr ihr Monopol auf den Güterfernverkehr verlor, war es für die DRG naheliegend, selbst in das Speditionsgeschäft einzusteigen. Schon länger hatte man deshalb eng mit Schenker zusammengearbeitet.[89] Durch den Rollspeditionsvertrag mit der eigens dafür gegründeten Deutschen Bahnspedition Schenker & Co. erhielt der Schenker-Konzern nun von der Bahn den gesamten Komplettladungsverkehr (Sammelgut- und Behälterverkehr) übertragen, also die Frei-Haus-Beförderung und den Haus-Haus-Verkehr von Gepäck und Gütern – ein Kerngeschäft der Speditionen. Ausdrücklich war vorgesehen, dass Schenker dabei auch mit Subunternehmern arbeitete. Die Tarife wurden von der DRG festgelegt, die Auftragnehmer hatten nebenbei die DRG mit Informationen über den Güterverkehr zu versorgen und mussten sich verpflichten, keinen eigenen Fernverkehr mit Lastwagen durchzuführen.[90] Aus der Sicht der DRG war der Schenker-Vertrag eine erfolgversprechende Antwort auf die Herausforderung durch die aufkommende Konkurrenz auf der Straße, ein Beitrag zur Kostensenkung für die Bahn und die Wirtschaft, aber auch zur „Rationalisierung" des übersetzten Speditionsgewerbes, in dem Kleinspediteure mit intransparenten Tarifen miteinander konkurrierten. Dass man mit Schenker dessen 50-prozentige Beteiligung an der Berliner Hafengesellschaft, der BEHALA, übernahm, konnte als willkommene Zugabe gelten.[91]

Verkehrsminister Guérard war aufgebracht darüber, dass die DRG den Rollspeditionsvertrag nicht dem Ministerium vorgelegt hatte. Er hielt ihn für genehmigungspflichtig nach § 30 des Reichsbahngesetzes, lehnte eine Genehmigung ab und verlangte, den Vertrag rückgängig zu machen.[92] Die Abmachungen zwischen der DRG und Schenker hätten katastrophale Folgen für das Speditionsgeschäft und seien auch reparationspolitisch unhaltbar, da die DRG damit ihr Betriebsrecht auf andere Länder ausdehnen würde. Der in Österreich gegründete Schenker-Konzern war die größte Spedition des Kontinents mit Niederlassungen in allen europäischen Ländern.[93]

Als der Minister bei Dorpmüller vorstellig wurde, teilte ihm dieser streng vertraulich mit, dass es noch einen zweiten Vertrag gab. Die DRG habe insgeheim den gesamten Schenker-Konzern übernommen.[94] In der Kabinettssitzung vom 18. Februar musste der Generaldirektor dazu nähere Auskünfte geben. Dorpmüller teilte mit, dass die DRG Schenker über das Bankinstitut der Reichsbahn, die Deutsche Verkehrs-Kredit-Bank, für 23,9 Mio. RM gekauft hatte. Damit das Geschäft nicht bekannt wurde, waren zwei Verträge ausgefertigt worden. Einer für die Öffentlichkeit, in der die Neuordnung des Speditionsgeschäfts geregelt wurde, und ein geheimer Kaufvertrag.[95] Dorpmüller und Siemens hatten bei dem Kauf unternehmerisch gehandelt, mit Blick auf die Zukunft der Bahn. Auch unter Kostengesichtspunkten war der Kauf eine gute Investition, doch die politischen und sozialen Auswirkungen hatte man wohl nicht bedacht.

Nachdem der „Monopolvertrag" der Bahn mit Schenker bekannt geworden war, liefen die Verbände des Speditions- und Fuhrgewerbes Sturm. Im Reichstag schwang sich Mollath von der Wirtschaftspartei, die eigentlich Reichspartei des deutschen Mittelstandes hieß, zum Wortführer des Protests auf. In einem mit breiter Mehrheit angenommenen interfraktionellen Antrag wurde am 24. März die Aufhebung des Schenker-Vertrags gefordert.[96] In der Debatte zeigte sich, dass Abgeordnete aller Fraktionen ihn ablehnten.

Zu diesem Debakel trug auch ein unglückliches Krisenmanagement der DRG bei. Unter Berufung auf die politische Unabhängigkeit lehnten Siemens und Dorpmüller es hartnäckig ab, den Vertrag dem Ministerium zur Genehmigung vorzulegen. Es ließ sich nicht verhindern, dass die Gerüchte über den geheimen zweiten Vertrag aufkamen, den die DRG unter keinen Umständen offenlegen wollte. Als Verkehrsminister Guérard mit einem Verfahren vor dem Reichsbahngericht drohte, erklärte sich Siemens schließlich bereit, den geheim gehaltenen Vertrag zur Genehmigung vorzulegen.[97] Die Reichsregierung befand sich nun in einer prekären Lage. Da die DRG Schenker übernommen hatte, war der Rollspeditionsvertrag, dessen Genehmigung er abgelehnt hatte, nach Auffassung des Verkehrsministers nur noch eine Ausführungsbestimmung und deshalb gar nicht genehmigungspflichtig. Der Kaufvertrag war dagegen genehmigungspflichtig, aber dessen Existenz konnte die Reichsregierung nicht publik machen. Reichskanzler Brüning legte großen Wert darauf, dass die Reparationsgläubiger nicht von dem Kauf erfuhren, denn wenn bekannt würde, dass die DRG über so üppige Reserven verfügte, könnte bei den nächsten Reparationsverhandlungen keine Entlastung erreicht werden.[98] Für Brüning war die Streichung der Reparationen eine persönliche Mission, der er alle anderen Überlegungen unterordnete.

Das Verkehrsministerium geriet dadurch immer mehr in die Bredouille. Der Kaufvertrag wurde einvernehmlich geheim gehalten, der Rollspeditionsvertrag war inzwischen umgesetzt, und Guérard konnte nicht erklären, warum dieser Vertrag galt, obwohl er die Genehmigung verweigert hatte. Die Abgeordneten und die Speditionsverbände fühlten sich an der Nase herumgeführt. Hinter den Kulissen suchte man nach einer Lösung. Siemens sagte zu, auch für den Kaufvertrag die Genehmigung zu beantragen, und das Ministerium begann, ein Gesetz zur Regulierung der Speditionstarife auszuarbeiten, mit dem ein Monopol von Schenker verhindert und die Branche beruhigt werden konnte. Mit der vom Reichspräsidenten am 6. Oktober 1931 erlassenen Verordnung über den Überlandverkehr mit Kraftfahrzeugen wurde ein erster Schritt getan. Drei Tage später wurde ein einheitlicher Reichskraftwagentarif für Güter und

Tiere eingeführt. Auf dieser Grundlage einigten sich die Speditionsverbände und die DRG auf ein Abkommen. Alle Speditionen konnten nun zu den gleichen Bedingungen wie Schenker befördern, der Güterverkehr wurde unter Staatsaufsicht gestellt. Am 6. Dezember genehmigte der Reichsverkehrsminister den nach wie vor geheimen Schenker-Kaufvertrag.[99] Inzwischen war Guérard neben anderen bei Hindenburg in Ungnade gefallenen Ministern entlassen worden.[100] Seinem Nachfolger Gottfried Treviranus (Konservative Volkspartei) dürfte es leichter gefallen sein, die Genehmigung auszusprechen, weil bei ihm wohl nichts Persönliches mit hineinspielte. Nach Molaths Eindruck hatte zwischen Siemens und Guérard eine „Todfeindschaft" geherrscht.[101]

Im Herbst 1931 war wieder ein Konflikt um die Beteiligung der DRG an der Arbeitsbeschaffung entstanden. Nach eigenen Angaben hatte Brüning darauf gedrängt, eine Reichsbahnanleihe von 254 Mio. RM für die Finanzierung von Arbeitsbeschaffungsmaßnahmen zu verwenden, und Dorpmüller habe zugesagt, während Siemens länger verreist gewesen sei. Später habe dieser die Mittel für etatmäßige Instandsetzungsarbeiten verwandt, um den Haushalt der Reichsbahn ausgeglichen halten zu können.[102] Nach Brünings Vorstellungen sollte die DRG Defizite in Kauf nehmen, damit die Reichsregierung ihre Forderungen nach Absenkung der Reparationslast überzeugender vorbringen konnte.[103] Siemens war aber

Schenker-Lkw, 1930er-Jahre

nicht bereit, die kaufmännischen Grundsätze für ein solches politisches Kalkül aufzugeben.

Nachdem er im Herbst 1931 in einer tarifpolitischen Frage erstmals im Verwaltungsrat überstimmt worden war, wollte er sein Amt niederlegen. Die Reichsregierung war auch nicht bereit, eine Wiederwahl seiner Person zu bestätigen. In der Kabinettssitzung vom 29. Dezember 1931 machten sich der Reichsfinanzminister Hermann Dietrich (Deutsche Staatspartei) und Reichspostminister Georg Schätzel (Bayerische Volkspartei) dafür stark, seine Amtszeit – wie im Februar vereinbart – nicht mehr zu verlängern. Doch Staatssekretär Otto Meissner, der Leiter des Büros des Reichspräsidenten, erklärte, Hindenburg wolle auf Siemens wegen dessen internationaler Verbindungen nicht verzichten, er müsse noch bis Ende Juli 1932 im Amt bleiben.[104] Zu dieser Zeit wurde in Basel in einem Sonderausschuss der Bank für Internationalen Zahlungsausgleich um die Beendigung der Reparationen verhandelt, nachdem die Zahlungen bereits im Juni 1931 durch ein Memorandum des US-Präsidenten Herbert Hoover für ein Jahr ausgesetzt worden waren. In Amerika wurde befürchtet, dass man in Deutschland bei anhaltender Reparationslast nicht mehr in der Lage sein würde, die US-Dollar-Anleihen der Kommunen und Unternehmen zu bedienen.[105] Hindenburg ließ sich von den Verhandlungen in Basel berichten und war offenbar überzeugt, dass die Nachricht eines Rücktritts Siemens' dort für Irritationen sorgen und der deutschen Sache nicht förderlich sein würde.

Nach Meissners Intervention im Kabinett war die Reichsregierung bereit, eine Verlängerung der Amtszeit bis Juli 1932 zu bestätigen. Am 25. Januar 1932 wurde Carl Friedrich von Siemens im Verwaltungsrat wiedergewählt, er wollte aber nur annehmen, wenn sich alle Mitglieder verpflichteten, seine Politik zu unterstützen. Dafür stellte er Leitlinien auf, die er als „Magna Charta" bezeichnete. Nachdem seine Bedingungen angenommen worden waren, sagte er die Verlängerung zu.[106] Ende Juli stellte sich das Problem dann nicht wieder. Siemens blieb weiter im Amt, obwohl die Reparationen beendet worden waren, Brüning war dagegen zwei Monate zuvor zurückgetreten.

In seinen posthum veröffentlichten Memoiren revanchierte sich Brüning mit Verleumdungen bei Siemens. Er sei von ihm „regelrecht betrogen" worden, das Geld für die Arbeitsbeschaffung sei bei der Reichsbahn für andere Zwecke ausgegeben worden. Siemens habe geglaubt, „sich um die Gesamtpolitik der Reichsregierung überhaupt nicht kümmern zu brauchen"; seine Rücktrittserklärung im Dezember 1931 sei ein „Sabotageakt gegen die Reichsregierung bei ihrem Kampf um die restlose Streichung der Reparationen" gewesen.[107] Er habe genau gewusst, dass Hindenburg und Meissner ihn nicht gehen ließen, trotzdem die Demission eingereicht und damit bei den Reparationsverhandlungen „den Franzosen Wasser auf ihre Mühlen" geleitet.[108] Brüning hatte nie verwunden, dass er wenige Wochen vor der Beendigung der Reparationen von Hindenburg entlassen worden war. Mit Bitterkeit hielt er in seinen Memoiren fest, dass es Siemens besser ergangen war: „Der Reichspräsident intervenierte prompt. Siemens blieb."[109]

„Gegen die ungezügelte Vorherrschaft des Parlamentarismus" – die politische Bilanz

Die Zweite Notverordnung zur Sicherung von Wirtschaft und Finanzen vom 5. Juni 1931 führte auch bei politisch gemäßigteren Industriellen zu einiger Enttäuschung über Brüning. Zwar wurden die Löhne und die Renten weiter gekürzt, aber die staatliche Zwangsschlichtung von Tarifkonflikten blieb bestehen, und eine Krisensteuer wurde eingeführt. Auch war der Kanzler nicht bereit, sich vollständig von der SPD zu trennen, die seine Regierung tolerierte. Nach der Bankenkrise im Juli 1931 wurde auch Carl Friedrich von Siemens unruhig. Er unterschrieb eine Eingabe von neun Großindustriellen, in der Brüning aufgefordert wurde, das „Tempo der Umstellung" zu beschleunigen und der Wirtschaft die „Fesseln" abzunehmen. Kritisiert wurden insbesondere der „lohnpolitische Irrgarten" und die „planlose Zwangswirtschaft". Nur durch Freisetzung der Selbstheilungskräfte könne die Arbeitslosigkeit wirksam bekämpft werden.[110] Die Eingabe war maßgeblich von Paul Reusch, dem Vorstandsvorsitzenden der Gutehoffnungshütte, verfasst worden, der schon länger als einer der einflussreichsten deutschen Industriellen gelten konnte. Seine Verbandsmacht beruhte nicht zuletzt darauf, dass er sowohl in der immer radikaler auftretenden rheinisch-westfälischen Schwerindustrie als auch in der gemäßigter eingestellten RDI-Führung großen Einfluss hatte. Die auf den 30. Juli 1930 datierte Eingabe hatten Größen der Ruhrindustrie zusammen mit drei Berliner Konzernchefs aus der weiterverarbeitenden Industrie unterzeichnet.[111]

Paul Reusch, undatiert

Carl Friedrich von Siemens war im Mai 1929 von Reusch als einer der ersten Gäste zu einer Sitzung der Ruhrlade eingeladen worden, eines als geheim geltenden Zirkels aus zwölf Konzernchefs der rheinisch-westfälischen Schwerindustrie.[112] Sechs Jahre später wurde er zusammen mit dem AEG-Generaldirektor Hermann Bücher und dem IG-Farben-Aufsichtsratsvorsitzenden Carl Bosch zum Mitglied der Ruhrlade gewählt. Siemens war mit Reusch nicht eng befreundet, die beiden kamen sich aber ab Ende der 1920er-Jahre näher. Dass der „Löwe von Oberhausen" ein bekennender Antidemokrat war, der Monarchie nachtrauerte und den Reichspräsidenten schon 1925 aufgefordert hatte, unter Ausschaltung des Parlaments zu regieren, stellte kein Hindernis dar.[113] Mit dem überzeugten Demokraten Robert Bosch verband Reusch sogar eine lebenslange Freundschaft. Siemens kannte ihn vor allem aus dem RDI und war auch von Anfang an Mitglied des von Reusch 1928 mitgegründeten Bunds zur Erneuerung des Reiches (Luther-Bund), der für eine Neugliederung des Reichsgebiets und eine Stärkung der Reichsgewalt eintrat. Zu den 200 Unterzeichnern des Gründungsaufrufs für diese Gesellschaft („das dritte Reich gilt es zu zimmern") gehörten Persönlichkeiten aus einem breiten politischen Spektrum. Konrad Adenauer, Robert Bosch und Max Warburg zählten zu ihnen, aber auch Antidemokraten wie Fritz Thyssen und Franz von Papen.[114] In den folgenden Jahren entwickelte der zunächst von dem früheren, parteilosen Reichskanzler Hans Luther und später vom ehemaligen DDP-Politiker Otto Geßler geleitete Bund Pläne zur Umwandlung des Freistaats Preußen in ein Reichsland. Mehr verband die Mitglieder nicht, dazu waren die politischen Einstellungen zu unterschiedlich, auch zwischen Siemens und Reusch. Doch waren sich die beiden Industriellen in ihrer Kritik an der „Zwangswirtschaft" der Weimarer Republik einig. Reuschs Motto „Laßt die Wirtschaft doch endlich einmal in Ruhe" konnte sich Siemens vorbehaltlos anschließen.[115]

Nachdem Duisberg den Vorsitz des RDI an Gustav Krupp von Bohlen und Halbach abgegeben hatte, gingen die zehn führenden deutschen Wirtschaftsverbände mit einer gemeinsamen Erklärung vom 29. September 1931 zum offenen Angriff auf den Kanzler über.[116] Für den RDI unterschrieben Duisberg und Kastl, die bisher stets für Brüning eingetreten waren. Die eingereichten Forderungen waren in der Sache nicht neu: Beseitigung der „staatlichen Zwangslohnpolitik“ und der „Zwangswirtschaft“ im Wohnungswesen, Steuersenkungen, Abbau der öffentlichen Ausgaben, Senkung der Tarife bei Bahn und Postaufgaben u. a. Doch der Ton war schärfer („Die Verblendung der Politiker hat die Welt und hat Deutschland in die schwerste Not gestürzt“), und auch die Geschlossenheit, mit der die Wirtschaft hinter diesen Forderungen stand, musste zu denken geben. Brüning hätte nicht deutlicher demonstriert werden können, dass er den Rückhalt der Wirtschaft verloren hatte.

Acht Tage später bot der Kanzler dem Reichspräsidenten die Demission des gesamten Kabinetts an. Als er daraufhin mit der Bildung eines neuen, stärker nach rechts ausgerichteten Kabinetts beauftragt wurde, wollte er der Wirtschaft durch die Berufung mehrerer Unternehmer in die Regierung entgegenkommen. Sein Favorit war Paul Silverberg, dem er das Verkehrsministerium anbot, doch dieser lehnte ab.[117] Weitere Kandidaten waren Albert Vögler und IG-Farben-Vorstand Hermann Schmitz, dem der Kanzler das Wirtschaftsministerium anbot. Beide sagten ebenfalls ab. Brüning musste sich schließlich damit begnügen, den IG-Farben-Aufsichtsrat Hermann Warmbold als Wirtschaftsminister in das neue Kabinett aufzunehmen.[118] Vorübergehend war sogar Dorpmüller als Reichsverkehrsminister im Gespräch, doch kamen er und Brüning zu der Einsicht, dass dies wegen des Schenker-Vertrags keine gute Idee war.[119]

Heinrich Brüning bei der Verabschiedung von Carl Duisberg als RDI-Vorsitzender, 1931

Ersatzweise setzte Brüning anschließend einen Wirtschaftsbeirat ein, in den er seine Kandidaten berufen konnte. Zu den 25 Mitgliedern, die am 29. Oktober 1931 zur ersten Sitzung zusammenkamen, gehörten Paul Silverberg, Albert Vögler, Hermann Schmitz und Wilhelm Cuno, die Bankiers Robert Pferdmenges und Friedrich Reinhart sowie auffällig viele weniger bekannte Vertreter der Wirtschaft.[120] Siemens, sonst immer einer der „einschlägigen Verdächtigen", wenn es einen Beirat zu besetzen galt, wurde nicht gefragt. Er wird gewusst haben, warum Brüning ihn nicht dabeihaben wollte.

In dem von Carl Friedrich von Siemens und dem ADGB-Vorsitzenden Theodor Leipart geleiteten Vorläufigen Reichswirtschaftsrat waren bereits Überlegungen angestellt worden, den durch die Ausschaltung des Reichstags frei gewordenen Platz im politischen System zu besetzen. Dem Vorläufigen Reichswirtschaftsrat konnte dadurch eine neue Perspektive eröffnet werden, nachdem im Juli 1930 die langjährigen Bemühungen gescheitert waren, das Organ in einen endgültigen Reichwirtschaftsrat umzuwandeln. Unmittelbar nach dem zehnjährigen Jubiläum des Rats hatte die Vorlage für das Umwandlungsgesetz bei der Abstimmung im Reichstag nicht die erforderliche Zweidrittelmehrheit erhalten.[121]

Ein Jahr später waren Pläne herangereift, sich dem Präsidialkabinett als unpolitischer Expertenrat zur Seite zu stellen. Allerdings war der Aufbau des 324 Mitglieder zählenden Rats auf die Begutachtung von Gesetzentwürfen zugeschnitten, selbst die Ausschüsse waren so groß, dass sie sich nicht dafür eigneten, die Exekutive bei der Ausarbeitung von Notverordnungen zu beraten. Mit Blick auf zukünftige Aufgaben wurde daher am 6. August 1931 ein hochkarätig besetzter Zentralausschuss mit 15 Mitgliedern gebildet.[122] Zuvor hatten sich die Präsidenten Siemens und Leipart am 28. Juli ausführlicher mit der Frage beschäftigt,

> *„ob es nicht an der Zeit sei, der Reichsregierung zu sagen, dass es doch wohl richtiger wäre, in dieser Zeit neumodischer Gesetzgebung auf dem Wege der Notverordnung, wenn schon das Parlament nicht zur Verfügung steht oder nicht zu gebrauchen ist, wenigstens den Reichswirtschaftsrat heranzuziehen, der für sich niemals beansprucht hat, ein Parlament zu sein, sondern sich immer mit seiner eigentlichen Aufgabe, nur Gutachten für die Regierung abzustatten, durchaus beschieden hat".*[123]

Leipart und Siemens wollten Brüning für dieses Vorhaben gewinnen, trotz einiger Anläufe stießen sie jedoch in der Reichskanzlei auf verschlossene Türen. Am 6. August musste Siemens im Wirtschaftspolitischen Ausschuss beklagen, dass in der Reichskanzlei nicht durchzukommen sei. Dort herrsche offenbar ein „Durcheinander".[124] Am 12. August kam wenigstens ein Gespräch von fünf Mitgliedern des Vorläufigen Reichswirtschaftsrats mit Staatssekretär Ernst Trendelenburg vom Reichswirtschaftsministerium zustande.[125] Trendelenburg setzte sich daraufhin in der Reichskanzlei dafür ein, Siemens und Leipart zu empfangen. Am 7. Oktober sollte der Termin endlich stattfinden, ob es dabei geblieben war, ist nicht sicher, denn Brüning bot an diesem Tag Hindenburg den Rücktritt des Kabinetts an.[126] Die Präsidenten des Vorläufigen Reichswirtschaftsrats kamen jedenfalls bei ihren Bemühungen nicht weiter und stellten sie dann ein. Man hatte begriffen. Brüning wollte Siemens nicht und den Gewerkschafter Leipart bestimmt auch nicht.

Es war jetzt nicht zu übersehen, dass der Kanzler auf den von ihm zusammengestellten Wirtschaftsbeirat setzte. Der vielseitig vernetzte Industrielle Hans Kraemer, der im Vorläufigen Reichswirtschaftsrat als Vorsitzender des Wirtschaftspolitischen Ausschusses eine Schlüsselposition einnahm, beklagte, dass Brüning sich nur mit

Sitz des Reichswirtschaftsrats in der Bellevuestraße 15, 1920er-Jahre

Personen umgebe, „die er sich selbst ausgewählt habe".[127] Für Brüning war aber auch der Wirtschaftsbeirat nicht mehr als ein Aushängeschild. Reuschs Berliner Büroleiter Martin Blank erfuhr schon im November 1931, dass Silverberg mit dem Verlauf der Verhandlungen im Wirtschaftsbeirat unglücklich war. Es käme allenfalls in der Kartellpolitik etwas dabei heraus, viele Teilnehmer würden während der Sitzungen Zeitung lesen, auch der Reichskanzler habe sich neulich einen Stoß Zeitungen bringen lassen und während der Sitzung durchgesehen.[128]

Im September 1931 wurde Carl Friedrich von Siemens vom Präsidenten der Columbia University, Nicholas Murray Butler, eingeladen, einen Vortrag vor der „8. Conference of Major Industries" in New York zu halten. Er sagte zu und informierte umgehend Staatssekretär Trendelenburg darüber.[129] Die Einladung war eine hohe Ehre. Die Konferenz zählte zu den bedeutendsten Foren der amerikanischen Wirtschaft, und Butler war eine herausragende Persönlichkeit von internationaler Prominenz. Er war nicht nur Universitätspräsident und eine Koryphäe als Philosophieprofessor, sondern auch Präsident der Carnegie-Stiftung und hatte bereits mehrere US-Präsidenten beraten. Weltweit gewürdigt wurde sein Einsatz für das 1928 unterzeichnete Abkommen zur Ächtung des Krieges (Briand-Kellogg-Pakt); zwei Monate nach der New Yorker Conference of Major Industries wurde er mit dem Friedensnobelpreis ausgezeichnet.

Butler hatte für die Konferenz gleich drei deutsche Wirtschaftsführer eingeladen, außer Carl Friedrich von Siemens noch Fritz Thyssen und den HAPAG-Generaldirektor und früheren Reichskanzler Wilhelm Cuno. Ein weiterer Gastredner aus Europa war der französische Automobilindustrielle André Citroën. Jeder sollte über die Situation seiner Branche sprechen. Dass die deutschen Unternehmer dabei auf die politischen Verhältnisse in ihrem Land eingehen würden, war „self evident" – in den USA bestand daran verständlicherweise ein großes Interesse. Der Erfolg Hitlers bei der letzten Reichstagswahl hatte hier einiges Aufsehen erregt, und die deutsche Bankenkrise vom Juli 1931 hatte die vielen Anleger weiter verunsichert, die in deutschen Auslandsanleihen investiert waren. Diese Anleihen wurden wegen der im Juli 1931 eingeführten Devisenbewirtschaftung nicht mehr bedient. War das eingesetzte Geld verloren? Würde Hitler die deutsche Großindustrie enteignen? Wichtige Fragen, die man sich in der amerikanischen Geschäftswelt stellte.

Carl Friedrich von Siemens (3. v. links) mit Ehefrau Margarete (3. v. rechts) und Wilhelm Cuno (4. v. links) bei der Abreise in die USA, 1931

Carl Friedrich war seit Jahrzehnten nicht mehr in Amerika gewesen, zuletzt 1904 mit Wilhelm und Tutty zur Weltausstellung in St. Louis. Die Siemens-Unternehmen hatten wegen der Marktaufteilung mit Westinghouse praktisch kein Geschäft in den USA, nur zwei kleinere Vertretungen. Wenn Verhandlungen dort anstanden, reisten Vorstandsmitglieder oder der Leiter der Überseeabteilung über den Atlantik. Die Verbindung zu dem Chef von General Electric konnte in Berlin gepflegt werden, denn Swope kam wegen der Geschäfte und Kapitalbeteiligungen seines Konzerns oft nach Deutschland. Umso wohltuender war es für Carl Friedrich, wieder einmal nach Amerika zu reisen. Dort erwarteten ihn weder schlechte Umsatzzahlen noch Ärger mit dem Verkehrsministerium, nur rote Teppiche. Zu seinem Besuch in New York setzte General Electric ein Galadinner an, und der exklusive Bond Club, bei dessen festlichen Lunchs schon Winston Churchill und Franklin D. Roosevelt gesprochen hatten, lud ihn zu einer Rede ein.

Am 8. Oktober gingen Carl Friedrich und Margarete in Hamburg an Bord des HAPAG-Schnelldampfers *SS New York*. Die überlieferte Passagierliste zeigt, dass sie zusammen mit dem Ehepaar Cuno reisten.[130] Es wird zusätzliche Annehmlichkeiten geboten haben, mit dem Vorstandsvorsitzenden der HAPAG auf einem Schiff dieser Linie unterwegs zu sein, und es blieb viel Zeit, sich auf die Vorträge in New

York vorzubereiten. Währenddessen wurde in der New Yorker Presse bereits über die Hintergründe spekuliert. Die Einladung Butlers hielt man hier offenbar für einen Vorwand. Es war bekannt, dass General Electric mit einem ansehnlichen Betrag bei den Participating Debentures von Siemens eingestiegen war. Nun wurde vermutet, dass die beiden Konzerne noch Größeres vorhatten und ein Bündnis schließen würden, das ihnen in der Elektroindustrie die Weltherrschaft sicherte. Die *New York Times* meldete: „Siemens to discuss electric plan here; Head of Big German Firm Sails With Proposal to Collaborate With General Electric."[131] Stärker dürfte Carl Friedrich die Nachricht vom Tod Thomas Alva Edisons berührt haben, die ihn nach der Ankunft in New York erreichte. Der Gründer von General Electric, der mit Werner von Siemens eng befreundet gewesen war, starb am 18. Oktober.

In New York stiegen Carl Friedrich und Margarete im Nobelhotel Waldorf Astoria an der Park Avenue ab, das wenige Wochen zuvor als neuester Superlativ der amerikanischen Hotellerie eröffnet worden war. Die Conference of Major Industries wurde dort mit einem Freundschaftsdinner für die ausländischen Gäste eröffnet. Für Edison wurde an dem Abend eine Gedenkminute abgehalten.

Am nächsten Tag, dem 21. Oktober, erzielte Fritz Thyssen mit seiner Rede vor den 2.000 versammelten Industriellen und Wissenschaftlern große Aufmerksamkeit, indem er sich gegen die Weimarer Reichsverfassung wandte und eine Beseitigung der Reparationen forderte.[132] Carl Friedrich wählte feinere Töne, glänzte wie so oft mit Zahlen und beschränkte sich weitgehend auf das gängige Klagelied der deutschen Industrie. Auf die politischen Verhältnisse in seinem Land ging er nicht näher ein.[133] Dieses Thema hob er sich für die nächste Rede in New York auf, die er am 27. Oktober bei dem Dinner von General Electric hielt, weniger im Rampenlicht der Öffentlichkeit und vor einem vertrauteren Publikum („As I am speaking here privately and to friends").[134]

Diese Rede über „The Present German Situation" dürfte seine bedeutendste gewesen sein. Im Folgenden werden Ausschnitte aus der deutschen Übersetzung zitiert:

> *„Jedermann war überrascht durch das Ergebnis der September-Wahlen in Deutschland, die das Hitlertum in den Vordergrund brachten. [...]*

Alle Anstrengungen dieser Partei sind im Augenblick ausschließlich auf den Gewinn von Stimmen gerichtet, und zu diesem Zweck benutzt sie jedes überhaupt nur denkbare Mittel. Die Nationalsozialisten machen Versprechungen, von denen sie wissen, dass sie sie nicht erfüllen können, sie scheuen sich nicht, auch auf die niederen Eigenschaften der menschlichen Natur zu spekulieren und bedenken nicht, welchen Schaden sie anrichten, und welches Misstrauen sie damit außerhalb ihres eigenen Landes hervorrufen. [...]

Eins möchte ich noch betonen; wenn die große Mehrzahl nicht nur der deutschen Geschäftsleute, sondern auch der Angehörigen aller gebildeter Klassen, viele von Hitlers Methoden verurteilen, so betrachten sie doch das Hitlertum als das kleinere Übel gegenüber dem Kommunismus. [...]

Hitlerismus, oder – wie wir es nennen – Nationalsozialismus, ist in keiner Beziehung eine monarchistische Bewegung. Nach meiner Ansicht gehört die Monarchie in Deutschland für immer der Geschichte an. Aber er ist gegen die ungezügelte Vorherrschaft des Parlamentarismus gerichtet, wie sie leider in unserer Verfassung vorgesehen ist. Das deutsche Volk, unglücklicherweise nicht politisch erzogen, ist für diese Form der Demokratie nicht reif, die nur aus einer Kammer besteht, während dem Reichspräsidenten nur für den Fall der Not einige beschränkte Rechte gelassen sind. Bei uns kontrolliert das Parlament nicht die Regierung, sondern verlangt in hohem Masse die exekutive Gewalt, die es in erheblichem Umfang in die eigene Hand genommen hat. Das bedauert jeder, der an die Demokratie als das einzig mögliche System in heutiger Zeit glaubt. [...]

Die deutsche Wirtschaft bedauert das Anwachsen des Radikalismus lebhaft und ist überzeugt, dass je mehr er wächst, desto mehr seine Macht zerstörend auf das wirtschaftliche Leben wirken muss. [...]

Aus diesen Gründen unterstützen wir den Reichskanzler Brüning, da er es zu vermeiden versucht, sich auf die Seite der Extremen zu schlagen. Wir hoffen ernstlich, dass die Welt in ihrem eigenen Interesse die Notwendigkeit einsehen wird, Deutschland durch genügende Erleichterung seiner Lasten die Möglichkeit, zu hoffen, wiederzugeben. Dann wird Deutschlands alte Energie wieder aufleben, und ein verjüngtes geeintes nationales Deutschland wird sich abwenden vom Hitlertum wie vom Kommunismus."[135]

In dieser Rede verband Carl Friedrich von Siemens unmissverständliche Kritik am Nationalsozialismus mit großem Verständnis für Hitlers Wähler. Deren Verhalten lastete er weniger den Reparationen und der Wirtschaftskrise als den Missständen des Weimarer Parlamentarismus an. Über die Einschätzung des Nationalsozialismus kam er so auf sein eigentliches Thema: die Mängel der Reichsverfassung. Die Forderung nach Stärkung der Reichsgewalt, wie sie vom Bund zur Erneuerung des Reichs seit Jahren mit dem Ziel einer Neugliederung des Reichsgebiets erhoben worden war, richtete sich jetzt gegen die Befugnisse des Parlaments. Im Unterschied zu vielen anderen Anhängern einer derartigen „Erneuerung" bekannte sich Carl Friedrich in dieser Rede zugleich als Demokrat. Gerade um die Demokratie zu erhalten, müssten der übermächtig gewordene Parlamentarismus gezügelt und der Reichspräsident mit umfassenderen Rechten ausgestattet werden. Eine Präsidialdemokratie mit einer weiteren Kammer würde für Deutschland passen. Das Publikum in New York dürfte darin eine Hommage an das Gastland gesehen haben, aber Carl Friedrich von Siemens hatte bei dieser Äußerung wohl eher eine Kammer in Form eines Reichswirtschaftsrats im Blick.

Aufschlussreich ist ein Vergleich mit seiner Rede vom 4. Mai 1920, in der er sich wenige Wochen nach dem Kapp-Putsch zur Lage der Demokratie in Deutschland geäußert hatte:

> *„Das deutsche Volk will in seiner großen Mehrheit den Weg der Demokratie, der Verständigung, des Ausgleiches, gehen. Es wird sich jeder Diktatur von rechts oder von links widersetzen, es wird sich nur der Diktatur der Mehrheit des Volkswillens beugen."*[136]

Elf Jahre später hatte er diesen Glauben an das Volk verloren, aber auch das Vertrauen in die Weimarer Demokratie. Mit seinen Vorstellungen zur „Erneuerung" der Reichsverfassung vollzog er den Wandel von der parlamentarischen Demokratie zur Präsidialregierung nach. Dabei gründete seine Kritik an der „Parlamentsherrschaft" auf bitteren Enttäuschungen über den Politikbetrieb im Reichstag. Schon Mitte der 1920er-Jahre musste er feststellen: „Der Politiker kümmert sich fast ausschließlich um die Verteilung der Abgaben."[137] Besonders eindrücklich rechnete er 1926 in der *Berliner Börsen-Zeitung* mit dem „Treibhaus" in der Politik ab:

„Fieberhaft wird gehetzt und geschürt, um bewusst oder unbewusst den eigenen Plänen, sei es der Person oder der Partei, zum augenblicklichen Siege zu verhelfen. Alles unter dem Deckmantel, dem Vaterlande zu dienen, das dadurch aber immer tiefer ins Unglück gestoßen wird."[138]

Im Wahljahr 1932

Nachdem Carl Friedrich von Siemens am 8. November aus New York zurückgekehrt war, wollte er gleich an hoher Stelle von den gewonnenen Eindrücken berichten. In einem Schreiben vom 10. November bat er den Chef der Reichskanzlei, Staatsekretär Erwin Planck, Brüning mitzuteilen, dass er aus Amerika zurückgekehrt sei und dort manch Interessantes erfahren habe.[139] Doch die Türen der Reichskanzlei blieben für ihn wieder verschlossen. Er musste sogar erfahren, dass Brüning seine Abwesenheit genutzt hatte, um von Dorpmüller, wie bereits geschildert, die Zusage zu einer Anleihe der Reichsbahn für die Finanzierung von Arbeitsbeschaffungsmaßnahmen zu erwirken.[140]

Im Frühjahr 1932 ließ Brüning dann ein umfassenderes Arbeitsbeschaffungsprogramm ausarbeiten. Da die Zahl der registrierten Arbeitslosen auf über sechs Millionen gestiegen war, hatte der Druck auf den Kanzler zugenommen, von seiner Deflationspolitik abzurücken. Dazu trug der im Januar 1932 vorgelegte Plan bei, den der Leiter der statistischen Abteilung des ADGB, Wladimir Woytinsky, gemeinsam mit Fritz Tarnow, dem Vorsitzenden des Holzarbeiterverbandes, und dem sozialdemokratischen Wirtschaftswissenschaftler Fritz Baade ausgearbeitet hatte. Der sogenannte WTB-Plan sah vor, eine Million Arbeitslose mit öffentlichen Arbeiten zu beschäftigen. Das Programm sollte durch eine Anleihe der Reichsbank über zwei Mrd. RM finanziert werden.[141] Die damaligen Konzepte für eine groß dimensionierte staatliche Arbeitsbeschaffung beschritten Neuland. Es gab kein Rezept dafür, die Wirkungen konnten nur vage abgeschätzt werden. Die von John Maynard Keynes in seiner 1936 veröffentlichten „Allgemeinen Theorie der Beschäftigung, des Zinses und des Geldes" entwickelte Ökonomie einer antizyklischen Konjunkturpolitik konnte man noch nicht kennen.[142]

Carl Friedrich von Siemens zu seinem 60. Geburtstag auf dem Cover der Hamburger Illustrierten, 1932

Der WTB-Plan wurde kontrovers diskutiert. Die Kritiker bangten um die Stabilität der Währung und verwiesen darauf, dass das Reichsbankgesetz solche Experimente nicht zuließ. Brüning hatte dieses Argument bereits zur Rechtfertigung seiner Deflationspolitik genutzt. Seine Arbeitsbeschaffungsmaßnahmen, die mehr Beschäftigungsprogramme für Arbeitslose waren, gingen nie über den von der Reichsbank vorgegebenen Rahmen hinaus. Nach dem Londoner Abkommen von 1924 war die Reichsbank eine unter internationaler Kontrolle stehende, von der Reichsregierung unabhängige Anstalt geworden. Durch das Reichsbankgesetz war sie verpflichtet, die Golddeckung der Währung zu garantieren, was die Möglichkeiten zur Ausweitung der Geldmenge einschränkte.

Anfang 1932 begann auch der Zentralausschuss des Vorläufigen Reichswirtschaftsrats, sich mit einem Plan zur Arbeitsbeschaffung zu beschäftigen. Ein im März vorgelegter Bericht des Ausschusses schlug ein Programm vor, das in seinem Zuschnitt auf die Stabilität der Währung Rücksicht nahm.[143] Angestoßen wurden die Beratungen vermutlich von Fritz Tarnow, der dem Zentralausschuss angehörte; Berichterstatter waren zwei Journalisten, die für das Milieu des Rats eher untypisch gewesen sein dürften.[144] Die Reformer hatten den Präsidenten Leipart auf ihrer Seite. Der ADGB-Bundesvorstand musste nur wegen der ablehnenden Haltung des SPD-Vorstands darauf verzichten, sich offen für den WTB-Plan einzusetzen.[145]

Carl Friedrich von Siemens hielt nichts von dem beginnenden Umdenken. Bei der DRG wehrte er sich unter Berufung auf die „kaufmännischen Grundsätze“ gegen die Aufnahme von Arbeitsbeschaffungsprogrammen. Auf der wirtschaftspolitischen Ebene lehnte er größere derartige Programme nun nach dem altliberalen Grundsatz von der Selbstheilungskraft der Wirtschaft ab, zu dem er sich auch in der Denkschrift vom 30. Juli 1931 bekannt hatte:

> *„Man muß der Wirtschaft die Fesseln abnehmen und ihr das Wirtschaften nach den ewig gültigen ökonomischen Gesetzen wieder freigeben, damit sie ihre Kräfte entfalten kann. Dann wird sie ganz von selbst immer größere Massen von brachliegenden Arbeitskräften aufsaugen.“*[146]

Im Zentralausschuss überließ Siemens die Beratungen zur Arbeitsbeschaffung seinem Co-Präsidenten Leipart und mischte sich wohl aus Rücksicht auf ihn nicht ein. Dafür hielt er sich in der Presse nicht mit Kritik an Tarnow zurück. In der *Deutschen Allgemeinen Zeitung* warf er ihm vor, er stelle „die alten Behauptungen auf, dass der Weg der staatlichen Arbeitsbeschaffung das einzige, sicher das wirksamste Mittel sei, den toten Punkt in dieser wirtschaftlichen Weltdepression zu überwinden“.[147]

Im Laufe des Jahres 1932 fanden eine Reichspräsidentenwahl (13. März und 10. April) und zwei Reichstagswahlen (31. Juli und 6. November) statt. Hinzu kamen Landtagswahlen in Bayern, Anhalt, Preußen und Hessen sowie eine Volksabstimmung in Sachsen. In tiefer Resignation über die Politik war Carl Friedrich von Siemens entschlossen, sich vollständig herauszuhalten und keine Wahlkampfspenden zu leisten. In der letzten Zeit hatte er noch die mit dem Zentrum verbundene Bayerische Volkspartei (BVP) gefördert, die in Bayern als katholische Landespartei weiterhin die stärkste politische Kraft war. Der Leiter des Nürnberger SSW-Werks war angehalten worden, in der *Bayerischen Staatszeitung*, im Bayernbuch, einem Kalender der BVP, und in der vom Ministerpräsidenten Heinrich Held (BVP) herausgegebenen Zeitschrift *Die freie Donau* zu inserieren.[148]

Vor dem ersten Durchgang der Reichspräsidentenwahl am 13. März 1932 tat sich Carl Friedrich von Siemens hingegen selbst mit einer Spende zur Unterstützung der Wiederwahl Hindenburgs schwer, obwohl er dem Reichspräsidenten die Verlängerung bei der

DRG verdankte, beide liberale Parteien hinter Hindenburg standen und er der einzige Kandidat war, der gegen Hitler gewinnen konnte. Dem früheren RDI-Vorsitzenden Duisberg, der den Spendenfonds für die Wiederwahl Hindenburgs verwaltete und bei Siemens angefragt hatte, teilte er mit:

> *„Da es nicht möglich war, die Wirtschaft zusammen zu schliessen, um den Parteien klar zu machen, dass sie durch andere Kanäle keine finanzielle Unterstützung bekommen könnten, so habe ich mich aus dieser Bewegung völlig zurückgezogen, und das Kuratorium ist vor einiger Zeit aufgelöst worden. Wir haben jetzt die allerschlimmste Zersplitterung und wissen daher, dass wir als Wirtschaft keinen Einfluss ausüben können. Wir wollten daher auch keine weiteren Beiträge an irgendwelche politischen Stellen geben.“*[149]

Letztlich konnte er es doch nicht lassen. Mit einem Seitenhieb auf Brüning fuhr er in dem Brief an Duisberg fort:

> *„Der Reichskanzler hat sich auch persönlich für den Hindenburg-Ausschuss verwandt und nur um bei ihm nicht das Gefühl der Verlassenheit durch die Industrie trotz aller Bedenken, die sie gegen seine Politik und Methoden hat, aufkommen zu lassen, haben wir uns entschlossen, einen Beitrag von RM 40 000,-- zu geben.“*[150]

Hindenburg wurde wiedergewählt, war aber verärgert darüber, dass er diesen Erfolg der aus seiner Sicht falschen Seite verdankte, der SPD, dem Zentrum und den liberalen Parteien, nicht aber der ihm nahestehenden und in seinem Umfeld favorisierten DNVP. Seine Bereitschaft, die von der SPD tolerierte Regierung des Zentrumspolitikers Brüning zu halten, hatte sich damit erschöpft. Schon Anfang Juni 1932 wurde Brüning durch den bisherigen Zentrumsabgeordneten Franz von Papen ersetzt, der daraufhin aus seiner Partei austrat und eine nur von der DNVP und der DVP unterstützte Präsidialregierung bildete.

Anders als Brüning war Papen entschlossen, mit Notverordnungen des Reichspräsidenten gegen eine überwältigende Mehrheit im Reichstag zu regieren. Seine „unabhängige Staatsführung“ wurde allgemein als Gegenmodell zur Weimarer „Parteienherrschaft“ verstanden. Zugleich ging der neue Reichskanzler daran, die sozialen Grundlagen der Weimarer Republik zu schleifen. Sein Wirtschaftsprogramm kam den Forderungen der Industrie weit entgegen. Die staatliche Zwangsschlichtung wurde ausgesetzt, die Bindung der Unternehmer an Tarifverträge gelockert, vorgesehen waren umfangreiche steuerliche Entlastungen für die Wirtschaft, aber auch ein großes Arbeitsbeschaffungsprogramm mit staatlichen Ausgaben in Höhe von 2,7 Mrd. RM („Papen-Programm").[151]

Um zu verhindern, dass Notverordnungen von einer Parlamentsmehrheit aufgehoben werden konnten, erhielt Papen von Hindenburg eine Blankovollmacht zur Auflösung des Reichstags. Davon musste schon drei Tage nach seinem Amtsantritt Gebrauch gemacht werden, um einem Misstrauensvotum zuvorzukommen. Hindenburg setzte daraufhin Neuwahlen auf den 31. Juli 1932 an.

Carl Friedrich von Siemens hielt an seinem Entschluss fest, keine Wahlspenden mehr zu leisten.[152] Er beteiligte sich auch nicht an den vergeblichen Bemühungen Reuschs und Tilo von Wilmowskys, Krupp von Bohlens Schwager, ein Bündnis aller rechtsbürgerlichen Kräfte um die DNVP herum zu schmieden.[153] Nachdem so die letzte Sammlungsinitiative des bürgerlichen Lagers gescheitert war, hielt sich auch die Ruhrlade mit Parteispenden zurück.[154] Den bürgerlichen Parteien fehlten nun die üblichen Wahlkampfgelder aus Spenden der Industrie.

Paul von Hindenburg und Franz von Papen, 1932

Die Reichstagswahl vom 31. Juli wurde zu einem weiteren Triumph Hitlers. Die NSDAP wurde mit 37,3 Prozent der Stimmen zur stärksten Partei, zusammen mit der KPD konnte sie im Reichstag eine negative Mehrheit bilden. Größere Sorgen machte der Regierung Papen und dem RDI, dass eine „schwarz-braune" Koalition aus NSDAP und Zentrum entstand, die im Parlament eine Mehrheit haben würde. Verhandlungen darüber hatten bereits stattgefunden.[155] Die Zentrumspartei hätte nur zu gerne Papen gestürzt, der sich Brüning gegenüber nicht loyal verhalten hatte. Die liberalen Parteien waren hingegen kein politischer Faktor mehr. Die Wähler waren ihnen weiter davongelaufen. Auf die DVP und die Deutsche Staatspartei (ehemals DDP) entfielen zusammen lediglich noch 2,2 Prozent der Stimmen.[156]

Am 25. August 1932 stellten Papen und Wirtschaftsminister Hermann Warmbold ihr Wirtschaftsprogramm einer Delegation des RDI vor, zu der Krupp von Bohlen und Halbach, der IG Farben-Vorstandsvorsitzende Carl Bosch und Carl Friedrich von Siemens gehörten. Die Industriellen waren von den Plänen der neuen Regierung angetan. Siemens war nicht ganz zufrieden, da der Wirtschaftsminister das Arbeitsbeschaffungsprogramm für unentbehrlich hielt. Er wandte ein: „Die Entlastung, die zunächst eintreten solle, müsse sich bei einer starken Senkung der öffentlichen Ausgaben später weiter fortsetzen. Nur dadurch könne die Wirtschaft stärker angekurbelt werden, nicht durch Arbeitsbeschaffung."[157] Bei S&H konnte man sich später, in dem Ende Februar 1933 vorgelegten Geschäftsbericht 1932/33, eine Spitze gegen das „Papen-Programm" nicht verkneifen: „Leider haben die bisher in Angriff genommenen Arbeitsbeschaffungsprogramme der Regierung keine Hilfe gebracht."[158]

Als der neu gewählte Reichstag am 12. September zusammentrat, löste Papen das Parlament sofort unter Vorlage der von Hindenburg erteilten Blankovollmacht auf. Der neue Reichstagspräsident Hermann Göring (NSDAP) setzte sich unter Bruch der Geschäftsordnung darüber hinweg und ließ einen Misstrauensantrag gegen Papen zu, der mit dem spektakulären Ergebnis von 512 gegen 42 Stimmen angenommen wurde. Es war die höchste Abstimmungsniederlage, die eine deutsche Regierung jemals in einem Parlament erlitt. Hindenburg hielt gleichwohl an Papen fest und setzte für den 6. November eine weitere Reichstagswahl an.

Die Regierung konnte sich ausrechnen, dass sie bei den Wahlen ähnlich abschneiden würde wie beim Misstrauensvotum. Papen ließ sich davon nicht beirren, da er ohnehin nicht mit dem Parlament, sondern nur mit Notverordnungen des Reichspräsidenten regieren wollte. Unbedingt wollte er aber verhindern, dass die NSDAP und das Zentrum eine schwarz-braune Koalition mit parlamentarischer Mehrheit bilden konnten. Dafür galt es, die DNVP und die DVP zu stärken, die zwischen der NSDAP und dem Zentrum standen.[159] Die Abgeordneten dieser Parteien waren die einzigen, die sich bei dem Misstrauensvotum hinter Papen gestellt hatten. Der Staatssekretär in der Reichskanzlei Erwin Planck wandte sich wegen eines Fonds für den Wahlkampf dieser Parteien an den RDI, worauf dessen Vorsitzender Krupp von Bohlen und Halbach und das geschäftsführende Präsidialmitglied Kastl ihre bisherige Zurückhaltung aufgaben und zusagten. Der Reichsverband hatte ein starkes Interesse, die Wirtschaftspolitik Papens zu unterstützen. Er schien der einzige Politiker zu sein, der bereit war, die Forderungen der Industrie mit Notverordnungen gegen die große Mehrheit des Reichstags umzusetzen. Von einer schwarz-braunen Koalition war hingegen zu erwarten, dass sie unter dem Einfluss ihrer starken Arbeitnehmerflügel die drastischen Einschnitte in die Sozial- und Finanzpolitik zurücknehmen würde.

Trotz aller gegensätzlichen Bekundungen war Carl Friedrich von Siemens nun auch wieder bereit, sich für Wahlkampfspenden zu engagieren. Gemeinsam mit den Industriellen Abraham Frowein, Fritz Springorum und Albert Vögler lud er für den 19. Oktober 1932 eine Gruppe von Vertretern der Wirtschaft zu einer vertraulichen Besprechung in den Räumen des Clubs von Berlin ein, einer Gesellschaft der Hauptstadtprominenz, der Siemens seit 1895 angehörte.[160] Bei einer Vorbesprechung instruierte Planck einen kleinen Kreis aus RDI-Geschäftsführern und Industriellen, darunter auch Siemens. In der Vorbesprechung einigte man sich darauf, ihm den Vorsitz in der anschließenden Sitzung zu übertragen, hatte er doch von allen Anwesenden die größte Erfahrung mit der Einwerbung und Verteilung von Parteispenden. Auch legte die Reichsregierung großen Wert darauf, dass der Fonds nicht mit ihr in Verbindung gebracht wurde. Die Kampagne sollte nach außen hin als Initiative aus der Wirtschaft erscheinen.[161]

In der anschließenden Besprechung von rund 20 Vertretern der Industrie, an der auch Wolf-Dietrich von Witzleben teilnahm, erklärte RDI-Hauptgeschäftsführer Ludwig Kastl, es sei von „größter

Bedeutung“, dass das Kabinett Papen im Amt bleibe, „damit es Zeit gewinne, die unbedingt erforderlichen Reformen in die Tat umzusetzen“. Die Regierung habe vorgeschlagen, zwei Mio. RM aus privaten Mitteln aufzubringen. Beim Bankhaus Delbrück, Schickler & Co. sei bereits ein „Treuhandkonto 1932“ eröffnet worden, ein Kuratorium solle die Gelder gemeinsam mit Staatsekretär Planck verwalten und verteilen.[162] Nun begann eine längere Diskussion über die Verteilung. Siemens gab aus seinen Erfahrungen mit dem Kuratorium heraus zu bedenken, dass Parteien nicht nur im Wahlkampf unterstützt werden sollten, sondern laufend, um auch ihr Verhalten im Parlament beeinflussen zu können.[163] Ausführlich wurde dann debattiert, wie die Gelder aufgebracht werden könnten. Die Höhe der Beiträge blieb freigestellt, doch empfahl man einen Richtsatz von 40 Pfg./Beschäftigten. Abschließend wurde ein dreiköpfiges Kuratorium benannt. Wieder wurde Siemens Vorsitzender, da sich der RDI-Vorsitzende Krupp von Bohlen und Halbach bei der Kampagne nicht exponieren sollte. Daneben wurden das DNVP-Mitglied Fritz Springorum, der Vorstandsvorsitzende der Hoesch AG, und Willy Tischbein, der Vorstandsvorsitzende der Continental Gummiwerke AG, bestimmt. Man vereinbarte, nach der Wahl über die dauerhafte Organisation eines Parteispendenfonds zu beraten.[164]

Plakat zur Reichstagswahl, November 1932

Dass Carl Friedrich von Siemens wieder ein Kuratorium für Wahlkampfspenden leitete, wurde nach außen hin nicht bekannt. Er erklärte weiterhin bei jeder Gelegenheit, dass er sich aus der Politik vollständig zurückgezogen habe, was auch nicht ganz falsch war. So beispielsweise am 22. Oktober in einem Brief an den Journalisten Werner Crome von der *Ostpreußischen Zeitung*, der ein entfernter Verwandter war („Da ich mich ganz aus der Politik zurückgezogen habe"), und am 27. Oktober gegenüber dem rechtsnationalen Politiker Fürst Otto zu Salm-Horstmar, der um eine Spende bat („nicht die Absicht hege, mich wieder politisch zu betätigen").[165]

Das Ergebnis der Reichstagswahl vom 6. November konnte von dem Kuratorium als Erfolg gewertet werden. Die NSDAP verlor 4,3 Prozent der Stimmen und konnte nicht mehr mit dem Zentrum eine Mehrheitsregierung bilden, die DNVP gewann 2,7 Prozent.[166] Mehr als die Industriespenden dürfte zu dem Ergebnis beigetragen haben, dass unmittelbar vor den Wahlen ein von Kommunisten und Nationalsozialisten gemeinsam getragener Streik bei den Berliner Verkehrsbetrieben begonnen hatte. In Hitlers Umfeld sorgte das Wahlergebnis für Beunruhigung. Sein Wirtschaftsberater Wilhelm Keppler initiierte mit Unterstützung Hjalmar Schachts und des Kölner Privatbankiers Kurt Freiherr von Schröder die berüchtigte „Industrielleneingabe" vom 19. November 1932, in denen 20 Persönlichkeiten aus der Wirtschaft den Reichspräsidenten aufforderten, Hitler zum Reichskanzler zu ernennen.[167] Die Eingabe wurde später häufig als Beweis für eine angeblich führende Rolle der Großindustrie bei der Machtübergabe an Hitler ausgegeben. Bei genauerer Betrachtung zeigen die Namen der Unterzeichner, wie schwach die Unterstützung für die NSDAP in diesen Kreisen war. Nur ein einziger Großindustrieller hatte unterschrieben: Fritz Thyssen. Die meisten Unterzeichner waren gar keine Industriellen, sondern Kaufleute oder Großgrundbesitzer.[168]

Carl Friedrich von Siemens stand ebenso wie Krupp von Bohlen und Halbach, Paul Silverberg und Robert Bosch auf einer Liste von Vertretern der Wirtschaft, bei denen die Initiatoren der Eingabe vorstellig werden wollten.[169] Ob er tatsächlich angefragt wurde, ist nicht sicher. Jedenfalls unterschrieb er nicht, was auch gar nicht zu seinem Engagement für Industriespenden an rechtsbürgerliche Parteien gepasst hätte. Auch soll er in dieser Zeit einmal mit Hitler zusammengekommen sein und von ihm „persönlich einen sehr ungünstigen Eindruck" gewonnen haben.[170] Mit der Unterstützung Papens, eines autoritär regierenden Monarchisten, der die Weimarer Verfassung und die sozialen Fundamente der Republik mit Füßen trat, hatte sich Siemens aber bereits weit von seinen früheren Positionen entfernt. Mit den Aktivitäten vor der Wahl vom 6. November 1932 stand er den Kampagnen der DNVP nahe, und wie der RDI setzte er ja nicht notgedrungen auf Papen, weil es keine andere Alternative zu Hitler gab, sondern weil das Wirtschaftsprogramm des Kanzlers und dessen „unabhängige Staatsführung“ den eigenen Vorstellungen nahekam.

Dabei war abzusehen, dass Papen auf Dauer nicht gegen 92 Prozent der Reichstagsabgeordneten regieren konnte und daher auf eine Verständigung mit der NSDAP angewiesen war. Staatsekretär Planck hatte in der Vorbesprechung vom 19. Oktober keinen Hehl daraus gemacht, dass die Regierung „nach wie vor bereit sei, sich auch mit der NSDAP zu einigen“.[171] Hinter den Kulissen kam man sich bald näher. Keppler konnte schon am 13. November von dem Kölner Bankier Kurt Freiherr von Schröder mitteilen, dass bei Papen „der gute Wille vorliege, sich auf eine Regierung unter der Kanzlerschaft von Hi's zu einigen“.[172] Nur ließ sich Hindenburg noch nicht dazu bewegen, Hitler zu ernennen. Er war auch von der „Industrielleneingabe“ nicht beeindruckt und ließ Hitler in zwei Unterredungen abblitzen.[173]

In einem Presseartikel vor der Novemberwahl hatte Siemens als „Hauptforderung“ der Wirtschaft verlangt, „dass in der Regierungsführung eine längere Stetigkeit eintritt“.[174] Dabei war dies gerade von Papen nicht zu erwarten. Doch die NSDAP schien dazu wegen der widersprüchlichen wirtschaftspolitischen Äußerungen aus ihren Reihen auch nicht in der Lage zu sein. Witzleben versuchte vergebens, Näheres herauszufinden. Vor der Novemberwahl nahm er an einer Veranstaltung des NSDAP-Wirtschaftspropagandisten Gottfried Feder teil, über die er höchstwahrscheinlich Siemens berichtete. Er war so aufgebracht, dass er seine Eindrücke auch Hitlers Wirtschaftsberater Walther Funk mitteilte, den er aus dessen früherer Tätigkeit als Pressechef des Berliner Börsenvorstands kannte und für seriös hielt. Feders Vortrag sei „allenfalls für eine Versammlung von wirtschaftsfremden Ignoranten geeignet“, schrieb er Funk und fügte hinzu, „dass die Verwirklichung dieser Pläne uns unbedingt in den Abgrund führen müsste“.[175]

Die in Papen gesetzten Hoffnungen der Industrie zerplatzten jäh, als Hindenburg am 3. Dezember 1932 den bisherigen Reichswehrminister General Kurt von Schleicher zum Reichskanzler ernannte. Dieser war bereit, Papens Wirtschaftsprogramm zu kassieren, um eine Verständigung mit dem linken NSDAP-Flügel und den Gewerkschaften zu erreichen. Doch Papen wusste sich zu revanchieren. Er verständigte sich erst mit Hitler auf eine Regierung unter dessen Führung, in der er Vizekanzler wurde, und bearbeitete dann Hindenburgs Büroleiter, Staatssekretär Otto Meissner, und den Sohn des Reichspräsidenten in diesem Sinne. Während Schleicher bei Hindenburg an Rückhalt verlor, konnten Hitler und Papen auch den DNVP-Vorsitzenden Hugenberg auf ihre Seite bringen. Am 29. Januar 1933 ließ sich Hindenburg schließlich von den angeblichen Vorteilen einer Regierung Hitler/Papen/Hugenberg überzeugen, die gemeinsam mit dem Zentrum eine Mehrheit im Reichstag haben würde. Am folgenden Tag wurde Hitler zum Reichskanzler ernannt.[176]

Zum Beginn des Jahres 1933 hatte Carl Friedrich von Siemens in einem Brief an seinen alten Freund Adolf Mohr vorausgesagt: „Ich glaube, die Geschichte wird die Zeit, die wir durchleben, einmal als die Zeit des Unfriedens bezeichnen. Unfrieden fast im Innern jedes Landes und zwischen den Ländern."[177]

7.
Unter dem Hakenkreuz

Gescheiterte Pläne

Die Ernennung Hitlers zum Reichskanzler trieb Carl Friedrich von Siemens offenbar nicht um, denn bald darauf reiste er für fast vier Wochen in den Winterurlaub nach Österreich ab.[1] Äußerungen zu der neuen Regierung sind von ihm aus dieser Zeit nicht überliefert. Wie die meisten Großindustriellen dürfte er allerdings doch weiterhin über die verworrenen wirtschaftspolitischen Vorstellungen der Nationalsozialisten und deren Agitation gegen den „Liberalismus" besorgt gewesen sein. Man musste befürchten, dass der Staatsinterventionismus gesteigert und der Außenhandel durch Autarkiebestrebungen gedrosselt würde.[2] Auch im Vorstand der Siemens-Unternehmen dürfte sich die Begeisterung über den Regierungswechsel in Grenzen gehalten haben. Zu diesem Zeitpunkt gehörte bei S&H und den SSW kein Vorstandsmitglied der NSDAP an. Aus dem engeren Führungskreis stand nur Ludwig von Winterfeld schon länger den Nationalsozialisten nahe, und Anfang Mai 1933 trat er als erster Siemens-Vorstand in die NSDAP ein.[3]

Nachdem der Reichstag bereits am 1. Februar aufgelöst worden war, bereitete man sich in Berlin auf die für den 5. März angesetzte Reichstagswahl vor. Witzleben wurde von mehreren Seiten um Wahlkampfspenden angegangen. In einem Brief an den im Urlaub weilenden Konzernchef bat er um eine Entscheidung und berichtete, dass Hans von Raumer dazu raten würde, auf die Zentrumspartei zu setzen. Raumer und Ludwig Kastl hielten es für möglich, dass die Nationalsozialisten gemeinsam mit dem Zentrum einer Regierung bilden würden, wenn die NSDAP/DNVP-Koalition keine Mehrheit erlangte.[4] Die Antwort ist nicht überliefert, doch eine Spende an die NSDAP wurde offenbar nicht erwogen.

Für den 16. Februar hatten Fritz Springorum und Willy Tischbein zu einer vertraulichen Besprechung des Kuratoriums für den drei Monate zuvor beschlossenen Parteispendenfonds der Industrie ins Hotel Kaiserhof eingeladen.[5] Wohl nicht zufällig ging an diesem Tag bei Witzleben ein Telegramm Görings ein, in dem Siemens zu einer Besprechung mit Ausführungen Hitlers zur Politik der neuen Regierung eingeladen wurde.[6] Siemens sah sich jedoch nicht veranlasst, den Urlaub abzubrechen, und ließ sich durch Winterfeld und Witzleben vertreten. Bei der für den 20. Februar anberaumten „Besprechung“ handelte es sich um eine vertrauliche Versammlung von mehr als zwei Dutzend führenden Vertretern der deutschen Industrie.[7] Witzleben verfasste für Siemens einen ausführlichen Bericht über das denkwürdige Treffen. Darin fasste er die eineinhalbstündige, frei gehaltene Rede Hitlers zusammen, die „außerordentlich klar“ und „durchaus überzeugend“ gewesen sei. „Mit aller Bestimmtheit“ habe der neue Reichskanzler erklärt, „dass seine Partei die Macht nicht wieder aus den Händen geben werde“, und versichert, einen eventuellen Generalstreik mit allen Mitteln niederzuschlagen.[8] Martin Blank, der Paul Reusch vertrat, hob in seiner Aufzeichnung über dieses Treffen hervor, dass Hitler sich zum Privateigentum und Erbrecht bekannt habe. Auch habe er erklärt, dass nur ein „wehrhaftes Volk“ bestehen könne und eine Rettung vor dem Kommunismus nur durch die NSDAP möglich sei.[9]

Nach seiner Rede verließ Hitler die Sitzung, und Göring gab nun den eigentlichen Zweck der Versammlung bekannt: das Einsammeln von Spenden für den Wahlkampf der Regierungsparteien. Anschließend teilte der frühere Reichsbankpräsident Hjalmar Schacht – der wenige Wochen später in dieses Amt zurückkehrte – den Industriellen die bereits festgesetzte Höhe der Spenden nach Branchen aufgeschlüsselt mit. „Und nun, meine Herren, an die Kasse!“, soll er gerufen haben.[10] Insgesamt waren drei Mio. RM aufzubringen. Davon entfielen auf die Elektroindustrie 300.000 RM, an denen sich Siemens mit 100.000 RM zu beteiligen hatte.[11] Die Spenden mussten auf ein Konto beim Kölner Bankhaus J.H. Stein überwiesen werden.[12] Zum weitaus größten Teil flossen sie von dort in die Wahlkampfkasse der NSDAP. Auf den Koalitionspartner DNVP entfiel nur ein Bruchteil.

Keiner der angesprochenen Industriellen widersetzte sich der Eintreibung der Zahlungen, in denen RDI-Hauptgeschäftsführer Kastl eine „unerhörte Zumutung“ sah.[13] Witzleben ließ sich von Schacht sogar als Spendensammler bei anderen Unternehmen der Elektroindustrie in Dienst nehmen.[14] Auf eine Zustimmung zum Nationalsozialismus kann aus den Zahlungen nicht geschlossen werden, wohl aber auf eine ausgeprägte Bereitschaft, sich den neuen Machthabern anzudienen. Die Aufzeichnungen von Witzleben und Blank belegen, dass die Industriellen von Hitlers Rede beeindruckt und mit einigen seiner Ankündigungen höchst zufrieden waren. Krupp von Bohlen und Halbach bedankte sich als Sprecher der Industriellen für das Bekenntnis zum Eigentum und zur „Wehrhaftigkeit“.[15] Auch die in Aussicht gestellte Ausschaltung der Kommunisten dürfte auf Wohlwollen gestoßen sein. Doch die Industriellen wurden nicht um Spenden gebeten, sie boten die Zahlungen auch nicht von sich aus an, sondern wurden dazu bestimmt. Aus freien Stücken hätten sie sicher nicht in dieser Höhe für die NSDAP gespendet.

Der Zwangscharakter wird besonders deutlich, wenn man den Ablauf dieses Treffens mit dem der Besprechung vom 19. Oktober 1932 zum Wahlkampffonds der Industrie für die letzte Reichstagswahl der Weimarer Republik vergleicht. Damals war Teilnehmern die Höhe der Zahlungen nicht vorgeschrieben worden, auf die Vorgehensweise hatte man sich in längerer, offener Diskussion geeinigt, und mit der Verwaltung des Fonds war ein von den Teilnehmern bestimmtes Kuratorium betraut worden.[16] Jetzt wurden die Zahlungen von Schacht verordnet, wer sich ihnen entzog, musste mit Sanktionen rechnen. Viele, auch Carl Friedrich von Siemens, werden dabei die Vergabe von öffentlichen Aufträgen im Blick gehabt haben. So gesehen handelt es sich eben nicht um eine der üblichen Wahlkampfspenden, um „banales fundraising“.[17] Schacht und Göring hatten keine Skrupel, Zahlungen der Industrie wie Schutzgeld einzutreiben. Die Industriellen entlastet dies freilich nicht von der Verantwortung für die Folgen. Sie trugen dazu bei, dass das Regime Hitlers seine bis dahin noch keineswegs stabile Herrschaft mit der wichtigen Reichstagswahl vom 5. März 1933 festigen konnte. Für die bürgerlichen Parteien blieb nach der Sammlung Schachts nicht mehr viel Geld übrig. Die DVP erhielt von Siemens noch 10.000 RM, der Deutschen Staatspartei verweigerte er jede Unterstützung.[18] Zur Begründung teilte er mit: „Wer von so einer stolzen Höhe, wie sie einmal gehabt hat, so heruntergekommen ist, dem lässt sich auch kein neues Leben einblasen.“[19]

Trotz dieser Erfahrung mit den Methoden Görings und Schachts glaubte die RDI-Spitze, die Wirtschaftspolitik der neuen Regierung beeinflussen zu können. Man wollte wie schon so oft eine wirtschaftsfreundliche Sozial- und Finanzpolitik einfordern, eine Absage an Autarkiebestrebungen, eine Senkung der Steuern und eine Beseitigung der staatlichen Schlichtung von Tarifkonflikten. Die Chancen für eine „Freiheit der Wirtschaft" schienen günstig zu sein, da sich die Arbeiterparteien nicht mehr widersetzen konnten. Carl Friedrich von Siemens brachte dazu aus dem Winterurlaub einige Vorstellungen mit. Erstmals seit Langem war er wieder bereit, mit Initiativen an die Öffentlichkeit zu gehen und sich in die Verbandspolitik einzumischen. Zunächst rechnete er in einem Artikel in der *Süddeutschen Sonntagspost* mit den „alten Zuständen" des Protektionismus ab.[20] Vor der Generalversammlung von S&H am 28. Februar 1933 führte er dann aus, dass die Wirtschaft ihre Aufgaben umso besser erfüllen könne, je mehr sie von politischen Einflüssen frei sei.[21] Auch glaubte er, sein altes Leitbild von einer „unpolitischen" Arbeitsgemeinschaft zwischen Unternehmern und Gewerkschaften wiederbeleben zu können:

> *„Die Überzeugung der gegenseitigen Abhängigkeit, die Verbundenheit von Wohl und Wehe lag dem Gedanken der vor 14 Jahren geschaffenen Zentralarbeitsgemeinschaft zugrunde, die leider von gewerkschaftlicher Seite gekündigt wurde. Damals waren es die Gefahren, die in der Umgestaltung durch Kriegsende und Revolution lagen, die die Führer veranlassten, zu versuchen, gemeinsam gangbare Wege zu finden. Lastet die heutige Not nicht schwer genug auf allen Volksschichten, sind die in ihr liegenden Gefahren nicht so große, dass jeder Weg gemeinsamer Arbeit wieder versucht werden sollte?"*[22]

Im RDI fand er dafür einige Unterstützung.[23] Der Dachverband der Freien Gewerkschaften zeigte sich aufgeschlossen, hier war man inzwischen bereit, sich durch Distanzierung von der SPD den neuen Verhältnissen anzupassen.[24] Auch bei den Siemensianern kam Carl Friedrichs Rede gut an. Der sozialdemokratische Gesamtbetriebsratsvorsitzende Lübbe teilte ihm mit, dass sie „in den von ihm vertretenen Arbeiterkreisen besonderen Wiederhall und Sympathie finden würde".[25]

Nachdem die NSDAP und die von der DNVP dominierte Kampffront Schwarz-Weiß-Rot bei der Reichstagswahl vom 5. März die Mehrheit der Stimmen erhalten hatte, musste davon ausgegangen werden, dass Hitler länger an der Macht bleiben würde. Die Gewerkschaften, aber auch die Wirtschaftsverbände hatten nun damit zu rechnen, dass ihre Organisationen aufgelöst würden. In der Errichtung einer „unpolitischen" Arbeitsgemeinschaft sah man eine Chance, diese Gefahr abzuwenden. Mehrere Repräsentanten des RDI, darunter Krupp von Bohlen und Halbach, trafen sich mit Gewerkschaftsvertretern, um über eine zukünftige Zusammenarbeit zu sprechen.[26] Ob Siemens zu diesem Kreis gehörte, ist nicht bekannt, es hätte aber zu seinen Bemühungen gepasst.

Am 23. März legte das RDI-Präsidium ein Memorandum vor, das als Grundlage für Verhandlungen mit der Regierung gedacht war. Der Dachverband trat darin für eine „verständnisvolle Zusammenarbeit" zwischen Unternehmern und Arbeitern ein, die sich durch eine „positive Einstellung zum Staatsgedanken" und eine „Überwindung der Idee des Klassenkampfes" auszeichnen würde.[27] Schon in der Präsidialsitzung vom selben Tag wurde dieser Vorschlag durch eine Attacke Fritz Thyssens erschüttert, der wie kein anderer Großindustrieller der NSDAP nahestand. Er forderte eine „Gleichschaltung" des RDI und bezichtigte die Verbandsführung, den „Versuch einer Fronde mit den Gewerkschaften zusammen gegen die Regierung" unternommen zu haben.[28] Damit stimmte Thyssen auf das Ermächtigungsgesetz ein, das am selben Tag im Reichstag verabschiedet wurde und das Gesetzgebungsrecht des Parlaments auf die Regierung Hitler übertrug.

Gleichwohl wurden Krupp von Bohlen und Halbach und Carl Friedrich von Siemens vom RDI-Präsidium beauftragt, Hitler die Vorstellungen des Dachverbands zu erläutern. Auf die für den 1. April angesetzte Besprechung in der Reichskanzlei bereitete sich Siemens mit sorgfältig ausgearbeiteten Notizen vor. Die Stichworte zeigen eindrucksvoll, wie sehr ein Industrieller seines Rangs damals Fehleinschätzungen unterliegen konnte. Er wollte Hitler darlegen, dass die Politik nicht in die Wirtschaft hineingetragen werden sollte und der Versuch einer „künstlichen Belebung" der Konjunktur zum Scheitern verurteilt sei, solange die Finanzen nicht geordnet seien. Sein vordringliches Anliegen, eine Zusammenarbeit zwischen Unternehmern und Gewerkschaften, wollte er am Schluss ansprechen. Dieser Punkt war besonders heikel, weil er nach Thyssens Vorwürfen den Verdacht einer Verschwörung gegen die Regierung entkräften musste. Er notierte sich dazu:

„Ich möchte mir die Frage gestatten, Herr Reichskanzler, ob es in Ihrem Sinne ist, dass von einigen Männern aus der Wirtschaft ein Versuch der Fühlungnahme mit den Gewerkschaften zu ihrer Umgestaltung und Auslösung aus den politischen Bindungen, natürlich in enger Fühlungnahme mit der zuständigen Regierungsstelle, gemacht wird."[29]

Dass er Hitler um die Zustimmung zu einer Verständigung mit den Gewerkschaften ersuchte, erscheint geradezu absurd. Vermutlich konnte er seine Punkte gar nicht vortragen, die offizielle Verlautbarung klang jedenfalls ganz anders: Die Besprechung von Siemens und Krupp von Bohlen mit Hitler habe „völlige Übereinstimmung in bezug auf die durchzuführende Gleichschaltung der Politik des Reichsverbandes mit dem Wirtschaftsprogramm der Regierung" ergeben.[30]

Während Siemens und Krupp von Bohlen in der Reichskanzlei empfangen wurden, zeigte sich auf den Straßen Berlins das wahre Gesicht der nationalsozialistischen Diktatur. Der für den 1. April ausgerufene „Judenboykott" wurde mit enthemmtem Terror praktiziert. Geschäftsinhaber jüdischer Herkunft wurden von Schlägertrupps der SA misshandelt, die Schaufenster ihrer Läden beschmiert. Auch in der Zentrale des RDI bekam man die neue Zeit zu spüren. Dort

Berliner Ausgabe
83. Ausg. • 46. Jahrg. • Einzelpreis 15 Pf.
Berliner Ausgabe
Berlin, Freitag, 24. März 1933
VÖLKISCHER BEOBACHTER
Herausgeber Adolf Hitler
Kampfblatt der national-sozialistischen Bewegung Großdeutschlands

Der Wille des deutschen Volkes erfüllt:
Der Reichstag übergibt Adolf Hitler die Herrschaft
Annahme des Ermächtigungsgesetzes mit der überwältigenden Mehrheit von 441 gegen 94 Stimmen der S.P.D. / Einstimmige Annahme auch im Reichsrat / Hitlers historische Abrechnung mit den Novembermännern

Der Führer gibt die Regierungserklärung bekannt

Die Regierungserklärung:
Für Freiheit und Ehre der deutschen Nation!
Gegen die Scheidung der Völker in „Sieger und Besiegte"!
Ein stolzes Programm des Wiederaufbaues

Freie Bahn für die Regierung

Gegensätze bedeutet die Vernichtung der Basis eines möglichen Gemeinschaftslebens. Die Auflösung ergreift alle Grundlagen der Gesellschaftsordnung. Die völlig gegensätzliche Einstellung des einzelnen zu den Begriffen Staat, Gesellschaft, Religion, Moral, Familie, Wirtschaft reißt Differenzen auf, die zum Krieg aller gegen alle führen müssen.

Ausgehend vom Liberalismus des vergangenen Jahrhunderts findet diese Entwicklung naturgesetzlich ihr Ende im kommunistischen Chaos. Die Mobilisierung primitivster Instinkte führt zu einer Verbindung zwischen den Auffassungen einer politischen Idee und den Handlungen wirk-

Machtübergabe an Adolf Hitler, Völkischer Beobachter vom 24. März 1933

erzwangen der NSDAP-Funktionär Otto Wagener und zwei Mitstreiter ohne amtliche Befugnisse die Entlassung von Mitarbeitern mit unerwünschter politischer Einstellung und die Enthebung der jüdischen Präsidialmitglieder. Zwei Kommissare sollten die „Gleichschaltung" des Verbands durchführen.[31] Drei Tage später wurde ein Gesetz erlassen, das die willkürliche Absetzung von Betriebsräten ermöglichte. Anfang Mai wurden die Gewerkschaften zerschlagen, RDI und VDA wurden wenige Wochen später in eine „gleichgeschaltete" Organisation, den Reichsstand der Deutschen Industrie, überführt. Damit waren sämtliche Voraussetzungen für die von Siemens angestrebte Arbeitsgemeinschaft beseitigt.

Die Anpassung an den NS-Staat

Direkte Eingriffe des Regimes in das Unternehmen hatte Siemens nicht zu befürchten. Hitler wollte die Industrie für seine Ziele in Dienst nehmen. Sofern sie nicht jüdischer Herkunft waren und sich loyal verhielten, konnten auch Industrielle mit einer demokratischen Vergangenheit ihre Unternehmen uneingeschränkt weiterhin leiten. Besorgt war die Siemens-Direktion aber über die Umtriebe der Nationalsozialistischen Betriebszelle, die seit der „Machtergreifung" großen Zulauf hatte und Anfang Mai 1933 bereits rund 1.700 Mitglieder zählte.[32] In den Werken terrorisierte sie Gewerkschafter, Betriebsräte und andere engagierte Sozialdemokraten und Kommunisten. Unterstützt wurde sie dabei von Johannes Engel, einem „Alten Kämpfer" der NSDAP, der einst die Nationalsozialistische Betriebszellenorganisation (NSBO) gegründet hatte und im Mai 1933 zum Treuhänder der Arbeit für Berlin und Brandenburg bestellt wurde. Schon Anfang März musste Siemens Engel darauf hinweisen, „dass wir ein wirtschaftliches Unternehmen sind, dessen Arbeit ausschließlich wirtschaftlichen Zwecken dient, und in dem für politische Agitation und Bestrebungen kein Raum ist".[33] Dieses alte Prinzip der Siemens-Firmen gab nicht nur die liberale Einstellung der Gründer wieder, sondern entsprach auch einem handfesten Interesse der Leitung. In Unternehmen solcher Größe zählten Anhänger unterschiedlichster Parteien und Weltanschauungen zur Belegschaft. Ungestörte Betriebsabläufe erforderten, dass daraus nicht Auseinandersetzungen am Arbeitsplatz entstanden.[34] Eingeführt worden war dieser Grundsatz von Werner von Siemens freilich, um die damals erstarkende Sozialdemokratie aus dem Unternehmen herauszuhalten, und in der Weimarer Zeit wurde er so weit ausgelegt, dass den Siemens-Mitarbeitern, die an der Trauerkundgebung für den ermordeten Reichsaußenminister Walther Rathenau teilnahmen, ein halber Tag vom Lohn bzw. Gehalt gekürzt wurde.[35]

Dem NS-Staat gegenüber konnte die Politik auch bei Siemens schon bald nicht mehr herausgehalten werden. Zwar war die Privatwirtschaft nicht unmittelbar von dem Gesetz zur Wiederherstellung des Berufsbeamtentums vom 7. April 1933 betroffen, mit dem Bürger jüdischer Herkunft und als politisch unzuverlässig geltende Beschäftigte aus dem öffentlichen Dienst entlassen oder in den Ruhestand versetzt wurden. Doch das am 4. April verkündete Gesetz über Betriebsvertretungen und wirtschaftliche Vereinigungen führte in der gesamten deutschen Wirtschaft zur Ausschaltung der gewählten Betriebsräte. Die Landesbehörden waren nun ermächtigt, Betriebsratswahlen auszusetzen, gewählte Betriebsräte abzuberufen und neue, „staats- und wirtschaftsfriedlich" gesinnte Betriebsräte zu bestellen.[36]

Bei den Berliner Siemens-Werken gehörten 55 Prozent der Betriebsräte den sozialdemokratisch ausgerichteten Freien Gewerkschaften des ADGB, 29 Prozent dem kommunistischen Lager an.[37] Im Dynamowerk, das in Siemensstadt eine Hochburg der Arbeiterbewegung bildete, konnte noch am 23. März 1933 eine Betriebsratswahl durchgeführt werden. Dabei erhielten die Freien Gewerkschaften sieben Mandate im Arbeiterrat, die NSBO zwei. Von den vier Sitzen im Angestelltenrat entfielen jeweils zwei auf die Liste der Freien Gewerkschaften und zwei auf die der Christlichen Gewerkschaften.[38] Vor dem Verwaltungsgebäude am Nonnendamm fand während der Betriebsratswahl eine Kundgebung der NSBO mit rund 1.500 Teilnehmern statt. Auf „Empfehlung" des Preußischen Innenministeriums empfingen Siemens und Witzleben am Nachmittag den NSDAP-Funktionär Wagener und die NSBO-Vertreter Engel und Erb im Siemens-Haus in der Schöneberger Straße. Die Delegation beanstandete, dass „der Siemens-Konzern der nationalsozialistischen Bewegung gegenüber unfreundlich eingestellt sei" und die zuletzt ausgesprochenen Kündigungen vor allem nationalsozialistisch eingestellte Arbeiter treffen würden, doch Siemens und Witzleben konnten diese Vorwürfe entkräften. Siemens billigte der NSBO dann noch den Status einer mit den Gewerkschaften gleichgestellten Arbeitnehmerorganisation zu, aber ein großes Zugeständnis bedeutete dies nicht, da bekannt war, dass die Regierung eine entsprechende Regelung erlassen würde.[39]

Erich Lübbe, um 1933

Vier Tage später, am 27. März, besetzten Stoßtrupps der NS-Zelle Siemensstadt mehrere Büros des Betriebsrats, 23 Betriebsräte der Freien Gewerkschaften wurden für abgesetzt erklärt. Unter ihnen befand sich der Gesamtbetriebsratsvorsitzende Erich Lübbe, der erst vier Tage zuvor im Dynamowerk wiedergewählt worden war und als Reichstagsabgeordneter der SPD gegen das Ermächtigungsgesetz gestimmt hatte.[40] Die Betriebsräte verlangten nun von Karl Burhenne, dem Leiter der Sozialpolitischen Abteilung, gegen die Putschisten vorzugehen und die Ordnung wiederherzustellen. Burhenne sah sich dazu jedoch nicht in der Lage und entschied sich, die „abgesetzten" Betriebsräte zu beurlauben.[41] Seine Entscheidung war zweifellos mit Siemens abgestimmt. Beide handelten damit gegen die stets hochgehaltenen Grundsätze des Unternehmens und beugten sich der Gewalt. Tatsächlich hätte die Direktion das Hausrecht kaum durchsetzen können, Burhenne hätte aber die betroffenen Betriebsräte nicht beurlauben müssen, und Siemens hätte öffentlich klarstellen können, dass deren „Absetzung" rechtsunwirksam war. Doch zu diesem Zeitpunkt ging er noch davon aus, dass es sich bei solchen Aktionen der NSBO um Auswüchse einer Übergangszeit handele. Er hielt es für sinnlos, dagegen Stellung zu nehmen.[42] Vielleicht wusste er aber auch schon, dass die betroffenen Betriebsräte nicht zu halten waren und demnächst in legalisierter Form abgesetzt würden.

Nachdem das Gesetz über Betriebsvertretungen und wirtschaftliche Vereinigungen vom 4. April erlassen worden war, hatte die Unternehmensleitung in dieser Frage keinen Spielraum. Die Landesbehörden konnten nach freiem Ermessen missliebige Betriebsräte absetzen. Das Preußische Ministerium für Wirtschaft und Arbeit entzog schon am 11. April auf eine Eingabe der NSBO hin allen freigewerkschaftlichen Betriebsräten der Berliner Siemens-Werke das Mandat.[43] Als erste wurden sechs Betriebsräte des Dynamowerks, darunter Lübbe, der auch Aufsichtsratsmitglied der SSW war, wegen „staats- und wirtschaftsfeindlicher“ Einstellung abgesetzt. An ihrer Stelle wurden NSBO-Aktivisten ernannt, neuer Vorsitzender des Betriebsrats wurde der Leiter der NS-Zelle Siemensstadt, Alfred Förster.[44]

Die Sozialpolitische Abteilung rechnete nach einem Vermerk vom 5. Mai damit, dass die NSBO auch die fristlose Entlassung dieser Arbeiter wegen „des Verdachts staats- und wirtschaftsfeindlicher Gesinnung“ beantragen würde.[45] Bei dieser Begründung kam die Firmenleitung nicht umhin, die Kündigung auszusprechen. Am 9. Mai wurden prompt alle abgesetzten Betriebsräte entlassen, die einer „staats- und wirtschaftsfeindlichen Gesinnung“ bezichtigt wurden.[46] In dem bereits zitierten Vermerk hielt die Sozialpolitische Abteilung die Entlassungen für „wünschenswert“. Sie argumentierte damit, dass für die abgesetzten Betriebsräte keine Arbeitsplätze bereitstünden und diese Mitarbeiter wegen der jahrelangen Freistellung nicht mit neuen Arbeitsmethoden vertraut seien. Einen Teil der Betroffenen hielt man für „würdig“, Übergangsunterstützungen zu erhalten, was bei einer Kündigung wegen „staats- und wirtschaftsfeindlicher Gesinnung“ nicht möglich war. Die Sozialpolitische Abteilung schlug vor, diesen Arbeitern über Lübbe nahezulegen, die Entlassung zu beantragen.[47] Lübbe selbst wurde am 16. Mai entlassen.[48] Offensichtlich gehörte er zu denen, die einer „staats- und wirtschaftsfeindlichen Gesinnung“ bezichtigt wurden und nicht von sich aus gekündigt hatten.

Die „Legalisierung“ willkürlichen Terrors machte auf Carl Friedrich von Siemens starken Eindruck. Damit hatte er nicht gerechnet. Mitte März war er noch davon ausgegangen, dass sich die Verhältnisse ähnlich wie nach den Gewaltexzessen der Revolution von 1918/19 beruhigen würden. In einem Brief an Flora Meyer, die Witwe eines im Ersten Weltkrieg gefallenen jüdischen Mitarbeiters, den er sehr geschätzt hatte, wies er am 17. März darauf hin, dass die Unternehmer auch damals „ganz allgemein als Blutsauger und Räuber“ bezeichnet worden seien, und fügte hinzu: „Auch die jetzige Hetze wird sich bald legen und vernünftigen Anschauungen Platz machen, ich glaube nicht, dass es Zweck hätte, im Augenblick dagegen Stellung zu nehmen.“[49] Zwei Monate später hatte er diese Erwartung verloren. In einem Kreis ähnlich eingestellter Bankiers und Industrieller gab er zu bedenken: „Von nun ab werde alles legalisiert, was man an dem, was von unten geschieht, nicht zu ändern vermöge.

Das ist eines der Regierungsprinzipien."[50] Jetzt machte es aus seiner Sicht noch weniger Sinn zu protestieren. Gegen die Regierung ließ sich nichts erreichen, der Schaden wäre größer als der Nutzen.[51]

Insgesamt konnte sich Siemens damals mit der Politik Hitlers durchaus abfinden. Am 8. April 1933 verfasste er einen achtseitigen Rundbrief an die Leiter der Auslandsniederlassungen, in dem er sich die Sicht des Regimes zu eigen machte und den Terror der Nationalsozialisten bagatellisierte. Nachdem der von Goebbels inszenierte „Judenboykott" am 1. April im Ausland zu einem verheerenden Echo und zu Boykottaktionen gegen deutsche Waren geführt hatte, bangte man bei Siemens um das Auslandsgeschäft. Der Rundbrief war freilich wenig geeignet, im Ausland um Vertrauen zu werben. Er diente wohl eher dazu, die Auslandsvertreter auf Linie zu halten, indem Siemens ihnen darlegte, dass „kommunistische Elemente versuchen würden, gewaltsame Störungen vorzunehmen". Auch stehe es „im Widerspruch zu den Tatsachen, wenn behauptet wird, dass Juden vor dem Einsetzen der ausländischen Greuelpropaganda besonders verfolgt wurden".[52] Ein halbes Jahr später schrieb er Gerard Swope, dem Präsidenten von General Electric:

> *„Der Umschwung der politischen Verhältnisse in Deutschland hatte zunächst eine Beunruhigung der Wirtschaft zur Folge, da störende Eingriffe vermutet wurden. Mit der zunehmenden Festigung der innerpolitischen Lage kehrte aber das Vertrauen, das ja die wichtigste Voraussetzung für jede Wirtschaftsbelebung ist, zurück."*[53]

Es ist anzunehmen, dass er seine Adressaten im Ausland mit „geschönten" Äußerungen dieser Art beruhigen wollte. Er machte aber auch in anderen Briefen, in denen er sich ganz unverstellt äußern konnte, keinen Hehl daraus, dass er Hitlers Politik gute Seiten abgewinnen konnte. Ein eindrückliches Beispiel dafür ist der Brief an Flora Meyer vom 17. März 1933. Hier schrieb er: „Ich bin kein Nationalsozialist, aber ich muss zugeben, dass es ein großes Verdienst des Schaffers und Führers dieser Bewegung ist, das deutsche Volk aufgerüttelt zu haben und sein Nationalbewusstsein geweckt zu haben."[54]

Schon bald enthielten von Carl Friedrich von Siemens unterzeichnete Verlautbarungen platte Huldigungen im Propagandastil. Daraus kann nicht unbedingt auf seine Einstellung geschlossen werden, zumal sie in einer Sprache verfasst waren, die gar nicht zu ihm passte. Solche Texte wurden schablonenartig nach den Erwartungen des Regimes verfasst, aber sie waren eben doch ein Kotau vor den Machthabern. Schon die in den Werken ausgehängte Erklärung von Siemens zum 1. Mai 1933 war in diesem Stil gehalten: „Mit Stolz erfüllt es uns, dass der Geist unseres Gründers, dem wir die Treue bewahrt haben, den Sieg errungen hat."[55]

Im Juli bot Siemens Göring von sich aus an, dessen im Bau befindliches Jagdhaus in der Schorfheide mit elektrischer Technik auszustatten.[56] Einen Monat zuvor hatte er sich mit einem Betrag von 100.000 RM an der Finanzierung des Hauses der Deutschen Kunst, einem Lieblingsprojekt Hitlers, beteiligt.[57] Damit gehörte er zu den 20 Grundsteinstiftern, die die Gründung ermöglichten. Zu dieser Gruppe zählten dem NS-Regime nahestehende Bankiers und Industrielle wie August von Finck, Philipp Reemtsma, August Rosterg und Willy Sachs, aber auch andere wie Robert Bosch, der nicht Sympathien zu Hitler verdächtig war.[58]

Am 14. September gaben die Vorstandsvorsitzenden Heinrich von Buol und Carl Köttgen in einem Rundschreiben die Vorschrift heraus, Inlandsbriefe „mit deutschem Gruß" zu unterzeichnen.[59] Daran hielt sich auch Siemens, der diese Regelung möglicherweise veranlasst, zweifellos aber gebilligt hatte. Er unterschrieb fortan Geschäftskorrespondenz „mit deutschem Gruß", Briefe an Vorstände und Aufsichtsräte des Konzerns weiterhin mit „Ihr sehr ergebener".[60] Im Herbst 1933 wurde die Anpassung des Siemens-Konzerns an den NS-Staat dann auch öffentlich demonstriert. Zur jährlichen Jubilarfeier am Gründungstag von S&H am 12. Oktober lud Carl Friedrich von Siemens Robert Ley ein, den Reichsleiter des neuen nationalsozialistischen Einheitsverbands Deutsche Arbeitsfront (DAF). Er war der Auffassung, dass „unsere Feier unter den veränderten politischen Verhältnissen dieses Mal einen besonderen Charakter erhalten soll".[61] Entsprechend schlug er bei der Veranstaltung andere Töne an als bei früheren Jubilarfeiern („Unserem Reichspräsidenten und unserem Reichskanzler ein dreifaches Sieg-Heil!").[62] Ley wurde vielleicht auch deshalb eingeladen, weil die DAF ein gewisses Gegengewicht zur NSBO bildete. Die Arbeitsfront, die nach Zerschlagung der Gewerkschaften gegründet worden war und deren gesamtes Vermögen übernommen hatte, war darauf ausgerichtet, den Aktivismus der NSBO zu zähmen. Als Einheitsverband der Arbeitnehmer und Arbeitgeber mit Zwangsmitgliedschaft entwickelte sie sich zur größten Massenorganisation des „Dritten Reichs". Siemens war um eine Verständigung mit der DAF bemüht, doch das im Oktober 1933 demonstrierte Einvernehmen zerbrach bald. Schon 1934 wollte er die Jubilarfeier nicht mehr mit der DAF abhalten und es „wieder bei der alten Form des Familienfestes belassen".[63]

Im Oktober 1933 konkurrierte die NSBO bei Siemens offen mit der DAF, indem sie zwei Tage nach der Rede Leys bei der Jubilarveranstaltung eine Großkundgebung der Belegschaft im Sportpalast durchführte. Als Anlass diente die Agitation für die im November anstehende Reichstagswahl und die damit verbundene Volksabstimmung über den Austritt Deutschlands aus dem Völkerbund. Vor angeblich über 20.000 Teilnehmern sprachen Engel und Köttgen. Von der Stimmung im Sportpalast beflügelt, ließ es der Vorstandsvorsitzende der SSW nicht an markigen Worten fehlen. Die *Berliner Börsen-Zeitung* wusste zu berichten: „Stürmischer Beifall durchtoste das Haus, als Dr. Köttgen erklärte, der neue Geist im deutschen Volk stelle eine Erlösung für uns alle dar."[64]

Propagandistisch lief die NSBO mit dieser Kundgebung der Jubilarfeier den Rang ab. Es gab aber noch eine Steigerung, die den Siemensianern wenige Wochen später geboten wurde. Reichspropagandaminister Goebbels hatte persönlich die große Maschinenhalle des Dynamowerks für Hitlers Abschlusskundgebung vor der Reichstagswahl vom 12. November 1933 ausgesucht.[65] Dort konnten die Bilder inszeniert werden, die Goebbels für die Presse und die Wochenschauen wollte: Der „Führer" auf einer Bühne über dicht gedrängt stehenden Arbeitern mit imposanten Maschinen im Hintergrund. Eine frühere Hochburg der Arbeiterbewegung als Arena Hitlers – damit ließen sich auch Wähler beeindrucken, die noch nie für ihn gestimmt hatten. Siemens hatte dem Propagandaministerium die Genehmigung erteilt. Er sehe darin eine Ehre und Auszeichnung, erklärte er im Aufsichtsrat. Auch stehe die Halle wegen fehlender Beschäftigung ziemlich leer.[66]

Die für den 10. November angesetzte Kundgebung wurde im Rundfunk übertragen und lief nach einer minutiös festgelegten Dramaturgie ab, die einem Bericht in den *Siemens-Mitteilungen* entnommen werden kann („13 Uhr Sirenen ‚stillen Gedenkens für Deutschland' – Alles steht still – nur der Wagen des Führers befindet sich in Fahrt – auf dem Wege zu uns").[67] Die Siemensianer ließen sich das Spektakel nicht entgehen. Viele dürften begeistert gewesen sein,

Carl Friedrich von Siemens mit Adolf Hitler auf dem Weg ins Dynamowerk in Siemensstadt, 1933

Adolf Hitler bei der Rede im Dynamowerk, 1933

anderen ging es nur darum, Hitler einmal aus der Nähe zu erleben. Carl Friedrich wird gewusst haben, dass die Wahl des Veranstaltungsorts kein Gunstbeweis Hitlers war. Goebbels wird sich aus rein praktischen Gründen für die Maschinenhalle der SSW entschieden haben, so musste Hitler nicht ins Ruhrgebiet reisen, um den gewünschten Effekt zu erzielen. Aus ähnlichen Gründen gab dieser beim Wahlgang am 12. November seine Stimme öffentlichkeitswirksam in Siemensstadt ab.[68] Den Erwartungen an den Gastgeber wurde Carl Friedrich von Siemens gerecht, indem er zur Kundgebung eine devot formulierte Bekanntmachung an die Belegschaft mit einer eindeutigen Wahlempfehlung herausgab.[69]

Ein Licht auf seine Motive für die Anpassung an eine Diktatur werfen auch die damaligen Konflikte bei den Österreichischen Siemens-Schuckert-Werken (ÖSSW). Die Wiener Tochtergesellschaft hatte einen überwiegend nationalsozialistisch eingestellten Betriebsrat und geriet deshalb unter Druck, nachdem die österreichische NSDAP im Juni 1933 verboten worden war. Als sich herausstellte, dass die NS-Aktivisten bei der ÖSSW von Kollegen aus Siemensstadt mit Propagandamaterial beliefert wurden, verhaftete die österreichische Polizei mehrere Mitarbeiter wegen Hochverrats, die Regierung sperrte dem Unternehmen die öffentlichen Aufträge. Siemens war nun als Vizepräsident des Verwaltungsrats und Aufsichtsratsvorsitzender der Muttergesellschaft gefordert. Er reiste nach Wien, um mit dem Sicherheitsminister und Heimwehrführer Emil Fey über die Aufhebung der Sperre zu verhandeln. Fey bestand auf einer „Säuberung" der ÖSSW und drohte mit der Einsetzung eines Staatskommissars. Dem Leiter der österreichischen Siemens-Firmen, Ernst Kraus, gelang es schließlich, die Betriebsräte zum Rücktritt zu bewegen. In Deutschland wurde Siemens daraufhin von der NS-Propaganda vorgeworfen, den Wiener Betriebsrat verschachert zu haben.[70]

Nachdem im Juli 1934 ein Putschversuch der österreichischen Nationalsozialisten gescheitert war, griff das neue, diktatorische Regime Kurt Schuschniggs härter gegen die ÖSSW durch. Der mit der „Bekämpfung staatsgefährlicher Bestrebungen in der Privatwirtschaft" beauftragte Fey verlangte von Siemens, den Verwaltungsrat im Sinne der Wiener Regierung neu zu besetzen, rund 100 politisch unerwünschte Mitarbeiter zu entlassen und durch Arbeitnehmer zu ersetzen, die der Heimwehr nahestanden. Carl Friedrich von Siemens handelte die Zahl der Entlassungen auf rund 30 herunter und erhielt die Zusage, dass die ÖSSW weiterhin mit öffentlichen Aufträgen bedacht wurde.[71] Er rechtfertigte die Entlassungen damit, „dass wir natürlich dem Gebot des Staates folgen müssten", und gab zu bedenken: „ich habe es nur getan, um von der gesamten Belegschaft weiteres Unheil abzuwenden".[72]

Ausscheiden aus dem Verbandswesen und neue Ehrenämter

Die Nationalsozialisten hatten kein festes Modell für industrielle Organisationen. In der Partei kursierten lediglich vage Vorstellungen von einem berufsständischen Aufbau, wie sie auch von Rechtskonservativen vertreten wurden. Unter Hitler wurden daher zunächst provisorische Formationen errichtet. Der RDI wurde im Juni 1933 in einen „gleichgeschalteten" Reichsstand der Deutschen Industrie überführt, der als Übergang zu einer ständischen Gliederung dienen sollte. Carl Friedrich von Siemens schied damals nicht aus dem Verbandswesen der Industrie aus. Er wurde in die neue Organisation übernommen und gehörte dem Reichsstand als Vorsitzender der Fachgruppe Elektrotechnik, Optik und Feinmechanik an.[73] Wie manche Industrielle der Weimarer Zeit dürfte er geglaubt haben, weiterhin in Organisationen der Wirtschaft Einfluss ausüben zu können. An erster Stelle galt dies für die früheren Vorsitzenden des RDI und VDA, Krupp von Bohlen und Köttgen. Krupp von Bohlen wurde zum Leiter des Reichsstands und dessen Wirtschaftspolitischer Abteilung ernannt, Köttgen übernahm die Leitung der Sozialpolitischen Abteilung des Reichstands. Diese Übergangsphase endete im Januar 1935. Mit der von Hjalmar Schacht verordneten Errichtung einer hierarchisch strukturierten „Organisation der gewerblichen Wirtschaft" verabschiedete sich das Regime endgültig von berufsständischen Konzepten. An der Spitze der neuen Dachorganisation, der Reichsgruppe Industrie, standen nicht mehr profilierte Industrielle aus der Weimarer Zeit. Doch handelte es sich dabei nicht um eine Ausgrenzung. Krupp von Bohlen hatte von sich aus schon frühzeitig auf ein weiteres Amt verzichtet, und für andere frühere RDI-Größen wie Siemens war schlichtweg kein Platz in der neuen Ordnung, da die Reichsgruppe als ein nach dem Führerprinzip organisiertes Lenkungsorgan weder ein Präsidium noch einen Beirat erhielt.[74]

In der Fachgruppe Elektrotechnik, Optik und Feinmechanik hatte Carl Friedrich von Siemens bis dahin noch einigen Einfluss. Im Mai 1933 wurde ihm die Leitung eines Aktionsausschusses übertragen, der für die Umwandlung des ZVEI in einen „gleichgeschalteten", nach dem Führerprinzip aufgebauten Reichsfachverband zuständig war. Er hatte den ZVEI fünfzehn Jahre lang engagiert geleitet, trotzdem sah er in der Umwandlung nicht etwa eine Zerstörung, sondern eine unvermeidliche Anpassung an die neuen Verhältnisse. Als Leiter des Aktionsausschusses wirkte er maßgeblich daran mit, dass der Vorstandsvorsitzende der Bergmann-Werke, Philipp Keßler, sein Nachfolger an der Spitze der Branchenorganisation wurde.[75] Am 14. November 1933 fand die letzte Mitgliederversammlung des ZVEI in einem mit Hakenkreuzflaggen geschmückten Saal statt. Anschließend zog sich Siemens aus dem Verbandswesen der Elektroindustrie zurück.[76] Als Keßler im August 1934 zurücktreten musste, wollte der Führerbeirat des Reichsfachverbands der elektrotechnischen Industrie, dem Heinrich von Buol und Carl Köttgen angehörten, Siemens als Nachfolger gewinnen, doch darauf ließ er sich nicht ein.[77]

Der von Siemens seit zehn Jahren gemeinsam mit dem Gewerkschaftsvorsitzenden Theodor Leipart geleitete Vorläufige Reichswirtschaftsrat sollte bis zu Errichtung einer ständischen Ordnung in eine „gleichgeschaltete" Nachfolgeorganisation überführt werden. Da schon länger Pläne zur Neuausrichtung dieses Organs ausgearbeitet worden waren, konnte Reichswirtschaftsminister Alfred Hugenberg bereits im März 1933 einen Gesetzentwurf vorlegen.[78] Das am 5. April 1933 ausgefertigte Gesetz über den neuen Vorläufigen Reichswirtschaftsrat sah vor, ein Beratungsorgan mit 60 vom Reichspräsidenten zu ernennenden Mitgliedern zu bilden.[79] Die Verabschiedung der Präsidenten Siemens und Leipart vollzog sich mit einem Affront, da Hitler den Vorschlag Hugenbergs ablehnte, Dank und Anerkennung auszusprechen.[80] Alle Beteiligten dürften gewusst haben, dass diese Missachtung dem Gewerkschafter Leipart galt, nicht Siemens, der später bei seiner Verabschiedung als Präsident der DRG von Hitler mit anerkennenden Worten bedacht wurde.

Das Gesetz über den neuen Vorläufigen Reichswirtschaftsrat wurde nicht ausgefüllt, keine einzige Berufung erfolgte. Mit dem Rücktritt Hugenbergs im Juni 1933 verschwand das Modell in der Versenkung. Der neue Reichswirtschaftsminister Kurt Schmitt, der bislang Generaldirektor der Allianz Versicherung gewesen war, lehnte die Ansätze zu einer berufsständischen Organisation der Wirtschaft ab.[81] Anstelle eines neuen Vorläufigen Reichswirtschaftsrats entstand ein kleinerer Generalrat der Wirtschaft, der die Regierung beraten sollte. Eine gesetzliche Regelung kam dafür nicht zustande, doch wurden schon im Juli 1933 17 Mitglieder von Hitler berufen. Siemens zählte zu den Erwählten, außer ihm gehörten aber nur zwei frühere Mitglieder des Vorläufigen Reichswirtschaftsrats (August Diehn, Albert Vögler) dem Generalrat an. Starkes Gewicht hatten Vorzeigebankiers des „Dritten Reichs" (August von Finck, Otto Christian Fischer, Friedrich Reinhart, Kurt Freiherr von Schröder), Parteifunktionäre und nationalsozialistische Amtsträger (Robert Ley, Carl Lüer, Hermann Reischle, Carl Vincent Krogmann, Herbert Backe). Aus der Industrie wurden sowohl nationalsozialistische und der NSDAP nahestehende Unternehmer (Fritz Thyssen, Albert Vögler, August Diehn) als auch andere Repräsentanten berufen, die rüstungswirtschaftlich bedeutsamen Unternehmen vorstanden: Krupp von Bohlen und Halbach, Carl Bosch (IG Farben) und Eugen Böhringer (Maxhütte/Flick-Konzern).[82]

Carl Friedrich von Siemens mit Emil Georg von Stauß bei einer Kundgebung von Industriellen, 1933

Die konstituierende Sitzung des Generalrats am 20. September wurde von Reichswirtschaftsminister Schmitt eröffnet. Am Abend hielt Hitler eine Rede, in der er eindrücklich den Primat der Politik beschrieb: „Aber zu allen Zeiten war das Schwert der Wegbereiter des Pfluges, war die Macht die Wegbereiterin der Wirtschaft".[83] Bei den Verhandlungen wies Siemens auf Vorteile des von der Regierung Hitler verkündeten Arbeitsbeschaffungsprogramms hin, nachdem er vor 1933 eine Arbeitsbeschaffungspolitik strikt abgelehnt hatte.[84] Nach den beiden Sitzungen am 20. September 1933 war vom Generalrat der Wirtschaft nicht mehr die Rede. Schmitt wurde im Juli 1934 von Hjalmar Schacht abgelöst, der ein Beratungsgremium offenbar für überflüssig hielt. Für Politik und Wirtschaft des „Dritten Reichs" blieb der Rat trotz seines großspurigen Namens gänzlich bedeutungslos.

Anders entwickelte sich die im Juni 1933 gegründete Akademie für Deutsches Recht, in die Siemens ebenfalls berufen wurde. Sie war zwar eng mit der NSDAP verbunden, da sie von Hans Frank, dem „Kronjuristen" der Partei, gegründet wurde und dazu beitragen sollte, „das nationalsozialistische Programm auf dem gesamten Gebiete des Rechts und der Wissenschaft zu verwirklichen".[85] Zu den Mitgliedern gehörten neben hochkarätiger NS-Prominenz auch Unternehmer und Wissenschaftler, die wegen ihres Sachverstands berufen worden waren. Die Arbeit der Akademie wurde hauptsächlich in Ausschüssen geleistet, an deren Beratungen Experten teilnehmen konnten, die nicht zu ihren Mitgliedern gehörten. In Verhandlungen über wirtschaftsrechtliche Fragen, zu denen die Vertreter des Parteiapparats wenig beizutragen hatten, konnten Unternehmer einigen Einfluss erlangen.[86]

Im September 1933 erklärte sich Siemens „gern bereit" die Einladung zur Mitgliedschaft in der Akademie anzunehmen.[87] Er engagierte sich in dem von Wilhelm Kißkalt, dem Vorstandsvorsitzenden der Münchener Rückversicherung, geleiteten Ausschuss für Aktienrecht. Zusammen mit IG-Farben-Vorstand Hermann Schmitz und Max Ebbecke, dem Vorstand der Elektrische Licht- und Kraftanlagen AG, einer Beteiligungsgesellschaft von Siemens, vertrat er hier die Industrie.[88] Die zur Diskussion stehenden Vorlagen für die seit Längerem anstehende Reform des Aktienrechts waren von Vorarbeiten aus der Weimarer Zeit und den Erfahrungen der Weltwirtschaftskrise geprägt. Sie betrafen Carl Friedrich von Siemens unmittelbar, etwa hinsichtlich der Befugnisse des Aufsichtsrats, der Zulässigkeit von Aktien mit Mehrstimmrecht und der Bilanzierung von stillen Reserven. Erwartungsgemäß brachte er bei den Beratungen Einwände gegen die geplante Beschränkung des Aufsichtsrats auf Kontrollbefugnisse vor.[89] Er plädierte für eine Begrenzung der Zahl von Aufsichtsratsmitgliedern und wandte sich wiederholt gegen eine Übertragung des Führerprinzips auf Unternehmen („sklavische Nachahmung“) nach dem Modell des nationalsozialistischen Gesetzes zur Ordnung der nationalen Arbeit.[90]

Präsident der Reichsbahn in den Jahren 1933/34

Sein wichtigstes Ehrenamt, die Präsidentschaft bei der DRG, behielt Carl Friedrich von Siemens nach der nationalsozialistischen Machtübernahme. Dabei stand die Leitung der DRG im Frühjahr 1933 unter massivem Druck der nationalsozialistischen Fachschaft Reichsbahn und der NSBO. Am 6. April besetzte ein Stoßtrupp der SA die Büros der Direktion und forderte den Rücktritt des Verwaltungsrats, die Entlassung von Juden und Freimaurern sowie die Beendigung der Frauenarbeit bei der Reichsbahn.[91] Die Hetze der NS-Aktivisten richtete sich auch gegen Generaldirektor Julius Dorpmüller, der nun wegen der wirtschaftsnahen Tarif- und Personalpolitik am Pranger stand.[92]

Am 10. April bot Siemens Hitler über Dorpmüller den geschlossenen Rücktritt des Verwaltungsrats an, doch Hitler ging darauf nicht ein. Einige Wochen später schlugen ihm der Staatssekretär des Reichsverkehrsministeriums, Gustav Koenigs, und Ministerialrat Franz Willuhn von der Reichskanzlei vor, Siemens im Amt zu belassen.[93] An Dorpmüller wollte Hitler ohnehin festhalten, denn mit ihm hatte er bereits Großes vor.[94] Am 6. April hatte er in einer Besprechung mit Willy Hof, dem Geschäftsführer der HaFraBa, die sich seit Langem mit Plänen für den Autobahnbau beschäftigte, zugesagt, „Herrn Dorpmüller auf das ungemein große Projekt aufmerksam zu machen“.[95] Hof hatte Hitler überzeugt, dass dieses Vorhaben nur mit der Reichsbahn umgesetzt werden konnte. Dorpmüller ging fortan in der Reichskanzlei ein und aus, allein bis Mitte Juni sind sieben Begegnungen zwischen ihm und Hitler belegt.[96]

Um die NS-Aktivisten bei der Reichsbahn unter Kontrolle zu bringen, errichtete die Parteileitung im Mai 1933 einen „Führerstab der NSDAP bei der Reichsbahn“, der eineinhalb Jahre lang bestehen blieb. Zum Leiter des Stabs wurde Reichsbahndirektor Wilhelm Kleinmann ernannt, ein „Alten Kämpfer" der Partei, der stets in SA-Uniform auftrat.[97] Siemens rückte darüber zunehmend ins Abseits, da Dorpmüller und Kleinmann durch ihre hochkarätigen politischen Verbindungen größeren Einfluss hatten. Im Juni musste der stellvertretende Generaldirektor Wilhelm Weirauch, ein der Zentrumspartei nahestehender Verwaltungsjurist, ins Hauptprüfungsamt wechseln. Kleinmann wurde sein Nachfolger und damit auch Leiter der Personalabteilung. In dieser Position betrieb er die „Säuberung" der Belegschaft auf der Grundlage des Gesetzes zur Wiederherstellung des Berufsbeamtentums. Der Verwaltungsrat hatte genehmigt, dass dieses Gesetz, das die Entlassung der jüdischen und politisch unerwünschten Beschäftigten aus dem öffentlichen Dienst vorschrieb, auf die Reichsbahn übertragen wurde, und dem Generaldirektor Vollmacht zur Durchführung erteilt.[98]

Siemens war an den von Kleinmann durchgeführten Massenentlassungen nicht unmittelbar beteiligt, aber als Präsident der DRG stand er für die Beschlüsse des Verwaltungsrats in der Verantwortung. Auch machte die „Säuberung" der DRG vor dem Verwaltungsrat nicht halt, und hier wäre Siemens unmittelbar gefordert gewesen. Als Vorsitzender des Verwaltungsrats einer formal immer noch unabhängigen Organisation nahm er aber widerspruchslos hin, dass acht der sechzehn Mitglieder des Gremiums bis Ende 1933 „zurücktraten" – da sie nicht entlassen werden konnten, waren sie zum Rücktritt genötigt worden. Die Vertreter der Regierungen Badens und Bayerns im Verwaltungsrat der DRG legten ihre Mandate auf Drängen der neuen Regierungen in ihren Ländern nieder.[99] Ein hartes Los traf den Vertreter der Eisenbahnbeamten, den sozialdemokratischen Lokomotivführer Matthäus Herrmann aus Nürnberg, der nach der Zerschlagung der Gewerkschaften Anfang Mai im Zuchthaus Berlin-Plötzensee und anschließend für einige Monate im Konzentrationslager Dachau inhaftiert war.[100] Siemens setzte sich nicht für ihn ein. Dagegen konnte der Finanzdirektor der DRG, Ludwig Homberger, mit gemeinsamer Unterstützung von Siemens, Dorpmüller und Kleinmann trotz seiner jüdischen Herkunft noch bis 1934 gehalten werden.[101]

Anfang August musste das Verwaltungsratsmitglied Paul Silverberg zurücktreten, einer der einflussreichsten Industriellen der Weimarer Zeit, der mit Siemens viele Jahre lang im RDI und im Verwaltungsrat der Reichsbahn zusammengearbeitet hatte. Wie Homberger zählte Silverberg zu den Christen, die wegen einer jüdischen Herkunft als „Nichtarier“ ausgegrenzt wurden. Er trat zurück, nachdem ihm Reichsverkehrsminister Paul von Eltz-Rübenach einen Tag zuvor diese Entscheidung nahegelegt hatte.[102] Siemens schrieb Silverberg dazu:

> *„Wie Sie wissen, möchte ich so bald wie möglich heraus, erstens, weil ich nicht die innere Verantwortung übernehmen kann für all die Maßnahmen, die getroffen werden einschließlich der finanziellen Belastungen. Der alte Verw.-rat konnte noch gerade hinweisen auf eine gesunde und erfolgreiche Geschäftsführung, das Débacle kommt sehr bald, und damit möchte man nicht verbunden sein.“*[103]

Siemens hatte erfahren, dass Wilhelm Keppler, der Kommissar für Wirtschaftsfragen in der Reichskanzlei, in Zukunft über die Besetzung des Verwaltungsrats der DRG entscheiden würde. Nach dem Rücktritt Silverbergs wollte er Keppler aufsuchen und ihm vorschlagen, den Vorsitz des Gremiums zu übernehmen.[104] Fast mehr noch als die Personalpolitik scheint ihn die Sorge umgetrieben zu haben, die DRG nicht mehr mit einer guten Bilanz verlassen zu können. Da die Direktion unter Dorpmüller nun politischen Vorgaben folgte, war in Zukunft nicht mehr mit Gewinnen zu rechnen. Die Reichsbahn trug zur Finanzierung der Arbeitsbeschaffungsprogramme und des Autobahnbaus bei. In beträchtlichem Umfang gewährte sie politisch gewünschte Vergünstigungen bei den Tarifen, etwa für Sonderfahrten zu Kundgebungen der Partei und der SA.

Auf Vorschlag von Staatssekretär Koenigs wurden drei lupenreine Nationalsozialisten in den Verwaltungsrat der DRG berufen: der Bauingenieur Fritz Todt, ein „Alter Kämpfer“ der Partei und SA-Gruppenführer, SS-Gruppenführer Rolf Reiner und der Mannheimer Oberbürgermeister Carl Renninger.[105] Durch die Berufung von Todt verschoben sich die Machtverhältnisse bei der DRG weiter. Er war wenige Wochen zuvor von Hitler zum Generalinspektor für das deutsche Straßenwesen ernannt und mit der Leitung des neuen Unternehmens „Reichsautobahnen“ betraut worden. Dieses Unternehmen war als Tochtergesellschaft der DRG entstanden, Dorpmüller war Vorsitzender des Verwaltungsrats.[106] Das Wetteifern der beiden Günstlinge Hitlers um Einfluss auf das Autobahnprojekt konnte Todt schon bald für sich entscheiden.

Carl Friedrich von Siemens (3. v. rechts) mit Mitgliedern der Verwaltungsräte der DRG und der „Reichsautobahnen", Frankfurt am Main, 1934

Am 29. Mai 1933 spannte Hitler in einer Besprechung mit einer größeren Zahl von Unternehmern die Industrie für das Arbeitsbeschaffungsprogramm und den Autobahnbau ein, wobei er seine Pläne hinsichtlich der Aufrüstung durchblicken ließ. Siemens nahm an dieser Sitzung nicht teil, er wurde von Carl Köttgen vertreten, doch stellte auch er sich hinter die Pläne Hitlers.[107] Wie beim Arbeitsbeschaffungsprogramm unterstützte er nun mit dem Autobahnprojekt ein Vorhaben, das er noch ein Jahr zuvor unter Brüning bekämpft hatte. Erbittert darüber, beschrieb der frühere Reichskanzler diesen Gesinnungswandel in seinen Memoiren:

> *„Derselbe Herr von Siemens und dieselbe Reichsbahnverwaltung brachten es unter dem Druck der gegen sie gerichteten Brachialgewalt im Sommer 1933 fertig, ihre Politik mit nach außen zur Schau getragener Begeisterung genau ins Gegenteil zu verdrehen. [...] Während sie den für Juni 1932 vorgesehenen Bau von Autostraßen – wozu alle Pläne damals bis ins einzelnste fertiggestellt waren – mit Hilfe ihres Einflusses beim Reichspräsidenten sabotierten, stellten sie sich, als die nationalsozialistische Regierung die von uns erstellten Pläne aus der Schublade zog, plötzlich als begeisterte Anhänger der Autobahnen hin."*[108]

Als Carl Friedrich von Siemens' jährlich zu erneuernde Amtszeit als Präsident der DRG im Januar 1934 auslief, hätte sich dieser Zeitpunkt zum Ausscheiden angeboten. Er hatte ja bereits mehrfach, auch schon vor 1933, seine Bereitschaft zum Rücktritt bekundet, und eine Nichtverlängerung der Amtszeit hätte es ermöglicht, ohne Aufsehen auszuscheiden. Umso verwunderlicher ist es, dass er sich erneut wiederwählen ließ und die Verlängerung der Amtszeit von der Reichsregierung bestätigt wurde. Für diesen Kabinettsbeschluss muss es gute Gründe gegeben haben. Am wahrscheinlichsten dürfte ausschlaggebend gewesen sein, dass Hitler noch die Fassade der DRG als ein wie im Londoner Abkommen von 1924 und im Reichsbahngesetz vorgeschriebenes politisch unabhängiges, nach „kaufmännischen Grundsätzen" geführtes Unternehmen aufrechterhalten wollte. Damals konnte er es noch nicht wagen, sich über Verträge mit den Siegermächten des Ersten Weltkriegs hinwegzusetzen. Faktisch war die DRG längst zu einem „gleichgeschalteten" Staatsbetrieb geworden. Dass Siemens Anfang 1934 erneut als Präsident der DRG bestätigt wurde, gründete nicht in einem „Bündnis zwischen Tradition und Partei", wie die Allianz von Dorpmüller und Kleinmann in der Literatur gerne genannt wird.[109] Vielmehr wurde er noch benötigt, um den von Hitler weiterhin gewünschten Anschein nach außen hin zu wahren.

Warum er sich darauf einließ, hat er nicht erklärt. Wohl zu Recht wird in der Literatur vermutet, dass es ihm schlichtweg schwerfiel, von der Reichsbahn zu lassen.[110] Dabei machte sich Carl Friedrich von Siemens keine Illusionen über die „Gleichschaltung" der DRG und seine Rolle als Relikt. Die neue Stellung der Reichsbahn als Quasistaatsbetrieb passte nicht zu ihm, und dass er mit dem Verwaltungsrat nun Baustellen der Reichsautobahn zu besichtigen hatte, wird ihm nicht gelegen haben.[111]

Nachdem er sich im Dezember 1934 schließlich durchgerungen hatte, seinen Abschied zu nehmen, schrieb er dem inzwischen in die Schweiz emigrierten Paul Silverberg:

> *„Meine Zeit war abgelaufen, und ich freue mich, in den nicht seltenen Fehler verfallen zu sein, dies zu spät zu erkennen. Heute ist die Reichsbahn wieder ein reiner Staatsbetrieb geworden, die alte Form passt nicht mehr, die eigene Stellung muss man als unwürdig empfinden, da man viele Fehler sah, aber nicht mehr helfen konnte."*[112]

Aus dieser Einsicht heraus verzichtete er auf eine nochmalige Verlängerung seiner Amtszeit. Politischer Druck wurde auf ihn nicht ausgeübt.[113] Dabei lag es ihm fern, mit seinem Ausscheiden zu hadern oder gar Rückzugsgefechte zu führen. Mit nüchternem Kalkül wollte er der Reichsbahn eine gute Zukunft unter den neuen Verhältnissen sichern. Deshalb hielt er es für notwendig, dass der Verkehrsminister oder dessen Stellvertreter den Vorsitz im Verwaltungsrat der DRG übernahm.[114] Dass Staatssekretär Koenigs sein Nachfolger wurde, war ganz in seinem Sinne.

Am 8. Januar 1935 fand für Carl Friedrich von Siemens eine ehrenvolle Verabschiedung statt. Als Höhepunkt verlas Reichsverkehrsminister Paul von Eltz-Rübenach ein persönliches Schreiben Hitlers, das ihm bescheinigte, die DRG zehn Jahre lang „zielbewusst und tatkräftig" geführt zu haben. Sein Name werde in der Geschichte der Deutschen Reichsbahn stets einen ehrenvollen Platz einnehmen.[115] Gemeinsam mit ihm schied der stellvertretende DRG-Präsident Karl von Stieler aus. Von den Verwaltungsratsmitgliedern aus der Weimarer Zeit blieben nur noch Carl Bergmann, Hermann Münchmeyer und Tilo von Wilmowsky.[116] Zwei Jahre später wurde die DRG, unmittelbar nach der Aufkündigung des Versailler Vertrags durch Hitler,

Carl Friedrich von Siemens (5. v. links) bei seiner Verabschiedung aus dem Verwaltungsrat der Deutschen Reichsbahn-Gesellschaft durch Paul von Eltz-Rübenach, 1935

in das Reichsverkehrsministerium überführt. Dorpmüller wurde nun Minister, Koenigs musste sich als zweiter Staatssekretär unter ihm einordnen. Mit beiden blieb Siemens in Kontakt. Die Erinnerungen an die Erfolge als Präsident der DRG wurden für ihn durch die weitere Geschichte der Reichsbahn nicht getrübt. Wie wichtig ihm diese Erinnerungen waren, teilte er bei seinem Ausscheiden Silverberg mit: „Ich werde den Rest meines Lebens mit Freude an die Tätigkeit zurückdenken, namentlich an die Zeit vor dem Young-Plan Gesetz.“[117] Tatsächlich hielt er daran auch noch in seinen letzten Jahren fest. Als Koenigs 1940 zurücktreten musste, lud er ihn ein, sich über die alten Zeiten auszutauschen. Er fühlte sich ihm durch das gemeinsame Interesse an der Reichsbahn verbunden und fügte hinzu: „von mir kann ich sagen eine alte Liebe“.[118]

„Eines denkenden Volkes unwürdig" – die Verfolgung der Juden

Als demokratisch gesinnter Liberaler hatte Carl Friedrich von Siemens in seinem Umfeld nie zwischen Juden und Christen unterschieden. Die antisemitische Hetze der rechtsgerichteten Verbände und Parteien, die nach dem Ersten Weltkrieg einen neuen Höhepunkt erreichte, war ihm zuwider. Seinem Parteifreund Georg Gothein, dem Vorsitzenden des Vereins zur Abwehr des Antisemitismus, schrieb er im Frühjahr 1920: „Die Agitation gegen das Judentum hat in der letzten Zeit so erbitterte und widerliche Formen angenommen, dass man alle Wege beschreiten sollte, um dies zu bekämpfen.“[119] Dabei unterschied er zwischen den alteingesessenen jüdischen Landsleuten und dem „fremden Judentum“. Sein Mitgefühl galt den „alten deutschen Juden, die mit unserem Vaterland fest verwurzelt sind, im Kriege oft ihren Mann gestanden haben“, doch hatte er „bis jetzt leider vermisst, dass die deutschen Juden auch öffentlich gegen die augenblicklich vorhandenen Auswüchse des fremden Judentums Stellung nahmen“.[120] Mit der Konstruktion eines derartigen Gegensatzes stand Siemens unter den liberalen Gegnern des Antisemitismus nicht allein. Auch in den jüdischen Gemeinden der deutschen Großstädte waren viele dieser Auffassung. Der Erste Weltkrieg und die Auswirkungen der Russischen Revolution hatten im assimilierten Judentum Ängste vor einer Masseneinwanderung nicht emanzipierter „Ostjuden“ aufkommen lassen.[121] Gothein wollte Siemens damals für den Verein zur Abwehr des Antisemitismus als Schatzmeister gewinnen, doch lehnte der viel gefragte Industrielle aus Zeitgründen ab. Später trat er der „Gesellschaft der Freunde“ bei, die sich von einer jüdischen Selbsthilfeorganisation zu einem Berliner Eliteclub gewandelt hatte, aber immer noch als jüdisch geprägt galt. Dieser Gesellschaft gehörte er bis zu ihrer Auflösung im Herbst 1935 an.[122]

Im Frühjahr 1933 war Carl Friedrich von Siemens über die Diskriminierung und Verfolgung der Juden empört. Wiederholt wies er die Vertreter an, sich nicht durch antisemitische Verunglimpfungen von Wettbewerbern Vorteile zu verschaffen. Über solche Praktiken hatte sich die Frankfurter Telefongesellschaft H. Fuld & Co. schon 1932 bei ihm beschwert. Im April 1933 fragte dieses Unternehmen erneut an, ob Siemens bereit wäre, den Vertretern die antisemitische Propaganda gegen Fuld zu untersagen.[123] Er antwortete, dass er schon mehrere derartige Anweisungen herausgegeben habe.[124] Auch der AEG-Vorstandsvorsitzende Hermann Bücher beschwerte sich darüber, dass sein Unternehmen von Siemens-Vertretern als „Judenfirma“ verunglimpft werde. Siemens schrieb daraufhin Köttgen am 11. Mai 1933, dass derart unwürdige Methoden den Ruf schädigen würden, und bat ihn, im Vertrieb erneut darauf hinzuweisen.[125]

In dem bereits erwähnten Brief an Flora Meyer verurteilte er die Verfolgung der Juden als „eines denkenden Volkes unwürdig“. Auch hier verband er die Kritik am Antisemitismus mit einem Verdikt über das „fremde“ Judentum, dem er geradezu die Schuld für die Hetze gegen das Judentum gab: „Sie findet ihren Ursprung in der sehr großen Zuwanderung fremder Juden nach dem Kriege, die, wie ich weiß, auch von Deutschen Juden bedauert wird.“[126] Dass es eine „Judenfrage“ gab, stand für ihn, wie der Brief an Gothein zeigt, seit Langem außer Zweifel. Im Frühjahr 1933 wurde diese Ansicht im Wirtschaftsbürgertum von vielen geteilt, die wie er über die Judenverfolgung entsetzt waren. Carl Friedrich von Siemens gehörte einem Kreis solcher Persönlichkeiten an, der eine Denkschrift ausarbeitete. Auf Anregung des Hamburger Bankiers Max Warburg hatten sich mehrere „jüdische Herren“ mit „christlichen Wirtschaftsführern“ zusammengefunden, um der Entrechtung und Verfolgung der Juden mit praktikablen Vorschlägen zur Beseitigung von „Missständen“ zu begegnen.[127] Der Kreis traf sich erstmals am 23. Mai 1933 im Berliner Bankhaus Mendelssohn & Co. Neben Rudolf Löb (Mendelssohn

& Co.), Carl Melchior (M.M. Warburg & Co.), Emil Herzfelder (Victoria Versicherung) und dem früheren Staatssekretär Hans Schäffer nahmen Krupp von Bohlen und Halbach und Carl Friedrich von Siemens, wohl aufgrund ihrer Stellung im RDI, als einzige Nichtjuden teil.[128] Aus den Tagebuchaufzeichnungen Schäffers geht hervor, dass man sich intensiv mit der als höchst problematisch angesehenen beruflichen Verteilung der deutschen Juden beschäftigte. Herzfelder und Schäffer waren der Ansicht, dass die Juden geschützt wären, wenn sie sich nicht so einseitig in den Banken und im Einzelhandel exponieren würden. Siemens hielt solche Bemühungen für wenig sinnvoll und gab zu bedenken, dass die Verfolgung „auf dem Trieb, den Wettbewerber zu schädigen“, beruhen würde.[129] Schäffer schlug dagegen eine Reihe von Forderungen vor, der Boykott und die Liefersperre gegen jüdische Firmen müssten abgebrochen werden. Dem hielt Siemens entgegen, dass man Besprechungen mit der Regierung in solchen Fragen nur führen könne, wenn man sich „auf den Boden der entgegengesetzten Anschauungen“ stellen würde. Er schlug auch vor, in der geplanten Denkschrift gleich zu Beginn auf die schädlichen Folgen der „östlichen Einwanderung“ hinzuweisen.[130]

In den folgenden Wochen entstand ein längerer Entwurf für die Denkschrift, den Schäffer auf viereinhalb Seiten kürzte.[131] Am 28. Juni 1933 kam der Kreis erneut zusammen. Nun nahmen auch Robert Bosch und Bosch-Vorstand Hans Walz teil. Eingeladen war zudem Kurt Schmitt, der Generaldirektor der Allianz Versicherung. Er ließ sich entschuldigen, weil seine Ernennung zum Nachfolger Hugenbergs als Reichswirtschaftsminister bevorstand. Aus diesem Grund setzte man in Schmitt nun große Hoffnungen und beschloss, die Denkschrift noch einmal zu überarbeiten.[132] Als die neue Fassung Anfang August abgeschlossen war, teilte Löb Siemens mit, die Denkschrift solle liegen bleiben, bis sich nach Ansicht aller Beteiligten ein geeigneter Zeitpunkt ergeben würde.[133] Ob dieser Zeitpunkt jemals kam, ist nicht bekannt. Vermutlich wurde die Denkschrift nie weitergegeben.[134] Der Inhalt der von Löb im August 1933 übermittelten Fassung ist gleichwohl bemerkenswert. Man hatte sich offenbar an Siemens’ Empfehlung gehalten und argumentierte in weiten Teilen in der Logik und Sprache der Nationalsozialisten. Am Beispiel der Warenhäuser wurde dargelegt, dass „arische Angestellte“ durch Maßnahmen gegen „nichtarische“ Firmen ihren Arbeitsplatz verlieren konnten, alteingesessene Juden seien „wertvolles Menschenmaterial" und würden „eine stark arische Blutmischung" aufweisen. Vorgeschlagen wurde auch eine „unter dem Protektorat der Regierung stehende Auswanderung" der Juden.[135]

Wie viele Jüdinnen und Juden Anfang 1933 in den Siemens-Unternehmen arbeiteten, ist nicht überliefert. Mit Sicherheit war ihre Zahl nicht allzu groß. Als sich der NSDAP-Abgeordnete Johannes Engel am 23. März 1933 danach erkundigte, wie viele Juden im Siemens-Konzern beschäftigt seien, antwortete Witzleben laut einer von ihm verfassten Aktennotiz, „dass bekanntlich unsere Firma von jeher als antisemitisch verschrien gewesen wäre, und dass tatsächlich auch die Zahl der bei uns beschäftigten Juden verhältnismäßig gering und sicherlich unter dem Prozentsatz läge, den der jüdische Teil der Bevölkerung ausmache".[136]

Anfang Dezember 1933 teilte Carl Friedrich von Siemens dem Leiter des Verbindungsstabs der NSDAP, Fritz Kranefuß, mit, dass im „Haus Siemens" nach einer Schätzung der NSBO etwa 35 „Nichtarier" beschäftigt seien, ihr Anteil an der Belegschaft liege bei 0,1 Prozent.[137] Am 8. April 1933 hatte der nationalsozialistische Gesamtbetriebsrat in einer Besprechung mit Siemens und Witzleben anhand einer Liste mit 38 Namen jüdischer Mitarbeiter der SSW auf die „Beseitigung des jüdischen Einflusses" gedrängt.[138] Solche Listen von NS-Aktivisten sind eine problematische Quelle, doch ist davon auszugehen, dass die Zahl der Beschäftigten mit jüdischer Herkunft im Lauf des Jahres 1933 durch Entlassungen und Verhaftungen zurückging und daher im Frühjahr noch deutlich über dem im Dezember angegebenen Stand gelegen hat. Aber auch damals dürfte der Anteil der Juden an der Belegschaft der Siemens-Stammgesellschaften nicht an den von Witzleben erwähnten Anteil jüdischer Bürger an der Bevölkerung des Landes – der nach der Volkszählung vom 16. Juni 1933 bei 0,79 Prozent lag – herangereicht haben.[139]

Der geringe Anteil jüdischer Mitarbeiterinnen und Mitarbeiter bei Siemens spiegelte die berufliche Verteilung der deutschen Juden wider. Sie arbeiteten zum größten Teil im Handel, waren besonders im Einzelhandel und im Bankgewerbe überrepräsentiert. In der Elektroindustrie, dem Maschinen- und Fahrzeugbau war ihre Zahl dagegen selbst in Berlin, wo vor 1933 rund ein Drittel aller deutschen Juden lebte, vergleichsweise gering. In der gesamten deutschen Industrie waren 1933 lediglich 18.000 jüdische Angestellte beschäftigt, von denen ein erheblicher Teil auf Verkaufsabteilungen entfiel.[140] Mit einem antisemitischen Ruf des Konzerns hing die geringe Zahl jüdischer Mitarbeiter bei den Siemens-Firmen gewiss nicht zusammen. Witzleben dürfte diese Behauptung dem Nationalsozialisten Engel gegenüber als Camouflage nach dem Muster der erwähnten Denkschrift vorgegeben haben. In Wirklichkeit war Carl Friedrich von Siemens bei den Antisemiten als „judenfreundlicher" Unternehmer verschrien. So musste er sich beispielsweise im April 1933 gegen das Gerücht verwahren, er habe erklärt, „wenn Juden entlassen würden, fliegen 60.000 Arbeiter auf die Straße".[141]

Anders als Behörden und öffentliche Unternehmen war die privatwirtschaftliche Industrie nicht unmittelbar von dem am 7. April 1933 erlassenen Berufsbeamtengesetz betroffen. Gleichwohl gab es auf die Unternehmen einen starken Druck, jüdische Angestellte und Arbeiter zu entlassen. Unternehmen mit jüdischen Inhabern, Vorstands- und Aufsichtsratsmitgliedern wurden für öffentliche Aufträge gesperrt, ihre Kunden mussten mit Sanktionen rechnen. Für die Stigmatisierung genügte es, ein jüdisches Großelternteil zu haben. Betroffen waren daher auch getaufte Juden, die längst nichts mehr mit dem Judentum verband, und insgesamt ein Bevölkerungsanteil, der größer war als der der Glaubensjuden.

In der erwähnten Besprechung vom 8. April 1933 hatte Siemens entschieden abgelehnt, sich die Entlassung jüdischer Mitarbeiter vom Betriebsrat vorschreiben zu lassen. Er stellte den Betriebsräten gegenüber klar, „dass die Besetzung der leitenden Stellen seine Angelegenheit als Chef des Hauses sei, in die er sich von niemandem hineinreden lasse".[142] Wie sich die Entlassungen bei Siemens dann vollzogen, ist nur in Ausnahmefällen dokumentiert. Damit ist auch nicht mehr nachprüfbar, in welchem Umfang Carl Friedrich beteiligt war. Sicher ist, dass sich die Entlassungen im Inland bis 1938 hinzogen. Die Personalverwaltung war zunächst bemüht, die noch verbleibenden jüdischen Mitarbeiter im Innendienst zu beschäftigen, um sie nicht mit Kunden in Kontakt zu bringen. Einem jüdischen Angestellten der Frankfurter Zweigniederlassung, M. Freibig, wurde zu Weihnachten 1934 die berufliche Existenz genommen, weil er im Außendienst denunziert worden war und nicht im Innendienst untergebracht werden konnte.[143] Man kann daraus schließen, dass der Zeitpunkt der Entlassungen sich danach richtete, inwieweit geschäftliche Interessen betroffen waren. Siemens sprach Freibig sein Bedauern aus und gewährte ihm als in Notlage geratenem langjährigen Mitarbeiter eine Pension.[144]

Besonders heikel war die Entscheidung über das Schicksal Julius Laufers, des einzigen jüdischen Vorstandsmitglieds der Siemens-Stammgesellschaften. Laufer arbeitete seit 1899 bei Siemens, seit 1927 als ordentliches Vorstandsmitglied der SSW, und hatte sich besondere Verdienste um die Sparte Hausgeräte erworben.[145] Der nationalsozialistische Betriebsrat forderte bei der Besprechung vom 8. April 1933, Laufer zu entlassen.[146] Carl Friedrich von Siemens wollte an ihm zunächst festhalten, in der Berliner Zentrale schien ihm ein jüdisches Vorstandsmitglied aber ein zu großes Risiko zu sein. So verfiel er auf die Lösung, Laufer nach Südamerika zu schicken. Dort sollte er die Verbesserung der Absatzmöglichkeiten sondieren. Bis Laufer zurückkam, wollte er über die weitere Verwendung nachdenken.[147] Südamerika war allerdings keine gute Wahl, um Laufer aus der Schusslinie zu bringen. Die rege Ortsgruppe Buenos Aires der NSDAP-Auslandsorganisation hatte die argentinische SSW-Gesellschaft ins Visier genommen. Im März 1934 schickte sie ein Beschwerdedossier über das Siemens-Büro Buenos Aires an die Parteikanzlei, das sich auch auf Laufer bezog.[148] Er wurde drei Monate später in den Ruhestand versetzt und emigrierte anschließend nach England.[149] Im Aufsichtsrat von S&H konnte Siemens Alfred Berliner, den ersten Vorstandsvorsitzenden der SSW, bis 1937 halten, da dieser durch die Ehe mit einer „arischen" Christin eine Zeit lang geschützt war.[150]

Bei der Verabschiedung eines leitenden Mitarbeiters jüdischer Herkunft soll Carl Friedrich gesagt haben: „Es geht mir nahe, Mitarbeiter, die meinem Hause jahrzehntelang treu gedient haben, nur um ihrer Abstammung willen entlassen zu müssen."[151] Dieses Zitat ist nicht zweifelsfrei belegt, dürfte aber seine Einstellung zutreffend wiedergeben. Als „Chef des Hauses Siemens" fühlte er sich bewährten langjährigen Mitarbeitern verbunden, dies galt auch nach 1933 ohne Rücksicht auf die Religion und die Herkunft. Rettungsaktionen für verfolgte Siemensianer jüdischer Herkunft sind von ihm gleichwohl nicht bekannt. Friedrich Heintzenberg berichtet von einem Fall, in dem die Siemens-Leitung einen jüdischen Oberingenieur aus dem Konzentrationslager Oranienburg zurückholen konnte.[152] Ob Carl Friedrich an den Bemühungen um dessen Freilassung beteiligt war, lässt sich nicht mehr feststellen.

Dass er auch nach 1933 keine Vorbehalte hatte, Jüdinnen und Juden einzustellen, lässt ein Brief an die Jüdin Dorothea Herz aus dem März 1934 vermuten. Sie bat vergeblich darum, wiedereingestellt zu werden, doch Siemens fühlte sich verpflichtet, die Absage ihr gegenüber persönlich zu begründen. Er führte an, dass sie sich während der früheren aushilfsweisen Beschäftigung ungebührlich verhalten habe und ihre jüdische Herkunft kein Hindernis sei.[153]

Im Juni 1935 zögerte er nicht, den Nobelpreisträger Gustav Hertz einzustellen, dem als Ordinarius für Physik an der Technischen Hochschule Charlottenburg wegen der jüdischen Herkunft seiner Familie und der Verweigerung einer Ergebenheitsadresse an Hitler die Prüfungsberechtigung entzogen worden war. Bei Siemens wurde Hertz Direktor des Forschungslaboratoriums II.[154] Für den Konzern war ein Physiker dieses Kalibers ein Gewinn, seine Beschäftigung im Forschungslaboratorium wurde von den Behörden nicht beanstandet, und mit Kunden kam er dort nicht in Kontakt. Zwei Jahre zuvor hatte sich der Nobelpreisträger Fritz Haber bei Carl Friedrich von Siemens dafür eingesetzt, den Chemiker Hartmut Kallmann einzustellen, einen protestantischen Christen mit jüdischer Herkunft, der nun als „Volljude“ galt. Doch Siemens lehnte ab: Da sich der Forschungsbereich in einer Umorganisation befinde, wolle er mit neuen Stellenbesetzungen abwarten.[155]

Ein Mann wie Carl Friedrich von Siemens wurde von vielen Juden um Hilfe gebeten. In den allermeisten Fällen dürften solche Briefe vom persönlichen Büro beantwortet worden sein. Sehr engagiert setzte er sich aber für die Kinder Flora Meyers ein, die sich an ihn gewandt hatte. Auch in diesem Fall fühlte er sich einem geschätzten Mitarbeiter, Flora Meyers im Ersten Weltkrieg bei Verdun gefallenen Ehemann Georg, verbunden. Für den Sohn verwandte er sich beim Rektor der Technischen Hochschule Charlottenburg, der Tochter verhalf er zu einer neuen Stelle, nachdem sie wegen ihrer jüdischen Herkunft bei der Berlin-Anhaltischen Maschinenbau AG entlassen worden war.[156]

Am 6. Dezember 1938 war die Verdrängung der Juden aus den deutschen Siemens-Werken abgeschlossen. An diesem Tag wies Witzleben in einem Rundschreiben des Personalreferats darauf hin, dass „sich keine Juden mehr in unseren deutschen Betrieben befinden“. Er verband diese Mitteilung mit einer Art Unbedenklichkeitsbescheinigung für die Rüstungsbehörden.[157]

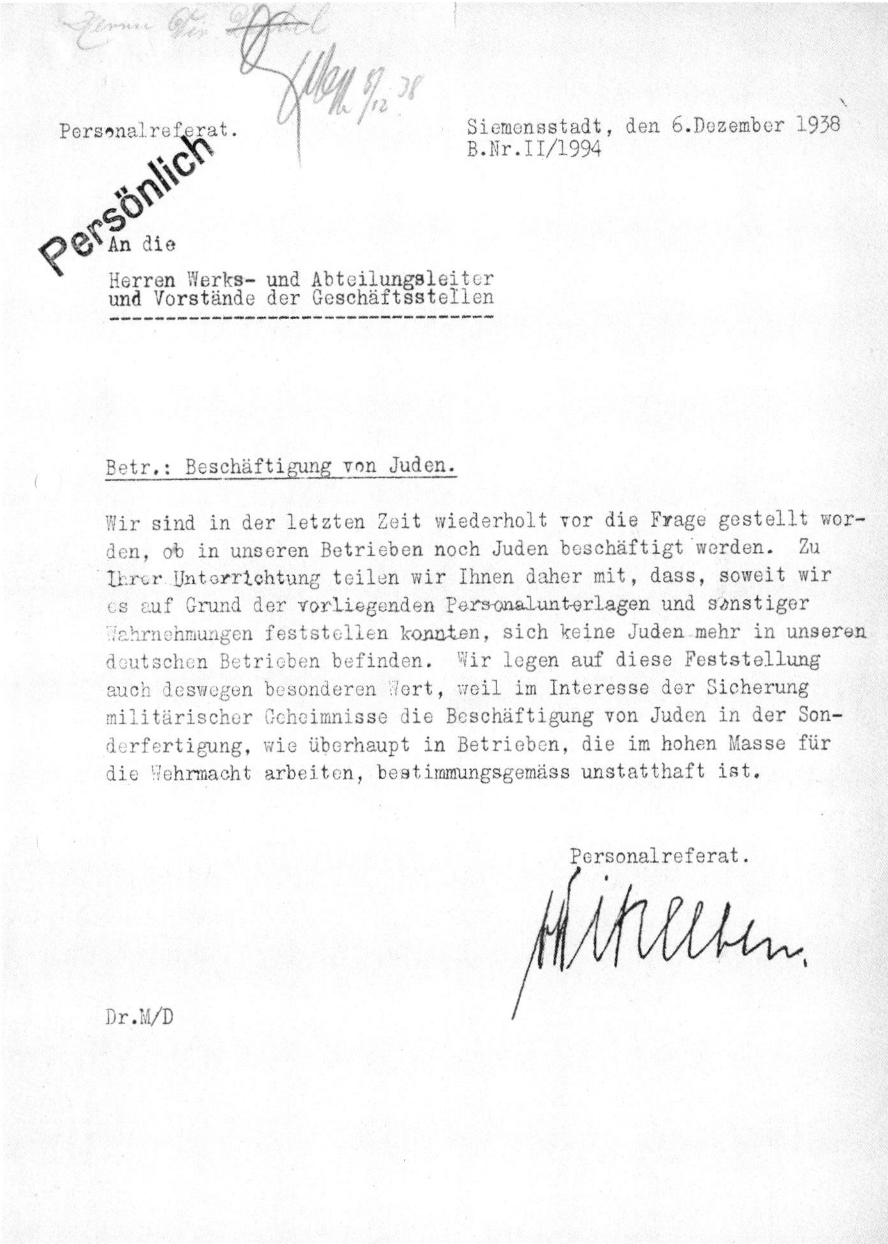

Personalreferat.

Persönlich

Siemensstadt, den 6.Dezember 1938
B.Nr.II/1994

An die

Herren Werks- und Abteilungsleiter
und Vorstände der Geschäftsstellen

Betr.: Beschäftigung von Juden.

Wir sind in der letzten Zeit wiederholt vor die Frage gestellt worden, ob in unseren Betrieben noch Juden beschäftigt werden. Zu Ihrer Unterrichtung teilen wir Ihnen daher mit, dass, soweit wir es auf Grund der vorliegenden Personalunterlagen und sonstiger Wahrnehmungen feststellen konnten, sich keine Juden mehr in unseren deutschen Betrieben befinden. Wir legen auf diese Feststellung auch deswegen besonderen Wert, weil im Interesse der Sicherung militärischer Geheimnisse die Beschäftigung von Juden in der Sonderfertigung, wie überhaupt in Betrieben, die im hohen Masse für die Wehrmacht arbeiten, bestimmungsgemäss unstatthaft ist.

Personalreferat.

Dr.M/D

Stellungnahme von Wolf-Dietrich von Witzleben zur Beschäftigung von Juden bei Siemens, 1938

Aus diesem Rundschreiben lässt sich schließen, dass bei Siemens im Ausland noch Angestellte oder Vertreter jüdischer Herkunft arbeiteten. Parteifunktionäre hatten diese Auslandsmitarbeiter wiederholt beanstandet. Im Dezember 1933 hatte der Leiter des Verbindungsstabs der NSDAP, Fritz Kranefuß, Carl Friedrich von Siemens vorgeworfen, in der Direktion der französischen Vertretung einen „Arier" durch eine jüdische Führungskraft ersetzt zu haben. Siemens rechtfertigte die Entscheidung und fügte, um Kranefuß zu beschwichtigen, hinzu: „Es ist uns selbst nicht angenehm, an leitender Stelle im Ausland Juden zu beschäftigen, da es dem Charakter unseres Hauses nicht entspricht."[158] Dabei hatten die Religion und die Staatsangehörigkeit der Auslandsmitarbeiter im Siemens-Konzern bis dahin keine Rolle gespielt, entscheidend waren die technischen und Sprachkenntnisse sowie Auslandserfahrungen. Leiter von Auslandsniederlassungen mussten auch mit dem betreffenden Land und den Geschäftsprinzipien des Konzerns vertraut sein.[159] Mitarbeiter, die all diese Anforderungen erfüllten, waren nicht leicht zu finden und schwer zu ersetzen. Siemens hatte daher ein starkes Interesse, an Auslandsmitarbeitern festzuhalten, deren Entlassung von der NSDAP gefordert wurde.

Im Juni 1934 beschwerte sich Herbert von Obwurzer vom Stab des Hitler-Stellvertreters Rudolf Heß bei Ludwig von Winterfeld unter Nennung einer Reihe von Namen über „die unglaubliche Zusammensetzung der Firma Siemens in Buenos Aires" und beanstandete, „Juden verschiedener Nationalität, Tschechen, Italiener und Schweizer würden sich dort tummeln".[160] Die Anschuldigungen brachten Carl Friedrich von Siemens auf, weil sie offensichtlich auf haltlosen Denunziationen beruhten. In einem Schreiben an Wilhelm Keppler verwahrte er sich gegen „gemeine Lügen" in dem von Obwurzer angeführten Bericht und stellte klar, dass sich unter den 218 Beschäftigten der Niederlassung in Buenos Aires nur zwei Juden befanden.[161]

Die Beschäftigung jüdischer Mitarbeiter im Ausland und die multinationale Zusammensetzung der Belegschaft in den Auslandsniederlassungen rechtfertigte er wie andere Unternehmer mit einem Argument, dem sich Parteistellen nicht widersetzen konnten: Er sei verpflichtet, im Ausland solche Angestellten zu beschäftigen, die in der Lage wären, „möglichst viel Arbeit zur Beschäftigung unserer deutschen Werke" hereinzuholen.[162]

Wie lange jüdische Auslandsmitarbeiter gehalten werden konnten, ist nicht dokumentiert. Siemens äußerte sich nach den Konflikten der Jahre 1933/34 nicht mehr dazu, in seinen Korrespondenzen ging er auch auf das spätere Schicksal jüdischer Mitarbeiter nicht ein. Zum Pogrom vom 9. November 1938 und den unmittelbar danach erlassenen Verordnungen zur vollständigen Vernichtung der wirtschaftlichen Existenz der deutschen Juden hat er sich ebenso wenig geäußert wie zu dem im Frühjahr 1940 beginnenden Einsatz zwangsverpflichteter Jüdinnen und Juden in Siemensstadt.

Einige Fragen wirft die Rolle Carl Friedrich von Siemens' bei den „Arisierungen" auf. Nach dem Krieg gaben frühere Mitarbeiter zu Protokoll, er habe den Vorständen generell untersagt, „die Firma durch Erwerb jüdischen oder ausländischen Besitzes zu bereichern". Diese Weisung sei nur mündlich ausgesprochen worden, aber allen bekannt gewesen.[163] Nun ist es aber unstrittig, dass der Siemens-Konzern von „Arisierungen" profitiert hat, vor allem durch die Übernahme der Heliowatt Werke Elektrizitäts-AG, einem Hersteller beliebter Radiogeräte mit der Marke „Nora".

Da die „Arisierung" jüdischen Firmenbesitzes bis 1938 nicht gesetzlich vorgeschrieben war, hingen die Konditionen solcher Geschäfte von der jeweiligen Situation der Verkäufer und dem Verhalten der Käufer ab. Der jüdische Industrielle Manfred Aron, der die Heliowatt Werke leitete, hatte keinen Spielraum. Nach wiederholter Gestapohaft war er gezwungen, die 70-prozentige Mehrheitsbeteiligung seiner Familie zu verkaufen.[164] Im Sommer 1935 zeigten sich zunächst AEG und Siemens entschlossen, gemeinsam die Heliowatt Werke zu übernehmen.[165] Nachdem die AEG abgesprungen war, wollte S&H das Geschäft alleine durchführen.[166] Den Bevollmächtigten Arons gegenüber gab sich Finanzvorstand Jessen desinteressiert. Daraufhin verkaufte Aron die Aktien zum Börsenkurs an die Deutsche Bank. Anschließend gab die Bank das Paket zu einem etwas höheren Kurs an eine Beteiligungsgesellschaft des Siemens-Konzerns, die Elektrische Licht- und Kraftanlagen AG (Likra), und die SSW ab.[167] Buol bestritt, ein doppeltes Spiel getrieben zu haben, man habe die Heliowatt-Aktien überraschend von der Deutschen Bank angeboten bekommen.[168] Angesichts der langjährigen Hausbankenverbindung ist es allerdings unwahrscheinlich, dass man sich bei einem Geschäft dieser Größe nicht abgestimmt hat.

Mehrere andere „Arisierungen“ liefen ähnlich ab, sodass man von einem Muster sprechen kann. Nach diesem Schema schickte die S&H die Likra vor, die den aus jüdischem Eigentum stammenden Firmenbesitz zumeist mittelbar, aus der Hand von Banken, übernahm. In der ersten Aktionärsversammlung der Heliowatt Werke nach der „Arisierung“ vertrat im November 1935 Likra-Direktor Max Ebbecke 51,5 Prozent der Stimmen, SSW-Vorstand Fessel 26,5 Prozent.[169] Dabei war die Likra gar nicht in der Lage gewesen, die Heliowatt Werke mit eigenen Mitteln zu kaufen. Sie bekam von S&H einen Kredit von 3,1 Mio. RM zur Verfügung gestellt.[170]

Bei der „Arisierung“ der Kabelwerke Dr. Cassirer & Co. AG, die in der Nachbarschaft von Siemensstadt im Spandauer Ortsteil Hakenfelde ansässig war, hatte ein Konsortium unter Führung der Dresdner Bank im Juni 1933 die Majorität übernommen. Die Banken und die Aktionäre aus der Familie, vertreten durch den Industriellen Max Cassirer, verkauften ihre Anteile drei Monate später an die Likra.[171] Bei der „Arisierung“ der Beteiligung der Familie Koppel an Osram griffen die drei anderen Gesellschafter von Osram – S&H, die AEG und die International General Electric Co. – zu, um einem Verkauf an den Wettbewerber Pintsch zuvorzukommen.[172] Auch hier trat die Likra als Käufer anstelle von S&H auf. Die AEG und die International General Electric Co. wurden anschließend von der Likra proportional an dem übernommenen Paket beteiligt.[173] Anders verhielt es sich bei der 1938 geleisteten Kommanditeinlage des Siemens-Konzerns bei der Hamburger Privatbank M.M. Warburg & Co. Zur Durchführung ihres von den Behörden abgesegneten „Arisierungs“-Plans waren die Inhaber des Bankhauses darauf angewiesen, Geschäftspartner als Kommanditisten zu gewinnen. Aus der Industrie übernahmen S&H,

Werbepreisliste der Heliowatt Werke Elektrizitäts-AG, 1933

die SSW und die Gutehoffnungshütte Kommanditanteile von jeweils 500.000 RM und sicherten damit den Fortbestand des Bankhauses im Sinne der Familie Warburg.[174]

Ob S&H wegen der Weisung Carl Friedrich von Siemens' so auffällig vermied, bei „Arisierungen" als Ersterwerber aufzutreten, erscheint zweifelhaft. Abgesehen von steuerlichen Vorteilen, die ein Kauf über die Banken möglicherweise bot, gab es für die Rolle der Likra handfeste Konzerninteressen. Die Likra war 1897 von der Deutschen Bank zur Finanzierung von Elektrizitätswerksgesellschaften, vor allem des Siemens-Konzerns, gegründet worden. S&H hatte sich 1928 im Rahmen eines gegenseitigen Aktientauschs mit 25 Prozent an der Likra beteiligt und mit ihr eine enge Zusammenarbeit vereinbart.[175] Wie Carl Friedrich 1939 auf einer außerordentlichen Hauptversammlung auch mit Bezug auf die Likra darlegte, hatte das Geschäftsmodell solcher Gesellschaften keine Zukunft. Kraftwerksanlagen wurden inzwischen zum großen Teil öffentlich finanziert. Der Likra blieb nur übrig, auf das Industriegeschäft auszuweichen.[176] Sie hatte daher, wohl mit Unterstützung von Siemens, schon bei zwei bedeutenden Berliner Industrieunternehmen, der R. Stock & Co. Spiralbohrer-, Werkzeug- und Maschinenfabrik AG und der Deutsche Telephonwerke und Kabelindustrie AG (DeTeWe), Mehrheitsbeteiligungen übernommen.[177] Damit sie sich in der Industrie noch breiter aufstellen konnte, schob ihr S&H bei den „Arisierungen" weitere Beteiligungen zu.

Aufschwung nach der Krise und Ausbau des Rüstungsgeschäfts

Am 22. Mai 1933 erteilte Carl Friedrich von Siemens in einem Schreiben an Heinrich von Buol Weisungen zur Neuorganisation von S&H. Die als Ergebnis längerer Überlegungen ausgegebenen Beschlüsse sollten den Veränderungen des gewachsenen Konzerns in der letzten Dekade Rechnung tragen. Sie gaben zugleich Maximen Carl Friedrichs wieder. S&H sollte flexibler und entschlossener handeln können, um den Einbruch in der Weltwirtschaftskrise auszugleichen. Die Zentralabteilung wurde dafür in eine wirtschaftliche und eine technische Gruppe unterteilt, die Fertigung in vier Kreise (Nachrichtentechnik, Messtechnik, Elektrochemie, Kleinverkauf/Geräte/Kleingeräte). Von der dezentraleren Leitung erwartete sich Carl Friedrich eine Stärkung der Eigeninitiative, die er als ersten Grundsatz verordnete:

> *„Im Wirtschaftskampf wird der brave Bürokrat stets nur eine untergeordnete Rolle spielen können. Nur derjenige ist wertvoll und darf vorankommen, der gern bereit ist, mit der Übernahme größerer Aufgaben auch ein persönliches Risiko zu tragen.*
>
> *In den Großbetrieben der Wirtschaft ist an vielen Stellen eine Auffassung der Sicherheit der Stellung entstanden, die aus dem Gedankenkreis des öffentlichen Berufsbeamten, aber nicht aus dem der Unternehmerpersönlichkeit stammt."*

Der zweite Grundsatz stellte auf den Zusammenhalt innerhalb des erweiterten Konzerns ab:

> *„S&H ist zum Teil eine technische Holding-Gesellschaft geworden, dies hat aber zur Voraussetzung, dass die Leitungen aller Glieder, in welcher Form sie auch geführt werden, sich stets des Gesamtinteresses erinnern und sich bemühen müssen, es mit aller Kraft zu fördern."*[178]

Hinter dem Programm stand erkennbar Carl Friedrich von Siemens' Einsicht, dass ein Unternehmen dieser Größenordnung und ein derart verästelter Konzern immer weniger von ihm überblickt werden konnte. Dass er vom Management „ungehinderte Entschlusskraft" erwartete, bedeutete implizit, den Vorstandsmitgliedern ein höheres Maß an Verantwortung zu übertragen.[179]

Der Beschäftigtenstand der Siemens-Unternehmen blieb im Durchschnitt des Jahres 1933 nahezu konstant auf dem niedrigen Niveau des Vorjahres. Mit den von Hitler initiierten Arbeitsbeschaffungsprogrammen verbanden sich vor diesem Hintergrund große Hoffnungen. Vom Auslandsgeschäft waren wegen der globalen Wirtschaftskrise keine Wachstumsimpulse zu erwarten, und wann sich die deutsche Industrie von der Krise erholen würde, war nicht abzusehen. Carl Friedrich von Siemens fiel es daher nicht schwer, sich an die Arbeitsbeschaffungspolitik der Machthaber anzupassen. Während er derartige Programme vor 1933 strikt abgelehnt hatte, trat er nun dafür ein. In der bereits erwähnten ersten Sitzung des Generalrats der Wirtschaft am 20. September 1933 erklärte er, Arbeitsbeschaffungsmaßnahmen würden die Arbeitslosen ermutigen und Hoffnungen vermitteln. Skeptisch war er weiterhin gegenüber großen, auf mehrere Jahre angelegten Programmen.[180] Das nach dem damaligen Staatssekretär im Reichsfinanzministerium benannte Reinhardt-Programm der Regierung Hitler zur staatlichen Arbeitsförderung wurde mit dem am 1. Juni 1933 verkündeten Gesetz zur Verminderung der Arbeitslosigkeit mit einem Volumen von einer Mrd. RM ausgestattet. Im September ermächtigte ein weiteres Gesetz den Reichsfinanzminister, 500 Mio. RM für die Arbeitsbeschaffung auszugeben. Zusätzliche Mittel wurden durch Kredite von Staatsbetrieben aufgebracht. Auch der Siemens-Konzern beteiligte sich an der Finanzierung von Arbeitsbeschaffungsmaßnahmen, indem er ein Darlehen von 45 Mio. RM an die Reichsbahn für die Elektrifizierung weiterer Strecken vergab.[181]

Nach dem absoluten Tiefststand im Februar 1933 nahmen die Beschäftigtenzahlen zunächst saisonal bedingt zu, im Spätherbst gingen sie jedoch entgegen dem saisonalen Trend nicht mehr zurück.[182] Die Aufträge aus dem Arbeitsbeschaffungsprogramm konnten diese Erholung noch nicht bewirken. Carl Friedrich von Siemens wies in seiner Rede vor der Generalversammlung von S&H im März 1934 darauf hin, „dass diese Steigerung im neuen Geschäftsjahr sich nur zum geringen Teil zurückführen lässt auf direkte Aufträge aus dem Arbeitsprogramm der Reichsregierung, sondern aus dem wachsenden Vertrauen aller Kreise der Bevölkerung, dass der Tiefpunkt der wirtschaftlichen Kurve durchschritten ist“. Es war freilich nicht die Bevölkerung, die bei Siemens bestellte, sondern – wie Carl Friedrich in dieser Rede auch erläuterte – vor allem die Industrie, die in der Weltwirtschaftskrise zurückgestellte Investitionen nachholte.[183]

1934 konnten die Siemens-Stammgesellschaften eine deutliche Steigerung des Umsatzes verzeichnen. Die Beschäftigtenzahl stieg im Laufe dieses Jahres sprunghaft an und lag schließlich im Inland um rund 46 Prozent über dem Vorjahresstand. Mit dem Wachstum von insgesamt 48.000 auf 70.000 Beschäftigte erreichten S&H und die SSW den Turnaround aus der Weltwirtschaftskrise in einen anhaltenden Aufschwung.[184] Die Nachfrage wurde nun auch durch die Arbeitsbeschaffungsprogramme belebt. Wegen der hohen Abhängigkeit des Siemens-Konzerns von öffentlichen Aufträgen hatten diese Investitionen hier einen starken Effekt, besonders durch Bestellungen der Reichsbahn und der Reichspost. Diese Aufträge waren bei Siemens in der Weltwirtschaftskrise überdurchschnittlich zurückgegangen. Das Auftragsvolumen der Reichspost für Fernsprecheinrichtungen hatte 1933 bei S&H nur noch knapp 25 Prozent des Stands von 1929 erreicht.[185] Nun setzte eine entsprechend kräftige Aufholbewegung ein. Vor der Generalversammlung von S&H konnte Carl Friedrich von Siemens im Februar 1935 anders als im Vorjahr von einer „starken wirtschaftlichen Belebung“ berichten, „die aufgrund der Maßnahmen unserer Regierung in unserem Vaterlande eingetreten ist“.[186]

Im Gegensatz zur Überwindung früherer Krisen konnte S&H rascher auf einen Wachstumspfad zurückkehren als die SSW.[187] S&H profitierte aufgrund seiner führenden Stellung in der Selbstanschlusstechnik von den Investitionen der Reichspost und der Reichsbahn in den Ausbau des Fernsprechnetzes. Die in den 1920er-Jahren eingeführten Telefone mit Selbstanschluss setzten sich nun in Deutschland durch. Die Reichspost stellte ganz auf diese Technik um, in den Behörden und Unternehmen begannen die Vermittlungsstellen zu verschwinden.

Die Bestelleingänge des für die Fernmeldetechnik in Siemensstadt zuständigen Wernerwerks F zeigen, dass die sprunghafte Zunahme der Aufträge im Geschäftsjahr 1933/34 zum größten Teil freilich nicht auf Aufträge der Reichspost zurückging, sondern auf Bestellungen privater Auftraggeber, die gegenüber dem Vorjahr um mehr als 90 Prozent zunahmen.[188] Unter der Rubrik „Privat“ sind dabei in erster Linie nicht private Haushalte, sondern die Privatwirtschaft zu verstehen: Großunternehmen, mittlere und kleine Gewerbebetriebe, Handelsbetriebe, Arztpraxen und Anwaltskanzleien.

Gleichwohl waren die öffentlichen Aufträge ein wichtiger Faktor. Der Siemens-Konzern profitierte davon in vielen Sparten. Die SSW wurden mit Aufträgen für die Elektrifizierung der Reichsbahn bedacht, an deren Finanzierung sich Siemens mit dem bereits erwähnten Kredit beteiligte – ein nicht unproblematisches Engagement, wenn man berücksichtigt, dass der Aufsichtsratsvorsitzende der SSW bis Ende 1934 Präsident der DRG war.[189] Die Siemens-Bauunion steigerte ihren Umsatz mit der Neubautätigkeit des Reichs und der Länder, sie war auch in beträchtlichem Umfang am Autobahnbau beteiligt. Die Nachfrage nach den unter der Marke „Protos“ hergestellten Hausgeräten des Elektromotorenwerks (Elmowerk) der SSW und der Siemens-Elektrowärme-Gesellschaft entwickelte sich dagegen schleppend.[190]

Carl Friedrich von Siemens war daran gelegen, bei einem breiteren Publikum für die Produkte der Siemens-Unternehmen zu werben. So ließ er sich ab 1934 von dem Werbefachmann Hans Domizlaff beraten, der sich durch eine erfolgreiche Tätigkeit bei dem Tabakunternehmen Reemtsma einen Namen gemacht hatte. Mit dem neuen Design und der Gründung einer Werbeabteilung setzte sich Carl Friedrich über den alten Grundsatz deutscher Ingenieure hinweg, wonach gute Produkte keiner Werbung bedurften. Diese Neuerungen zielten auf die private Nachfrage, da Behörden und Militär durch Werbung und Corporate Design weniger zu beeindrucken waren als Unternehmen und private Haushalte. Mit Domizlaffs Entwürfen war Carl Friedrich von Siemens nicht immer glücklich. Als der Werbefachmann im Juni 1935 entgegen einer Weisung an dem „ineinandergeschlungenen" S&H und SSW im Logo festhalten wollte, musste Buol Carl Friedrich davon abhalten, den Vertrag mit Domizlaff zu kündigen. Die Entwicklung gab ihm recht: Drei Jahre später wurde Domizlaff als Leiter der neuen Hauptwerbeabteilung von Siemens eingestellt.[191]

Die Geschäfte mit dem Militär hatten in den Jahren 1934/35 noch keine Größenordnung, die das damalige Wachstum des Siemens-Konzerns erklären könnte. Die nach der nationalsozialistischen

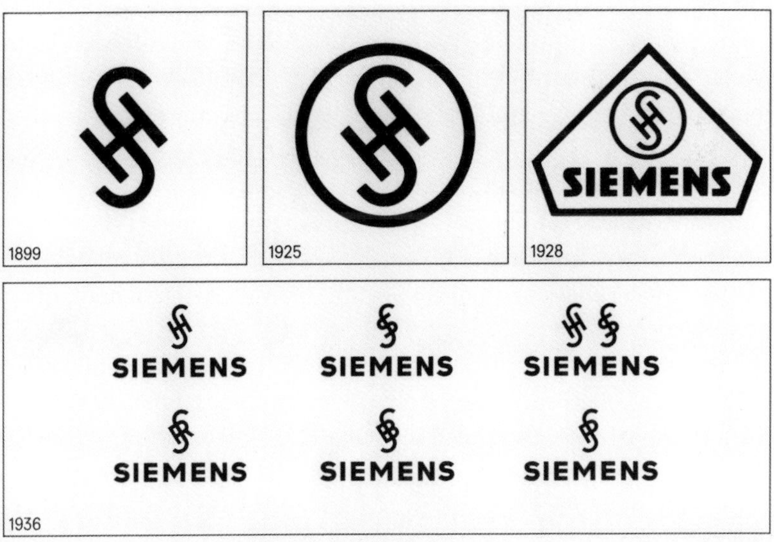

Auswahl verschiedener Siemens-Firmenlogos

Machtübernahme eingeleitete Aufrüstung benötigte einen Vorlauf und erfolgte wegen der Bestimmungen des Versailler Vertrags zunächst verdeckt. Gleichwohl nahm das Rüstungsgeschäft stark zu und wurde bei Siemens schon 1933 wegen des zu erwartenden Wachstums neu geordnet. Dabei ist zu berücksichtigen, dass Siemens als Elektrokonzern das Militär auch mit vielen Erzeugnissen belieferte, die ebenso für zivile Zwecke verwendet werden konnten, wie Kabel, Lautsprecher, Messgeräte und Telefonanlagen. Die Dimension des Rüstungsgeschäfts von Siemens ergab sich daher nicht aus dem Absatz von Kriegsgeräten, sondern aus den Aufträgen des Militärs. Im Geschäftsjahr 1933/34 entfielen auf solche Bestellungen bei S&H rund 18 Prozent der Inlandsaufträge.[192]

Während der Weimarer Zeit hatte Carl Friedrich von Siemens am Rüstungsgeschäft festgehalten, obwohl diese Sparte unter den Auflagen des Versailler Vertrags nicht rentabel arbeiten konnte. Man wollte das erworbene Know-how erhalten und sah dies auch als nationale Pflicht an. Die nach dem Ersten Weltkrieg für Rüstungsgeschäfte gegründete Tochtergesellschaft Gelap erlangte vor 1933 keine größere Bedeutung, ihr Anteil am Inlandsabsatz von S&H einschließlich der Tochtergesellschaften lag bei rund drei Prozent.[193] Auch an der seit 1912 bestehenden Flugmotorenfertigung hatte man festgehalten, obwohl das Werk mit Verlusten arbeitete. Dieser Bereich war aus der früheren Beschäftigung des Konzerns mit elektrischen Automobilen und Verbrennungsmotoren übrig geblieben.[194] Er galt als unverzichtbar, weil S&H in Deutschland der einzige Hersteller von luftgekühlten Sternmotoren war.[195] Siemens sah es als nationale Verpflichtung an, diese Technik zu erhalten, und konnte sich als Verdienst anrechnen, dass Flugzeuge mit S&H-Motoren bei mehreren Wettbewerben prämiert wurden.

Ein weiteres Standbein der Rüstungsfertigung bildeten Werke im Ausland, deren Zugehörigkeit zum Siemens-Konzern geheim gehalten wurde. Neben der 1920 gegründeten N. V. Hazemeyer's Fabriek van Signaalapparaten im niederländischen Hengelo zählten dazu die Officine Lombarde Apparechi de Precisione (OLAP) in Mailand, an denen S&H seit 1927 mit 50 Prozent des Stammkapitals beteiligt war.[196] Beide Werke fertigten für den Bedarf der Marine in den jeweiligen Ländern, aber auch für den Weltmarkt. Carl Friedrich von Siemens stand stets zu den getarnten Rüstungsgeschäften im Ausland. Im August 1933 weihte er Reichsbankpräsident Hjalmar

Schacht in einem vertraulichen Gespräch ein. Er konnte darauf verweisen, „dass wir uns seit Jahren bemüht hätten, in der militärischen Technik zu bleiben und dafür ausländische Organisationen geschaffen hätten, die natürlich geheim gehalten werden müßten und daher nicht durch unsere Bücher gehen".[197]

Im Frühjahr 1933 wurde das Rüstungsgeschäft von Siemens neu aufgestellt. Das bereits zitierte Schreiben Carl Friedrichs an den S&H-Vorstandsvorsitzenden Buol vom 22. Mai 1933 gab die Errichtung eines eigenen Kreises für Aufträge des Militärs unter dem Namen Siemens Elektrische Apparate vor. Diesem „S-Kreis" wurden die Gelap und die Gesellschaften in Hengelo und in Mailand zugeordnet.[198] Man kann daraus schließen, dass Siemens sich auf große Aufträge des Militärs einstellte. Ausgebaut wurde das Modell des S-Kreises vier Monate später auf Drängen der Militärs mit der Umwandlung der Gelap in die Siemens Apparate und Maschinen GmbH (im Folgenden SAM).

Zuvor war im Reichswehrministerium einiger Unmut über die Verhältnisse bei Siemens aufgekommen. Der Chef des Heereswaffenamts hatte sich darüber beschwert, dass seine Behörde bei Siemens mit unterschiedlichen Abteilungen verhandeln musste, und darauf gedrängt, das Rüstungsgeschäft bei einer Stelle zusammenzufassen.

SAM-Gebäude in Berlin-Marienfelde, um 1935

Mit der Gründung der SAM am 27. September 1933 kam Carl Friedrich von Siemens dem nach. Fortan war diese Tochtergesellschaft für Geräte des Heeres, der Marine und des Flugmeldedienstes sowie den militärischen Bedarf der Polizei zuständig. Das Flugmotorenwerk in Spandau wurde auf die SAM fusioniert, weitere Fertigungen für die damals noch geheim aufgebaute Luftwaffe wurden eingeplant.[199]

Mit der Umwandlung der Gelap in die SAM entschloss sich Siemens zu umfangreichen Investitionen in diese Sparte. Da in Siemensstadt nicht mehr genügend Raum zur Verfügung stand, wurde die kleine Fabrik der Gelap im Berliner Ortsteil Marienfelde zu einem stattlichen – später auch als Wernerwerk VII bezeichneten – Werkkomplex ausgebaut. Albert Blattmann, ein ehemaliger Mitarbeiter der SAM, wies rückblickend darauf hin, dass Siemens mit der Umwandlung der Gelap in die SAM eine „kundenorientierte Organisation" für den Bedarf des Militärs geschaffen hatte.[200] Siemens nannte ein anderes Motiv. Für die Aufträge des Militärs seien „Sondergesellschaften" errichtet worden, damit das Geschäft der Stammgesellschaften nicht durch Rüstungsaufträge beeinträchtigt werde.[201] Wahrscheinlich treffen beide Darstellungen zu. Siemens kam dem Militär bereitwillig entgegen, wollte den Konzern aber nicht ausliefern. Ihm war daher daran gelegen, die Rüstungsfertigungen von den anderen zu trennen.[202] Durch die Ausgliederung wurde nicht nur eine räumliche Distanz zwischen der Rüstungsfertigung und den Werken in Siemensstadt geschaffen. Was in Marienfelde geschah, wurde in Siemensstadt auch nicht so schnell bekannt, und vielen in Siemensstadt galt die SAM wohl nicht als gleichrangiges Siemens-Werk. Im Übrigen führte die Ausgliederung der Rüstungsproduktion keineswegs zu einer strikten Abtrennung der militärischen Aufträge. Ein großer Teil der Bestellungen des Militärs beim Siemens-Konzern entfiel weiterhin nicht auf Heeres- und Marinegeräte, sondern auf Kabel, Messinstrumente, Installationsmaterial, Telefonanlagen und andere Produkte der Werke in Siemensstadt. Auch bestand bei den SSW noch die Kriegs- und Schiffbautechnische Abteilung.

Einen großen Dienst leistete Siemens der beginnenden Aufrüstung durch die Beteiligung an der von Reichsbankpräsident Hjalmar Schacht initiierten Gründung der Metallurgischen Forschungs-Gesellschaft mbH (im Folgenden Mefo). Die unter diesem Decknamen entstandene Scheingesellschaft wurde zu einem der wichtigsten Finanzierungsinstrumente für die Beschaffung von Rüstungsgütern. Wurden in den ersten Jahren auch noch Arbeitsbeschaffungsprojekte auf diese Weise finanziert, so wurden die Mefo-Wechsel später ausschließlich für Rüstungsgeschäfte genutzt. Die Lieferanten wurden bei diesem System nicht aus dem Reichshaushalt bezahlt, sondern mit Wechseln auf die Mefo, mit denen sie wiederum Forderungen ihrer Kunden begleichen konnten. Da die Wechsel von der Reichsbank diskontiert wurden und das Reich eine selbstschuldnerische Bürgschaft übernahm, galten sie als sicheres Zahlungsmittel. Nach Ablauf der fünfjährigen Prolongationsfrist sollten sie vom Reich eingelöst werden. Durch dieses von Schacht in Anlehnung an die schon 1932 zur Finanzierung von Arbeitsbeschaffungsmaßnahmen eingeführten Öffa-Wechsel konzipierte Instrumentarium wurden für die Aufrüstung Mittel in einer Größenordnung mobilisiert, wie sie auf dem Kapitalmarkt nicht zu beschaffen waren und aus dem Reichshaushalt wegen der im Reichsbankgesetz festgelegten Begrenzung der Staatsverschuldung nicht aufgebracht werden konnten. Da Finanzierungen durch Mefo-Wechsel nicht im Reichshaushalt ausgewiesen wurden, konnte die Aufrüstung auf diese Weise intransparent und unter Umgehung des Reichsbankgesetzes betrieben werden. Bis zu dem im März 1938 erreichten Höchststand stieg der Umlauf von Mefo-Wechseln auf 12 Mrd. RM.[203] Für den Siemens-Konzern wurden allein im Geschäftsjahr 1934/35 Mefo-Wechsel über rund 39 Mio. RM ausgestellt, davon entfielen rund 28 Mio. RM auf das Flugmotorenwerk.[204]

Damit die Mefo nicht wie ein öffentliches Institut wirkte, wurde sie als eine von privatwirtschaftlichen Großunternehmen getragene Kapitalgesellschaft aufgezogen. Zu den fünf erwählten Anteilseignern gehörten die Gewerkschaft August Thyssen-Hütte der Vereinigten Stahlwerke, Krupp, die Gutehoffnungshütte, die Deutschen Industrie-Werke und die Siemens-Schuckertwerke.[205] Nach welchen Kriterien sie ausgesucht wurden, ist nicht belegt. Auffällig ist lediglich, dass es sich überwiegend um rüstungswirtschaftlich bedeutsame Unternehmen mit profilierten Industriellen handelte. Bei Siemens mag hinzugekommen sein, dass sich Carl Friedrich mit Schacht ungeachtet ihrer unterschiedlichen politischen Standpunkte gut verstand. Er schätzte Schacht als einen „praktischen und erfahrenen Geschäftsmann".[206] 1916 hatte er ihm die Position des Finanzvorstands angeboten, doch Schacht hatte zu seinem Bedauern schon bei der Nationalbank unterschrieben.[207]

Nach der ersten Besprechung über die Gründung der Mefo, die am 4. Juli 1933 im Reichswehrministerium stattfand, wurde Siemens-Finanzvorstand Fritz Jessen mit der Ausarbeitung einer Satzung beauftragt.[208] Die Wahl fiel vermutlich auf ihn, weil Siemens im Unterschied zu den anderen Gründungsfirmen über eine große Rechtsabteilung vor Ort verfügte. Auf Jessen ging dann der Name zurück, den die Gesellschaft erhielt, und auch der Gründungsakt der Mefo war eng mit Siemens verbunden. Er fand am 24. Juli im Hauptverwaltungsgebäude der SSW statt.[209] Die fünf Gründungsfirmen zahlten jeweils 50.000 RM als 25 Prozent ihrer Stammeinlage von 200.000 RM ein. Der Betrag wurde ihnen aus der Reichskasse ersetzt.[210]

Der Absatz der SAM stieg im Zuge der Aufrüstung innerhalb von drei Jahren um mehr als 200 Prozent und machte im Geschäftsjahr 1936/37 bereits rund 26 Prozent des Inlandsabsatzes von S&H (einschließlich 100-prozentiger Tochtergesellschaften) aus.[211] In Absprache mit dem inzwischen von Schacht geleiteten Wirtschaftsministerium gründete Siemens im Herbst 1935 die Ausführungsgemeinschaft für Kriegsmaterial, eine getarnte Gesellschaft für den Export von Rüstungsgütern.[212] Insgesamt investierte Siemens nach Angaben Carl Friedrichs in den Jahren 1935 und 1936 mehr als 40 Mio. RM in den Ausbau der Rüstungsfertigungen. Davon entfiel mehr als die Hälfte auf das Flugmotorenwerk, für das Carl Friedrich von Siemens sich noch nie begeistern konnte.[213] Im Frühjahr 1933 nahm er an Verhandlungen zur Bildung eines Flugzeugtrusts teil, zu denen das neue, von Hermann Göring geleitete Reichsluftfahrtministerium eingeladen hatte. Ein derartiger Zusammenschluss hätte dem Flugmotorenbau von Siemens eine sichere Perspektive eröffnet, aber das Projekt wurde schon nach wenigen Wochen aufgegeben.[214]

Als der Ausbau der Luftrüstung nach der offiziellen Gründung der Luftwaffe Anfang März 1935 forciert wurde, häuften sich die Beschwerden des Reichsluftfahrtministeriums über die Verhältnisse bei Siemens. Das Nebeneinander verschiedener Abteilungen könne man nicht mehr hinnehmen, hieß es. Wenn sich bei Siemens nichts ändere, würde der Konzern nicht mehr länger gegenüber der AEG bevorzugt werden.[215] Mitte November 1935 erfuhr Carl Friedrich von Siemens, dass das Luftfahrtministerium von Siemens die Errichtung eines Ausweichwerks verlangen wollte. Buol berichtete, im Reichsluftfahrtministerium sei man „außerordentlich schlecht" auf Siemens zu sprechen. Er hielt es für möglich, „dass das Ministerium eine Firmenleitung einfach absetze, wenn sie zuviel Schwierigkeiten mache".[216] Siemens war nicht so verängstigt. Er erklärte, notfalls Reichswirtschaftsminister Schacht einzuschalten, wollte aber zunächst persönlich im Luftfahrtministerium vorstellig werden.[217] Eine Woche später musste er sich dort die Forderungen der Beschaffungsabteilung anhören. Fritz Löb, der Leiter der Abteilung, verlangte von ihm, eine eigene Gesellschaft für den Bedarf der Luftwaffe zu errichten. Dieses Unternehmen sollte nach den Vorstellungen des Ministeriums nicht nur elektrotechnische Luftwaffengeräte, sondern alle von der Luftwaffe bestellten Siemens-Produkte, also auch Kabel und Telefone, fertigen. Auch sollten schon einmal Räume für anlaufende Vorhaben frei gehalten werden. Carl Friedrich von Siemens lehnte unmissverständlich ab. Er soll erklärt haben, „dass er ein Hineindisponieren in unsere Werke unter keinen Umständen zulassen könnte".[218]

Nach längeren Verhandlungen erklärte sich Carl Friedrich im März 1936 bereit, das Flugmotorenwerk der SAM mit Investitionen in Höhe von sechs Mio. RM auf Rechnung seines Konzerns zu erweitern. Er teilte dem Staatssekretär des Reichsluftfahrtministeriums, Erhard Milch, zugleich mit, keinesfalls über diesen Betrag hinausgehen zu können.[219] Bei der nächsten Besprechung drängte Milch dennoch auf eine viel umfangreichere Erweiterung. Aus Luftschutzgründen sollte für den Flugmotorenbau der SAM ein Ausweichwerk außerhalb Berlins als „Waldwerk" errichtet werden – ein Modell, dass die Behörden für die Ausweichwerke von Rüstungsfertigungen vorschrieben. Zur Tarnung in einen Wald eingebaut, sollte der Werkskomplex aus der Luft wie eine Wohnsiedlung oder ein Landschulheim wirken. Bosch hatte bereits vor den Toren Berlins bei Kleinmachnow eine Fabrik für die Fertigung von Flugmotorenzündern als Waldwerk errichtet, der BMW-Konzern begann im März 1936 im Wald bei Eisenach, ein neues Flugmotorenwerk zu bauen.[220]

Siemens veranschlagte die Kosten für die Errichtung eines Waldwerks für den Flugmotorenbau mit 15 Mio. RM. Diesen Betrag wollte er nicht in einem branchenfremden Fertigungszweig versenken, für den es selbst auf lange Sicht keine zivile Nachfrage geben würde. Schon die bereits getätigten Investitionen in das Flugmotorenwerk waren für ihn, „vom rein wirtschaftlichen Standpunkt aus gesehen, als Überinvestitionen anzusehen".[221] In einem Schreiben an Milch legte er dar, dass der Flugmotorenbau „eine uns fremde Technik darstellt und auch von jeher gewesen ist".[222] Für den Bau einer neuen Flugmotorenfabrik würden dem Siemens-Konzern die Expertise und sachverständige Fachkräfte fehlen. Doch bei einer glatten Ablehnung wollte Siemens es nicht belassen. Er erklärte sich bereit, die Flugmotorenfertigung der SAM samt der investierten Betriebsmittel in eine neue Gesellschaft einzubringen, an der sich das Reich mit einer Finanzierung des geplanten Ausweichwerks beteiligte.[223]

Milch ging auf den Vorschlag ein. Das Argument, dass ein Elektrokonzern keine Flugmotorenfabrik dieser Größenordnung bauen konnte, war nicht von der Hand zu weisen. Man einigte sich darauf, ein Joint Venture zu gründen, in das das Flugmotorenwerk der SAM eingebracht würde. Das Reichsluftfahrtministerium sollte durch eine Beteiligung an der neuen Gesellschaft die Mittel für den Bau des Ausweichwerks bereitstellen.[224] Das zum 1. Juli 1936 gegründete Gemeinschaftsunternehmen erhielt den Namen Brandenburgische Motorenwerke GmbH (im Folgenden Bramo). Vorläufig waren die SAM und das Reich jeweils mit 50 Prozent am Kapital der Bramo von 20.000 RM beteiligt. Da das einzubringende Flugmotorenwerk einen höheren Wert ausmachte als die vorgesehene Bareinlage des Reichs, würde der Siemens-Konzern im nächsten Schritt die Majorität übernehmen.[225]

Schon im August erhöhte das Reichsluftfahrtministerium seine Vorgaben für die Produktion des Waldwerks um mehr als 100 Prozent und teilte Carl Friedrich von Siemens mit, dass die erforderlichen Mittel durch eine Kapitalerhöhung aufgebracht werden sollten.[226] Es war zur gängigen Praxis des Reichsluftfahrtministeriums geworden, hohen Forderungen an Lieferanten noch höhere folgen zu lassen. Siemens konnte sich mit solchen Praktiken nicht abfinden. Er war empört und beklagte sich bei Ministerialdirigent Wolfgang Höfelt vom Reichsluftfahrtministerium darüber, dass die Planung für die Bramo „völlig über den Haufen geworfen" wurde.[227] Den Vorschlag des Ministeriums empfand er als eine Zumutung. Weitere Mittel wollte er für die Bramo nicht zur Verfügung stellen. Er war aber auch nicht bereit, dem Ministerium unentgeltlich die Führung bei dieser Gesellschaft zu überlassen. Im Oktober 1936 bot er in einem Schreiben an Milch an, die Beteiligung von S&H an der Bramo zur Hälfte oder vollständig an das Reich zu verkaufen.[228] Milch entschied sich für Letzteres, die Bramo wurde nun zu einem reinen Staatsunternehmen. Sie errichtete in Basdorf und Zühlsdorf, bei Wandlitz im Norden von Berlin, zwei Waldwerke. 1939 wurde sie vom Reich an BMW abgegeben und in die BMW-Flugmotorenwerke Brandenburg GmbH umgewandelt.

In der wirtschafts- und unternehmenshistorischen Forschung wird der Konflikt um den Ausbau des Flugmotorenwerks von Siemens als der einzige Fall beschrieben, in dem sich ein Industrieller den Begehrlichkeiten des Reichsluftfahrtministeriums widersetzt hat.[229] Tatsächlich folgte Carl Friedrich von Siemens in diesem Konflikt erstmals im „Dritten Reich“ nicht den Vorgaben eines Ministeriums. Doch ging es dabei, anders als bei den führenden Herstellern von Flugmotoren, nicht um den Kern des Geschäfts. BMW, Daimler-Benz und Junkers waren Motorenbauer. Den sprunghaft wachsenden Bedarf der Luftwaffe an Flugmotoren wollte keines dieser Unternehmen den Wettbewerbern überlassen. Carl Friedrich war dagegen über den Verkauf des Flugmotorenbaus nicht unglücklich. Nach seiner Überzeugung passten solche Fertigungen nicht zu einem Elektrokonzern. Schon im Ersten Weltkrieg hatte er es für einen Fehler gehalten, dass sich die Siemens-Unternehmen an der Luftrüstung beteiligten.[230] Als sich Paul Reusch im September 1936 nach den Gründen für den Ausstieg aus dem Flugmotorenbau erkundigte, teilte er ihm mit:

> *„Ich hatte nie die Absicht, dauernd den Flugmotorenbau beizubehalten, da er, wie gesagt nicht in unser Arbeitsgebiet gehört. […] Die Ansprüche des Luftfahrt-Ministeriums sind aber so gestiegen, dass ich es nicht verantworten konnte, weitere Gelder in diesen uns fremden Zweig zu investieren, zumal meiner Ansicht nach auch jedwede wirtschaftliche Grundlage auf die Dauer fehlt.“*[231]

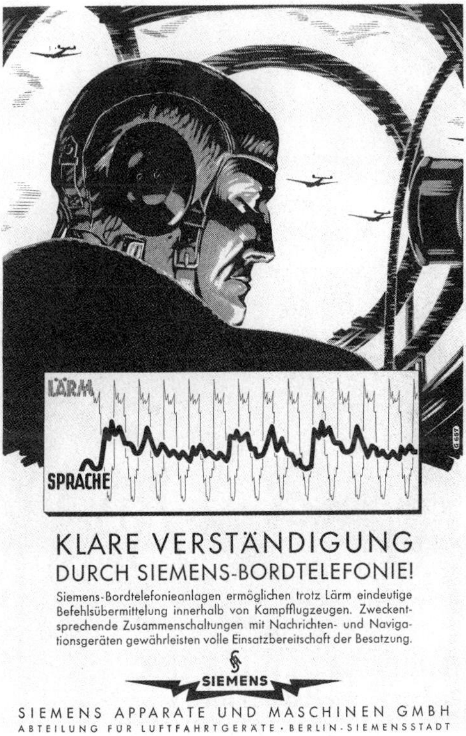

Werbung der SAM für Flugzeugbordelektrik, um 1940

Nach der Trennung der Bramo sah sich Siemens bald mit neuen Begehrlichkeiten des Reichsluftfahrtministeriums konfrontiert. Der im Oktober 1936 verkündete Vierjahresplan, der die deutsche Wirtschaft für einen Angriffskrieg hochrüsten sollte, führte zu einem weiteren Ausbau der Luftrüstung. Hinzu kam, dass die elektrotechnische Ausrüstung für die Luftwaffe an Bedeutung gewann. Das Reichsluftfahrtministerium erwartete nun vom Siemens-Konzern, ein eigenes Werk für die Fertigung von Luftwaffengeräten zu errichten. Carl Friedrich von Siemens konnte sich eine derartige Lösung vorstellen, denn von der Flugzeugelektrik hielt er viel. Auf diesem Gebiet wurde an zukunftsträchtigen Innovationen wie dem Autopiloten, einer automatischen Kurssteuerung für Flugzeuge und Schiffe, gearbeitet. Auch war die SAM durch den Rüstungsboom inzwischen überlastet. Das Werk in Marienfelde litt unter akuter Raumnot, die Kapazitäten konnten 1937 nur durch die Errichtung eines Zweigwerks in Berlin-Lichtenberg erweitert werden.

Mit dem Reichsluftfahrtministerium vereinbarte Siemens eine Lösung, die für beide Seiten Vorteile hatte. Das Ministerium erklärte sich bereit, den Bau eines Werks für elektrotechnische Ausrüstungen von Kampfflugzeugen zu finanzieren, Siemens sagte zu, das Werk nach der Fertigstellung zu pachten und zu betreiben. Entgegen früheren Vorstellungen des Ministeriums ging es ausschließlich um elektrotechnische Flugzeugausrüstungen, nicht um Kabel und Telefone und auch nicht um branchenfremde Geräte. Das neue Werk wurde nicht in einem Wald gebaut, sondern in dem nahe Siemensstadt gelegenen Spandauer Ortsteil Hakenfelde, nach Plänen des Siemens-Architekten Hans Hertlein – ein Komplex nach Konzernstandards, den Siemens später auch für zivile Fertigungen würde nützen können.

Einen Monat nach Kriegsbeginn wurde der Gesellschaftsvertrag über die von S&H und SSW gegründete Betreibergesellschaft Luftfahrtgerätewerk Hakenfelde GmbH (im Folgenden LGW) abgeschlossen. Die Leitung wurde in Personalunion dem SAM-Vorstand Hans Kalk übertragen, stellvertretender Geschäftsführer wurde der SS-Angehörige und ehemalige Korvettenkapitän Karl Otto Altvater, der technische Kopf der neuen Gesellschaft.[232] Ein Jahr später, zum 1. Oktober 1940, konnte das Werk bezogen werden, die Luftwaffengerätefertigung wurde aus der SAM ausgegliedert. In Hakenfelde wurden nun Bordinstrumente für die Luftwaffe hergestellt und Neuerungen wie die Höhensteuerung und der von Altvater miterfundene Autopilot eingeführt, für dessen Entwicklung Carl Friedrich seine persönliche Unterstützung zugesagt hatte.[233]

In der Hochrüstung der letzten Vorkriegsjahre war Carl Friedrichs Strategie gescheitert, von der Aufrüstung profitieren zu können, ohne andere Fertigungen vernachlässigen zu müssen. Siemens war nun der weltweit größte Elektrokonzern, aber auch der führende Rüstungsproduzent der Branche und arbeitete größtenteils für das Militär. Sechs Vorstandsmitglieder erhielten im Januar 1938 den Titel „Wehrwirtschaftsführer", vier weitere im April.[234] Zwei Wochen

Luftfahrtgerätewerk Hakenfelde in Spandau, 1941

Montage von Rudermaschinen im Luftfahrtgerätewerk, undatiert

vor Kriegsbeginn teilte Carl Friedrich dem Chef des Heereswaffenamts mit:

> *„Die Siemens & Halske AG ist für direkte Heeresaufträge heute zu mindestens 60 % beschäftigt, der Rest verteilt sich auf Reichspost, Reichsbahn, Vierjahresplan und Export, die Fabrikation für Privatbedarf wird wohl im Angang 1940 völlig eingehen."*[235]

Bewahrung des Hauses Siemens

Ab Mitte der 1930er-Jahre ging Carl Friedrichs unternehmerische Tätigkeit stark zurück. Die Gesundheit machte ihm zu schaffen. Im Mai 1936 musste er sich einer Augenoperation unterziehen, weitere folgten im Mai 1938 und im Sommer 1939.[236] Auch musste er seinem starken Zigarrenkonsum Tribut zollen. Im Februar 1938 konnte er gleichwohl mit seiner Frau nach Ägypten reisen, um die Familie der Tochter Ursula auf ihrem Gut in Edfu zu besuchen. Dort hatte Carl Friedrich inzwischen drei Enkelkinder, Nikolaus, Irene und Sibylle. Wegen der Einschulung des Ältesten zog die Familie bald darauf in ein Haus bei Starnberg.[237] Am 19. Dezember 1938 traf sich Carl Friedrich mit seinen Schwestern Anna, Käthe und Hertha anlässlich des 80. Geburtstags von Anna in deren Haus Lerbach in Bergisch-Gladbach. Es sollte das letzte Mal sein, dass die Geschwister in dieser Runde zusammenkamen. Hertha erkältete sich, als sie zusammen mit ihrem Bruder nach Berlin zurückfuhr, und sie war zu geschwächt, um wieder zu genesen. Am 5. Januar 1939 starb Carl Friedrichs Lieblingsschwester im Alter von 68 Jahren.[238]

Wolf-Dietrich von Witzleben, um 1937

Seine Korrespondenz ließ in diesen Jahren nach. Mehr als zuvor war er auf die Unterstützung durch das persönliche Büro angewiesen, das bis Ende 1935 von Richard Meine und nach dessen Wechsel zu den Heliowatt Werken von Ernst Seelhorst geleitet wurde. Carl Friedrich legte Wert darauf, dass das Büro Wolf-Dietrich von Witzleben unterstellt blieb, der es von 1927 bis 1930 geleitet hatte. Witzleben war aus

Carl Friedrichs Sicht wohl die beste Besetzung gewesen, seine organisatorischen Fähigkeiten qualifizierten ihn aber auch für höhere Positionen. Im September 1930 hatten ihn die Aufsichtsräte der Siemens-Stammgesellschaften auf Vorschlag Carl Friedrichs zum Generalbevollmächtigten ernannt und ihm die Leitung des Personalreferats übertragen. 1934 folgte die Berufung zum stellvertretenden Vorstandsmitglied beider Unternehmen, 1935 wurde ihm auch die Sozialpolitische Abteilung unterstellt, 1938 bekam er noch die Leitung des Werkschutzes und die Aufgaben eines Abwehrbeauftragten übertragen, 1939 wurde er zum ordentlichen Vorstandsmitglied beider Stammgesellschaften ernannt.[239] Über seine Tätigkeit für Carl Friedrich von Siemens schrieb Witzleben rückblickend:

> *„Die langjährige tägliche gemeinsame Arbeit über einen Zeitraum von 14 Jahren, die früh um 9 Uhr begann und in der Regel im Büro erst gegen 7 Uhr abends endete, hat zwischen C. F. von Siemens und mir ein seltenes Vertrauensverhältnis geschaffen.“*[240]

Durch seine vorbehaltlose Loyalität konnte Witzleben Carl Friedrich als eine Art persönlicher Stellvertreter in der Konzernführung entlasten. Als Vorstandsmitglied war er für ihn auch deshalb so wichtig, weil sich an der Spitze des Managements ein Generationenwechsel vollzog. Mit den neuen Vorstandsmitgliedern war Carl Friedrich zwangsläufig nicht so vertraut verbunden wie mit den älteren, die seiner Generation angehörten und ihn zum Teil schon aus der Zeit kannten, in der er noch nicht Konzernchef gewesen war. Besonders deutlich zeigte sich dieser Unterschied bei dem im Februar 1939 erfolgten Wechsel von Carl Köttgen zu Rudolf Bingel im Vorstandsvorsitz der SSW. Der 1871 geborene Köttgen war 1894 bei S&H eingetreten, gehörte dem Vorstand der SSW seit 1905 an und war mit Carl Friedrich schon in der Vorkriegszeit, als sein Nachfolger bei den Siemens Brothers Dynamo Works, verbunden gewesen. Bingel war Jahrgang 1882, kam erst 1924 als stellvertretendes Mitglied in den Vorstand der SSW und wurde 1927 ordentliches Mitglied.

Rudolf Bingel, undatiert

Heinrich von Buol, undatiert

Anders als bei den älteren Vorstandsmitgliedern gehörten von den jüngeren mehrere der NSDAP an. Dabei zeigen sich deutliche Unterschiede zwischen S&H und den SSW. Nur bei Letzteren nahmen die Parteieintritte des Führungspersonals zu. Hier traten die Vorstände Carl Knott, Karl Rißmüller und Georg Leipersberger 1937 unmittelbar nach Lockerung der vier Jahre lang geltenden Aufnahmesperre in die NSDAP ein.[241] Der 1939 zum Vorstandsvorsitzenden der SSW berufene Rudolf Bingel war nie NSDAP-Mitglied, stand dem Regime aber sehr viel näher als der Österreicher Heinrich von Buol, der 1932 Vorstandsvorsitzender von S&H geworden war.[242] Bereits vor der nationalsozialistischen Machtübernahme gehörte Bingel zu einem Kreis von Vertretern der Wirtschaft, den Hitlers Beauftragter für Wirtschaftsfragen Wilhelm Keppler gebildet hatte. Angeblich kannte Bingel ihn schon seit der Schulzeit.[243] Im Herbst 1934 wurde er zum Reichsparteitag in Nürnberg eingeladen und dort zusammen mit anderen Repräsentanten der Industrie und der Finanzwelt als „Gast des Reichsführers SS" betreut.[244] Fortan gehörte er dem sogenannten Freundeskreis Reichsführer SS an, die hier vertretenen Unternehmer zahlten hohe Spenden für die Gunst Heinrich Himmlers. Bingel ließ dem Reichsführer SS 1943 und 1944 Beträge von jeweils 100.000 RM zukommen, die zweifellos aus Mitteln des Siemens-Konzerns stammten.[245] Späteren Aufstellungen zufolge kamen bei Siemens Spenden an die NSDAP in dieser Größenordnung – abgesehen von den als Zwangsabgabe jährlich zu entrichtenden Zahlungen für die Adolf-Hitler-Spende der deutschen Wirtschaft und das Winterhilfswerk – seit der Wahlkampfspende vom Februar 1933 nicht mehr vor.[246]

Carl Friedrich von Siemens' Autorität wurde von den jüngeren Vorstandsmitgliedern unabhängig von ihrer Einstellung zum Nationalsozialismus uneingeschränkt respektiert. Alle waren schließlich altgediente Siemensianer, sie hatten die Prinzipien der Siemens-Kultur verinnerlicht. Dazu gehörte auch die besondere Form der Unternehmensleitung mit einem „regierenden" Aufsichtsratsvorsitzenden als „Chef des Hauses" und Repräsentanten der Familie Siemens, die wiederum Großaktionär von S&H war. Ganz selbstverständlich war es nicht, dass dieses Modell unverändert bestehen blieb – das am 30. Januar 1937 verkündete Aktiengesetz sah eine derartige Unternehmensführung nicht mehr vor. Es beschränkte die Befugnisse des Aufsichtsrats auf die eines Kontrollorgans und schrieb vor, dass die Geschäfte vom Vorstand zu leiten waren.[247] Schon drei Jahre zuvor hatte das Gesetz zur Ordnung der nationalen Arbeit die Figur eines mit weitreichenden Befugnissen ausgestatteten Betriebsführers geschaffen. Diese Position nahm bei den Siemens-Stammgesellschaften nicht Carl Friedrich ein, sondern der jeweilige Vorstandsvorsitzende, also Buol bei S&H, Köttgen – und ab 1939 Bingel – bei den SSW. Faktisch blieb man dennoch bei der bisherigen Praxis. Dies hing wohl auch damit zusammen, dass die unstrittige Autorität Carl Friedrichs längst mehr in seiner Person und seinem Führungsstil als in dem formalen Status als Vorsitzender der beiden Aufsichtsräte und in der Kapitalbeteiligung der Familie begründet war.

Es war vielleicht kein Zufall, dass Carl Friedrichs Neffe Hermann wenige Wochen nach Verkündung des neuen Aktiengesetzes zum stellvertretenden Aufsichtsratsvorsitzenden der beiden Siemens-Stammgesellschaften gewählt wurde.[248] Möglicherweise sah sich

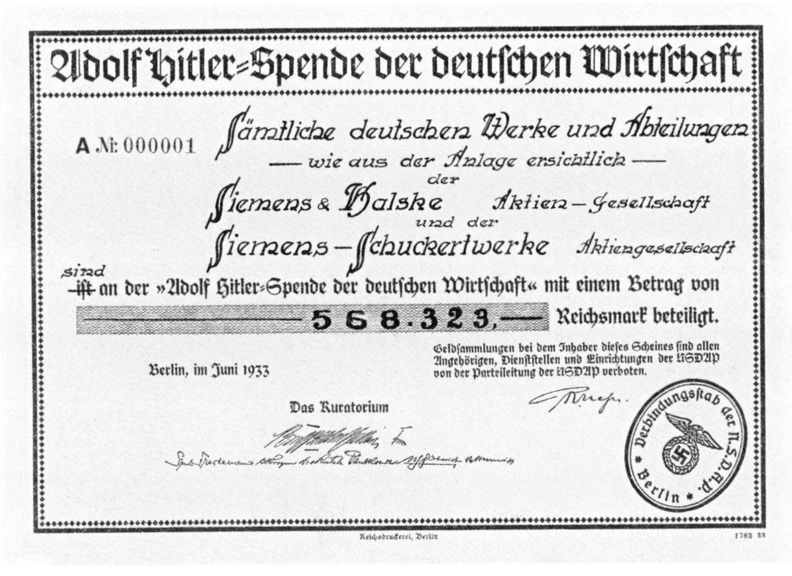

Adolf Hitler-Spende der deutschen Wirtschaft

A № 000001 Sämtliche deutschen Werke und Abteilungen
— wie aus der Anlage ersichtlich —
der
Siemens & Halske Aktien-Gesellschaft
und der
Siemens-Schuckertwerke Aktiengesellschaft
sind ~~ist~~ an der »Adolf Hitler-Spende der deutschen Wirtschaft« mit einem Betrag von
——————— 568.323,— Reichsmark beteiligt.

Geldsammlungen bei dem Inhaber dieses Scheines sind allen Angehörigen, Dienststellen und Einrichtungen der NSDAP von der Parteileitung der NSDAP verboten.

Berlin, im Juni 1933

Das Kuratorium

Verbindungsstab der N.S.D.A.P. * Berlin *

Reichsdruckerei, Berlin 1762 33

„Adolf Hitler-Spende der deutschen Wirtschaft" von Siemens & Halske und den Siemens-Schuckertwerken, 1933

Hermann von Siemens, um 1941

Carl Friedrich dazu auch aus Alters- und Gesundheitsgründen veranlasst. Er wurde noch im selben Jahr 65 Jahre alt – ein Zeitpunkt, an dem es ratsam war, mit der Einarbeitung des Nachfolgers zu beginnen. Dass Hermann einmal diese Position einnehmen würde, stand längst außer Zweifel, er hatte sich bereits neun Jahre lang im Vorstand bewährt. Doch so war auch nach außen hin klargestellt, dass man bei Siemens über Carl Friedrichs Zeit hinaus an dem traditionell begründeten Leitungsmodell festhalten würde. Es gäbe wieder einen „Chef des Hauses Siemens", ein Oberhaupt der Familie, das als Aufsichtsratsvorsitzender der beiden Stammgesellschaften den Konzern leitete. Vor diesem Hintergrund überließ Carl Friedrich – früher unvorstellbar – im Februar 1938 Hermann die Leitung der Aktionärsversammlung, die nach dem neuen Aktienrecht nicht mehr Generalversammlung, sondern Hauptversammlung hieß.[249]

Der promovierte Chemiker Hermann gehörte nicht der NSDAP an und trat auch später nicht in die Partei ein. Anders als sein Onkel war er aber nie ein liberaler Demokrat gewesen, vor 1933 war er Mitglied der DNVP.[250] Von Carl Friedrichs Neffen trat nur Hermanns jüngerer Bruder Robert in die NSDAP ein, zum 1. Mai 1937, was möglicherweise damit zusammenhing, dass er die Bahnabteilung der SSW leitete, die von Aufträgen der Reichsbahn abhängig war. Erst im Februar 1941, nachdem er bereits zwanzig Jahre lang im Unternehmen tätig gewesen war, wurde Robert als stellvertretendes Mitglied in den Vorstand der SSW berufen.[251]

Das neue Aktiengesetz zwang die Familie Siemens, ihren Einfluss in der Hauptversammlung durch eine Änderung des Mehrstimmrechts zu sichern. Mehrstimmrechte waren nach dem Gesetz unzulässig, der Reichswirtschaftsminister konnte jedoch Ausnahmen genehmigen, „wenn das Wohl der Gesellschaft oder gesamtwirtschaftliche Belange es erfordern".[252] Dass die Familie das 30-fache

Mehrstimmrecht behalten würde, war nicht zu erwarten. Carl Friedrich beantragte, die Ausstattung der 9.500 gebundenen Aktien der Familie mit einem sechsfachen Stimmrecht zu genehmigen, und bot dem Ministerium an, im Gegenzug die nach der Goldmarkeröffnungsbilanz übrig gebliebenen 6.500 Vorzugsaktien mit bislang 14-fachem Stimmrecht einziehen zu lassen. Zur Begründung führte er unter anderem an, dass Siemens zu „den bedeutendsten Devisenbringern der Fertigindustrie gehört" – ein Hinweis, den man im Reichswirtschaftsministerium nicht übersehen konnte. Auch machte er geltend,

> *„dass die Oberleitung durch die Familie, die ja auch durch Tradition an gewisse Grundsätze gebunden ist, den Beweis erbracht hat, dass sie ihre Macht nur benutzt hat zur Förderung des Unternehmens und dadurch zur Stärkung der deutschen Volkswirtschaft und des Ansehens unseres Vaterlandes".*[253]

Zwei Monate später signalisierte Staatssekretär Franz Schlegelberger vom Reichsjustizministerium, der Carl Friedrich von Siemens aus der Akademie für Deutsches Recht kannte, dass der Reichswirtschaftsminister die beantragte Ausnahmegenehmigung erteilen werde.[254] An dem Siemens-Modell hatten die Ministerien des „Dritten Reichs" nichts zu beanstanden. Aktiengesellschaften und international aufgestellte Großkonzerne entsprachen nicht dem propagierten Leitbild, aber ein Unternehmen einer nicht jüdischen Familie, das von einem Mitglied der Familie geleitet wurde, kam dem sehr nahe.

Eine wichtige Abrundung der Siemens-Stammgesellschaften gelang im Frühjahr 1939 durch die Verschmelzung der EAG Schuckert auf S&H. Beide Unternehmen waren seit 36 Jahren über die SSW eng miteinander verbunden. 1903 hatte es sich für S&H als vorteilhafter erwiesen, mit der EAG Schuckert durch Gründung eines gemeinsamen Starkstromunternehmens zusammenzugehen. Die Partnerschaft hatte sich bewährt, aber bei Siemens empfand man es zunehmend als eine Art „Schönheitsfehler", bei einer Stammgesellschaft nur 51 Prozent des Kapitals zu halten. Die EAG Schuckert, die seit Gründung der SSW nur noch als Holdinggesellschaft bestand, war verständlicherweise nicht bereit, ihre wichtigste Beteiligung abzugeben. Die Verhältnisse änderten sich, als der EAG Schuckert ihr anderes Standbein, die Beteiligungen an Elektrizitätswerken, in den 1930er-Jahren wegzubrechen drohte. In der Stromwirtschaft wurden die privaten Gesellschaften durch öffentliche Investitionen verdrängt. S&H hatte vorsorglich damit begonnen, Aktien der EAG Schuckert aufzukaufen, um durch eine Sperrminorität verhindern zu können, dass der Partner in andere Hände kam.[255] Das neue Aktiengesetz eröffnete dann durch die Einführung der Vorzugsaktie ohne Stimmrecht neue Möglichkeiten. S&H konnte nun die EAG Schuckert durch einen Aktientausch übernehmen, ohne dass darunter – wie man 1903 bei Gründung der SSW befürchtet hatte – der Anteil der Familie Siemens litt.[256] Die Aktionäre der EAG Schuckert gingen auf diesen Tausch bereitwillig ein, da S&H ihnen höhere Dividenden bieten konnte, die dazu noch sicherer waren als die der EAG Schuckert.

Durch die im Verschmelzungsvertrag vom 15. Mai 1939 besiegelte und anschließend von außerordentlichen Hauptversammlungen im Juni beschlossene Fusion der EAG Schuckert auf S&H wurden die SSW eine 100-prozentige Tochtergesellschaft von S&H.[257] Carl Friedrich von Siemens soll darin den Höhepunkt seiner Tätigkeit gesehen haben.[258] Zwar ist ein derartiges Zitat von ihm nicht überliefert, aber zweifellos wird er die vollständige Eingliederung der SSW in das Haus Siemens als einen großen Erfolg betrachtet haben. Ob damals schon ein Zusammenschluss von S&H und SSW angedacht war, wie er 27 Jahre später erfolgte, ist nicht belegt. Der Weg dorthin war seither jedenfalls frei.

Die Spannungen mit der DAF

Das am 20. Januar 1934 verkündete Gesetz zur Ordnung der nationalen Arbeit begründete eine Arbeitsverfassung, nach der die Unternehmen von einem „Betriebsführer“ geleitet wurden, dem die als „Gefolgschaft“ bezeichnete Belegschaft zu Treue und Gehorsam verpflichtet war. Betriebsführer und Gefolgschaft sollten in der „Betriebsgemeinschaft“ verbunden sein, die in der NS-Ideologie als Element der Volksgemeinschaft galt. Anstelle des gleichgeschalteten Betriebsrats trat ein Vertrauensrat, der die Betriebsgemeinschaft zu pflegen hatte. Daneben war die Betriebsorganisation der DAF in den Unternehmen durch Betriebsobmänner vertreten. Bei Siemens kam die Sozialpolitische Abteilung mit dem Vertrauensrat gut aus. Konflikte gab es dagegen immer wieder mit der DAF, deren Funktionäre („Amtswalter“) versuchten, den Vertrauensrat zu instrumentalisieren und in den Werken stärkeren Einfluss zu gewinnen.

Einen ersten Konflikt mit der DAF hatte Carl Friedrich von Siemens schon 1934. Die Arbeitsfront versuchte damals, die bedeutenden Betriebssportvereine des Siemens-Konzerns unter ihre Kontrolle zu bringen. Carl Friedrich konnte dies mithilfe des Reichssportführers Hans von Tschammer und Osten verhindern.[259] Im April 1937 unternahm die DAF einen weiteren Anlauf und versuchte – wiederum vergeblich –, den Firmensport bei Siemens in die NS-Gemeinschaft Kraft durch Freude (KdF), eine ihrer Unterorganisationen, zu überführen.[260]

Als Zeichen guten Willens folgte Carl Friedrich im Juni 1937 gemeinsam mit den Betriebsführern einer Einladung des Hauptbetriebsobmanns der Siemens-Werke zu einem Schulungskurs an der Reichsschulungsburg Kestenhöhe der DAF in Oberursel im Taunus. Nach dem Abschluss des Kurses bedankte er sich in einer Ansprache, in der er es nicht an Worten seines Vaters fehlen ließ, aber kein einziges Mal den Führer erwähnte. Zum Abschied bedachte er die Schulungsburg noch mit der Schenkung einer Orgel.[261]

Im selben Jahr rief die DAF erstmals einen „Leistungskampf der deutschen Betriebe“ aus, von dem sie sich mehr Einfluss in den Unternehmen erwartete. Firmen, die an diesem Wettbewerb teil-

Carl Friedrich von Siemens (den Kopf stützend) bei einem Kameradschaftsabend auf der DAF-Reichsschulungsburg Oberusel, 1937

nahmen, wurden von der jeweiligen Gauverwaltung der DAF bewertet. Entscheidende Kriterien waren u.a. eine vorbildliche Betriebsgemeinschaft, vorbildliche soziale Leistungen und eine vorbildliche Berufserziehung. Als Auszeichnung konnte ein „Gaudiplom für hervorragende Leistungen" errungen werden. Die besten Bewerber wurden zum „Nationalsozialistischen Musterbetrieb" ernannt.

Die Siemensianer hätten an dem Leistungskampf gerne teilgenommen und rechneten sich wohl gute Chancen aus. Doch die Bestimmungen des Wettbewerbs waren für die Direktion nicht akzeptabel. Bei einem Konzern wurden die einzelnen Betriebe in ihren Gauen bewertet. Daraus wurde keine Gesamtbewertung ermittelt. Werke eines Konzerns, dessen soziale Leistungen von der Zentrale ausgingen wie beispielsweise bei der Pensionskasse von Siemens, waren benachteiligt. Zudem führte ein schlechtes Ergebnis in einem Betrieb dazu, dass der ganze Konzern durchfiel. Darauf wollte man sich bei Siemens nicht einlassen. Die Direktion untersagte den Werken, sich beim Leistungskampf anzumelden.[262]

Im Sommer 1940 lenkte die DAF schließlich ein. In einer Besprechung mit Carl Friedrich von Siemens erklärte sich Reichsleiter Ley bereit, dem besonderen Fall Rechnung zu tragen und eine Ausnahme zuzulassen. Daraufhin meldete Carl Friedrich S&H, die SSW, die Siemens-Bauunion, die SAM und die Siemens-Reiniger-Werke für den Leistungskampf an.[263] Als im Mai 1941 die Resultate verkündet wurden, war Siemens nicht unter den ausgezeichneten Betrieben. Karl Burhenne, Wolf-Dietrich von Witzleben und Hauptbetriebsobmann Franz Hofer erhielten von einem DAF-Funktionär die Begründung, „dass eine vertrauensvolle Zusammenarbeit zwischen den Betriebsführern und den Unterführern mit den Amtswaltern der Deutschen Arbeitsfront in unseren Betrieben noch nicht in befriedigendem Maße erreicht sei".[264]

Schon drei Monate zuvor hatte Walter Dickwach, ein Hauptfachgruppenwalter des DAF-Fachamts für Eisen und Metall, in einem Schreiben an Carl Friedrich von Siemens die Einstellung der stellvertretenden Betriebsführer zur nationalsozialistischen Weltanschauung und zur Zusammenarbeit mit den Amtswaltern der DAF gerügt. Als Beispiel führte er an, dass der stellvertretende Betriebsführer des Schaltwerks die Arbeitszeiten eigenständig geändert habe und von „unseren tschechischen Gefolgschaftsmitgliedern" sprechen würde.[265] Carl Friedrichs Antwortschreiben führte zu neuen Vorwürfen. Dickwach kritisierte, dass die Betriebsführer darin als Vertreter der Interessen des Unternehmenskapitals bezeichnet wurden. Die Betriebsführer hätten auch Treuhänder der Gefolgschaft und der „Lebensinteressen" des Volkes zu sein.[266]

Diese Vorwürfe sind zum Teil durch einen persönlichen Feldzug Dickwachs zu erklären, der früher NSBO-Kreismann in Siemensstadt gewesen war. Aber auch andere DAF-Funktionäre waren darüber frustriert, im Siemens-Konzern keinen Einfluss erlangen zu können. Im Zweifelsfall kamen sie nicht gegen Karl Burhenne, den Leiter der Sozialpolitischen Abteilung, an. Er war zwar in der NSDAP gut angesehen – immerhin hatte er 1922 versucht, Hitler zu fördern[267] –, blockte aber mit Unterstützung von Witzleben alle Versuche der DAF ab, sich in den Siemens-Werken einzumischen.

Trotz des starken Beschäftigungswachstums in den Jahren vor dem Krieg war die Siemens-Gemeinschaft in den Unternehmen weiterhin fest verankert. Es war aussichtslos, sie in eine Betriebsgemeinschaft im Sinne der DAF umformen zu wollen. An den sozialen Leistungen der Siemens-Unternehmen, die Carl Friedrich von Siemens bei den Hauptversammlungen gerne in Zahlen präsentierte, hatte

Gymnastikübungen von Lehrlingen in Anwesenheit von DAF-Funktionären auf dem Schaltwerkhochhaus in Siemensstadt, undatiert

die DAF gar nichts auszusetzen. Auch gegen die Siemens-Kultur, auf die man in Siemensstadt in der Gestalt von Worten des Unternehmensgründers ständig stieß, konnte die DAF nicht viel einwenden. Schließlich war Werner von Siemens auch bei den Betriebsobmännern populär. Hauptbetriebsobmann Hofer zögerte im September 1940 nicht, einen neuen Beitrag des Archivars Friedrich Heintzenberg über „Werner Siemens und die Weltgeltung der deutschen Elektrotechnik“ umgehend an die Betriebsobmänner zu verteilen.[268]

Carl Friedrich von Siemens machte in Rhetorik und Symbolik manche Verbeugung vor dem Regime, wenn es der Anlass aus seiner Sicht erforderte. Das konnte so weit gehen, dass er in einer Propagandarede vor Vertrauensratswahlen sein altes Motto „Einigkeit macht stark“ Hitler zuschrieb.[269] Briefe an NS-Granden und hochrangige Militärs wie Staatssekretär Milch vom Reichsluftfahrtministerium unterschrieb er mit „Heil Hitler“, obwohl dies zu seinen Lebzeiten im Siemens-Konzern nicht vorgegeben war.[270] An den Traditionen des Hauses Siemens, dem Erbe seines Vaters, machte er aber keine Abstriche, das wäre für ihn unvorstellbar gewesen. Er verstand es auch, diese Tradition einzusetzen, um einer Infiltration der Unternehmen durch die Partei entgegenzuwirken. Auf der ersten Seite der Betriebsordnung standen nicht Worte des Führers, sondern ein Zitat von Werner von Siemens: „Das Gesetz der Gesamtheit bildet das höhere Gesetz, dem sich die Einzelinteressen unterordnen müssen.“[271] Der Satz war vermutlich dafür ausgewählt worden, weil ihn kein Nationalsozialist beanstanden konnte.

8.
Die bitteren letzten Jahre

„Von einer Horde politischer Abenteurer regiert" – im Sog der NS-Kriegswirtschaft

Während im Siemens-Konzern das Rüstungsgeschäft auf Hochtouren lief, zeigte sich Carl Friedrich von Siemens zunehmend besorgt. Er hatte die Aufrüstung zunächst begrüßt und gefördert. Aufträge des Militärs hatten schon immer zum Geschäft von Siemens gehört, und nach 1933 hatten sie geholfen, über die Auswirkungen der Weltwirtschaftskrise hinwegzukommen. Auch sah er es als nationale Pflicht an, zur Überwindung der Rüstungsbeschränkungen des Versailler Vertrages beizutragen. Doch hatte er sich darunter nicht eine Hochrüstung vorgestellt, die zu Lasten der anderen Geschäfte ging, die unternehmerische Autonomie einengte und zur Errichtung neuer Werke zwang, für die es später einmal keine Nachfrage geben würde. Die Sorge vor einer Fehlentwicklung des Konzerns verband sich bei ihm mit einer kritischen Haltung zu Hitler, der nun ganz offen auf einen Angriffskrieg zusteuerte. Es bedrückte ihn, dass er sich dieser Entwicklung hilflos gegenübersah. Wenn er sich dagegenstellen würde, hätte dies nichts bewirkt und aus seiner Sicht sogar die Zukunft des Unternehmens bedroht, die zu sichern sein Lebenswerk sein musste. In diese Stimmung fielen bei ihm 1938 auch die Entlassungen der letzten Mitarbeiter mit jüdischer Herkunft. Einem von ihnen soll er bei der Verabschiedung gesagt haben:

> *„Ich bin zwar Arbeitgeber von mehr als 100 000 Menschen, aber Deutschland wird heute von einer Horde politischer Abenteurer regiert, die mir nicht mehr die Macht lassen, im eigenen Hause nach eigenem Willen zu entscheiden. Das geht so weit, dass ich, wenn ich um einiger Weniger willen Opposition triebe, damit die Existenz des ganzen Hauses Siemens aufs Spiel setzen würde."*[1]

Die Annexion Österreichs im März 1938 löste bei Carl Friedrich keine Begeisterung aus. Siemens gewann durch den „Anschluss“ auch keinen neuen Markt, da der Konzern bereits mit 42 Prozent am Inlandsabsatz der österreichischen Elektroindustrie beteiligt war.[2] Die österreichischen Siemens-Firmen wurden mit den deutschen Stammgesellschaften zusammengeschlossen, und Carl Friedrich musste sich in Wien für die früheren, unter dem Druck der Regierung Schuschnigg vorgenommenen Entlassungen rechtfertigen.[3]

Deutlich zeigte sich der Wandel seiner Einstellung in der Rede, die er nach der „Sudetenkrise“ vom September 1938 bei der Jubilarfeier von S&H hielt. Die Welt hatte den Atem angehalten, ein Krieg galt als sicher, bis die Westmächte vor Hitler einknickten und ihm im Münchener Abkommen Teile der Tschechoslowakei, das sogenannte Sudetenland, auslieferten. Die Jubilare, von denen viele im Ersten Weltkrieg gedient hatten, bekamen von Carl Friedrich nun kritische Töne zu hören:

> *„Bange Tage und Wochen haben wir in letzter Zeit durchlebt, ob erneut die Kriegsfackel angezündet wird, ob das Elende des Krieges denn ganz vergessen ist und wieder die Zerstörung das höchste Ziel menschlichen Schaffens werden soll.“*[4]

Äußerungen aus den Tagen des Kriegsbeginns Anfang September 1939 sind von Carl Friedrich nicht überliefert. In der Öffentlichkeit und auch im Unternehmen vermied er propagandistische Verlautbarungen. Eine im offiziellen Ton bereits ausgearbeitete Ansprache für den ersten Mobilmachungstag wurde nicht gehalten („Der Führer hat das Volk aufgerufen, das vielleicht größte und unsinnigste Unrecht des Versaillers Diktates mit Waffengewalt wieder gut zu machen“).[5]

Was Carl Friedrich umtrieb, lässt sich nicht seinen Äußerungen in Aufsichtsratssitzungen und Geschäftsbriefen entnehmen. Einen Eindruck davon vermittelt ein persönlicher Brief, den er im Januar 1940 handschriftlich an Georg Siemens schrieb, der kein naher Verwandter war, sondern sich als Leiter des Technischen Büros von Essen mit einem Anliegen an ihn gewandt hatte. Ihm teilte er mit,

> *„dass die Arbeit heute keine Freude oder Befriedigung mehr bringt. Wer stolz darauf war, dass die eigene Arbeit danach strebte, dem Aufbau und Fortschritt der Menschheit zu dienen, der kann nur*

traurigen Herzens sehen, dass die Erfolge nun einzig und allein der Zerstörung zu Gute kommen. Wenn diese Gedanken nun zu der Frage ‚Warum' führen, dann möchte man sich in eine Ecke verkriechen, um nicht mehr zu sehen und zu hören.“[6]

Unmittelbar vor Kriegsbeginn soll sich Carl Friedrich Georg Siemens gegenüber noch drastischer geäußert haben:

„Hätten wir doch nur kein Wehrmachtsgeschäft! Hundertmal lieber Motoren, Rundfunkgeräte, Staubsauger, Telephone und ähnliche harmlose Dinge des täglichen Bedarfs an die Verbraucher liefern und überlegen wie elektrische Energie immer vorteilhafter erzeugt und verteilt werden könne als dieses Zeug fabrizieren, das doch zuletzt nur ein Hilfsmittel der Zerstörung sei.“[7]

Dass auf dem ganzen Kontinent die Zivilbevölkerung unter Erzeugnissen des Siemens-Konzerns zu leiden hatte, machte viel von Carl Friedrichs Bedrückung über den Krieg aus. Beim Ausbau des Rüstungsgeschäfts vor dem Krieg war ihm diese Konsequenz noch nicht in den Sinn gekommen. Offenbar hatte er sich lange vorgemacht, dass die Aufrüstung der Wehrmacht nicht den Frieden gefährden würde. Auch im Ersten Weltkrieg hatte er sich nicht an einem Zerstörungswerk beteiligt gesehen, obwohl die Fertigung bei Siemens auf den Bedarf des Militärs umgestellt worden war. Zum großen Teil handelte es sich dabei aber um Fremdfertigungen von Kriegsgeräten wie Granaten, Minen und Bomben. Die bei Siemens entwickelte Marinetechnik wurde, abgese-

Werbung für Luftfahrtgeräte der SAM, um 1940

hen von den Steuerungen für U-Boote, nicht gegen Zivilisten eingesetzt, und die von den SSW gebauten Riesenflugzeuge konnten nicht viel anrichten. Jetzt kam der Elektrotechnik dagegen maßgebliche Bedeutung für die Führung eines Krieges zu, der die Zivilbevölkerung grausam traf. Schon im Ersten Weltkrieg hatte Carl Friedrich Luftangriffe auf die Zivilbevölkerung abgelehnt.[8] Nun wurden die von der SAM hergestellten Bombenzielgeräte und Reihenabwurfautomaten bei der Zerstörung ganzer Innenstädte eingesetzt. Über die Bombardierung von Coventry im November war Carl Friedrich aufgebracht. Dass Hitler damit prahlte, hielt er für unerträglich. Er soll vorausgesagt haben, „dass die Zeit kommen wird, in der unsere Gegner uns zeigen werden, wie man Städte radiert und coventriert", und habe dafür einen Zeitraum von zwei Jahren veranschlagt.[9] Mit gemischten Gefühlen wird er das Kriegsverdienstkreuz II. Klasse entgegengenommen haben, das ihm Göring während des Luftkriegs gegen England verlieh – vor allem wohl wegen des Beitrags der SAM und des LGW zur Luftrüstung.[10]

Von seinem Gram über die Verhältnisse wird Carl Friedrich von Siemens nicht vielen berichtet haben. Im engeren Umfeld konnte er sich vermutlich nur seiner Frau, seinem Sohn, dem Neffen Hermann, dem Büroleiter Seelhorst, dem loyalen Witzleben und möglicherweise einigen weiteren Vorstandsmitgliedern anvertrauen. Bei der angeheirateten Verwandtschaft, der in fanatischen Nationalsozialismus verfallenen Zoodirektoren-Familie Heck, konnte er nicht mit Verständnis und Verschwiegenheit rechnen.[11] Umso wichtiger war es für ihn, sich in Briefen an Mitarbeiter, denen er sich verbunden fühlte, offen zu äußern. Zu nennen sind hier Georg Siemens und Hans Domizlaff. Zu den wenigen anderen Gelegenheiten gehörten die Treffen eines Kreises, den Paul Reusch im Zuge seines beispiellosen Networkings in der Weimarer Zeit gegründet hatte. Der sogenannte Reusch-Kreis, der sich „Freundeskreis Industrie und Landwirtschaft" nannte, wurde im „Dritten Reich" von seinen Mitgliedern als sicherer Hort des freien Worts geschätzt.[12]

In Siemensstadt hatte Carl Friedrich von Siemens unmittelbar vor Kriegsbeginn einen „Mob.-Ausschuss" (Mobilisierungsausschuss) unter der Leitung von Witzleben eingesetzt, der für die Dauer der Mobilmachung für das Personalwesen und die Arbeitsverteilung zuständig war.[13] Der Ausschuss beschäftigte sich intensiv mit den Auswirkungen der Einberufungen. Wie in der Mob.-Besprechung vom 11. Januar 1940 mitgeteilt wurde, waren zu diesem Zeitpunkt bei S&H, den SSW und SAM 12.544 Arbeiter und Angestellte eingezogen, das entsprach einem Anteil von 13,1 Prozent der männlichen Belegschaft.[14] Der Ausschuss und die Fabrikenoberleitung ließen nichts unversucht, um aus allen verfügbaren Arbeitskräfteressourcen Ersatz für die einberufenen Stammbeschäftigten zu erhalten. So wurden ab Mitte 1940 in wachsender Zahl zwangsverpflichtete Berliner Juden, Kriegsgefangene und zivile Zwangsarbeiterinnen und Zwangsarbeiter aus besetzten Ländern eingesetzt. Die Verhandlungen über die Zuteilung von Zwangsarbeitskräften wurden nicht von Carl Friedrich geführt, er nahm auch nicht an den Sitzungen des Mob.-Ausschusses teil, doch war er durch Witzleben und ganz formell durch Aufsichtsrats- und Vorstandssitzungen genau darüber informiert. So berichtete Witzleben beispielsweise in der Vorstandssitzung von S&H am 21. Juni 1940 in Anwesenheit von Carl Friedrich und Hermann von Siemens eingehend über „die Beschäftigung ukrainischer, tschechischer, polnischer, jüdischer Arbeitskräfte sowie von Frauen".[15] Ein Jahr später informierte Gustav Leifer, der Chef der Fabrikenoberleitung von S&H, in Anwesenheit von Carl Friedrich und Hermann „über die Beschäftigung von Ausländern und die dabei aufgetretenen Schwierigkeiten".[16]

Abgetrennte Arbeitsplätze jüdischer Zwangsarbeiterinnen und Zwangsarbeiter im Kabelwerk Gartenfeld in Siemensstadt, 1942

Im April 1940 hatte der Einsatz von Jüdinnen und Juden bei den SSW mit zunächst 160 Personen begonnen, bis Oktober stieg die Zahl bei S&H und den SSW auf 2.200, darunter nur 141 Männer.[17] Die Leistungen dieser Zwangsverpflichteten wurde im Mob.ausschuss als „vollwertig“ eingeschätzt. Aufgrund der „guten Erfahrungen“ wurde wiederholt beschlossen, weitere Jüdinnen und Juden einzusetzen.[18] Ein Unrecht sah Carl Friedrich von Siemens im Einsatz von Zwangsverpflichteten und Zwangsarbeitern nicht, zumindest sind derartige Äußerungen in seinen kritischen Briefen aus dieser Zeit nicht zu finden. Offenbar nahm er den Einsatz dieser Menschen nur als kriegswirtschaftliches Erfordernis zur Kenntnis.

Gut informiert war Carl Friedrich natürlich auch über die Expansion des Siemens-Konzerns in besetzte westeuropäische Länder und annektierte Gebiete im Osten. Besprechungen zu neuen Stützpunkten in Prag, Warschau und Paris fanden im kleineren Kreis mit zuständigen Vorstandsmitgliedern statt.[19] Auf die Beteiligung des Konzerns am Besatzungsregime und die Auftragsverlagerungen in besetzte Länder scheint er keinen besonderen Einfluss genommen zu haben. Seiner persönlichen Korrespondenz lässt sich entnehmen, dass er eine dezidierte Einstellung zur Besatzungswirtschaft hatte. In einem ausführlichen Brief an den Werbefachmann Hans Domizlaff schrieb er am 5. November 1940:

> *„Und im Ausland, welches für uns erreichbar ist, das sind ja fast alles mehr oder minder unterjochte Staaten, in denen die Liebe zu uns doch erst wachsen muss. Da denke ich an das englische Wort ‚lie low‘. Möglichst unauffällig, stärkste Zurückhaltung, vermeiden mit hineingezogen zu werden in die Propaganda, die die offiziellen Stellen machen oder beeinflussen, denn sie ist meiner Meinung nach einer notwendigen europäischen Zusammenarbeit eher schädlich als nützlich.“*[20]

Rüstungsgeschäfte mit verbündeten und neutralen Ländern waren für Carl Friedrich von Siemens selbstverständlich. Vor dem Hintergrund des Hitler-Stalin-Paktes gehörte dazu auch ein großer Auftrag über die Lieferung von Feuerleitungsanlagen an die Sowjetunion, mit dem er sich im November 1940 einverstanden erklärte.[21]

Für fatal hielt er die immer einseitigere Ausrichtung des Siemens-Konzerns auf militärische Aufträge und besonders die sprunghaft zunehmende Fertigung von Ausrüstungen für die Luftwaffe. Einschränkungen auf diesem Gebiet wurden immer wieder angemahnt. Auch Bingel trat dafür ein, doch kamen sie nie zustande.[22] Die Luftwaffe überrollte das LGW förmlich mit Aufträgen für Bordausrüstungen. Um dem nachzukommen, wurden immer weitere Nebenbetriebe aus dem Boden gestampft. In einer Besprechung vom 19. Juni 1941 wehrte sich Carl Friedrich heftig gegen die Errichtung eines Nebenbetriebs für das LGW im annektierten Krainburg (Kranj). LGW-Direktor Altvater berichtete, dass vom Reichsluftfahrtministerium eine dortige Textilfabrik angeboten werde, die stillgelegt war und „deren Besitzer im Augenblick nicht zu ermitteln seien".[23] Krainburg gehörte zu einem an Kärnten grenzenden Gebiet, das nach dem Angriff der Wehrmacht auf Jugoslawien im April 1941 annektiert worden war. Laut Protokoll lehnte Carl Friedrich von Siemens „das Projekt mit Rücksicht auf die nicht geklärten Besitzverhältnisse in bestimmtester Form ab und betonte, dass wir nicht in der Lage seien, die Riesenanforderungen des Staates aus eigenen Mitteln zu erfüllen".[24]

Nach dem Krieg teilte Seelhorst dazu Näheres mit. Auf Nachfragen habe sich herausgestellt, dass die Weberei in Krainburg einem österreichischen und einem tschechischen Juden gehöre. Die Lei-

Arbeiterinnen und Arbeiter im Verlagerungsbetrieb des Luftfahrtgerätewerks in Krainburg (Kranj), Slowenien, um 1941

tung des LGW habe darin kein Hindernis gesehen, da der Kaufvertrag mit dem Reichsluftfahrtministerium abgeschlossen werde. Bei der Besprechung über den geplanten Kauf habe Carl Friedrich von Siemens auf den Tisch geschlagen und erklärt: „Ich beteilige mich nicht an dieser Fledderei.“[25] Die Quelle ist kritisch zu sehen, da es sich um einen Schriftsatz für den vom Betriebsrat nach dem Krieg eingesetzten Untersuchungsausschuss zur Überprüfung der Aktivitäten der Firmenleitung während der NS-Diktatur handelt. Dass Carl Friedrich das Krainburg-Projekt abgelehnt hat, geht aber auch aus dem authentischen Protokoll der Besprechung hervor. Er konnte sich in dieser Frage nur zum Teil durchsetzen. Zwar erwarb die LGW die „arisierte“ Textilfabrik im annektierten slowenischen Oberkrain nicht, aber sie pachtete sie und baute sie treuhänderisch auf Rechnung des Reichs zu einem Nebenbetrieb aus, Siemens stellte die Werkleitung und die Einrichtungen.[26]

An ein baldiges Ende des Krieges glaubte Carl Friedrich nicht. Doch er wollte Siemens eine günstige Ausgangsbasis für die Nachkriegszeit sichern. In dem bereits erwähnten Brief an Domizlaff vom 5. November 1940 führte er dies aus. Domizlaff hatte vorgeschlagen, die Werbung im Inland einzustellen, und davor gewarnt, den Siemens-Konzern zu einem „Staatslieferanten“ werden zu lassen.[27] Carl Friedrich antwortete ihm:

> *„Sie wissen nicht, wie wir, ich kann wohl sagen in der unanständigsten Weise angegriffen und beschuldigt werden, Arbeitskräfte und Einrichtungen für den privaten Sektor unseres Geschäfts zurückzuhalten, das Wort ‚Sabotage‘ ist an mehr als einer Stelle gefallen. […]*
>
> *Natürlich müssen wir ohne Rücksicht auf spätere Folgen alle unsere Kräfte zur Erfüllung der militärischen Notwendigkeiten einsetzen, wenn es einem die Behörden auch oft recht schwer machen und durch ihr Verhalten sehr lähmend wirken. Dauernd beschäftigen wir uns mit der Frage, wie wir uns aus dieser Zwangslage befreien können. Seit Jahren – nicht erst seit gestern – sehen wir diese Gefahr und arbeiten dagegen z.B. durch die Gründung von Sondergesellschaften für militärische Aufgaben. […]*
>
> *Sie schreiben, man muss sich vorbereiten auf die Friedenszeit. Genau dasselbe predige ich, wo ich nur kann. […] wir müssen, soweit es möglich ist, alle Fortschritte vorbereiten, um sie fertig in der Schublade zu haben und bei Eintritt normaler Verhältnisse für den Konkurrenzkampf gewappnet zu sein.*[28]

Vier Wochen später, am 16. Dezember 1940, erließ Carl Friedrich von Siemens in einem Schreiben an Heinrich von Buol eine Weisung zur „Neuorganisation der Wernerwerke“. Man kann diese Anpassung der Organisation vor dem Hintergrund der Überlegungen sehen, die er in dem Brief an Domizlaff dargelegt hatte. Eine Vorbereitung auf die Zukunft sah er im Ausbau der Nachrichtentechnik, die über den Krieg hinaus die Entwicklung des Konzerns bestimmen würde:

> *„Auch wenn man annimmt, dass die durch Aufrüstung und Krieg entstandenen fabrikatorischen Ansprüche stark zurückgehen werden, worüber man sich aber heute kein klares Bild machen kann, so ist durch die Entwicklung der Nachrichtentechnik ein viel größeres Arbeitsgebiet für unser Haus entstanden, sodaß man mit einem sehr starken Zurückgehen der Aufnahmefähigkeit des Marktes wohl nicht rechnen darf.“*[29]

Wie bei der erwähnten Reorganisation von 1933 setzte Carl Friedrich auch jetzt auf eine Dezentralisierung. Aus mehreren Abteilungen von S&H wurden selbstständige Wernerwerke gebildet, die neben dem bereits selbstständigen Wernerwerk für Meßinstrumente (WW M) einer vom Vorstandsmitglied Friedrich Lüschen geleiteten Zentralstelle unterstanden: ein Wernerwerk für Telegraphie (WW T), ein Wernerwerk für Fernsprechgeräte (WW Fg), ein Wernerwerk für Verstärkertechnik (WW Ver) und ein Wernerwerk für Kleinfabrikate (WW Kv). Jedes Werk sollte für Entwicklung, Fertigung und Vertrieb auf seinem Gebiet verantwortlich sein.[30]

Zugleich wurden die Befugnisse des Vorstandsvorsitzenden ausgeweitet, was auch den Bestimmungen des Aktiengesetzes von 1937 entgegenkam. Ihm oblag nun „die oberste Leitung und Überwachung sämtlicher Glieder“ bei S&H einschließlich der 100-prozentigen Tochtergesellschaften.[31] „Oberste Leitung“ war bislang eine Befugnis gewesen, die dem Aufsichtsratsvorsitzenden vorbehalten blieb.

Bereits im März 1941 stellte sich die neue Organisation von S&H verändert dar. In einem Schreiben an Buol führte Carl Friedrich nun auch ein Wernerwerk für Funkgeräte und ein Wernerwerk für Rundfunkgerät und Bauelemente auf. Zugleich teilte er die Namen der Mitarbeiter mit, denen er die Leitung der neuen Wernerwerke übertragen hatte. Zum Leiter des Wernerwerks für Rundfunkgerät und Bauelemente hatte er seinen Sohn Ernst bestellt. Mit der für die

Zukunft angelegten Neuordnung des Wernerwerks war so gesehen auch ein Stück Erbregelung verbunden.[32]

Die Errichtung eines Wernerwerks für Funkgeräte wies auf eine weitere Perspektive hin, die Carl Friedrich von Siemens S&H noch eröffnen wollte. Er hatte schon 1938 mit der AEG Verhandlungen über eine Aufteilung des Gemeinschaftsunternehmens Telefunken aufgenommen.[33] Telefunken war 1903 auf Drängen Kaiser Wilhelms II. von S&H und der AEG mit einer jeweils 50-prozentigen Beteiligung zunächst als Entwicklungsgesellschaft gegründet worden, um die für die Marine so wichtige Funktechnik nach einem einheitlichen Standard auszubauen.[34] Carl Friedrich verzieh sich nie, dass er davor einmal die Chance verpasst hatte, den erfolgreichsten Pionier der Funktechnik, Guglielmo Marconi, für Siemens zu gewinnen. Er hatte ihn im Herbst 1897 zufällig in London kennengelernt, wo der junge Erfinder damals unter bescheidenen Verhältnissen in einem Hotelzimmer Versuche durchführte.[35]

Inzwischen war die drahtlose Nachrichtentechnik zu einer Schlüsseltechnologie geworden. Telefunken stellte Sendeanlagen her, fertigte Funksprech-, Rundfunk- und Fernsehgeräte. Auch die Wehrmacht war in nahezu allen Bereichen auf diese Technik angewiesen und wurde von Telefunken mit leistungsfähigen Funkmessgeräten für den „Radarkrieg“ ausgerüstet. Bei S&H sah man sich durch den Telefunken-Vertrag zunehmend von der rasanten, zukunftsträchtigen Entwicklung der Funktechnik abgeschnitten. Carl Friedrich von Siemens drängte auf eine Änderung des Vertrags, damit S&H sich mit eigenen Entwicklungen und Fertigungen in dieser Technologie aufstellen konnte. Kurzfristig bedeutete dies einen weiteren Ausbau des Rüstungsgeschäfts. Aus seiner Sicht ging es aber in erster Linie darum, ein Feld zu besetzen, das große Perspektiven für die Zeit nach dem Krieg bot. Zunächst wollte er eine Aufteilung von Telefunken in einen S&H- und einen AEG-Bereich erreichen. Nachdem sich eine derartige Lösung als undurchführbar erwiesen hatte, zog sich S&H aus Telefunken zurück und verkaufte seine Beteiligung an die AEG.[36] Carl Friedrich erlebte dies nicht mehr, aber er hatte die Weichen gestellt.

In seinen letzten Lebensjahren bekam er die Last der Ehrenämter noch einmal zu spüren. Im Juli 1937 wurde Carl Friedrich von Siemens zum Vizepräsidenten der Kaiser-Wilhelm-Gesellschaft zur Förderung der Wissenschaften (im Folgenden KWG) gewählt, der er schon lange als persönliches Mitglied angehörte – 1926 war er auf

Einladung von Adolf von Harnack, ihrem ersten Präsidenten, beigetreten.[37] Angesichts des großen Engagements seines Vaters für die Förderung der naturwissenschaftlichen Forschung wird er darin eine Ehrenpflicht gesehen haben. Als ihn Harnacks Nachfolger Max Planck zehn Jahre später bat, dem Kuratorium des in neuer Form gegründeten Kaiser-Wilhelm-Instituts für Physik anzugehören, das mit einer Hochspannungsanlage von S&H ausgestattet wurde, sagte er ebenso bereitwillig zu. Ihm folgend, waren inzwischen nicht nur S&H und die SSW, sondern auch 14 Führungskräfte des Siemens-Konzerns der KWG beigetreten.[38] Dass er in deren Hauptversammlung am 22. Juni 1937 einstimmig zum Senator gewählt und in der ersten Sitzung des neuen Senats am 15. Juli zum zweiten Vizepräsidenten ernannt wurde, hatte er vermutlich nicht seinen Verdiensten für die Wissenschaftsförderung zu verdanken.[39] Den Vorsitz im Stifterverband der Notgemeinschaft hatte er 1934 an Carl Duisberg abgegeben.[40] Entscheidend für seine Ernennung wird gewesen sein, dass Gustav Krupp von Bohlen und Halbach damals nach 26 Jahren als höchst einflussreicher Vizepräsident der KWG ausschied und zu den drei Vizepräsidenten weiterhin ein großer Name aus der Industrie gehören sollte.

Mit dem neuen Ehrenamt begab sich Carl Friedrich von Siemens in ein fragwürdiges Umfeld. Der weltweit hoch geachtete Nobelpreisträger Max Planck hatte unter einigem politischen Druck auf eine Verlängerung seiner Amtszeit als Präsident der KWG verzichten müssen.[41] Mit Planck mussten die letzten jüdischen Mitglieder, aber auch der langjährige Generaldirektor Friedrich Glum und der um die Wissenschaftsförderung überaus verdiente Friedrich Schmidt-Ott gehen.[42] Der neue Präsident Carl Bosch war zwar wie sein Vorgänger Nobelpreisträger, hatte aber als Vorstandsvorsitzender und Aufsichtsratsvorsitzender der IG Farben die Rüstungs- und Autarkiepolitik des NS-Regimes mitgetragen. Eine neue Satzung führte bei der KWG das Führerprinzip ein und enthielt einen, wenn auch von Bosch etwas entschärften, „Arierparagraphen“. Die KWG wurde unter Aufsicht durch den Reichsminister für Erziehung, Wissenschaft und Volksbildung gestellt, der Präsident wurde fortan vom Minister ernannt. Zur treibenden Kraft wurde der neue Generalsekretär Ernst Telschow, ein NSDAP-Mitglied. Mit ihm kamen NS-Größen in die Leitung der KWG. Erster Vizepräsident wurde Otto Wacker, ein SS-Oberführer, der zugleich badischer Kultusminister und der

Max Planck (mit Kette), Carl Bosch und Gustav Krupp von Bohlen und Halbach (v. rechts) auf der Hauptversammlung der KWG, 1937

Leiter des Amts Wissenschaft im Reichsministerium für Erziehung, Wissenschaft und Volksbildung war. Mit Herbert Backe, dem Staatssekretär des Reichsministeriums für Ernährung und Landwirtschaft, wurde ein SS-Brigadeführer Senator.[43]

Als zweiter Vizepräsident hätte sich Carl Friedrich von Siemens nicht besonders einbringen müssen. Doch im Februar 1940 starb Otto Wacker, der erste Vizepräsident, und zwei Monate später auch Carl Bosch, der inzwischen über die Verhältnisse im „Dritten Reich" in Verzweiflung versunken und dem Alkohol verfallen war.[44] Nach seinem Tod stand Siemens schlagartig allein an der Spitze der KWG und musste als kommissarischer Präsident amtieren.

Als erste Aufgabe hatte er die KWG bei der Trauerfeier für Bosch zu vertreten.[45] Dessen Nachfolger sollte Albert Vögler werden, den Minister Bernhard Rust, Carl Friedrich von Siemens und der Senat einvernehmlich für dieses Amt favorisierten. Der Aufsichtsratsvorsitzende der Vereinigten Stahlwerke war kein NSDAP-Mitglied, gehörte aber als Gast der NSDAP-Fraktion dem Reichstag an und hatte sich schon lange bei der KWG verdienstvoll engagiert, als Schatzmeister und Kuratoriumsmitglied mehrerer Institute.[46]

Doch Vögler wollte wegen seiner Arbeitsbelastung bei den Vereinigten Stahlwerken erst nach Kriegsende Präsident der KWG werden. Auch das Amt des ersten Vizepräsidenten blieb nach dem Tod Wackers unbesetzt. Rust hätte gerne seinen Abteilungsleiter Rudolf Mentzel zum Nachfolger ernannt, Mentzel wäre damit kommissarischer Präsident der KWG geworden. Da Göring dem Erziehungsminister aber keinen so großen Einfluss einräumen wollte, stellte er sich quer. So blieben die Aufgaben eines kommissarischen Präsidenten an Carl Friedrich von Siemens hängen. Er konnte sich dem auch nicht entziehen, mit einem Rücktritt hätte er damals die KWG in noch größere Probleme gestürzt. Faktisch führte der ehrgeizige Telschow Regie, mit dem die Einnahmen der Gesellschaft rasch stiegen.[47] Gleichwohl war es für Carl Friedrich eine Belastung, als kranker, altersmüder Mann neben seiner unternehmerischen Tätigkeit über ein Jahr lang als kommissarischer Präsident der KWG in der Verantwortung zu stehen.

Vergebliche Sehnsucht nach einem Alterssitz

Wegen seiner angeschlagenen Gesundheit zog es Carl Friedrich etwa ab Mitte der 1930er-Jahre nicht mehr so oft in die geliebten Berge und sein Jagdhaus in Längau. Er erholte sich jetzt häufiger in Kurorten wie Bad Ems und Baden-Baden. Seine Aufenthaltsorte lassen sich für diese Zeit den überlieferten „Reisebriefen" entnehmen, die ihm Seelhorst und Witzleben schrieben, wenn er nicht in Berlin war. Im April 1939 logierte Carl Friedrich in Baden-Baden im Hotel Stephanie, einer Dependance des noblen Brenner's Parkhotels.[48] Damals dürften bei ihm Pläne gereift sein, sich einen Alterssitz in dieser Gegend zuzulegen, wo das Klima günstiger war als in der Mark Brandenburg. Auch befand er sich in Baden-Baden wie in keinem anderen Kurort auf Spuren der Familie.

Schon sein Vater und sein Onkel Carl waren dort gerne zu Gast gewesen.[49] Carls Sohn Werner Hermann hatte in Baden-Baden eine Villa errichten lassen, die er 1883 mit seiner jungen Gattin Natalia bezog und nach ihr Nathalienhöhe benannte. Dieser Vetter Carl Friedrichs soll häufig das Casino besucht und in der Nathalienhöhe gesellige Abende gegeben haben.[50] 1893 verkaufte Werner Hermann die Nathalienhöhe an die Baronin Marie von Witzleben. Marie von Graevenitz, eine Schwester Werner Hermanns, zog es in

Hofgut Fremersberg bei Baden-Baden, 2014

den 1930er-Jahren nach Baden-Baden. Sie war nach der Oktoberrevolution mit ihrer Familie aus St. Petersburg geflohen. 1923 errichtete sie gemeinsam mit ihrer Schwester Charlotte von Buxhoeveden in der Schweiz die Werner Stiftung, die 1936 in Werner Siemens-Stiftung umbenannt wurde.[51] Marie starb im Oktober 1939 in Baden-Baden, auf dem dortigen Stadtfriedhof war zuvor schon ihre Schwester beigesetzt worden.[52]

Wahrscheinlich im Spätherbst 1939 erwarb Carl Friedrich von Siemens in Baden-Baden das Hofgut Fremersberg an der Katzensteinstraße, ein von Reben und Wald umgebenes, schlossähnliches Anwesen, das abseits der Stadt auf dem Gelände eines früheren Klosters errichtet worden war. Er war entschlossen, sich dorthin zurückzuziehen, sobald es die Verhältnisse erlaubten. Es ist auch denkbar, dass er das Gut schon kurz vor Kriegsbeginn gekauft hatte und nicht wissen konnte, wie sehr er in Berlin noch benötigt würde. Einen Einblick in seine Absichten vermittelt der bereits erwähnte Brief an Georg Siemens vom 25. Januar 1940:

„Ich habe mich auch entschloßen, sobald ich kann mich zurückzuziehen, zu diesem Zweck habe ich bei Baden-Baden ein Anwesen gekauft, möglichst weit weg von Berlin, um dort die paar Jahre, die mir vielleicht noch geschenkt sind, wenigstens in schöner Natur

und fern von allem Getriebe zu verleben. Ob man aber diese Pläne durchführen kann, hängt ja auch vom Ausgang des Krieges und seiner Folgen ab.“[53]

Das Hofgut konnte nicht so schnell bezogen werden. Carl Friedrich verbrachte die nächsten Aufenthalte in Baden-Baden noch in Hotels.[54] Im August 1940 stand der Einzug an. Als er jetzt wieder nach Baden-Baden fuhr, war sein Gesundheitszustand so schlecht, dass sich Witzleben große Sorgen machte und sich erkundigte, ob sein Krankenlager noch in einem Hotel oder schon im neuen Heim stehe.[55]

Im Badener-Badener Einwohnerbuch 1940 war Carl Friedrich von Siemens bereits aufgeführt, mit der Berufsbezeichnung Ingenieur.[56] In Berlin sprach sich herum, dass er Umzugspläne hatte. Im April 1941 gab es bereits einen Kaufinteressenten für den Heinenhof. Ein Potsdamer Makler trat in dessen Auftrag mit einem Angebot in Höhe von zwei Mio. RM an Carl Friedrich heran – ein sehr niedriger Preis, wenn man bedenkt, dass der Kaufpreis später von einem Sachverständigen auf 3,6 Mio. RM geschätzt wurde.[57] Seelhorst antwortete, dass „Herr von Siemens wohl geäußert hat, dass er mit dem Gedanken umgeht, den Heinenhof zu verkaufen, dass er sich aber vorbehalten hat, ob er den Kauf jetzt durchführt“.[58]

Carl Friedrich von Siemens und seine Frau Margarete, 1935

An S&H wollte Carl Friedrich nicht verkaufen und an den Staat schon gar nicht. Natürlich hätte er es sich leisten können, auch nach einem Umzug nach Baden-Baden am Heinenhof festzuhalten. Für einen raschen Verkauf gab es aber außer den hohen Unterhaltskosten noch einen anderen Grund. Es war damit zu rechnen, dass die Wehrmacht das stattliche Anwesen in Beschlag nehmen würde. Seit 1939 befand sich im nahe gelegenen Krampnitz ein großer Kasernenkomplex der Heeres-Reit- und Fahrschule. In der Umgebung entstanden Villen für höhere Offiziere.[59] Anfang Juni 1941 hatte sich im Heinenhof bereits ein Stab eingerichtet. Seelhorst erfuhr im Potsdamer Quartieramt, dass der Heinenhof in den nächsten Tagen „als Ganzes belegt“ werden würde. Die Standortverwaltung würde das Inventar übernehmen und nach der Einquartierung dem Eigentümer zurückgeben.[60]

Auch vor dem Hintergrund solcher unsicheren Verhältnisse war Carl Friedrich von Siemens daran gelegen, mit der im Dezember 1940 verfügten Reorganisation von S&H und den Verhandlungen um den Telefunken-Vertrag das Unternehmen noch einmal neu aufzustellen. Auch die Führungskrise der KWG beschäftigte ihn weiterhin. Als sich sein Gesundheitszustand im April 1941 weiter verschlechterte, entschloss er sich, seine Ämter als Vizepräsident und Senator niederzulegen, wartete aber erst noch ab und versuchte, Vögler zu einer Zusage zu bewegen.[61] Da er sich zurückziehen und Vögler sich nicht festlegen wollte, glaubte Reichserziehungsminister Rust, nun seinen Protegé Mentzel zum ersten Vizepräsidenten ernennen zu können.[62]

Carl Friedrich von Siemens, 1940

Im Mai war Carl Friedrich in der Lage, auf Einladung des dortigen Militärbefehlshabers noch einmal nach Belgien zu reisen – eine Reminiszenz an seinen Einsatz im Ersten Weltkrieg.[63] Am 28. Mai folgte ein etwas eigentümlicher Auftritt bei der SAM. Vor dem Werk in Marienfelde weihte er zum 25-jährigen Jubiläum der Seeschlacht am Skagerrak eine Gedenktafel für das frühere Vorstandsmitglied August Raps ein und rühmte dessen Verdienste um die Marinetechnik als vorbildlich.[64] Auch nahm er in diesen Tagen noch an einem Versuchsflug mit der im LGW entwickelten „Blindflugautomatik" teil.[65]

Am 6. Juni brachte er in einem Brief an den Technikhistoriker Conrad Matschoss noch ein besonderes Anliegen vor. Er bot Matschoss an, eine „Denkschrift" zu dem 1947 anstehenden 100-jährigen Jubiläum von S&H zu verfassen.[66] Wenige Tage später meldete sich KWG-Generalsekretär Telschow wieder. Das Auswärtige Amt und Staatssekretär Herbert Backe vom Reichsernährungsministerium hätten es abgelehnt, Mentzel die kommissarische Präsidentschaft zu übertragen. Sie bestünden darauf, dass „der unabhängige Charakter des Präsidenten in privat-wirtschaftlicher Beziehung gewahrt bleibe". Telschow und Backe könnten sich nun vorstellen, Siemens bis Kriegsende im Amt zu halten.[67]

Mitte Juni wechselte Carl Friedrich von Siemens aus Baden-Baden nach Berlin. Am 25. Juni nahm er gemeinsam mit Hermann an einer Vorstandssitzung von S&H teil. Das Vorstandsmitglied Frenzel berichtete über die Auftragsverlagerungen in die besetzten Länder, Lüschen über die Verhandlungen mit der AEG wegen Telefunken und die Durchführung der Neuorganisation der Wernerwerke.[68] Wenige Tage vorher hatte der deutsche Überfall auf die Sowjetunion begonnen. Carl Friedrich erfuhr davon durch seinen Sohn. Ernst blieb die Reaktion seines Vaters stets in Erinnerung: „Denke daran, das ist das Ende Deutschlands!"[69]

Anfang Juli musste Seelhorst alle Termine absagen.[70] Carl Friedrichs Zustand hatte sich dramatisch verschlechtert, und ihm war bewusst, wie es um ihn bestellt war. „Es ist nur das Leben, und das Leben ist begrenzt", soll er zu seiner Frau gesagt haben.[71] Am 9. Juli 1941 starb Carl Friedrich von Siemens auf dem Heinenhof.

Für die Trauerfeier hinterließ er handschriftlich niedergelegte Wünsche. Vom Unternehmen wollte er mit einer internen Feier im Ehrenhof des Verwaltungsgebäudes am Nonnendamm verabschiedet werden. Hinter dem Sarg sollte eine Büste seines Vaters stehen, die Fläche dahinter sollte in Schwarz-Weiß-Rot, den Farben der Nationalflagge des Kaiserreichs, drapiert sein. Eine Hakenkreuzflagge verbat er sich: „Ich habe so stolze Jahre im Ausland unter der alten Fahne verlebt, daß ich die abgeänderte Bolschewistenflagge nicht hinter meinem Sarge haben möchte."[72] Nach der Trauerfeier in Siemensstadt sollte der Sarg in seinem Elternhaus in der Berliner Straße 36 aufgebahrt werden. Es sollte ein Pfarrer sprechen, „aber keiner, der

Trauerfeier für Carl Friedrich von Siemens in der Mosaikhalle in Siemensstadt, 1941

einen Menschen über Gott und Gottes Gebot stellt". Beigesetzt werden wollte er im engsten Kreis neben seinen Eltern im Familiengrab auf dem Südwestkirchhof der Berliner Stadtsynode in Stahnsdorf.[73]

Man hielt sich so weit wie möglich an seine Wünsche. Mit Dietrich Graue konnte ein Pfarrer gewonnen werden, der Carl Friedrichs Vorgabe entsprach.[74] Die Trauerfeier in Siemensstadt konnte nicht intern gehalten werden, zu viele Gäste aus anderen Bereichen des Wirkens Carl Friedrichs waren einzuladen. Auch schrieb das Zeremoniell vor, dass Pfarrer Graue bei der Feier in Siemensstadt sprach, nicht in der Berliner Straße. Nach Graues Ansprache hielt Heinrich von Buol als Vorstandsvorsitzender von S&H eine Gedächtnisrede. Er schloss mit bewegenden Worten: „Wir haben Carl Friedrich von Siemens verehrt, aber wir haben mehr getan, wir haben ihn geliebt."[75] Es folgten Ansprachen von Reichsverkehrsminister Julius Dorpmüller und Albert Vögler, Waldemar Braun (Leiter der Wirtschaftsgruppe Elektroindustrie), Friedrich Schmidt-Ott (Vorsitzender des Stifterverbands der Notgemeinschaft der Deutschen Wissenschaft), Abraham Esau (Präsident der Physikalisch-Technischen Reichsanstalt) und Hauptbetriebsobmann Franz Hofer.[76] Ein Siemens-Mitarbeiter, der an der Trauerfeier teilnahm, berichtete später, der Verstorbene sei zuletzt zum „Lied vom guten Kameraden" mit dem Hitlergruß geehrt worden.[77] Hohe Repräsentanten des Staats und der Partei waren bei der Trauerfeier nicht zu sehen. Dorpmüller stellte klar, dass er nicht als Minister, sondern privat als Freund des Verstorbenen teilnahm. Hermann Göring und der Chef des Oberkommandos der Wehrmacht ließen Kränze niederlegen.[78] Es war bezeichnend, dass bei der Trauerfeier das Militär stärker vertreten war als die Politik. Die deutsche Presse begnügte sich mit kurzen Nachrufen. Ausführlicher berichtete die *New York Times* zum Tod Carl Friedrichs – dort hielt man ihn für den führenden deutschen Rüstungsindustriellen.[79]

Einen Eklat gab es später um den Abdruck der bei der Trauerfeier gehaltenen Ansprachen in einem Sonderheft der *Siemens-Mitteilungen*. Das Propagandaministerium erteilte dem Heft nicht die erforderliche Genehmigung zum Druck. Begründet wurde die Zensur mit einer Passage in der Rede Buols. Der Vorstandsvorsitzende hatte auf Carl Friedrichs Äußerung „es sei keine Kunst, ein ‚Gutwetterkapitän' zu sein" Bezug genommen und all die Widrigkeiten aufgezählt, durch die der Verstorbene den Konzern gesteuert hatte: „Weltkrieg, marxistische Revolution, Inflation, Scheinkonjunktur, Weltkrisis und neuerliche politische Revolution, Aufrüstung und wieder Krieg!“[80] Aus heutiger Sicht fällt an diesem Zitat die diffamierende Bezeichnung der Revolution von 1918/19 auf, Goebbels Zensurbehörde sah in der Aufzählung aber eine Verunglimpfung der nationalsozialistischen „Machtergreifung“. Statt sie zu rühmen, habe Buol sie als „neuerliche politische Revolution“ mit der Revolution von 1918 auf eine Ebene gestellt, die bei den Nationalsozialisten als „Schandtat der Novemberverbrecher“ galt. Beanstandet wurde zudem, dass im Gedenkheft wie bei der Trauerfeier die Ansprache des Pfarrers an erster Stelle stand, Görings Kondolenztelegramm dagegen am Schluss. Ein Reichsminister wie Dorpmüller habe vor einem Pfarrer zu stehen. Das Sonderheft wurde von der Gestapo beschlagnahmt, die gesamte Auflage mit den betreffenden Seiten musste eingestampft werden.[81] Der Text der Rede von Buol durfte erst veröffentlicht werden, nachdem die beanstandete Stelle geändert worden war. Sie lautete nun:

> *„Weltkrieg, marxistische Revolution, Inflation, Scheinkonjunktur, Weltkrisis. Als mit der Machtergreifung des Führers die deutsche Wirtschaft wieder aufwärts stieg, war es gerade diese stürmische Entwicklung im Zeichen auch der deutschen Aufrüstung und im Zwange des Krieges, die dem Wirtschaftsführer größte Aufgaben und Verantwortung überreichlich schuf.“*[82]

Da Carl Friedrich seinen Nachfolger schon länger bestimmt und in die Konzernführung einbezogen hatte, konnte Hermann von Siemens die Position eines „Chef des Hauses Siemens“ nahtlos übernehmen. Die Aufsichtsräte von S&H und SSW kürten ihn nach dem Tod Carl Friedrichs zum Vorsitzenden. Mit Ernst von Siemens hatte die Familie auch einen Hoffnungsträger für die fernere Zukunft des Unternehmens. Er wurde 1943 in den Vorstand von S&H berufen und beerbte Hermann 13 Jahre später als „Chef des Hauses Siemens“.[83] Carl Friedrichs Witwe Margarete behielt das Hofgut Fremersberg.[84] Der Heinenhof wurde im Juni 1942 von S&H erworben. Man sah es als „Ehrenpflicht“ an, das Anwesen in Siemens-Besitz zu halten, doch gab es auch praktische Gründe. Der Heinenhof bot sich als gut getarnter Standort der neuen Laboratorien für Funktechnik an, die S&H nach der Trennung von Telefunken errichtete. Nach der Zunahme schwerer Luftangriffe auf Berlin wurden aus Siemensstadt weitere Forschungs- und Entwicklungseinrichtungen auf den Heinenhof verlegt, der nun „Forschungsstätte Carl Friedrich von Siemens“ hieß.[85]

Resümee

Ein Unternehmer der Moderne zwischen Krisen und Kriegen

Carl Friedrich von Siemens' Wirken trat nach seinem Tod in den Hintergrund. In der Kriegsgesellschaft des „Dritten Reichs“ war er ohnehin kaum präsent gewesen, und nach dem Krieg hatte man sich bei Siemens auf neue Gegebenheiten einzustellen. Das 100-jährige Firmenjubiläum im Oktober 1947, für das schon zu Carl Friedrichs Lebzeit Vorbereitungen getroffen worden waren, wurde ohne Feier begangen. Die wenigen Würdigungen, die ihm in den folgenden Jahrzehnten zuteilwurden, stellten ihn als unternehmerisches Vorbild heraus. Georg Siemens gab seiner 1960 erschienenen Carl-Friedrich-Biografie den Untertitel „Ein großer Unternehmer“, und der Finanzwissenschaftler Günter Schmölders ging in seiner Festrede anlässlich des 100. Geburtstags Carl Friedrichs dem „Leitbild des großindustriellen Unternehmers“ nach.[1] Mittlerweile ist selbst die unternehmerische Bedeutung Carl Friedrichs weitgehend in Vergessenheit geraten. Durch die 1958 auf Initiative von Ernst von Siemens gegründete Carl Friedrich von Siemens Stiftung ist der Name heute mehr in der Wissenschaft präsent. Dabei gehört das vielseitige Engagement im Zeitgeschehen zu den besonderen Merkmalen von Carl Friedrichs Biografie.

Carl Friedrich kam als Erbe an die Spitze des Siemens-Konzerns. Eine Ausbildung dafür hatte er erst durch leitende Aufgaben in Unternehmen seiner Familie erhalten, aus dem Studium, das er allenfalls in kurzen Phasen ernsthaft betrieben hatte, brachte er keine Voraussetzungen mit. Die Führung eines technikbasierten Unternehmens hatte er in England angetreten, ohne ausgewiesener Techniker zu sein. Er wurde, wie er selbst bekannte, „immer wie ein junger Hund ins Wasser geworfen“ und hatte der Erwartung zu entsprechen, dass ein Sohn Werner von Siemens' den Herausforderungen gewachsen war.[2] 18 Jahre lang konnte sich Carl Friedrich in Vorständen von Siemens-Unternehmen auf die Leitung des Konzerns vorbereiten, dabei hätte er es sich bequemer machen können, er musste sich den Aufstieg ja nicht erkämpfen. Doch die in ihn gesetzten Erwartungen waren ein Ansporn, der wohl noch stärker wirkte als das Streben nach Beförderung – er empfand sie zugleich als eine Verpflichtung, die ihm ein hohes Maß an Disziplin abforderte. Sich dem zu entziehen kam für ihn selbst in der schweren persönlichen Krise während der Jahre 1921/22 nicht in Betracht.

In Anlehnung an Heinrich von Buols Rede bei der Trauerfeier sind Carl Friedrichs Leistungen untrennbar von den Krisen seiner Zeit zu sehen. Er soll sich selbst einmal als „Schlecht-Wetter-Kapitän" bezeichnet haben.[3] In Umkehrung des despektierlichen Begriffs „Schönwetterkapitän" ist dies nicht als Klage über schlechte Zeiten zu verstehen, sondern als Ausweis, auch in schlechten Zeiten erfolgreich führen zu können. Es entsprach dieser Zeit, dass Carl Friedrich stärker als seine Vorgänger ökonomisch ausgerichtet war, sich stets auf die „wirtschaftlichen Grundgesetze" berief.[4] Anders als im Kaiserreich hing die Entwicklung der Elektroindustrie nun stärker von den ökonomischen Rahmenbedingungen als von technologischen Umwälzungen ab.

Bei genauerer Betrachtung zeigt sich, dass Carl Friedrichs Fähigkeit nicht so sehr im Krisenmanagement lag. In der Inflationskrise konnte sich der Siemens-Konzern im Schlepptau von Hugo Stinnes behaupten, in der Weltwirtschaftskrise der frühen 1930er-Jahre setzte Carl Friedrich mit rigoroser Kostensenkung auf die Selbstheilungskräfte des Marktes. Dass Siemens diese Krisen vergleichsweise gut überstand, hing vor allem mit der Marktstellung und den hohen stillen Reserven zusammen. Carl Friedrich kam auch entgegen, dass das „Haus Siemens" als Marktführer in einer aufsteigenden Branche mit einem großen Wachstumspotenzial strukturell begünstigt war. Siemens war nicht nur der größte Elektrokonzern Europas, sondern auch als einzige deutsche Großfirma in beiden Bereichen der Branche, der Nachrichtentechnik (Schwachstromtechnik) und der Energietechnik (Starkstromtechnik), gleichermaßen führend aufgestellt. Aus dieser Perspektive war Carl Friedrich kein „Schlechtwetterkapitän", sondern gegenüber Unternehmern von Krisenbranchen wie der Stahlindustrie und der Textilindustrie strukturell im Vorteil.

Doch war es sein Verdienst, dass sich der Konzern in den durch äußere Ursachen bedingten Krisen als gut gewappnet erwies. Er hatte an bewährten, bei Siemens traditionell verfolgten Grundsätzen auch in Zeiten festgehalten, in denen diese Prinzipien als wenig erfolgversprechend galten: die Verpflichtung auf eine konservative Finanzpolitik, die Beschränkung auf die Stammbranche und die Wahrung der Eigenständigkeit. Auf lange Sicht ist ihm auch anzurechnen, maßgeblich zum Zusammenhalt des wachsenden Konzerns beigetragen und durch die verlässliche Kontinuität einer jahrzehntelangen Führung eine Stabilität vermittelt zu haben, wie sie manch anderem Unternehmen dieser Größe, auch der AEG, fehlte und nur selten von Managern geleistet werden konnte.

Rückblickend mag Carl Friedrich als der „vorausschauende, aktiv im politischen Leben stehende, menschlich aufgeschlossene und die Menschen führende ‚wahre' Arbeitgeber" erscheinen, wie ihn Schmölders in seinem Festvortrag von 1972 als Replik auf die damalige Kritik am Unternehmertum charakterisierte.[5] Historisch gesehen war er aber durchaus ein Industrieller einer neuen Zeit. Verglichen mit den meisten Großindustriellen des Kaiserreichs und speziell auch seinem älteren Bruder Wilhelm, trat er mit einem modernen Programm an. Er war für die soziale Frage und eine Zusammenarbeit mit den Gewerkschaften aufgeschlossen, praktizierte einen kooperativen Führungsstil und engagierte sich in der neuen Demokratie. Dass er stets entschieden die Interessen der Industrie vertrat, stand nicht im Widerspruch zu seinen allseits anerkannten Fähigkeiten als Vermittler. In einem Brief an einen früheren Parteifreund schrieb er Anfang März 1933, fast schon im Rückblick auf Weimar: „Ich bin sicherlich kein Sozialdemokratenfresser, aber ich habe immer betont, dass die ängstliche Vermeidung des klaren Trennstriches mit zum Verfall erheblich beigetragen hat."[6]

In der Konzernführung verstand es Carl Friedrich von Siemens, eine unbestreitbare Autorität mit einem partizipativen Stil zu verbinden. Damit trug er der zunehmenden Bedeutung des Managements Rechnung, ohne die Zügel aus der Hand zu geben. Bis zu seinem Tod ließ er keinen Zweifel daran aufkommen, „Chef des Hauses Siemens" zu sein, erweiterte aber immer wieder die Befugnisse der Vorstandsvorsitzenden. Dieser Spagat gelang ihm dank seiner persönlichen Fähigkeit, die Vorstandsvorsitzenden an sich zu binden. Sie waren dabei nicht austauschbare Funktionsträger, sondern langjährig bewährte „Hauptmieter" des „Hauses Siemens". Nennenswerte Konflikte zwischen Carl Friedrich und dem Management sind nicht bekannt, mit Ausnahme von Henrich gab kein Vorstandsvorsitzender das Amt vorzeitig auf. Wie stark die persönliche Bindung war, ließ Buol in seiner Gedächtnisrede erkennen, als er von Verehrung und Liebe sprach.[7] Köttgen hätte es weniger emotional ausgedrückt, ohne viel anders zu empfinden. Wolf-Dietrich von Witzleben wurde von Carl Friedrich wegen seiner organisatorischen Fähigkeiten bis in den Vorstand protegiert, aber auch aus persönlicher Verbundenheit.

Söhne großer Männer haben es nicht leicht, einen eigenen Platz in der Geschichte zu erringen – sofern sie dies anstreben. In Familienunternehmen sind schon die Erwartungen an die Nachgeborenen eindeutig. Carl Friedrich war zeit seines Lebens von der überragenden Figur des Vaters geprägt, obwohl er sich, anders als die älteren Brüder, nie unter ihm im Unternehmen bewähren musste. Vielleicht deshalb empfand er diese Bürde nicht als Hindernis, sondern als Ansporn, mit zunehmendem Alter wurde sie für ihn sogar immer mehr zur Sinnerfüllung seines Wirkens. „Ich fühle mich als Vollstrecker der Lehren unseres Gründers, meines Vaters", schrieb er in einem Brief vom August 1939.[8] Für seine Beisetzung hinterließ er den Wunsch zu betonen, dass es sein Bestreben gewesen sei, „das Werk auf den Grundsätzen meines Vaters weiterzuführen und den Geist des gegenseitigen Vertrauens, das Gefühl der Zusammengehörigkeit, ja der inneren Verbundenheit durch die gemeinsame Aufgabe zu stärken".[9]

Das Erbe zu erhalten und zu mehren war für Carl Friedrich zweifellos die oberste Maxime. Das Wissen um diese Mission dürfte die Vorsicht noch verstärkt haben, die seinem Naturell entsprach. Doch wäre es ganz falsch, in ihm nur einen Verwalter des Erbes zu sehen. Nachdem die von Werner von Siemens und seinen Brüdern Carl und William geschaffene europäische Unternehmensgruppe durch den Ersten Weltkrieg auseinandergefallen war, gelang es Carl Friedrich, eine neue Identität der deutschen Stammgesellschaften als „Haus Siemens" zu begründen. Mit dem Modell der „technischen Holding" passte er den Konzern unter Wahrung der Eigenständigkeit an die Erfordernisse einer Zeit an, in der sich die deutsche Großindustrie neu aufstellen musste.

Mehr als nur ein Erbe war auch das unternehmerische Verhalten, das Carl Friedrich auszeichnete. Seiner Einstellung entsprechend, hielt er die leitenden Mitarbeiter zu größerer Risikobereitschaft an, der „brave Bürokrat" könne es in der Wirtschaft zu nichts bringen.[10]

Einen unternehmerischen Blick bewies er auch, indem er Entscheidungen auf die Zukunft des Konzerns hin ausrichtete. So beispielsweise, indem er frühzeitig auf die Herausforderung durch die International Telephone & Telegraph Corporation reagierte und im Krieg die rasante Entwicklung der Funktechnik nicht länger Telefunken überlassen wollte. Zumeist handelte es sich bei diesen Entscheidungen, wie schon bei der Gründung der Interessengemeinschaft Siemens-Rheinelbe-Schuckert-Union (SRSU) Ende 1919, um Antworten auf eingetretene Veränderungen. Pionierleistungen lagen ihm nicht, vielleicht auch, weil er kein Techniker war. Es gibt keine Innovation, die sich mit seinem Namen verbinden würde, doch zeigte er sich in der Unternehmenspolitik aufgeschlossen, neue Wege einzuschlagen. Dabei entsprach es seinem Führungsstil, Entscheidungen in solchen Fragen nicht zu oktroyieren, sondern nach Beratungen im engen Führungskreis zu treffen. Er ließ sich von Henrich überzeugen, die SRSU einzugehen, und den Plan, mit der AEG eine gemeinsame Starkstromgesellschaft zu gründen, nach einer ausführlichen Abwägung der Argumente fallen. Diese Aufgeschlossenheit ging mit einer selbstkritischen Fehlerkultur einher. Als die SRSU scheiterte, versuchte er nicht, die Schuld auf andere abzuwälzen, sondern machte sich selbst schwere Vorwürfe.

Als Vollblutunternehmer bewies er sich besonders eindrücklich bei der Reichsbahn, die unter dem Druck der Reparationsregelungen auf „kaufmännische Grundsätze" auszurichten war. Sein Enthusiasmus und seine Entschlossenheit als Präsident der Deutschen Reichsbahn-Gesellschaft (DRG) gründeten darin, Politikern und Bürokraten demonstrieren zu können, was ein Unternehmer zu leisten vermochte. Nach außen hin verfuhr er nach dem Motto „viel Feind, viel Ehr", innerhalb der DRG konnte er selbst gestandene Eisenbahnbeamte für seinen Kurs gewinnen. Der Erfolg gab ihm schließlich recht. Auf Auseinandersetzungen mit der Regierung, wie er sie bei der DRG leidenschaftlich führte, ließ er sich als Siemens-Chef jedoch nie ein. Die Reichsbahn war eben nicht sein Unternehmen, das es zu bewahren galt, hier konnte er jederzeit zurücktreten und hat dies auch angeboten.

Bei den Siemens-Stammgesellschaften stand für Carl Friedrich fest, dass er wirtschaftlich erforderliche Einzelentscheidungen im Zweifelsfall auch gegen die Interessen der Familie zu treffen hatte.[11] Wie sich in der Krise von 1922 zeigte, stellte er aber die Verpflichtung, die Familie vor Schaden zu bewahren über die Belange des Unternehmens.[12] Unter allen Umständen wollte er deren Einfluss in den Stammgesellschaften erhalten. Als der amerikanische Bankier Leonard Keesing 1928 vorschlug, durch Gründung einer Finanzierungsgesellschaft in den USA weiteres Aktienkapital zu beschaffen, erklärte Carl Friedrich, „dass eine Aenderung des Aktienbesitzes der Familie für ihn nicht in Frage käme".[13] Anders als seine Vorgänger musste Carl Friedrich dieses Prinzip mit einem sehr viel höheren Kapitalbedarf in Einklang halten. Dies gelang durch die Einführung eines Mehrstimmrechts für Aktionäre aus der Familie, aber auch durch die Vermeidung von Fusionen und die Strategie, Auslandskapital nur durch Anleihen und Gewinnschuldverschreibungen, nicht aber durch die Vergabe von Beteiligungen hereinzuholen. In der Unternehmensführung sicherte Carl Friedrich den Einfluss der Familie durch sein harmonisches Verhältnis zum Management.

Dass es ihm glückte, den unaufhaltsamen Wandel der großen Siemens-Gesellschaften zu Managerunternehmen unter Erhaltung des Einflusses der Familie einvernehmlich zu moderieren, war eine beachtliche Leistung. Die Siemens & Halske AG hatte in seiner Zeit nie unter dem Eigensinn der Familie zu leiden. Dem Wachstum waren durch die Eigentumsverhältnisse keine Schranken gesetzt, wohl aber profitierte das Unternehmen von dem großen Vorteil einer solchen Form, der Ausrichtung auf langfristige Ziele. Letztlich schuf Carl Friedrich damit die Grundlagen dafür, dass die Familie in den nächsten Generationen Einfluss im Unternehmen behielt und noch für lange Zeit den Aufsichtsratsvorsitzenden stellte.

Seine politische Rolle wurde in der Literatur bislang wenig beleuchtet, vielleicht auch, weil er auf diesem Gebiet nicht erfolgreich war und keine Spuren hinterließ. Dabei ist sein mehrfach gebrochener politischer Werdegang auch über die Person hinaus aufschlussreich für das Verhältnis von Wirtschaft und Politik in der Weimarer Republik und in der Zeit des Nationalsozialismus. Hier gilt es zu unterscheiden zwischen seiner unmittelbaren politischen Betätigung als Abgeordneter der DDP und seiner politischen Haltung als Konzernchef, Repräsentant der Industrie und Vorsitzender eines Wahlkampffonds für bürgerliche Parteien.

Dass ein „Chef des Hauses Siemens" nebenbei Politiker war, konnte schon aus Zeitgründen keine tragfähige Konstruktion sein. Auch erwiesen sich die damit verbundenen Erwartungen schon bald als Missverständnis. Carl Friedrich von Siemens hatte sich von seinem Abgeordnetenmandat versprochen, den Einfluss des Wirtschaftsbürgertums in der neuen Demokratie stärken und unternehmerischen Sachverstand in die Politik einbringen zu können, doch musste er dann feststellen, dass der Politikbetrieb eigenen Gesetzen folgte, auf Aushandeln und Machterhalt ausgerichtet war. Demokratie verstand er nie als einen pluralistischen Wettbewerb zwischen unterschiedlichen Interessen. Auch lag ihm nicht daran, eine Mehrheit der Weimarer Verfassungsparteien (DDP, Zentrum, SPD) zu sichern. Vielmehr wollte er in Abgrenzung zur Sozialdemokratie einen Zusammenschluss der liberalen Parteien und eine bürgerliche Mehrheit erreichen. Der ambitionierte Ansatz der DDP – der er bis 1924 angehörte –, das Bürgertum in einer linksliberal-demokratisch ausgerichteten, wirtschaftsfreundlichen und gesellschaftlich fortschrittlichen Partei zu sammeln, scheiterte schon in den Konflikten der ersten Nachkriegsjahre.

Mit dem Niedergang des politischen Liberalismus nach 1924 ging Siemens zur Parteienlandschaft auf Distanz, auch wenn er noch einige Jahre lang Wahlkampfspenden für die bürgerlichen Parteien organisierte. Er sah sich in seiner Haltung durch die Instabilität der häufig wechselnden Regierungen bestätigt, die regelmäßig an parteipolitischem Gezänk scheiterten. Diese nachvollziehbare Enttäuschung ging einher mit einer fundamentalen Kritik an der Weimarer Finanz- und Sozialpolitik. Wie die gesamte Industrie machte Siemens die steuerliche Belastung der Unternehmen und die „Zwangswirtschaft“ staatlich oktroyierter Tarifverträge und Arbeitszeitregelungen für die Wachstumsschwäche der deutschen Wirtschaft verantwortlich. Die Politik trug aus seiner Sicht maßgeblich dazu bei, dass in Deutschland seit dem Krieg über die Verhältnisse gelebt und mehr verbraucht als produziert wurde.

Nachdem das parlamentarische System Weimars im Frühjahr 1930 ausgeschaltet und mit Unterstützung der Wirtschaft von einem Präsidialregime abgelöst worden war, das mit Notverordnungen des Reichspräsidenten regierte, wandte sich auch Carl Friedrich von Siemens von der parlamentarischen Demokratie ab. Wie viele seiner Mitstreiter im Reichsverband der Deutschen Industrie trat er für eine Stärkung der Reichsgewalt unter weitgehender Ausschaltung des Parlaments ein, bekannte sich in seiner bedeutenden New Yorker Rede vom November 1931 aber weiterhin zur Demokratie. Doch ein Jahr später übernahm er die Leitung eines Wahlkampffonds für die entschieden antidemokratisch eingestellte Regierung Franz von Papens, dessen Wirtschaftsprogramm weitgehend den Vorstellungen der Großindustrie entsprach. Am Ende der Weimarer Republik hatte er sich von seiner früheren Position als linksliberaler Demokrat weit entfernt, doch die NSDAP unterstützte er damals in keiner Weise. Bei den Wahlen von 1932 setzte er sich zunächst für die Wiederwahl des Reichspräsidenten Paul von Hindenburg ein, gegen den Hitler kandidierte, und dann für die Regierung Papen. Er ahnte dabei nicht, dass Hindenburg und Papen bald darauf Hitler an die Macht brachten.

Nach der nationalsozialistischen Machtübernahme beteiligte sich der Siemens-Konzern im Februar 1933 anteilig an einer Millionenspende der Industrie für den anstehenden Wahlkampf der NSDAP, die im Unterschied zu den früheren Parteispenden nicht aus eigenem Antrieb erfolgte. Carl Friedrich von Siemens trat nicht in die NSDAP ein, passte sich dem Regime aber rasch an. Intern wandte er sich in Briefen und Rundschreiben wiederholt gegen die Verfolgung der Juden, wobei er jedoch nur für die „alteingesessenen" Juden Mitgefühl empfand. Gegen die Staatsgewalt wollte er sich im Interesse des Unternehmens nicht stellen, daran hielt er sich auch bei der Entlassung von jüdischen und politisch „unzuverlässigen" Mitarbeitern der Siemens-Firmen. Bei der Reichsbahn trug er die Entlassungen freilich ebenfalls mit, obwohl er hier nichts zu verlieren hatte.

Mit der Gründung einer eigenen Tochtergesellschaft für militärische Aufträge stellte Carl Friedrich den Siemens-Konzern schon frühzeitig auf die von Hitler betriebene Aufrüstung ein. Entscheidender für den kräftigen Aufschwung nach 1933 waren aber Aufträge der Industrie, der Reichspost und der Reichsbahn. Auch durch den hohen Anteil öffentlicher Aufträge hatte Carl Friedrich von Siemens ein großes Interesse an einer einvernehmlichen Zusammenarbeit mit dem NS-Staat, gleichwohl ging er keine persönlichen Verbindungen zur NS-Prominenz ein. Er blieb im „Dritten Reich" trotz seiner demokratischen Vergangenheit hoch angesehen, war aber anders als in der Weimarer Republik nicht in die Herrschaftselite integriert.

Nach 1933 setzte sich Siemens über seine liberalen Prinzipien hinweg, wann immer die Belange des Unternehmens dies erforderten. Im Zweifelsfall standen dessen Interessen für ihn aber auch über Forderungen der Rüstungsbehörden. Die Hochrüstung nach Verkündung des Vierjahresplans von 1936 hielt er für eine Fehlentwicklung. Er lehnte den vom Reichsluftfahrtministerium geforderten Bau einer Flugmotorenfabrik ab und war mit Blick auf spätere Zeiten bemüht, so weit wie möglich am zivilen Geschäft und am Export festzuhalten. Zunehmend quälte ihn die Erkenntnis, dass sich die Vereinnahmung des Siemens-Konzerns für die Kriegsrüstung nicht aufhalten ließ, ohne die unternehmerische Autonomie aufs Spiel zu setzen.

Hitlers Angriffskrieg, den Carl Friedrich von Siemens für verwerflich hielt, brachte ihn vollends auf Distanz zum Regime, doch lässt sich dies nur Briefen an Vertraute entnehmen. Nach außen hin hielt er sich bedeckt und trug nur einige Scharmützel mit Funktionären der Deutschen Arbeitsfront aus. Er war keine Kämpfernatur wie Robert Bosch oder Paul Reusch. Im Unterschied zu diesen war er aber auch kein Unternehmensgründer oder Manager, sondern ein Firmenerbe und stets um die Sicherung des ihm anvertrauten „Hauses Siemens“ besorgt. In seinen letzten Jahren litt er unter den dirigistischen Zwängen der Kriegswirtschaft und den Auswirkungen der Kriegsführung, von denen er sich sicher war, dass sie sich bald gegen Deutschland wenden würden. Er empfand es als unerträglich, dass nun Zivilisten durch Siemens-Technik ihr Leben verloren. Auch die Ausplünderung besetzter Länder lehnte er ab, den Einsatz von Juden, Kriegsgefangenen und ausländischen Zivilisten zur Zwangsarbeit in den Siemens-Werken trug er dagegen als Aufsichtsratsvorsitzender unbeanstandet mit und nahm ihn offenbar nur als organisatorische Frage wahr.

Mit der Kritik an der Kriegswirtschaft und an nationalistischer Hybris kehrte Carl Friedrich in den letzten Lebensjahren zu seiner früheren Position im Ersten Weltkrieg zurück. In der Weimarer Republik hatte er sich von einem überzeugten liberalen Demokraten an der Seite von Persönlichkeiten wie Theodor Wolff und Marie-Elisabeth Lüders zu den Positionen rechtskonservativer Parlamentarismuskritiker hinbewegt. Im „Dritten Reich“ wandelte sich seine Haltung dann von einer weitreichenden Anpassung zu einer wachsenden Distanz gegenüber den Machthabern. Gemeinsam war diesen Brüchen in seiner politischen Biografie, dass die Zeitläufte immer neue Enttäuschungen mit sich brachten, vor denen er seit dem Ausbruch des Ersten Weltkriegs nicht mehr verschont blieb.

Sie waren nicht die einzigen im Leben Carl Friedrichs. Über all seinen unternehmerischen Leistungen und Erfolgen sollte nicht übersehen werden, dass ihm privat vieles versagt blieb. Ein reiches Familienleben inmitten einer transnationalen Verwandtschaft, wie er es in der Kindheit und in der Jugend erlebt hatte, umgab ihn nur noch während seiner ersten beruflichen Stationen, in England und in Berlin. Später wurde es in der entlegenen Residenz am Lehnitzsee einsam um ihn. Die Brüder waren gestorben, die Ehe mit Tutty zerbrach, die Kinder gingen aus dem Haus. Zur Seite standen ihm noch seine Schwester Hertha und die Vertrauten im Unternehmen. Nach der Heirat mit Margarete war ihm in den letzten zwölf Jahren seines Lebens zwar noch ein neues Eheglück vergönnt, aber kein erfülltes Familienleben mehr. Margarete hatte keine Kinder, sein Sohn Ernst blieb unverheiratet, die Tochter Ursula und die drei Enkelkinder sah er nur selten. Schließlich ließ seine sich immer weiter verschlechternde Gesundheit nicht mehr zu, dass er sich dauerhaft in das als Alterssitz erworbene Idyll zurückziehen konnte.

Zeitliche Wandlung einer vielschichtigen Persönlichkeit künstlerisch interpretiert. Eva Pauline Günther, Schülerin am Carl-Friedrich-von-Siemens-Gymnasium Berlin, stellt dies mit ihrer Fotocollage auf der Grundlage verschiedener historischer Aufnahmen dar, die im Rahmen eines Kunstprojekts an der Schule im Jahr 2022 entstanden ist. (© Eva Pauline Günther, 2022)

Anhang

Verzeichnis der Abkürzungen

AEG	Allgemeine Elektricitäts-Gesellschaft
AG	Aktiengesellschaft
Agfa	Actien-Gesellschaft für Anilin-Fabrikation
BASF	Badische Anilin- und Sodafabrik AG
BBC	Brown, Boveri & Cie.
BMW	Bayerische Motoren Werke AG
Bramo	Brandenburgische Motorenwerke GmbH
DAF	Deutsche Arbeitsfront
DDP	Deutsche Demokratische Partei
Demag	Deutsche Maschinenfabrik AG
Deutsch-Lux	Deutsch-Luxemburgische Bergwerks- und Hütten AG
DNVP	Deutschnationale Volkspartei
DRG	Deutsche Reichsbahn-Gesellschaft
DVP	Deutsche Volkspartei
EAG Schuckert	Elektrizitäts-Aktiengesellschaft, vormals Schuckert & Co.
GBAG	Gelsenkirchener Bergwerks AG
Gelap	Gesellschaft für elektrische Apparate mbH
Gestapo	Geheime Staatspolizei
GmbH	Gesellschaft mit beschränkter Haftung
HaFraBa	Verein zur Vorbereitung der Autostraße Hansestädte–Frankfurt–Basel
HAPAG	Hamburg-Amerikanische Packetfahrt-Actien-Gesellschaft
IG	Interessengemeinschaft
ITT	International Telephone & Telegraph Corporation
Ipat	N. V. Internationale Patenthandel
KdF	(NS-Gemeinschaft) Kraft durch Freude

KG	Kommanditgesellschaft
KPD	Kommunistische Partei Deutschlands
KWG	Kaiser-Wilhelm-Gesellschaft
KZ	Konzentrationslager
LGW	Luftgerätewerk Hakenfelde GmbH
Likra	Elektrische Licht- und Kraftanlagen AG
Ltd.	Limited
MAN	Maschinenfabrik Augsburg-Nürnberg AG
Mefo	Metallurgische Forschungs-Gesellschaft mbH
MSPD	Mehrheitssozialdemokratische Partei Deutschlands
NSBO	Nationalsozialistische Betriebszellenorganisation
NSDAP	Nationalsozialistische Deutsche Arbeiterpartei
N. V.	Naamloze Vennotschap
ÖSSW	Österreichische Siemens-Schuckert-Werke
OLAP	Officine Lombarde Apparechi de Precisione
OMGUS	Office of Military Government for Germany, U. S.
RDI	Reichsverband der Deutschen Industrie
RKW	Reichskuratorium für Wirtschaftlichkeit in Industrie und Handel
RM	Reichsmark
S. A.	Société Anonyme
SAA	Siemens-Archiv Akte
SAM	Siemens Apparate und Maschinen GmbH
SEG	Standard Elektrizitäts-Gesellschaft
S&H	Siemens & Halske AG
SHI	Siemens Historical Institute
SRSU	Siemens-Rheinelbe-Schuckert-Union
SS	Schutzstaffel (der NSDAP)
SSW	Siemens-Schuckertwerke GmbH (ab 1927 AG)
SPD	Sozialdemokratische Partei Deutschlands
USPD	Unabhängige Sozialdemokratische Partei Deutschlands
VDA	Vereinigung Deutscher Arbeitgeberverbände
ZAG	Zentralarbeitsgemeinschaft der industriellen und gewerblichen Arbeitgeber und Arbeitnehmer
ZVEI	Zentralverband der deutschen elektrotechnischen Industrie

Anmerkungen

Einleitung

1 Georg Siemens, Carl Friedrich von Siemens. Ein großer Unternehmer, Freiburg i. Br. 1960; Friedrich Heintzenberg, Carl Friedrich von Siemens. Nach seinem Akten-Nachlass für das Siemens-Archiv bearbeitet, 2. Fassung, Ms. München 1949. Georg Siemens war kein engerer Verwandter von Carl Friedrich. Er kam mit ihm als langjähriger Leiter des Technischen Büros Essen der Siemens & Halske AG in Kontakt. Nach 1945 ließ er sich als Schriftsteller in Überlingen am Bodensee nieder. Vor der Carl-Friedrich-Biografie verfasste er ein mehrbändiges Werk zur Unternehmensgeschichte von Siemens. Georg Siemens, Geschichte des Hauses Siemens, Bd. 1–3, Freiburg i. Br. 1947–1952. Als überarbeitete Auflage: ders., Der Weg der Elektrotechnik. Geschichte des Hauses Siemens, 2 Bde., Freiburg i. Br. 1961.

2 Lothar Schoen, Carl Friedrich von Siemens, in: Herbert Goetzeler/Lothar Schoen, Wilhelm und Carl Friedrich von Siemens. Die zweite Unternehmergeneration, Stuttgart 1986, S. 60–131; Carl Friedrich von Siemens. Architekt des Hauses Siemens, in: Siemens Historical Institute (Hg.), Die Siemens-Unternehmer 1847–2018, Hamburg 2018, S. 115–154; Günter Schmölders, Carl Friedrich v. Siemens. Vom Leitbild des großindustriellen Unternehmers, München 1972.

3 Wilfried Feldenkirchen, Siemens 1918–1945, München 1995; ders., Zur Unternehmenspolitik des Hauses Siemens in der Zwischenkriegszeit, in: Zeitschrift für Unternehmensgeschichte 32 (1987), H. 3, S. 22–57.

4 Eine Ausnahme bildet ein Einzelbeitrag aus der Politikgeschichte: Larry Eugene Jones, Carl Friedrich von Siemens and the Industrial Financing of Political Parties in the Weimar Republic, in: Christian Jansen/Lutz Niethammer/Bernd Weisbrod (Hg.), Von der Aufgabe der Freiheit. Politische Verantwortung und bürgerliche Gesellschaft im 19. und 20. Jahrhundert. Festschrift für Hans Mommsen zum 5. November 1995, Berlin 1995, S. 231–246.

5 Gerald D. Feldman, Hugo Stinnes. Biographie eines Industriellen 1870–1924, München 1998; Boris Gehlen, Paul Silverberg (1876–1959). Ein Unternehmer, Stuttgart 2007; Christian Marx, Paul Reusch und die Gutehoffnungshütte. Leitung eines deutschen Großunternehmens, Göttingen 2013; Werner Plumpe, Carl Duisberg 1861–1935. Anatomie eines Industriellen, München 2016. Als Überblick zur neueren Forschung über Unternehmer der 1920er- und frühen 1930er-Jahre: Patrick Bormann/Judith Michael/Joachim Scholtyseck (Hg.), Unternehmer in der Weimarer Republik, Stuttgart 2016.

6 Martin Lutz, Carl von Siemens 1829–1906. Ein Leben zwischen Familie und Weltfirma, München 2013; Johannes Bähr, Werner von Siemens 1816–1892. Eine Biografie, München 2016; Wolfgang König, Sir William Siemens 1823–1883. Eine Biografie, München 2020.

1. „Carly": Herkunft, Jugend und Orientierungssuche

1 Werner Siemens an William Siemens, 7.9.1872, Siemens Historical Institute (im Folgenden SHI), Briefe W1523.

2 Carl Friedrich von Siemens, in: Siemens Historical Institute (Hg.), Zukunft gestalten. Die Siemens-Unternehmer 1847–2018, Hamburg 2018, S. 118.

3 Die Taufe fand in der evangelischen Jerusalemkirche statt, die sich in der Nähe der Berliner Stadtwohnung der Familie Siemens und des Werksgeländes von S&H in der Markgrafenstraße befand.

4 Tauf-Schein Carl Friedrich Siemens, nach Angabe des Tauf-Registers der Jerusalems-Kirche (Abschrift vom 2.9.1895), SHI, SAA 4.Lf 762.

5 Siehe hierzu Lutz, Carl von Siemens; König, Sir William Siemens.

6 Werner Siemens an Carl Siemens, 4.11.1863, SHI, Briefe W4208.
7 Bähr, Werner von Siemens, S. 231–234 u. 321–327.
8 Ebd., S. 321. Zur Biografie der Schwester Hertha siehe Béatrice Busjan/Yvonne Groß, Anna Siemens und Hertha Siemens, hg. von der Werner Siemens-Stiftung, Zug, Schwerin 2020.
9 Werner Siemens an William Siemens, 7.9.1872, SHI, Briefe W1523. Werners Bruder Carl sah dies ähnlich. Nach der Geburt von Ferdinands zweiter Tochter Elly – die später Carl Friedrichs Schwägerin wurde – schrieb er an Werner: „Nach diesem haben wir wohl der Frauenzimmer genug!" Carl Siemens an Werner Siemens, 2.10.1861, SHI, Briefe W2801.
10 Wilhelm Siemens an Werner Siemens, 6.9.1872, zitiert nach dem Auszug in: Briefe der Kinder und sonstige Familienbriefe 1857–1873, SHI, SAA 4.Lr 507.
11 Käthe Pietschker, Aus meinem Leben, Hamburg o. J., S. 8 f.; Busjan/Groß, Anna Siemens und Hertha Siemens, S. 15 u. 24.
12 Rudolf Danke, Das Siemens-Grundstück in Charlottenburg. Ein Beitrag zu seiner Geschichte, in: Der Bär von Berlin. Jahrbuch des Vereins für die Geschichte Berlins, 6. Folge, 1956, S. 123; Dorothea Zöbl, Siemens in Berlin. Spaziergänge durch die Geschichte der Elektrifizierung, Berlin 2008, S. 69 f. Theodor Mommsen erhielt 1858 eine Forschungsprofessur für Römisches Recht an der Preußischen Akademie der Wissenschaften und 1861 einen Ruf auf eine Professur für Altertumskunde an der Berliner Universität. Für sein Hauptwerk, die „Römische Geschichte", wurde er 1902 mit dem Literaturnobelpreis ausgezeichnet.
13 Pietschker, Aus meinem Leben, S. 14.
14 Wilhelm zog am 15.10.1872 nach Straßburg um. Auszüge aus den Tagebüchern von Wilhelm von Siemens 1872–1913, Eintrag vom 15.10.1872, SHI, SAA 4.Lf 775–16. Vgl. hierzu Herbert Goetzeler, Wilhelm von Siemens, in: ders./Schoen, Wilhelm und Carl Friedrich von Siemens, S. 16.
15 Biografische Übersicht zu Arnold von Siemens, SHI, SAA 4.Lr 549.
16 Busjan/Groß, Anna Siemens und Hertha Siemens, S. 34.
17 Pietschker, Leben, S. 14.
18 Adelheid Mommsen, Theodor Mommsen im Kreise der Seinen, 2. Ausg., Berlin 1937, S. 71.
19 Ebd.
20 Antonie Siemens an Werner Siemens, 20.7.1874, SHI, Briefe F625.
21 Bähr, Werner von Siemens, S. 338 f.
22 Ebd., S. 341 f.
23 Siemens, Carl Friedrich von Siemens, S. 18.
24 Ebd.; Pietschker, Leben, S. 16.
25 Heintzenberg, Carl Friedrich von Siemens, S. 3, SHI L221.
26 Werner Siemens an Antonie Siemens, 10.8.1882, zitiert nach: Schoen, Carl Friedrich von Siemens, S. 63. Vgl. auch Siemens, Carl Friedrich von Siemens, S. 18.
27 Daten aus dem Leben von Wilhelm von Siemens, 28.10.1919, SHI, SAA 4.Lr 507.
28 Werner Siemens an Antonie Siemens, 30.6.1884, SHI, Briefe F831.
29 Ebd.
30 Zitiert nach: Heintzenberg, Carl Friedrich von Siemens, S. 28, SHI L221.
31 Carl Friedrich von Siemens, Rede zur Einweihung des Schwimmbades der SSW Nürnberg, 30.7.1938, abgedruckt in: ders., Reden und Aufsätze, Bd. 5, SHI, SAA 4.Lf 875.
32 Zitiert nach: Siemens, Carl Friedrich von Siemens, S. 20.
33 Ebd.
34 Werner Siemens an Carl Siemens, 24.7.1887, zitiert nach: Schoen, Carl Friedrich von Siemens, S. 63.
35 Hertha Siemens an Anna Zanders, 7.10.1887, SHI, Briefe F2761.
36 Hertha Siemens an Anna Zanders, Nov. 1887, SHI, Briefe F2762.
37 Bähr, Werner von Siemens, S. 412–416.
38 Die Bezeichnung „Einjähriges" leitete sich davon ab, dass junge Männer mit diesem oder einem höheren Schulabschluss nur ein Jahr Wehrdienst statt der üblichen drei Jahre leisten mussten, sofern sie die Kosten für Unterkunft, Verpflegung und Uniform selbst bestritten.
39 Hertha Siemens an Anna Zanders, 24.5.1889, SHI, Briefe F2773.

40 Ebd.
41 Werner von Siemens an Dr. Doorup, 15.5.1889, SHI, SAA 4.Lh 588. Das Einstiegsgehalt eines Oberlehrers betrug damals rund 2.100 Mark/Jahr (40,38 Mark/Woche). Volker Müller-Benedict, Akademische Karrieren in Preußen und Deutschland 1850–1940 (Datenhandbuch zur deutschen Bildungsgeschichte, Bd. 6), Göttingen 2008, S. 197.
42 Siemens, Carl Friedrich von Siemens, S. 20.
43 Ebd.
44 Carl Friedrich von Siemens an Werner von Siemens, 19.9.1892, SHI, SAA 4.Lh 991.
45 Ebd.
46 Sabine Reh/Michael Kämper-van den Boogaart/Joachim Scholz, Eine lange Geschichte: der deutsche Abituraufsatz als „Gesammtbildung der Examinanden". Prüfungspraxis und Lehrerkommentare von Abituraufsätzen in den 1950er Jahren, in: Zeitschrift für Pädagogik 63 (2017), H. 3, S. 283.
47 Hertha von Siemens an Anna Zanders, 21.9.1892, SHI, Briefe F2812.
48 Carl Friedrich von Siemens an Werner von Siemens, 19.9.1892, SHI, SAA 4.Lh 991.
49 Ebd.
50 Carl Friedrich von Siemens an Antonie von Siemens, 22.9.1892, ebd.
51 Arnold Siemens an Wilhelm Siemens, 15.1.1873, SHI, Briefe F2485.
52 Daten über Schul- und Universitätsbesuch des Herrn Geheimrat Wilhelm v. Siemens, SHI, SAA 4.Lr 507.
53 Siemens, Carl Friedrich von Siemens, S. 21.
54 Schoen, Carl Friedrich von Siemens, S. 62.
55 Daten und Aufzeichnungen aus den Tagebüchern des Herrn Geheimrat Wilhelm von Siemens, Tagebucheinträge vom 3.10.1873 u. 6.10.1873, SHI, SAA 4.Lf 775.
56 Werner Siemens an Wilhelm Siemens, Mai 1876, zitiert nach: Herbert Goetzeler, Wilhelm von Siemens, S. 18.
57 Werner Siemens an William Siemens, 7.9.1872, SHI, Briefe W1523.
58 Werner Siemens an Wilhelm Siemens, 21.12.1881, zitiert nach: Arnold von Siemens (Daten aus Briefen usw.), SHI, SAA 4.Lr 549.
59 Siemens, Carl Friedrich von Siemens, S. 15.
60 Goetzeler, Wilhelm von Siemens, S. 17 ff.
61 Testament des Geheimen Regierungsraths Dr. Ernst Werner von Siemens, 22.9.1890, publicirt den 20.12.1892 (§ 10), SHI, SAA 2.Lk 528.
62 Carl Friedrich von Siemens an Werner von Siemens, 19.9.1892, SHI, SAA 4.Lh 991; Schoen, Carl Friedrich von Siemens, S. 64.
63 Hertha von Siemens an Anna Zanders, 1.1.1893, SHI, Briefe F2818. Zu Arnolds Augenerkrankung als Kind: Marie Siemens an Mathilde Siemens (vermutlich 1856), SHI, Briefe F2139.
64 Hertha Siemens an Anna Zanders, März 1893, SHI, Briefe F2822.
65 Carl Friedrich von Siemens an Werner von Siemens, 22.9.1892, SHI SAA 4.Lh 991; Siemens, Carl Friedrich von Siemens, S. 24.
66 Ebd.
67 König, William Siemens, S. 47–54; Bähr, Werner von Siemens, S. 202 f.
68 Antonie von Siemens an Anna Zanders, 9.4.1893, SHI Briefe F3016. Der konservative Politiker und spätere britische Premierminister Arthur James Balfour hatte von 1887 bis 1891 als Chief Secretary for Ireland die irische Unabhängigkeitsbewegung (Home Rule) bekämpft.
69 Wilhelm von Siemens, Tagebuch 1886–1904, Eintrag vom 5.9.1893, SHI, SAA 4.Lf 775.
70 Ebd. Zur Siemens & Halske Electric Co. of America siehe Ulrich Kreutzer, Von den Anfängen zum Milliardengeschäft. Die Unternehmensentwicklung von Siemens in den USA zwischen 1845 und 2001 (Beiträge zur Unternehmensgeschichte 33), Stuttgart 2013, S. 82 f.
71 Antonie von Siemens an Anna Zanders, 31.7.1893, SHI, Briefe F3022 („er müsste jetzt wieder in Chicago sein").

72 Zu Herthas Reisen mit ihren Eltern: Busjan/Groß, Anna Siemens und Hertha Siemens, S. 130–136.

73 Antonie von Siemens an Anna Zanders, 23.9.1893, SHI, Briefe F3024.

74 Arnold und Wilhelm hatten in einem Württembergischen Ulanenregiment gedient, das in Stuttgart stationiert war. Sie hatten sich für diese Einheit wohl wegen der Nähe zu Antonies schwäbischer Verwandtschaft entschieden. Arnold Siemens an Werner Siemens, 29.6.1874, SHI, SAA 4.Lr 561; Tagebuch Wilhelm von Siemens 1874–1876, Eintrag vom 18.10.1895, SHI, SAA 4.Lf 775; Daten aus dem Leben von Wilhelm von Siemens, ergänzt 23.10.1919, SHI, SAA 4.Lr 507.

75 Antonie von Siemens an Anna Zanders, 15.4.1893, SHI, Briefe F3017; Arnold Siemens an Carl Friedrich Siemens, 30.5.1894 („Herrn Carl von Siemens, Einj. Freiw. Gefr. Im Ulanen-Regt. 15 Straßburg 76), SHI, Briefe F2480.

76 Antonie von Siemens an Anna Zanders, 31.7.1893, SHI, Briefe F3022.

77 Antonie von Siemens an Anna Zanders, 30.11.1893, ebd., F3026.

78 Antonie von Siemens an Anna Zanders, 30.12.1893, ebd., F3029.

79 Antonie von Siemens an Anna Zanders, 13.2.1894, ebd., F3034.

80 Antonie von Siemens an Anna Zanders, 23.9.1893, ebd., F3024 („er reitet mit Hertha und schießt Willys Rebhühner").

81 Busjan/Groß, Anna Siemens und Hertha Siemens, S. 140; Antonie von Siemens an Anna Zanders, 30.11.1894, SHI, Briefe F3058.

82 Busjan/Groß, Anna Siemens und Hertha Siemens, S. 120; Bähr, Werner von Siemens, S. 404 f.

83 Hertha von Siemens an Anna Zanders, 21.9.1892, SHI, Briefe F2812.

84 Antonie von Siemens an Anna Zanders, 30.11.1894, SHI, Briefe F3058.

85 Ebd. (Zitat); Antonie von Siemens an Anna Zanders, 11.12.1894, SHI, Briefe, F3059.

86 Busjan/Groß, Anna Siemens und Hertha Siemens, S. 140.

87 Ebd., S. 143.

88 Antonie von Siemens an Anna Zanders, 30.11.1894, SHI, Briefe F3058.

89 Antonie von Siemens an Anna Zanders, 8.4.1895, SHI, Briefe F3062.

90 Busjan/Groß, Anna Siemens und Hertha Siemens, S. 142.

91 Siemens, Carl Friedrich von Siemens, S. 27.

92 Tagebuch Wilhelm von Siemens 1886–1904, Eintrag vom 23.9.1895, SHI, SAA 4.Lf 775. In Wilhelms Tagebuch wird Sophie „Fräulein Pussekel" und „die Pusseckel" genannt. Tatsächlich hieß sie wohl Sophie Passeckel. Dies geht aus einem Schreiben Carl Friedrichs an den Vorsitzenden der Einkommensteuer-Veranlagungskommission vom 28.2.1900 hervor. SHI, SAA 4.Lf 830.

93 Tagebuch Wilhelm von Siemens 1886–1904, Eintrag vom 23.9.1895, SHI, SAA 4.Lf 775.

94 Siemens, Carl Friedrich von Siemens, S. 27 f.

95 Tagebuch Wilhelm von Siemens 1886–1904, Eintrag vom 15.12.1895, SHI, SAA 4.Lf 775.

96 Siehe hierzu David Warren Sabean, German International Families in the Nineteenth Century. The Siemens Family as a Thought Experiment, in: Christopher H. Johnson/David Warren Sabean/Simon Teuscher/Francesca Trivellato (Hg.), Transregional and Transnational Families in Europe and Beyond. Experiences Since the Middle Ages, New York 2011, S. 229–252.

97 Tagebuch Wilhelm von Siemens 1886–1904, Eintrag vom 23.9.1895, SHI, SAA 4.Lf 775-1.

98 Ebd., Eintrag vom 21.6.1896 („Von Januar an ließ ich Recherchen anstellen über die Gerüchte über Carlys Frau durch die Rechtsanwälte Crusemann in Hamburg und Datelmann in Köln, welche zu Resultaten führten").

99 Ebd., Eintrag vom 8.11.1896.

100 Ebd., Eintrag vom 21.6.1896.

101 Ebd., Eintrag vom 8.11.1896; Siemens, Carl Friedrich von Siemens, S. 28.

102 Arnold von Siemens an Wilhelm von Siemens, 24.7.1896, SHI, Briefe F 2530.

103 Tagebuch Wilhelm von Siemens 1886–1904, Eintrag vom 11.3.1897, SHI, SAA 4.Lf 775.

104 Ebd. 1890 lag in Preußen das Endgehalt eines Regierungsrats bei 6.000 Mark/Jahr, das Gehalt eines Regierungspräsidenten bei 11.400 Mark/Jahr. Gerd Hohorst/Jürgen Kocka/Gerhard A. Ritter, Sozialgeschichtliches Arbeitsbuch II. Materialien zur Statistik des Kaiserreichs 1870–1914, 2. Aufl., München 1978, S. 110.

105 Carl Friedrich an den Vorsitzenden der Einkommensteuer-Veranlagungskommission vom 28.2.1900, SHI, SAA 4.Lf 830.

106 Tagebuch Wilhelm von Siemens 1886–1904, Eintrag vom 11.3.1897, SHI, SAA 4.Lf 775; Siemens, Carl Friedrich von Siemens, S. 29.

107 Antonie von Siemens an Anna Zanders, 16.12.1896, SHI, Briefe F3095.

108 Tagebuch Wilhelm von Siemens 1886–1904, Eintrag vom 22.10.1897, SHI, SAA 4.Lf 775 („Carly wohnt jetzt in Berlin und hat seine Studien aufgenommen").

109 Ebd.

110 Die *Elly* wurde von der damals neu gegründeten Werft Max Oertz & Harder in Wilhelmsburg bei Hamburg gebaut. Klaus Kramer, Dr. -Ing. h. c. Max Oertz – Genie, Yachtkonstrukteur, Aeronaut und Erfinder, Schramberg 2001, S. 29.

111 Ebd.

112 Tagebuch Wilhelm von Siemens 1886–1904, Eintrag vom 22.10.1897, SHI, SAA 4.Lf 775. In welchem Wettbewerb Carl Friedrich gewann, ist nicht bekannt. In Wilhelms Tagebuch ist nur von „einer großen Regatta in Kiel" die Rede.

113 Vgl. Michael Salewski, Die Deutschen und die See. Studien zur deutschen Marinegeschichte des 19. und 20. Jahrhunderts, Teil II, Stuttgart 2002, S. 228–233.

114 Bähr, Werner von Siemens, S. 371 u. 438 f.; Lutz, Carl von Siemens, S. 271 f.; Jürgen Kocka, Siemens und der aufhaltsame Aufstieg der AEG, in: Tradition 17. Jg. (1972), H. 3/4, S. 134.

115 Lutz, Carl von Siemens, S. 272.

116 Für die Einbringung des Unternehmens erhielten die Gesellschafter der Kommanditgesellschaft (Carl, Arnold und Wilhelm) Aktien im Nominalwert von 28 Mio. Mark. Carl von Siemens zeichnete zudem Aktien für vier Mio. Mark. Arnold, Wilhelm und Carls Sohn Werner Hermann schlossen sich mit jeweils einer Mio. Mark an. Jürgen Kocka, Unternehmensverwaltung und Angestelltenschaft am Beispiel Siemens 1847–1914. Zum Verhältnis von Kapitalismus und Bürokratie in der deutschen Industrialisierung, Stuttgart 1969, S. 397.

117 Ebd., S. 396–401.

118 Tagebuch Wilhelm von Siemens 1886–1904, Eintrag vom 22.10.1897, SHI, SAA 4.Lf 775. Nach Presseberichten lag die Zahl der Teilnehmenden sogar bei 14.000: Das Arbeiterfest von Siemens & Halske, in: Berliner Tageblatt, 13.10.1897, 1. Beiblatt. Siehe ferner Susanne Knabe, Firmenjubiläen. Geschichtsbewusstsein deutscher Unternehmen 1847 bis 1997, Phil. Diss. München 2004, S. 62–71.

119 Tutty war zuvor mit dem Premier-Leutnant Paul Theodor von Zglinitzki verlobt. Martin Albrecht/Alfred Gilka-Bötzow, Die Bötzows. Bürger, Brenner, Brauherren. Stationen einer Berliner Familie, 2. Aufl., Ms. Berlin 2011, S. 50.

120 Tagebuch Wilhelm von Siemens 1886–1904, Eintrag vom 6.2.1898, SHI, SAA 4.Lf 775.

121 Ebd.

122 Siemens, Carl Friedrich von Siemens, S. 31.

123 Zu Julius (II) Bötzow siehe Albrecht/Gilka-Bötzow, Bötzows, S. 48–62.

124 Ebd., S. 57 f.

125 Morgenpost, 30.11.1934, zitiert nach: ebd., S. 99.

126 Ebd., S. 50.

127 Busjan/Groß, Anna Siemens und Hertha Siemens, S. 60–75.

128 Pietschker, Leben, S. 24 ff.

129 Busjan/Groß, Anna Siemens und Hertha Siemens, S. 144 f.

130 Ebd., S. 146.

131 Emil Fischer, Aus meinem Leben, Berlin 1922, S. 191.

132 Busjan/Groß, Anna Siemens und Hertha Siemens, S. 148 f. Zur Biografie von Carl Dietrich Harries: Richard Willstätter, Carl Dietrich Harries. Lebensbeschreibung, in: Berichte der Deutschen Chemischen Gesellschaft, Abt. A Vereinsnachrichten, Jg. 1926, H. 12, S. 123–157.

133 Nach dem Berliner Adressbuch wohnten Carl Friedrich und Tutty in der Hohenzollernstraße 6 (heute Hiroshimastraße) im Tiergartenviertel. Adreßbuch Berlin und seine Vororte 1899, Berlin 1899, Teil I, S. 1417. Georg Siemens ging noch davon aus, dass sich die Wohnung in einem Mietshaus in den „südwestlichen Berliner Vororten" befunden habe. Siemens, Carl Friedrich von Siemens, S. 31.

134 Ebd.

135 Wolfgang König, Technikwissenschaften. Die Entstehung der Elektrotechnik aus Industrie und Wissenschaft zwischen 1880 und 1914, Chur 1995, S. 32 ff.

136 Wilhelm von Siemens, Tagebuch 1886–1904, Eintrag vom 6.7.1899, SHI, SAA 4.Lf 775.

137 Carl Friedrich von Siemens an Julius (III) Bötzow, 25.11.1900, SHI, SAA 4.Lf 830.

2. Der Aufstieg in den Siemens-Unternehmen

1 Tagebuch Wilhelm von Siemens 1886–1904, Eintrag vom 17.9.1899, SHI, SAA 4.Lf 775.

2 Ebd., Eintrag vom 31.12.1899.

3 Carl Friedrich von Siemens an Julius (III) Bötzow, 25.11.1900, SHI, SAA 4.Lf 830.

4 Ebd.; Carl Friedrich von Siemens an Julius (II) Bötzow, 18.06.1908 (mit Bezug auf ein Gespräch mit Eva im Jahr 1900), ebd., Bl. 55–59.

5 Adreßbuch Berlin und seine Vororte 1899, Berlin 1899, Teil I, S. 1417.

6 Siemens & Halske AG, 9. Geschäftsbericht für das Geschäftsjahr vom 1.8.1904 bis 31.7.1905, Berlin 1905.

7 Busjan/Groß, Anna Siemens und Hertha Siemens, S. 154.

8 Zitiert nach: Siemens, Carl Friedrich von Siemens, S. 40.

9 Sigfrid von Weiher, Die englischen Siemens-Werke und das Siemens-Überseegeschäft in der zweiten Hälfte des 19. Jahrhunderts, Berlin 1990, S. 121–130; Siemens, Carl Friedrich von Siemens, S. 38 f.

10 Nach diesem Gesetz konnten Beleuchtungsanlagen privater Unternehmen nach 21 Jahren zu einem abgeschriebenen Preis von öffentlichen Körperschaften übernommen werden. Vgl. Antje Hagen, Deutsche Direktinvestitionen in Großbritannien, 1871–1918, Stuttgart 1997, S. 107.

11 Tagebuch Wilhelm von Siemens 1886–1904, Eintrag vom 17.9.1899, SHI, SAA 4.Lf 775.

12 Ebd.; John D. Scott, Siemens Brothers 1858–1958. An Essay in the History of Industry, London 1958, S. 73 ff.; Siemens, Carl Friedrich von Siemens, S. 38 f. Georg von Chauvin war 1868 bei S&H als erster fester Mitarbeiter des Laboratoriums eingestellt worden, hatte ein Jahr später zu Siemens Brothers gewechselt und war ebenso wie Alexander Siemens am Bau der Indoeuropäischen Telegrafenlinie beteiligt gewesen. Seit 1887 gehörte er dem Board von Siemens Brothers an. Siehe hierzu die Personalakte in: SHI, SAA 13.Lt 123.

13 Tagebuch Wilhelm von Siemens 1886–1904, Eintrag vom 17.9.1899, SHI, SAA 4.Lf 775.

14 Scott, Siemens Brothers, S. 75.

15 Tagebuch Wilhelm von Siemens 1886–1904, Eintrag vom 16.8.1901, SHI, SAA 4.Lf 775. Siemens Brothers hatte seinen Sitz in Queen Anne's Gate im Stadtteil Westminster, in unmittelbarer Nähe zum St. James's Park.

16 Ebd.

17 Carl Friedrich von Siemens an den Vorsitzenden des Kaiserlichen Yacht-Clubs, Kiel, 27.10.1901, SHI, SAA 4.Lf 764, Bl. 162.

18 Carl Friedrich von Siemens an Wilhelm von Siemens, 27.6.1901, SHI, Briefe F2594.

19 Tagebuch Wilhelm von Siemens 1886–1904, Eintrag vom 7.8.1903, SHI, SAA, 4.Lf 775.

20 Carl Friedrich von Siemens an Wilhelm von Siemens, 10.7.1901, SHI, Briefe F2597.

21 Heintzenberg, Carl Friedrich von Siemens, S. 17, SHI, L 221.

22 Siemens, Carl Friedrich von Siemens, S. 54.

23 Zitiert nach: ebd.

24 Ebd., S. 55.

25 Ebd.

26 Ebd., S. 47 f.

27 Zur Krise von 1901/02 und der damaligen Konzentration in der deutschen Elektroindustrie siehe u. a. Wilfried Feldenkirchen, Siemens. Von der Werkstatt zum Weltunternehmen, München 1997, S. 86–89; Kocka, Unternehmensverwaltung, S. 323 f.; Peter Czada, Die Berliner Elektroindustrie in der Weimarer Zeit. Eine regionalstatistisch-wirtschaftshistorische Untersuchung, Berlin 1969, S. 43–47.

28 Zur Gründung der SSW vgl. Feldenkirchen, Werkstatt, S. 92–97; Kocka, Unternehmensverwaltung, S. 325 ff.

29 Siemens, Carl Friedrich von Siemens, S. 56.

30 Ebd., S. 57.

31 Tagebuch Wilhelm von Siemens 1904–1917, Eintrag vom 1.1.1905, SHI, SAA 4.Lf 775.

32 Siemens, Carl Friedrich von Siemens, S. 58.

33 Tagebuch Wilhelm von Siemens 1904–1917, Eintrag vom 29.8.1905, SHI, SAA 4.Lf 775.

34 Scott, Siemens Brothers, S. 75.

35 Siemens, Carl Friedrich von Siemens, S. 60.

36 Tagebuch Wilhelm von Siemens 1904–1917, Eintrag vom 29.8.1905, SHI, SAA 4.Lf 775.

37 Carl Friedrich von Siemens an Alfred Berliner, 30.12.1906, SHI, Briefe A1347.

38 Tagebuch Wilhelm von Siemens 1904–1917, Eintrag vom 26.12.1907, SHI, SAA 4.Lf 775. Böhmländer fuhr am 21.2.1907 mit dem Dampfer *City of Berlin* von Harwich nach Hoek van Holland. Das Schiff ging in einem Sturm vor Hoek van Holland unter.

39 Siemens, Carl Friedrich von Siemens, S. 66 f.

40 Carl Friedrich von Siemens an Wilhelm von Siemens, 15.5.1907, SHI, Briefe F2620; ders. an Wilhelm von Siemens, 19.6.1907, ebd., Briefe F2621 (mit Zitat).

41 Tagebuch Wilhelm von Siemens 1904–1917, Eintrag vom 26.12.1907, SHI, SAA 4.Lf 775.

42 Carl Friedrich von Siemens an Carl Dihlmann, 22.10.1907, SHI, Briefe A1389.

43 Scott, Siemens Brothers, S. 75.

44 Tagebuch Wilhelm von Siemens 1904–1917, Eintrag vom 26.12.1907, SHI, SAA 4.Lf 775.

45 Carl Friedrich hatte bereits im Juni 1907 für die „indische Reise“ Plätze auf einem Dampfer gebucht, der am 6. Dezember in Marseille abfuhr, um gemeinsam mit Walter Lawrence, einem Mitglied des Boards von Siemens Brothers, reisen zu können. Carl Friedrich von Siemens an Wilhelm Siemens, 19.6.1907, SHI, Briefe F2621.

46 Weiher, Siemens-Werke, S. 131–169.

47 Christina Lubinski, A Family Multinational's Quest for Unity. Siemens's Early Business in India, 1847–1914, in: dies./Jeffrey Fear/Paloma Fernández Pérez (Hg.), Family Multinationals. Entrepreneurship, Governance, and Pathways to Internationalization, New York 2013, S. 50.

48 Toru Takenaka, Siemens in Japan. Von der Landesöffnung bis zum Ersten Weltkrieg (Zeitschrift für Unternehmensgeschichte, Beiheft 91), Stuttgart 1996, S. 48 f., 55 ff. u. 63 ff.

49 Dennis Kirchberg, Analyse der internationalen Unternehmenstätigkeit des Hauses Siemens in Ostasien vor dem Zweiten Weltkrieg, Diss rer.pol. Erlangen-Nürnberg 2010, S. 72–77; Kristina Jäger, Unternehmen als Triebkräfte von Migration: Grenzüberschreitende Personalmobilität von Siemens nach Japan, Diss. phil. Osnabrück 2019, S. 74 ff.

50 Kirchberg, Analyse, S. 114; Vortrag Dr. Berliner über seine Weltumsegelung, 14.10.1907, SHI, SAA 11.Lb 341.

51 Takenaka, Siemens, S. 68.

52 Carl Friedrich von Siemens an Herrn Wolff, 17.12.1908, SHI, SAA 4.Lk 459, Bl. 159.

53 Zitiert nach Heintzenberg, Carl Friedrich von Siemens, S. 55, SHI L221.

54 Tagebuch Wilhelm von Siemens 1904–1917, Eintrag vom 12.1.1909, SHI, SAA 4.Lf 775; Carl Friedrich von Siemens (mit Anschrift Böckmannshof, Neubabelsberg) an Wilhelm von Siemens, 13.2.1909, SHI, SAA 4.Lf 523-3.

55 Tagebuch Wilhelm von Siemens 1904–1917, Eintrag vom 26.12.1907, SHI, SAA 4.Lf 775.

56 Frank Wittendorfer, Villa – Repräsentationssitz – Forschungslabor – Versteck: Carl Friedrich von Siemens und der Heinenhof, in: Die Geschichte Berlins, URL: https://www.diegeschichteberlins.de [Stand 3.2.2023].

57 Busjan/Groß, Anna Siemens und Hertha Siemens, S. 82 u. 154. Zur Biografie Otto Marchs: Birgit Jochens/Doris Hünert (Hg.), Von Tonwaren zum Olympiastadion. Die Berliner Familie March. Eine Erfolgsstory, Berlin 2000.
58 Wittendorfer, Villa.
59 Wilhelm von Siemens, Tagebuch 1904–1917, Eintrag vom 27.12.1910, SHI, SAA 4.Lf 775. Demnach fand am 16.5.1910 der erste Besuch Wilhelms und Ellys auf dem Heinenhof statt.
60 Busjan/Groß, Anna Siemens und Hertha Siemens, S. 155–159.
61 Zu diesen Aktivitäten Wilhelms: Wilhelm von Siemens, Tagebuch 1886–1904, SHI, SAA 4.Lf 775, Einträge vom 11.5.1897 u. 17.9.1899.
62 Wilhelm von Siemens, Tagebuch 1904–1917, Einträge vom 26.12.1909 und 27.12.1910, SHI, SAA 4.Lf 775.
63 Ebd., Eintrag vom 26.12.1909.
64 Busjan/Groß, Anna Siemens und Hertha Siemens, S. 181.
65 Willstätter, Carl Dietrich Harries, S. 138.
66 Busjan/Groß, Anna Siemens und Hertha Siemens, S. 179 ff.
67 Ebd., S. 168 ff.
68 Ebd., S. 85; Wilhelm von Siemens, Tagebuch 1904–1917, Eintrag vom 24.5.1906, SHI, SAA 4.Lf 775.
69 Der älteste Sohn, Alfred Pietschker, war beim Tod des Vaters 19 Jahre alt, der jüngste Sohn, Arnold Pietschker, zwölf Jahre. Alfred kam 1911 beim Absturz seines Flugzeugs in Berlin-Johannisthal ums Leben, Arnold starb drei Jahre später als Soldat in Frankreich. Weitere Kinder von Käthe und Karl Pietschker waren die Töchter Charlotte, Dorothea und Elisabeth sowie der Sohn Gerhard.
70 Als seine Schwester Hertha 1890 mit den Eltern in den Kaukasus gereist war, hatte er noch die Schulbank drücken müssen. Fünf Jahre später, als Wilhelm mit seinem Onkel Carl Kedabeg besucht hatte, war Carl Friedrich gerade die Ehe mit der von seiner Familie gemiedenen Sophie Passeckel eingegangen, und bei der Reise seines Bruders Arnold nach Kedabeg im Jahr 1899 war er in England unabkömmlich gewesen.
71 Tagebuch Wilhelm von Siemens 1886–1917, Persönliches, Eintrag vom 31.12.1911, SHI, SAA 4.Lf 775. Der Bergingenieur Gustav Kölle hatte das Kupferbergwerk Kedabeg von 1900 bis 1906 geleitet. Vgl. Gustav Kölle, Aus der Geschichte eines deutschen Berg- und Hüttenunternehmens in Russland: Das Kupferbergwerk Kedabeg des Hauses Siemens 1900–1906, in: Tradition 10 (1965), S. 213–224.
72 Ludwig von Winterfeld (1880–1958) war seit 1905 mit Charlotte geb. Pietschker verheiratet. Er musste die Offizierslaufbahn wegen einer Verletzung aufgeben und begann ein Studium, das er 1913 mit einer Dissertation über die Werke der Siemens-Gruppe abschloss. Pietschker, Leben, S. 48; Ludwig von Winterfeld, Entwicklung und Tätigkeit der Firma Siemens & Halske in den Jahren 1847–1897, Phil. Diss. Universität Kiel 1913.
73 Lutz, Carl von Siemens, S. 153–157, 211 ff. u. 261 ff.
74 Tagebuch Wilhelm von Siemens 1904–1917, Persönliches, Eintrag vom 31.12.1911, SHI, SAA 4.Lf 775; Anlage zum Protokoll der Aufsichtsratssitzung von S&H vom 12.7.1922 (mit Bericht Carl Friedrichs über das Kupferwerk Kedabeg).
75 Tagebuch Wilhelm von Siemens 1886–1904, Eintrag vom 22.4.1904, SHI, SAA 4.Lf 775.
76 Carl Friedrich von Siemens an Wilhelm von Siemens, 15.5.1907, SHI, Briefe F2620. Die Aktien von Siemens Brothers wurden demnach im Verhältnis von 1.000 Mark zu 100 £ in S&H-Aktien umgetauscht. S&H garantierte den bisherigen Anteilseignern von Siemens Brothers eine Dividende von vier Prozent.
77 Tagebuch Wilhelm von Siemens 1904–1917, Eintrag vom 26.12.1907, SHI, SAA 4.Lf 775.
78 Davon wurden fünf Mio. Mark Mitgliedern der Familie im Tausch gegen 200.000 £ Aktien der Siemens Bros. & Co. Ltd. und zwei Mio. Rubel Aktien der Russischen Elektrotechnischen Werke Siemens & Halske AG in St. Petersburg überlassen. Handbuch der Deutschen Aktien-Gesellschaften, Ausgabe 1911/12, Bd. 2, Berlin 1912, S. 783.
79 Ebd.
80 Weiher, Siemens-Werke, S. 179.

81 Siemens, Carl Friedrich von Siemens, S. 69 ff.; Gerhart Jacob-Wendler, Deutsche Elektroindustrie in Lateinamerika (Beiträge zur Wirtschaftsgeschichte, Bd. 16), Stuttgart 1982, S. 42 f.; Kirchberg, Analyse, S. 81.
82 Dies belegt ein Tagebucheintrag Wilhelms: „Carly arbeitet sich geschäftlich in Dr. Berliners Zimmer ein und leitet die Exportabteilung." Tagebuch Wilhelm von Siemens 1886–1904, Eintrag vom 12.1.1909, SHI, SAA 4.Lf 775.
83 Zu den Aufgaben der CVU siehe u. a. Kirchberg, Analyse, S. 35.
84 Richard Diercks, Erinnerungen aus meiner Siemenszeit (1899–1920/23), S. 4 u. 103, SHI, SAA 12.Ll 930. Zu Diercks siehe Jacob-Wendler, Elektroindustrie, S. 100 ff.
85 Feldenkirchen, Siemens 1918–1945, S. 655 (Tabelle 12).
86 Siehe hierzu Jacob-Wendler, Elektroindustrie, S. 110–113 u.120.
87 Siemens, Carl Friedrich von Siemens, S. 86.
88 Kocka, Unternehmensverwaltung, S. 454 f.
89 Siemens, Carl Friedrich von Siemens, S. 101.
90 Maffei und Rieppel gehörten zugleich dem Aufsichtsrat der SSW an. Geschäftsbericht der Elektrizitäts-Aktiengesellschaft vorm. Schuckert & Co. für das 17. Geschäftsjahr 1908/09, Nürnberg 1910; Siemens-Schuckertwerke GmbH, 5. Geschäftsbericht für das Geschäftsjahr vom 1.8.1906 bis 31.8.1907, Berlin 1907.
91 Kocka, Unternehmensverwaltung, S. 330 f.; Siemens, Carl Friedrich von Siemens, S. 89.
92 Die Bergmann Elektricitäts-Werke waren 1891 in Berlin-Moabit für die Fertigung von elektrischen Beleuchtungsartikeln und Telefonanlagen gegründet worden. Ab 1907 expandierte das Unternehmen ins nahe gelegene Wilhelmsruh. Dort entstanden ein Metallwerk, ein Kabelwerk und eine Fertigung für elektrische Bahnen.
93 Siemens, Carl Friedrich von Siemens, S. 92 f.
94 Carl Friedrich von Siemens an Wilhelm von Siemens, 2.9.1910, SHI, Briefe F2624.
95 Ebd.
96 Hans Dieter Hellige, Strukturwandel im Verbändesystem der deutschen Elektrowirtschaft von den Anfängen bis zum Beginn der Weimarer Republik, Universität Bremen artec-papier Nr. 211, erweiterte Auflage, Bremen 2017, S. 31.
97 Kocka, Unternehmensverwaltung, S. 328; Wilfried Feldenkirchen, Zur Finanzierung von Großunternehmen in der chemischen und elektrotechnischen Industrie Deutschlands vor dem Ersten Weltkrieg, in: Richard Tilly (Hg.), Beiträge zur quantitativen vergleichenden Unternehmensgeschichte, Stuttgart 1985, S. 118.
98 Carl Friedrich von Siemens an Wilhelm von Siemens, 3.4.1912, SHI, Briefe F2571.
99 Zitat aus: Carl Friedrich von Siemens an Willhelm von Siemens, 19.4.1912, SHI, Briefe F2574.
100 Siemens, Carl Friedrich von Siemens, S. 97 f.
101 Tagebuch Wilhelm von Siemens 1904–1917, Eintrag vom 31.12.1911, SHI, SAA 4.Lf 775.
102 Tagebuch Wilhelm von Siemens 1904–1917, Auszüge, S. 58, ebd.
103 Carl Friedrich von Siemens an Wilhelm von Siemens, 3.4.1912, SHI, Briefe F2571.
104 „So wird der harte Schlag ins Gesicht der AEG für unser zukünftiges Verhältnis von gutem Einfluß sein." Ebd.
105 Siemens, Carl Friedrich von Siemens, S. 100.
106 Ebd., S. 100 f.
107 Zitiert nach: ebd., S. 99.
108 Tagebuch Wilhelm von Siemens 1904–1917, Auszüge, S. 58, SHI, SAA 4.Lf 775.
109 Siemens-Schuckert Werke G.m.b.H, in: Frankfurter Zeitung, 21.9.1912.
110 Ebd.
111 Carl Friedrich von Siemens an Wilhelm von Siemens, 19.1.1912, SHI, SAA 4.Lk 44.
112 Feldenkirchen, Finanzierung, S. 117 f.
113 Rudolf Hilferding, Das Finanzkapital. Eine Studie über die jüngste Entwicklung des Kapitalismus, Wien 1910.
114 Hellige, Strukturwandel, S. 28.

115 Die bekannteste derartige Deutung der Konzentration in der deutschen Elektroindustrie stammt von Lenin. Vgl. Wladimir Iljitsch Lenin, Der Imperialismus als höchstes Stadium des Kapitalismus. Gemeinverständlicher Abriß, Neuausgabe Essen 2021, S. 100 (Erstveröffentlichung 1917).
116 Feldenkirchen, Finanzierung, S. 113.
117 Kocka, Unternehmensverwaltung, S. 563 (Tabelle 1) und 570 (Tabelle 11).
118 Siemens, Carl Friedrich von Siemens, S. 82.
119 Ernst Waller, Studien zur Finanzgeschichte des Hauses Siemens, IV. Teil 1897–1918, Erster Halbband, Ms. o. J., S. 113–118, SHI, SAA 20.Ld 366.
120 Martin Münzel, Bauen für die Zukunft. Die Siemensstadt (SHI Zeitreisen, Bd. 1), Berlin 2019, S. 61.
121 Carl Friedrich von Siemens an W. Zimnosek, 16.5.1913, SHI, Briefe A1564.
122 In einem 1927 verfassten Brief beteuerte Carl Friedrich, dass er schon seit 20 Jahren „unser Haus auf das rein elektrische Gebiet beschränkt sehen möchte". Carl Friedrich von Siemens an Paul Reusch, 23.3.1927, SHI, Briefe A1926.
123 In einem 1909 erschienenen Automobil-Adressbuch gehörte Wilhelm damals zu den 198 in Charlottenburg angemeldeten Besitzern eines privaten Kraftfahrzeugs. Die deutschen Kraftfahrzeug-Besitzer in der Reihenfolge der polizeilichen Kennzeichen. Deutsches Automobil-Adreßbuch, Stuttgart 1909, S. 154.
124 Tagebuch Wilhelm von Siemens 1904–1917, Eintrag vom 26.12.1907, SHI, SAA 4.Lf 775-2.
125 Ebd., Eintrag vom 11.1.1909.
126 Siemens, Carl Friedrich von Siemens, S. 102 f.
127 Carl Friedrich von Siemens an Georg von Chauvin, 12.4.1912, SHI, Briefe A1372.

3. Liberaler Reformer zwischen Krieg und Revolution

1 Wie der Historiker Christoph Maria Merki gezeigt hat, wurde der Kaiserliche Automobilclub durch die Verbindung von Reichtum und Sportsgeist „zu der einzigen bedeutenden Berliner Institution, in der die Angehörigen der beiden Stände, die des Blutadels und die des Geldadels, gesellschaftlich miteinander verkehrten". Christoph Maria Merki, Der holprige Siegeszug des Automobils 1895–1935. Die Motorisierung des Straßenverkehrs in Frankreich, Deutschland und der Schweiz, Wien 2002, S. 424.
2 Richard Pawelitzki, Das Kaiserliche Freiwillige Automobil-Corps und das Kaiserliche Kraftfahr-Korps, in: Nordost-Archiv 16 (1983), H. 7, S. 34.
3 Dorothee Hochstetter, Motorisierung und „Volksgemeinschaft". Das Nationalsozialistische Kraftfahrkorps (NSKK) 1931–1945, München 2005, S. 22; Hans-Georg Bartel, Walther Nernst, Leipzig 1989, S. 83.
4 Tagebuch Wilhelm von Siemens 1904–1917, Eintrag vom 2.1.1915, SHI, SAA 4.Lf 775-2.
5 Carl Friedrich von Siemens an Augusta von Siemens, 31.8.1914 SHI, SAA 4.Lh 645.
6 Ebd. Eine deutsch-belgische Historikerkommission kam 1958 zu dem Ergebnis, dass es keinen Angriff von belgischer Seite gegeben hat. Die deutschen Truppen hätten in Erwartung eines derartigen Überfalls daran geglaubt und seien in Panik geraten. Peter Schöller, Der Fall Löwen und das Weißbuch. Eine kritische Untersuchung der deutschen Dokumentation über die Vorgänge in Löwen vom 25. bis 28. August 1914, Köln 1958. Zur Zerstörung der Bibliothek von Löwen vgl. Wolfgang Schievelbusch, Die Bibliothek von Löwen. Eine Episode aus der Zeit der Weltkriege, München 1988.
7 Tagebuch Wilhelm von Siemens 1904–1917, Eintrag vom 2.1.1915 (zum 17.8.1914), S. 68, SHI, SAA 4. Lf 775.
8 Carl Friedrich von Siemens an Augusta von Siemens, 3.11.1914, SHI, SAA 4.Lh 645.
9 Von der Goltz hatte bereits zwölf Jahre lang als Leiter der deutschen Militärmission in Konstantinopel das Heer des Osmanischen Reichs reorganisiert. Ab Mitte Dezember 1914 war er Berater des Sultans. Im Herbst 1915 erhielt er das Kommando über die 6. Armee des os-

manischen Heeres. Nach einem Sieg über die britischen Truppen im Gebiet des heutigen Irak starb er 1916 in Bagdad an Typhus. Vgl. Carl Alexander Krethlow, Generalfeldmarschall Colmar von der Goltz – eine Biographie, Paderborn 2012.

10 Siemens, Carl Friedrich von Siemens, S. 110.

11 Sigrid Bauschinger, Die Cassirers. Unternehmer, Kunsthändler, Philosophen. Biographie einer Familie, München 2016, S. 218 f.

12 Carl Friedrich von Siemens an Otto Henrich, 27.12.1914, SHI, Briefe A1428.

13 Willstätter, Carl Dietrich Harries, S. 138.

14 Als Überblick zur Entwicklung der deutschen Elektroindustrie im Ersten Weltkrieg: Martin Lutz, Elektroindustrie, in: Marcel Boldorf (Hg.), Deutsche Wirtschaft im Ersten Weltkrieg, Berlin 2020, S. 227–249.

15 Martin Lutz, Siemens im Sowjetgeschäft. Eine Institutionengeschichte der deutsch-sowjetischen Beziehungen 1917–1933, Stuttgart 2001, S. 87 f.

16 Vergeblich setzte sich Carl Friedrich von Siemens während des Krieges immer wieder über Vermittler in neutralen Ländern für die Freilassung Köttgens ein. Siehe u. a. Carl Friedrich von Siemens an Carl Köttgen, 17.6.1918, SHI, Briefe A1454.

17 Scott, Siemens Brothers, S. 78 u. 226 ff.

18 Kocka, Unternehmensverwaltung, S. 563 (Anhang I, Tabelle 1).

19 Feldenkirchen, Werkstatt, S. 108.

20 Die Tätigkeit des Siemens-Konzerns während des Krieges, in: Siemens-Mitteilungen Nr. 2 (März 1919), S. 5–8 [Rede von Carl Friedrich von Siemens vom 13.2.1919]. 1918 arbeiteten bei den SSW 750 Beschäftigte im Flugzeugbau. Lutz Budrass, Automobil-, Flugzeug- und Flugmotorenbau, in: Marcel Boldorf, Ordnungspolitik und kriegswirtschaftliche Lenkung, in: ders. (Hg.), Deutsche Wirtschaft im Ersten Weltkrieg, Berlin 2020, S. 261.

21 Carl Friedrich von Siemens, Rede zur Einweihung der Gedenktafel für Prof. Raps, Marienfelde 28.5.1941, S. 9, abgedruckt in: ders., Reden und Aufsätze, Bd. 5, SHI, SAA 4.Lf 875.

22 Die Tätigkeit des Siemens-Konzerns während des Krieges, in: Siemens-Mitteilungen Nr. 2 (März 1919), S. 5 f.

23 Ferdinand Trendelenburg, Aus der Geschichte der Forschung im Hause Siemens, Düsseldorf 1975, 45 f.; Willstätter, Carl Dietrich Harries, S. 140.

24 So die plausible Vermutung in: Hellige, Strukturwandel, S. 42.

25 Vgl. Stefanie van de Kerkhoff, Von der Friedens- zur Kriegswirtschaft. Unternehmensstrategien der deutschen Eisen- und Stahlindustrie vom Kaiserreich bis zum Ende des Ersten Weltkrieges, Essen 2006, 390 ff.

26 Carl Friedrich von Siemens an Hugo Natalis, 20.1.1915, zitiert nach: Siemens, Carl Friedrich von Siemens, S. 116.

27 Wilhelm Kahl, An die Deutschen im Reiche!, Berlin 1915, S. 19. Vgl. Thomas Nipperdey, Deutsche Geschichte 1866–1918, Bd. 2: Machtstaat vor der Demokratie, 3. Aufl., München 1995, S. 806 f. Zu den Unterzeichnern gehörten aus der Wirtschaft u. a. auch Eduard Arnhold, Ernst von Borsig, Arthur von Gwinner, Ewald Hilger, Franz von Mendelssohn und Arthur Salomonsohn.

28 Zitiert nach: Heintzenberg, Carl Friedrich von Siemens, S. 74, SHI L221.

29 Wilhelm von Siemens, Die deutsche Industrie und der Weltkrieg, in: Nord und Süd, Bd. 151 (Dez. 1914), S. 274–288; ders., Kriegstechnische Betrachtung, in: Technik und Wirtschaft 6 (1915), Heft VII. Vgl. hierzu August Rotth, Wilhelm von Siemens. Ein Lebensbild, Berlin 1922, S. 201 f.

30 Werner v. Siemens-Feier in der Technischen Hochschule, in: Berliner Börsen-Zeitung, 14.12.1916.

31 Carl Friedrich von Siemens an Hugo Natalis, 14.6.1916, SHI, Briefe A1487. Anlässlich eines tödlichen Unfalls bei einem Probeflug zeigte sich Carl Friedrich überzeugt, dass „der heutige Flugzeugbau für uns fast unmöglich ist". Carl Friedrich von Siemens an Oskar von Petri, 28.6.1916, SHI, Briefe A1497.

32 Carl Friedrich von Siemens an Dr. Lietke, CVU, 30.4.1917, SHI, Briefe A1466.

33 Wilhelm von Siemens, Seerecht und Sicherung der Volkswirtschaft, in: Recht und Wirtschaft 5. Jg. Nr. 8/9 (August/September 1916), S. 173–185; ders., Die Freiheit der Meere, Berlin 1917.

34 Hans Martin Barth, Berliner Elektro-Großindustrie in der deutschen Politik. Elektro-Industrie – Verbände – Parteien (1862–1920), Phil. Diss. Freie Universität Berlin 1980, S. 296.

35 Hans-Ulrich Wehler, Deutsche Gesellschaftsgeschichte, Bd. 4: Vom Beginn des Ersten Weltkrieges bis zur Gründung der beiden deutschen Staaten 1914–1949, 2. Aufl., München 2003, S. 125. Auch Ernst von Borsig und Arthur Salomonsohn, die 1915 den Aufruf zur Gründung der gemäßigten Freien Vaterländischen Vereinigung unterzeichnet hatten, traten der Deutschen Vaterlandspartei bei. Zu dieser Partei vgl. Heinz Hagenlücke, Deutsche Vaterlandspartei. Die nationale Rechte am Ende des Kaiserreichs, Düsseldorf 1997.

36 Carl Friedrich von Siemens, Die Bedeutung der Wohnungsfrage für die Industrie. Vortrag, gehalten in der Sitzung des Groß-Berliner Vereins für Kleinwohnungswesen am 6.2.1917, abgedruckt in: Carl Friedrich von Siemens, Reden und Aufsätze, Bd. 1, SHI, SAA 4.Lf 875.

37 Carl Friedrich von Siemens an Wilhelm von Siemens, 18.4.1917, SHI, Briefe F2587.

38 Carl Friedrich von Siemens an Wilhelm von Siemens, 25.4.1917, SHI, Briefe F2588.

39 Heidrun Homburg, Rationalisierung und Industriearbeit. Arbeitsmarkt – Management – Arbeiterschaft im Siemens-Konzern Berlin 1900–1939, Berlin 1991, S. 390.

40 Carl Friedrich von Siemens an Hugo Natalis, 14.9.1916, zitiert nach: Heintzenberg, Carl Friedrich von Siemens, S. 8, SHI L221. Zum Umsatzanteil branchenfremder Rüstungsgüter: Die Tätigkeit des Siemens-Konzerns während des Krieges, in: Siemens-Mitteilungen Nr. 2 (März 1919), S. 6 [Rede von Carl Friedrich von Siemens vom 13.2.1919].

41 Carl Friedrich von Siemens an Wilhelm von Siemens, 25.8.1916, zitiert nach: Heintzenberg, Carl Friedrich von Siemens, S. 77 f., SHI L221.

42 Vgl. Boldorf, Ordnungspolitik, S. 48–51; Robert Weyrauch, Waffen- und Munitionswesen, hg. von Marcel Boldorf und Rainer Haus, Berlin 2016, S. 105–108 u. 189–216; Plumpe, Carl Duisberg, S. 500–505.

43 Carl Friedrich von Siemens an Oskar von Petri, 14.9.1916, SHI, Briefe A1498.

44 Wilhelm von Siemens an Walther Rathenau, 26.7.1915, SHI, SAA 4.Lk 196.

45 Hellige, Strukturwandel, S. 8–13.

46 Ebd., S. 23 f.

47 Ebd., S. 36 u. 47.

48 Ebd., S. 41.

49 Carl Friedrich von Siemens an Hugo Natalis, 15.2.1916, SHI, Briefe A1486.

50 Bericht über die Sitzung des wirtschaftspolitischen Ausschusses am 17.12.1917, SAA 4.Lf 637-3.

51 Carl Friedrich von Siemens an die Mitglieder des Kriegsausschusses der deutschen elektrotechnischen Industrie, 18.2.1918, SAA 4.Lf 637-1.

52 Johannes Bähr, Verbandspolitik in Demokratie und Diktatur. Der Spitzenverband der elektrotechnischen Industrie 1918–1950, Frankfurt am Main 2019, S. 17 ff.

53 Carl Friedrich von Siemens an Paul Meyer, 13.3.1917, SHI, Briefe A1471.

54 Carl Friedrich von Siemens an Wilhelm von Siemens, 9.3.1918, SHI, Briefe F2589.

55 Carl Friedrich von Siemens an Wolfgang Reuter, 3.11.1917, zitiert nach: Christof Biggeleben, Das „Bollwerk“ des Bürgertums. Die Berliner Kaufmannschaft 1870–1920, München 2006, S. 370. Zu Siemens Rolle in der Berliner Handelskammer ebd., S. 370 f. Vgl. ferner Thomas Hertz, Die Industrie- und Handelskammer zu Berlin. Ein Beitrag zur Wirtschaftsgeschichte Berlins, Berlin 2008, S. 32 f.

56 Scott, Siemens Brothers, S. 82 u. 87; Hagen, Direktinvestitionen, S. 116.

57 Geschichte der Verträge mit der Automatic Electric Co. und der Western Electric Co. bzw. der International Telephone and Telegraph Co., o. D., SHI, SAA 9582.

58 Lutz, Carl von Siemens, S. 89 f.

59 Carl Friedrich von Siemens an den Staatssekretär des Reichswirtschaftsamts, 10.12.1917, zitiert nach: Siemens, Carl Friedrich von Siemens, S. 124 f. Zu den Bemühungen der Elektroindustrie, das deutsch-russische Wirtschaftsabkommen zu beeinflussen: Lutz, Elektroindustrie, S. 240 f.

60 Ebd., S. 125.

61 Lutz, Carl von Siemens, S. 114.

62 Kedabeg gehörte nach dem Zerfall des russischen Reichs zu Aserbaidschan. Das Werk befand sich noch Mitte 1922 im Eigentum der Familie Siemens und wurde dann im Zuge der Sowjetisierung Aserbaidschans enteignet. Anlage zum Protokoll der Aufsichtsratssitzung von S&H am 12.7.1922, SHI, SAA 16.Lh 262. Das Zweigwerk in Kvarzchana lag in einem Gebiet, das an die Türkei fiel, und wurde an den türkischen Staat abgegeben.

63 Ebd., S. 113–129.

64 Der langjährige ZVEI-Hauptgeschäftsführer Hans von Raumer teilte dies in einem Ende der 1970er-Jahre geführten Zeitzeugeninterview mit. Barth, Elektro-Großindustrie, S. 593.

65 Carl Friedrich von Siemens an Wilhelm von Siemens, 26.8.1918, SHI, Briefe F2591.

66 Otto Henrich an Carl Friedrich von Siemens, 17.9.1918, SHI, SAA 4.Lf 669.

67 Der damalige Leiter des Sanatoriums und Chefarzt des Cannstatter Bezirkskrankenhauses Theodor Veiel hatte die Hautklinik von seinem Vater übernommen, der sie 1837 gegründet hatte. Hartmut Finkbeiner/Frank O. Weidner, Die Hautklinik des Krankenhauses Bad Cannstatt. Ursprünge und Entwicklung der klinischen Dermatologie in Stuttgart, in: Der Hautarzt Bd. 48 (1997), S. 762–765.

68 Otto Henrich an Carl Friedrich von Siemens, 30.9.1918, SHI, SAA 4.Lf 669 („Die Zigarren sind besorgt, Sie bekommen 25 Stck. Corona, die sehr gut aussieht, 25 Stück Kaiserhaus und als Belohnung noch 25 Stück Dr. Solf").

69 Ebd.

70 Carl Friedrich von Siemens an Baron von Uslar, 24.7.1918, SHI, Briefe A1551. Zu Raumers Initiativen im Konflikt um die Werke des De-Wendel-Konzerns in Hayingen (Hayange) und Moyeuvre siehe Barth, Elektro-Großindustrie, S. 590 ff.

71 Barth, Elektro-Großindustrie, S. 593.

72 Aktennotiz von Carl Friedrich von Siemens, 24.10.1918, SHI, SAA 4.Lf 533-2.

73 Ebd.

74 Hans von Raumer, Unternehmer und Gewerkschaften in der Weimarer Zeit, in: Deutsche Rundschau 5 (1954), S. 428.

75 Ebd.

76 Ebd.

77 Feldman, Hugo Stinnes, S. 514 f.

78 Hans von Raumer an Carl Friedrich von Siemens, 8.8.1918, abgedruckt in: Gerald D. Feldman/Irmgard Steinisch, The Origins of the Stinnes-Legien-Agreement. A Documentation, in: Internationale wissenschaftliche Korrespondenz zur Geschichte der deutschen Arbeiterbewegung Nr. 19/20 (1973), S. 49 f.

79 Raumer, Unternehmer, S. 428. Raumer berichtet hier, dass elf Personen teilgenommen hätten. Wer außer den oben Genannten und ihm noch dazugehörte, ist nicht bekannt.

80 Zitiert nach: Feldman, Stinnes, S. 518. Die Denkschrift wurde von Henrich am 20./21.10.1918 verfasst.

81 Protokoll der 286. Sitzung des Vorstandes der Siemens-Schuckertwerke GmbH vom 29.10.1918, SHI, SAA 16 Lh.266.

82 Raumer, Unternehmer, S. 429; Feldman, Stinnes, S. 516.

83 Raumer, Unternehmer, S. 430.

84 Feldman, Stinnes, S. 522.

85 Carl Friedrich von Siemens, Warum ich Stinnes verehrte, in: Siemens-Mitteilungen Jg. 1924, Nr. 58, S. 2.

86 Raumer, Unternehmer, S. 430.

87 Vereinbarung zwischen Arbeitgeber- und Arbeitnehmerverbänden. Vom 15.11.1918, in: Reichsarbeitsblatt 16. Jg. (1918), Nr. 12, S. 874.

88 Zum ZAG-Abkommen siehe Gerald D. Feldman/Irmgard Steinisch, Industrie und Gewerkschaften 1918–1924. Die überforderte Zentralarbeitsgemeinschaft (Schriftenreihe der Vierteljahrshefte für Zeitgeschichte, Bd. 50), Stuttgart 1985; dies., Origins; Andrea Rehling, Konfliktstrategie und Konsenssuche in der Krise. Von der Zentralarbeitsgemeinschaft

zur Konzertierten Aktion, Baden-Baden 2011; Dieter Krüger, Das Stinnes-Legien-Abkommen 1918–1924. Voraussetzungen, Entstehung, Umsetzung und Bedeutung, Berlin 2018.

89 Raumer, Unternehmer, S. 430.

90 Niederschrift über die Sitzung des Vorstands des ZVEI am 22.11.1918, SHI SAA 4.Lf 730-1.

91 Ebd.

92 Feldman, Stinnes, S. 524.

93 Rede von Bundespräsident Joachim Gauck beim Festakt anlässlich 125 Jahre Gesamtmetall am 12.6.2015 in Berlin, URL: https://www.bundespraesident.de/SharedDocs/Downloads/DE/Reden/2015/06 [Stand 3.2.2023]; Andrea Rehling, Einleitung zu: Gründung der Arbeitsgemeinschaft der industriellen und gewerblichen Arbeitgeber und Arbeitnehmer Deutschlands, 15.11.1918, in: 100(0) Schlüsseldokumente, 100(0) Schlüsseldokumente zur deutschen Geschichte im 20. Jahrhundert, URL: http://www.1000.dokumente.de [Stand 3.2.2023].

94 Carl Friedrich von Siemens, Warum ich Stinnes verehrte, in: Siemens-Mitteilungen Jg. 1924, Nr. 58, S. 2.

95 Dirk H. Müller, Die revolutionären Obleute und der November 1918. Zur Verschränkung von institutioneller Revolution und Rätebewegung, 3. Aufl., Norderstedt 2020, S. 106 ff.

96 Prinz Max von Baden berichtete später, Ebert habe ihm gegenüber am 7.11.1918 erklärt: „Wenn der Kaiser nicht abdankt, dann ist die soziale Revolution unvermeidlich. Ich aber will sie nicht, ja, ich hasse sie wie *Sünde*.“ Zitiert nach: Heinrich August Winkler, Der lange Weg nach Westen. Bd. 1: Deutsche Geschichte vom Ende des Alten Reiches bis zum Untergang der Weimarer Republik, München 2000, S. 368.

97 Müller, Obleute, S. 110–115 u. 125; Heinrich August Winkler, Von der Revolution zur Stabilisierung. Arbeiter und Arbeiterbewegung in der Weimarer Republik 1918 bis 1924, Berlin 1984, S. 56.

98 Winkler, Revolution, S. 102 f.

99 Petra Weber, Gescheiterte Sozialpartnerschaft – Gefährdete Republik? Industrielle Beziehungen, Arbeitskämpfe und der Sozialstaat Deutschland und Frankreich im Vergleich (1918–1933/39), München 2010, S. 200.

100 Carl Friedrich von Siemens an Oskar von Petri, 14.11.1918, SHI, Briefe A1503.

101 Aktennotiz Beiersdorf, 25.11.1918, SHI, SAA 11.Lb 43.

102 Carl Friedrich von Siemens an Oskar von Petri, 27.11.1918, SHI, Briefe A1504.

103 Bericht über die am 9.12.1918 im Hallenhof des Verwaltungsgebäudes abgehaltene Versammlung der Arbeiter, SHI, SAA 11.Lb 43.

104 Hertha Harries an Anna Zanders, 14.12.1918, SHI, Briefe F2844.

105 Siehe hierzu u. a. Winkler, Revolution, S. 123–130; Bernhard Sauer, Der „Spartakusaufstand. Legende und Wirklichkeit, in: Heiner Karuscheit/Bernhard Sauer/Klaus Wernecke, Vom „Kriegssozialismus“ zur Novemberrevolution, Hamburg 2018, S. 95–148.

106 Winkler, Revolution S. 180 f.; ausführlich zum Berliner Generalstreik im März 1919: Axel Weipert, Die Zweite Revolution. Rätebewegung in Berlin 1919/1920, Berlin 2015, S. 41–159.

107 Carl Friedrich von Siemens an Wilhelm Kisskalt, 25.3.1935, SHI, Briefe A2215.

108 Weber, Sozialpartnerschaft, S. 230.

109 Vgl. hierzu ebd., S. 317–320; Hans-Hermann Hartwich, Arbeitsmarkt, Verbände und Staat 1918–1933. Die öffentliche Bindung unternehmerischer Funktionen in der Weimarer Republik, Berlin 1967, S. 84–96.

110 Carl Friedrich von Siemens an Wilhelm von Siemens, 24.9.1919, SHI, Briefe F2637.

111 Carl Friedrich war entschlossen, „die schlimmsten Heizer loszuwerden“. Ebd. Fälschlich zitiert als die „schlimmsten Hetzer“ in: Weber, Sozialpartnerschaft, S. 319.

112 Carl Friedrich von Siemens, Streikrecht, in: Vossische Zeitung, 26.11.1919, abgedruckt in: ders., Reden und Aufsätze, Bd. 1a, SHI, SAA 4.Lf 875.

113 „Aus diesem nationalen Empfinden bin ich immer stärker in meiner antimonarchistischen Gesinnung gefestigt worden. Wir haben in Deutschland niemals die Liebe zum Vaterland, zu unseren eigenen Stammesbrüdern gepflegt, wir haben einen Weg beschritten, der eines Tages zum Unglück führen mußte und geführt hat. [...] Alles wurde auf eine Person, den

Kaiser, zugeschnitten. Wir wurden nicht einmal erzogen, in dieser Person ein Sinnbild zu sehen, den personifizierten Ausdruck des gesamten Volkes, in dem jeder sich selbst vertreten fühlte, wie es in England geschieht, wir sollten in ihm und seiner Familie höhere Wesen der Schöpfung erblicken." Carl Friedrich von Siemens an Emil Kirdorf, 15.9.1922, SHI, SAA 4.Lk 459.

114 Carl Friedrich von Siemens, Antwort auf Walther Rathenaus Vorschläge zur Neuorganisation der deutschen Wirtschaft. Ansprache, gehalten auf dem 2. Ordentlichen Parteitag der DDP am 12.12.1920 in Nürnberg, S. 9, abgedruckt in: ders., Reden und Aufsätze, Bd. 1, SHI, SAA 4.Lf 875.

115 Carl Friedrich von Siemens, Vortrag „Das Kuratorium für den Wiederaufbau der deutschen Wirtschaft" vor der Berliner Handelskammer, Januar 1919, abgedruckt in: ebd.

116 Siehe hierzu die Einleitung in: Ernst Troeltsch, Schriften zur Politik und Kulturphilosophie, hg. von Gangolf Hübinger in Zusammenarbeit mit Johannes Mikuteit, Berlin 2002, S. 6f.

117 Aufruf, in: Vossische Zeitung, 18.11.1918, Abendausgabe.

118 Ebd.

119 Carl Friedrich von Siemens an Walther Rathenau, 25.11.1918, SHI, SAA 4.Lf 669. Vgl. Lothar Gall, Walther Rathenau. Porträt einer Epoche, München 2009, S. 212; Christian Schölzel, Walther Rathenau. Eine Biographie, Paderborn 2006, S. 264f.

120 Walther Rathenau an Carl Friedrich von Siemens, 25.11.1918, in: SHI, SAA 4.Lf 669.

121 Die große demokratische Partei, in: Berliner Tageblatt, 16.11.1918, Morgenausgabe.

122 Ebd.

123 Jones, Carl Friedrich von Siemens, S. 234; Jörg Hentzschel-Fröhlings, Walther Rathenau als Politiker der Weimarer Republik, Husum 2007, S. 17–25.

124 Ebd., S. 18.

125 Carl Friedrich von Siemens an Anton von Rieppel, 14.2.1919, SHI, Briefe A1931; Jones, Carl Friedrich von Siemens, S. 235.

126 Carl Friedrich von Siemens, Vortrag „Das Kuratorium für den Wiederaufbau der deutschen Wirtschaft" vor der Berliner Handelskammer, Januar 1919, abgedruckt in: ders., Reden und Vorträge, Bd. 1, SHI, SAA 4.Lf 875.

127 Jones, Carl Friedrich von Siemens, S. 234.

128 Stadtler berichtete in seinen 1935 erschienenen Lebenserinnerungen, dass Karl Helfferich und Paul Mankiewitz (Deutsche Bank) auf seine Initiative hin für den 10.1.1919 eine Versammlung von 50 führenden Repräsentanten der Wirtschaft einberufen hätten. In dieser während des „Spartakusaufstands" stattfindenden Versammlung habe er eine feurige Rede über „Bolschewismus als Weltgefahr" gehalten und über die Finanzierung der Spartakisten aus Moskau berichtet. Anschließend sei Stinnes aufgestanden und habe zur Einrichtung eines Antibolschewistenfonds mit einem Betrag von 500 Mio. Mark aufgerufen. Stinnes habe sich dann mit Mankiewitz, Borsig, Siemens, Deutsch und anderen beraten. Siemens habe Stadtler angeboten, der Regierung in einer Kabinettssitzung Bericht zu erstatten. Eduard Stadtler, Lebenserinnerungen, Bd. 3: Als Antibolschewist 1918–1919, Düsseldorf 1935, S. 44 u. 46–49. Stadtler trat 1933 in die NSDAP ein, wurde aber schon bald als „Reaktionär" angegriffen und von der Gestapo überwacht. Die Prahlereien in seinen Lebenserinnerungen sind auch vor diesem Hintergrund zu sehen.

129 Darauf wurde in der historischen Forschung bereits mehrfach hingewiesen. Vgl. v. a. Peter Wulf, Hugo Stinnes. Wirtschaft und Politik 1918–1924, Stuttgart 1979, S. 144.

130 Nach Siemens' Angaben hätten die Großbanken für den Antibolschewistenfonds zunächst fünf Mio. Mark gespendet. Sie hätten sich verpflichtet, „weitere 5 Millionen zu geben, ebenso wie die Rheinisch-Westfälische Industrie, falls die Berliner Industrie ihrerseits auch 5 Millionen aufbringen würde". Carl Friedrich von Siemens an Anton von Rieppel, 14.2.1919, SHI, Briefe A1931.

131 Ebd.

132 Claudia Kemper, Das „Gewissen" 1919–1925. Kommunikation und Vernetzung der Jungkonservativen, München 2011, S. 127f.

133 Jürgen W. Falter/Thomas Lindenberger/Siegfried Schumann, Wahlen und Abstimmungen in der Weimarer Republik. Materialien zum Wahlverhalten 1919–1933, München 1986, S. 44.
134 Carl Friedrich von Siemens, Vortrag „Das Kuratorium für den Wiederaufbau der deutschen Wirtschaft“ vor der Berliner Handelskammer, Januar 1919, abgedruckt in: ders., Reden und Aufsätze, Bd. 1, SHI, SAA 4.Lf 875.
135 Der Sieg der Demokratie, in: Berliner Volks-Zeitung, 21.1.1919, Morgenausgabe.
136 Carl Friedrich von Siemens, Vortrag „Das Kuratorium für den Wiederaufbau der deutschen Wirtschaft“ vor der Berliner Handelskammer, Januar 1919, abgedruckt in: ders., Reden und Aufsätze, Bd. 1, SHI, SAA 4.Lf 875.
137 Zitat aus: ebd.

4. Die schwierigen Anfänge als „Chef des Hauses Siemens“

1 Paul Conrad, Arnold von Siemens (1853–1918) zum Gedächtnis, Berlin 1918. Zur Biografie von Arnold von Siemens liegen nur wenige Angaben vor. Ein Nachlass von ihm ist nicht überliefert. Einige Hinweise auf seine mäzenatische Tätigkeit finden sich in Johanna Heinen, Ein „jüdisches“ Mäzenatentum für moderne französische Kunst? Das Fallbeispiel der Nationalgalerie im Berlin der wilhelminischen Ära (1882–1911). Eine kultur- und sozialhistorische Studie, Frankfurt am Main 2006, S. 497 f.
2 Die Berliner Künstlerin und Salonnière Marie von Bunsen zeichnete davon in ihren Erinnerungen ein bemerkenswertes Bild: „Wannsee bedeutete uns allen Ellen Siemens. Der Gatte, der treffliche stille Arnold, hatte die ruhige Siemensart. Zu allen Gästen war er höflich und freundlich, Besucher erfreuten ihn jedoch vermutlich nur wenig.“ Marie von Bunsen, Zeitgenossen, die ich erlebte, 1900–1930, Leipzig 1932, S. 43. Ellens Mutter Anna von Helmholtz hatte bereits einen der bekanntesten Berliner Salons geführt.
3 Rudolf Martin, Jahrbuch des Vermögens und Einkommens der Millionäre in Preußen, Berlin 1912, S. 7.
4 Hertha Harries an Anna Zanders, 14.12.1918, SHI, Briefe F2844. Hertha berichtete in diesem Brief vom Ergebnis des Kassensturzes, den ihr Mann Carl Dietrich nach Arnolds Tod durchgeführt hatte.
5 Protokoll der 120. Sitzung des Aufsichtsrates der Siemens & Halske AG vom 15.1.1919, SHI, SAA 16.Lh 262.
6 Hertha Harries an Anna Zanders, 14.12.1918, SHI, SAA Briefe F2844.
7 Carl Dietrich Harries, Nachruf für Wilhelm von Siemens, in: Wissenschaftliche Veröffentlichungen aus dem Siemens-Konzern 1. Bd., H. 1, S. 8.
8 Harries, Nachruf, S. 8; Rotth, Wilhelm von Siemens, S. 211.
9 Otto Henrich an Carl Friedrich von Siemens, 4.10.1919, in. SHI, SAA 4. Lf 669.
10 Harries, Nachruf, S. 8; Rotth, Wilhelm von Siemens, S. 212.
11 Protokoll der Sitzung des Aufsichtsrats der Siemens & Halske AG und der Siemens-Schuckertwerke GmbH am 21.11.1919, SHI, 16.Lh 262.
12 Carl Friedrich von Siemens an Carl Köttgen, 11.7.1920, SHI, SAA 4.Lf 540.
13 Vgl. z. B. Wilhelm von Siemens an Carl Friedrich von Siemens, 5.6.1901, SHI, SAA 4.Lr 563 („Ich habe die Frage einer gemeinsamen Organisation unserer verschiedenen Häuser [...] schon wiederholt in Anregung gebracht“; Tagebuch Wilhelm von Siemens 1886–1904, Eintrag vom 17.9.1899, SHI, SAA 4.Lf 775 („Die Häuser sollen wie ein internationales Ganzes zusammenwirken“).
14 Vgl. hierzu Feldenkirchen, Siemens 1918–1945, S. 248 ff. u. 426 f.; Homburg, Rationalisierung, S. 404 ff.
15 Albert Blattmann, Zur Entwicklung der Siemens Apparate und Maschinen GmbH (SAM) und ihrer Vorgeschichte 1894–1945, München 1976, S. 6, SHI, SAA 35–44.Lc 117.
16 Office of Military Government US, Report on Investigation Siemens & Halske AG, Vol. 1, Ms. April 1946, S. 13, SHI, SAA 22364. Nach dieser Quelle übertrug S&H die Auslandspa-

tente für Feuerleitanlagen auf die 1921 in den Niederlanden gegründete N.V. Internationale Patenthandel (Ipat). Die Ipat war von der Basler Handelsbank als Treuhänderin für S&H gegründet worden. An der N.V. Hazemeyer's Fabriek van Signaalapparaten war die Ipat mit 65 Prozent beteiligt, die N.V. Fabrik van Elektrische Apparaten voorheen F. Hazemeyer & Co. mit 35 Prozent.

17 Siemens-Bauunion GmbH KG, Bericht zur Aufsichtsratssitzung am 12.7.1922, SHI, SAA 16.Lh 262.

18 Bericht an den Aufsichtsrat der S&H AG, 13.11.1919, SHI, SAA 13945.

19 Carl Friedrich von Siemens an Wilhelm von Siemens, 25.9.1919, SHI Briefe F2638.

20 Günther Luxbacher, Massenproduktion im globalen Kartell. Glühlampen, Radioröhren und die Rationalisierung der Elektroindustrie bis 1945, Berlin 2003, S. 286.

21 Ebd., S. 336–350 u. 359–365.

22 Ebd., S. 286 ff. Siehe hierzu auch 100 Jahre Osram – Licht hat einen Namen, München 2006, S. 26.

23 Carl Friedrich von Siemens an Wilhelm von Siemens, 25.9.1919, SHI, Briefe F2638.

24 Aktennotiz Carl Friedrich von Siemens für Herrn Haller, 17.12.1919, SHI, SAA 13945. Wie aus dieser Quelle hervorgeht, fand die Sitzung etwa zwei Wochen vor dem Tod Wilhelm von Siemens' statt.

25 Carl Friedrich von Siemens an Wilhelm von Siemens, 25.9.1919, SHI, Briefe F2638.

26 Luxbacher, Massenproduktion, S. 286.

27 Aktennotiz Carl Friedrich von Siemens für Herrn Haller, 17.12.1919, SHI, SAA 13945.

28 Zitiert nach: Heintzenberg, Carl Friedrich von Siemens, S. 120, SHI L221.

29 Die Tätigkeit des Siemens-Konzerns während des Krieges, in: Wirtschaftliche Mitteilungen aus dem Siemens-Konzern Nr. 2 (März 1919), S. 7.

30 Stillegung der Siemens-Werke, in: Vossische Zeitung, 6.1.1920, Abendausgabe; Weber, Sozialpartnerschaft, S. 182.

31 Siemens & Halske AG, 24. und 25. Geschäftsbericht für die Jahre 1919/20, Berlin 1921.

32 Albert Fischer, Staatsverschuldung in der Weimarer Republik, in: Thorsten Beigel/Georg Eckert (Hg.), Vom Wohl und Wehe der Staatsverschuldung. Erscheinungsformen und Sichtweisen von der Antike bis zur Gegenwart, Münster 2013, S. 200.

33 Gerald D. Feldman, The Great Disorder. Politics, Economics, and Society in the German Inflation, 1914–1924, New York 1993, S. 5.

34 Carl Friedrich von Siemens, Bericht in der Generalversammlung der Siemens & Halske Aktiengesellschaft am 18.5.1920, abgedruckt in: ders., Reden und Aufsätze, Bd. 1, SHI, SAA 4.Lf 875.

35 Ebd.

36 Max Haller an Wilhelm von Siemens, 12.9.1919, SHI, SAA 4.Lf 669.

37 Zitiert nach: Ernst Waller, Studien zur Finanzgeschichte des Hauses Siemens, V. Teil 1918–1945, Erster Halbband, Ms. o.J., S. 30, SHI, SAA 20.Ld 366.

38 Der Elektromontantrust, in: Frankfurter Zeitung, 5.11.1920.

39 Denkschrift betreffend Kapitalserhöhung der Siemens & Halske Aktiengesellschaft, Entwurf vom 10. Februar 1920, SHI, SAA 11.Lb 304.

40 Max Haller an Wilhelm von Siemens, 12.9.1919, SHI, SAA 4.Lf 669. Die Deutsche Bank hatte zu diesem Zeitpunkt S&H-Aktien im Nominalwert von insgesamt einer Mio. Mark in die USA verkauft.

41 Im Mai 1920 teilte Arthur Sachs, ein Enkel des Gründers von Goldman Sachs, der Metallgesellschaft mit, dass seine Bank bereit wäre, S&H-Aktien im Wert von nom. 20 Mio. Mark zu übernehmen. Aktennotiz, 14.5.1920, SHI, SAA 11.Lb 304.

42 Denkschrift betreffend Kapitalserhöhung der Siemens & Halske Aktiengesellschaft, Entwurf vom 10. Februar 1920, ebd.

43 Carl Friedrich von Siemens, Bericht in der Generalversammlung der Siemens & Halske Aktiengesellschaft am 18.5.1920, abgedruckt in: ders., Reden und Aufsätze, Bd. 1, SHI, SAA 4.Lf 875.

44 Ebd.

45 Angela Bol, Corporate Governance. Normen, Legitimation und Praktiken in deutschen Unternehmen, 1870–1930, Berlin 2021, S. 119.
46 Manuskript von Herrn Henrich (1920), SHI, SAA 54.Ld 273.
47 Ebd. Das Stahl- und Walzwerk Weber war 1917 von seinem Gründer an die Deutsch-Luxemburgische Bergwerks- und Hüttenwerks AG verkauft worden. 1926 ging das Werk an den Flick-Konzern über.
48 Exposé von Albert Vögler (1919), SHI, SAA 54.Ld 273; Feldman, Stinnes, S. 663.
49 Hugo Stinnes, in: Frankfurter Zeitung, 22.5.1920.
50 Ein Plakat mit dieser Parole ist abgedruckt in: Friedrich Arnold (Hg.), Anschläge. Deutsche Plakate als Dokumente der Zeit 1900–1960, 2. Aufl., Ebenhausen 1973, o. S.
51 Manuskript von Herrn Henrich (1920), SHI, SAA 54.Ld 273.
52 Siemens, Carl Friedrich von Siemens, S. 152 f.; Waller, Studien, V. Teil, S. 120 ff., SAA 20.Ld 366; Feldman, Stinnes, S. 591.
53 Zitiert nach: Siemens, Carl Friedrich von Siemens, S. 155.
54 Otto Henrich an Carl Friedrich von Siemens, 27.2.1920, SHI, SAA 4.Lf 669.
55 Carl Friedrich von Siemens an Max Haller, 14.6.1920, SHI, Briefe A1726; Anton von Rieppel an Hugo Stinnes, 1.7.1920, SHI, SAA 8818.
56 Carl Friedrich von Siemens an Max Berthold, 15.11.1920, SHI, Briefe A 1600.
57 Siemens & Halske, 24. und 25. Geschäftsbericht 1919/20, Berlin 1921. Siehe hierzu u. a. Feldman, Stinnes, S. 662 ff.
58 Carl Friedrich von Siemens, Vorschlag der Gründung einer Interessengemeinschaft mit der Gelsenkirchener Bergwerks-Aktiengesellschaft, der Deutsch-Luxemburgischen Bergwerks- und Hütten-Aktiengesellschaft und der Elektrizitäts-Aktiengesellschaft vormals Schuckert & Co. in Nürnberg. Rede, gehalten in der Generalversammlung der Siemens & Halske Aktiengesellschaft am 29.12.1920, abgedruckt in: ders., Reden und Aufsätze, Bd. 1, SHI, SAA 4.Lf 875.
59 Die vierte SRSU-Gründerin, die EAG Schuckert, hatte ihr Aktienkapital von 70 Mio. Mark Stammaktien um 70 Mio. Vorzugsaktien erhöht.
60 Helmut Cabjolsky, Die wirtschaftliche Entwicklung der Siemens & Halske A.-G. Eine Bilanzbetrachtung. Diss. Ing. Technische Hochschule Aachen 1927, S. 20.
61 Carl Friedrich von Siemens an Albert Vögler, 27.12.1925, SHI, SAA 4.Lf 635-3.
62 Waller, Studien, V. Teil, Erster Halbbd., S. 120, SHI, SAA 20.Ld.366. Ähnlich: Siemens, Carl Friedrich von Siemens, S. 153 f. u. 160.
63 Ernst von Siemens an Edmund H. Stinnes, 29.5.1977, SHI, SAA 15160.
64 Carl Friedrich von Siemens, Warum ich Hugo Stinnes verehrte, in: Siemens-Mitteilungen Jg. 1924, Nr. 58, S. 2.
65 So konnte sich Henrich auf eine Prophezeiung des Deutsche-Bank-Vorstands Oscar Schlitter berufen, wonach „die Industriewelt bald aufgeteilt wäre, [und] für diejenigen Firmen, die nicht in einer Kombination wären, dann ausserordentlich unangenehme Situationen entständen“. Otto Henrich an Carl Friedrich von Siemens, 7.10.1920, SHI, SAA 4.Lf 669.
66 Klaus Tenfelde, Krupp in Krieg und Krisen. Unternehmensgeschichte der Fried. Krupp AG 1914 bis 1924/25, in: Lothar Gall (Hg.), Krupp im 20. Jahrhundert. Die Geschichte des Unternehmens vom Ersten Weltkrieg bis zur Gründung der Stiftung, Berlin 2002, S. 154 f.; Rudolf Meerwarth, Nationalökonomie und Statistik. Eine Einführung in die empirische Nationalökonomie, Berlin 1925, S. 118–122.
67 Carl Friedrich von Siemens an Albert Vögler, 27.12.1925, SHI, SAA 4.Lf 635-3.
68 Ebd., S. 18. Ähnlich ebd., S. 11 („des zweiten Gedankens unseres IG-Vertrages der gegenseitigen finanziellen Rückversicherung“). Vgl. hierzu Waller, Studien, V. Teil, Erster Halbbd., S. 147, SHI, SAA 20.Ld 366; Feldman, Stinnes, S. 663.
69 Gelsenkirchener Bergwerks AG, Geschäftsbericht 1919, Essen 1920; Siemens & Halske AG, 23. Geschäftsbericht für das Geschäftsjahr vom 1.8.1918 bis 31.7.1919, Berlin 1919.
70 Siehe hierzu Kapitel 4/4.
71 Johannes Bähr/Christopher Kopper, Industrie, Politik, Gesellschaft. Der BDI und seine Vorgänger 1919–1990, Göttingen 2019, S. 41.

72 Siehe hierzu Kapitel 3/6.
73 Vgl. Weber, Sozialpartnerschaft, S. 248.
74 Vgl. Werner Plumpe, Betriebliche Mitbestimmung in der Weimarer Republik. Fallstudien zum Ruhrbergbau und zur Chemischen Industrie, München 1999, S. 40 f.
75 Arbeitsgemeinschaft der industriellen und gewerblichen Arbeitgeber und Arbeitnehmer Deutschlands an den Herrn Reichsarbeitsminister, 17.5.1919, Bundesarchiv Berlin, R 8104/62, Bl. 372 f.
76 Dem SSW-Vorstand von Petri gegenüber beklagte er, „dass die Herren Arbeitgeber durch Abwesenheit glänzten". Carl Friedrich von Siemens an Oskar von Petri, 13.6.1919, SHI, Briefe A1889.
77 Weber, Sozialpartnerschaft, S. 250; Die Industriellen gegen das Betriebsrätegesetz, in: Vossische Zeitung, 12.12.1919, Morgenausgabe.
78 Zitiert nach: Weber, Sozialpartnerschaft, S. 250.
79 Jones, Carl Friedrich von Siemens, S. 58; Weber, Sozialpartnerschaft, S. 248; Carl Friedrich von Siemens an Hermann Fischer, 7.11.1919, SHI, SAA 4.Lf. 646.
80 42 Demonstranten wurden getötet, rund 100 verletzt. Siehe hierzu Weipert, Revolution, S. 160–189.
81 Jones, Carl Friedrich von Siemens, S. 58.
82 Betriebsrätegesetz. Vom 4. Februar 1920, in: Reichsgesetzblatt 1920, Nr. 26, S. 147–174. Vgl. Andrea Rehling, Betriebsrätegesetz 4. Februar 1920, 100(0) Schlüsseldokumente, 100(0) Schlüsseldokumente zur deutschen Geschichte im 20. Jahrhundert, URL: https://www.1000dokumente.de [Stand 3.2.2023]. Zu den Bestimmungen des Betriebsrätegesetzes und deren Einfluss auf die industriellen Beziehungen in der Weimarer Republik siehe Plumpe, Mitbestimmung.
83 Zitiert nach: Carola Sachse, Siemens, der Nationalsozialismus und die moderne Familie. Eine Untersuchung zur sozialen Rationalisierung in Deutschland im 20. Jahrhundert, Hamburg 1990, S. 101.
84 Werner Milert/Rudolf Tschirbs, Zerschlagung der Mitbestimmung 1933. Das Ende der ersten deutschen Betriebsdemokratie, hg. von der Hans-Böckler-Stiftung, Düsseldorf 2013, S. 21.
85 Ebd., S. 46. Zur Biografie Lübbes vgl. Ingrid Fricke, Erich Lübbe (1891–1977), in: Siegfried Mielke/Stefan Heinz (Hg.), Funktionäre des Deutschen Metallarbeiterverbandes im NS-Staat. Widerstand und Verfolgung, Berlin 2012, S. 407–415.
86 Bähr/Kopper, Industrie, S. 53 ff.
87 Peter Wulf, Die Auseinandersetzungen um die Sozialisierung der Kohle in Deutschland 1920/12, in: Vierteljahrshefte für Zeitgeschichte 25. Jg. (1977), H. 1, S. 53–56.
88 Ebd., S. 47.
89 Zu dieser Gruppe gehörten die Politiker Rudolf Hilferding und Karl Kautsky sowie die Ökonomen Carl Ballod und Emil Lederer. Die Arbeitgeberverbände hatten in einer Eingabe an den Reichsinnenminister vergeblich darum ersucht, nur Persönlichkeiten aus den in der amtierenden Regierung vertretenen Richtungen (MSPD, Zentrum, DDP) zu berufen. Ebd., S. 55 f.
90 Ebd. S. 65; Bericht der Sozialisierungskommission über die Frage der Sozialisierung des Kohlenbergbaues vom 31. Juli 1920, Berlin 1920. Siehe hierzu auch Schölzel, Walter Rathenau, S. 282–296.
91 Stellungnahme zur Frage der Sozialisierung des Kohlenbergbaus. Sondervotum v. Siemens-Vogelstein, abgedruckt in: Carl Friedrich von Siemens, Reden und Aufsätze, Bd. 1, SHI, SAA 4.Lf 875.
92 Wulf, Auseinandersetzungen, S. 69 f. u. 95 f.
93 Carl Friedrich von Siemens, Antwort auf Walther Rathenaus Vorschläge zur Neuorganisation der deutschen Wirtschaft. Ansprache, gehalten auf dem 2. Ordentlichen Parteitag der DDP am 12.12.1920 in Nürnberg, S. 1, abgedruckt in: ders., Reden und Aufsätze, Bd. 1, SHI, SAA 4.Lf 875.
94 Ebd., S. 1 f. u. S. 9.

95 Otto Henrich an Carl Friedrich von Siemens, 4.10.1920, SHI, SAA 4.Lf 669. Drei Tage später wusste Henrich zu berichten, dass auch in Bankkreisen ganz offen von einem Boykott gegen die AEG gesprochen werde. Otto Henrich an Carl Friedrich von Siemens, 7.10.1920, ebd.

96 Carl Friedrich von Siemens, Die deutsche Wirtschaft und die Pariser Beschlüsse vom 29. Januar 1921. Rede, gehalten im Reichswirtschaftsrat am 24.2.1921, abgedruckt in: ders., Reden und Aufsätze, Bd. 1, SHI, SAA 4.Lf 875.

97 Carl Friedrich von Siemens, Die Pariser Beschlüsse vom 29. Januar 1921. Rede, gehalten in einer von der DDP, Berlin einberufenen Versammlung vom 13.2.1921, abgedruckt in: ebd. Vgl. John Maynard Keynes, The Economic Consequences of the Peace, London 1919. Keynes' klassische Abhandlung erschien 1920 in deutscher Übersetzung.

98 Siehe Kapitel 4, S. 150.

99 Carl Friedrich von Siemens, Zur Wirtschaftslage. Vortrag in einer von der DDP in Leipzig einberufenen Versammlung vom 31.8.1920, abgedruckt in: ders., Reden und Aufsätze, Bd. 1, SHI, SAA 4.Lf 875, S. 11 (Zitat), 13–16. Zur Problematik des damaligen Produktivitätsbegriffs siehe Kapitel 5, S. 208 f.

100 Carl Friedrich von Siemens an Erich Sieg, 5.10.1923, SHI, SAA 4.Lk 459.

101 Carl Friedrich von Siemens, Die Entwicklung der deutschen Wirtschaft seit dem Weltkriege. Ansprache, gehalten in einer von der DDP einberufenen Versammlung am 4.5.1920 in Berlin, abgedruckt in: ders., Reden und Aufsätze, Bd. 1, SHI, SAA 4.Lf 875.

102 Besprechung mit Vertretern der Industrie [Kreditaktion der Industrie], 10.11.1921, in: Akten der Reichskanzlei. Weimarer Republik, Die Kabinette Wirth I und II, Bd. 1, S. 375–378.

103 Bähr/Kopper, Industrie, S. 56–59.

104 Das Zitat stammt aus einer Aufzeichnung Hermann Pünders (Chef der Reichskanzlei 1926 bis 1932), der darin einen Vermerk von Stinnes über ein Gespräch mit Rathenau am 22.6.1922 wiedergibt. Hermann Pünder, Politik in der Reichskanzlei. Aufzeichnungen aus den Jahren 1929–1932, hg. von Thilo Vogelsang, Stuttgart 1961, S. 19 (Eintrag vom 24.10.1929).

105 Wirtschaftliche Mitteilungen aus dem Siemens-Konzern Nr. 9, August 1920, S. 96 f.

106 Niederschrift betr. Wiedergutmachung, 30.7.1919, SHI, SAA 11.Lg 763. Siehe hierzu Christopher Heise, Materialisierung historischer Verantwortung. Deutsche Reparationssachlieferungen nach Frankreich am Beispiel von Siemens 1918–1932, Masterarbeit Humboldt-Universität zu Berlin, Ms. Berlin 2020.

107 Carl Köttgen, Erinnerungen, Teil 3, Zweiter Halbbd., Teil N: Das wirtschaftliche Ergebnis, Anlage 5: Die Abrechnungsmethoden während der Inflation und ihre Auswirkungen, S. 57, SAA 47.Lg 768.

108 Ebd.

109 Waller, Studien, V. Teil, Erster Halbbd., S. 138, SHI, SAA 20.Ld 366.

110 Ebd., S. 139.

111 Max Haller an Carl Friedrich von Siemens, 11.9.1922, SHI, SAA 4.Lf 635, abgedruckt in: Gerald D. Feldman/Heidrun Homburg, Industrie und Inflation. Studien und Dokumente zur Politik der deutschen Unternehmer 1916–1923, Hamburg 1977, Dok. Nr. 33, S. 311 ff. Siehe hierzu auch Wulf, Hugo Stinnes, S. 503.

112 Waller, Studien, V. Teil, Erster Halbbd., S. 138 f., SHI, SAA 20.Ld. 366.

113 Max Haller an Carl Friedrich von Siemens, 11.9.1922, SHI, SAA 4.Lf 635.

114 Albert Vögler an Carl Friedrich von Siemens, 6.9.1922, ebd., abgedruckt in: Feldman/Homburg, Industrie, Dok. Nr. 32, S. 310 f.

115 Max Haller an Carl Friedrich von Siemens, 11.9.1922, SHI, SAA 4.Lf 635.

116 Ebd.

117 Albert Vögler an Carl Friedrich von Siemens, 6.9.1922, ebd.

118 Waller, Studien, V. Teil, Erster Halbbd., S. 132 u. 135, SHI, SAA 20.Ld. 366.

119 Ebd., S. 138 f.

120 Hugo Stinnes an Carl Friedrich von Siemens, 15.10.1922, Archiv für Christlich-Demokratische Politik, 01-220-A096-2.

121 Max Haller an Carl Köttgen, 20.4.1922, SHI, SAA 11.Lb 387; abgedruckt in: Feldman/Homburg, Industrie, Dok. Nr. 30, S. 308f. Vgl. ferner Waller, Studien, V. Teil, Erster Halbbd., S. 140, SHI, SAA 20.Ld 366.

122 Siemens & Halske AG, 26. Geschäftsbericht für das Geschäftsjahr vom 1.10.1920 bis 30.9.1921, Berlin 1921; Siemens & Halske AG, 27. Geschäftsbericht für das Geschäftsjahr vom 1.10.1921 bis 30.9.1922, Berlin 1922.

123 Siemens & Halske AG, Geschäftsbericht 1921/22.

124 Ebd.

125 Vertrag „Im Interesse der Erstarkung des Deutschen Wirtschaftslebens und zum Zwecke der Fernhaltung undeutscher Einflüsse auf die Unternehmungen der Siemens & Halske Aktiengesellschaft“ (Juni 1922), Archiv für Christlich-Demokratische Politik, 01-220-A096-2.

126 Hermann Thomas an Carl Friedrich von Siemens, 12.11.1921, ebd., 01-220-A096-3.

127 Günther von Siemens gründete 1922 gemeinsam mit dem Kaufmann Fredo Lehrer in Berlin einen Baukonzern mit der allgemein als „Lesi“ bezeichneten Holding Lehrer – v. Siemens GmbH. Der Lesi-Konzern, in den wohl auch andere Mitglieder der Familie von Siemens investierten, war durch leichtfertig vergebene Bankkredite finanziert und sollte mit Aufträgen für den Wiederaufbau im zerstörten Nordfrankreich exorbitant hohe Gewinne erzielen. Als die französische Regierung solche Geschäfte unterband, brach die Lesi zusammen. Günther verlor sein gesamtes Vermögen und unterlag der Zwangsvollstreckung. Später wurde er von der Siemens-Bauunion eingestellt. Siemens, Carl Friedrich von Siemens, S. 183f.; Ernst von Siemens an Edmund H. Stinnes, 29.5.1977, SHI 15160; Personalangaben Günther von Siemens, 6.3.1957, SHI SAA 4.Lr 300. Zur „Lesi“-Affäre: Bernhard Gotto, Von den Anfängen bis zur Weltwirtschaftskrise. Landeskulturrentenanstalt, Girozentrale und Gemeindebank 1884–1929, in: Johannes Bähr/Axel Drecoll/Bernhard Gotto, Die Geschichte der BayernLB, München 2009, S. 82–87.

128 Hermann Thomas an Carl Friedrich von Siemens, 12.11.1921, Archiv für Christlich-Demokratische Politik, 01-220-A096-3.

129 Hugo Stinnes an Albert Vögler, 23.10.1922, ebd., 01-220-A096-2.

130 Hermann Thomas an Carl Friedrich von Siemens, 12.1.1921, ebd., 01-220-A096-3.

131 Vertrag „Im Interesse der Erstarkung des Deutschen Wirtschaftslebens und zum Zwecke der Fernhaltung undeutscher Einflüsse auf die Unternehmungen der Siemens & Halske Aktiengesellschaft“ (Juni 1922), Archiv für Christlich-Demokratische Politik, 01-220-A096-2.

132 Ebd. Unterzeichnet wurde der Vertrag (in der Reihenfolge und Schreibweise des Dokuments) von Ellen von Siemens geb. von Helmholtz, Hermann von Siemens, Hildegard Freifrau von Münchhausen geb. von Siemens, Ernst Freiherr von Münchhausen, Robert von Siemens, Günther von Siemens, Werner Ferdinand von Siemens, Mathilde Caminneci geb. von Siemens, Oscar von Caminneci, Anna Zanders geb. von Siemens, Käthe Pietschker geb. von Siemens, Hertha Harries geb. von Siemens, Carl Harries, Carl Friedrich von Siemens, Charlotte Baronin Buxhoeveden, Georg von Graevenitz, Charlotte von Winterfeld geb. Pietschker, Gerhard Pietschker und Hugo Stinnes. Ebd.

133 Hugo Stinnes an Carl Friedrich von Siemens, 15.10.1922, Archiv für Christlich-Demokratische Politik, 01-220-A096-2; Hugo Stinnes an Albert Vögler, 23.10.1922, ebd.

134 Ebd.

135 Edmund Hugo Stinnes an Hugo Stinnes, 13.10.1922, Archiv für Christlich-Demokratische Politik, 01-220-310.

136 Als Edmund Stinnes 1977 plante, Memoiren zu schreiben, wollte er darin die Hilfe seines Vaters für die Familie Siemens mit der zweiprozentigen Golddividende erwähnen und erkundigte sich bei Ernst von Siemens. Dabei ging er davon aus, dass die Garantie für die Golddividende bei Gründung der SRSU zugesagt worden sei. Der damalige Leiter des Siemens-Archivs, Sigfrid von Weiher, recherchierte in den Akten, fand keine Hinweise und erklärte Stinnes' Erinnerung an eine zweiprozentige Golddividende für eine Verwechslung. Die Dokumente im Nachlass Hugo Stinnes', auf die sich die oben stehenden Ausführungen stützen, waren Edmund Stinnes offenbar nicht bekannt. Aus seinem Memoirenprojekt wurde ein Erinnerungsband für seinen Vater in Form eines Gesprächs mit dem

ZEIT-Journalisten Andreas Kohlschütter. Die Golddividende wird darin nicht erwähnt. Herausgearbeitet wurde der Vorgang erst in der 1998 veröffentlichten Stinnes-Biografie von Gerald D. Feldman. Edmund H. Stinnes an Ernst von Siemens, 12.4.1977, SHI 15160; Auszug aus dem Manuskriptentwurf von Edmund H. Stinnes, ebd.; Sigfrid von Weiher an Ernst von Siemens, 25.5.1977, ebd.; Gerd Tacke an Kurt Birrenbach, 5.1.1978, ebd.; Edmund H. Stinnes, Ein Genie in chaotischer Zeit. Edmund H. Stinnes über seinen Vater Hugo Stinnes (1870–1924), Ascona 1979; Feldman, Stinnes, S. 827 f.

137 Carl Friedrich von Siemens, Warum ich Hugo Stinnes verehrte, in: Siemens-Mitteilungen Jg. 1924, Nr. 58, S. 2.

138 Carl Friedrich von Siemens an Herrn Stinnes (vermutlich Edmund Stinnes), 3.6.1924, SHI, SAA A2004.

139 Feldman, Stinnes, S. 826 f.; Wulf, Hugo Stinnes, S. 476 f.

140 Feldman, Inflation, S. 5.

141 Waller, Studien, V. Teil, Erster Halbbd., S. 32, SHI, SAA 20.Ld 366.

142 Carl Köttgen an Carl Friedrich von Siemens, 24.8.1923, SHI, SAA 4.Lf 669.

143 Carl Friedrich von Siemens an Ernst von Borsig, 27.10.1923, SHI, SAA 4.Lk 459, Bl. 515.

144 Fritz Blaich, Der Schwarze Freitag. Inflation und Wirtschaftskrise, München 1985, S. 31.

145 Siehe hierzu Weber, Sozialpartnerschaft, S. 573 ff.

146 Carl Friedrich von Siemens an Ernst von Borsig, 27.10.1923, SHI, SAA 4.Lk 459, Bl. 515.

147 Carl Friedrich von Siemens, Die Rentenmark, in: Berliner Tageblatt, 20.11.1923, abgedruckt in: ders., Reden und Aufsätze, Bd. 1, SHI, SAA 4.Lf 875.

148 Feldman, Stinnes, S. 887 ff.

149 Carl Friedrich von Siemens an Ernst von Borsig, 27.10.1923, SHI, SAA 4.Lk 459, Bl. 515.

150 Ebd.

151 Carl Friedrich von Siemens an Erich Sieg, 5.10.1923, SHI, SAA 4.Lk 459, Bl. 510 f.

152 Ebd.; Carl Friedrich von Siemens, Zur politischen und wirtschaftlichen Lage, Rede, gehalten vor der Ortsgruppe der DDP „Spandauer Viertel“ zu Berlin, am 11.10.1923, abgedruckt in: ders., Reden und Aufsätze, Bd. 1, SHI, SAA 4.Lf 875.

153 Carl Friedrich von Siemens an Erich Sieg, 5.10.1923, SHI, SAA 4.Lk 459.

154 Carl Friedrich von Siemens an Hans Luther, 23.11.1923, SHI, Briefe A1823.

155 Carl Friedrich von Siemens, Die Rentenmark, in: Berliner Tageblatt, 20.11.1923, abgedruckt in: ders, Reden und Aufsätze, Bd. 1, SHI, SAA 4.Lf 875.

156 Siehe hierzu Kapitel 5. Vgl. ferner Feldenkirchen, Siemens 1933–1945, S. 388 f.

157 Bericht des Aufsichtsrates und des Vorstandes über die Prüfung der Reichsmark-Eröffnungsbilanz für den 1. Oktober 1923 sowie über den Hergang der Umstellung, in: Siemens & Halske AG, Reichsmark-Eröffnungsbilanz zum 1. Oktober 1923 und 29. Geschäftsbericht für das Geschäftsjahr vom 1. Oktober 1923 bis 30. September 1924, Berlin 1925; Die Siemens-Umstellungen, in: Vossische Zeitung, 1.2.1925.

158 Jones, Carl Friedrich von Siemens, S. 237.

159 Ebd., S. 236 f.

160 Carl Friedrich von Siemens, Vortrag in der Vertrauensmännerversammlung der Deutschen Demokratischen Partei, Bezirksverband Berlin, am 16.2.1920, abgedruckt in: ders., Reden und Aufsätze, Bd. 1, SHI, SAA 4.Lf 875.

161 Ebd.

162 Ebd.

163 Carl Friedrich von Siemens, Wichtigste Vorbedingungen für die Gesundung der deutschen Wirtschaft. Vortrag, gehalten in einer von der DDP einberufenen öffentlichen Versammlung zu Dresden am 5.11.1920, abgedruckt in: ders., Reden und Aufsätze, Bd. 1, SHI, SAA 4.Lf 875.

164 Walter Rathenau, Rede auf der Tagung des Reichsverbandes der Deutschen Industrie. Gehalten in München am 28.9.1921, in: Walther Rathenau, Gesammelte Reden, Berlin 1924, S. 264.

165 Vgl. Thomas Mergel, Parlamentarische Kultur in der Weimarer Republik. Politische Kommunikation, symbolische Politik und Öffentlichkeit im Reichstag, Düsseldorf 2003, S. 104 u. 193 f.

166 Herr von Siemens, in: Deutsche Zeitung, 3.6.1920, SHI SAA 7679.

167 https://www.wahlen-berlin.de/Historie/wahldatenbank/Tabellen/Tabellen.asp [Stand 3.2.2023]. Der Wahlkreis 2 (Berlin) umfasste das Stadtgebiet in den Grenzen vor den Eingemeindungen von 1920. Die bürgerlich geprägten Bezirke im Westen (Charlottenburg, Wilmersdorf, Schöneberg) und der Arbeiterbezirk Neukölln gehörten zum Wahlkreis 3 (Potsdam II).
168 Falter/Lindenberger/Schumann, Wahlen, S. 44.
169 Georg Bernhard, Die Lehre des Niederbruchs, in: Vossische Zeitung, 7.6.1920.
170 https://www.wahlen-berlin.de/Historie/wahldatenbank/Tabellen/Tabellen.asp [Stand 3.2.2023].
171 Heinrich August Winkler, Weimar 1918–1933. Die Geschichte der ersten deutschen Demokratie, München 1993, S. 138 f.; Falter/Lindenberger/Schumann, Wahlen, S. 44.
172 Angaben nach dem Sprechregister der Reichstagsprotokolle 1918–1942 in: https://www.reichstagsprotokolle.de [Stand 3.2.2023]. Raumer war vom 25.6.1920 bis 4.5.1921 Reichsschatzminister, vom 13.8.1923 bis 3.10.1923 Reichswirtschaftsminister.
173 Die Vorträge mit den zitierten Titeln sind abgedruckt in: ders., Reden und Aufsätze, Bd. 1, SHI, SAA 4.Lf 875.
174 Carl Friedrich von Siemens, Die deutsche Wirtschaft und die Pariser Beschlüsse vom 29. Januar 1921. Rede, gehalten im Reichswirtschaftsrat am 24.2.1921, abgedruckt in: ebd. Zum Vorläufigen Reichswirtschaftsrat vgl. Joachim Lilla, Der Vorläufige Reichswirtschaftsrat 1920 bis 1933/34, Zusammensetzung, Dokumentation, Biographien. Unter Einschluss des Wirtschaftsrats des Reichspräsidenten 1931 und des Generalrats der Wirtschaft 1933, Düsseldorf 2012; Franz Hederer, Zwischen den Stühlen. Der Reichswirtschaftsrat in der Weimarer Republik als politischer Akteur. Habilitationsschrift Johann Wolfgang Goethe-Universität Frankfurt, Fachbereich Philosophie und Geschichtswissenschaften, Ms. Frankfurt am Main 2022.
175 Larry Eugene Jones, German Liberalism and the Dissolution of the Weimar Party System 1918–1933, Chapel Hill 1988, S. 39 ff.
176 Ebd., S. 121 ff.; Verhandlungen des Reichstags, I. Wahlperiode 1920, Stenographische Berichte, Band 349, Berlin 1921, S. 3653 f.
177 Carl Friedrich von Siemens, Vortrag in der Vertrauensmännerversammlung der Deutschen Demokratischen Partei, Bezirksverband Berlin, am 16.2.1920, S. 5, abgedruckt in: ders., Reden und Aufsätze, Bd. 1, SHI, SAA 4.Lf 875.
178 Carl Friedrich von Siemens an Syndikus Arnold Gaude, Deutsche Demokratische Partei, Mannheim, 17.8.1921, SHI SAA 4.Lk 459, Bl. 331.
179 Carl Friedrich von Siemens an Emil Kirdorf, 15.9.1922, SHI, SAA 18547, Bl. 21.
180 Carl Friedrich von Siemens an B. H. Antill, 19.8.1921, SHI, SAA 4.Lk 459, Bl. 332.
181 Biografische Listen Carl Friedrich von Siemens, SHI, SAA 4.Lf 551.
182 Ebd.
183 Eröffnungsansprache durch Herrn Dr. -Ing eh. bei der Gründungsversammlung des Reichskuratoriums für Wirtschaftlichkeit in Industrie und Handwerk am 10. Juni 1921 im Industriehaus zu Berlin, SHI, SAA 4.Lf 729. Zur Geschichte des RKW vgl. Erich Süssenberger/Hans Wolfgang Büttner/Karl Josef Uthmann/Hermann Freiherr von Wolff-Metternich, Das Rationalisierungs-Kuratorium der Deutschen Wirtschaft, Düsseldorf 1973.
184 Zitat aus: Carl Friedrich von Siemens, Wichtigste Vorbedingungen für die Gesundung der deutschen Wirtschaft. Vortrag, gehalten in einer von der DDP einberufenen öffentlichen Versammlung zu Dresden am 5.11.1920, abgedruckt in: ders., Reden und Aufsätze, Bd. 1, SHI, SAA 4.Lf 875.
185 Georg Mattern an Theodor von Kármán, 13.9.1929, SHI, SAA 20226.
186 Winfried Schulze, Der Stifterverband für die Deutsche Wissenschaft 1920–1995, Berlin 1995, S. 60.
187 Ebd., S. 64; Plumpe, Duisberg, S. 639 u. 641.
188 Biografische Listen Carl Friedrich von Siemens, SHI, SAA 4.Lf 551.
189 Schulze, Stifterverband, S. 65; Plumpe, Duisberg, S. 639.
190 Schulze, Stifterverband, S. 61.

191 Zitiert nach: ebd., S. 69.
192 Plumpe, Duisberg, S. 640.
193 Carl Friedrich von Siemens an Albert Vögler, 26.8.1921, SHI, SAA 4.Lk 459.
194 Siemens, Carl Friedrich von Siemens, S. 162.
195 Heintzenberg, Carl Friedrich von Siemens, S. 361, SHI L221.
196 Anna Zanders an Werner Ferdinand von Siemens, 20.5.1921, SHI, Briefe F2890.
197 Siemens, Carl Friedrich von Siemens, S. 254.
198 Ludwig Heck war von 1888 bis 1931 Direktor des Zoologischen Gartens Berlin. Katrin heiratete nach der Scheidung nicht wieder und starb schon 1919. In seinen anekdotisch angelegten Erinnerungen hat Heck die Töchter nur in zwei knappen Sätzen erwähnt („Beide Töchter heirateten in die Familie Siemens. Diese Tatsache bildete reichlich Stoff für Zeitungsnotizen"). Ludwig Heck, Heiter-ernste Lebensbeichte. Erinnerungen eines alten Tiergärtners, Berlin 1938, S. 53.
199 Anna Zanders an Werner Ferdinand von Siemens, 20.5.1921, SHI, Briefe F2890.
200 Ebd.; Siemens, Carl Friedrich von Siemens, S. 162.
201 Anna Zanders an Werner Ferdinand von Siemens, 20.5.1921, SHI, Briefe F2890.
202 Ebd.
203 Siemens, Carl Friedrich von Siemens, S. 162; Erik Lindner, Ernst von Siemens, hg. vom Siemens Historical Institute (Reihe Lebenswege), München 2015, S. 12.
204 Busjan/Groß, Anna Siemens und Hertha Siemens, S. 188.
205 Stammbaum der Familie Siemens 1985, so auch Lindner, Ernst von Siemens, S. 11.
206 Siemens, Carl Friedrich von Siemens, S. 162.
207 Zur Deutschen Werke AG gehörten u. a. die ehemaligen Heereswerkstätten in Berlin-Spandau und die ehemalige Kaiserliche Werft Kiel. Mit der Übernahme der Deutschen Werke durch den 1923 gegründeten reichseigenen Mischkonzern Vereinigte Industrie-Unternehmungen AG (VIAG) wurde Henrich auch stellvertretender Aufsichtsratsvorsitzender dieser Holding. Mit der Aufteilung der Deutschen Werke in mehrere Nachfolgegesellschaften im Frühjahr 1925 schied er aus. Im Oktober 1923 wurde er vorübergehend als Kandidat für das Amt des Reichswirtschaftsministers gehandelt. Protokoll der Ministerbesprechung vom 23.2.1925 [Unterstützung der Deutschen Werke], in: Akten der Reichskanzlei. Weimarer Republik, Die Kabinette Luther I und II. 15. Januar 1925 bis 20. Januar 1926. 20. Januar 1926 bis 17. Mai 1926, Bd. 1: Januar 1925 bis Oktober 1925, bearb. von Karl-Heinz Minuth, Boppard 1977, Dokument Nr. 27, S. 164; Sanierung der Deutschen Werke. Zum Rücktritt des Generaldirektors Henrich, in: Berliner Börsen-Zeitung, 11.3.1925, II. Beilage; Manfred Pohl, VIAG Aktiengesellschaft 1923–1998. Vom Staatsunternehmen zum internationalen Konzern, München 1998, S. 33 u. 43; Thomas Raithel, Das schwierige Spiel des Parlamentarismus. Deutscher Reichstag und französische Chambre des Députés in den Inflationskrisen der 1920er Jahre, München 2005, S. 275.
208 Carl Friedrich von Siemens an B. H. Antill, 19.8.1921, SHI, SAA 4.Lk 459, Bl. 332.
209 Anna Zanders an Werner Ferdinand von Siemens, 20.5.1921, SHI, Briefe F2890.
210 Zu Werner Ferdinand von Siemens siehe Yvonne Groß/Ludwig Scheidegger, Nora Füssli, hg. von der Werner Siemens-Stiftung, Zug, Schwerin 2018, S. 140–157.
211 Carl Friedrich von Siemens an Albert Vögler, 28.12.1925, SHI, SAA 4.Lf 635-3.
212 Carl Friedrich von Siemens an B. H. Antill, 19.8.1921, SHI, SAA 4.Lk 459, Bl. 332.
213 Siehe hierzu den Nachruf des Nobelpreisträgers Richard Willstätter auf Harries. Willstätter, Carl Dietrich Harries.
214 Busjan/Groß, Anna Siemens und Hertha Siemens, S. 188.

5. Die große Zeit

1 Siemens & Halske AG, Reichsmark-Eröffnungsbilanz zum 1. Oktober 1923 und 29. Geschäftsbericht 1. Oktober 1923 bis 30. September 1924, Berlin 1925.

2 Gelsenkirchener Bergwerks AG, Geschäftsbericht über das Geschäftsjahr vom 1. Oktober 1921 bis 30. September 1922, Essen 1923, und Geschäftsbericht über das Geschäftsjahr vom 1. Oktober 1923 bis 30. September 1924, Essen 1924.

3 Bericht des Aufsichtsrates und des Vorstandes über die Prüfung der Reichsmark-Eröffnungsbilanz für den 1. Oktober 1923 sowie über den Hergang der Umstellung, in: Siemens & Halske AG, Reichsmark-Eröffnungsbilanz und Geschäftsbericht 1923/24.

4 Diese Anpassung war notwendig, weil sich das Reinvermögen bei der AEG nach der Währungsumstellung nur auf 172,2 Mio. RM belief, gegenüber 127,5 Mio. RM bei S&H. Allgemeine Elektricitäts-Gesellschaft, Reichsmark-Eröffnungsbilanz für den 1. Oktober 1923 und Bilanz nebst Gewinn- und Verlustrechnung per 30. September 1924, Berlin 1925; Siemens & Halske AG, Reichsmark-Eröffnungsbilanz.

5 Peter Strunk, Die AEG. Aufstieg und Niedergang einer Industrielegende, 2. Aufl., Berlin 2000, S. 47.

6 Robert C. Perez/Edward F. Willett, Clarence Dillon. A Wall Street Enigma, Lanham 1995, S. 69 f.

7 Robert Kuczynski, Deutsche Anleihen im Ausland 1924 bis 1927. Deutsche ergänzte Ausgabe von American Loans to Germany, Berlin 1928, S. 11; zu den Siemens-Anleihen vgl. ferner Feldenkirchen, Siemens 1918–1945, S. 393 ff.; Siemens, Geschichte, Bd. 3, S. 254–259.

8 Feldenkirchen, Siemens 1918–1945, S. 240. Zu den Verhandlungen: Carl Friedrich von Siemens an Geheimrat Kammann, 20.8.1924, SHI SAA 4.Lf 514.

9 Für das Geschäftsjahr 1924/25 wiesen S&H und die SSW Reingewinne in Höhe von zusammen rund 15 Mio. RM aus, während die Reingewinne der Rheinelbe-Gruppe (GBAG, Deutsch-Lux, Bochumer Verein) bei 3,8 Mio. RM lagen. Siemens, Weg, Bd. 2, S. 66. Die Angaben zu den Reingewinnen werden hier irrtümlicherweise auf die Goldmarkbilanzen bezogen. Feldenkirchen, Unternehmenspolitik, S. 31.

10 Siehe hierzu Alfred Reckendrees, Das „Stahltrust"-Projekt. Die Gründung der Vereinigte Stahlwerke A. G. und ihre Unternehmensentwicklung 1926–1933/34, München 2000, S. 149–171 u. 198 f.

11 Carl Friedrich von Siemens an Hans Henning von Pentz, 28.12.1925, SHI, SAA 4.Lf 635-3.

12 Carl Friedrich von Siemens an Albert Vögler, 27.12.1925, ebd. Siehe hierzu Siemens, Carl Friedrich von Siemens, S. 221–224; Reckendrees, „Stahltrust"-Projekt, S. 107 f.

13 Carl Friedrich von Siemens an Albert Vögler, 27.12.1925, SHI, SAA 4.Lf 635-3.

14 Carl Friedrich von Siemens, Bericht in der Generalversammlung der Siemens & Halske AG am 26.3.1926, abgedruckt in: ders., Reden und Aufsätze, Bd. 2, SHI, SAA 4.Lf 875.

15 Reckendrees, „Stahltrust"-Projekt, S. 243.

16 Feldenkirchen, Siemens 1918–1945, S. 539.

17 Felix Deutsch an Carl Friedrich von Siemens, 6.8.1925, SHI, SAA 4.Lf 529. Vgl. Heidrun Homburg, Die Neuordnung des Marktes nach der Inflation. Probleme und Widerstände am Beispiel der Zusammenschlußprojekte von AEG und Siemens 1924–1933 oder: „Wer hat den längeren Atem?", in: Gerald D. Feldman (Hg.), Nachwirkungen der Inflation auf die deutsche Geschichte 1924–1933, München 1985, S. 117–156, hier S. 135.

18 Homburg, Neuordnung, S. 135.

19 Ebd., S. 121 f. Die Bildung einer gemeinsamen Verkaufsgesellschaft von AEG und SSW war schon in den Jahren 1917/18 erwogen worden, um die internationale Wettbewerbsfähigkeit der deutschen Starkstromindustrie nach dem Krieg zu sichern. Ebd.

20 Ebd., S. 134.

21 Carl Friedrich von Siemens an Albert Vögler, 27.12.1925, S. 16, SHI, SAA 4.Lf 635-3.

22 Homburg, Neuordnung, S. 133 f.

23 Ebd., S. 122 u. 124.

24 Besprechung am 20. Oktober 1925 im Werner Siemens-Haus, SHI, SAA 4.Lf 529-1.

25 Homburg, Neuordnung, S. 123.

26 Nach dem von Carl Friedrichs Büroleiter Hans Henning von Pentz erstellten Protokoll nahmen an dieser Sitzung die Aufsichtsräte Berliner, Berthold, Pöhlmann, Schlitter, Werner Ferdinand von Siemens und Vögler teil, ferner die Vorstandsmitglieder Franke, Görz, Haller, Köttgen und von Winterfeld. Besprechung am 20. Oktober 1925 im Werner Siemens-Haus, SHI, SAA 4.Lf 529-1.

27 Ebd.

28 Ebd.

29 Carl Friedrich von Siemens an Wilhelm von Siemens, 28.3.1913, SHI, Briefe F2581 („Ich bin jetzt stark dabei die Umwandlungsfrage in eine Aktiengesellschaft weiter durchprüfen zu lassen").

30 Ein im Oktober 1920 erstelltes Memorandum Otto Henrichs bezifferte die Kosten für Steuern und Stempel mit 23 Mio. Mark. Überschlägige Zusammenstellung der bei einer Umwandlung der Siemens-Schuckertwerke GmbH in eine Aktiengesellschaft entstehenden Stempel und Steuern, 18.10.1920, SHI, SAA 11.Lb 304.

31 Carl Friedrich von Siemens an Wilhelm von Siemens, 26.3.1918, SHI, Briefe F2590.

32 Carl Friedrich von Siemens an Max Berthold, 5.7.1920, SHI, SAA 4.Lf 682.

33 Siemens, Carl Friedrich von Siemens, S. 238; von der am 24.9./1.10. aufgelegten 24-Mio.-US-Dollar-Anleihe wurde ein Anteil von 16,5 Mio. durch Dillon, Read & Co. in den USA begeben, 6,75 Mio. wurden von der Nederlandschen Handel-Maatschappij in den Niederlanden, in der Schweiz und Kanada untergebracht, 0,925 Mio. vom Bankhaus J. Henry Schroeder & Co. in Großbritannien. Kuczynski, Anleihen, S. 12.

34 Ebd.

35 Siemens, Carl Friedrich von Siemens, S. 235 f.

36 Ebd., S. 237.

37 Carl Friedrich von Siemens, Ausführungen anlässlich der Generalversammlung der Siemens & Halske AG am 11.3.1927, abgedruckt in: ders., Reden und Aufsätze, Bd. 3, SHI, SAA 4.Lf 875.

38 Siehe hierzu und zum Folgenden Martin Münzel, 175 Jahre Siemens, Berlin 2022, S. 83–87.

39 Feldenkirchen, Siemens 1918–1945, S. 371 f.

40 Ebd., S. 375–378.

41 Ebd., S. 348 f.

42 Ebd., S. 378 ff.

43 „Unsere Firma habe früher immer den Standpunkt vertreten, sich auf das elektrotechnische Geschäft zu beschränken." Bemerkungen des Herrn Dr. C. F. von Siemens bei der Aufsichtsratssitzung der SSW am 11.11.1927 in Nürnberg, SHI, SAA 4.Lt 398-7. Siehe hierzu Feldenkirchen, Unternehmenspolitik, S. 32.

44 Carl Friedrich von Siemens, Ausführungen anlässlich der Generalversammlung der Siemens & Halske AG am 11.3.1927, in: ders., Reden und Aufsätze, Bd. 3, SHI, SAA 4.Lf 875.

45 Um sich breiter aufzustellen, hatte die AEG unter anderem 1922 die Berliner Gußstahlfabrik und Eisengießerei Hartung AG übernommen und gemeinsam mit den Linke-Hofmann-Werken in Hennigsdorf ein Stahlwerk errichtet. Strunk, AEG, S. 46.

46 Feldenkirchen, Unternehmenspolitik, S. 33.

47 Feldenkirchen, Siemens 1918–1945, S. 296–299. Die Mülheimer Maschinenfabrik hatte bis zur Gründung der Vereinigten Stahlwerke zu Thyssen & Co. gehört, dann war das Werk nicht an den „Stahltrust", sondern an die Demag übergegangen. Vgl. Manfred Rasch, Auch beim Bau von Großgasmaschinen war August Thyssen Pionier. Die Thyssen & Co. Maschinenfabrik, in: Horst A. Wessel (Hg.), Pioniere der Mülheimer Wirtschaft und Gesellschaft seit dem Ende des 18. Jahrhunderts. „...doch das ganze Leben in Mülheim war ein anderes geworden!" Wirtschaft und Gesellschaft in der Stadt am Fluss seit Ende des 18. Jahrhunderts, Essen 2017, S. 198–220.

48 Carl Friedrich von Siemens an Paul Reusch, 23.3.1927, SHI, Briefe A1926.

49 Aktennotiz über Ausführungen des Herrn v. Siemens in der Sitzung des Aufsichtsrats der S&H AG am 22.6.1928, S. 3 f., SHI, SAA 4. Lt 398-7.

50 Verena Schröter, Die deutsche Industrie auf dem Weltmarkt 1929 bis 1933. Außenwirtschaftliche Strategien unter dem Druck der Weltwirtschaftskrise, Frankfurt am Main 1984, S. 414 f.

51 Siemens 1930. Aufbau, Entwicklung, Werke, Statistik und Finanzen des Siemens-Konzerns und seiner Konzern-Gesellschaften (Das Spezial-Archiv der deutschen Wirtschaft), Berlin 1930, S. 21 u. 50.

52 Heise, Materialisierung, S. 75–82; Czada, Berliner Elektroindustrie, S. 145 f.

53 Scott, Siemens Brothers, S. 92 f.

54 Protokoll der 155. Sitzung des Aufsichtsrats der Siemens & Halske AG am 20.12.1928, SHI, SAA 16.Lh 262.

55 Ebd.; Feldenkirchen, Unternehmenspolitik, S. 52 f.; Waller, Studien, V. Teil, Erster Halbbd., S. 57, SHI, SAA 20.Ld 366.

56 Mark Casson, Enterprise and Leadership. Studies on Firms, Markets and Networks, Cheltenham 2000, S. 198 ff.; Andrea Colli, The History of Family Business, 1850–2000, Cambridge 2003, S. 20 f.

57 Hartmut Berghoff/Ingo Köhler, Verdienst und Vermächtnis. Familienunternehmen in Deutschland und den USA seit 1860, hg. von der Stiftung Familienunternehmen, Frankfurt am Main 2020, S. 15.

58 Maßnahmen zur Sicherung des aktienmäßigen Einflusses von Mitgliedern der Familie v. Siemens (einschließlich der Werner Siemens-Stiftung, Schaffhausen, sowie der Maria-Stiftung, Vaduz) auf S&H (gez. Springer), 29.4.1950, S. 2, SHI, SAA 4.Ld 604-28.

59 Bol, Corporate Governance, S. 118 f.

60 Ebd., S. 119.

61 Siemens & Halske AG, 23. Geschäftsbericht für das Geschäftsjahr vom 1.8.1918 bis 31.7.1919, Berlin 1920; Siemens & Halske AG, 36. Geschäftsbericht für das Geschäftsjahr vom 1.8.1930 bis 30.9.1931, Berlin 1932.

62 Zu Georg Ludwig von Graevenitz siehe die demnächst erscheinende Doppelbiografie von Béatrice Busjan und Yvonne Groß über Charlotte von Buxhoeveden und Marie von Graevenitz.

63 Die Verbindung zu Siemens bewahrte Caminneci nicht davor, 1944 im KZ Sachsenhausen inhaftiert zu werden. Er wurde im März 1945 im KZ Mauthausen ermordet. Vgl. Winfried Meyer, Verschwörer im KZ. Hans von Dohnanyi und die Häftlinge des 20. Juli 1944 im KZ Sachsenhausen, Berlin 1999, S. 190 ff.

64 Siemens & Halske AG, 46. Geschäftsbericht für das Geschäftsjahr vom 1.10.1940 bis 30.9.1941, Berlin 1942.

65 Siemens & Halske AG, 27. Geschäftsbericht für das Geschäftsjahr vom 1.10.1921 bis 30.9.1922, Berlin 1923.

66 Im Geschäftsjahr 1924/25 gehörten dem Aufsichtsrat der SSW an: Carl Friedrich von Siemens (Vorsitzender), Adolf Pöhlmann (Bayerische Vereinsbank, stellv. Vors.), Ferdinand Lincke (Commerz- und Privat-Bank), Oskar Ritter von Petri (Aufsichtsratsvorsitzender EAG Schuckert/ehem. Vorstandsmitglied der SSW), Anton Ritter von Rieppel (Aufsichtsrat EAG Schuckert, ehem. Generaldirektor der MAN), Oscar Schlitter (Deutsche Bank) sowie die Betriebsratsmitglieder Erich Lübbe und Arthur Reichelt. Siemens-Schuckertwerke GmbH, 24. Geschäftsbericht für das Geschäftsjahr vom 1.10.1924 bis 30.9.1925, Berlin 1926.

67 Vgl. Hermann von Siemens. Forscher und Krisenmanager, in: Siemens Historical Institute (Hg.), Zukunft, S. 155–182.

68 Ernst von Siemens. Wegbereiter der Siemens AG, in: ebd, S. 183–208; Lindner, Ernst von Siemens.

69 Kocka, Unternehmensverwaltung, S. 233.

70 Carl Friedrich von Siemens an Robert von Siemens, 28.2.1941, SHI, SAA 4.Lr 300.

71 Instruktion für den Vorsitzenden des Vorstandes der Siemens & Halske AG, genehmigt in der Aufsichtsratssitzung vom 12.7.1922.

72 Besprechung am 20.10.1925 im Werner Siemens-Haus, SHI, SAA 4.Lf 529-1. Siehe hierzu oben Kapitel 5/2.

73 Hanns Henning von Pentz hatte über seinen einstigen Regimentskameraden Kurt von Hammerstein-Equord (Chef der Heeresleitung 1930–1932) auch erstklassige Beziehungen zum Militär. Gottfried Reinhold Treviranus, Für Deutschland im Exil, Düsseldorf 1973, S. 24.

74 Wolf-Dietrich von Witzleben, Eigene Stellung und Tätigkeit von 1919 bis 1943, in: Antworten auf Fragen des Untersuchungsausschusses (1949), SHI SAA 18548-2. Siehe hierzu Kapitel 7.

75 Hartmut Berghoff/Ingo Köhler, Verdienst und Vermächtnis. Familienunternehmen in Deutschland und den USA sei 1800, hg. von der Stiftung Familienunternehmen, Frankfurt am Main 2020, S. 210–218.

76 Carl Friedrich von Siemens, Rede bei der Jubilarfeier am 12.10.1932, abgedruckt in: ders., Reden und Aufsätze, Bd. 4, SHI,SAA 4.Lf 875.

77 Carl Friedrich von Siemens, Die Bedeutung der Wohnungsfrage für die Industrie. Vortrag, gehalten am 6.2.1917, abgedruckt in: ders., Reden und Aufsätze, Bd. 1, SHI, SAA 4.Lf 875.

78 Münzel, Zukunft, S. 67.

79 Carl Friedrich von Siemens, Die Bedeutung der Wohnungsfrage für die Industrie. Vortrag, gehalten am 6.2.1917, abgedruckt in: ders., Reden und Aufsätze, Bd. 1, SHI, SAA 4.Lf 875.

80 Sachse, Siemens, S. 151.

81 Münzel, Zukunft, S. 69 ff.

82 Czada, Berliner Elektroindustrie, S. 132.

83 Münzel, Zukunft, S. 76–85. Siemensstadt wurde erst 1980 an das Berliner U-Bahn-Netz angeschlossen.

84 Homburg, Rationalisierung, S. 590 (Angaben bezogen auf S&H und die SSW einschl. Siemens-Bauunion). Siehe hierzu auch die Daten in: Feldenkirchen, Unternehmenspolitik, S. 47.

85 Homburg, Rationalisierung, S. 590 f.

86 Ebd., S. 590.

87 Ebd., S. 618 ff.; Niederschrift über Äußerungen des Herrn Dr. C. F. v. Siemens in der Vorstandssitzung der S&H AG am 21.1.1928, SHI, SAA 4.Lt 398-7.

88 Niederschrift über Äußerungen des Herrn Dr. C. F. v. Siemens in der Vorstandssitzung der S&H AG am 21.1.1928, SHI, SAA 4.Lt 398-7.

89 Siemens & Halske AG, 36. Geschäftsbericht 1. Oktober 1930 bis 30. September 1931, Berlin 1932.

90 Ebd.

91 Zu den Inventurprämien: Kocka, Unternehmensverwaltung, S. 85 f.

92 Niederschrift über Äußerungen des Herrn Dr. C. F. v. Siemens in der Vorstandssitzung der S&H AG am 21.1.1928, SHI, SAA 4.Lt 398-7.

93 Kurt Sorge an Carl Friedrich von Siemens, 28.9.1924, SHI, SAA 4.Lf 665-5.

94 Reichsgesetz über die Deutsche Reichsbahn-Gesellschaft (Reichsbahngesetz). Vom 30. August 1924, in: Reichsgesetzblatt 1924 II, Nr. 32, S. 272–280.

95 Christopher Kopper, Ein Opfer der alliierten Reparationspolitik? Die technische und wirtschaftliche Sanierung der Reichsbahn von 1919 bis 1924, in: Dieter Ziegler/Jan-Otmar Hesse (Hg.), 1919 – Der Versailler Vertrag und die deutschen Unternehmen, Berlin 2022, S. 202.

96 Eberhard Kolb, Die Reichsbahn vom Dawes-Plan bis zum Ende der Weimarer Republik, in: Lothar Gall/Manfred Pohl (Hg.), Die Eisenbahn in Deutschland. Von den Anfängen bis zur Gegenwart, München 1999, S. 117; Kopper, Opfer, S. 206.

97 Reichsgesetz über die Deutsche Reichsbahn-Gesellschaft (Reichsbahngesetz). Vom 30. August 1924, in: Reichsgesetzblatt 1924 II, Nr. 32, S. 272.

98 Der Jurist Léon Delacroix war von 1918 bis 1920 Premierminister von Belgien; Gaston Leverve, ein höherer Beamter der Compagnie du chemin de fer de Paris à Orléans, hatte sich bereits als Leiter von deutsch-polnischen Verhandlungen bewährt.

99 Kolb, Reichsbahn, S. 117.

100 Der Kampf um die Reichsbahn-Gesellschaft, in: Berliner Tageblatt, 19.9.1924, Abendausgabe.

101 Siehe hierzu die Einschätzung des amerikanischen Historikers Alfred C. Mierzejewski: „The choice of Siemens proved to be a wise one because of his extensive business experience in Germany and abroad, his fairness, his willingness to cooperate with the Allies and the German government, his knowledge of technology, and his orientation toward commercial management priorities, all without forgetting the Reichsbahn's social obligations." Alfred C. Mierzejewski, The Most Valuable Asset of the Reich. A History of the German National Railway, Vol. 1 1920–1932, Chapel Hill 1999, S. 121.

102 Carl Friedrich von Siemens, Zur Wirtschaftslage. Vortrag in einer von der DDP in Leipzig einberufenen Versammlung vom 31.8.1920, abgedruckt in: Carl Friedrich von Siemens, Reden und Aufsätze, Bd. 1, SHI, S. 33f.

103 Besprechung mit Vertretern der Industrie, 10.11.1921, in: Akten der Reichskanzlei. Weimarer Republik, Die Kabinette Wirth I und II, 10. Mai 1921 bis 22. November 1922, Bd. 1: Mai 1921 bis März 1922, bearb. von Ingrid Schulze-Bidlingmaier, Boppard 1973, Dokument Nr. 135, S. 375–378.

104 Carl Friedrich von Siemens, Die Kredit-Aktion der deutschen Industrie. Nachträgliche Niederschrift der in der Fraktionssitzung vom 19.11.1921 gehaltenen Rede, abgedruckt in: Carl Friedrich von Siemens, Reden und Aufsätze, Bd. 1, SHI, SAA 4.Lf 875.

105 Der Reichsverband der Deutschen Industrie an den Reichskanzler [Reparationsangebot der deutschen Industrie], 25.5.1923, in: Akten der Reichskanzlei. Weimarer Republik, Das Kabinett Cuno, 22. November 1922 bis 12. August 1923, bearb. von Karl-Heinz Harbeck, Boppard 1968, S. 508–513.

106 Carl Friedrich von Siemens an Otto Merten, 25.9.1924, in: SHI, Briefe A1843.

107 Zu den von der Reichsregierung berufenen Mitgliedern des Verwaltungsrats der DRG gehörten außer Carl Friedrich von Siemens: Eduard Arnhold (Großkaufmann mit zahlreichen Aufsichtsratsmandaten), Adolf von Batocki (Vertreter des Deutschen Landwirtschaftsrats, ehem. Regierungspräsident von Ostpreußen), Otto Blum (Professor für Eisenbahnwesen an der Technischen Hochschule Hannover), Wilhelm Buck (Vertreter Sachsens, ehem. Ministerpräsident des Freistaats Sachsens), David Fischer (Staatssekretär im Reichsfinanzministerium), Vitus von Hertel (Vertreter Bayerns, früherer Direktor der Reichsbahn-Direktion Augsburg), Peter Klöckner (Klöckner-Werke AG), Franz Ott (Generaldirektor der Rhein- und See-Schiffahrts-Gesellschaft Köln). Der Treuhänder hatte benannt: Sir William Acworth (britischer Eisenbahnfachmann, Chairman of the Committee on Indian Railways), Carl Bergmann (Staatssekretär a.D., Mitinhaber der Bank Lazard-Speyer-Ellison, Mitglied des Verwaltungsrats der Reichsbank und des Aufsichtsrats der Deutschen Bank), Giuseppe Bianchini (Direktor der Assoziazione Bancaria Italiana, Mitglied der ständigen Finanzkommission des Völkerbundes), Jules Jadot (Präsident der Société belge de chemins de fer en Chine), Maurice Margot (Generaldirektor der Compagnie Paris-Lyon-Méditerranée), Oskar von Miller (Bauingenieur, Begründer des Deutschen Museums), Richard Sarre (ehem. Präsident des Eisenbahnzentralamts), Karl von Stieler (ehem. Staatssekretär im Reichsverkehrsministerium und Leiter der dortigen Eisenbahnabteilung). Geschäftsbericht der Deutschen Reichsbahn-Gesellschaft über das Geschäftsjahr 1925 (1. Oktober 1924 bis 31. Dezember 1925), Berlin 1926.

108 Zitat aus einer Entschließung des Deutschen Beamtenbunds, zitiert nach: Kolb, Reichsbahn, S. 126.

109 Verhandlungen des Reichstags, III. Wahlperiode 1924, Stenographische Berichte, Band 388, Berlin 1925, S. 5542 (161. Sitzung, 15.2.1926).

110 Niederschrift über die außerordentliche Sitzung des Verwaltungsrats der Deutschen Reichsbahn-Gesellschaft am 21.4.1945, Bundesarchiv Berlin, R 5/2005, Bl. 3f.

111 Mierzejewski, Asset, Vol. 1, S. 173.

112 Ebd., S. 172.

113 Ebd.

114 Ebd., S. 125f.

115 Niederschrift über die Ministerbesprechung am 4.6.1926, Bundesarchiv Berlin R 41 I/1054, Bl. 49.

116 Niederschrift über die 12. Sitzung des Verwaltungsrats der Deutschen Reichsbahn am 3. und 4. Juni 1926, Bundesarchiv Berlin, R 5/20013.
117 Zitat aus dem Generalanzeiger für Dortmund, 7.6.1926, zitiert nach: Alfred Gottwaldt, Dorpmüllers Reichsbahn. Die Ära des Reichsverkehrsministers Julius Dorpmüller, 1920–1945, Freiburg i. Br. 2009, S. 39.
118 Mierzejewski, Asset, Vol. 1, S. 127.
119 Gottwaldt, Dorpmüllers Reichsbahn, S. 41.
120 Niederschrift über die Ministerbesprechung am 4.6.1926, Bundesarchiv Berlin R 41 I/1054, Bl. 50; Der Staatssekretär in der Reichskanzlei an den Präsidenten des Verwaltungsrats der Deutschen Reichsbahn-Gesellschaft, 7.6.1926, ebd., Bl. 34.
121 Reinhold kritisierte, dass sich die DRG wie ein „Staat im Staat" gebärde, Stresemann warf Dorpmüller eine Desavouierung des Dawes-Plans vor, da dieser in einem Interview leichtfertigt erklärt hatte, die Reichsbahn könne ohne die Belastungen durch den Dawes-Plan ihre Tarife um 27 Prozent absenken. Peter Reinhold an David Fischer, 8.6.1926, ebd., Bl. 80 f.; Karl von Stieler an den Staatssekretär in der Reichskanzlei, 10.6.1926, ebd., Bl. 60 f. (maschinenschriftliche Transkription ebd., Bl. 62–65). Zu Siemens' Kur in Karlsbad: Der Staatssekretär in der Reichskanzlei an Dr. v. Siemens, Karlsbad, Hotel Imperial 16.6.1926, ebd., Bl. 57.
122 Karl von Stieler an den Staatssekretär in der Reichskanzlei, 10.6.1926, ebd., Bl. 60 f.
123 Aufzeichnung für die Verhandlung mit dem Präsidenten des Verwaltungsrats der Deutschen Reichsbahn-Gesellschaft, o. D., ebd., Bl. 102.
124 Mierzejewski, Asset, Vol. 1, S. 128.
125 Ebd., S. 128 f.
126 Gerhard Eckert/Hans-Jürgen Stöver, Auf Schienen durchs Watt. Der Damm, der Sylt veränderte, Hamburg 1977, S. 7 f.; Kolb, Reichsbahn, S. 137.
127 Gottwaldt, Dorpmüllers Reichsbahn, S. 44 f. u. 57 ff.
128 Theodor Kittel, Die Deutsche Reichsbahn-Gesellschaft. Ein Rückblick nach mehr als zwanzig Jahren, in: Zeitschrift für Verkehrswissenschaft 25 (1954), S. 138 f.
129 Zitiert nach: Kolb, Reichsbahn, S. 125.
130 Ebd., S. 133.
131 Gottwaldt, Dorpmüllers Reichsbahn, S. 56.
132 Kittel, Deutsche Reichsbahn-Gesellschaft, S. 139.
133 Ebd., S. 139 f.; Gottwaldt, Dorpmüllers Reichsbahn, S. 64; Kolb, Reichsbahn, S. 140.
134 Kittel, Deutsche Reichsbahn-Gesellschaft, S. 132 u. 137 f.; 6 Jahre Deutsche Reichsbahn-Gesellschaft. Aufbau, Entwicklung, Statistik und Finanzen der Deutschen Reichsbahn-Gesellschaft (Das Spezial-Archiv der deutschen Wirtschaft), Berlin 1931, S. 16.
135 Zitat aus dem Vortrag Dorpmüllers im Hamburger Übersee-Club über „Reichsbahn und Elektrisierung" am 15.3.1928. Zitiert nach Gottwaldt, Dorpmüllers Reichsbahn, S. 54.
136 Rundschreiben Dorpmüller betr. Organisatorische Maßnahmen aus Anlaß der Elektrisierung der Berliner Stadt- und Ringbahn, 11.8.1926, Bundesarchiv Berlin, R5/20015, Bl. 224.
137 Carl Friedrich von Siemens an Julius Dorpmüller, 19.6.1926, ebd., Bl. 221.
138 Schreiben an Carl Schaller betr. Protokoll der Sitzung des Kuratoriums für Wiederaufbau, 15.6.1923, SHI, SAA 4. Lf 646-1.
139 Jones, Carl Friedrich von Siemens, S. 241.
140 Falter/Lindenberger/Schumann, Wahlen, S. 41 u. 44; Winkler, Weimar, S. 261 f.
141 Winkler, Weimar, S. 25 u. 266; Jones, Liberalism, S. 231 ff.
142 Jones, Carl Friedrich von Siemens, S. 241.
143 Ebd. Zur Liberalen Vereinigung siehe Werner Fritsch, Liberale Vereinigung (LVg) 1924–1929, in: Lexikon zur Parteiengeschichte, Bd. 3, Leipzig 1985, S. 356–359; Jones, Liberalism, S. 271–278; Desiderius Meier, Hermann Dietrich. Bürgertum und Liberalismus in der Weimarer Republik, Berlin 2021, S. 237 ff.
144 Aufruf der Liberalen Vereinigung, 27.11.1924, SHI, SAA 4.Lf 697-1.
145 Zu Eugen Schiffer vgl. Jürgen Frölich, Ein Nationalliberaler unter „Demokraten". Eugen Schiffer und der organisierte Liberalismus vom Kaiserreich bis nach dem Zweiten Weltkrieg, in: Jahrbuch zur Liberalismus-Forschung 18 (2006), S. 153–186.

146 Unterzeichner des Gründungsaufrufs waren ferner der Berliner Unternehmer Gerson Simon, Georg Zöphel (DVP) und Alexander Prentzel (Vorstand des Deutschen Kalisyndikats). Auch Herr von Siemens aus der demokratischen Partei ausgetreten, in: Berliner Lokal-Anzeiger, 29.10.1924, Morgenausgabe (SHI, SAA 8800).

147 Zitiert nach: ebd.

148 Ebd.

149 Die Zeitschrift wurde im Februar 1925 mit einem Betrag von 26.000 RM gegründet. Siemens beteiligte sich daran mit 20.000 RM, wollte aber nicht als Mitherausgeber zeichnen. Protokoll des gemeinsamen Frühstücks, 16.2.1925, SHI, SAA 4.Lf 697-1.

150 Als Beispiel: Carl Friedrich von Siemens, Der Staat und die Wirtschaft. Rede, gehalten auf der Mitglieder- und Vertreter-Versammlung zu Berlin im Gebäude des Reichswirtschaftsrats am 16.5.1925 (Liberale Vereinigung), abgedruckt in: ders., Reden und Aufsätze, Bd. 2, SHI, SAA 4.Lf 875.

151 Jones, Liberalism, S. 274.

152 Ebd., S. 274 f.

153 Ebd., S. 278.

154 Fritsch, Liberale Vereinigung, S. 358 f. (Zitat S. 359).

155 Falter/Lindenberger/Schumann, Wahlen, S. 44; Jones, Liberalism, S. 180 ff.; Detlev J. Peukert, Die Weimarer Republik, Frankfurt am Main 1987, S. 159 f.

156 Lilla, Reichswirtschaftsrat, S. 79.

157 Carl Friedrich von Siemens, Rede zum zehnjährigen Jubiläum des Reichswirtschaftsrats, 30.6.1930, abgedruckt in: ders., Reden und Aufsätze, Bd, 3, SHI, SAA 4.Lf 875.

158 Lilla, Reichswirtschaftsrat, S. 88–93.

159 Ebd., S. 88 u. 91; Hederer, Reichswirtschaftsrat, S. 73–102.

160 Bähr/Kopper, Industrie, S. 69 f. Zur Nominierung im Jahr 1919 siehe Kapitel 4, S. 127 f.

161 Plumpe, Duisberg, S. 726.

162 Carl Friedrich von Siemens an Carl Duisberg, 14.5.1930, SHI, Briefe A2156.

163 Bähr/Kopper, Industrie, S. 74 ff.

164 Deutsche Wirtschafts- und Finanzpolitik, Berlin 1925 (Zitat S. 10).

165 Waller, Studien, V. Teil, Erster Halbbd., S. 1, SHI, SAA 20.Ld 366.

166 Empfang einer Abordnung des Reichsverbandes der Deutschen Industrie beim Reichspräsidenten, 29.12.1925, in: Bundesarchiv Berlin, R 43 I/1136, Bl. 214.

167 Carl Friedrich von Siemens, Der Staat und die Wirtschaft. Rede, gehalten auf der Mitglieder- und Vertreter-Versammlung zu Berlin im Gebäude des Reichswirtschaftsrats am 16.5.1925 (Liberale Vereinigung), abgedruckt in: ders., Reden und Aufsätze, Bd. 2, SHI, SAA 4.Lf 875.

168 Siemens & Halske AG, 30. Geschäftsbericht für das Geschäftsjahr vom 1.10.1924 bis 30.9.1925, Berlin 1926.

169 Siehe hierzu die wirtschaftshistorische Kontroverse über „zu hohe“ Löhne in der Weimarer Republik. Aus der umfangreichen Literatur sei hier nur verwiesen auf Carl-Ludwig Holtfrerich, Zu hohe Löhne in der Weimarer Republik? Bemerkungen zur Borchardt-These, in: Geschichte und Gesellschaft 10 (1984), H. 1, S. 122–141; Albrecht Ritschl. Zu hohe Löhne in der Weimarer Republik. Eine Auseinandersetzung mit Holtfrerichs Berechnungen zur Lohnposition der Arbeiterschaft 1925–1932, in: Geschichte und Gesellschaft 16 (1990), H. 3, S. 375–402.

170 Siemens & Halske AG, 31. Geschäftsbericht für das Geschäftsjahr vom 1.10.1926 bis 30.9.1927, Berlin 1928. Dabei sah Siemens nun die Lohnbewegung der Jahre vor 1927 keineswegs als überhöht an: „1925 könne man nicht heranziehen, weil damals noch die Gehälter und Löhne nach der niedrigen Festsetzung bei der Stabilisierung aufgeholt worden seien. Das Jahr 1926 sei nicht maßgebend, weil es im Zeichen wirtschaftlicher Depression gestanden habe. Die Lohnerhöhungen im Jahre 1927 aber sind unglaublich.“ Niederschrift über Äußerungen des Herrn Dr. C. F. v. Siemens in der Vorstandssitzung der S&H AG am 21.1.1928, SHI, SAA 398-7.

171 Zum Ruhreisenstreit siehe u. a. Marx, Reusch, S. 308–315; Johannes Bähr, Staatliche Schlichtung in der Weimarer Republik, Tarifpolitik, Korporatismus und industrieller Kon-

flikt zwischen Inflation und Deflation 1919–1932, Berlin 1989, S. 250–274; Heinrich August Winkler, Der Schein der Normalität. Arbeiter und Arbeiterbewegung in der Weimarer Republik 1924 bis 1930, Berlin 1985, S. 557–572; Bernd Weisbrod, Schwerindustrie in der Weimarer Republik. Interessenpolitik zwischen Stabilisierung und Krise, Wuppertal 1978, S. 415–456.

172 Protokoll der 153. Sitzung der Siemens & Halske AG, 23.2.1928, SHI, SAA 16.Lh 262.

173 Ebd. Vgl. Czada, Berliner Elektroindustrie, S. 184.

174 Weber, Sozialpartnerschaft, S. 779 f.; Bähr, Schlichtung, S. 198 ff.

175 Für das Geschäftsjahr 1926/27 wies S&H einen Gewinn von 16,4 Mio. RM aus, die SSW einen Gewinn von rund 14,8 Mio. RM. Zweifellos wurden zudem stille Reserven in beträchtlicher Höhe gebildet. Siemens & Halske AG, 32. Geschäftsbericht für das Geschäftsjahr vom 1.10.1926 bis 30.9.1927, Berlin 1928; Siemens-Schuckertwerke AG, 26. Geschäftsbericht für das Geschäftsjahr vom 1.10.1926 bis 30.9.1927, Berlin 1928.

176 Auswärtiges Amt an Carl Friedrich von Siemens, 22.2.1927, SHI, SAA 8800; Die deutschen Delegierten für Genf, in: Berliner Morgenpost, 1.5.1937 (SHI, SAA 8800).

177 Hederer, Reichswirtschaftsrat, S. 260 ff.

178 Conférence Economique Internationale, Commission des Constructeurs de machines et appareils électrique, Conférence du mai 1927, à Ouchy, Liste de présence, SHI, SAA 4.Lf 729; Aktennotiz Reyss über die internationale Vorbesprechung der Elektroindustrie in Ouchy am 3.5.1927, 11.5.1927, ebd.

179 Carl Friedrich von Siemens, Rede auf der Weltwirtschaftskonferenz Genf, 5.5.1927, abgedruckt in: ders., Reden und Aufsätze, Bd. 3, SHI, SAA 4.Lf 875.

180 Ebd.

181 Ebd.

182 Siehe hierzu u. a. Christian Haußer, Amerikanisierung der Arbeit? Deutsche Wirtschaftsführer und Gewerkschaften im Streit um Ford und Taylor (1919–1932), Stuttgart 2008; Egbert Klautke, Unbegrenzte Möglichkeiten: „Amerikanisierung" in Deutschland und Frankreich (1900–1933), Wiesbaden 2003; Heidrun Homburg, Industrielle Rationalisierung zwischen Politik und nationaler Kultur: Eine deutsche und französische Sicht auf das amerikanische Modell in den 1920er Jahren, in: Christian Baechler/Klaus-Jürgen Müller (Hg.), Les tiers dans les relations franco-allemandes/Dritte in den deutsch-französischen Beziehungen, München 1996, S. 195–205.

183 Carl Köttgen, Das wirtschaftliche Amerika, Berlin 1925.

184 Kreutzer, Milliardengeschäft, S. 104 f.; Gemeinsame Sitzung des Aufsichtsrates der Siemens & Halske AG und der Siemens-Schuckertwerke GmbH vom 18.12.1924, SHI, 16.Lh 262.

185 Gemeinsame Sitzung des Aufsichtsrates der Siemens & Halske AG und der Siemens-Schuckertwerke GmbH vom 18.12.1924, SHI, 16.Lh 262.

186 Köttgen, Amerika, S. 70.

187 Ebd.

188 Ebd., S. 71.

189 Siehe hierzu Heike Knortz, Die Entwicklung des modernen Begriffs von der Arbeitsproduktivität. Ein Beitrag zur Geschichte der deutschen Betriebswirtschaftslehre, in: Zeitschrift für Unternehmensgeschichte 55 (2010), H. 1, S. 31–51.

190 Köttgen, Amerika, S. 20 u. 103.

191 Carl Friedrich von Siemens, Der Staat und die Wirtschaft. Rede, gehalten auf der Mitglieder- und Vertreter-Versammlung zu Berlin im Gebäude des Reichswirtschaftsrats am 16.5.1925 (Liberale Vereinigung), abgedruckt in: ders., Reden und Aufsätze, Bd. 2, SHI, SAA 4.Lf 875.

192 Köttgen, Amerika, S. 18.

193 Carl Friedrich von Siemens, Der Staat und die Wirtschaft, in: ders.: Reden und Aufsätze, Bd. 2, SHI, SAA 4.Lf 875.

194 Dietmar Petzina/Werner Abelshauser/Anselm Faust, Sozialgeschichtliches Arbeitsbuch III. Materialien zur Statistik des Deutschen Reiches 1914–1945, München 1978, S. 61; Gerhard Wilke, Die Zukunft unserer Arbeit, Frankfurt am Main 1999, S. 93.

195 Knortz, Entwicklung, S. 34.

196 Carl Friedrich von Siemens, Der Staat und die Wirtschaft, 16.5.1925, abgedruckt in: ders., Reden und Aufsätze, Bd. 2, SHI, SAA 4.Lf 875.
197 Bericht in der Generalversammlung der Siemens & Halske AG, 26.3.1926, abgedruckt in: ebd.
198 Köttgen, Amerika, S. 69.
199 Carl Friedrich von Siemens, Der Staat und die Wirtschaft, 16.5.1925, abgedruckt in: ders., Reden und Aufsätze, Bd. 2, SHI, SAA 4.Lf 875.
200 Hie Wolf – hie Walbling, in: Frankfurter Zeitung, 16.10.1929.
201 Carl Friedrich von Siemens, Rede am 12.10.1929 (Stipendienverteilung), abgedruckt in: ders., Reden und Aufsätze, Bd. 3, SHI, SAA 4.Lf 875.
202 Die AEG erklärt:, in: Deutsche Allgemeine Zeitung, Handelsblatt, 16.10.1929, Morgenausgabe (SHI, SAA 8800).
203 Reich Fears Control of Industries here, in: Herald Tribune, 27.10.1929 (SAA 8800).
204 Vgl. Günter Neliba, Die Opel-Werke im Konzern von General Motors (1929–1948) in Rüsselsheim und Brandenburg. Produktion für Aufrüstung und Krieg ab 1935 unter nationalsozialistischer Herrschaft, Frankfurt am Main 2000, S. 28–34 u. 37 (Zitate).
205 Carl Friedrich von Siemens an Mortimer L. Schiff, 12.10.1929, SHI, Briefe A1954.
206 Zu dieser „tausendjährigen" Anleihe siehe Kapital 6/2.
207 Die AEG erklärt:, in: Deutsche Allgemeine Zeitung, Handelsblatt, 16.10.1929, Morgenausgabe (SHI, SAA 8800).
208 Unterredung mit C. F. v. Siemens, in: Berliner Börsen-Courier, 15.10.1929, Morgenausgabe (SHI, SAA 8800).
209 Errichtung der Schwachstrom-Holdinggesellschaft, in: Magazin der Wirtschaft, 3.1.1930.
210 Amerikakonkurrenz im Schwachstromgeschäft, in: Der Deutsche Volkswirt, 9.5.1930.
211 Aktennotiz über eine Besprechung zwischen Herrn v. Siemens und Mr. Behn am 27.10.1931 in New York, SHI, SAA 4.Lt 398-4.
212 Carl Friedrich von Siemens an Karl Georg Frank, New York, 26.8.1932, SHI, SAA 4.Lk 459.

6. Abkehr von Weimar

1 Siehe hierzu Kapitel 4/7.
2 Wolf-Dietrich von Witzleben an Georg Siemens, 2.9.1938, SHI, SAA 60.Lk 831.
3 Als Beispiel siehe das Schreiben eines südafrikanischen Repräsentanten an Hertha Harries, Heinenhof bei Potsdam, 30.8.1927, SHI, SAA 4.Lf 547-1.
4 Busjan/Groß, Anna Siemens und Hertha Siemens, v. a. S. 191–194.
5 Lindner, Ernst von Siemens, S. 12–15; Ernst von Siemens, in: Siemens Historical Institute (Hg.), Zukunft, S. 186 ff.
6 Der Senior der Siemens, In: Danziger Neueste Nachrichten, 25.8.1932 (SHI, SAA 3757).
7 Stammbaum Familie Siemens, S. 240.
8 Ebd.; Lebrecht von Blücher, Geschichte der Familie von Blücher von 1914 bis 2003, Merzhausen 2003, S. 121.
9 Blücher, Geschichte, S. 121. Nach Informationen des Ägyptologen Georg Steindorff verfügte Blücher bei Edfu über einen Landbesitz von 3.000 Feddan (ca. 74 Hektar) mit künstlich bewässerten Feldern. Cilli Kasper-Holtkotte, Deutschland in Ägypten. Orientalische Netzwerke, Judenverfolgung und das Leben der Frankfurter Jüdin Mimi Borchardt, Berlin 2017, S. 203.
10 Carl Friedrich von Siemens an Anna Zanders, 25.5.1937, SHI, Briefe F3197.
11 Erwähnt wird die Reise in: Schreiben an die Schweizerische Gesellschaft für elektrische Industrie, Basel, 9.5.1931, SHI, SAA 4.Lf 514, Bl. 20. 1930/31 verhinderte Siemens mit großem Einsatz, dass ITT die Konzession für das griechische Telefonsystem erhielt. Thomas Frank, Telefonieren in Deutschland: Organisatorische, technische und räumliche Entwicklung eines großtechnischen Systems (Schriften aus dem Max-Planck-Institut für Gesellschaftsforschung. No 21), Frankfurt am Main 1995, S. 217.

12 Siehe Kapitel 6, S. 249 f.
13 Zweite Weltkraftkonferenz/Second World Power Conference/Deuxième Conférence Mondiale de l'Énergie Berlin 1930. Vorläufige Zeittafel und vorläufige Liste der Berichte, Berlin 1930, S. 3.
14 Gottwaldt, Dorpmüllers Reichsbahn, S. 66.
15 Wittendorfer, Villa.
16 Carl Friedrich von Siemens, Rede in der Generalversammlung der S&H AG am 26.1.1929, abgedruckt in: ders., Reden und Aufsätze, Bd. 3, SHI, SAA 4.Lf 875.
17 Carl Friedrich von Siemens an Mortimer L. Schiff, 12.10.1929, SHI, Briefe A1954.
18 Interview mit C.F. von Siemens, in: Berliner Börsen-Courier, 15.10.1929, Morgenausgabe (SHI, SAA 8800).
19 Zur These von der „Krise vor der Krise" vgl. v.a. Knut Borchardt, Zwangslagen und Handlungsspielräume der großen Weltwirtschaftskrise der frühen dreißiger Jahre, Zur Revision des überlieferten Geschichtsbildes, in: ders., Wachstum, Krisen, Handlungsspielräume der Wirtschaftspolitik, Göttingen 1982, S. 165–182; ders., Die ‚Krise vor der Krise'. Zehn Jahre Diskussion über die Vorbelastungen der Wirtschaftspolitik Heinrich Brünings in der Weltwirtschaftskrise, Münchner Wirtschaftswissenschaftliche Beiträge, Discussion Papers Nr. 89–25, München 1989.
20 Johannes Bähr, „Selbstkostenkrise" und „Krisis der kapitalistischen Weltanschauung". Zur Deutung der Weltwirtschaftskrise im Reichsverband der Deutschen Industrie, in: Jan-Otmar Hesse/Christian Kleinschmidt/Roman Köster/Tim Scharnetzky (Hg.), Moderner Kapitalismus. Wirtschafts- und Unternehmenshistorische Beiträge, Tübingen 2019, S. 399–402.
21 Vierteljahrshefte zur Konjunkturforschung 4. Jg., Heft 3, Teil A, S. 6.
22 Überwindung der Börsendepression?, in: Berliner Tageblatt, Nr. 602, 21.12.1929.
23 Carl Friedrich von Siemens, Vortrag in der Hauptausschusssitzung des Reichsverbands der Deutschen Industrie am 19.6.1931, abgedruckt in: ders., Reden und Aufsätze, Bd. 3, SHI, SAA 4.Lf 875.
24 Ebd.
25 Carl Friedrich von Siemens, Rede bei der Generalversammlung der S&H AG am 17.1.1930, abgedruckt in: ders., Reden und Aufsätze, Bd. 3, SHI, SAA 4.Lf 875; zu den Beschäftigtenzahlen: Feldenkirchen, Siemens 1918–1945, S. 680 (Tabelle 42).
26 Ebd., S. 399.
27 Carl Friedrich von Siemens, Rede auf der außerordentlichen Generalversammlung der Siemens & Halske AG am 21.3.1930, abgedruckt in: ders., Reden und Aufsätze, Bd. 3, SHI, SAA 4.Lf 875.
28 Kampf gegen ausländische Schwachstrommonopole, in: Deutsche Allgemeine Zeitung, 21.3.1930.
29 Niederschrift über die Ausführungen des Herrn Dr. C.F. v. Siemens gelegentlich der gemeinsamen Vorstandssitzung von S&H und SSW am 1.2.1930, SHI, SAA 4.Lt 398-7.
30 Ebd.
31 Siehe hierzu Homburg, Neuordnung, S. 124 f.
32 Ebd., S. 124.
33 Niederschrift über die Ausführungen des Herrn Dr. C.F. v. Siemens gelegentlich der gemeinsamen Vorstandssitzung von S&H und SSW am 1.2.1930, SHI, SAA 4.Lt 398-7.
34 Ebd.
35 Carl Friedrich von Siemens an Reichskanzler Heinrich Brüning, 31.7.1930, SHI, Briefe A2119.
36 Czada, Berliner Elektroindustrie, S. 193.
37 Carl Friedrich von Siemens an Reichskanzler Heinrich Brüning, 31.7.1930, SHI, Briefe A2119.
38 Ebd.
39 Feldenkirchen, Unternehmenspolitik, S. 44.
40 Siehe hierzu Bähr, Schlichtung, S. 304–311.
41 Carl Friedrich von Siemens, Rede vor der Generalversammlung der S&H AG am 29.2.1932, abgedruckt in: ders., Reden und Aufsätze, Bd. 3, SHI, SAA 4.Lf 875.

42 Czada, Berliner Elektroindustrie, S. 193 f.
43 Ebd., S. 185 ff. u. 193–197.
44 Siemens 1933. Aufbau, Entwicklung, Werke und Unternehmungen, Arbeits- und Interessengebiete, Statistik und Finanzen (Das Spezial-Archiv der deutschen Wirtschaft), Berlin 1933, S. 11 (Umsatz, Auslandsanteil); Feldenkirchen, Siemens 1918–1945, S. 680 (Tab. 42, Belegschaft), S. 702 (Tab. 62, Dividenden).
45 Schröter, Industrie, S. 190.
46 Lutz, Siemens, S.236–239; Czada, Berliner Elektroindustrie, S. 146.
47 Niederschrift über die Ausführungen des Herrn v. Siemens in der Vorstandssitzung der Siemens-Schuckertwerke am 23.1.1932, SHI, SAA 4.Lt 398-7.
48 Siemens-Schuckertwerke AG, 30. Geschäftsbericht für das Geschäftsjahr vom 1.10.1930 bis 30.9.1931, Berlin 1932.
49 Siemens in der Krise, in: Wirtschaftsdienst, 12.2.1932.
50 Allgemeine Elektricitäts-Gesellschaft, Geschäftsbericht über das Geschäftsjahr vom 1. Oktober 1930 bis 30. September 1931, Berlin 1932.
51 Siemens & Halske AG, 36. Geschäftsbericht 1.10.1930 bis 30.9.1931, Berlin 1932.
52 Carl Friedrich von Siemens, Rede in der Generalversammlung der S&H AG am 29.2.1932, abgedruckt in: ders., Reden und Aufsätze, Bd. 3, SHI, SAA 4.Lf 875.
53 Niederschrift über eine Vorstandssitzung der SSW am 23.6.1932, SHI, SAA 4.Lt 398-7.
54 Ebd.
55 Homburg, Neuordnung, S. 125–130.
56 Gemeinsame Sitzung des Aufsichtsrats der Siemens & Halske AG und der Siemens-Schuckertwerke AG am 25.11.1931, SHI, SAA 4.Lt 398-7. Im Tenor ähnlich: Niederschrift über eine Vorstandssitzung der SSW am 10.11.1931, ebd.
57 Siemens & Halske AG, 37. Geschäftsbericht für das Geschäftsjahr vom 1.10.1931 bis 30.9.1932, Berlin 1933, S. 7.
58 Christoph Buchheim, Das NS-Regime und die Überwindung der Weltwirtschaftskrise in Deutschland, in: Vierteljahrshefte für Zeitgeschichte 56 (2008), H. 3, S. 384 ff.
59 Carl Friedrich von Siemens, Rede in der Generalversammlung der Siemens & Halske AG am 28.2.1933, abgedruckt in: ders., Reden und Aufsätze, Bd. 3, SHI, SAA 4.Lf 875.
60 Niederschrift über eine Vorstandssitzung der SSW am 10.11.1931, SHI, SAA 4.Lt 398-7.
61 Berechnet nach den Daten in: Feldenkirchen, Siemens 1918–1945, S. 680; Strunk, AEG, S. 246; Czada, Berliner Elektroindustrie, S. 301.
62 Vgl. hierzu u. a. Winkler, Weimar, S. 346–349.
63 Gesetz zur Änderung des Reichsbahngesetzes. Vom 13. März 1924, in: Reichsgesetzblatt 1930 II, Nr. 7, S. 359–368. Siemens führte seine Kritik an den Auswirkungen des Young-Plans auf die DRG im April 1930 in einem Vortrag vor der Vollversammlung des Deutschen Industrie- und Handelstags aus. Deutscher Industrie- und Handelstag, 50. Vollversammlung, in: Berliner Börsen-Zeitung, 9.4.1930, II. Handelsbeilage (SHI, SAA 8800).
64 Siemens, Carl Friedrich von Siemens, S. 272 f.
65 Siehe hierzu auch die Ansprache im Verwaltungsrat anlässlich der Verabschiedung der ausländischen Mitglieder: Carl Friedrich von Siemens, Ansprache in der Verwaltungsratssitzung der DRG vom 25.4.1930, abgedruckt in: ders., Reden und Aufsätze, Bd. 3, SHI, SAA 4.Lf 875.
66 Bähr/Kopper, Industrie, S. 92.
67 Carl Friedrich von Siemens an Reichsminister Carl Severing, 15.10.1929, SHI, Briefe A1974.
68 Winkler, Weimar, S. 368–372.
69 Siehe hierzu Udo Wengst, Unternehmerverbände und Gewerkschaften in Deutschland im Jahre 1930, in: Vierteljahrshefte für Zeitgeschichte 25 (1977), H. 1, S. 99–119.
70 Wolf-Dietrich von Witzleben an Berthold Winter-Günther, SSW Nürnberg, 1.9.1930, SHI, SAA 4.Lf 670-1.
71 Joachim Lilla, Die Ruhrlade – Vereinigung der „führenden Persönlichkeiten der Eisen- und Kohlenindustrie im rheinisch-westfälischen Industriegebiet, URL: https://www.rheinische-geschichte.lvr.de/Epochen-und-Themen.

72 Drei führende Politiker der DDP, die sich vor der Wahl in Deutsche Staatspartei umbenannte, erhielten Spenden in Höhe von jeweils 5.000 RM (Dietrich, Höpker-Aschoff, Reinhold). Insgesamt erhielten die Deutsche Staatspartei, die DVP, die DNVP und die Konservative Volkspartei jeweils 24.000 RM, zwei Politiker der Zentrumspartei wurden mit 25.000 RM (Lammers) bzw. 10.000 RM (ten Hompel) bedacht. Zahlungsanweisungen vom 4.9., 11.9., 12.9.,13.9. und 14.9.1930, SHI, SAA 670-1; Jones, Carl Friedrich von Siemens, S. 243.

73 Wolf-Dietrich von Witzleben an Berthold Winter-Günther, SSW Nürnberg, 1.9.1930, SHI, SAA 670-1.

74 Reichsverband der Deutschen Industrie an die Mitglieder des Reichsverbandes der Deutschen Industrie, 16.8.1930, ebd.

75 Falter/Lindenberger/Schumann, Wahlen, S. 41, 44 u. 72; Wie Groß-Berlin wählte, in: Vossische Zeitung, 15.9.1930, Abendausgabe.

76 Sieg des Radikalismus, in: Vossische Zeitung, 15.9.1930, Abendausgabe.

77 Bähr, Schlichtung, S. 304–311.

78 Zitiert nach: Reinhard Neebe, Großindustrie, Staat und NSDAP 1930–1933. Paul Silverberg und der Reichsverband der Deutschen Industrie in der Krise der Weimarer Republik, Göttingen 1981, S. 85.

79 Carl Friedrich von Siemens an Carl Duisberg, 14.5.1930, SHI, Briefe A2156.

80 Außer Siemens wurden Max Fischer (Zeiss), Gustav Krupp von Bohlen und Halbach (Fried. Krupp), Ernst Poensgen (Vereinigte Stahlwerke), Philipp Rosenthal (Philipp Rosenthal & Co.) und Fritz Thyssen (Vereinigte Stahlwerke) in den Senat des RDI berufen. Bähr/Kopper, Industrie, S. 95.

81 Carl Friedrich von Siemens an Franz Urbig, 21.3.1932, SHI, SAA 4.Lf 557; Franz Urbig an Carl Friedrich von Siemens, 22.3.1932, ebd. (Zitat); Carl Friedrich von Siemens an Franz Urbig, 23.3.1932, ebd. Im April 1938 übernahm Carl Friedrichs Neffe und späterer Nachfolger Hermann das Mandat im Aufsichtsrat der Deutschen Bank. Deutsche Bank, Vorstand, an Carl Friedrich von Siemens, 6.4.1938, ebd.

82 Kabinettssitzung vom 5.6.1930 [Arbeitsbeschaffung], in: Akten der Reichskanzlei. Weimarer Republik, Die Kabinette Brüning I u. II. 30. März 1930 bis 10. Oktober 1931. 10. Oktober 1931 bis 1. Juni 1932, Bd. 1: 30. März 1930 bis 28. Februar 1931, bearb. von Tilman Koops, Boppard 1982, Dokument Nr. 46, S. 184–192. Zu Brünings damaligem Arbeitsbeschaffungsprogramm siehe auch Albrecht Ritschl, Schuldenkrise und Austerität. Die Rolle des Reichswirtschaftsministeriums in der Deflationspolitik 1929–1931, in: Carl-Ludwig Holtfrerich (Hg.), Das Reichswirtschaftsministerium der Weimarer Republik und seine Vorläufer. Strukturen, Akteure, Handlungsfelder (Wirtschaftspolitik in Deutschland 1917–1990, Bd. 1), Berlin 2016, S. 622.

83 Kabinettssitzung vom 5.6.1930 [Arbeitsbeschaffung], in: Akten der Reichskanzlei. Weimarer Republik, Die Kabinette Brüning I u. II, Bd. 1, Dokument Nr. 46, S. 189.

84 Mierzejewski, Asset, Vol. 1, S. 327 f.

85 Ministerbesprechung von 17.2.1931 [Wahl des Präsidenten des Verwaltungsrats der Reichsbahn-Gesellschaft], in: Akten der Reichskanzlei. Weimarer Republik, Die Kabinette Brüning I u, II, Bd. 1, Dokument Nr. 244, S. 873.

86 Ebd.

87 Ebd.

88 Heinrich Brüning, Memoiren 1918–1934, Stuttgart 1970, S. 259.

89 Carl Friedrich von Siemens an Reichsverkehrsminister Theodor von Guérard, 14.3.1931, Bundesarchiv Berlin, R 43 I/1072, Bl. 285.

90 Kolb, Reichsbahn, S. 159 f.; Gerhard Kock, Der Kampf um das Monopol. Die Deutsche Reichsbahn-Gesellschaft und der Schenker-Vertrag 1931, in: Wolfram Pyta/Ludwig Richter (Hg.), Gestaltungskraft des Politischen. Festschrift für Eberhard Kolb, Berlin 1998, S. 152 f.

91 Zusammenarbeit: Reichsbahn – Auto, in: Vossische Zeitung, 6.2.1931, Morgenausgabe, 1. Beilage; Herbert Matis/Dieter Stiefel, Das Haus Schenker. Die Geschichte der internationalen Spedition 1872–1931, Wien 1995, S. 329–336 (zur Übernahme durch die DRG) u. 201–207 (zur BEHALA).

92 Ministerbesprechung vom 17.2.1931 [Rollspeditionsvertrag der Reichsbahn-Gesellschaft], in: Akten der Reichskanzlei. Weimarer Republik, Die Kabinette Brüning I u. II, Bd. 1, Dokument Nr. 244, S. 871.

93 Vgl. Matis/Stiefel, Haus Schenker.

94 Akten der Reichskanzlei Weimarer Republik. Die Kabinette Brüning I/II, Bd. 1, Dokumente, Nr. 245, Ministerbesprechung vom 18.2.1931.

95 Ebd.

96 Verhandlungen des Reichstags, V. Wahlperiode 1930, Stenographische Berichte, Band 445, Berlin 1931, S. 1921–1929 (50. Sitzung, 24.3.1931); Antrag Mollath u. a. 24.3.1931, Bundesarchiv Berlin, R 43 I/1072, Bl. 270.

97 Der Reichsverkehrsminister an die Deutsche Reichsbahn-Gesellschaft, Hauptverwaltung, 26.3.1931, Bundesarchiv Berlin, R 43 I/1072, Bl. 280; Der Reichsverkehrsminister an die Deutsche Reichsbahn-Gesellschaft, Hauptverwaltung, Dr. Dorpmüller, 26.3.1931, ebd., Bl. 281; Vermerk des Staatssekretärs in der Reichskanzlei, 30.3.1931, ebd., Bl. 283.

98 Brüning, Memoiren, S. 258.

99 Kolb, Reichsbahn, S. 161.

100 Heinrich August Winkler, Der Weg in die Katastrophe. Arbeiter und Arbeiterbewegung in der Weimarer Republik 1930 bis 1933, Berlin 1987, S. 426 f.

101 Vermerk, 29.4.1931, Bundesarchiv Berlin, R 43 I/1072, Bl. 330.

102 Brüning, Memoiren, S. 485.

103 Kolb, Reichsbahn, S. 135.

104 Niederschrift über die Ministerbesprechung am 29.12.1931, Bundesarchiv R 43 I/1453, Bl. 457 f.

105 Siehe hierzu Philipp Heyde, Das Ende der Reparationen. Deutschland, Frankreich und der Youngplan 1929–1932, Paderborn 1998.

106 Kolb, Reichsbahn, S. 135.

107 Brüning, Memoiren, S. 259 u. 485 f.

108 Ebd., S. 486.

109 Ebda.

110 Deutsche Industrielle an den Reichskanzler, 30.7.1931, in: Akten der Reichskanzlei. Weimarer Republik, Bd. 2: 1.3.1931 bis 10.10.1931, bearb. von Tilman Koops, Boppard 1982, Dokument Nr. 422, S. 1470–1477. Vgl. hierzu Neebe, Großindustrie, S. 98.

111 Unterzeichner waren Gustav Krupp von Bohlen und Halbach, Peter Klöckner, Paul Silverberg, Albert Vögler, Fritz Springorum, Carl Friedrich von Siemens, Hermann Bücher, Ernst von Borsig und Paul Reusch.

112 Joachim Lilla, Die Ruhrlade – Vereinigung der „führenden Persönlichkeiten der Eisen- und Kohlenindustrie im rheinisch-westfälischen Industriegebiet, URL: https://www.rheinische-geschichte.lvr.de/Epochen-und-Themen.

113 Zur Biografie von Reusch: Marx, Paul Reusch; Peter Langer, Macht und Verantwortung. Der Ruhrbaron Paul Reusch, Essen 2012.

114 Bund zur Erneuerung des Reiches. Aufruf!, in: Wolff's Telegraphisches Büro (W. T. B.), 73. Jg., Nr. 36, 7.1.1928, Erste Nachmittags-Ausgabe, in: Bundesarchiv Berlin R 43 I/771, Bl. 2 f.

115 Paul Reusch, Laßt die Wirtschaft doch endlich einmal in Ruhe, in: Deutsche Wirtschaftszeitung, 18.11.1926.

116 Eingabe der Wirtschaftsverbände, Bundesarchiv Berlin, 29.9.1931, R 43 I/1140, Bl. 147–153, Bl. 147. Vgl. Neebe, Großindustrie, S. 102.

117 Siehe hierzu Gehlen, Silverberg, S. 358 ff.

118 Ebd., S. 359; Neebe, Großindustrie, S. 105 f.; Henry A. Turner, Die Großunternehmer und der Aufstieg Hitlers, Berlin 1985, S. 216.

119 Brüning, Memoiren, S. 427.

120 Erste Sitzung des Wirtschaftsbeirats am 29.10.1931, in: Akten der Reichskanzlei, Weimarer Republik, Die Kabinette Brüning I u, II, Bd. 3: 10.10.1931 bis 30.5.1932, bearb. von Tilman Koops, Boppard 1990, Dokument Nr. 526, S. 1860–1866. Zum Wirtschaftsbeirat siehe Lilla, Reichswirtschaftsrat, S. 117 ff.

121 Hederer, Reichswirtschaftsrat, S. 96–102.
122 Unter dem Vorsitz von Leipart und Siemens gehörten dem Zentralausschuss u. a. Hans Kraemer (Tiefdruck-Syndikat), Georg Solmssen (Deutsche Bank), Ludwig Kastl (RDI) und Eduard Hamm (Deutscher Industrie- und Handelstag, ehem. Reichswirtschaftsminister), Fritz Tarnow (ADGB, Vorsitzender des Holzarbeiterverbandes) und Paul Umbreit (ADGB) an. Ebd., S. 308. Zur Gründung siehe auch Lilla, Reichswirtschaftsrat, S. 93.
123 Zitat Theodor Leiparts aus der Niederschrift der 63. Sitzung des erweiterten Vorstandes des Reichswirtschaftsrats am 6.11.1931, zitiert nach Hederer, Reichswirtschaftsrat, S. 134.
124 Zitiert nach: ebd.
125 Ebd., S. 295.
126 Ebd., S. 293 f.
127 Zitiert nach: ebd., S. 134.
128 Zusammenfassend zitiert nach: Gehlen, Silverberg, S. 360.
129 Carl Friedrich von Siemens an Staatssekretär Ernst Trendelenburg, 25.9.1932, SHI, SAA 4.Lf 514-36.
130 URL https://www.ggarchives.com/OceanTravel/Passengers/HamburgAmericanLine/NewYork-PassengerList-1931-10-08.html.
131 Siemens to discuss Electric Plan here, in: The New York Times, 11.10.1931.
132 Felix de Taillez, Zwei Bürgerleben in der Öffentlichkeit. Die Brüder Fritz Thyssen und Heinrich Thyssen-Bornemisza, Paderborn 2017, S. 228–234.
133 Carl Friedrich von Siemens, The Electrical Industry in Connection with the Present Economic Condition. Address at the Eighth Conference of Major Industries, 21.10.1931, abgedruckt in: ders., Reden und Aufsätze, Bd. 3, SHI. SAA 4.Lf 875.
134 Carl Friedrich von Siemens, The Present German Situation, 27.10.1931 [Redemanuskript], SHI, SAA 4.Lf 537.
135 Carl Friedrich von Siemens, Die gegenwärtige Lage Deutschlands, 27.10.1931 in New York. Essen der General Electric Co., abgedruckt in: ders., Reden und Aufsätze, Bd. 3, SHI., SAA 4.Lf 875.
136 Carl Friedrich von Siemens, Die Entwicklung der deutschen Wirtschaft seit dem Weltkriege. Ansprache, gehalten in einer von der DDP einberufenen Versammlung am 4.5.1920 in Berlin, abgedruckt in: ebd., Bd. 1.
137 Carl Friedrich von Siemens, Der Staat und die Wirtschaft. Rede, gehalten auf der Mitglieder- und Vertreter-Versammlung zu Berlin im Gebäude des Reichswirtschaftsrats am 16.5.1925 (Liberale Vereinigung), abgedruckt in: ebd., Bd. 2.
138 Carl Friedrich von Siemens, 2 Millionen Arbeitslose, in: Berliner Börsen-Zeitung, 17.5.1926, Abendausgabe, abgedruckt in: ebd., Bd. 3.
139 Carl Friedrich von Siemens an Staatssekretär Erwin Planck, 10.11.1931, SHI, SAA 4.Lf 514, Bl. 220.
140 Brüning, Memoiren, S. 485.
141 Siehe hierzu u. a. Winkler, Katastrophe, S. 497–506.
142 John Maynard Keynes, The General Theory of Employment, Interest and Money, London 1936.
143 Hederer, Reichswirtschaftsrat, S. 307–319.
144 Dabei handelt es sich um Paul Baecker, den Vorsitzenden des Reichsverbandes der Deutschen Presse, und Arthur Feiler, einen Wirtschaftsjournalisten und außerordentlichen Professor an der Universität Frankfurt, der schon zehn Jahre zuvor in der zweiten Sozialisierungskommission mitgewirkt hatte. Ebd.
145 Winkler, Katastrophe, S. 498 f.
146 Deutsche Industrielle an den Reichskanzler, 30.7.1931, in: Akten der Reichskanzlei. Weimarer Republik, Die Kabinette Brüning I u. II, Bd. 2: Dokument Nr. 422, S. 1476.
147 Carl Friedrich von Siemens, „Entgötterung", in: Deutsche Allgemeine Zeitung, 16.9.1932, abgedruckt in: ders., Reden und Aufsätze, Bd. 3, SHI, SAA 4.Lf 875.
148 In einem Schreiben an Witzleben versicherte der Werkleiter im August 1931: „Den Wunsch des Herrn von Siemens, gute Beziehungen zur Bayerischen Volkspartei zu pflegen,

respektieren wir schon immer, und ich lege besonderen Wert darauf, diese ständig nach Kräften zu fördern." Worauf dieser Wunsch gründete, ist aus den überlieferten Quellen nicht ersichtlich. Siemens-Schuckertwerke, Werk Nürnberg, an Wolf-Dietrich von Witzleben, 29.8.1931, SHI, SAA 4.Lf 690-3.

149 Carl Friedrich von Siemens an Carl Duisberg, 1.3.1932, SHI Briefe A2157.

150 Ebd.

151 Zum Arbeitsbeschaffungsprogramm der Regierung Papen siehe Helmut Marcon: Arbeitsbeschaffungspolitik der Regierungen Papen und Schleicher. Grundsteinlegung für die Beschäftigungspolitik im Dritten Reich, Bern 1974.

152 Jones, Liberalism, S. 444.

153 Ebd., S. 453.

154 Ebd., S. 444 f.

155 Peter Longerich, Hitler. Biographie, München 2015, S. 271.

156 Falter/Lindenberger/Schumann, Wahlen, S. 44.

157 Aufzeichnung des Ministerialrats Feßler über einen Empfang von Vertretern des Reichsverbandes der Deutschen Industrie beim Reichskanzler sowie über eine anschließende Besprechung der an dem Empfang beteiligten Kabinettsmitglieder am 25.8.1932, in: Akten der Reichskanzlei. Weimarer Republik, Das Kabinett von Papen, 1. Juni bis Dezember 1932, Bd. 1: Juni bis September 1932, bearb. von Karl-Heinz Minuth, Boppard 1989, Dokumente, Nr. 111, S. 436–444 (erstes Zitat S. 436, zweites Zitat S. 440).

158 Siemens & Halske AG, 37. Geschäftsbericht 1931/32.

159 So die Ausführungen Staatssekretär Erwin Plancks in der Vorbesprechung zu einer Besprechung von Industriellen am 19.10.1932. Aufzeichnung über eine Besprechung im Klub von Berlin am 19.10.1932, verfasst vom Leiter des Berliner Büros der Gutehoffnungshütte, Martin Blank, abgedruckt in: Dirk Stegmann, Zum Verhältnis von Großindustrie und Nationalsozialismus 1930–1933. Ein Beitrag zur Geschichte der sog. Machtergreifung, in: Archiv für Sozialgeschichte 13 (1973), S. 469.

160 Carl Friedrich von Siemens, Rundschreiben betr. Wahl am 6. November 1932, 24.10.1932, SHI, SAA 4.Lf 670-1 (mit Verweis auf die Einladung zur Besprechung am 19.10.1932). Zur Mitgliedschaft im Berliner Club: Kündigung der Mitgliedschaften des Herrn Dr. C. F. von Siemens, 10.10.1941, SHI, SAA 4.Lf 551.

161 Aufzeichnung über eine Besprechung im Klub von Berlin am 19.10.1932, verfasst vom Leiter des Berliner Büros der Gutehoffnungshütte, Martin Blank, abgedruckt in: Stegmann, Verhältnis, S. 468–475.

162 Ebd., S. 471 u. 473.

163 Ebd., S. 472.

164 Ebd., S. 470–475; Carl Friedrich von Siemens, Rundschreiben betr. Wahl am 6. November 1932, 24.10.1932, SHI, SAA 4.Lf 670-1. Siehe hierzu Turner, Großunternehmer, S. 356 f.; Jones, Carl Friedrich von Siemens, S. 245. Zur Besprechung am 16.2.1933 siehe Kapitel 7, S. 266.

165 Carl Friedrich von Siemens an Werner Crome, 22.10.1932, SHI, SAA 4.Lf 514; Carl Friedrich von Siemens an Fürst Otto zu Solm-Horstmar, 27.10.1932, ebd.

166 Falter/Lindenberger/Schumann, Wahlen, S. 44.

167 Der Wortlaut der Eingabe findet sich in: Bundesarchiv Berlin, NS 20/76, Bl. 28 f. Veröffentlicht in: https://www.ns-archiv.de/nsdap/foerderung/eingabe-hindenburg.php; Wolfgang Michalka/Gottfried Niedhart (Hg.), Die ungeliebte Republik. Dokumente zur Innen- und Außenpolitik Weimars 1918–1933, München 1980, S. 340 ff. Zur „Industrielleneingabe" vgl. u. a. Turner, Großunternehmer, S. 365 f., Gehlen, Silverberg, 497 f.

168 Vögler teilte von Schröder mit, dass Reusch und Springorum die Eingabe nur deshalb nicht unterzeichnet hätten, weil sie wegen der Gegensätze in der Ruhrindustrie jede politische Stellungnahme vermieden. Ob diese Darstellung zutraf, muss schon wegen der Rolle Springorums im Kuratorium für den „Papen-Fonds" bezweifelt werden. Albert Vögler an Kurt Freiherr von Schröder, 21.11.1932, Bundesarchiv Berlin, NS 20/76, Bl. 39.

169 Handschriftliche Namenslisten o. D. in: Bundesarchiv Berlin, NS 20/76, Bl. 30.

170 Ernst von Siemens, Siemens im Nationalsozialismus, 25.7.1946, SHI, SAA 18583.

171 Aufzeichnung über eine Besprechung im Klub von Berlin am 19.10.1932, verfasst vom Leiter des Berliner Büros der Gutehoffnungshütte, Martin Blank, abgedruckt in: Stegmann, Verhältnis, S. 469.

172 Wilhelm Keppler an Kurt Freiherr von Schröder, 13.11.1932, Bundesarchiv Berlin, NS 20/76, Bl. 26.

173 Longerich, Hitler, S. 276.

174 Carl Friedrich von Siemens, Die Wirtschaft verlangt Stetigkeit des Regierungskurses, in: Ostpreußische Zeitung, 28.10.1932, abgedruckt in: ders., Reden und Aufsätze, Bd. 3, SHI, SAA 4.Lf 875.

175 Wolf-Dietrich von Witzleben an Walther Funk, 4.11.1932, SHI, SAA 4.Lf 670-2.

176 Siehe hierzu u. a. Longerich, Hitler, S. 282–290.

177 Carl Friedrich von Siemens an Adolf Mohr, 2.1.1933, SHI, Briefe A2262.

7. Unter dem Hakenkreuz

1 Aus der Reisekorrespondenz Carl Friedrichs geht hervor, dass er sich bereits am 9.2.1933 zum Winterurlaub in Zürs befand. Wolf-Dietrich von Witzleben an Carl Friedrich von Siemens, 9.2.1933, SHI, SAA 4.Lf 663-2.

2 Vgl. Neebe, Großindustrie, S. 176 f.

3 Bundesarchiv Berlin, R 9361-IX (Gaukartei der NSDAP). Spätere Behauptungen, Winterfeld sei bereits 1930 in die NSDAP eingetreten, sind unzutreffend. Auch das Gerücht, er habe privat 300.000 RM an die NSDAP gespendet, ist höchstwahrscheinlich eine Legende. Zu Letzterem: Aktennotiz Witzleben über eine Besprechung mit den Herren Lübbe und Eckert, 27.2.1933, SHI, SAA 4.Lf 670-2. Nach dem Krieg sagte der frühere Reichswirtschaftsminister Walther Funk gegenüber alliierten Ermittlern zu Winterfelds Agitation für den Nationalsozialismus aus: "Director von WINTERFELD tried to obtain understanding of the party at Siemens whose management was Democratic." Office of United States Chief of Counsel for Prosecution of Axis Criminality, Nazi Conspiracy and Aggression. Supplement A, Document EC-440, Washington D. C. 1947, S. 1194.

4 Wolf-Dietrich von Witzleben an Carl Friedrich von Siemens, 9.2.1933, SHI, SAA 4.Lf 663-2.

5 Fritz Springorum/Willy Tischbein an Carl Friedrich von Siemens, 13.2.1933, SHI, SAA 670-1. Ob dieses Treffen noch zustande kam, geht aus der Akte nicht hervor.

6 Telegramm Reichstagspräsident Hermann Göring an Wolf-Dietrich von Witzleben, 16.2.1933, SHI, SAA 4.Lf 670-2; Büro Dr. C. F. von Siemens (gez. v. Witzleben) an Reichsminister Göring, Präsident des Deutschen Reichstages, 17.2.1933, ebd.

7 Zu den Teilnehmern dieses Treffens gehörten u. a. Gustav Krupp von Bohlen und Halbach, Friedrich Flick, Fritz von Opel, Günther Quandt, IG-Farben-Vorstand Georg von Schnitzler, Fritz Springorum und Albert Vögler. Zur Zahl der Teilnehmer sind unterschiedliche Angaben überliefert. Witzleben nannte namentlich 25 Unternehmer (ohne Schacht), der ebenfalls teilnehmende Hoesch-Generaldirektor Springorum gab die Zahl mit 27 an. Wolf-Dietrich von Witzleben, Bericht über eine Besprechung im Hause des Reichstagspräsidenten am 20.2.1933, in: SHI, SAA 4.Lf 670-2; Fritz Springorum an Paul Reusch, 21.2.1933, abgedruckt in: Stegmann, Verhältnis, S. 480 f.

8 Wolf-Dietrich von Witzleben, Bericht über eine Besprechung im Hause des Reichstagspräsidenten am 20.2.1933, in: SHI, SAA 4.Lf 670-2.

9 Aufzeichnung Martin Blank für Paul Reusch über die Sitzung Hitlers, Görings und Schachts mit Industriellen am 20.2.1933, 21.2.1933, abgedruckt in: Stegmann, Verhältnis, S. 478 f.

10 Zitiert nach: Louis P. Lochner, Die Mächtigen und der Tyrann. Die deutsche Industrie von Hitler bis Adenauer, Darmstadt 1955, S. 172.

11 Aufzeichnung Martin Blank für Paul Reusch über die Sitzung Hitlers, Görings und Schachts mit Industriellen am 20.2.1933, 21.2.1933, abgedruckt in: Stegmann, Verhältnis, S. 479. Vom Gesamtbetrag entfiel jeweils eine Million RM auf die westdeutsche Schwerindustrie,

die Chemische Industrie (mit Kalibergbau) und die Gruppe Braunkohle, Maschinenbau, Elektrotechnik. Größte Einzelspenden kamen von den IG Farben (400.000 RM) und der Deutschen Bank (200.000), ebd.; Adam Tooze, Ökonomie der Zerstörung. Die Geschichte der Wirtschaft im Nationalsozialismus, München 2007, S. 129.

12 Hjalmar Schacht an Wolf-Dietrich von Witzleben, 24.2.1933, SHI, SAA 4.Lf 670-2.

13 Zitiert nach: Bähr/Kopper, Industrie, S. 115.

14 Wolf-Dietrich von Witzleben an Hjalmar Schacht, 22.2.1933, SHI, SAA 4.Lf 670-2.

15 Aufzeichnung Martin Blank für Paul Reusch über die Sitzung Hitlers, Görings und Schachts mit Industriellen am 20.2.1933, 21.2.1933, abgedruckt in: Stegmann, Verhältnis, S. 479.

16 Siehe hierzu Kapitel 6/4.

17 Zitat aus der literarischen Schilderung des Treffens vom 20.2.1933 in: Éric Vuillard, Die Tagesordnung, Berlin 2018, S. 18. Vgl. ferner die Darstellung in Tooze, Ökonomie, S. 129, wonach die deutsche Großindustrie für Hitlers Versprechungen „gerne eine gehörige Anzahlung geleistet" habe.

18 Jones, Carl Friedrich von Siemens, S. 246.

19 Carl Friedrich von Siemens an Otto Merten (Deutsche Staatspartei), 1.3.1933, SHI, SAA 670-1.

20 Carl Friedrich von Siemens, Der Weg in die Zukunft, in: Süddeutsche Sonntagspost, München, 26.2.1933 (SHI, SAA 7679).

21 Carl Friedrich von Siemens, Rede in der Generalversammlung der Siemens & Halske AG am 28.2.1933, abgedruckt in: Carl Friedrich von Siemens, Reden und Aufsätze, Bd. 4, SHI, SAA 4.Lf 875.

22 Ebd.

23 Neebe, Großindustrie, S. 179; Werner Abelshauser, Gustav Krupp und die Gleichschaltung des Reichsverbandes der deutschen Industrie, 1933–1934, in: Zeitschrift für Unternehmensgeschichte 47 (2002), Nr. 1, S. 9 f.

24 Vgl. hierzu Winkler, Katastrophe, S. 893–898.

25 Aktennotiz von Witzleben über eine Besprechung des Herrn Dr. C. F. von Siemens mit Herrn Lübbe am 1.3.1933, SHI, SAA 4.Lf 549.

26 Udo Wengst, Der Reichsverband der Deutschen Industrie in den ersten Monaten des Dritten Reiches. Ein Beitrag zum Verhältnis von Großindustrie und Nationalsozialismus, in: Vierteljahrshefte für Zeitgeschichte 28 (1980), H. 1, S. 98.

27 Zitiert nach: Neebe, Großindustrie, S. 179.

28 Zitiert nach: ebd., S. 181. Siehe hierzu auch Wengst, Reichsverband, S. 98 f.; Bähr/Kopper, Industrie, S. 116.

29 Carl Friedrich von Siemens, Notizen für die Besprechung mit Herrn von Bohlen beim Reichskanzler, 1.4.1933, SHI, Briefe A2367.

30 Gleichgeschaltete Industrie, in: Acht-Uhr-Abendblatt, 3.4.1933, verbreitet vom Pressebüro der Sozialpolitischen Abteilung von Siemens am 4.4.1933. Zitiert nach: Der Siemenskonzern und die NSDAP, SHI, SAA 18541-2, Bl. 10.

31 Bähr/Kopper, Industrie, S. 117 f.

32 Aktenvermerk betr. N. S. B. O Betriebszelle S. K. G. („Siemenskabel"), 11.9.1933, SHI, SAA 11005.

33 Carl Friedrich von Siemens an Johannes Engel, 1.3.1933, SHI, SAA 4.Lf 514, Bd. 40, Bl. 2.

34 Siehe dazu auch den Brief von Carl Friedrich von Siemens an Ernst Kraus (S&H Wien) vom 6.12.1933, SHI, SAA 18547, Bl. 55 („Ich habe den Herren hierauf erklärt, dass es ein alter Grundsatz unseres Hauses wäre, Politik in jeder Form von der Arbeitsstätte fernzuhalten, da selbst extreme politische Gegner gemeinsam im Interesse des Unternehmens und damit der Volkswirtschaft des Landes zu arbeiten haben").

35 Carl Friedrich von Siemens an Robert Lorenz, Curt Lenartowski und Hermann May, 19.7.1922, SHI, SAA 4.Lk 459.

36 Gesetz über Betriebsvertretungen und wirtschaftliche Vereinigungen. Vom 4. April 1933, in: Reichsgesetzblatt 1933 I, Nr. 31, S. 161.

37 Berechnet nach: Homburg, Rationalisierung, S. 656.

38 Milert/Tschirbs, Zerschlagung, S. 44.
39 Aktennotiz Witzleben über eine Besprechung in der Schöneberger Straße am 23.3.1933, SHI, SAA 4.Lt 398-8, Bl. 48.
40 Milert/Tschirbs, Zerschlagung, S. 44.
41 Ebd.
42 Carl Friedrich von Siemens an Flora Meyer, 17.3.1933, SHI, SAA 18547.
43 Milert/Tschirbs, Zerschlagung, S. 46.
44 Sozialpolitische Abteilung an Carl Friedrich von Siemens, 13.4.1933, SHI, SAA 4.Lf 676-1; Aktenvermerk betr. NSBO Betriebszelle SKG („Siemenskabel"), 11.9.1933, SHI, SAA 11005; Erich Lübbe an den Preußischen Ministerpräsidenten, 25.4.1933, SHI, SAA 4.Lf 549; Erich Lübbe an Carl Friedrich von Siemens, 26.4.1933, ebd.
45 Vermerk betr. Betriebsvertretungsmitglieder, 5.5.1933, SHI, SAA 11005.
46 Milert/Tschirbs, Zerschlagung, S. 47.
47 Vermerk betr. Betriebsvertretungsmitglieder, 5.5.1933, SHI, SAA 11005.
48 Milert/Tschirbs, Zerschlagung, S. 47.
49 Carl Friedrich von Siemens an Flora Meyer, 17.3.1933, SHI, SAA 18547.
50 Zitiert nach einer Aufzeichnung von Hans Schäffer, der an diesem Treffen teilnahm. Hans Schäffer, Tagebuch, 1933, Eintrag 23. Mai 1933, Institut für Zeitgeschichte München-Berlin, ED 93; auch online in: Center for Jewish History, New York: https://archives.cjh.org/repositories/5/archival_objects/958868.
51 Ebd., Eintrag 18.6.1933.
52 Carl Friedrich von Siemens, Schreiben vom 8. April 1933 an die Vorstände der außerdeutschen u. überseeischen Büros, S. 1 u. 4, abgedruckt in: ders., Reden und Aufsätze, Bd. 4, SHI, SAA 4.Lf 875.
53 Carl Friedrich von Siemens an Gerard Swope, 28.12.1933, SHI, Briefe A2233.
54 Carl Friedrich von Siemens an Flora Meyer, 17.3.1933, SHI, SAA 18547.
55 Der Aushang zum 1.5.1933 ist abgedruckt in: Siemens-Mitteilungen Nr. 143, Juni 1933, S. 2.
56 Carl Friedrich von Siemens an Ministerpräsident Göring, 15.7.1933, SHI, SAA 4.Lf 543.
57 Carl Friedrich von Siemens an Hermann Schmitz, 11.10.1933, SHI, SAA 4.Lf. 514, Bd. 41, Bl. 156.
58 Zur Zusammensetzung und zur Rolle der Grundsteinstifter: Sabine Brantl, Haus der Kunst, München. Ein Ort und seine Geschichte im Nationalsozialismus. Hg. vom Haus der Kunst, 2. Aufl., München 2007, S. 56–68.
59 Antworten auf Fragen des Untersuchungsausschusses (zu Frage 10f.), SHI, SAA 18548-1. „Heil Hitler" wurde bei Siemens erst 1941 als Schlussformel in Geschäftsbriefen vorgeschrieben.
60 Als Beispiele: Carl Friedrich von Siemens an Fritz Pluequet, 21.9.1933, SHI SAA 4.Lf 514, Bd. 41, Bl. 117; Carl Friedrich von Siemens an Oskar von Petri, 21.9.1933, ebd., Bl. 118.
61 Ebd.
62 Carl Friedrich von Siemens, Rede bei der Jubilarfeier am 12.10.1933, abgedruckt in: ders., Vorträge und Aufsätze, Bd. 4, SHI, SAA 4.Lf 875.
63 Carl Friedrich von Siemens an Herrn Krischek, 11.10.1934, SHI, SAA, 18547, Bl. 77.
64 Kundgebung der Belegschaft der Berliner Siemens-Werke, in: Berliner Börsen-Zeitung, 16.10.1933.
65 Carl Friedrich von Siemens an Reichsminister Dr. Goebbels, 10.11.1933, SHI, SAA 4.Lf 543.
66 Niederschrift über die gemeinsame Aufsichtsrats-Sitzung der Siemens & Halske AG und der Siemens-Schuckertwerke AG am 8.3.1933, SHI, SAA 4.Lt 398-8.
67 Der 10. November in Siemensstadt, in: Siemens-Mitteilungen Nr. 146, Dezember 1933.
68 Ebd.
69 Anschlag am schwarzen Brett: Berlin-Siemensstadt, den 10.11.1933, abgedruckt in: Carl Friedrich von Siemens, Reden und Aufsätze, Bd. 4, SHI, SAA 4.Lf 875. Nach der Veranstaltung bedankte sich Siemens schriftlich bei Goebbels für die Wahl des Veranstaltungsorts. Carl Friedrich von Siemens an Reichsminister Dr. Goebbels, 10.11.1933, SHI, SAA 4.Lf 543.

70 Siemens, Carl Friedrich von Siemens, S. 298 f. Vgl. auch Julia Kleindienst, Siemens in Österreich. Der Zukunft auf der Spur. Eine Unternehmensbiografie, Wien 2004 S. 118–121 (die „Wiener Krisis").
71 Siemens, Carl Friedrich von Siemens, S. 300 f.
72 Carl Friedrich von Siemens an Otto Vacek von Strekov, 21.7.1935, SHI, SAA 18547, Bl. 84.
73 Mitgliedschaften C. F. von Siemens, Fach- und wirtschaftspolitische Vereine, SHI, SAA 4.Lf 551; Reichsstand der Deutschen Industrie an Carl Friedrich von Siemens, 23.8.1933, SHI, SAA 4.Lf 817.
74 Mitgliedschaften C. F. von Siemens, Fach- und wirtschaftspolitische Vereine, SHI, SAA 4.Lf 551; Bähr/Kopper, Industrie, S. 133 u. 136 ff.
75 Carl Friedrich von Siemens an Philipp Keßler, 25.10.1933, SHI, SAA 4.Lf 514, Bd. 40, Bl. 182; Bähr, Verbandspolitik, S. 45 ff.
76 Ebd., S. 47.
77 Ebd., S. 53; Waldemar Braun an Carl Friedrich von Siemens, 15.8.1934, SHI, SAA 4.Lf 817.
78 Reichswirtschaftsminister Hugenberg an den Staatssekretär der Reichskanzlei, 18.3.1933, Bundesarchiv Berlin, R 43 I/1197, Bl. 30; Entwurf einer Verordnung zur Änderung der Verordnung über den Vorl. Reichswirtschaftsrat, o. D., ebd., Bl. 31 ff.
79 Gesetz über den Vorläufigen Reichswirtschaftsrat. Vom 5. April 1933, in: Reichsgesetzblatt 1933 I, Nr. 32, S. 165 f.
80 Reichswirtschaftsminister Hugenberg an den Staatssekretär der Reichskanzlei, 3.4.1933, Bundesarchiv Berlin, R 43 I/1197, Bl. 54; Staatssekretär der Reichskanzlei an Reichswirtschaftsminister Hugenberg, 10.4.1933, ebd., Bl. 55.
81 Christopher Kopper, Das Ministerium Schacht und sein Einfluss, in: Albrecht Ritschl (Hg.), Das Reichswirtschaftsministerium in der NS-Zeit (Wirtschaftspolitik in Deutschland 1917–1990, Bd. 2). Wirtschaftsordnung und Verbrechenskomplex, Berlin 2016, S. 83 ff.
82 Lilla, Reichswirtschaftsrat, S. 124 f.
83 Zweite Sitzung des Generalrats der Wirtschaft, 20. September 1933, in: Akten der Reichskanzlei. Regierung Hitler 1933–1938, Die Regierung Hitler, Teil I: 1933/34, Bd. 2: 12. September 1933 bis 27. August 1934, bearb. von Karl-Heinz Minuth, Boppard 1983, Dokument Nr. 213, S. 807.
84 Erste Sitzung des Generalrats der Wirtschaft. 20. September 1933, in: ebd., Dokument Nr. 212, S. 798 f.
85 Akademie für Deutsches Recht an Präsident Carl Friedrich von Siemens, 21.9.1933, SHI, SAA 4.Lf 532-2.
86 Werner Schubert (Hg.), Ausschuss für Aktienrecht (Akademie für Deutsches Recht 1933–1945, Protokolle der Ausschüsse, Bd. 1, hg. von Werner Schubert/Werner Schmid/Jürgen Regge), Berlin 1986.
87 Carl Friedrich von Siemens an die Akademie für Deutsches Recht, 27.9.1931, SHI, SAA 4.Lf 532-2.
88 Schubert (Hg.), Ausschuss, S. 486.
89 Ebd., S. 127 ff.
90 Ebd., S. 132, 163, 326 (mit Zitat) u. 537.
91 Alfred Gottwaldt, Die Reichsbahn und die Juden 1933–1939. Antisemitismus bei der Eisenbahn in der Vorkriegszeit, Wiesbaden 2011, S. 86; Alfred C. Mierzejewski, The Most Valuable Asset of the Reich. A History of the German National Railway, Vol. 2: 1933–1945, Chapel Hill 2000, S. 5.
92 Gottwaldt, Dorpmüllers Reichsbahn, S. 78 f.
93 Gottwaldt, Reichsbahn, S. 79.
94 Ebd.
95 Bericht des Geschäftsführers der Hafraba e. V. über eine Besprechung mit dem Reichskanzler am 6.4.1933, zitiert nach: Gottwaldt, Dorpmüllers Reichsbahn, S. 84. Die HaFraBa (Verein zur Vorbereitung der Autostraße Hansestädte–Frankfurt–Basel) war 1926 in Frankfurt am Main zur Planung einer Autobahn zwischen den namensgebenden Städten gegründet worden.

96 Gottwaldt, Reichsbahn, S. 90; ders., Dorpmüllers Reichsbahn, S. 86.
97 Gottwaldt, Reichsbahn, S. 93f. Zur Auflösung des Reichsstabs im Herbst 1934: ebd., S. 153.
98 Niederschrift über die 55. Sitzung des Verwaltungsrats der Deutschen Reichsbahn-Gesellschaft am 3.5.1933, Bundesarchiv Berlin, R 5/20059, Bl. 16. Zur Durchführung des Berufsbeamtengesetzes bei der DRG siehe Gottwaldt, Reichsbahn, S. 122–140. Gottwaldt geht davon aus, dass sich unter den Entlassenen 2.000 bis 2.500 Arbeiter jüdischer Herkunft befanden. Da er bei dieser Schätzung vom Anteil der Juden an der Gesamtbevölkerung ausgeht, Juden aber bei der Reichsbahn unterrepräsentiert waren, dürfte die Zahl zu hoch liegen. Gottwaldt, Reichsbahn, S. 131.
99 Ebd., S. 76f.; Franz Xaver Honold an den Reichsverkehrsminister Frhr. von Eltz-Rübenach, 22.4.1933, Bundesarchiv Berlin, R 5/20059, Bl. 46.
100 Zur Biografie von Matthäus Herrmann vgl. Rainer Mertens, Matthäus Herrmann (1879–1959). Gewerkschafter, der zum Nachfolger des Reichsverkehrsministers vorgesehen war, in: Alfred Gottwaldt, Eisenbahner gegen Hitler. Verfolgung und Widerstand bei der Reichsbahn 1933–1945, Wiesbaden 2009, S. 316–322.
101 Gottwaldt, Reichsbahn, S. 105.
102 Reichsverkehrsminister Paul von Eltz-Rübenach an Paul Silverberg, 28.7.1933, SHI, SAA 4.Lf 561-2. Zu Eltz-Rübenach vgl. Andreas von Mettenheim, Paul Freiherr von Eltz-Rübenach. Technokrat, Katholik und Politiker im Kabinett Hitlers, Berlin 2023.
103 Carl Friedrich von Siemens an Paul Silverberg, 3.8.1933, SHI, SAA 18547, Bl. 42f.
104 Ebd.
105 Reichsverkehrsminister Eltz-Rübenach hatte zuvor vorgeschlagen, Hitler-Stellvertreter Rudolf Heß und den auch von Siemens favorisierten Keppler zu berufen. Beide kamen nicht in Betracht, weil Hitler darauf bestand, dass sie ihre Reichstagsmandate behielten. Aktenvermerk Reichskanzlei, 28.6.1933, Bundesarchiv Berlin R 43 I/1061, Bl. 9; Gottwaldt, Reichsbahn, S. 78.
106 Gottwaldt, Dorpmüllers Reichsbahn, S. 85; Erhard Schütz/Eckhard Gruber, Mythos Reichsautobahn. Bau und Inszenierung der „Straßen des Führers“ 1933–1941, 2. Aufl., Berlin 2000, S. 11.
107 Von dieser Sitzung sind mehrere, voneinander abweichende Teilnehmerlisten überliefert. Die Angabe stützt sich auf die handschriftlich unterschriebene Anwesenheitsliste. Siemens fehlt auf dieser Liste, der SSW-Vorstandsvorsitzende Köttgen unterschrieb in seiner Vertretung mit dem Zusatz „Siemens & Halske“. Bundesarchiv Berlin, R 43 II/536, Bl. 338. Zum Protokoll: Besprechung mit Industriellen über Arbeitsbeschaffung, 29.5.1933, ebd., Bl. 342–383, abgedruckt in: Akten der Reichskanzlei. Regierung Hitler, Teil I: 1933/34, Bd. 1: 30. Januar bis 31. August 1933, bearb. von Karl-Heinz Minuth, Boppard 1983, Dokument Nr. 147, S. 506–529.
108 Brüning, Memoiren, S. 485.
109 Klaus Hildebrand, Die Deutsche Reichsbahn in der nationalsozialistischen Diktatur 1933–1945, in: Lothar Gall/Manfred Pohl (Hg.), Die Eisenbahn in Deutschland. Von den Anfängen bis zur Gegenwart, München 1999, S. 172; zitiert u. a. in: Gottwaldt, Reichsbahn, S. 90.
110 „Clearly, Siemens had developed an emotional attachment to the Reichsbahn.“ Mierzejewski, Asset, Vol. 2, S. 9.
111 Auf Einladung Dorpmüllers besichtigte der Verwaltungsrat der DRG Ende Mai 1934 gemeinsam mit dem Verwaltungsrat der Gesellschaft „Reichsautobahnen“ Baustrecken des ersten Autobahnteilstücks zwischen Frankfurt am Main und Heidelberg/Mannheim. Julius Dorpmüller an die Mitglieder des Verwaltungsrats der Gesellschaft „Reichsautobahnen“, 26.4.1934, Bundesarchiv Berlin, R 5/20068, Bl. 15.
112 Carl Friedrich von Siemens an Paul Silverberg, 21.12.1934, SHI, Briefe A2321.
113 Reichsverkehrsminister Paul von Eltz-Rübenach legte im formellen Verabschiedungsschreiben an Siemens Wert darauf zu betonen, er habe „Ihrem Wunsch entsprechend“ davon abgesehen, dem Reichskanzler und der Reichsregierung eine Wiederernennung vorzuschlagen. Paul von Eltz-Rübenach an Carl Friedrich von Siemens, 5.12.1934, SHI, Briefe A2368.

114 Carl Friedrich von Siemens an Paul Silverberg, 21.12.1934, SHI, Briefe A2321.

115 Die Reichsbahn nimmt Abschied von Dr. C.F. von Siemens, in: Die Reichsbahn, 16.1.1935, S. 104–108 (Zitat S. 108) (SHI, SAA 8800).

116 Mierzejewski, Asset, Vol. 2, S. 9.

117 Carl Friedrich von Siemens an Paul Silverberg, 21.12.1934, SHI, Briefe A2321.

118 Carl Friedrich von Siemens an Gustav Koenigs, 18.3.1940, SHI, SAA 18547. Bl. 127.

119 Carl Friedrich von Siemens an Georg Gothein, 1.4.1920, ebd., Bl. 11.

120 Ebd., Bl. 12.

121 Vgl. Jörn Leonhard, Exklusion und Gewalt. Jüdisches Leben im Ersten Weltkrieg und in der Nachkriegszeit, in: Aus Politik und Zeitgeschichte Nr. 44/45 (2021), S. 22f.

122 Biografische Listen Carl Friedrich von Siemens, Sonstige Verbände, SHI, SAA 4.Lf 551. Zur Gesellschaft der Freunde vgl. Sebastian Panwitz, Die Gesellschaft der Freunde 1792–1935. Berliner Juden zwischen Aufklärung und Hochfinanz, Hildesheim 2007.

123 Carl Friedrich von Siemens an Herrn Direktor Krecke, 30.4.1933, SHI, Briefe A2225. Nach Fulds Tod zur Nationalen Telephon- und Telegraphenwerke GmbH umgewandelt. Nach einem Auftragsboykott und der folgenden „Arisierung" ging daraus 1937 die Telefonbau und Normalzeit GmbH (T&N) hervor.

124 So die spätere Darstellung der Antwort an die H. Fuld & Co. in: Carl Friedrich von Siemens an Wilhelm Keppler, 15.8.1933, SHI, SAA 4.Lf 514, Bd. 41, Bl. 71f.

125 Carl Friedrich von Siemens an Carl Köttgen, 11.5.1933, SHI, SAA 4.Lf 514, Bd. 40, Bl. 134f. (auch: Briefe A2231).

126 Carl Friedrich von Siemens an Flora Meyer, 17.3.1933, SHI, SAA 18547, veröffentlicht in: https://www.jmberlin.de/1933/de/03_17_brief-von-carl-friedrich-von-siemens-an-flora-meyer.php.

127 Zitate aus dem von Hans Schäffer formulierten Einladungsschreiben Max Warburgs an Carl Bosch, zitiert nach: Hans Schäffer, Tagebuch, 1933, Eintrag 17.5.1933, Institut für Zeitgeschichte München-Berlin, ED 93; auch online in: Center for Jewish History, New York: https://archives.cjh.org/repositories/5/archival_objects/958868.

128 Ebd., Eintrag vom 23.5.1933. Zugesagt hatte zunächst auch Kurt Schmitt, der Generaldirektor der Allianz Versicherung. Carl Bosch, der Vorstandsvorsitzende der IG Farben war ebenfalls eingeladen und hatte offenbar nicht zugesagt. Zu diesem Treffen vgl. Avraham Barkai, Max Warburg im Jahre 1933. Missglückte Versuche zur Milderung der Judenverfolgung, in: Peter Freimark/Alice Jankowski/Ina S. Lorenz (Hg.), Juden in Deutschland. Emanzipation, Integration, Verfolgung und Vernichtung, Hamburg 1991, S. 391ff.

129 Hans Schäffer, Tagebuch, 1933, Eintrag 17.5.1933, Institut für Zeitgeschichte München-Berlin, ED 93.

130 Ebd.

131 Abelshauser, Gustav Krupp, S. 17.

132 Hans Schäffer, Tagebuch, 1933, Eintrag vom 28.6.1933, Archiv des Instituts für Zeitgeschichte München-Berlin, ED 93. Ebd., Eintrag vom 28.6.1933.

133 Rudolf Löb an Carl Friedrich von Siemens, 5.8.1933, SHI, SAA 4.Lf 676-1.

134 Barkai, Max Warburg, S. 401.

135 Memorandum (Entwurf), Anlage zu: Rudolf Löb an Carl Friedrich von Siemens, 5.8.1933, SHI, SAA 4.Lf 676-1.

136 Aktennotiz über eine Besprechung in der Schöneberger Straße am 23.3.1933, S. 9 (Vertraulich), gez. von Witzleben, SHI, SAA 4.Lt 398-8.

137 Carl Friedrich von Siemens an Fritz Kranefuß, 4.12.1933, SHI, Briefe A2220. S&H und SSW hatten 1933 im Inland zusammen rund 48.000, der Siemens-Konzern insgesamt rund 78.000 Beschäftigte. Feldenkirchen, Siemens 1918–1945, S. 680 (Tabelle 42).

138 Aktennotiz über eine Besprechung bei Herrn v. Siemens, 8.4.1933, SHI, SAA 4.Lt 398-8, Bl. 51.

139 Die Juden im Deutschen Reich 1816 bis 1933, in: Wirtschaft und Statistik 15.Jg. (1935), Nr. 4, S. 147–150.

140 Avraham Barkai, Vom Boykott zur „Entjudung". Der wirtschaftliche Existenzkampf der Juden im Dritten Reich 1933–1943, Frankfurt am Main 1988.

141 Carl Friedrich von Siemens an Direktor Stern, Protos GmbH, Hamburg, 13.4.1933, SHI, SAA 4.Lf 514, Bd. 40, Bl. 95.
142 Aktennotiz über eine Besprechung bei Herrn v. Siemens, 8.4.1933, SHI, SAA 4.Lt 398-8, Bl. 51.
143 Carl Friedrich von Siemens an M. Freibig, 22.12.1934, SHI, SAA 18547, Bl. 81 f. (Zitat S. 81).
144 Ebd.
145 SHI, WP Julius Laufer.
146 Aktennotiz über eine Besprechung bei Herrn v. Siemens, 8.4.1933, SHI, SAA 4.Lt 398-8, Bl. 51.
147 Carl Friedrich von Siemens an den Verbindungsstab der NSDAP zu Händen des Wirtschaftsberaters der Reichsleitung der NSDAP, 10.4.1934, SHI, Briefe A2269. Laufers Auftrag stand möglicherweise im Zusammenhang mit den laufenden Verhandlungen mit der ITT über eine Verständigung im Südamerika-Geschäft. Hierzu Carl Friedrich von Siemens an Gerard Swope, 28.12.1933, SHI, Briefe A2233.
148 Carl Friedrich von Siemens an den Verbindungsstab der NSDAP zu Händen des Wirtschaftsberaters der Reichsleitung der NSDAP, 10.4.1934, SHI, Briefe A2269.
149 Rundschreiben der Siemens-Schuckertwerke AG, 13.7.1934, SHI, WP Julius Laufer.
150 Vgl. Hermann Aurich, Alfred Berliner (1861 bis 1943) und sein Rittergut Schermeisel, URL: http://www.maerkische-landsitze.de/alfrberliner.htm [Stand 30.3.2023].
151 Zitiert nach: Heintzenberg, Carl Friedrich von Siemens, S. 280, SHI L221.
152 Ebd., S. 280 f. Ein starkes Argument zur Erwirkung der Freilassung wird in diesem Fall gewesen sein, dass der Oberingenieur an der Fertigung elektrischer Ausrüstungen für U-Boote beteiligt war.
153 Carl Friedrich von Siemens an Dorothea Herz, 29.3.1934, SHI, Briefe A2194.
154 Carl Friedrich von Siemens an Heinrich von Buol und Carl Köttgen, 21.6.1935, SHI, Briefe A2125. Vgl. Feldenkirchen, Siemens 1918–1945, S. 222. Zum Schicksal der Familie Hertz in der NS-Zeit: Stefan L. Wolff, Jüdische oder Nichtjüdische Deutsche? Vom öffentlichen Umgang mit Heinrich Hertz und seiner Familie im Nationalsozialismus, in: Ralph Burmeister/Andre Niehaus (Hg.), Heinrich Hertz vom Funkensprung zur Radiowelle, Bonn 2012, S. 38–57.
155 Carl Friedrich von Siemens an Fritz Haber, 23.5.1933, SHI, SAA 18547, Bl. 41. Zur Biografie Kallmanns: Stefan L. Wolff, Hartmut Kallmann (1896–1978) – ein während des Nationalsozialismus verhinderter Emigrant verlässt Deutschland nach dem Krieg, in: Dieter Hoffmann/Mark Walker (Hg.), „Fremde" Wissenschaftler im Dritten Reich, Göttingen 2011, S. 314–338.
156 https://www.jmberlin.de/1933/de/03_17_brief-von-carl-friedrich-von-siemens-an-flora-meyer.php [Stand 30.3.2023].
157 Rundschreiben betr. Beschäftigung von Juden, gez. von Witzleben, 6.12.1938, SAA 8598.
158 Carl Friedrich von Siemens an Fritz Kranefuß, 4.12.1933, SHI, Briefe A2220.
159 Ebd.
160 Herbert von Obwurzer an die Firma Siemens z. Hd. Direktor Winterfeld, 28.6.1934, SHI, SAA 4.Lf 676-1.
161 Carl Friedrich von Siemens an den Verbindungsstab der NSDAP zu Händen des Wirtschaftsberaters der Reichsleitung NSDAP, 10.4.1934, SHI, Briefe A2269.
162 Ebd.
163 Antworten auf Fragen des Untersuchungsausschusses, Frage 14A (März 1948), SHI, SAA 18548-1.
164 Marie-Luise Kreuter, Aron – Heliowatt, in: Helmut Engel u. a. (Hg.), Geschichtslandschaft Berlin, Charlottenburg, Teil I, Berlin 1986, S. 178–199.
165 Aktennotiz betr. Heliowatt Elektrizitäts-Werke AG, 3.7.1935, SHI, SAA 17974.
166 Aktennotiz Jessen betr. Heliowatt, 26.7.1935, ebd.; Vermerk Deutsche Bank und Disconto-Gesellschaft, betr. Heliowatt-Werke Elektrizitäts-AG, 15.11.1935, Bundesarchiv Berlin, R 8119F/3481, Bl. 5; Harold James, Die Deutsche Bank und die „Arisierung", München 2001, S. 51.

167 Fritz Jessen an die Elektrische Licht- und Kraftanlagen AG, Vorstand (Entwurf vom 5.10.1935), SHI, SAA 17974.
168 Bernhard Walther an Heinrich von Buol, 22.10.1935, ebd.; Heinrich von Buol an Bernhard Walther, 23.10.1935, ebd.
169 Verzeichnis der erschienenen Aktionäre, 15.11.1935, ebd.
170 Fritz Jessen an die Elektrische Licht- und Kraftanlagen AG, Vorstand (Entwurf vom 5.10.1935), ebd.
171 Christian Kennert, Der Unternehmer Hugo Cassirer – Ein Beitrag zur Berliner Wirtschaftsgeschichte, in: Der Bär von Berlin, 56. Folge 2007, S. 139 ff. Vgl. ferner Dieter Ziegler, Die Dresdner Bank und die deutschen Juden, München 2006, S. 222.
172 Aktennotiz betr. Osram-Verkauf, 15.5.1936, SHI, SAA 10296-6; Aktennotiz Seelhorst für Carl Friedrich von Siemens, 6.6.1936, ebd.
173 Siemens & Halske AG an Bergmann-Elektrizitäts-Werke AG, 14.9.1938, ebd.
174 Vgl. Christopher Kopper, Zwischen Marktwirtschaft und Dirigismus. Bankenpolitik im „Dritten Reich" 1933–1939, Bonn 1995, S. 266. Zur „Arisierung" von M. M. Warburg & Co.: ebd., S. 260–268; Ingo Köhler, Die „Arisierung" der Privatbanken im Dritten Reich. Verdrängung, Ausschaltung und die Frage der Wiedergutmachung, 2. Aufl., München 2008, S. 330–337.
175 Siemens 1933, S. 48; Abkommen zwischen der Siemens & Halske AG und der Elektrische Licht- und Kraftanlagen AG, 11.12.1928, SHI, SAA 19617.
176 Carl Friedrich von Siemens, Rede vor der außerordentlichen Hauptversammlung der Siemens & Halske AG am 13.6.1939, abgedruckt in: ders., Reden und Aufsätze, Bd. 4, SHI, SAA 4.Lf 875.
177 Siemens 1933, S. 50 f.
178 Carl Friedrich von Siemens an Heinrich von Buol, 22.5.1933, SHI, Briefe A2120. Das Schreiben findet sich in großen Teilen abgedruckt in: Feldenkirchen, Siemens 1918–1945, S. 253 ff.
179 Ebd.
180 Erste Sitzung des Generalrats der Wirtschaft, 20.9.1933, in: Die Regierung Hitler, Teil I: 1933/34, Bd. 2, bearb. von Karl-Heinz Minuth, Boppard 1983, S. 797 f.
181 Feldenkirchen, Siemens 1918–1945, S. 327.
182 Siemens & Halske AG, 38. Geschäftsbericht für das Geschäftsjahr vom 1.10.1932 bis 30.9.1933, Berlin 1934, S. 7 f.
183 Carl Friedrich von Siemens, Rede vor der Generalversammlung der Siemens & Halske AG am 7.3.1934, abgedruckt in: ders., Reden und Aufsätze, Bd. 4, SHI, SAA 4.Lf 875.
184 Berechnet nach den Daten in Feldenkirchen, Siemens 1918–1945, S. 679 (Tabelle 41).
185 Siemens & Halske AG, 38. Geschäftsbericht 1932/33, S. 7 f.
186 Carl Friedrich von Siemens, Rede vor der Generalversammlung von S&H am 28.2.1935, abgedruckt in: ders., Reden und Aufsätze Bd. 4, SHI, SAA 4.Lf 875.
187 Ebd.
188 Feldenkirchen, Siemens 1918–1945, S. 666 (Tabelle 27).
189 Ebd., S. 327.
190 Ebd., S. 308 f.
191 Aktennotiz über eine Besprechung bei Herrn v. Siemens betr. Domizlaff, 17.6.1935, SHI, SAA 4.Lt 398-5.
192 Feldenkirchen, Siemens 1918–1945, S. 283.
193 Berechnet nach ebd. S. 671 (Tabelle 34). Zur Gelap vgl. ebd., S. 615 f.; Albert Blattmann, Zur Entwicklung der Siemens Apparate und Maschinen GmbH (S. A. M.) und ihrer Vorgeschichte 1894–1945, Marine- und Heeresgeräte, Bd. 1. Beschreibung, Ms. München 1976, S. 7 ff.
194 Carl Friedrich von Siemens an Paul Reusch, 23.9.1936, Rheinisch-Westfälisches Wirtschaftsarchiv 130-400101290/47, Bl. 21.
195 Lutz Budrass, Flugzeugindustrie und Luftrüstung in Deutschland 1918–1945, Düsseldorf 1998, S. 383.
196 Blattmann, Entwicklung, S. 6 f.

197 Zitiert nach dem Bericht über diese Besprechung mit Schacht in: Carl Friedrich von Siemens an Georg Mattern, 21.8.1933, SHI, SAA 4.Lm 970.
198 Carl Friedrich von Siemens an Heinrich von Buol, 22.5.1933, SHI, Briefe A2120.
199 Blattmann, Entwicklung, S. 10f.; Niederschrift über eine Besprechung bzgl. Verhandlungen mit dem Luftfahrtministerium am 8.11.1935, S. 6, SHI, SAA 4.Lt 398-5. Mit dem Reichsluftfahrtministerium war vereinbart worden, dass die SAM Ausrüstungen für den Bordbedarf und Bombenabwurfgeräte herstellte. Ebd.
200 Blattmann, Entwicklung, S. 10.
201 Carl Friedrich von Siemens an Hans Domizlaff, 5.11.1940, SHI, Briefe A2150.
202 Witzleben gab später an, Siemens habe Weisung erteilt, die militärische Fertigung solle „von den Arbeitsgebieten der Stammfirmen getrennt und in besonderen Gesellschaften an der Peripherie zusammengefasst werden". Wolf-Dietrich von Witzleben, Die Haltung des Herrn C. F. von Siemens zur Rüstungspolitik (1949), SHI, SAA 18548-2.
203 Willi A. Boelcke, Die Kosten von Hitlers Krieg. Kriegsfinanzierung und finanzielles Kriegserbe 1933–1948, Paderborn 1985, S. 19 u. 22. Siehe hierzu auch die Darstellung in: Hjalmar Schacht, 76 Jahre meines Lebens, Bad Wörishofen 1953, S. 400f.
204 Feldenkirchen, Siemens 1918–1945, S. 498.
205 Notariell beglaubigter Gesellschaftsvertrag vom 24.7.1933, SHI, SAA 11.Ld 688.
206 Carl Friedrich von Siemens an Georg Mattern, 21.8.1933, SHI, SAA 4.Lm 970.
207 Schacht, 76 Jahre, S. 180. Carl Friedrich schrieb damals an seinen Vorstandskollegen Natalis: „Ich habe Dr. B. gebeten, Dr. Schacht gelegentlich zu sagen, daß ich im Begriff stand, mit ihm zu unterhandeln und es lebhaft bedaure, nicht früher getan zu haben. Der Mann hätte für uns sehr gut gepaßt, da er nicht nur Bankmann, sondern auch Volkswirtschaftler von gediegenen Kenntnissen ist." Carl Friedrich von Siemens an Hugo Natalis, 14.6.1916, SHI, Briefe A1487.
208 Reichswehrminister Werner von Blomberg an Carl Friedrich von Siemens, 26.6.1933, SHI, SAA 11.Ld 688; Fritz Jessen an Staatssekretär Erhard Milch, Reichsluftfahrtministerium, 8.7.1933, ebd.
209 Jessen entschied sich für den Namen Metallurgische Forschungs-Gesellschaft mbH, nachdem er festgestellt hatte, dass im Berliner Handelsregister bereits eine Firma mit dem ursprünglich vorgesehenen Namen Technische Forschungs GmbH eingetragen war. Fritz Jessen an Staatssekretär Erhard Milch, Reichsluftfahrtministerium, 8.7.1933, ebd.; Vertrauliche Einladung, 21.7.1933, ebd.; Notariell beglaubigter Gesellschaftsvertrag vom 24.7.1933, ebd.; Feldenkirchen, Siemens 1918–1945, S. 497f.
210 Vermerk betr. Metallurgische Forschungs GmbH, 7.7.1933, SHI, SAA 11.Ld 688.
211 Berechnet nach Feldenkirchen, Siemens 1918–1945, S. 671 (Tabelle 34).
212 Niederschrift über eine Besprechung bzgl. AGK (Ausführungsgemeinschaft für Kriegsmaterial) am 8.11.1935, 11.11.1935, SHI, SAA 4.Lt 398-5.
213 Carl Friedrich von Siemens an Staatssekretär Erhard Milch, 31.3.1936, SHI, SAA 18547, Bl. 93; Carl Friedrich von Siemens an Ministerialdirigent Höfelt, 12.8.1936, ebd., Bl. 97.
214 Budrass, Flugzeugindustrie, S. 304–307.
215 Niederschrift über eine Besprechung bzgl. Verhandlungen mit dem Reichsluftfahrtministerium, 8.11.1935, SHI, SAA 4.Lt 398-5.
216 Niederschrift über eine Besprechung betr. Flugmotorenwerk am 19.11.1935, S. 5 u. 7, ebd.
217 Ebd.
218 Zitate nach: Niederschrift über eine Besprechung bzgl. der Wünsche des Luftfahrtministeriums (RLM) am 26.11.1935, ebd.
219 Carl Friedrich von Siemens an Staatssekretär Erhard Milch, 20.3.1936, SHI, SAA 18547, Bl. 90ff.
220 Johannes Bähr/Paul Erker, Bosch. Geschichte eines Weltunternehmens, München 2013, S. 195–199; Till Lorenzen, BMW als Flugmotorenhersteller 1926–1940. Staatliche Lenkungsmaßnahmen und unternehmerische Handlungsspielräume, München 2008, S. 161ff.

221 Carl Friedrich von Siemens an Staatssekretär Erhard Milch, 31.3.1936, SHI, SAA 18547, Bl. 94.
222 Ebd., Bl. 93.
223 Ebd., Bl. 95f.
224 Carl Friedrich von Siemens an Ministerialdirigent Höfelt, 12.8.1936, ebd., Bl. 97ff.; Siemens, Carl Friedrich von Siemens, S. 304.
225 Protokoll der gemeinsamen Sitzung des Aufsichtsrats der Siemens & Halske AG und der Siemens-Schuckertwerke AG am 23.6.1936, SHI, SAA 16.Lh 262.
226 Carl Friedrich von Siemens an Ministerialdirigent Höfelt, 12.8.1936, SHI, SAA 18547, Bl. 98f.
227 Ebd., Bl. 98.
228 Carl Friedrich von Siemens an Staatssekretär Erhard Milch, 5.10.1936, zitiert in: Siemens, Carl Friedrich von Siemens, S. 304f.
229 Lorenzen, BMW, S. 174; Budrass, Flugzeugindustrie, S. 383; Paul Erker, Industrie-Eliten in der NS-Zeit. Anpassungsbereitschaft und Eigeninteresse von Unternehmern in der Rüstungs- und Kriegswirtschaft 1936–1945, Passau 1993, S. 47.
230 Siehe hierzu oben Kapitel 2 und 4.
231 Carl Friedrich von Siemens an Paul Reusch, 23.9.1936, Rheinisch-Westfälisches Wirtschaftsarchiv 130-400101290/47, Bl. 21. Der Brief ist abgedruckt in Feldenkirchen, Siemens 1918–1945, S. 616f. (Anm. 132).
232 Beglaubigte Abschrift aus dem Handelsregister Abteilung B 58668, Bd. 934, Bl. 153 (zum Gesellschaftsvertrag vom 9.10.1939), Bundesarchiv Berlin, R 8121/439, Bl. 44ff.
233 Gerald Klein, Dokumentation zur Geschichte des Luftfahrtgerätewerks Hakenfelde LGW 1930–1945, Ms. München 1980, S. 13, SHI, SAA 35-44.LC 168.
234 Wehrwirtschaftsführer (Liste der Verleihungen 1937–1942), SHI, SAA 18547.
235 Carl Friedrich von Siemens an General Karl Becker, 14.8.1939, SHI, Briefe A2105.
236 Paul Reusch an Carl Friedrich von Siemens, 3.5.1936, Rheinisch-Westfälisches Wirtschaftsarchiv 130-400101290/47, Bl. 31; Paul Reusch an Carl Friedrich von Siemens, 22.5.1938, ebd., Bl. 10; Carl Friedrich von Siemens an den Stellvertreter des Führers Reichsminister Rudolf Heß, 14.8.1939, SHI, SAA 18547, Bl. 125.
237 Wolf-Dietrich von Witzleben an Carl Friedrich von Siemens (p.A. Herrn Grafen Blücher, Edfou el Chark, Oberägypten), 14.2.1938, SHI, SAA 4.Lf 663-2; Blücher, Geschichte, S. 122.
238 Busjan/Groß, Anna Siemens und Hertha Siemens, S. 195.
239 Wolf-Dietrich von Witzleben, Eigene Stellung und Tätigkeit von 1919 bis 1943, in: Antworten auf Fragen des Untersuchungsausschusses (1949), SHI SAA 18548-2.
240 Ebd.
241 Vorstandsmitglieder seit 1935, die der N.S.D.A.P. angehört haben, SHI, SAA 18541-2.
242 Nach dem Krieg wurde Bingel von Zeitzeugen als „Nazi-Aktivist", aber auch als „ausgesprochener Antifaschist" beschrieben. Erstes Zitat nach: Feldenkirchen, Siemens 1918–1945, S. 212; zweites Zitat nach: Reinhard Vogelsang, Der Freundeskreis Himmler, Göttingen 1972, S. 76.
243 So die Darstellung in: Wolf-Dietrich Witzleben, Die Haltung der Vorstandsmitglieder zum Nationalsozialismus, S. 25, SHI, SAA 18548-2.
244 Vogelsang, Freundeskreis, S. 157; Karl Lindemann, Erklärung unter Eid, 28.4.1947, abgedruckt in: ebd., S. 149.
245 Ebd., S. 158.
246 Aufwendungen für die NSDAP, SHI, SAA 18548-3.
247 Gesetz über Aktiengesellschaften und Kommanditgesellschaften auf Aktien (Aktiengesetz). Vom 30. Januar 1937, in: Reichsgesetzblatt 1937 I, Nr. 15, S. 107–165 (§ 70 u. § 95).
248 Protokoll der 189. Sitzung des Aufsichtsrates der Siemens & Halske AG am 25.2.1937, SHI, SAA 16.Lh 262.
249 Wolf-Dietrich von Witzleben an Carl Friedrich von Siemens (z. Zt. Cairo), 26.2.1938, SHI, SAA 4.Lf 663-2.

250 Zur Biografie von Hermann von Siemens vgl. Hermann von Siemens. Forscher und Krisenmanager, in: Siemens Historical Institute (Hg.), Zukunft gestalten. Die Siemens-Unternehmer 1847–2018, Hamburg 2018, S. 155–182.
251 Zum Gedächtnis an Robert von Siemens, der am 20. September 1945 in einem russischen Lager bei Posen starb, in: Siemens-Mitteilungen Nr. 17 (Dezember 1955), S. 34 f.; Bundesarchiv Berlin, R 9361-IX (Gaukartei der NSDAP).
252 Gesetz über Aktiengesellschaften und Kommanditgesellschaften auf Aktien (Aktiengesetz). Vom 30. Januar 1937, in: Reichsgesetzblatt 1937 I, Nr. 15, S. 108 (§ 12).
253 Carl Friedrich von Siemens, Antrag auf Gewährung eines sechsfachen Mehrstimmenrechts, 27.3.1939, Bundesarchiv Berlin, R 3001/20297, Bl. 107–112 (Zitate Bl. 111 f.).
254 Franz Schlegelberger an Carl Friedrich von Siemens, 22.5.1939, ebd., Bl. 114.
255 Carl Friedrich von Siemens, Rede vor der außerordentlichen Hauptversammlung der Siemens & Halske AG am 13.6.1939, abgedruckt in: ders., Reden und Aufsätze, Bd. 4, SHI, SAA 4.Lf 875.
256 Ebd.
257 Feldenkirchen, Siemens 1918–1945, S. 177 u. 529 f.
258 Ebd., S. 177. In seiner Ansprache zum 100-jährigen Geburtstag Carl Friedrichs nannte Peter von Siemens die 1966 erfolgte Gründung der Siemens AG die „Krönung" der von Carl Friedrich geplanten und eingeleiteten Maßnahmen. Rede Dr. Peter v. Siemens zum 100. Geburtstag von Carl Friedrich v. Siemens am 10.10.1972, SHI, SAA 4.Li 786. Ebenso dann: Schoen, Carl Friedrich von Siemens, S. 100.
259 Siemens, Carl Friedrich von Siemens, S. 310.
260 Carl Friedrich von Siemens an Reichssportführer Hans von Tschammer und Osten, 28.4.1937, SHI, SAA 18547, Bl. 105.
261 Carl Friedrich von Siemens, Rede in der Schulungsburg Oberursel, 10.6.1937, abgedruckt in: ders., Reden und Aufsätze, Bd. 4, SHI, SAA 4.Lf 875.
262 Sozialpolitische Abteilung an die stellv. Führer der Siemens & Halske AG und der Siemens-Schuckertwerke AG, 20.7.1938, SHI, SAA E70201; Karl Burhenne an Claus Selzner, Organisationsamt der Deutschen Arbeitsfront, 1.8.1938, ebd.
263 Sozialpolitische Abteilung an die stellv. Führer der Siemens & Halske AG und der Siemens-Schuckertwerke AG, 13.8.1940, ebd.
264 Vermerk betr. Leistungskampf der deutschen Betriebe, 20.6.1941, ebd.
265 Walter Dickwach an Carl Friedrich von Siemens, 12.2.1941, SHI, SAA 14.Lp 206/7.
266 Aktenvermerk betr. Verhältnis des Hauses Siemens zur DAF, 26.4.1941, ebd.
267 Hitler war im März 1922 Burhenne vorgestellt worden, vermutlich weil dieser den Sozialfonds von Siemens verwaltete. Gemeinsam mit Ernst von Borsig hatte Burhenne anschließend ohne größeren Erfolg versucht, unter Berliner Industriellen Spenden für Hitler einzuwerben. Longerich, Hitler, S. 107.
268 Deutsche Arbeitsfront, Betriebsgemeinschaft Siemens, Hofer, an die Betriebsobmänner der deutschen Siemens-Betriebe, 2.9.1940, SHI, SAA E70201.
269 „Einigkeit macht stark, das ist das Losungswort, welches der Führer dem deutschen Volk als Richtlinie gegeben hat." Rede im Ehrenhof des Verwaltungsgebäudes (Propagandafeldzug Vertrauensratswahlen), 1.4.1935, abgedruckt in: ders., Reden und Aufsätze, Bd. 4, SHI, SAA 4.Lf 875. Zur Bedeutung dieses Mottos für Carl Friedrich siehe Kapitel 2, S. 87.
270 Carl Friedrich von Siemens an Staatssekretär Erhard Milch, 5.10.1936, SHI, SAA 18548-3. Ab Dezember 1941 bestand bei Siemens die Vorschrift, in Briefen die Schlussformel „Heil Hitler" zu verwenden. Wolf-Dietrich Witzleben, Die Haltung der Vorstandsmitglieder zum Nationalsozialismus, S. 25, SHI, SAA 18548-2.
271 Betriebsordnung der Siemens-Kabel-Gemeinschaft der Siemens-Schuckertwerke AG, SHI, SAA 8598.

8. Die bitteren letzten Jahre

1 Zitiert nach: Heintzenberg, Carl Friedrich von Siemens, S. 280, SHI L221. Das Zitat ist nicht zeitgenössisch belegt. Heintzenberg teilt dazu mit, der Adressat, ein leitender Siemens-Mitarbeiter, habe ihm die Worte aufgeschrieben, die Carl Friedrich bei der Verabschiedung gesagt habe. Ebd. Georg Siemens berichtet, dass es sich um einen Prokuristen der Siemens-Bauunion gehandelt habe. Siemens, Carl Friedrich von Siemens, S. 295.

2 Kleindienst, Siemens, S. 128.

3 Ebd., S. 130ff.; Carl Friedrich von Siemens an Ernst Kraus, 9.12.1938, SHI, Briefe A2223; Carl Friedrich von Siemens an Viktor Miltschinsky, NSDAP-Gauleitung Wien, 24.2.1939, SHI, SAA 18547, Bl. 118.

4 Carl Friedrich von Siemens, Rede bei der Jubilarfeier am 12.10.1938 (Verwaltungsgeb. Siemensstadt), abgedruckt in: ders., Reden und Aufsätze, Bd. 4, SHI, SAA 4.Lf 875.

5 Carl Friedrich von Siemens, Nicht gehaltene Ansprache, gedacht für den ersten Mobilmachungstag, 1.9.1939, in: ebd.

6 Carl Friedrich von Siemens an Georg Siemens, 25.1.1940, SHI, SAA 15160.

7 Zitiert nach: Georg Siemens, Erziehendes Leben. Erfahrungen und Betrachtungen, Urach 1947, S. 377 (Auszug in: SHI, SAA 18547, Bl. 139). Zeitgenössisch ist das Zitat nicht überliefert.

8 Heintzenberg, Carl Friedrich von Siemens, S. 74, SHI L221. Siehe hierzu Kapitel 2.

9 Heintzenberg, Carl Friedrich von Siemens, S. 75, SHI L221. Demnach fielen diese Äußerungen 1941 in einem Gespräch mit Seelhorst.

10 Carl Friedrich von Siemens an Reichsmarschall Hermann Göring, 19.9.1940, SHI, SAA 4.Lf 543.

11 Siehe hierzu Kai Artinger, Lutz Heck. Der „Vater der Rominter Ure". Einige Bemerkungen zum wissenschaftlichen Leiter des Berliner Zoos im Nationalsozialismus, in: Der Bär von Berlin, Jahrbuch 1994, S. 125–138.

12 Dem Kreis gehörten sechs Großindustrielle und sechs Großagrarier an, darunter AEG-Chef Hermann Bücher, Albert Vögler und Krupp von Bohlens Schwager Tilo von Wilmowsky, aber auch Hjalmar Schacht und (bis 1939) Fritz Thyssen. Vgl. hierzu Marx, Paul Reusch, S. 526f.; Langer, Macht, S. 731f.

13 Carl Friedrich von Siemens an Heinrich von Buol, Rudolf Bingel und andere, 29.8.1939, SHI, SAA 18538-4; Vermerk Mob.-Ausschuss, ebd.

14 Protokoll der 85. Mob.-Besprechung am 14.1.1941, SHI, SAA 18538-3.

15 Protokoll der 416. Vorstandssitzung der Siemens & Halske AG am 21.6.1940, SHI, SAA 16.Lh 262.

16 Protokoll der 419. Vorstandssitzung der Siemens & Halske AG am 25.6.1941, ebd.

17 Protokoll der 76. Mob.-Besprechung am 9.10.1941, SHI, SAA 18538-2.

18 Personalreferat, Judenfrage im Mob-Ausschuss, 22.11.1945, SHI, SAA 18538-4 (Zitate); Protokoll der 71. Mob.-Besprechung, 28.8.1940, SHI, SAA 18538-3.

19 Vgl. z.B. Aktennotiz über eine Besprechung am 8.11.1939 (Verhältnisse im Protektorat Böhmen und in der Slowakei), SHI, SAA 4.Lt 398-6: Aktennotiz über eine Besprechung am 16.5.1940 betr. Marconi-Fabrik, Warschau, ebd.

20 Carl Friedrich von Siemens an Hans Domizlaff, 5.11.1940, SHI, Briefe A2150.

21 Aktennotiz über eine Besprechung mit Herrn Kalk am 7.11.1940, SHI, SAA 4.Lt 398-6 (auch in: 4.Lr 338).

22 Aktennotiz über eine Besprechung am 3.7.1941 betr. Neubau eines Werkes für Installationsmaterial für Flugzeugbordausrüstung, 24.7.1941, SHI, SAA 4.Lt 398-6.

23 Aktennotiz über eine Besprechung Lg-Werk am 19.6.1941, SHI, SAA 4.Lt 398-6.

24 Ebd.

25 Ernst Seelhorst, Herr C.F. von Siemens zur Frage des Erwerbs von jüdischem oder ausländischem Eigentum (Anlage 18), SHI, SAA 18548-3.

26 Gerald Klein, Dokumentation zur Geschichte des Luftfahrtgerätewerks Hakenfelde LGW 1930–1945, Ms. München 1980, S. 133f., SHI, SAA 35–44.Lc 168.

27 Carl Friedrich von Siemens an Hans Domizlaff, 5.11.1940, SHI, Briefe A2150; Aktennotiz über eine Besprechung am 20.11.1940, SHI, SAA 4.Lt 398-6. Domizlaff trennte sich damals von Siemens. Er zog sich auf seinen Heidehof Bronckhorst zurück und widmete sich in den folgenden Jahren dem Naturschutz in der Lüneburger Heide.
28 Carl Friedrich von Siemens an Hans Domizlaff, 5.11.1940, SHI, Briefe A2150.
29 Carl Friedrich von Siemens an Heinrich von Buol, 16.12.1940, SHI, SAA 4.Lf 514-50, Bl. 167.
30 Ebd., Bl. 168.
31 Ebd.
32 Carl Friedrich von Siemens an Heinrich von Buol, 6.3.1941, SHI, SAA 4.Lf 514-50, Bl. 205.
33 Feldenkirchen, Siemens 1918–1945, S. 352.
34 Strunk, AEG, S. 54. Zur Geschichte von Telefunken vgl. Erdmann Thiele (Hg.), Telefunken nach 100 Jahren. Das Erbe einer deutschen Weltmarke, 2. Aufl., Berlin 2003.
35 Carl Friedrich berichtete davon 1929 in einem Vortrag. Möglicherweise hat er dabei die geschilderte Begebenheit etwas ausgeschmückt. Marconi war im Herbst 1897 bereits mit dem britischen General Post Office im Geschäft und hatte in London eine Firma gegründet. Carl Friedrich von Siemens, Die Bedeutung der Elektrizität für die Gestaltung des menschlichen Lebens. Vortrag in der Kaiser-Wilhelm-Gesellschaft zur Förderung der Wissenschaften am 13.3.1929, abgedruckt in: ders., Reden und Aufsätze, Bd. 3, SHI, SAA 4.Lf 875.
36 Feldenkirchen, Siemens 1918–1945, S. 350–353: Siemens, Carl Friedrich von Siemens, S. 314 ff.
37 Adolf von Harnack an Carl Friedrich von Siemens, 4.8.1926, SHI, SAA 4.Lg 880.
38 Schreiben an die Kaiser-Wilhelm-Gesellschaft zur Förderung der Wissenschaften, 8.4.1936, ebd.
39 Der Präsident der Kaiser-Wilhelm-Gesellschaft zur Förderung der Wissenschaften, Planck, an Carl Friedrich von Siemens, 3.7.1937, ebd., Übersicht zur Wahl zum Senator der KWG und zur Ernennung zum Vizepräsidenten, ebd.
40 Zum Stifterverband in der NS-Zeit siehe die knappe Darstellung in: Schulze, Stifterverband, S. 84–95. Irrtümlicherweise wird darin davon ausgegangen, dass Siemens 1934 gestorben sei. Ebd., S. 86.
41 Zu Max Plancks Rolle als Präsident der KWG siehe Ulrike Kohl, Die Präsidenten der Kaiser-Wilhelm-Gesellschaft im Nationalsozialismus. Max Planck, Carl Bosch und Albert Vögler zwischen Wissenschaft und Macht, Stuttgart 2002, S. 54–111.
42 Ebd., S. 134 f. u. 141 f.
43 Ebd., S. 136–142.
44 Ebd., S. 122 f. u. 160–164.
45 Gedenkworte bei der Trauerfeier für Geheimrat Dr. Carl Bosch am 1.5.1940 in Ludwigshafen, SHI, SAA 4.Lg 880.
46 Kohl, Präsidenten, S. 189–198. Zu Vöglers Verhältnis zur NSDAP vgl. Manfred Rasch, Über Albert Vögler und sein Verhältnis zur Politik, in: Mitteilungsblatt des Instituts für soziale Bewegungen. Forschungen und Forschungsberichte Band 28 (2003), S. 127–156, v. a. S. 139–147.
47 Kohl, Präsidenten, S. 164 ff.; Rüdiger Hachtmann, Die Kaiser-Wilhelm-Gesellschaft 1933 bis 1945. Politik und Selbstverständnis einer Großforschungseinrichtung, in: Vierteljahrshefte für Zeitgeschichte 56 (2008), H. 1, S. 29 f.
48 Ernst Seelhorst an Carl Friedrich von Siemens, 11.4.1939, SHI, SAA 4.Lf 663-2.
49 Im Oktober 1892 verbrachten die beiden Brüder auch gemeinsam einige Tage in Baden-Baden. Es war ihr letztes Treffen, Werner starb zwei Monate später. Lutz, Carl von Siemens, S. 263.
50 Groß, Nora Füssli, S. 70–75; Lutz, Carl von Siemens, S. 278 f.; Robert Erhard, Aus der Chronik des Hofguts Mariahalden. Eine kleine Schrift zu einem 100. Jubiläum, Baden-Baden 2003, S. 9–13 (SHI, SAA 16329). Die Ehe von Werner Hermann und Natalia (Natascha) wurde 1894 geschieden. Natalia heiratete anschließend den württembergischen Gesandten Axel Freiherr von Varnbühler. Werner vermählte sich mit Eleonora (Nora) Füssli, die später in vierter Ehe Carl Friedrichs Vetter Werner Ferdinand heiratete. Groß, Nora Füssli, S. 70–75 u. 141; Stammbaum der Familie Siemens 1985, S. 196.

51 Werner Siemens-Stiftung (Hg.), 90 Jahre Werner Siemens-Stiftung, Zug 2013.
52 Siehe hierzu demnächst die Doppelbiografie von Béatrice Busjan und Yvone Groß über Charlotte von Buxhoeveden und Maria von Graevenitz.
53 Carl Friedrich von Siemens an Georg Siemens, 25.1.1940, SHI, SAA 15160.
54 Wolf-Dietrich von Witzleben an Carl Friedrich von Siemens (Baden-Baden, Hotel Europäischer Hof), 7.5.1940, SHI, SAA 4.Lf 663-3.
55 Wolf-Dietrich von Witzleben an Carl Friedrich von Siemens, 23.8.1940, ebd.; Wolf-Dietrich von Witzleben an Carl Friedrich von Siemens, 28.8.1940, ebd.
56 Einwohnerbuch der Stadt Baden-Baden 1940, Baden-Baden 1941, S. 142 u. 244.
57 Ernst Seelhorst an Th Borchmann, Makler, 5.4.1941, SHI, SAA 4.Lf 514-50, Bl. 227; Notiz über die Übernahme des Heinenhofs durch S&H, 27.11.1941, SHI, SAA 30006. S&H erwarb den Heinenhof 1942 für 3,1 Mio. RM. Dokumentiert in: Kaufvertrag, 17.1.1944, ebd.
58 Ernst Seelhorst an Th Borchmann, Makler, 5.4.1941, SHI, SAA 4.Lf 514-50, Bl. 227.
59 Ursula Hinz, Neu Fahrland. Von den Wenden bis zur Wende, Chronik Teil 2, Neu Fahrland 2003, S. 56.
60 Ernst Seelhorst an Carl Friedrich von Siemens 3.6.1941, SHI, SAA 4.Lf 663-3.
61 Carl Friedrich von Siemens an Albert Vögler, 25.4.1941, SHI, SAA 4.Lg 880.
62 Reichsminister für Wissenschaft, Erziehung und Volksbildung, Rust, an Ernst Telschow, 5.6.1941, ebd.
63 Ernst Seelhorst an Direktor Bonifas, S.A. Siemens, Brüssel, 6.5.1941, SHI, SAA 4.Lf 543.
64 Carl Friedrich von Siemens, Rede zur Einweihung der Gedenktafel Prof. Raps, Marienfelde 18.5.1941, abgedruckt in: ders., Reden und Aufsätze, Bd. 4, SHI, SAA 4.Lf 875.
65 Klein, Dokumentation zur Geschichte des Luftfahrtgerätewerks Hakenfelde LGW 1930–1945, S. 133f., SHI, SAA 35–44.Lc 168. Demnach soll Carl Friedrich diese Erfindung als „einen seiner schönsten Erfolge unseres Gesamthauses" bezeichnet haben.
66 Carl Friedrich von Siemens an Conrad Matschoss, 6.6,1941, SHI, SAA 4.Lf 514-50, Bl. 258. Nach Carl Friedrichs Tod plante Bingel, daraus ein vierbändiges Werk zu machen. Matschoss sollte den ersten Band über die Siemens-Unternehmen als „Produkt deutschen Tiefsinns" verfassen. Nachdem Matschoss 1942 gestorben war, wurde Eugen Diesel beauftragt, der sich dann nicht näher damit beschäftigte. Georg Siemens an Ernst von Siemens, 9.11.1945, SHI, SAA 47.Lg 815-2.
67 Ernst Seelhorst an Carl Friedrich von Siemens, 11.6.1941, SHI, SAA 4.Lf 663-3. Nach Carl Friedrichs Tod erklärte sich Vögler bereit, das Amt des Präsidenten der KWG zu übernehmen. Er wurde in der Senatssitzung vom 31.7.1941 von Rust ernannt. Backe wurde erster Vizepräsident, Mentzel zweiter Vizepräsident. Kohl, Präsidenten, S. 199.
68 Protokoll der 419. Sitzung des Vorstandes der Siemens & Halske AG am 25.6.1941, SHI, SAA 16.Lh 262.
69 Ernst von Siemens, Siemens im Nationalsozialismus, 25.7.1946, SHI, SAA 18583.
70 Ernst Seelhorst an Albert Vögler, 5.7.1941, SHI, SAA 4.Lg 880.
71 Zitiert nach: Siemens, Carl Friedrich von Siemens, S. 319.
72 Carl Friedrich von Siemens, Wünsche betr. meine Beisetzung, o. D., SHI, SAA 4.Lf 762.
73 Ebd.
74 Dietrich Graue war von 1924 bis 1932 Abgeordneter der DDP bzw. der Deutschen Staatspartei. Bis 1933 gehörte er zu den aktiven Mitgliedern des Vereins zur Abwehr des Antisemitismus. Im „Dritten Reich" schwieg er allerdings zur Verfolgung der Juden. Vgl. Auguste Zeiß-Horbach, Der Verein zur Abwehr des Antisemitismus. Zum Verhältnis von Protestantismus und Judentum im Kaiserreich und in der Weimarer Republik, Leipzig 2008, S. 371–377.
75 Heinrich von Buol, Gedächtnisrede, in: Erinnerung an die Trauerfeier für Carl Friedrich von Siemens, Berlin 1941, S. 29.
76 Abschied von Carl Friedrich von Siemens am 14. Juli 1941, in: Siemens-Mitteilungen Nr. 218, S. 3–6.
77 Frage 10m, Wie spielte sich die Trauerfeier für Herrn Carl Friedrich von Siemens ab? (Antworten auf Fragen des Untersuchungsausschusses), SHI, SAA 18548-1.
78 Ebd.

79 Yon [von] Siemens Dead; Led Nazi Industry; Headed Vast' Manufacturing Concern Ranking First in Reich War Production, in: New York Times, 11.7.1941.
80 Zitiert nach: Frage 10n, Wer hat die Rede von Herrn von Buol beanstandet und wieso ist ihre Veröffentlichung durch Goebbels zunächst nicht zugelassen worden? (Antworten auf Fragen des Untersuchungsausschusses), SAA 18548-1.
81 Ebd.; Belege und Anmerkungen zu Frage 10n, ebd.; Aktennotiz Busse, 13.2.1948, SHI, SAA 4.Lh 645.
82 Erinnerung an die Trauerfeier, S. 29.
83 Lindner, Ernst von Siemens; Ernst von Siemens, in: Siemens Historical Institute (Hg.), Zukunft, S. 183–208,
84 Adreßbuch der Stadt Baden-Baden 1950–1951, Baden-Baden 1951, S. 351.
85 Notiz über die Übernahme des Heinenhofs durch S&H, 27.11.1941, SHI, SAA 30006 (Zitat); Friedrich Lüschen an den Oberbürgermeister der Residenzstadt Potsdam, Generalmajor z. V. H. Friedrichs, 16.4.1943, ebd.; Wittendorfer, Villa.

Resümee

1 Siemens, Carl Friedrich von Siemens; Schmölders, Carl Friedrich v. Siemens. Zu Schmölders NS-Vergangenheit vgl. Rüdiger Graf, Human Behavior as a Limit to and a Means of State Intervention: Günter Schmölders and Behavioral Economics in: Dieter Plehwe/Quinn Slobodian/Philip Mirowski (Hg.), Nine Lives of Neoliberalism, London 2020, S. 148 ff.
2 Zitiert nach: Diercks, Erinnerungen, S. 4, SHI, SAA 12.Ll 930.
3 Rede Dr. Peter v. Siemens zum 100. Geburtstag von Carl Friedrich v. Siemens am 10. Oktober 1972, SHI, SAA 4.Li 786.
4 Carl Friedrich von Siemens, Vortrag in der Hauptausschusssitzung des Reichsverbands der Deutschen Industrie am 19.6.1931, abgedruckt in: ders., Reden und Aufsätze, Bd. 3, SHI, SAA 4.Lf 875.
5 Schmölders, C. F. v. Siemens, S. 57.
6 Carl Friedrich von Siemens an Otto Merten (Deutsche Staatspartei), 1.3.1933, SHI, SAA 4.Lk 459.
7 Heinrich von Buol, Gedächtnisrede, S. 29.
8 Carl Friedrich von Siemens an General Karl Becker, 14.8.1939, SHI, Briefe A2105.
9 Carl Friedrich von Siemens, Wünsche betr. meine Beisetzung, o. D., SHI, SAA 4.Lf 762.
10 Carl Friedrich von Siemens an Heinrich von Buol, 22.5.1933, SHI, Briefe A2120. Siehe hierzu Kapitel 7/6.
11 Besprechung am 20. Oktober 1925 im Werner Siemens-Haus, SHI, SAA 4.Lf 529-1. Siehe hierzu Kapitel 5/1.
12 Siehe Kapitel 4, S. 141.
13 Niederschrift über Erörterung geschäftspolitischer Fragen am 10.11.1928 in der Berliner Straße, SHI, SAA 4.Lt 398-2.

Quellen- und Literaturverzeichnis

Unveröffentlichte Quellen

Archiv für Christlich-Demokratische Politik, St. Augustin

01-220	Nachlass Hugo Stinnes

Bundesarchiv, Berlin

NS 20	Kleine Erwerbungen NSDAP
R 5	Reichsverkehrsministerium
R 43 I	Reichskanzlei 1919–1932
R 43 II	Reichskanzlei 1933–1945
R 3001	Reichsjustizministerium
R 8104	Zentralarbeitsgemeinschaft der industriellen und gewerblichen Arbeitgeber und Arbeitnehmer Deutschlands
R 8119F	Deutsche Bank
R 81201	Bank der Deutschen Luftfahrt AG
R 9361	Sammlung Berlin Document Center

Institut für Zeitgeschichte, München-Berlin

ED 93	Nachlass Hans Schäffer

Rheinisch-Westfälisches Wirtschaftsarchiv, Köln

130	Gutehoffnungshütte
4001012	Nachlass Kommerzienrat Dr. Paul Reusch

Siemens Historical Institute, Berlin (SHI)

Siemens-Archiv, Briefe

A	Briefe an oder von Personen, die nicht der Familie von Siemens angehörten
F	Briefe zwischen Mitgliedern der Familie von Siemens
W	Briefe von Werner von Siemens

*Siemens-Archiv, Akten (SAA)**
Alpha-numerische Signaturen
1.Lb 304, 2.Lk 538, 4.Lf 514, 4.Lf 523, 4.Lf 529, 4.Lf 532, 4.Lf 533, 4.Lf 514, 4.Lf 529, 4.Lf 537, 4.Lf 543, 4.Lf 547, 4.Lf 549, 4.Lf 551, 4.Lf 557, 4.Lf 561, 4.Lf 635, 4.Lf 637, 4.Lf 646, 4.Lf 663, 4.Lf 665, 4.Lf 669, 4.Lf 670, 4.Lf 676, 4.Lf 682, 4.Lf 690, 4.Lf 697, 4.Lf 729, 4.Lf 729, 4.Lf 730, 4.Lf 635, 4.Lf 676, 4.Lf 762, 4.Lf 764, 4.Lf 775, 4.Lf 817, 4.Lf 830, 4.Lf 875, 4.Lg 880, 4.Lh 588, 4.Lh 645, 4.Lh 991, 4.Li 786, 4.Lk 44, 4.Lk 196, 4.Lk 459, 4.Lm 970, 4.Lr 300, 4.Lr 338, 4.Lr 507, 4.Lf 540, 4.Lr 549, 4.Lr 561, 4.Lr 563, 4.Lt 398, 4.Lt 604, 4.Lt 670, 11.Lb 53, 11.Lb 304, 11.Lb 341, 11.Lb 387, 11.Ld 688, 11.Lg 763, 12.Ll 930, 13.Lt 123, 14.Lp 206/7, 16.Lh 262, 16.Lh 266, 20.Ld 366, 35-44.Lc 117, 35-44.Lc 168, 47.Lg 815, 54.Ld 273, E70201, L221

Numerische Signaturen
3757, 7679, 8598, 8818, 8800, 9583, 10296, 11005, 13945, 15160, 17974, 18538, 18541, 18547, 18548, 18583, 19617, 20226, 30006

Wichtige Personen
WP Julius Laufer

Veröffentlichte Quellen

Reden, Aufsätze und Artikel von Carl Friedrich von Siemens

(abgedruckt in: Carl Friedrich von Siemens, Reden und Aufsätze, Band 1 bis 5, Ms. o.J., SHI, SAA 4.Lf 875)

Die Bedeutung der Wohnungsfrage für die Industrie. Vortrag, gehalten in der Sitzung des Groß-Berliner Vereins für Kleinwohnungswesen am 6.2.1917.

Vortrag „Das Kuratorium für den Wiederaufbau der deutschen Wirtschaft" vor der Berliner Handelskammer, Januar 1919.

Streikrecht, in: Vossische Zeitung, 26.11.1919.

Vortrag in der Vertrauensmännerversammlung der Deutschen Demokratischen Partei, Bezirksverband Berlin, am 16.2.1920.

Die Entwicklung der deutschen Wirtschaft seit dem Weltkriege. Ansprache, gehalten in einer von der DDP einberufenen Versammlung am 4.5.1920 in Berlin.

Bericht in der Generalversammlung der Siemens & Halske Aktiengesellschaft am 18.5.1920.

* Archivsignaturen des SHI sind nicht nach Beständen gegliedert.

Zur Wirtschaftslage. Vortrag in einer von der DDP in Leipzig einberufenen Versammlung vom 31.8.1920.

Stellungnahme zur Frage der Sozialisierung des Kohlenbergbaus. Sondervotum v. Siemens-Vogelstein.

Wichtigste Vorbedingungen für die Gesundung der deutschen Wirtschaft. Vortrag, gehalten in einer von der DDP einberufenen öffentlichen Versammlung zu Dresden am 5.11.1920.

Carl Friedrich von Siemens, Antwort auf Walther Rathenaus Vorschläge zur Neuorganisation der deutschen Wirtschaft. Ansprache, gehalten auf dem 2. Ordentlichen Parteitag der DDP am 12.12.1920 in Nürnberg.

Vorschlag der Gründung einer Interessengemeinschaft mit der Gelsenkirchener Bergwerks-Aktiengesellschaft, der Deutsch-Luxemburgischen Bergwerks- und Hütten-Aktiengesellschaft und der Elektrizitäts-Aktiengesellschaft vormals Schuckert & Co. in Nürnberg. Rede, gehalten in der Generalversammlung der Siemens & Halske Aktiengesellschaft am 29.12.1920.

Die Pariser Beschlüsse vom 29. Januar 1921. Rede, gehalten in einer von der DDP, Berlin einberufenen Versammlung vom 13.2.1921.

Die deutsche Wirtschaft und die Pariser Beschlüsse vom 29. Januar 1921. Rede, gehalten im Reichswirtschaftsrat am 24.2.1921.

Die Kredit-Aktion der deutschen Industrie. Nachträgliche Niederschrift der in der Fraktionssitzung vom 19.11.1921 gehaltenen Rede.

Zur politischen und wirtschaftlichen Lage. Rede, gehalten vor der Ortsgruppe der DDP „Spandauer Viertel" zu Berlin, am 11.10.1923.

Die Rentenmark, in: Berliner Tageblatt, 20.11.1923.

Der Staat und die Wirtschaft. Rede, gehalten auf der Mitglieder- und Vertreter-Versammlung zu Berlin im Gebäude des Reichswirtschaftsrats am 16.5.1925 (Liberale Vereinigung).

Bericht in der Generalversammlung der Siemens & Halske AG am 26.3.1926.

2 Millionen Arbeitslose, in: Berliner Börsen-Zeitung, 17.5.1926, Abendausgabe.

Ausführungen anlässlich der Generalversammlung der Siemens & Halske AG am 11.3.1927.

Rede auf der Weltwirtschaftskonferenz Genf, 5.5.1927.

Die Bedeutung der Elektrizität für die Gestaltung des menschlichen Lebens. Vortrag in der Kaiser-Wilhelm-Gesellschaft zur Förderung der Wissenschaften am 13.3.1929.

Rede am 12.10.1929 (Stipendienverteilung).

Rede bei der Generalversammlung der S&H AG am 17.1.1930.

Rede auf der außerordentlichen Generalversammlung der Siemens & Halske AG am 21.3.1930.

Ansprache in der Verwaltungsratssitzung der DRG vom 25.4.1930.

Rede zum zehnjährigen Jubiläum des Reichswirtschaftsrats, 30.6.1930.

Rede in der Generalversammlung der S&H AG am 29.2.1931.

Vortrag in der Hauptausschusssitzung des Reichsverbands der Deutschen Industrie am 19.6.1931.

The Electrical Industry in Connection with the Present Economic Condition. Address at the Eighth Conference of Major Industries, 21.10.1931.

Die gegenwärtige Lage Deutschlands, 27.10.1931 in New York. Essen der General Electric Co.

Rede vor der Generalversammlung der S&H AG am 29.2.1932.

„Entgötterung", in: Deutsche Allgemeine Zeitung, 16.9.1932.

Rede bei der Jubilarfeier am 12.10.1932.
Die Wirtschaft verlangt Stetigkeit des Regierungskurses, in: Ostpreußische Zeitung, 28.10.1932.
Rede in der Generalversammlung der Siemens & Halske AG am 28.2.1933.
Schreiben vom 8.4.1933 an die Vorstände der außerdeutschen u. überseeischen Büros.
Anschlag am schwarzen Brett: Berlin-Siemensstadt, den 10.11.1933.
Rede vor der Generalversammlung der Siemens & Halske AG am 7.3.1934.
Rede vor der Generalversammlung von S&H am 28.2.1935.
Rede im Ehrenhof des Verwaltungsgebäudes (Propagandafeldzug Vertrauensratswahlen), 1.4.1935.
Rede in der Schulungsburg Oberursel, 10.6.1937.
Rede zur Einweihung des Schwimmbades der SSW Nürnberg, 30.7.1938.
Rede bei der Jubilarfeier am 12.10.1938 (Verwaltungsgeb. Siemensstadt).
Rede vor der außerordentlichen Hauptversammlung der Siemens & Halske AG am 13.6.1939.
Nicht gehaltene Ansprache, gedacht für den ersten Mobilmachungstag, 1.9.1939.
Rede zur Einweihung der Gedenktafel für Prof. Raps, Marienfelde 28.5.1941.

Weitere Beiträge von Carl Friedrich von Siemens

Die Tätigkeit des Siemens-Konzerns während des Krieges, in: Siemens-Mitteilungen Nr. 2 (März 1919), S. 5–8 [Rede von Carl Friedrich von Siemens vom 13.2.1919].
Warum ich Hugo Stinnes verehrte, in: Siemens-Mitteilungen Jg. 1924, Nr. 58, S. 2f.
Der Weg in die Zukunft, in: Süddeutsche Sonntagspost, München, 26.2.1933.

Veröffentlichungen von Wilhelm von Siemens

Siemens, Wilhelm von: Die deutsche Industrie und der Weltkrieg, in: Nord und Süd, Bd. 151 (Dez. 1914), S. 274–288.
Siemens, Wilhelm von: Kriegstechnische Betrachtung, in: Technik und Wirtschaft 6 (1915), Heft VII.
Siemens, Wilhelm von: Seerecht und Sicherung der Volkswirtschaft, in: Recht und Wirtschaft 5. Jg. Nr. 8/9 (August/September 1916), S. 173–185.
Siemens, Wilhelm von: Die Freiheit der Meere, Berlin 1917.

Protokolle, Ausschuss- und Konferenzberichte

Akten der Reichskanzlei. Regierung Hitler 1933–1938, Die Regierung Hitler, Teil I: 1933/34, Bd. 1: 30. Januar 1933 bis 31. August 1933, bearb. von Karl-Heinz Minuth, Boppard 1983; Bd. 2: 12. September 1933 bis 27. August 1934, bearb. von Karl-Heinz Minuth, Boppard 1983.
Akten der Reichskanzlei. Weimarer Republik, Die Kabinette Brüning I u. II. 30. März 1930 bis 10. Oktober 1931. 10. Oktober 1931 bis 1. Juni 1932, Bd. 1 bis 3, bearb. von Tilman Koops, Boppard 1982–1990.
Akten der Reichskanzlei. Weimarer Republik, Das Kabinett Cuno, 22. November 1922 bis 12. August 1923, bearb. von Karl-Heinz Harbeck, Boppard 1968.

Akten der Reichskanzlei. Weimarer Republik, Die Kabinette Luther I und II. 15. Januar 1925 bis 20. Januar 1926. 20. Januar 1926 bis 17. Mai 1926, Bd. 1: Januar 1925 bis Oktober 1925, bearb. von Karl-Heinz Minuth, Boppard 1977.

Akten der Reichskanzlei. Weimarer Republik, Das Kabinett von Papen. 1. Juni bis Dezember 1932, Bd, 1: Juni bis September 1932, bearb. von Karl-Heinz Minuth, Boppard 1989.

Akten der Reichskanzlei. Weimarer Republik, Die Kabinette Wirth I und II, 10. Mai 1921 bis 22. November 1922, Bd. 1: Mai 1921 bis März 1922, bearb. von Ingrid Schulze-Bidlingmaier, Boppard 1973.

Verhandlungen des Reichstags, III. Wahlperiode 1924, Stenographische Berichte, Band 388, Berlin 1925.

Verhandlungen des Reichstags, V. Wahlperiode 1930, Stenographische Berichte, Band 445, Berlin 1931.

Bericht der Sozialisierungskommission über die Frage der Sozialisierung des Kohlenbergbaues vom 31. Juli 1920, Berlin 1920.

Schubert, Werner (Hg.): Ausschuss für Aktienrecht (Akademie für Deutsches Recht 1933–1945, Protokolle der Ausschüsse, Bd. 1, hg. von Werner Schubert u. a.), Berlin 1986.

Zweite Weltkraftkonferenz/Second World Power Conference/Deuxième Conférence Mondiale de l'Énergie Berlin 1930. Vorläufige Zeittafel und vorläufige Liste der Berichte, Berlin 1930.

Geschäftsberichte, firmenkundliche Auskunftswerke

Allgemeine Elektricitäts-Gesellschaft, Reichsmark-Eröffnungsbilanz für den 1. Oktober 1923 und Bilanz nebst Gewinn- und Verlustrechnung per 30. September 1924, Berlin 1925.

Gelsenkirchener Bergwerks AG, Geschäftsbericht über das Geschäftsjahr vom 1. Oktober 1921 bis 30. September 1922, Essen 1923.

Gelsenkirchener Bergwerks AG, Geschäftsbericht über das Geschäftsjahr vom 1. Oktober 1923 bis 30. September 1924, Essen 1924.

Geschäftsbericht der Deutschen Reichsbahn-Gesellschaft über das Geschäftsjahr 1925 (1. Oktober 1924 bis 31. Dezember 1925), Berlin 1926.

Geschäftsbericht der Elektrizitäts-Aktiengesellschaft vorm. Schuckert & Co. für das 17. Geschäftsjahr 1908/09, Nürnberg 1910.

Siemens 1930. Aufbau, Entwicklung, Werke, Statistik und Finanzen des Siemens-Konzerns und seiner Konzern-Gesellschaften (Das Spezial-Archiv der deutschen Wirtschaft), Berlin 1930.

Siemens 1933. Aufbau, Entwicklung, Werke und Unternehmungen, Arbeits- und Interessengebiete, Statistik und Finanzen (Das Spezial-Archiv der deutschen Wirtschaft), Berlin 1933.

Siemens & Halske AG, Geschäftsberichte für die Geschäftsjahre 1904/05 bis 1941/42.

Siemens-Schuckertwerke GmbH/AG, Geschäftsberichte für die Geschäftsjahre 1906/07 bis 1941/42.

Zeitgenössische Zeitungen und Zeitschriften

Acht-Uhr-Abendblatt

Berliner Börsen-Courier

Berliner Börsen-Zeitung

Berliner Lokal-Anzeiger
Berliner Morgenpost
Berliner Tageblatt
Berliner Volks-Zeitung
Deutsche Allgemeine Zeitung
Der deutsche Volkswirt
Deutsche Wirtschaftszeitung
Frankfurter Zeitung
Herald Tribune
Magazin der Wirtschaft
Morgenpost
The New York Times
Die Reichsbahn
Siemens-Mitteilungen
Vierteljahrshefte zur Konjunkturforschung
Vossische Zeitung
Wirtschaftliche Mitteilungen aus dem Siemens-Konzern
Wolff's Telegraphisches Büro (W. T. B.)

Amtliche Mitteilungsblätter

Reichsarbeitsblatt (Jg, 1918)
Reichsgesetzblatt (Jg. 1920)
Reichsgesetzblatt I (Jg. 1933, 1937)
Reichsgesetzblatt II (Jg. 1924, 1930)

Nachschlagewerke

Adreßbuch Berlin und seine Vororte 1899, Berlin 1899.
Adreßbuch der Stadt Baden-Baden 1950–1951, Baden-Baden 1951.
Die deutschen Kraftfahrzeug-Besitzer in der Reihenfolge der polizeilichen Kennzeichen. Deutsches Automobil-Adreßbuch, Stuttgart 1909.
Handbuch der Deutschen Aktien-Gesellschaften, Ausgabe 1911/12, Berlin 1912.
Stammbaum der Familie Siemens. Aus Anlaß der 600jährigen Wiederkehr des ersten urkundlichen Nachweises des Namens Siemens in Goslar, 1384, neu bearbeitet von Sigfrid von Weiher, München 1985.

Erinnerungen, Nachrufe, edierte Reden und Schriften

Brüning, Heinrich: Memoiren 1918–1934, Stuttgart 1970.
Bunsen, Marie von: Zeitgenossen, die ich erlebte, 1900–1930, Leipzig 1932.
Fischer, Emil: Aus meinem Leben, Berlin 1922.
Harries, Carl Dietrich: Nachruf für Wilhelm von Siemens, in: Wissenschaftliche Veröffentlichungen aus dem Siemens-Konzern 1. Bd., H. 1, S. 1–18.
Heck, Ludwig: Heiter-ernste Lebensbeichte. Erinnerungen eines alten Tiergärtners, Berlin 1938.

Mommsen, Adelheid: Theodor Mommsen im Kreise der Seinen, 2. Ausg., Berlin 1937.
Pietschker, Käthe: Aus meinem Leben, Hamburg o.J.
Rathenau, Walther: Gesammelte Reden, Berlin 1924.
Schacht, Hjalmar: 76 Jahre meines Lebens, Bad Wörishofen 1953.
Stadtler, Eduard: Lebenserinnerungen, Bd. 3: Als Antibolschewist 1918–1919, Düsseldorf 1935.
Treviranus, Gottfried Reinhold: Für Deutschland im Exil, Düsseldorf 1973.
Troeltsch, Ernst: Schriften zur Politik und Kulturphilosophie, hg. von Gangolf Hübinger in Zusammenarbeit mit Johannes Mikuteit, Berlin 2002.
Willstätter, Richard: Carl Dietrich Harries. Lebensbeschreibung, in: Berichte der Deutschen Chemischen Gesellschaft, Abt. A Vereinsnachrichten, Jg. 1926, H. 12, S. 123–157.

Literatur

Abelshauser, Werner: Gustav Krupp und die Gleichschaltung des Reichsverbandes der deutschen Industrie, 1933–1934, in: Zeitschrift für Unternehmensgeschichte 47 (2002), Nr. 1, S. 1–26.
Albrecht, Martin/Gilka-Bötzow, Alfred: Die Bötzows. Bürger, Brenner, Brauherren. Stationen einer Berliner Familie, 2. Aufl., Ms. Berlin 2011.
Arnold, Friedrich (Hg.): Anschläge. Deutsche Plakate als Dokumente der Zeit 1900–1960, 2. Aufl., Ebenhausen 1973.
Artinger, Kai: Lutz Heck. Der „Vater der Rominter Ure“. Einige Bemerkungen zum wissenschaftlichen Leiter des Berliner Zoos im Nationalsozialismus, in: Der Bär von Berlin, Jahrbuch 1994, S. 125–138.
Bähr, Johannes: Staatliche Schlichtung in der Weimarer Republik, Tarifpolitik, Korporatismus und industrieller Konflikt zwischen Inflation und Deflation 1919–1932, Berlin 1989.
Bähr, Johannes: Werner von Siemens 1816–1892. Eine Biografie, München 2016.
Bähr, Johannes: Verbandspolitik in Demokratie und Diktatur. Der Spitzenverband der elektrotechnischen Industrie 1918–1950, Frankfurt am Main 2019.
Bähr, Johannes: „Selbstkostenkrise“ und „Krisis der kapitalistischen Weltanschauung“. Zur Deutung der Weltwirtschaftskrise im Reichsverband der Deutschen Industrie, in: Jan-Otmar Hesse/Christian Kleinschmidt/Roman Köster/Tim Scharnetzky (Hg.): Moderner Kapitalismus. Wirtschafts- und Unternehmenshistorische Beiträge, Tübingen 2019, S. 397–412.
Bähr, Johannes/Erker, Paul: Bosch. Geschichte eines Weltunternehmens, München 2013.
Bähr, Johannes/Kopper, Christopher: Industrie, Politik, Gesellschaft. Der BDI und seine Vorgänger 1919–1990, Göttingen 2019.
Barkai, Avraham: Vom Boykott zur „Entjudung“. Der wirtschaftliche Existenzkampf der Juden im Dritten Reich 1933–1943, Frankfurt am Main 1988.
Barkai, Avraham: Max Warburg im Jahre 1933. Missglückte Versuche zur Milderung der Judenverfolgung, in: Peter Freimark/Alice Jankowski/Ina S. Lorenz (Hg.): Juden in Deutschland. Emanzipation, Integration, Verfolgung und Vernichtung, Hamburg 1991, S. 390–405.
Bartel, Hans-Georg: Walther Nernst, Leipzig 1989.

Barth, Hans Martin: Berliner Elektro-Großindustrie in der deutschen Politik. Elektro-Industrie – Verbände – Parteien (1862–1920), Phil. Diss. Freie Universität Berlin 1980.

Bauschinger, Sigrid: Die Cassirers. Unternehmer, Kunsthändler, Philosophen. Biographie einer Familie, München 2016.

Berghoff, Hartmut/Köhler, Ingo: Verdienst und Vermächtnis. Familienunternehmen in Deutschland und den USA seit 1860, hg. von der Stiftung Familienunternehmen, Frankfurt am Main 2020.

Biggeleben, Christof: Das „Bollwerk" des Bürgertums. Die Berliner Kaufmannschaft 1870–1920, München 2006.

Blaich, Fritz: Der Schwarze Freitag. Inflation und Wirtschaftskrise, München 1985.

Blattmann, Albert: Zur Entwicklung der Siemens Apparate und Maschinen GmbH (S. A. M.) und ihrer Vorgeschichte 1894–1945, Marine- und Heeresgeräte, Bd. 1. Beschreibung, Ms. München 1976.

Blücher, Lebrecht von: Geschichte der Familie von Blücher von 1914 bis 2003, Merzhausen 2003.

Boelcke, Willi A.: Die Kosten von Hitlers Krieg. Kriegsfinanzierung und finanzielles Kriegserbe 1933–1948, Paderborn 1985.

Bol, Angela: Corporate Governance. Normen, Legitimation und Praktiken in deutschen Unternehmen, 1870–1930, Berlin 2021.

Boldorf, Marcel: Ordnungspolitik und kriegswirtschaftliche Lenkung, in: ders. (Hg.): Deutsche Wirtschaft im Ersten Weltkrieg, Berlin 2020, S. 23–65.

Borchardt, Knut: Zwangslagen und Handlungsspielräume der großen Weltwirtschaftskrise der frühen dreißiger Jahre, Zur Revision des überlieferten Geschichtsbildes, in: ders., Wachstum, Krisen, Handlungsspielräume der Wirtschaftspolitik, Göttingen 1982, S. 165–182.

Borchardt, Knut: Die ‚Krise vor der Krise'. Zehn Jahre Diskussion über die Vorbelastungen der Wirtschaftspolitik Heinrich Brünings in der Weltwirtschaftskrise, Münchener Wirtschaftswissenschaftliche Beiträge, Discussion Papers Nr. 89–25, München 1989.

Bormann, Patrick/Michael, Judith/Scholtyseck, Joachim (Hg.): Unternehmer in der Weimarer Republik, Stuttgart 2016.

Brantl, Sabine: Haus der Kunst, München. Ein Ort und seine Geschichte im Nationalsozialismus. Hg. vom Haus der Kunst, 2. Aufl., München 2007.

Buchheim, Christoph: Das NS-Regime und die Überwindung der Weltwirtschaftskrise in Deutschland, in: Vierteljahrshefte für Zeitgeschichte 56 (2008), H. 3, S. 381–414.

Budrass, Lutz: Automobil-, Flugzeug- und Flugmotorenbau, in: Marcel Boldorf (Hg.): Deutsche Wirtschaft im Ersten Weltkrieg, Berlin 2020, S. 251–271.

Budrass, Lutz: Flugzeugindustrie und Luftrüstung in Deutschland 1918–1945, Düsseldorf 1998.

Busjan, Béatrice/Groß, Yvonne: Anna Siemens und Hertha Siemens, hg. von der Werner Siemens-Stiftung, Zug, Schwerin 2020.

Cabjolsky, Helmut: Die wirtschaftliche Entwicklung der Siemens & Halske A.-G. Eine Bilanzbetrachtung. Diss. Ing. Technische Hochschule Aachen 1927.

Carl Friedrich von Siemens. Architekt des Hauses Siemens, in: Siemens Historical Institute (Hg.): Die Siemens-Unternehmer 1847–2018, Hamburg 2018, S. 115–154.

Casson, Mark: Enterprise and Leadership. Studies on Firms, Markets and Networks, Cheltenham 2000.

Colli, Andrea: The History of Family Business, 1850–2000, Cambridge 2003.

Conrad, Paul: Arnold von Siemens (1853–1918) zum Gedächtnis, Berlin 1918.

Czada, Peter: Die Berliner Elektroindustrie in der Weimarer Zeit. Eine regionalstatistisch-wirtschaftshistorische Untersuchung, Berlin 1969.

Danke, Rudolf: Das Siemens-Grundstück in Charlottenburg. Ein Beitrag zu seiner Geschichte, in: Der Bär von Berlin. Jahrbuch des Vereins für die Geschichte Berlins, 6. Folge, 1956, S. 108–134.

Deutsche Wirtschafts- und Finanzpolitik, Berlin 1925.

Eckert, Gerhard/Stöver, Hans-Jürgen: Auf Schienen durchs Watt. Der Damm, der Sylt veränderte, Hamburg 1977.

100 Jahre Osram – Licht hat einen Namen, München 2006.

Erhard, Robert: Aus der Chronik des Hofguts Mariahalden. Eine kleine Schrift zu einem 100. Jubiläum, Baden-Baden 2003.

Erinnerung an die Trauerfeier für Carl Friedrich von Siemens, Berlin 1941.

Erker, Paul: Industrie-Eliten in der NS-Zeit. Anpassungsbereitschaft und Eigeninteresse von Unternehmern in der Rüstungs- und Kriegswirtschaft 1936–1945, Passau 1993.

Ernst von Siemens. Wegbereiter der Siemens AG, in: Siemens Historical Institute (Hg.): Zukunft gestalten. Die Siemens-Unternehmer 1847–2018, Hamburg 2018, S. 183–208.

Falter, Jürgen W./Lindenberger, Thomas/Schumann, Siegfried: Wahlen und Abstimmungen in der Weimarer Republik. Materialien zum Wahlverhalten 1919–1933, München 1986.

Feldenkirchen, Wilfried: Zur Finanzierung von Großunternehmen in der chemischen und elektrotechnischen Industrie Deutschlands vor dem Ersten Weltkrieg, in: Richard Tilly (Hg.): Beiträge zur quantitativen vergleichenden Unternehmensgeschichte, Stuttgart 1985, S. 94–125.

Feldenkirchen, Wilfried: Zur Unternehmenspolitik des Hauses Siemens in der Zwischenkriegszeit, in: Zeitschrift für Unternehmensgeschichte 32 (1987), H. 3, S. 22–57.

Feldenkirchen, Wilfried: Siemens 1918–1945, München 1995.

Feldenkirchen, Wilfried: Siemens. Von der Werkstatt zum Weltunternehmen, München 1997.

Feldman, Gerald D.: The Great Disorder. Politics, Economics, and Society in the German Inflation, 1914–1924, New York 1993.

Feldman, Gerald D.: Hugo Stinnes. Biographie eines Industriellen 1870–1924, München 1998.

Feldman, Gerald D./Homburg, Heidrun: Industrie und Inflation. Studien und Dokumente zur Politik der deutschen Unternehmer 1916–1923, Hamburg 1977.

Feldman, Gerald D./Steinisch, Irmgard: The Origins of the Stinnes-Legien-Agreement. A Documentation, in: Internationale wissenschaftliche Korrespondenz zur Geschichte der deutschen Arbeiterbewegung Nr. 19/20 (1973), S. 45–103.

Feldman, Gerald D./Steinisch, Irmgard: Industrie und Gewerkschaften 1918–1924. Die überforderte Zentralarbeitsgemeinschaft (Schriftenreihe der Vierteljahrshefte für Zeitgeschichte, Bd. 50), Stuttgart 1985.

Finkbeiner, Hartmut/Weidner, Frank O.: Die Hautklinik des Krankenhauses Bad Cannstatt. Ursprünge und Entwicklung der klinischen Dermatologie in Stuttgart, in: Der Hautarzt Bd. 48 (1997), S. 762–765.

Fischer, Albert: Staatsverschuldung in der Weimarer Republik, in: Thorsten Beigel/Georg Eckert (Hg.): Vom Wohl und Wehe der Staatsverschuldung.

Erscheinungsformen und Sichtweisen von der Antike bis zur Gegenwart, Münster 2013, S. 199–222.

Frank, Thomas: Telefonieren in Deutschland: Organisatorische, technische und räumliche Entwicklung eines großtechnischen Systems (Schriften aus dem Max-Planck-Institut für Gesellschaftsforschung. No 21), Frankfurt am Main 1995.

Fricke, Ingrid: Erich Lübbe (1891–1977), in: Siegfried Mielke/Stefan Heinz (Hg.): Funktionäre des Deutschen Metallarbeiterverbandes im NS-Staat. Widerstand und Verfolgung, Berlin 2012, S. 407–415.

Fritsch, Werner: Liberale Vereinigung (LVg) 1924–1929, in: Lexikon zur Parteiengeschichte, Bd. 3, Leipzig 1985, S. 356–359.

Frölich, Jürgen: Ein Nationalliberaler unter „Demokraten". Eugen Schiffer und der organisierte Liberalismus vom Kaiserreich bis nach dem Zweiten Weltkrieg, in: Jahrbuch zur Liberalismus-Forschung 18 (2006), S. 153–186.

Gall, Lothar: Rathenau. Porträt einer Epoche, München 2009.

Gehlen, Boris: Paul Silverberg (1876–1959). Ein Unternehmer, Stuttgart 2007.

Genschel, Helmut: Die Verdrängung der Juden aus der Wirtschaft im Dritten Reich, Göttingen 1966.

Gotto, Bernhard: Von den Anfängen bis zur Weltwirtschaftskrise. Landeskulturrentenanstalt, Girozentrale und Gemeindebank 1884–1929, in: Johannes Bähr/Axel Drecoll/Bernhard Gotto: Die Geschichte der BayernLB, München 2009, S. 15–117.

Gottwaldt, Alfred: Dorpmüllers Reichsbahn. Die Ära des Reichsverkehrsministers Julius Dorpmüller, 1920–1945, Freiburg i. Br. 2009.

Gottwaldt, Alfred: Die Reichsbahn und die Juden 1933–1939. Antisemitismus bei der Eisenbahn in der Vorkriegszeit, Wiesbaden 2011.

Graf, Rüdiger: Human Behavior as a Limit to and a Means of State Intervention: Günter Schmölders and Behavioral Economics in: Dieter Plehwe/Quinn Slobodian/Philip Mirowski (Hg.): Nine Lives of Neoliberalism, London 2020, S. 143–166.

Groß, Yvonne/Scheidegger, Ludwig: Nora Füssli, hg. von der Werner Siemens-Stiftung, Zug, Schwerin 2018.

Hachtmann, Rüdiger: Die Kaiser-Wilhelm-Gesellschaft 1933 bis 1945. Politik und Selbstverständnis einer Großforschungseinrichtung, in: Vierteljahrshefte für Zeitgeschichte 56 (2008), H. 1, S. 19–52.

Hagen, Antje: Deutsche Direktinvestitionen in Großbritannien, 1871–1918, Stuttgart 1997.

Hagenlücke, Heinz: Deutsche Vaterlandspartei. Die nationale Rechte am Ende des Kaiserreichs, Düsseldorf 1997.

Hartwich, Hans-Hermann: Arbeitsmarkt, Verbände und Staat 1918–1933. Die öffentliche Bindung unternehmerischer Funktionen in der Weimarer Republik, Berlin 1967.

Haußer, Christian: Amerikanisierung der Arbeit? Deutsche Wirtschaftsführer und Gewerkschaften im Streit um Ford und Taylor (1919–1932), Stuttgart 2008.

Hederer, Franz: Zwischen den Stühlen. Der Reichswirtschaftsrat in der Weimarer Republik als politischer Akteur. Habilitationsschrift Johann Wolfgang Goethe-Universität Frankfurt, Fachbereich Philosophie und Geschichtswissenschaften, Ms. Frankfurt am Main 2022.

Heinen, Johanna: Ein „jüdisches" Mäzenatentum für moderne französische Kunst? Das Fallbeispiel der Nationalgalerie im Berlin der wilhelminischen Ära (1882–1911). Eine kultur- und sozialhistorische Studie, Frankfurt am Main 2006.

Heintzenberg, Friedrich: Carl Friedrich von Siemens. Nach seinem Akten-Nachlass für das Siemens-Archiv bearbeitet, 2. Fassung, Ms. München 1949 (SHI, L221).

Heise, Christopher: Materialisierung historischer Verantwortung. Deutsche Reparationssachlieferungen nach Frankreich am Beispiel von Siemens 1918–1932, Masterarbeit Humboldt-Universität zu Berlin, Ms. Berlin 2020.

Heyde, Philipp: Das Ende der Reparationen. Deutschland, Frankreich und der Youngplan 1929–1932, Paderborn 1998.

Hellige, Hans Dieter: Strukturwandel im Verbändesystem der deutschen Elektrowirtschaft von den Anfängen bis zum Beginn der Weimarer Republik, Universität Bremen artec-papier Nr. 211, erweiterte Auflage, Bremen 2017.

Hentzschel-Fröhlings, Jörg: Walther Rathenau als Politiker der Weimarer Republik, Husum 2007.

Hermann von Siemens. Forscher und Krisenmanager, in: Siemens Historical Institute (Hg.): Zukunft gestalten. Die Siemens-Unternehmer 1847–2018, Hamburg 2018, S. 155–182.

Hertz, Thomas: Die Industrie- und Handelskammer zu Berlin. Ein Beitrag zur Wirtschaftsgeschichte Berlins, Berlin 2008.

Hildebrand, Klaus: Die Deutsche Reichsbahn in der nationalsozialistischen Diktatur 1933–1945, in: Lothar Gall/Manfred Pohl (Hg.): Die Eisenbahn in Deutschland. Von den Anfängen bis zur Gegenwart, München 1999, S. 165–243.

Hilferding, Rudolf: Das Finanzkapital. Eine Studie über die jüngste Entwicklung des Kapitalismus, Wien 1910.

Hinz, Ursula: Neu Fahrland. Von den Wenden bis zur Wende, Chronik Teil 2, Neu Fahrland 2003.

Hochstetter, Dorothee: Motorisierung und „Volksgemeinschaft". Das Nationalsozialistische Kraftfahrkorps (NSKK) 1931–1945, München 2005.

Hohorst, Gerd/Kocka, Jürgen/Ritter, Gerhard A.: Sozialgeschichtliches Arbeitsbuch II. Materialien zur Statistik des Kaiserreichs 1870–1914, 2. Aufl., München 1978.

Holtfrerich, Carl-Ludwig: Zu hohe Löhne in der Weimarer Republik? Bemerkungen zur Borchardt-These, in: Geschichte und Gesellschaft 10 (1984), H. 1, S. 122–141.

Homburg, Heidrun: Die Neuordnung des Marktes nach der Inflation. Probleme und Widerstände am Beispiel der Zusammenschlußprojekte von AEG und Siemens 1924–1933 oder: „Wer hat den längeren Atem?", in: Gerald D. Feldman (Hg.): Nachwirkungen der Inflation auf die deutsche Geschichte 1924–1933, München 1985, S. 117–156.

Homburg, Heidrun: Rationalisierung und Industriearbeit. Arbeitsmarkt – Management – Arbeiterschaft im Siemens-Konzern Berlin 1900–1939, Berlin 1991.

Homburg, Heidrun: Industrielle Rationalisierung zwischen Politik und nationaler Kultur: Eine deutsche und französische Sicht auf das amerikanische Modell in den 1920er Jahren, in: Christian Baechler/Klaus-Jürgen Müller (Hg.): Les tiers dans les relations franco-allemandes/Dritte in den deutsch-französischen Beziehungen, München 1996, S. 195–206.

Jacob-Wendler, Gerhart: Deutsche Elektroindustrie in Lateinamerika (Beiträge zur Wirtschaftsgeschichte, Bd. 16), Stuttgart 1982.

Jäger, Kristina: Unternehmen als Triebkräfte von Migration: Grenzüberschreitende Personalmobilität von Siemens nach Japan, Diss. phil. Osnabrück 2019.

James, Harold: Die Deutsche Bank und die „Arisierung", München 2001.

Jochens, Birgit/Hünert, Doris (Hg.): Von Tonwaren zum Olympiastadion. Die Berliner Familie March. Eine Erfolgsstory, Berlin 2000.

Jones, Larry Eugene: German Liberalism and the Dissolution of the Weimar Party System 1918–1933, Chapel Hill 1988.

Jones, Larry Eugene: Carl Friedrich von Siemens and the Industrial Financing of Political Parties in the Weimar Republic, in: Christian Jansen/Lutz Niethammer/Bernd Weisbrod (Hg.): Von der Aufgabe der Freiheit. Politische Verantwortung und bürgerliche Gesellschaft im 19. und 20. Jahrhundert. Festschrift für Hans Mommsen zum 5. November 1995, Berlin 1995, S. 231–246.

Kahl, Wilhelm: An die Deutschen im Reiche!, Berlin 1915.

Kemper, Claudia: Das „Gewissen" 1919–1925. Kommunikation und Vernetzung der Jungkonservativen, München 2011.

Kennert, Christian: Der Unternehmer Hugo Cassirer – Ein Beitrag zur Berliner Wirtschaftsgeschichte, in: Der Bär von Berlin, 56. Folge 2007, S. 123–150.

Kerkhoff, Stefanie de: Von der Friedens- zur Kriegswirtschaft. Unternehmensstrategien der deutschen Eisen- und Stahlindustrie vom Kaiserreich bis zum Ende des Ersten Weltkrieges, Essen 2006.

Keynes, John Maynard: The Economic Consequences of the Peace, London 1919.

Keynes, John M.: The General Theory of Employment, Interest and Money, London 1936.

Kirchberg, Dennis: Analyse der internationalen Unternehmenstätigkeit des Hauses Siemens in Ostasien vor dem Zweiten Weltkrieg, Diss rer.pol. Erlangen-Nürnberg 2010.

Kittel, Theodor: Die Deutsche Reichsbahn-Gesellschaft. Ein Rückblick nach mehr als zwanzig Jahren, in: Zeitschrift für Verkehrswissenschaft 25 (1954), S. 125–143.

Klautke, Egbert: Unbegrenzte Möglichkeiten: „Amerikanisierung" in Deutschland und Frankreich (1900–1933), Wiesbaden 2003.

Kleindienst, Julia: Siemens in Österreich. Der Zukunft auf der Spur. Eine Unternehmensbiografie, Wien 2004.

Knabe, Susanne: Firmenjubiläen. Geschichtsbewusstsein deutscher Unternehmen 1847 bis 1997, Phil. Diss. München 2004.

Knortz, Heike: Die Entwicklung des modernen Begriffs von der Arbeitsproduktivität. Ein Beitrag zur Geschichte der deutschen Betriebswirtschaftslehre, in: Zeitschrift für Unternehmensgeschichte 55 (2010), H. 1, S. 31–51.

Kock, Gerhard: Der Kampf um das Monopol. Die Deutsche Reichsbahn-Gesellschaft und der Schenker-Vertrag 1931, in: Wolfram Pyta/Ludwig Richter (Hg.): Gestaltungskraft des Politischen. Festschrift für Eberhard Kolb, Berlin 1998, S. 139–171.

Kocka, Jürgen: Unternehmensverwaltung und Angestelltenschaft am Beispiel Siemens 1847–1914. Zum Verhältnis von Kapitalismus und Bürokratie in der deutschen Industrialisierung, Stuttgart 1969.

Kocka, Jürgen: Siemens und der aufhaltsame Aufstieg der AEG, in: Tradition 17. Jg. (1972), H. 3/4, S. 125–142.

Köhler, Ingo: Die „Arisierung" der Privatbanken im Dritten Reich. Verdrängung, Ausschaltung und die Frage der Wiedergutmachung, 2. Aufl., München 2008.

Köttgen, Carl: Das wirtschaftliche Amerika, Berlin 1925.

Kohl, Ulrike: Die Präsidenten der Kaiser-Wilhelm-Gesellschaft im Nationalsozialismus. Max Planck, Carl Bosch und Albert Vögler zwischen Wissenschaft und Macht, Stuttgart 2002.

Kolb, Eberhard: Die Reichsbahn vom Dawes-Plan bis zum Ende der Weimarer Republik, in: Lothar Gall/Manfred Pohl (Hg.): Die Eisenbahn in Deutschland. Von den Anfängen bis zur Gegenwart, München 1999, S. 109–163.

Kölle, Gustav: Aus der Geschichte eines deutschen Berg- und Hüttenunternehmens in Russland: Das Kupferbergwerk Kedabeg des Hauses Siemens 1900–1906, in: Tradition 10 (1965), S. 213–224.

König, Wolfgang: Technikwissenschaften. Die Entstehung der Elektrotechnik aus Industrie und Wissenschaft zwischen 1880 und 1914, Chur 1995.

König, Wolfgang: Sir William Siemens 1823–1883. Eine Biografie, München 2020.

Kopper, Christopher: Zwischen Marktwirtschaft und Dirigismus. Bankenpolitik im „Dritten Reich" 1933–1939, Bonn 1995.

Kopper, Christopher: Das Ministerium Schacht und sein Einfluss, in: Albrecht Ritschl (Hg.): Das Reichswirtschaftsministerium in der NS-Zeit (Wirtschaftspolitik in Deutschland 1917–1990, Bd. 2). Wirtschaftsordnung und Verbrechenskomplex, Berlin 2016, S. 76–110.

Kopper, Christopher: Ein Opfer der alliierten Reparationspolitik? Die technische und wirtschaftliche Sanierung der Reichsbahn von 1919 bis 1924, in: Dieter Ziegler/Jan-Otmar Hesse (Hg.): 1919 – Der Versailler Vertrag und die deutschen Unternehmen, Berlin 2022, S. 191–206.

Kramer, Klaus: Dr. -Ing. h. c. Max Oertz – Genie, Yachtkonstrukteur, Aeronaut und Erfinder, Schramberg 2001.

Krethlow, Carl Alexander: Generalfeldmarschall Colmar von der Goltz – eine Biographie, Paderborn 2012.

Kreuter, Marie-Luise: Aron – Heliowatt, in: Helmut Engel u. a. (Hg.): Geschichtslandschaft Berlin, Charlottenburg, Teil I, Berlin 1986, S. 178–199.

Kreutzer, Ulrich: Von den Anfängen zum Milliardengeschäft. Die Unternehmensentwicklung von Siemens in den USA zwischen 1845 und 2001 (Beiträge zur Unternehmensgeschichte 33), Stuttgart 2013.

Krüger, Dieter: Das Stinnes-Legien-Abkommen 1918–1924. Voraussetzungen, Entstehung, Umsetzung und Bedeutung, Berlin 2018.

Kuczynski, Robert: Deutsche Anleihen im Ausland 1924 bis 1927. Deutsche ergänzte Ausgabe von American Loans to Germany, Berlin 1928.

Langer, Peter: Macht und Verantwortung. Der Ruhrbaron Paul Reusch, Essen 2012.

Lenin, Wladimir Iljitsch: Der Imperialismus als höchstes Stadium des Kapitalismus. Gemeinverständlicher Abriß, Neuausgabe Essen 2021 (Erstveröffentlichung 1917).

Leonhard, Jörn: Exklusion und Gewalt. Jüdisches Leben im Ersten Weltkrieg und in der Nachkriegszeit, in: Aus Politik und Zeitgeschichte Nr. 44/45 (2021), S. 19–26.

Lilla, Joachim: Der Vorläufige Reichswirtschaftsrat 1920 bis 1933/34, Zusammensetzung, Dokumentation, Biographien. Unter Einschluss des Wirtschaftsrats des Reichspräsidenten 1931 und des Generalrats der Wirtschaft 1933, Düsseldorf 2012.

Lindner, Erik: Ernst von Siemens, hg. vom Siemens Historical Institute (Reihe Lebenswege), München 2015.

Lochner, Louis P.: Die Mächtigen und der Tyrann. Die deutsche Industrie von Hitler bis Adenauer, Darmstadt 1955.

Longerich, Peter: Hitler. Biographie, München 2015.

Lorenzen, Till: BMW als Flugmotorenhersteller 1926–1940. Staatliche Lenkungsmaßnahmen und unternehmerische Handlungsspielräume, München 2008.

Lubinski, Christina: A Family Multinational's Quest for Unity. Siemens's Early Business in India, 1847–1914, in: dies./Fear, Jeffrey/Fernández Pérez, Paloma (Hg.): Family Multinationals. Entrepreneurship, Governance, and Pathways to Internationalization, New York 2013, S. 38–54.

Lutz, Martin: Siemens im Sowjetgeschäft. Eine Institutionengeschichte der deutsch-sowjetischen Beziehungen 1917–1933, Stuttgart 2001.

Lutz, Martin: Carl von Siemens 1829–1906. Ein Leben zwischen Familie und Weltfirma, München 2013.

Lutz, Martin: Elektroindustrie, in: Marcel Boldorf (Hg.): Deutsche Wirtschaft im Ersten Weltkrieg, Berlin 2020, S. 227–249.

Luxbacher, Günther: Massenproduktion im globalen Kartell. Glühlampen, Radioröhren und die Rationalisierung der Elektroindustrie bis 1945, Berlin 2003.

Marcon, Helmut: Arbeitsbeschaffungspolitik der Regierungen Papen und Schleicher. Grundsteinlegung für die Beschäftigungspolitik im Dritten Reich, Bern 1974.

Marton, Rudolf: Jahrbuch des Vermögens und Einkommens der Millionäre in Preußen, Berlin 1912.

Marx, Christian: Paul Reusch und die Gutehoffnungshütte. Leitung eines deutschen Großunternehmens, Göttingen 2013.

Matis, Herbert/Stiefel, Dieter: Das Haus Schenker. Die Geschichte der internationalen Spedition 1872–1931, Wien 1995.

Meerwarth, Rudolf: Nationalökonomie und Statistik. Eine Einführung in die empirische Nationalökonomie, Berlin 1925.

Meier, Desiderius: Hermann Dietrich. Bürgertum und Liberalismus in der Weimarer Republik, Berlin 2021.

Mergel, Thomas: Parlamentarische Kultur in der Weimarer Republik. Politische Kommunikation, symbolische Politik und Öffentlichkeit im Reichstag, Düsseldorf 2003.

Merki, Christoph Maria: Der holprige Siegeszug des Automobils 1895–1935. Die Motorisierung des Straßenverkehrs in Frankreich, Deutschland und der Schweiz, Wien/Köln 2002.

Mertens, Rainer: Matthäus Herrmann (1879–1959). Gewerkschafter, der zum Nachfolger des Reichsverkehrsministers vorgesehen war, in: Alfred Gottwaldt: Eisenbahner gegen Hitler. Verfolgung und Widerstand bei der Reichsbahn 1933–1945, Wiesbaden 2009, S. 316–322.

Mettenheim, Andreas von: Paul Freiherr von Eltz-Rübenach. Technokrat, Katholik und Politiker im Kabinett Hitlers, Berlin 2023.

Meyer, Winfried: Verschwörer im KZ. Hans von Dohnanyi und die Häftlinge des 20. Juli 1944 im KZ Sachsenhausen, Berlin 1999, S. 190 ff.

Michalka, Wolfgang/Niedhart, Gottfried (Hg.): Die ungeliebte Republik. Dokumente zur Innen- und Außenpolitik Weimars 1918–1933, München 1980.

Mierzejewski, Alfred C.: The Most Valuable Asset of the Reich. A History of the German National Railway, Vol. 1: 1920–1932, Chapel Hill 1999; Vol. 2: 1933–1945, Chapel Hill 2000.

Milert, Werner/Tschirbs, Rudolf: Zerschlagung der Mitbestimmung 1933. Das Ende der ersten deutschen Betriebsdemokratie, hg. von der Hans-Böckler-Stiftung, Düsseldorf 2013.

Müller, Dirk H.: Die revolutionären Obleute und der November 1918. Zur Verschränkung von institutioneller Revolution und Rätebewegung, 3. Aufl., Norderstedt 2020.

Müller-Benedict, Volker: Akademische Karrieren in Preußen und Deutschland 1850–1940 (Datenhandbuch zur deutschen Bildungsgeschichte, Bd. 6), Göttingen 2008.

Münzel, Martin: Bauen für die Zukunft. Die Siemensstadt (SHI Zeitreisen, Bd. 1), Berlin 2019.

Münzel, Martin: 175 Jahre Siemens, Berlin 2022.

Neebe, Reinhard: Großindustrie, Staat und NSDAP 1930–1933. Paul Silverberg und der Reichsverband der Deutschen Industrie in der Krise der Weimarer Republik, Göttingen 1981.

Neliba, Günther: Die Opel-Werke im Konzern von General Motors (1929–1948) in Rüsselsheim und Brandenburg. Produktion für Aufrüstung und Krieg ab 1935 unter nationalsozialistischer Herrschaft, Frankfurt am Main 2000.

Nipperdey, Thomas: Deutsche Geschichte 1866–1918, Bd. 2: Machtstaat vor der Demokratie, 3. Aufl., München 1995.

Office of Military Government for Germany, United States, Finance Division – Financial Investigation Section, Ermittlungen gegen die Deutsche Bank – 1946/47, Nördlingen 1985.

Office of Military Government US: Report on Investigation Siemens & Halske AG, Vol. 1, Ms. Washington D. C. 1946.

Office of United States Chief of Counsel for Prosecution of Axis Criminality: Nazi Conspiracy and Aggression. Supplement A, Document EC-440, Washington D. C. 1947.

Panwitz, Sebastian: Die Gesellschaft der Freunde 1792–1935. Berliner Juden zwischen Aufklärung und Hochfinanz, Hildesheim 2007.

Pawelitzki, Richard: Kaiserliche Freiwillige Automobil-Corps und das Kaiserliche Kraftfahr-Korps, in: Nordost-Archiv 16 (1983), H. 7, S. 21–48.

Perez, Robert C./Willett, Edward F.: Clarence Dillon. A Wall Street Enigma, Lanham 1995.

Petzina, Dietma/Abelshauser, Werner/Faust, Anselm: Sozialgeschichtliches Arbeitsbuch III. Materialien zur Statistik des Deutschen Reiches 1914–1945, München 1978.

Peukert, Detlev J.: Die Weimarer Republik, Frankfurt am Main 1987.

Plumpe, Werner: Betriebliche Mitbestimmung in der Weimarer Republik. Fallstudien zum Ruhrbergbau und zur Chemischen Industrie, München 1999.

Plumpe, Werner: Carl Duisberg 1861–1935. Anatomie eines Industriellen, München 2016.

Pohl, Manfred: VIAG Aktiengesellschaft 1923–1998. Vom Staatsunternehmen zum internationalen Konzern, München 1998.

Pünder, Hermann: Politik in der Reichskanzlei. Aufzeichnungen aus den Jahren 1929–1932, hg. von Thilo Vogelsang, Stuttgart 1961.

Raithel, Thomas: Das schwierige Spiel des Parlamentarismus. Deutscher Reichstag und französische Chambre des Députés in den Inflationskrisen der 1920er Jahre, München 2005.

Rasch, Manfred: Auch beim Bau von Großgasmaschinen war August Thyssen Pionier. Die Thyssen & Co. Maschinenfabrik, in: Horst A. Wessel (Hg.): Pioniere der Mülheimer Wirtschaft und Gesellschaft seit dem Ende des 18. Jahrhunderts. „...doch das ganze Leben in Mülheim war ein anderes geworden!" Wirtschaft und Gesellschaft in der Stadt am Fluss seit Ende des 18. Jahrhunderts, Essen 2017, S. 198–220.

Rasch, Manfred: Über Albert Vögler und sein Verhältnis zur Politik, in: Mitteilungsblatt des Instituts für soziale Bewegungen. Forschungen und Forschungsberichte Band 28 (2003), S. 127–156.

Raumer, Hans von: Unternehmer und Gewerkschaften in der Weimarer Zeit, in: Deutsche Rundschau 5 (1954), S. 425–434.

Reckendrees, Alfred: Das „Stahltrust"-Projekt. Die Gründung der Vereinigte Stahlwerke A.G. und ihre Unternehmensentwicklung 1926–1933/34, München 2000.

Reh, Sabine/Kämper-van den Boogaart, Michael/Scholz, Joachim: Eine lange Geschichte: der deutsche Abituraufsatz als „Gesammtbildung der Examinanden". Prüfungspraxis und Lehrerkommentare von Abituraufsätzen in den 1950er Jahren, in: Zeitschrift für Pädagogik 63 (2017), H. 3, S. 280–298.

Rehling, Andrea: Konfliktstrategie und Konsenssuche in der Krise. Von der Zentralarbeitsgemeinschaft zur Konzertierten Aktion, Baden-Baden 2011.

Ritschl, Albrecht: Zu hohe Löhne in der Weimarer Republik. Eine Auseinandersetzung mit Holtfrerichs Berechnungen zur Lohnposition der Arbeiterschaft 1925–1932, in: Geschichte und Gesellschaft 16 (1990), H. 3, S. 375–402.

Ritschl, Albrecht: Schuldenkrise und Austerität. Die Rolle des Reichswirtschaftsministeriums in der Deflationspolitik 1929–1931, in: Carl-Ludwig Holtfrerich (Hg.): Das Reichswirtschaftsministerium der Weimarer Republik und seine Vorläufer. Strukturen, Akteure, Handlungsfelder (Wirtschaftspolitik in Deutschland 1917–1990, Bd. 1), Berlin 2016, S. 579–636.

Rotth, August: Wilhelm von Siemens. Ein Lebensbild, Berlin 1922.

Sabean, David Warren: German International Families in the Nineteenth Century. The Siemens Family as a Thought Experiment, in: Christopher H. Johnson/David Warren Sabean/Simon Teuscher/Francesca Trivellato (Hg.): Transregional and Transnational Families in Europe and Beyond. Experiences Since the Middle Ages, New York 2011, S. 229–252.

Sachse, Carola: Siemens, der Nationalsozialismus und die moderne Familie. Eine Untersuchung zur sozialen Rationalisierung in Deutschland im 20. Jahrhundert, Hamburg 1990.

Salewski, Michael: Die Deutschen und die See. Studien zur deutschen Marinegeschichte des 19. und 20. Jahrhunderts, Teil II, Stuttgart 2002.

Sauer, Bernhard: Der „Spartakusaufstand. Legende und Wirklichkeit, in: Heiner Karuscheit/Bernhard Sauer/Klaus Wernecke (Hg.): Vom „Kriegssozialismus" zur Novemberrevolution, Hamburg 2018, S. 95–148.

Schievelbusch, Wolfgang: Die Bibliothek von Löwen. Eine Episode aus der Zeit der Weltkriege, München 1988.

Schöller, Peter: Der Fall Löwen und das Weißbuch. Eine kritische Untersuchung der deutschen Dokumentation über die Vorgänge in Löwen vom 25. bis 28. August 1914, Köln 1958.

Schölzel, Christian: Walther Rathenau. Eine Biographie, Paderborn 2006.

Schoen, Lothar: Carl Friedrich von Siemens, in: Herbert Goetzeler/Lothar Schoen: Wilhelm und Carl Friedrich von Siemens. Die zweite Unternehmergeneration, Stuttgart 1986, S. 60–131.

Schröter, Verena: Die deutsche Industrie auf dem Weltmarkt 1929 bis 1933. Außenwirtschaftliche Strategien unter dem Druck der Weltwirtschaftskrise, Frankfurt am Main 1984.

Schütz, Erhard/Gruber, Eckhard: Mythos Reichsautobahn. Bau und Inszenierung der „Straßen des Führers" 1933–1941, 2. Aufl., Berlin 2000.

Schmölders, Günter: Carl Friedrich v. Siemens. Vom Leitbild des großindustriellen Unternehmers. Festrede, gehalten in der Carl Friedrich von Siemens Stiftung in München-Nymphenburg am 23. Oktober 1972, München 1972.

Schulze, Winfried: Der Stifterverband für die Deutsche Wissenschaft 1920–1995, Berlin 1995.

Scott, John D.: Siemens Brothers 1858–1958. An Essay in the History of Industry, London 1958.

6 Jahre Deutsche Reichsbahn-Gesellschaft. Aufbau, Entwicklung, Statistik und Finanzen der Deutschen Reichsbahn-Gesellschaft (Das Spezial-Archiv der deutschen Wirtschaft), Berlin 1931.

Siemens, Georg: Erziehendes Leben. Erfahrungen und Betrachtungen, Urach 1947.

Siemens, Georg: Geschichte des Hauses Siemens, Bd. 1–3, Freiburg i. Br. 1947–1952.

Siemens, Georg: Carl Friedrich von Siemens. Ein großer Unternehmer, Freiburg i. Br. 1960.

Siemens, Georg: Der Weg der Elektrotechnik. Geschichte des Hauses Siemens, 2 Bde., Freiburg i. Br. 1961.

Siemens Historical Institute (Hg.): Die Siemens-Unternehmer 1847–2018, Hamburg 2018.

Stegmann, Dirk: Zum Verhältnis von Großindustrie und Nationalsozialismus 1930–1933. Ein Beitrag zur Geschichte der sog. Machtergreifung, in: Archiv für Sozialgeschichte 13 (1973), S. 399–482.

Stinnes, Edmund H.: Ein Genie in chaotischer Zeit. Edmund H. Stinnes über seinen Vater Hugo Stinnes (1870–1924), Ascona 1979.

Strunk, Peter: Die AEG. Aufstieg und Niedergang einer Industrielegende, 2. Aufl., Berlin 2000.

Süssenberger, Erich/Büttner, Hans Wolfgang/Uthmann, Karl Josef/Freiherr von Wolff-Metternich, Hermann: Das Rationalisierungs-Kuratorium der Deutschen Wirtschaft, Düsseldorf 1973.

Taillez, Felix de: Zwei Bürgerleben in der Öffentlichkeit. Die Brüder Fritz Thyssen und Heinrich Thyssen-Bornemisza, Paderborn 2017.

Takenaka, Toru: Siemens in Japan. Von der Landesöffnung bis zum Ersten Weltkrieg (Zeitschrift für Unternehmensgeschichte, Beiheft 91), Stuttgart 1996.

Tenfelde, Klaus: Krupp in Krieg und Krisen. Unternehmensgeschichte der Fried. Krupp AG 1914 bis 1924/25, in: Lothar Gall (Hg.): Krupp im 20. Jahrhundert. Die Geschichte des Unternehmens vom Ersten Weltkrieg bis zur Gründung der Stiftung, Berlin 2002, S. 15–165.

Thiele, Erdmann (Hg.): Telefunken nach 100 Jahren. Das Erbe einer deutschen Weltmarke, 2. Aufl., Berlin 2003.

Tooze, Adam: Ökonomie der Zerstörung. Die Geschichte der Wirtschaft im Nationalsozialismus, München 2007.

Trendelenburg, Ferdinand: Aus der Geschichte der Forschung im Hause Siemens, Düsseldorf 1975.

Turner, Henry A.: Die Großunternehmer und der Aufstieg Hitlers, Berlin 1985.

Vogelsang, Reinhard: Der Freundeskreis Himmler, Göttingen 1972.

Vuillard, Éric: Die Tagesordnung, Berlin 2018.

Waller, Ernst: Studien zur Finanzgeschichte des Hauses Siemens, IV. Teil 1897–1918, Erster Halbband, Ms. o. J. (SHI, SAA 20.Ld.366).

Waller, Ernst: Studien zur Finanzgeschichte des Hauses Siemens, V. Teil 1918–1945, Erster Halbband, Ms. o. J. (SHI, SAA 20.Ld.366).

Weber, Petra: Gescheiterte Sozialpartnerschaft – Gefährdete Republik? Industrielle Beziehungen, Arbeitskämpfe und der Sozialstaat Deutschland und Frankreich im Vergleich (1918–1933/39), München 2010.

Wehler, Hans-Ulrich: Deutsche Gesellschaftsgeschichte, Bd. 4: Vom Beginn des Ersten Weltkrieges bis zur Gründung der beiden deutschen Staaten 1914–1949, 2. Aufl., München 2003.

Weiher, Sigfrid von: Die englischen Siemens-Werke und das Siemens-Überseegeschäft in der zweiten Hälfte des 19. Jahrhunderts, Berlin 1990.

Weipert, Axel: Die Zweite Revolution. Rätebewegung in Berlin 1919/1920, Berlin 2015.

Weisbrod, Bernd: Schwerindustrie in der Weimarer Republik. Interessenpolitik zwischen Stabilisierung und Krise, Wuppertal 1978.

Wengst, Udo: Unternehmerverbände und Gewerkschaften in Deutschland im Jahre 1930, in: Vierteljahrshefte für Zeitgeschichte 25 (1977), H. 1, S. 99–119.

Wengst, Udo: Der Reichsverband der Deutschen Industrie in den ersten Monaten des Dritten Reiches. Ein Beitrag zum Verhältnis von Großindustrie und Nationalsozialismus, in: Vierteljahrshefte für Zeitgeschichte 28 (1980), H. 1, S. 94–110.

Werner Siemens-Stiftung (Hg.): 90 Jahre Werner Siemens-Stiftung, Zug 2013.

Weyrauch, Robert: Waffen- und Munitionswesen, hg. von Marcel Boldorf und Rainer Haus, Berlin 2016.

Wilke, Gerhard: Die Zukunft unserer Arbeit, Frankfurt am Main 1999.

Winkler, Heinrich August: Von der Revolution zur Stabilisierung. Arbeiter und Arbeiterbewegung in der Weimarer Republik 1918 bis 1924, Berlin 1984.

Winkler, Heinrich August: Der Schein der Normalität. Arbeiter und Arbeiterbewegung in der Weimarer Republik 1924 bis 1930, Berlin 1985.

Winkler, Heinrich August: Der Weg in die Katastrophe. Arbeiter und Arbeiterbewegung in der Weimarer Republik 1930 bis 1933, Berlin 1987.

Winkler, Heinrich August: Weimar 1918–1933. Die Geschichte der ersten deutschen Demokratie, München 1993.

Winkler, Heinrich August: Der lange Weg nach Westen. Bd. 1: Deutsche Geschichte vom Ende des Alten Reiches bis zum Untergang der Weimarer Republik, München 2000.

Winterfeld, Ludwig von: Entwicklung und Tätigkeit der Firma Siemens & Halske in den Jahren 1847–1897, Phil. Diss. Universität Kiel 1913.

Wolff, Stefan L.: Hartmut Kallmann (1896–1978) – ein während des Nationalsozialismus verhinderter Emigrant verlässt Deutschland nach dem Krieg, in: Dieter Hoffmann/Mark Walker (Hg.): „Fremde" Wissenschaftler im Dritten Reich, Göttingen 2011, S. 314–338.

Wolff, Stefan L.: Jüdische oder Nichtjüdische Deutsche? Vom öffentlichen Umgang mit Heinrich Hertz und seiner Familie im Nationalsozialismus, in: Ralph Burmeister/Andre Niehaus (Hg.): Heinrich Hertz vom Funkensprung zur Radiowelle, Bonn 2012, S. 38–57.

Wulf, Peter: Die Auseinandersetzungen um die Sozialisierung der Kohle in Deutschland 1920/12, in: Vierteljahrshefte für Zeitgeschichte 25. Jg. (1977), H. 1, S. 46–98.

Wulf, Peter: Hugo Stinnes. Wirtschaft und Politik 1918–1924, Stuttgart 1979.

Zeiss-Horbach, Auguste: Der Verein zur Abwehr des Antisemitismus. Zum Verhältnis von Protestantismus und Judentum im Kaiserreich und in der Weimarer Republik, Stuttgart 2008.

Ziegler, Dieter: Die Dresdner Bank und die deutschen Juden, München 2006.

Zöbl, Dorothea: Siemens in Berlin. Spaziergänge durch die Geschichte der Elektrifizierung, Berlin 2008.

Internetveröffentlichungen

Aurich, Hermann: Alfred Berliner (1861 bis 1943) und sein Rittergut Schermeisel, URL: http://www.maerkische-landsitze.de/alfrberliner.htm.

Lilla, Joachim: Die Ruhrlade – Vereinigung der „führenden Persönlichkeiten der Eisen- und Kohlenindustrie im rheinisch-westfälischen Industriegebiet, URL: https://www.rheinische-geschichte.lvr.de/Epochen-und-Themen.

Rede von Bundespräsident Joachim Gauck beim Festakt anlässlich 125 Jahre Gesamtmetall am 12.6.2015 in Berlin, URL: https://www.bundespraesident.de/SharedDocs/Downloads/DE/Reden/2015/06.

Rehling, Andrea: Betriebsrätegesetz 4. Februar 1920, in: 100(0) Schlüsseldokumente, 100(0) Schlüsseldokumente zur deutschen Geschichte im 20. Jahrhundert, URL: https://www.1000dokumente.de.

Rehling, Andrea: Einleitung zu: Gründung der Arbeitsgemeinschaft der industriellen und gewerblichen Arbeitgeber und Arbeitnehmer Deutschlands, 15.11.1918, in: 100(0) Schlüsseldokumente, 100(0) Schlüsseldokumente zur deutschen Geschichte im 20. Jahrhundert, URL: http://www.1000.dokumente.de.

Wittendorfer, Frank: Villa – Repräsentationssitz – Forschungslabor – Versteck: Carl Friedrich von Siemens und der Heinenhof, in: Die Geschichte Berlins, URL: https://www.diegeschichteberlins.de.

https://archives.cjh.org/repositories/5/archival_objects/958868.

https://www.ggarchives.com/OceanTravel/Passengers/HamburgAmericaLine/NewYork-PassengerList-1931-10-08.html.

https://www.jmberlin.de/1933/de/03_17_brief-von-carl-friedrich-von-siemens-an-flora-meyer.php.

https://www.ns-archiv.de/nsdap/foerderung/eingabe-hindenburg.php.

https://www.reichstagsprotokolle.de.

https://www.wahlen-berlin.de/Historie/wahldatenbank/Tabellen/Tabellen.asp.

Abbildungsnachweis

S. 18 Zentralinstitut für Kunstgeschichte, München, Inv.-Nr. Th184529

S. 69 bpk / Erich Sellin

S. 76 ullstein bild / TopFoto

S. 77 ullstein bild / brandstaetter images / Sammlung Hubmann

S. 90 ullstein bild / Süddeutsche Zeitung Photo / Scherl

S. 99 bpk

S. 101 bpk

S. 106 bpk / Deutsches Historisches Museum / Sebastian Ahlers

S. 108 bpk

S. 122 bpk / Kunstbibliothek, SMB, Photothek Willy Römer / Willy Römer

S. 130 bpk

S. 133 bpk

S. 143 Süddeutsche Zeitung Photo/Scherl

S. 165 Archiv der Max-Planck-Gesellschaft, Berlin-Dahlem

S. 192 Bundesarchiv, Bild 102-13302, Fotograf/in: o. Ang.

S. 199 Bundesarchiv, Plak 002-027-019

S. 206 bpk/Bayerische Staatsbibliothek/Archiv Heinrich Hoffmann

S. 227 bpk/Kunstbibliothek, SMB, Photothek Willy Römer/Willy Römer

S. 237 Bundesarchiv, Bild 183-1989-0630-504, Fotograf/in: o. Ang.

S. 241 Historische Sammlung, Deutsche Bahn AG

S. 244 akg-images/Copperprint FY E. K.

S. 245 ullstein bild/Süddeutsche Zeitung Photo/Scherl

S. 247 bpk/Kunstbibliothek, SMB, Photothek Willy Römer/Willy Römer

S. 249 ullstein bild/Süddeutsche Zeitung Photo/Scherl

S. 257 Alamy Stock Foto/Kuttig – Archival

S. 260 akg-images

S. 270 Alamy Stock Foto/John Frost Newspapers

S. 273 Handbuch des Deutschen Reichstags 1933.

S. 278 o. ullstein bild/Süddeutsche Zeitung Photo/Scherl

S. 278 u. akg-images

S. 282 Bundesarchiv, Bild 102-15198, Fotograf: Pahl, Georg

S. 323 ullstein bild/Süddeutsche Zeitung Photo/Scherl

S. 325 ullstein bild/Süddeutsche Zeitung Photo/Scherl

S. 338 ullstein bild/Süddeutsche Zeitung Photo/Scherl

S. 340 Hajo Dietz

Die übrigen Bilder stammen aus den Beständen des Siemens Historical Institute, Berlin, oder des Archivs der Siemens-Familienstiftung, Goslar.

PERSONENREGISTER*

* ohne Carl Friedrich von Siemens, Familie Siemens/von Siemens

** Zahlen in Klammern benennen die den Verweis betreffende Anmerkung

FIRMENREGISTER*

* ohne Siemens & Halske AG, Siemens-Schuckertwerke GmbH/AG, Siemens-Konzern

Johannes Bähr

Carl Friedrich von Siemens